자격증 한 번에 따기

직업상담사 필기 · 실기

PREFACE

현대사회는 하루가 다르게 변화하고 있다. 첨단기술이 발전하고, 그에 따라 사회구조가 바뀌고 직업구조에도 변화가 생기게 되었다. 과거 우리나라의 경우 농업중심사회로 농업인구가 대부분이었으나, 정보화사회에 들어서면서 서비스업에 종사하는 인구가 점차 증가하고 있다. 이러한 변화에 적응하고 그 속에서 경쟁력을 갖추기 위해서는 자신의 능력과 적성에 맞으며 새롭게 성장하는 직업을 찾는 것이 중요하다. 그러나 개인이 직업에 대한 정보를 수집하고 가공하여 활용하는 것은 쉬운 일이 아닐 것이다. 그렇기에 전문적으로 직업에 대한 정보를 다루고 상담해 줄 수 있는 '직업상담사'가 필요한 것이다.

현재 직업상담사가 공공기관이나 유관기관, 민간직업소개소 등에서 활동을 하고 있으나 아직 미미한 수준이며, 아직도, 우리나라의 많은 직업안정기관에서 직업상담 및 직업지도를 수행할 수 있는 전문인력을 필요로 하기 때문에 직업상담사들의 역할이 중요하다.

본서는 직업상담사 1급 시험에 대비하여 시험과목별로 기본 개념과 핵심 이론을 체계적으로 정리하여 서술하였다. 그리고 최근의 기출문제를 수록하여 시험경향을 파악하고 마무리 대비를 할 수 있도록 구성하였다.

'磨斧作針'이라고 하였다. 이 책을 통해 열심히 노력하여 좋은 결과를 얻기를 바란다.

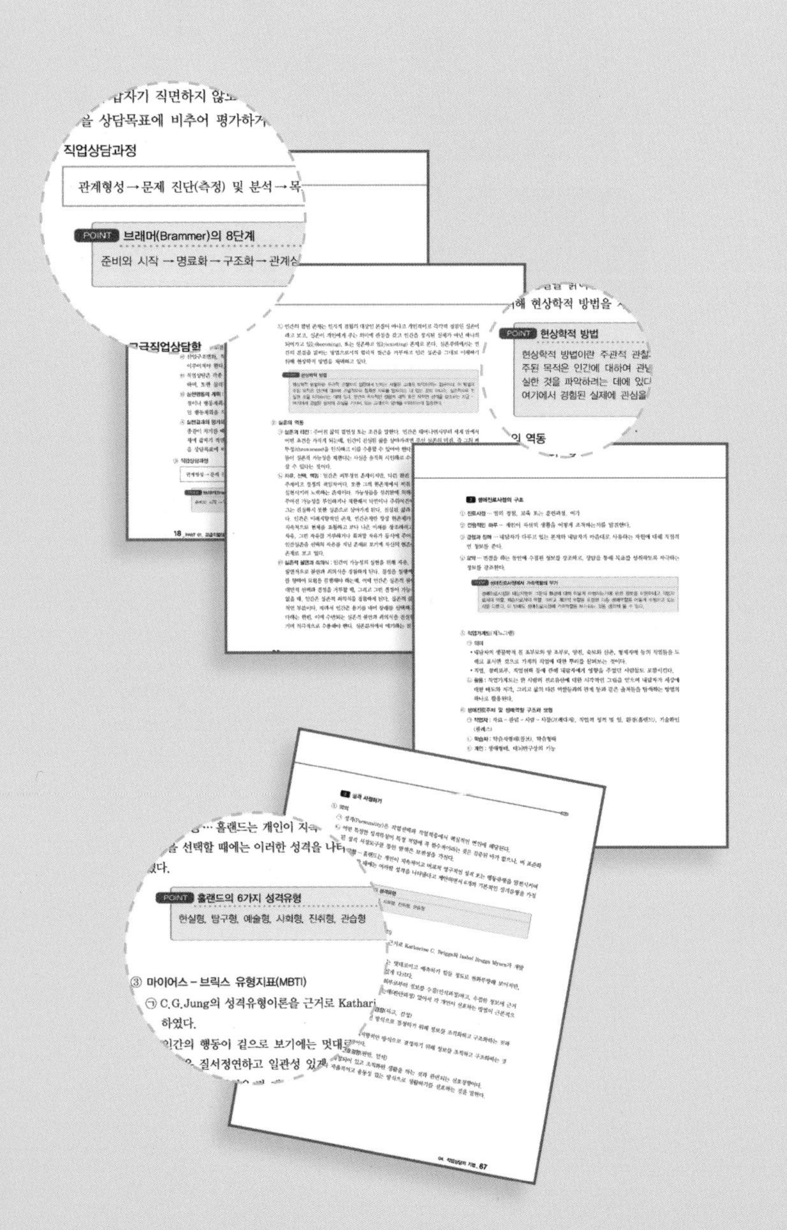

상세한 이론 제시

핵심적인 이론을 체계적으로 정리 · 요약하여 수험생들이 빠르게 이해할 수 있도록 구성하였습니다.

핵심 Point

시험 준비를 하면서 반드시 알아야 할 핵심적인 용어 및 내용들을 Point로 정리하여 한눈에 쉽게 파악할 수 있도록 하였습니다.

필기 / 실기 기출문제

실제로 출제된 기출문제를 통해 실제 시험 유형을 파악하는 한편 자신의 학습능력 또한 점검해 볼 수 있도록 구성하였습니다.

최신 법령 개정

개정된 법률을 반영하여 수험생들이 일일이 법령을 찾아보지 않더라도 손쉽게 학습할 수 있도록 하였습니다.

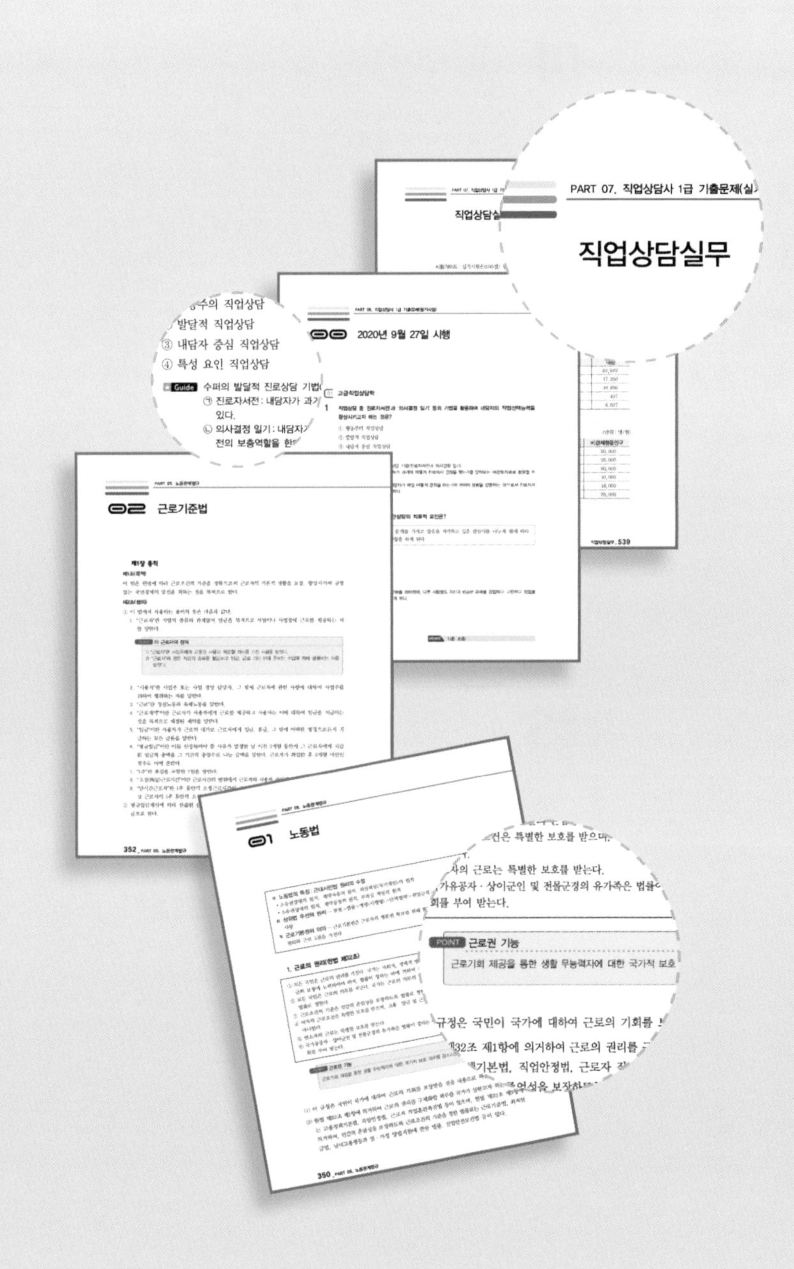

PART 01 고급직업상담학

01. 직업상담의 개념 18
02. 직업집단상담 및 기타 상담방법 22
03. 직업상담의 이론 및 접근방법 28
04. 직업상담의 기법 62
05. 직업상담 행정 74

PART 02 고급직업심리학

01. 진로발달이론 82
02. 직업심리검사 114
03. 경력개발과 직업전환 175
04. 직업과 스트레스 185

PART 03 고급직업정보론

01. 직업정보의 제공 194
02. 직업 및 산업분류의 활용 202
03. 직업 관련 정보의 이해 231
04. 직업정보의 수집, 분석 262
05. 고용보험제도 및 직업훈련 278
06. 자격제도 287

PART 04 노동시장론

01. 노동시장의 이해 306
02. 실업의 개념 332
03. 노사관계이론 335

CONTENTS

PART 05 노동관계법규

01. 노동법 ······ 350
02. 근로기준법 ······ 352
03. 남녀고용평등과 일 · 가정 양립 지원에 관한 법률 ······ 372
04. 고용상 연령차별금지 및 고령자 고용촉진에 관한 법률 ······ 388
05. 고용정책 기본법 ······ 396
06. 직업안정법 ······ 410
07. 고용보험법 ······ 422
08. 근로자직업능력 개발법 ······ 440
09. 파견근로자 보호 등에 관한 법률 ······ 454
10. 기간제 및 단시간근로자 보호 등에 관한 법률 ······ 462
11. 근로자퇴직급여 보장법 ······ 467
12. 채용절차의 공정화에 관한 법률 ······ 479
13. 장애인고용촉진 및 직업재활법 ······ 483

PART 06 직업상담사 1급 기출문제(필기시험)

2020년 9월 27일 시행 ······ 498

PART 07 직업상담사 1급 기출문제(실기시험)

직업상담실무 ······ 539

❶ 출제기준(필기)

직무 분야	사회복지 · 종교	중직무 분야	사회복지 · 종교	자격 종목	직업상담사 1급	적용 기간	2020. 1. 1 ~ 2022. 12. 31
○ 직무내용 : 노동시장, 직업세계 등과 관련된 정보를 분석 · 가공하여 개인의 역량분석, 전직지원, 은퇴상담, 심층상담 및 기업의 인력채용을 지원하고, 심리검사 및 집단상담 프로그램을 개발하며, 사업 기획 · 평가 및 슈퍼바이저 관련 업무를 수행하는 직무이다.							
필기검정방법	객관식	문제수	100	시험시간	2시간 30분		

필기 과목명	출제 문제수	주요항목	세부항목	세세항목
고급 직업상담학	20	1. 직업상담의 개념	1. 직업상담의 기초	1. 직업상담의 정의 2. 직업상담의 목적 3. 직업상담자의 역할 및 영역
			2. 직업상담의 분석틀	1. 윌리암슨의 분류 2. 보딘의 분류 3. 크릿츠의 분류 4. 직업의사결정상태에 따른 분류
		2. 직업상담의 이론	1. 기초상담 이론의 종류	1. 정신분석적 상담 2. 아들러의 개인주의 상담 3. 행동주의 상담 4. 내담자중심상담 5. 합리적 · 정서적 상담 6. 교류분석적 상담 7. 인지행동상담
		3. 직업상담 접근방법	1. 특성-요인 직업 상담	특성-요인 직업상담 모형, 방법, 평가
			2. 내담자 중심 직업 상담	내담자 중심 직업상담 모형, 방법, 평가
			3. 정신 역동적 직업 상담	정신 역동적 직업상담 모형, 방법, 평가
			4. 발달적 직업 상담	발달적 직업상담 모형, 방법, 평가
			5. 행동주의 직업 상담	행동주의 직업상담 모형, 방법, 평가
			6. 포괄적 직업상담	포괄적 직업상담 모형, 방법, 평가
		4. 직업상담의 기법	1. 초기면담의 의미	1. 초기면담의 유형과 요소 2. 초기면담의 단계
			2. 구조화된 면담법의 의미	1. 생애진로사정의 의미 2. 생애진로사정의 구조 3. 생애진로사정의 적용

필기 과목명	출제 문제수	주요항목	세부항목	세세항목
			3. 내담자 사정의 의미	1. 동기, 역할 사정하기 2. 가치사정하기 3. 흥미사정하기 4. 성격사정하기 5. 직무역량사정하기
			4. 목표설정 및 진로시간 전망	1. 목표설정의 의미 및 특성 2. 진로시간 전망의 의미
			5. 내담자의 인지적 명확성 사정	1. 면담의존 사정과 사정 시의 가정 2. 사정과 가설발달의 의미
			6. 내담자의 정보 및 행동에 대한 이해	내담자의 정보 및 행동에 대한 이해기법
			7. 대안개발과 의사결정	대안선택 및 문제해결
			8. 집단 직업상담	1. 집단 직업상담의 의미 2. 집단 직업상담 프로그램 기획 3. 집단 직업상담 프로그램 개발
		5. 직업상담 행정 및 제반업무	1. 각종 행사운영	1. 행사기획 및 관리 2. 행사관련홍보 및 업체섭외 3. 행사평가
			2. 취업지원 관련 자료분석	1. 요구별, 목적별 자료 정리 및 산출 2. 절차에 따른 정기 및 수시 자료 분석
			3. 직업상담사의 윤리	직업상담시 윤리적 문제
			4. 직업상담사의 보호	건강장해 예방조치(산업안전보건법령)
고급 직업심리학	20	1. 직업발달 이론	1. 특성-요인 이론 제개념	1. 특성-요인이론의 특징 2. 특성-요인이론의 주요내용 3. 홀랜드의 직업선택이론
			2. 직업적응 이론 제개념	1. 롭퀴스트와 데이비스의 이론 2. 직업적응에 대한 제연구
			3. 발달적 이론	1. 긴즈버그의 발달이론 2. 슈퍼의 발달이론 3. 고트프레드슨 이론
			4. 욕구이론	1. 욕구이론의 특성 2. 욕구이론의의 주요내용
			5. 진로선택의 사회학습 이론	1. 진로발달과정의 특성과 내용 2. 사회학습모형과 진로선택
			6. 새로운 진로 발달이론	1. 인지적 정보처리 접근 2. 사회인지적 조망접근 3. 가치중심적 진로접근 모형
		2. 직업심리 검사	1. 직업심리 검사의 이해	1. 심리검사의 특성 2. 심리검사의 용도 3. 심리검사의 분류

필기 과목명	출제 문제수	주요항목	세부항목	세세항목
			2. 규준과 점수해석	1. 규준의 개념 및 필요성 2. 규준의 종류 3. 규준해석의 유의점
			3. 신뢰도와 타당도	1. 신뢰도의 개념 2. 타당도의 개념
			4. 주요 심리검사	1. 성인지능검사 2. 직업적성검사 3. 직업선호도검사 4. 진로성숙검사 5. 직업흥미검사 6. 직무역량검사
		3. 직무분석 및 평가	1. 직무분석의 제개념	1. 직무분석의 의미 2. 직무분석의 방법 3. 직무분석의 원칙 4. 직무분석의 단계
			2. 직무평가	1. 직무평가의 방법 2. 직무가치 분석 방법
			3. 직무수행준거	1. 객관적 준거 2. 주관적 준거 3. 직무수행에 관한 준거의 관계
		4. 경력개발과 직업전환	1. 경력개발	1. 경력개발의 정의 2. 경력개발 프로그램 3. 경력개발의 단계
			2. 직업전환	1. 직업전환과 직업상담 2. 고령계층의 직업전환 3. 경력단절여성의 직업전환
		5. 직업과 스트레스	1. 스트레스의 의미	1. 스트레스의 특성 2. 스트레스의 작용원리
			2. 스트레스의 원인	직업관련 스트레스 요인
			3. 스트레스의 결과 및 예방	1. 개인적 결과 2. 조직의 결과 3. 대처를 위한 조건 4. 예방 및 대처전략
		6. 작업동기	1. 동기의 이해	동기의 개념 이해
			2. 작업동기 이론	1. 욕구위계이론 2. 형평이론 3. 기대이론 4. 강화이론 5. 목표설정이론
			3. 작업동기 이론의 적용	1. 동기전략의 적용 2. 작업동기이론의 통합

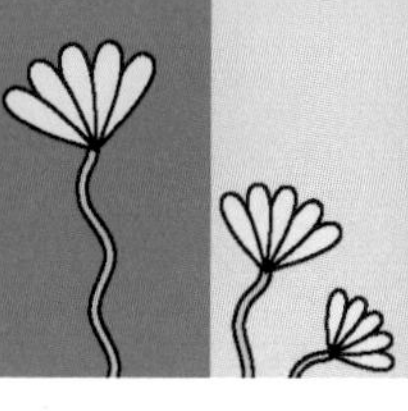

필기 과목명	출제 문제수	주요항목	세부항목	세세항목
고급직업 정보론	20	1. 직업정보의 제공	1. 직업정보의 이해	1. 직업정보의 의의 2. 직업정보의 기능
			2. 직업정보의 종류	1. 민간직업정보 2. 공공직업정보
			3. 직업정보 제공 자료	1. 한국직업사전 2. 한국직업전망 3. 학과정보 4. 자격정보 5. 훈련정보 6. 직업정보시스템
		2. 직업 및 산업 분류의 활용	1. 직업분류의 이해	1. 직업분류의 개요 2. 직업분류의 기준과 원칙 3. 직업분류의 체계와 구조
			2. 산업분류의 이해	1. 산업분류의 개요 2. 산업분류의 기준과 원칙 3. 산업분류의 체계와 구조
		3. 직업 관련 정보의 이해	1. 직업훈련 정보의 이해	직업훈련제도의 개요 및 훈련기관
			2. 워크넷의 이해	1. 워크넷의 내용 및 활용 2. 기타 취업사이트 활용
			3. 자격제도의 이해	국가자격종목의 이해
			4.고용 정책 및 제도	고용 정책, 제도의 이해
		4. 직업정보의 수집, 분석	1. 고용정보의 수집	1. 정보수집방법 2. 정보수집활동 3. 정보수집시 유의사항
			2. 고용정보의 분석	1. 정보의 분석 2. 분석시 유의점 3. 고용정보의 주요 용어
			3. 기업정보 수집 및 분석	1. 기업정보의 이해, 수집, 분석 2. 산업별 직무특성 이해

필기 과목명	출제 문제수	주요항목	세부항목	세세항목
노동 시장론	20	1. 노동시장의 이해	1. 노동의 수요	1. 노동수요의 의의와 특징 2. 노동수요의 결정요인 3. 노동의 수요곡선 4. 노동수요의 탄력성
			2. 노동의 공급	1. 노동공급의 의의와 특징 2. 노동공급의 결정요인 3. 노동의 공급곡선 4. 노동공급의 탄력성
			3. 노동시장의 균형	1. 노동시장의 의의와 특징 2. 노동시장의 균형분석 3. 한국의 노동시장의 구조와 특징
		2. 임금의 제개념	1. 임금의 의의와 결정이론	1. 임금의 의의와 법적 성격 2. 임금의 범위 3. 임금의 경제적 기능 4. 최저임금제도
			2. 임금체계	1. 임금체계의 의의 2. 임금체계의 결정 3. 임금체계의 유형
			3. 임금형태	1. 시간임금 2. 연공급 3. 직능급 4. 직무급 등
			4. 임금격차	1. 임금격차이론 2. 임금격차의 실태 및 특징
		3. 실업의 제개념	1. 실업의 이론과 형태	1. 실업의 제이론 2. 자발적 실업 3. 비자발적 실업 4. 마찰적 실업 5. 구조적 실업 6. 경기적 실업 7. 잠재적 실업
			2. 실업의 원인과 대책	1. 실업률 추이와 실업구조 2. 실업대책
		4. 노사관계 이론	1. 노사관계의 의의와 특성	1. 노사관계의 의의 2. 노사관계의 유형
			2. 노동조합의 이해	1. 노동조합의 형태 2. 단체교섭 3. 노동조합의 운영 4. 조직률의 개념과 결정요인 5. 파업의 이론과 기능

필기 과목명	출제 문제수	주요항목	세부항목	세세항목
노동관계법규	20	1. 노동 기본권과 개별 근로관계법규, 고용 관련 법규	1. 노동기본권의 이해	헌법상의 노동기본권
			2. 개별근로 관계법규의 이해	1. 근로기준법 및 시행령, 시행규칙 2. 남녀고용평등과 일·가정 양립 지원에 관한 법률 및 시행령, 시행규칙 3. 고용상 연령차별금지 및 고령자고용촉진에 관한 법률 및 시행령, 시행규칙 4. 파견근로자보호 등에 관한 법률 및 시행령, 시행규칙 5. 기간제 및 단시간 근로자 보호 등에 관한 법률 및 시행령, 시행규칙 6. 근로자 퇴직급여 보장법 및 시행령, 시행규칙
			3. 고용관련법규	1. 고용정책기본법 및 시행령, 시행규칙 2. 직업안정법 및 시행령, 시행규칙 3. 고용보험법 및 시행령, 시행규칙 4. 근로자직업능력개발법 및 시행령, 시행규칙
		2. 기타 직업상담 관련 법규	1. 개인정보보호 관련 법규	개인정보보호법 및 시행령, 시행규칙
			2. 채용관련 법규	채용절차의 공정화에 관한법률, 시행령, 시행규칙

❶ 출제기준(실기)

직무 분야	사회복지 · 종교	중직무 분야	사회복지 · 종교	자격 종목	직업상담사 1급	적용 기간	2020. 1. 1 ~ 2022. 12. 31

○직무내용 : 노동시장, 직업세계 등과 관련된 정보를 분석 · 가공하여 개인의 역량분석, 전직지원, 은퇴상담, 심층상담 및 기업의 인력채용을 지원하고, 심리검사 및 집단상담 프로그램을 개발하며, 사업 기획 · 평가 및 슈퍼바이저 관련 업무를 수행하는 직무이다.

○수행준거 : 1. 각종 심리평가도구를 사용하여 직업상담을 할 수 있다.
2. 직업심리검사를 시행하고 그 결과를 해석할 수 있다.
3. 노동시장 분석 등을 통해 취업박람회 등의 각종 행사를 위한 기획서를 작성할 수 있다.

실기검정방법	작업형	시험시간	3시간 정도

실기 과목명	주요항목	세부항목	세세항목
직업상담 실무	1. 심층직업상담	1. 초기면담하기	1. 심층상담에 대한 내담자의 적절성을 파악하기 위해 주요 호소 이슈와 상담 동기를 확인하고 내담자와 촉진적 관계를 형성할 수 있다. 2. 내담자에 대한 심상을 형성하기 위해 내담자의 행동, 표정, 언어 표현 등을 관찰 할 수 있다.
		2. 진단하기	1. 표준화된 진단도구 활용 지침에 따라 검사를 실시할 수 있다. 2. 정확한 검사 결과 해석을 위해 채점기준에 따라 검사결과를 평정할 수 있다.
		3. 상담기법 정하기	1. 초기면담과 진단도구 평정 결과에 따라 내담자의 특성을 분석할 수 있다. 2. 내담자의 이슈에 개입하기 위해 적합한 상담기법을 선택할 수 있다.
		4. 상담하기	1. 내담자가 해결하고자 하는 이슈에 따라 적절한 기법을 사용하여 상담을 진행할 수 있다. 2. 상담의 원활한 진행을 위해 적극적 경청, 공감, 수용 등의 상담기술을 사용할 수 있다.
		5. 상담진행변화 분석하기	1. 상담을 통한 내담자의 변화를 분석하기 위해 문제 상황에 대한 내담자의 균형 잡힌 관점, 핵심이슈의 파악, 자기 패배적 사고에서의 탈피, 치유의 정도 등을 분석할 수 있다. 2. 상담 목표를 달성하기 위해 상담의 올바른 방향성을 검토하고 내담자의 변화에 대한 수용과 의지에 따라 적절한 상담회기 및 상담기법을 변경할 수 있다. 3. 상담이 효과적으로 진행되고 있는지 점검하기 위해 내담자 스스로의 변화의지와 자신감 등을 파악할 수 있다. 4. 상담결과를 분석함에 있어 내담자의 긍정적 변화를 도출하기 위해 개입의 방법이 적절하였는지 평가할 수 있다.

실기 과목명	주요항목	세부항목	세세항목
	2. 직업상담연구	1. 검사도구 개발하기	1. 필요성에 따라 개발할 검사대상과 속성을 결정할 수 있다. 2. 관련 도구와 자료를 조사하고 전문가 자문을 통해 예비문항을 개발할 수 있다. 3. 신뢰도와 타당도를 위한 예비조사를 실시하고 검사문항을 확정할 수 있다. 4. 표준화를 위해 본 조사를 실시하고 규준을 설정할 수 있다. 5. 규준에 따라 검사도구 실시 및 활용 매뉴얼을 작성할 수 있다.
		2. 직업상담 프로그램 개발하기	1. 직업상담 프로그램의 목표에 따라 대상의 특성을 분석할 수 있다. 2. 전문가 조언을 참고하여 프로그램을 개발할 수 있다.
	3. 직업심리검사	1. 검사 선택하기	1. 내담자에 따라 직업심리검사의 종류와 내용을 설명할 수 있다. 2. 내담자의 목표에 적합한 검사를 선택하기 위해 다양한 검사들의 가치와 제한점을 설명할 수 있다.
		2. 검사 실시하기	1. 표준화된 검사 매뉴얼에 따라 제시된 소요시간 내에 검사를 실시할 수 있다. 2. 표준화된 검사 매뉴얼에 따라 내담자의 수검태도를 관찰할 수 있다. 3. 정확한 검사결과를 도출하기 위해 채점기준에 따라 검사결과를 평정할 수 있다.
		3. 검사결과 해석하기	1. 검사 항목별 평정에 따라 내담자에게 의미 있는 내용을 도출할 수 있다. 2. 내담자가 검사결과를 쉽게 이해할 수 있도록 전문적 용어, 평가적 말투, 애매한 표현 등을 자제하고 적절한 용어를 선택하여 검사점수의 의미를 설명할 수 있다. 3. 검사결과해석에 내담자 참여를 유도하기 위해 구조화된 질문을 사용할 수 있다. 4. 검사결과에 대한 내담자의 불안과 왜곡된 이해를 최소화하기 위해 검사결과해석 시 내담자의 반응을 고려할 수 있다. 5. 직업심리검사도구의 결과에 대한 한계점을 설명할 수 있다. 6. 각종 심리검사 결과를 활용할 수 있다
	4. 직업상담 마케팅	1. 직업상담 논점 분석하기	1. 직업상담의 대상을 파악하고 분석할 수 있다. 2. 직업상담 논점을 확인하기 위하여 직업정보를 수집할 수 있다. 3. 수집된 내용을 바탕으로 주요 논점을 파악할 수 있다.
		2. 각종 기획서 작성하기	1. 노동시장을 분석할 수 있다. 2. 행사목적을 수립할 수 있다. 3. 행사 추진계획을 수립할 수 있다. 4. 행사를 사전 준비할 수 있다. 5. 행사를 진행할 수 있다. 6. 행사 사후조치를 할 수 있다.

고급직업상담학

01 직업상담의 개념
02 직업집단상담 및 기타 상담방법
03 직업상담의 이론 및 접근방법
04 직업상담의 기법
05 직업상담 행정

01 직업상담의 개념

1 직업상담의 정의와 기본원리

① **직업상담의 정의** … 직업상담(vocational counseling)이란 개인의 직업발달을 지원하는 과정으로 상담의 기본원리와 기법을 바탕으로 직업을 선택하고 직업생활을 준비하고 직업생활에 적응하며, 직업전환을 하거나 은퇴하는 과정에서 발생하는 개인적 문제를 예방하고 지원하며 돕고 처치하는 활동을 의미한다.

② **직업상담의 기본원리**

㉠ 직업상담은 기본적으로 개인의 특성 등을 파악한 후, 상담자와 내담자 간의 신뢰관계를 형성한 후 실시해야 한다.

㉡ 윤리적인 범위 내에서 상담을 전개하도록 한다.

㉢ 직업선택에 초점을 맞추며, 진로발달이론에 근거해야 한다.

㉣ 산업구조변화, 직업정보, 훈련정보 등 다양하게 변화하는 직업세계에 대한 이해를 토대로 이루어져야 한다.

㉤ 직업상담은 각종 심리검사를 활용하여 그 결과를 기초로 합리적인 방안을 끌어낼 수 있어야 하며, 또한 심리검사에 과잉 의존하는 것은 지양해야 한다.

㉥ **실천행동의 계획** : 내담자의 새로운 견해나 인식이 실생활에서 실현되도록 내담자의 의사 결정이나 행동계획을 도울 필요가 있으므로 내담자의 구체적인 행동절차를 협의하고 세부적인 행동계획을 작성한다.

㉦ **실천결과의 평가와 종결** : 종결은 주로 내담자와 상담자의 합의에 의해 이루어지는데, 상담의 종결이 자기를 배척하는 것으로 생각하는 내담자도 있으므로 상담자는 내담자가 이러한 문제에 갑자기 직면하지 않도록 서서히 종결시키도록 하며, 종결에 앞서 그동안 성취한 것들을 상담목표에 비추어 평가하거나 목표에 도달하지 못한 이유를 토의한다.

③ **직업상담과정**

관계형성 → 문제 진단(측정) 및 분석 → 목표설정 → 상담(중재, 개입) → 평가

POINT **브래머(Brammer)의 8단계**

준비와 시작 → 명료화 → 구조화 → 관계심화 → 탐색 → 탐색 → 견고화 → 계획 → 종료

④ 직업상담사의 일반적 자질

㉠ **객관적인 통찰력** : 직업상담사는 내담자의 문제를 객관적으로 이해하고 통찰하여 내담자의 문제를 치료할 수 있도록 조력한다.

㉡ **내담자에 대한 존경심** : 직업상담사는 내담자에게 인정을 베푼다는 인식을 주어서는 안 된다.

㉢ **자아 편견에서 벗어나는 능력(개방적 자세)** : 직업상담사는 상담자로서 전문성을 유지하고 자신의 편견으로부터 내담자에게 영향을 미치지 않기 위해 부단히 노력하고 훈련을 받아야 할 필요가 있다.

㉣ **전문적인 심리학적 지식과 다양한 임상적 경험** : 직업상담사는 상담기법과 상담의 기본이론을 습득하고 다양한 상담경험을 통해 전문성을 확보해야 한다.

㉤ **직업정보 분석능력** : 직업상담에 필요한 다양한 직업정보를 습득하고 가공하여 내담자에게 필요한 직업정보를 제공한다.

2 직업상담 목적과 목표

① 상담의 목적

㉠ 자아개념의 구체화를 통한 자신의 이미지를 형성하고 적성과 흥미, 능력과 인성 등을 정확히 이해한다.

㉡ 직업의식, 건전한 가치관이나 태도 등의 직업윤리를 형성한다.

㉢ 진학이나 취업에 필요한 능력을 함양시킨다.

㉣ 다양한 일의 세계를 이해하고 적응하도록 한다.

㉤ 자신의 직업문제를 인식하며, 직업선택에 대한 책임을 진다.

㉥ 실업 등 위기관리능력을 증진시킨다.

㉦ 의사결정 능력을 촉진시킨다.

② 상담의 목표

㉠ **행동의 변화** : 상담을 통해 건전한 성장과 발달에 지장을 주는 내담자의 행동을 긍정적인 방향으로 변화시킨다.

㉡ **문제해결** : 상담자는 내담자의 부적응 문제를 해결하고자 상호 계약관계를 통해 문제의 개입, 처치하여 내담자의 문제해결에 조력한다.

㉢ **정신건강 증진** : 상담자는 적절하고 합리적인 지도를 통해 내담자가 책임감 있고 독립적이며 인격적으로 성숙할 수 있도록 정신건강을 돕는다.

㉣ **의사결정** : 상담자는 내담자가 합리적인 의사결정을 하도록 조력하며, 내담자가 왜 그러한 결정을 내리는지, 또 그 결정을 어떻게 수행하는지 파악해야 한다.

㉤ **개인적 효율성 향상** : 내담자가 상담을 통하여 생산적인 사고를 할 수 있고 적극적인 인간관계를 형성하며, 자신의 문제를 효과적으로 해결하고 적절히 통제하여 개인적 효율성을 향상시킬 수 있도록 돕는다.

③ Gysbers의 직업상담의 목표

㉠ **예언과 발달** : 직업선택을 목적으로 개인의 적성과 흥미를 탐색하여 전 생애에 발달 가능한 개인의 적성과 흥미에 대한 사정을 강조하며 생애진로발달에도 관심을 두어 발달할 수 있도록 촉구하는 것이다.

㉡ **처치와 자극** : 내담자의 진로발달이나 직업문제에 대해 처치하고 내담자에게 필요한 지식과 기능습득을 자극한다.

㉢ **결함과 유능** : 훈련 및 직업에 대한 정보의 결여, 인간관계의 부조화 등의 문제를 효과적으로 다루도록 돕는데 예방적인 관점에서 내담자의 결함보다는 능력을 개발하는데 초점을 맞춘다.

④ 직업상담 목표설정 시 고려해야 할 사항

㉠ 목표는 구체적이고 실현가능해야 한다.

㉡ 목표는 내담자가 바라고 원하는 것이어야 한다.

㉢ 내담자의 목표는 상담자의 기술과 양립 가능해야 한다.

3 직업문제유형 분류

① 윌리암슨(Williamson)의 직업선택의 문제유형 분류

㉠ **불확실한 선택(확신이 없는 선택)** : 자신의 결정에 대하여 의심을 나타낸다.

㉡ **현명하지 못한 선택(어리석은 선택)** : 내담자가 적합한 적성을 가지고 있지 않은 직업을 결정함을 의미한다.

㉢ **흥미와 적성 간의 불일치** : 내담자의 능력수준 이하의 직업, 또는 흥미와 적성이 고려되지 않은 직업에 대해 관심을 보이며, 단지 다른 분야들에 있어서의 똑같은 수준의 능력과 흥미를 나타낸다.

㉣ **진로 무선택(선택하지 않음)** : 내담자는 자신의 선택의사를 표현할 수 없고, 자신이 무엇을 원하는지조차 모른다고 대답한다.

② 보딘(Bordine)의 직업선택의 문제유형 분류

㉠ **의존성** : 개인이 겪고 있는 문제를 책임지고 해결하지 못하여 생애의 발달과업에 어려움을 느끼고 있는 경우로, 다른 사람에게 지나치게 의존하려 한다.

㉡ **정보의 부족** : 진로의사결정과 관련된 정보를 얻지 못해 직업결정에 어려움을 겪는 경우

㉢ **자아갈등(내적갈등)** : 자아개념과 다른 심리적 기능간의 갈등으로 인하여 직업결정에 어려움을 겪는 경우

㉣ 진로선택에 따르는 불안(선택불안) : 직업선택과 관련하여 불안을 경험하는 경우

㉤ 문제없음(확신결여) : 현실적인 선택을 하고 확신결여로 이것을 확인하기 위해 찾아온 내담자의 경우에는 문제가 없을 수 있다.

③ 크릿츠(Crites)의 직업선택 문제유형 분류

유형	내용
적응형	흥미와 적성이 일치하는 분야를 발견한 유형
부적응형	흥미와 적성이 맞는 분야를 찾지 못한 유형
비현실형	흥미를 느끼는 분야는 있지만, 그 분야에 대해 적성을 가지고 있지 못한 유형
다재다능형	재능이 많아 흥미와 적성에 맞는 직업 사이에서 결정을 내리지 못하는 유형
불충족형	자신의 적성 수준보다 낮은 직업을 선택하는 유형
강압형	적성 때문에 직업을 선택했지만, 그 직업에 대해 흥미를 느끼지 못하는 유형
우유부단형	흥미와 적성에 관계없이 어떤 직업을 선택할지 결정을 내리지 못하는 유형

02 직업집단상담 및 기타 상담방법

1 집단상담의 정의 및 목적

① 집단상담의 의미 … 집단구성원들의 문제를 해결하고 보다 바람직한 성장, 발달을 위하여 전문적으로 훈련된 상담자의 지도와 집단구성원들과의 역동적인 상호교류를 통해 각자의 장점, 태도, 생각 및 행동양식 등을 탐색, 이해하고 보다 성숙된 수준으로 향상시키는 과정을 말하며, 집단상담에서의 상담자의 역할은 촉진자, 안내자의 역할을 담당한다.

② 집단상담의 목적

㉠ 개인의 자기이해, 자기수용, 자기관리의 향상을 통한 인격적 성장 및 성숙

㉡ 개인적 관심사와 생활상의 문제에 대한 객관적인 검토와 그 해결책을 위한 실천적 행동의 습득

㉢ 다른 사람들과 더불어 살아가는 능력과 대인관계 기술의 습득

③ 집단상담이 필요한 경우

㉠ 내담자의 문제에 대해 객관적 시각이 요구되는 경우

㉡ 내담자가 배려심이나 존경심 등을 배워야 하는 경우

㉢ 사회적 기술이 요구되는 경우

㉣ 협동심과 소속감이 요구되는 경우

㉤ 타인의 조언, 지지, 이해 등이 필요한 경우

㉥ 자기노출에 필요 이상으로 위협을 느끼는 경우

④ 직업 의사결정 상태에 따른 분류(Phillips)

㉠ 자기탐색과 발견

㉡ 선택을 위한 준비

㉢ 의사결정 과정

㉣ 선택과 결정

㉤ 실천

⑤ 개인상담이 필요한 경우

㉠ 내담자의 문제가 위급하고 복잡한 경우

㉡ 내담자의 신상보호를 필요로 하는 경우

㉢ 상담내용이 자아개념이나 지극히 사적인 내용인 경우
㉣ 심리검사 해석시
㉤ 내담자가 발언에 공포를 지나치게 가지고 있는 경우
㉥ 내담자가 파괴적이고 공격적인 행동 또는 성적인 문제행동을 하는 경우
㉦ 자기탐색이 제한되어 있는 내담자의 경우
㉧ 강박적으로 타인에게 인정을 요구하는 경우

2 집단상담의 종류

① 주제에 따른 집단형태
㉠ **지지 집단** : 이혼가정 아동 지지 집단, 장애우가족 지지 집단 등
㉡ **성장 집단** : 가치명료화 집단, 성취동기 향상 집단, 자아성장 집단, 또래상담자 집단, 도덕성 증진 집단 등
㉢ **교육 집단** : 직업 집단, 진로 집단
㉣ **사회화 집단** : 대인관계 향상 집단, 갈등관리 집단, 친구사귀기 집단 등
㉤ **치료 집단** : 정신치료 집단
㉥ **학습 집단** : 학습능력을 향상시키는 목적으로 하는 집단(예 집중력 향상 집단, 학습습관 향상 집단, 시험불안 극복 집단 등)
㉦ **정서 집단** : 정서적 안정을 도모하는 집단(예 대인 불안 극복 집단, 분노 조절 집단, 스트레스 대처 집단 등)
㉧ **적응 집단** : 집단성원의 부적응적 문제를 해결하고 현실상황 및 환경에 적응력을 높이는 집단(예 우울, 자살, 비행청소년, 부적응 학생 적응력 강화 집단 등)

② 구조화에 따른 집단형태
㉠ **구조화 집단** : 집단의 규범이 있으며 일정한 흐름과 형태로 집단이 진행된다.
㉡ **비구조화 집단** : 집단의 방향과 규범이 정해지지 않고 집단이 자유롭게 운영되는 형태이다.
㉢ **반구조화 집단** : 구조화 집단과 비구조화 집단의 중간성격을 띄고 있으며 필수적인 집단의 규칙과 방향을 정하고 그 틀 안에서 자유롭게 집단이 운영되는 형태이다.

③ 운영방식에 따른 집단형태
㉠ **개방형 집단** : 집단 초기 집단구성원이 정해지면 집단의 운영 중 탈락, 집단 참여 거부 등으로 인하여 발생하는 집단성원을 채워 넣는 형식으로 집단원간의 상호작용에 효과적인 집단 형태이다.
㉡ **폐쇄형 집단** : 집단 운영 중 발생하는 집단성원의 탈락, 참여거부 등으로 집단원의 이탈이 일어나도 집단응집성과 연속성을 위하여 집단성원을 채워 넣지 않는 집단형태이다.

3 집단상담의 장 · 단점

① 장점

㉠ 실용적이고 효율성이 있다.

㉡ 사회적 대인관계의 맥락을 제공한다.

㉢ 집단에서 새로운 행동을 실천해 볼 수 있다.

㉣ 자신의 감정과 생각을 다른 사람에게 효과적으로 표현하고, 다른 사람의 감정표현을 잘 받아들인다.

㉤ 지도성과 사회성을 기른다.

㉥ 구성원들의 문제점을 통해서 유사점과 차이점을 이해할 수 있으며, 서로 도움을 주고받을 수 있다.

② 단점

㉠ 구성원 모두가 만족하기는 어렵다.

㉡ 모든 내담자에게 적합한 방법은 아니다.

㉢ 개인에게 집단의 압력이 가해지면 구성원 개인의 개성을 상실할 우려가 있다.

㉣ 상담의 비밀보장이 어렵다.

4 말레코프(1997)의 집단상담 이점

① 상호지지

② 일반화(문제의 보편화)

③ 희망고취

④ 이타심

⑤ 새로운 지식과 기술의 습득(정보제공 및 정보습득)

⑥ 소속감

⑦ 감정 정화

⑧ **재 경험의 기회제공** … 집단경험 이후 집단 활동 산출물을 집단 밖(현실장면)에서 재 경험하는 기회를 갖는다.

⑨ **현실감각의 시험** … 집단에서 학습한 내용을 집단 밖(현실장면)에서 시험해 보는 효과를 가지게 된다.

5 집단상담의 과정

① Butcher의 집단상담 과정

㉠ 제1단계 : 탐색단계

- 자기개방을 한다.
- 자신의 탐색을 위한 흥미와 적성을 측정한다.
- 측정결과에 대한 피드백을 받는다.
- 자신의 불일치를 발견하고 해소한다.

㉡ 제2단계 : 전환단계

- 자신의 지식과 직업세계를 연결하고 일과 삶의 가치를 찾는다.
- 자신의 가치에 대한 피드백을 받고 직업가치를 변화시킨다.
- 가치명료화를 위해 불일치를 해소한다.

㉢ 제3단계 : 행동단계

- 목표를 설정한다.
- 행동실천을 위한 계획이 이루어진다.
- 직업정보를 수집하고 공유한다.
- 합리적인 의사결정을 한다.

② Tolbert가 제시한 집단직업상담 과정(5가지 활동유형)

㉠ 탐색

㉡ 상호작용

㉢ 개인적 정보의 검토 및 목표와의 연결

㉣ 직업적 정보의 획득과 검토

㉤ 의사결정

6 집단상담의 운영 및 치료적 요인

① 집단상담의 적정인원과 집단의 구성이 큰 경우와 작은 경우의 장 · 단점

㉠ 적정인원 : 6 ~ 9명

㉡ 집단의 크기가 작은 경우 : 집단원간의 상호관계 및 행동범위가 좁아지고 각자가 받는 압력이 너무 커서 비효율적이다.

㉢ 집단의 크기가 너무 큰 경우 : 구성원 모두가 전적으로 참여하기가 어렵고 상담자가 각 구성원에게 적절한 주의를 기울이지 못하는 경우가 있다.

② 집단상담이 개인상담과 구별되는 독특한 치료적 요인

㉠ 얄롬의 집단상담이 개인상담과 구별되는 독특한 치료적 요인

- 희망의 고취 : 집단성원은 집단상담을 통해 자신에게 일어나는 문제를 해결할 수 있다는 희망을 가지게 된다.
- 보편성 : 문제의 일반화를 의미하며 다른 사람들도 자신과 비슷한 문제를 경험하고 고민하고 있음을 알게 되어 위로를 받게 된다.
- 정보전달 : 유사한 문제를 겪고 있는 집단 성원에게 자신의 문제 극복 방법에 대한 정보를 전달할 수 있다.
- 이타심 : 타인에게 정보전달, 심리적 지지 등을 통해 도움을 준다는 것을 발견하고 자존감이 높아질 수 있다.
- 일차 가족 집단의 교정적 경험 : 집단은 가족 및 작은 사회의 기능을 하며 가족에서 상호작용이 미숙했던 집단원이 심리적 지지를 받음으로써 부정적 대인관계 양상과 미해결된 감정을 해결할 수 있는 기회를 갖게 된다.
- 사회화 : 다른 집단원들과 사회적 관계를 형성하면서 다양한 사회화 기술을 습득하게 된다.
- 모방행동 : 다른 집단원 또는 집단상담자를 모방하여 바람직한 행동, 사고를 학습하게 된다.
- 대인관계 학습 : 집단원들과의 대안관계를 통해 대인관계문제를 해결할 수 있으며 새로운 행동양식을 학습할 수 있다.
- 집단응집력(소속감, 결속력) : 집단원들이 집단에 매력을 느끼게 계속 참여하도록 만드는 요소로서 집단원들의 소속감, 친밀감은 집단을 신뢰할 수 있는 치료적 가치를 지닌다.
- 정화(환기) : 집단원 개개인의 억압된 감정 및 생각을 집단상담에서 표출함으로서 정서적 변화를 경험하게 된다.
- 실존적 요인 : 삶이 반드시 공정하지 못하고 죽음이나 고통은 피할 수 없음을 인식하고 자신의 삶에 대해 책임을 지니고 있음을 이해하고 집단원들이 각자의 경험을 공유함으로서 집단성원 개개인의 실존과 책임을 이해하게 된다.

㉡ 코리(Corey, 1995)의 치료적 요인

- 신뢰와 수용
- 공감과 배려
- 희망
- 실험을 해보는 자유
- 변화하겠다는 결단
- 친밀감
- 감정 정화
- 인지적 재구조화
- 자기개방
- 직면
- 피드백

7 전화상담 방법

① 전화상담의 장점

㉠ 상담접근이 면접상담에 비해 용이하다.

㉡ 비용이 저렴하여 경제적이다.

㉢ 위기상담 및 사적인 상담에 효과적이다.

② 전화상담의 단점

㉠ 비언어적인 요소의 파악이 어려워 내담자의 정보수집에 한계가 있다.

㉡ 상담 중 침묵이 위협적이다.

㉢ 지속적인 상담이 어렵다.

8 사이버상담 방법

① 사이버상담의 장점

㉠ 인터넷망이 확충된 경우 면접상담에 비해 상담접근이 용이하다.

㉡ 면접상담에 비해 비용이 저렴하여 경제적이다.

㉢ 컴퓨터 기기에 익숙한 내담자의 경우 면접상담보다 상담몰입이 효과적이다.

② 사이버상담의 단점

㉠ 비언어적인 요소의 파악이 어려워 내담자의 정보수집에 한계가 있다.

㉡ 상담 중 침묵이 위협적이다.

㉢ 지속적인 상담이 어렵다.

03 직업상담의 이론 및 접근방법

01 기초상담 이론

1 정신분석적 상담

① 의의

㉠ 프로이드에 의해 창시된 정신분석상담은 정신장애란 인간의 무의식적 욕구가 억압되어 불안이 야기됨으로써 발생하는 것으로 이러한 무의식적 욕구의 의식화를 통해 불안을 해소할 수 있다고 주장하고 있다.

㉡ 정신분석적 접근에는 프로이드의 이론을 중심으로 하는 정통파, 아들러와 에릭슨과 같이 사회를 중점적으로 변형된 학파, 신 프로이드 학파 등의 다양한 이론적 기류의 기본이 되는 상담이다.

② 인간관 … 인간 본성에 관한 Freud의 관점은 결정론적이며 환원적이다. 프로이드에 따르면 인간의 행동은 비합리적인 힘, 무의식적 동기, 생물학적 및 본능적 욕구가 생의 초기 6년 동안의 심리 성적 사상에 의해 결정된다고 보고 있다.

③ 성격구조 … 정신분석적 관점에 따르면 성격은 3가지(원초아, 자아, 초자아) 체계로 이루어져 있다. 인간의 성격은 세 개의 분리된 요소로서가 아니라 전체로서 기능한다. 원초아는 생물학적 구성요소이며, 자아는 심리적 구성요소, 그리고 초자아는 사회적 구성요소이다. 전통적 프로이드 관점에서는 인간을 에너지 체계로 본다. 성격의 역동은 심리적 에너지가 원초아, 자아, 초자아에 분배되는 방식이다. 왜냐하면 에너지의 양은 제한되어 있고, 한 체계는 다른 두 체계를 희생시켜야 에너지를 이용할 수 있기 때문이다. 행동은 이 심리적 에너지가 결정한다.

㉠ 원초아(id) : 심리학적 추동과 관련이 있는 심리구조이다. 원초아는 생득적인 것으로 기본적인 생물학적인 반사 및 추동을 포함하고 있다. 배고픔, 목마름, 수면, 배설욕, 성욕 등이 여기에 해당된다. 원초아는 에너지원이라 할 수 있으며 가장 중요한 추동으로 삶의 추동(Eros)과 죽음의 추동(Thnatos)이 여기에 속한다. 여기서 삶의 추동이 에너지의 형태로 나타나는 것을 리비도(Libibo)라 한다. 원초아는 고통을 피하고 쾌락을 얻기 위한 방법으로서 생리적인 자동적 반응들을 포함하는 반사작용과 긴장을 제거해 주는 영상을 떠올림으로서 긴장을 해소하려 한다. 이처럼 원초아는 객관적인 현실세계와 상관없이 개인의 주관적 경험

의 내적세계인 본능적 욕구나 추동만을 나타내려는 원리에 따르게 되는데, 이를 '쾌락의 원리'라 한다.

㉡ 자아(ego) : 자아는 태어날 때부터 생기는 것이 아니며, 살아가면서 원초아를 현실세계에 맞추어 조정하는 과정에서 발생한다. 즉, 욕망과 현실의 만남에서 이를 타협하고 조정할 주체가 형성될 필요가 있는데, 이러한 기능을 담당하는 우리 마음의 구조가 발달하여 자아가 형성된다. 자아로 인해, 자신의 마음 속의 것과 외부의 것과 구별할 줄 알고, 욕구충족을 위해 적합한 대상이 발견될 때까지 긴장해소를 보류할 수도 있게 된다. 이렇게 현실을 고려하여 원초아의 욕구를 만족시키려는 원리를 '현실의 원리'라 한다.

㉢ 초자아(super – ego) : 초자아는 사회의 전통적 가치와 이상의 내적 기준이다. 초자아는 현실보다는 이상을 대표하며 쾌락보다는 완성을 추구한다. 본능적 추동을 억제하고 자아가 현실적인 목표 대신에 이상적인 목포를 가지고 완전성을 위해 정진하도록 요구한다. 인간은 5 ~ 6세경에 초자아가 형성된다. 초자아는 부모들의 규칙이 내재화된 결과이며, 이로 인해 자아에 대한 심판(양심, 가치, 도덕)이 가능해진다.

④ 인간의 의식구조

㉠ 의식(consciousness) : 현재 각성하고 있는 모든 행위와 감정들을 포함하며 이러한 의식수준은 인간의 극히 일부분에 지나지 않는다.

㉡ 전의식(preconsciousness) : 이용 가능한 기억이라고 불러지며 의식의 부분은 아니지만 조금만 노력하면 의식 속으로 떠올릴 수 있는 생각이나 감정을 포함한다.

㉢ 무의식(unconsciousness) : 의식적 인식의 표면 아래에 있는 사고, 기억 및 욕구를 포함하며, 깊은 내면에 자리 잡고 있으면서 행동에 큰 영향을 끼친다. 이것은 정신분석 이론에서 가장 중시되는 용어 중 하나로, 의식적인 자각을 할 수 없거나 의식을 통해 접근할 수 없는 사고, 기억 및 욕망 등의 마음 세계를 지칭한다.

⑤ 불안 … 불안은 원인에 대한 이유가 명확하지 않은 상태에서 두려움을 느끼는 것으로 프로이트는 원초아, 자아, 초자아 간의 갈등으로 불안이 야기된다고 보았으며 불안을 도덕적 불안, 현실적 불안, 신경증적 불안으로 구분하고 있다. 도덕적 불안은 원초아와 초자아 간의 갈등으로 야기된 것으로 자기 양심에 대한 두려움으로 나타나는 불안을 의미하며 현실적인 불안은 외부세계의 위험요소로부터 발생하는 불안을 의미한다. 신경증적 불안은 본능적 충동을 통제하지 못해 발생하는 불안을 의미한다.

현실적 불안 (Reality Anxiety)	-외부세계의 실제적인 위협에서 느끼는 두려움으로 객관적 불안이라고도한다. -실제 위협의 정도에 따라 불안의 정도는 비례한다. 예 실제 있는 시험에 대한 두려움
신경증적 불안 (Neurotic Anxiety)	-Ego(자아)가 Id(원초아)를 통제하지 못해 발생하는 불안으로 인간이 어떤 행동을 함으로써 느끼는 처벌에 대한 두려움을 뜻한다. 예 무단횡단 했을 때 범칙금이 부과 될 것에 대한 두려움
도덕적 불안 (Moral Anxiety)	-자신의 양심에 대한 두려움으로 Id(원초아)와 Super-ego(초자아) 간의 갈등에서 비롯된 불안이다. -도덕성이 높은 사람일수록 도덕적 불안은 커진다. 예 무단 횡단 시 규범을 어겼다는 자신의 양심과 도덕성에 대한 두려움

⑥ 성격발달 … 프로이드는 인간의 성격은 5단계를 거쳐 발달된다고 보았다. 개인의 성격은 유아기의 여러 경험에 의해 그 기본구조가 5세 이전에 형성되어 그 후 정교화되는 과정을 거친다. 성적욕구의 에너지(Libido)가 출생 시 나타나 단계를 거쳐 가며 발달하는 것이다. 각 발달단계에서 추구하는 만족을 충분히 얻으면 다음 단계로 발달이 이행되고 만일 욕구충족이 이루어지지 않거나 과잉충족을 하면 다음 단계로의 발달을 저해하는 고착(fixation) 현상을 나타낸다.

구분	내용
구강기	생후 1년으로 리비도가 입에 집중되는 시기로 이 시기를 만족하지 못하면 타인, 주변세계에 대해 불신감을 가지게 된다.
항문기	생후 2, 3세로 배변훈련과 관련된 시기이며 대소변훈련을 할 때 타자의 태도가 유아기의 성격형성에 지대한 영향을 미치게 된다. 이 시기에 유아는 분노와 적대 같은 부정적인 감정을 수용하며 독립적이고 개별적인 존재로 여기게 된다.
남근기	생후 3 ~ 5세까지의 시기로 유아는 남근(성기)에 관심을 가지게 되는데 이때 남근이 없는 여자아이의 경우 남근을 열망하게 된다. 이성부모에 대한 성적 관심이 생기며 오이디푸스 콤플렉스(Oedipus complex - 남아는 어머니라는 이성에 대해 성적인 애정과 접근하려는 욕망)나 일렉트라 콤플렉스(Electra complex - 여아는 아버지라는 이성에 대해 성적인 애정과 접근하려는 욕망)가 생긴다. 유아의 경우 거세불안으로 인한 동일시가 일어나서 성역할을 학습할 수 있으며 부모의 가치를 내면화함으로서 초자아가 발달하게 된다.
잠복기	6 ~ 12세까지의 시기로 성에 대한 관심이 줄어들고 새로운 환경에 적응하는 조용한 시기를 보내게 된다.
성기기	12세 전후의 사춘기로 다시 이성에 대한 관심이 생기고 성을 충족시키기 위해 행동하게 된다.

⑦ 상담기법

㉠ 통찰(Insight) : 내담자의 행동의 원인과 해결방법이 무엇인지 깨닫고 수용하게 하는 과정으로 무의식 속에 있는 것들의 진정한 의미를 깨닫게 하는 것이다.

㉡ 자유연상(Free Association) : 무의식을 끌어내기 위해 마음 속에 떠오르는 모든 것을 이야기해 보는 것이다.

㉢ 전이해석(Transference) : 일종의 왜곡으로 과거의 사람에게 느꼈던 감정을 현재 상담자에게도 느끼게 되며 그 때 감정, 신념, 소망 등을 표현하게 되는데 이것을 잘 분석 · 해석하여 상담에 이용한다.

㉣ 저항(Resistance) : 상담을 방해하고 내담자의 무의식적 자료를 생산하지 못하게 방해하는 것으로 현재를 유지하고 변화하기 싫은 의식, 무의식적 생각, 태도, 감정 등을 의미한다.

㉤ 훈습(Working Through) : 통찰 후 자신의 심리적 갈등을 깨닫고 실생활에 적응하는 훈련과정이다.

⑧ 방어기제(Defense mechanism) … 방어기제란 원초아 속에 포함되어 있는 사회적으로 용납될 수 없는 욕구나 충동 등의 사실적 표현과 이에 맞선 초자아의 압력 때문에 발생하는 불안으로부터 자아를 보호하기 위한 전략이다.

㉠ 부정(부인 ; denial) : 방어기제 중에 가장 단순하고 원시적인 것으로 외적인 상황이 감당하기 어려울 때, 외상적 상황에서 생각하고 느끼고 자각하는 것을 왜곡하는 방법이다. 즉 위협적 현실에 눈을 감음으로써 불안에 방어한다.

㉡ 억압(repression) : 불쾌한 경험이나 반사회적인 충동 등을 생각하지 않도록 무의식적으로 억누르는 방법으로 가장 기본적이고도 가장 중요한 방어기제라고 간주하였다.

㉢ 합리화(rationalization) : 자신을 위로하려는 과정에서 자신의 생각이나 행동 또는 감정의 진실한 동기를 숨긴다.

- 신포도형 : 높은 가지에 걸린 포도는 시어서 먹지 못한다는 여우를 말하며 원하는 것이 있으나 얻을 수 없는 것에 대하여 자신이 원하지 않은 것이라고 변명한다.
- 달콤한 레몬형 : 자신이 가지고 있는 것에 대해 별 볼 것이 없으나 본인이 원했던 것이라고 스스로 믿는 것을 말한다.

㉣ 투사(projection) : 자신의 자아에 내재해 있으나 받아들일 수 없는 감정이나 동기를 다른 사람에게 돌려서 어려움을 대처하는 방법이다.

㉤ 승화(sublimation) : 반사회적 충동을 사회가 허용하는 방향으로 나타내는 방법으로 방어기제 중 유일하게 건전하고 건설적이다.

㉥ 치환(displacement) : 본능적인 충동의 표현을 재조정해서 위협을 많이 주는 사람이나 대상에서 덜 위협적인 대상으로 방향을 전환하는 것이다.

ⓢ **반동형성**(reaction formation) : 받아들일 수 없는 충동을 억압하고 반대적인 행동으로 표현하는 것이다.

ⓞ **고착**(fixation) : 퇴행이 심하거나 정상적인 발달이 이루어지지 않을 때, 욕구가 충분히 충족되지 않았던 발달 시기에 머무는 것. 한 예로 어머니의 사랑을 충분히 받지 못한 아이가 나이가 든 후에도 어머니의 사랑을 계속 확인하고 의존하려 한다.

ⓙ **퇴행**(regression) : 어떤 사람들은 어렸을 적의 행동양식으로 되돌아가기도 한다. 발달의 초기단계로 되돌아가면 요구가 적어진다. 심각한 스트레스나 극단적인 곤경에 직면하면 개인은 미성숙하고 부적절한 행동에 매달리므로 그들이 느끼는 불안에 대처하려고 시도한다.

ⓒ **동일시**(identification) : 동일시는 주위의 중요한 사람의 태도와 행동을 닮는 방어기제이다. 이는 아동들이 성 역할 행동을 학습하는 발달과정의 한 부분으로 자아와 초자아의 발달에 중요한 역할을 한다. 하지만 다른 측면에서 동일시는 방어적 반응일 수도 있다. 그것은 자기 가치를 고양시키고 실패로부터 자신을 보호하기도 한다. 열등하다고 느끼는 사람들은 자신을 성공적 주장, 조직, 사람들과 동일시하므로 자신이 가치롭다고 자각되어지기를 바라기도 한다.

ⓚ **억제**(suppression) : 괴롭히는 문제나 욕구, 경험 등을 의식적으로 생각하지 않는다.

ⓣ **분리**(isolate) : 고통스러운 감정이나 생각을 감정과 분리시킴으로서 지각하지 못하게 한다.

ⓟ **전능감** : 자신이 특별한 힘과 능력을 지니고 있고, 타인보다 우월하다고 느끼고 행동한다.

ⓗ **대치**(substitution) : 갈구하는 대상을 원래의 목표에서 심리적으로 용인되는 비슷한 대상에게 전환하는 것을 말한다.

㉮ **전환**(conversion) : 심리적 갈등이 수의근과 감각기관에 영향을 미치는 신체증상으로 나타나는 것을 말한다. 예를 들어, 글을 쓰는데 갈등을 느낀 소설가가 오른팔이 마비되는 경우이다.

㉯ **신체화**(somatization) : 심리적 갈등이 불수의근에 영향을 미쳐 신체증상으로 나타나는 것이다.

㉰ **보상**(compensation) : 자신의 결점을 극복하기 위하여 탁월한 능력을 발휘하는 것을 의미한다.

㉱ **금욕주의** : 자신의 성적 충동을 억누르고 오히려 이성적이고 경건한 행동을 하는 것을 말하며 청소년 시기에 빈번히 발생하는 기제이다.

⑨ **치료과정 및 치료목적**

㉠ 정신분석치료에는 두 가지 목표가 있다. 첫째, 무의식적 갈등을 의식화하고 둘째, 자아를 강하게 하여 행동이 본능의 욕구보다 현실에 바탕을 두도록 하는 것이다. 이는 성격 구조의 재구성이라고 표현되는데 원초아의 억압을 약화시킴으로 자아주도적 성격구조로 변화시키는 것을 의미한다.

㉡ 무의식적 갈등과 불안정의 배경을 의식화시켜서 긴장에 의해 사용되지 못했던 에너지를 자아기능에 활용함으로써 개인의 의식 및 행동과정을 원활하게 만든다. 이런 분석적 치료는 통찰을 목표로 하지만 지적 이해에 그치는 것이 아니라, 자기 이해와 관련 있는 감정과 기억들이 경험되어져야 한다고 전제했다.

2 아들러(Adler)의 개인주의 심리학적 이론

① 의의

㉠ 아들러는 어린 시절 질병과 사고로 고통스런 유년기를 보냈다. 이러한 그의 체험은 개인심리학의 중요한 토대를 이루는 "열등감"이란 개념이 형성되는데 영향을 미쳤다. 아들러는 우리의 행동을 누구나 지니고 있는 아동기 시절의 열등감을 극복하기 위한 노력의 일환으로 보았다. "열등감"이란 용어를 처음 제안한 학자로, 아들러는 아동기가 성격형성에 매우 중요한 시기라는 점에서 프로이드와 생각을 같이 하였다. 대신, 프로이드와 달리 아동기의 성적충동 만족보다는 개인의 신체적 및 심리적 열등감에 대한 대처양식이 이후의 성격형성에 매우 중요한 역할을 한다고 보았다. 또한 그는 사회 환경의 요인이 개인의 성격에 큰 영향을 준다고 보았다.

㉡ 아들러는 아동기의 환경요인을 강조하면서 출생순위, 형제의 수, 부모의 교육수준, 부모의 태도와 가치관이 아동의 성격형성에 큰 영향을 준다고 보았다. 특히 아동의 출생순위를 강조하며 같은 부모 밑에서 자란 아동들도 동일한 사회적 환경을 지닌 것은 아니라고 보았다.

㉢ 평생의 보상을 향한 추구의 기저 동기를 제공하는 것은 바로 이러한 환경요인의 영향 하에서 누구나 피할 수 없는 열등감을 극복하려는 투쟁이다. 살아가는 동안 사람들은 우월감에 도달함으로써 그리고 완벽을 추구함으로써 지각된 결함을 보상하려고 한다. 결함 그 자체보다는 오히려 피할 수 없는 열등감에 대해 개인이 선택한 특정 태도가 가장 중요하다고 보았다.

② **인간관** … 아들러는 인간은 사회적인 충동에 의해 동기화된다고 보았다. 아들러에게 있어 행동은 목표 지향적이고 의도적이다. 의식이 성격의 중심이고 무의식은 성격과 거리가 멀다. 아들러는 열등감을 창조성의 원천이 될 수 있다고 보았다.

㉠ **총체적 존재** : 아들러는 그 자체로서 완전한 전체로 인간을 보았으며 더 이상 분류하거나 분리할 수 없다고 하였다. 아들러는 이러한 자아 일치된 통합된 성격구조를 개인의 생활양식이라고 부르고 있는데 개인의 성격은 생의 목표를 통해 통합되기 때문이다.

㉡ **사회적 관심을 가진 존재** : 여기서 말하는 사회적 관심은 개인이 인간사회의 일부라는 인식과 사회적 세계를 다루는 개인의 태도를 말하며 인간의 보다 나은 미래를 위한 노력을 포함한다. 사회적 관심이 발달함에 따라 열등감과 소외감은 감소하며, 삶을 통해 소속되고자 하는 욕구가 인간행동의 기본이 된다. 우리가 경험하는 문제의 대부분은 자신이 가치를 두는 사람들에게 수용되지 못한다는 두려움에 관련되어 있다.

㉢ **창조적 존재** : 성격형성에 있어서 유전과 환경의 중요성을 인정하면서도 개인은 이 두 요인 이상의 산물이라고 하였다. 그래서 사람을 창조적인 힘을 가지고 자기 인생을 좌우할 수 있는 존재로 묘사한다. 인간은 궁극적 목표, 특정 경향으로 나아가려는 지속적인 경향성을 갖고 있고, 이 점이 우리가 그 무엇을 수용할 것인지, 어떻게 행동할 것인지, 사상을 어떻게 해석할 것인지를 선택할 수 있는 창조적 힘을 가질 수 있게 한다고 보았다.

㉣ **주관적 지각을 가진 존재** : 개인이 자신과 자신이 적응해 나가야 하는 환경을 어떻게 보느냐에 따라 그의 행동이 결정된다고 하였다. 모든 개인은 그들 자신이 가진 개인적 신념, 관점, 지각, 결론 등의 도식과 일치하는 방향으로 그들 자신이 설계한 세계 속에서 산다.

③ 주요 개념

㉠ **열등감과 보상** : 인간의 특정 신체기관의 약함으로 인해 질병에 걸리기 쉽다. 그래서 신체적 열등성을 극복하기 위해 훈련과 연습을 통해 보상적 노력을 하게 된다. 보상과정은 심리학적인 면에도 적용될 수 있다고 하였는데, 즉 개인은 열등감뿐 아니라 심리적인 또는 사회적인 무능감으로부터 생기는 주관적인 열등의식도 보상하고자 한다. 열등감과 우월감 혹은 자기완성은 동전의 양면이다. 아들러가 지적한 것처럼 열등감을 어떻게 극복하느냐가 자기완성을 위해 중요하다.

㉡ **우월성의 추구** : 열등감에 대한 보상의 노력은 결국 우월성의 추구라는 개념으로 귀결된다. 아들러는 인간이 추구하는 궁극적인 목적을 바로 우월성의 추구라고 봐왔는데, 이는 단지 열등감을 극복한다라는 소극적인 입장에서 한 단계 넘어서서 보다 적극적으로 향상과 완성으로 나아가는 것이라고 하였다.

㉢ **생활양식** : 삶에 대한 개인의 기본적인 지향이나 성격을 말하며 성격을 움직이는 체계적 원리로서 부분에 명령을 내리는 전체의 역할을 한다. 삶의 목적, 자아개념, 가치, 태도 등을 포함하는 것으로 삶의 목적을 달성하는 독특한 방법들이다. 아들러는 생활양식을 활동수준과 사회적 관심이라는 두 가지 차원을 중심으로 네 가지 유형으로 구분하였다.

- 지배형 : 사회적인 관심이 거의 없으면서 활동수준이 높아 공격적이고 자기주장적인 형태를 말한다.
- 획득형 : 기생적인 방법으로 외부세계와 관계를 맺으며 다른 사람에게 의존하여 욕구를 충족하는 형태를 말한다.
- 회피형 : 사회적 관심이 적고 활동도 적어서 이들의 목표는 인생의 모든 문제를 회피함으로써 한치의 실패 가능성도 줄이려는 것이다.
- 사회형 : 심리적으로 건강한 사람의 표본이 된다. 활동수준과 사회적 관심이 높아 자신의 욕구는 물론 다른 사람의 복지를 위해서 협력하려는 의지를 가진다.

㉣ **생활과제** : 아들러는 인간은 최소한 세 가지의 주요 생활과제를 해결해야 한다고 보았는데 그 세 가지는 일, 성(사랑 · 우정), 사회이다.

㉤ 출생순위와 형제관계 : 아들러식 상담자들은 대부분의 인간적 문제를 본질적으로 사회적인 관점에서 보기 때문에 가족 내 관계를 중시한다. 가족들의 성격유형, 정서적 거리, 출생순위, 상호지배 및 복종관계, 가족의 크기 등은 가족자리를 결정해주는 요소가 되며 개인의 성격발달에 영향을 미친다. 특히 출생순위에 수반되는 상황에 대한 지각이 중요하다.

㉥ Adler의 개인주의 상담의 4단계 치료과정

- 상담관계 형성 : 상담자와 내담자가 우호적이며 대등한 관계를 형성한다. 또한 상담자의 관심과 경청을 바탕으로 신뢰관계를 형성한다.
- 평가와 분석 : 상담자는 내담자의 부적절한 생활양식에 영향을 준 요인들을 분석하고 평가한다.
- 해석과 통찰 : 생활양식 조사 내용에 대한 평가와 분석을 바탕으로 내담자의 부적응에 대한 해석을 한다. 상담자는 해석을 통해 내담자의 자기이해와 통찰을 촉진한다.
- 재교육(reorientation) : 해석을 통해 획득한 통찰을 바탕으로 내담자가 이전에 가졌던 비효과적인 신념, 행동, 태도를 버리고 새로운 방향설정을 하도록 조력한다.

㉦ 열등감 콤플렉스 원인

- 기관 열등감
- 양육태만
- 과잉보호

④ 이론의 기여 및 비판

㉠ 기여한 점 : 아들러 이론은 형태치료, 합리적 정서적 치료, 실존 접근, 인간중심 접근, 현실치료 등 다른 치료법에도 큰 영향을 미쳤다. 아들러 이론에서 성격의 사회적 요인에 대한 강조는 집단 내에서 개인을 치료하는 집단치료의 개념을 선도하였다.

㉡ 비판 : 아들러 자신의 이론이 체계적으로 조직되기보다는 실행과 교수를 강조했다. 따라서 그의 저술은 느슨하며 상식심리학에 근거하고 있고 지나치게 간결한 경향이 있다. 아들러의 이론은 실제적인 연관이 상당히 높은 반면 경험적인 검증은 빈약하다.

3 실존주의 상담

① 이론적 배경 및 개요

㉠ 실존치료는 인지적 문제의 해결보다는 내담자의 태도, 정서, 감정 등을 다루는 정의적 과정에 중점을 두는 치료법이다. 따라서 실존치료에서는 인간을 단순화, 지성적 존재 이상으로 보고 내담자가 호소하는 자체보다는 내담자의 있는 그대로의 경험을 중시한다. 이 접근은 치료자와 내담자의 관계에 한층 주목하는 것이 특징이다. 즉, 내담자로 하여금 그의 내면세계를 지각하고 이해하도록 함으로써, 자기 자신을 있는 그대로 보고 자신을 신뢰할 수 있게 하는데 목적을 두고 있다.

㉡ 인간의 참된 존재는 인지적 경험의 대상인 본질이 아니고 개인적이고 즉각적 경험인 실존이라고 보고, 실존이 개인에게 주는 의미에 관심을 갖고 인간을 정지된 실체가 아닌 하나의 되어가고 있는(becoming), 또는 실존하고 있는(existing) 존재로 본다. 실존주의에서는 인간의 본질을 밝히는 방법으로서의 합리적 접근을 거부하고 인간 실존을 그대로 이해하기 위해 현상학적 방법을 채택하고 있다.

POINT 현상학적 방법

현상학적 방법이란 주관적 관찰자의 입장에서 보이는 사물은 그대로 파악하려는 접근이다. 이 방법의 주된 목적은 인간에 대하여 관념적으로 정확한 자료를 얻으려는 데 있는 것이 아니라, 실존적으로 진실한 것을 파악하려는 데에 있다. 인간의 즉각적인 경험의 내적 혹은 사적인 성격을 강조하는 지금 - 여기에서 경험된 실제에 관심을 가지며, 있는 그대로의 양태를 이해하는데 집중한다.

② 실존의 역동

㉠ **실존의 터전** : 주어진 삶의 필연성 또는 조건을 말한다. 인간은 태어나면서부터 세계 안에서 어떤 조건을 가지게 되는데, 인간이 진실된 삶을 살아가려면 우선 실존의 터전, 즉 그의 피투성(thrownness)을 인식하고 이를 수용할 수 있어야 한다. 어떤 신체적 또는 사회적 조건들이 실존적 가능성을 제한다는 사실을 솔직히 시인하고 수용해야 우리가 보다 진실한 삶을 살 수 있다는 것이다.

㉡ **자유, 선택, 책임** : 인간은 피투성인 존재이지만, 다른 한편 자유로운 존재로 자신이 선택의 주체이고 결정의 책임자이다. 또한 그의 현존재에서 비춰 나오는 가능성들을 사실성으로 실현시키려 노력하는 존재이다. 가능성들을 성취함에 의해서만 진실된 삶을 살 수 있는데, 주어진 가능성을 부인하거나 제한해서 타인이나 주위여건에 의해 지배당하도록 허용할 때 그는 진실하지 못한 실존으로 살아가게 된다. 진실된 삶과 진실하지 못한 삶, 선택은 자유다. 인간은 미래지향적인 존재. 인간존재란 항상 현존재가 제공하는 가능성들에 이끌리어 지속적으로 현재를 초월하고 보다 나은 미래를 창조하려고 노력한다. 가능성을 실현시킬 자유, 그런 자유를 거부하거나 회피할 자유가 동시에 주어져있다. 따라서 실존분석에서는 인간실존을 선택의 자유를 지닌 존재로 보기에 자신의 현존에 대한 책임도 스스로 져야하는 존재로 보고 있다.

㉢ **실존적 불안과 죄의식** : 인간이 가능성의 실현을 위해 자유, 선택, 책임을 행사할 때, 그들을 필연적으로 불안과 죄의식을 경험하게 된다. 결정을 실행에 옮기려면 예상할 수 없는 장래를 향하여 모험을 감행해야 하는데, 이때 인간은 실존적 불안을 경험한다. 선택의 기로에서 대안적 선택과 결정을 거부할 때, 그리고 그런 결정이 가능성 실현에 도움이 된다는 보장도 없을 때, 인간은 실존적 죄의식을 경험하게 된다. 실존적 불안이나 죄의식은 현존재의 필연적인 부분이다. 따라서 인간은 용기를 내어 장래를 선택하고 가능성 실현을 위하여 최선을 다하는 한편, 이에 수반되는 실존적 불안과 죄의식을 진실한 삶의 필연적인 부산물로서 여기며 적극적으로 수용해야 한다. 실존분석에서 얘기하는 진실한 삶이란 실존적 불안과 죄의

식을 두려워하거나 부정하는 대신, 있는 그대로 깨닫고 이에 직면하는 용기 있는 태도이다. 선택과 결정에 실존적 불안과 죄의식이 반드시 따른다는 사실을 알면서도 주저 없이 선택하고 결정하는 행동을 실존분석에서는 '책임지는 행동, 진실한 행동'으로 보아 장려하고 있다.

③ 성격이론 … 인간은 자유와 선택을 통하여 스스로의 성격을 구성한다. 따라서 자기가 되고자 결심한 성격에 대해 책임을 지는 가운데 자신의 본질을 형성해간다. 자신을 각성하고 과거, 현재, 미래를 하나의 연속성으로 의식화할 수 있는 잠재력을 우리는 지니고 있다.

④ 성격의 3가지 구성

㉠ 자유의지(freedom of will) : 의지의 자유는 어떤 상태로부터의 자유가 아니라 그 상태에 대해 각 개인이 취할 수 있는 태도에 대한 자유를 말한다. 인간은 스스로의 태도를 선택할 수 있으며, 최악의 조건에서도 영적인 자유와 존엄성을 유지하는 능력을 가진다. 이는 결정론적인 태도에 반하여, 자유롭게 자신의 성격을 형성하며 삶에 대한 책임을 질 수 있다고 보는 것이다.

㉡ 의미에의 의지(will to meaning) : 인간의 의지는 "의미추구"를 위해 전진한다. 쾌락이나 권력은 의미추구의 과정에서 나오는 부산물이지 결코 목표가 아니며, 삶의 근본적인 힘은 본능적 충동이 아닌, 의미의 발견과 의미를 향한 의지에서 비롯된다. 의미는 존재에 앞서고 자기 초월적인 것이기 때문에 주어지는 것이 아니라 탐색하는 것이다. 한 인간의 삶을 움직이는 의미의 선택과 결정은 자유로우면서도 책임 있게 이루어져야 한다. 능동적으로 외부의 상황과 대결하여 그 속에서 목적을 발견해야 하는 것이다.

㉢ 삶의 의미(meaning of life) : "의미를 가지려고 하는 의지"는 결실 있는 생활을 하려는 노력의 가장 커다란 동기다. 생활에서 의미를 찾으려는 욕망은 행동에 불을 당겨준다. 이런 욕망이 없거나 생활에 무관심한 것은 실존족인 공허다. 공허는 그의 존재를 가치 없는 것으로 규정짓게 하며, 극단적인 권태, 불확실성, 혼돈으로 이어진다. 이를 극복하려는 동기가 생겨야 삶의 의미를 찾게 될 것이고 계속 그 의미를 추구하게 된다. 이러한 추구는 긴장을 증대시키며 긴장이 적정 수준 유지될 때, 좋은 정신건강을 갖게 된다.

⑤ 건강한 성격의 실존적 본질의 조건

㉠ 영혼성(영적인 존재) : 물질세계의 영향을 받지만 그것에 의해 유발되거나 그것이 낳는 산물은 아닌 것. 인간실존은 본질적으로 사물의 하나가 아닌 영적인 존재다. 여기서 영(spirit)이란 종교적인 의미가 아니라 "사람의 진정한 인간성"을 의미한다. 인간의 실존을 올바로 재는 척도는 현상이 정신적인가 본능적인가 판별하는데 달려 있다.

㉡ 자유(자유의 존재) : 환경에 지배당하지 않고 스스로 결정할 자유, 인간은 〈자신으로부터 자기를 만들어 감〉으로써 인간이 되며, 어떠한 상황에도 완전히 지배되지 않고 자기 자신을 형성해 나가고 있다. 여러 가지 사슬에서 완전히 해방될 수는 없으나, 결단을 위한 자유는 항상 남아 있다.

㉢ **책임(책임적 존재)** : 개인의 존엄성을 형성하는 사고는 책임성이며 이를 유지하느냐 손상하느냐는 것은 전적으로 개인에게 달려 있다. 책임성을 만들어 내는 것은 "실존의 허무성"이며, 이것이 존재의 본질이다. 만약 인간이 죽지 않는다면 모든 것을 연기해도 무방할 것이다. 그러나 허무성의 충동과 압력 하에서 살아가는 것은 의미가 없으며, 책임을 질 수 있는 데에서 우리는 진정한 실존적 존재가 된다.

⑥ **자기각성** … 각성은 뚜렷한 의식 상태로 깨어나는 것. 실존주의자들은 인간이 스스로의 존재와 운명에 대해 책임이 있다는 것을 깨달아야 한다고 생각한다.

4 인간중심적(내담자중심) 상담

① 인간중심 상담이론의 개요

㉠ 인간중심 접근은 인본주의 심리학에 뿌리를 두고 있다. 1940년대 초기에 Carl Rogers는 개인치료에서의 지시적 접근과 전통적인 정신분석적 접근에 대한 반동으로서 "비지시적 상담"을 개발했다. 그의 이론에서는 상담자가 허용적인 분위기를 조성하며, Rogers는 상담자가 가장 많이 안다는 기본 가정에 이의를 제기하였으며 조언, 제의, 설득, 가르치기, 진단과 해석 등 당연하다고 생각되어졌던 치료 절차의 타당성에 이의를 제기했다.

㉡ Rogers의 기본 가정은 사람들은 본질적으로 신뢰할 수 있고, 치료자의 직접적인 개입 없이도 자신을 이해하고 자신의 문제를 해결할 수 있는 충분한 능력을 가지고 있으며, 치료적 관계에 참여하면 자기 방향으로서의 성장을 할 수 있다는 것이다.

② 인간중심 상담의 기본적 특성

㉠ 인간중심 접근은 상담자보다 내담자의 책임과 능력에 초점을 맞춘다. 자신을 가장 잘 아는 내담자가 성장하는 자기 인식의 증진에 바탕을 둔 보다 적절한 행동을 발견하게 된다.

㉡ 내담자의 주관적 현상세계를 강조한다.

㉢ 모든 내담자(정상인, 신경증환자, 정신질환 등)에게 같은 원리가 적용된다. 심리적 성숙으로의 충동이 인간 본성에 깊이 내재되어 있다고 봄으로써 인간중심 치료의 원리는 상당한 심리적 부적응을 가진 사람들과 마찬가지로 비교적 정상적 수준으로 기능하는 사람들에게도 적용된다. 치료자의 기능은 지금 여기에 존재하여 내담자가 접근할 수 있으며, 그들의 관계에 의해 창조된 지금 여기의 경험에 초점을 맞추는 것이다.

③ 인간관

㉠ 인간 본성은 근본적으로 선하며 긍정적이고 건설적으로 가정한다.

㉡ 인간이란 외부의 힘에 의해 수동적으로 끌려가는 존재가 아니라 미래지향적이며 자기지시적인 에너지가 충만한 존재로 본다.

㉢ 인간이 완전히 기능하며 살아갈 때, 즉 자유롭게 자신의 내적 본질을 경험하고 만족할 때, 인간은 자신 및 다른 사람들과 조화를 이루며 살아갈 수 있는 합리적이고 긍정적인 존재가 된다는 것이다.

④ **주요 개념의 풀이**

㉠ **유기체** : 유기체는 사람을 뜻하는데, 이때 유기체는 사고, 감정, 행동을 포함한 인간의 자기 지각으로 이루어져 있다. 즉 유기체란 인간 각 개인의 사상, 행동 및 신체적 존재 모두를 포함하는 전체로서의 한 개인을 지칭하는 것이다.

㉡ **현상학적인 장** : 유기체가 경험하는 모든 것을 말한다. 주관적인 경험의 세계를 현상학적인 장이라 한다. 즉, 현상학적인 장은 유기체 개인의 현실세계로 본다.

㉢ **자기(self)** : 자기는 개인의 전체적인 현상학적 장, 혹은 지각적인 장으로부터 분화된 부분이다. 개인 자신의 존재의 각성 또는 기능화의 각성을 의미한다.
로저스 이론의 핵심은 '자기'이다. '자기'는 새로운 경험을 하면서 계속 변화하지만 항상 정형화되고 통합되고 조직화된 속성을 유지한다. 그러므로 시간에 따라 많이 변화하더라도 그는 자기가 이전과 똑같은 사람임을 느끼는 확고한 내적 감정을 보유한다.

⑤ **적응과 부적응**

㉠ 적응이란 자기와 유기체의 경험 간의 일치를 말하며 경험에 개방적인 특성을 지니고 있으며 충분히 기능을 발휘할 수 있는 상태라고 할 수 있다.

㉡ 부적응이란 자기와 유기체의 경험 간의 불일치를 말하는 것이며 방어적인 특성을 가지고 있다고 할 수 있다.

⑥ **치료목표(상담목표)**

㉠ 인간중심 접근은 개인의 독립과 통합을 목표로 삼고 있으며, 인간의 문제가 아닌 인간 그 자체에 초점을 두고 있다.

㉡ 치료의 목표가 단순히 문제를 해결하는 것만이 아니라 현재 직면하고 있는 문제들과 앞으로의 문제들을 극복할 수 있도록 그들의 성장과정을 도와주는 것이다.

㉢ 치료의 기저에 깔린 목표는 개인이 "온전히 기능하는 인간"이 되도록 하는 풍토를 제공하는 것이다.

⑦ **완전히 기능하는 인간(fully-functioning person)**

㉠ **경험에 대한 개방성** : 항상 자신의 감정에 대해 열려 있다.

㉡ **실존적인 삶** : '현재'의 풍성한 삶을 사는 특징을 보인다. 즉, '지금 여기'에 초점을 맞추고 있다.

㉢ **유기체적 신뢰** : 타인의 판단이나 사회적 규범보다는 자신의 유기체적 경향에 따라서 해야 할 것과 하지 말아야 할 것을 정한다.

㉣ **경험적 자유** : 온전히 기능하는 인간은 자기가 선택한 삶에서 자유를 느끼고 그 선택에 스스로 책임을 진다.

㉤ **창조성** : 사회적인 기대, 가치나 압력에 예속되어 있지 않으며 자신의 내면에 있는 욕구에 응하는 사람이다.

⑧ 상담자와 내담자와의 관계에 있어서 상담자가 갖추어야 할 태도

㉠ **일치성 혹은 진실성, 솔직성** : 일치성은 상담자가 진실하다는 뜻으로, 상담자에게는 거짓된 태도가 없고 그의 내적 경험과 외적 표현은 일치하며 내담자와의 관계에서 일어나는 감정이나 태도를 솔직히 표현한다. 진실한 상담자는 자발적이며 긍정적이건 부정적이건 자신의 행동이나 감정에 솔직하다. 부정적인 감정을 표현(또는 수용)함으로써 상담자는 내담자와 정직한 대화를 촉진시킬 수 있다.

㉡ **무조건적인 긍정적 존중과 수용** : 상담자는 내담자를 하나의 인격체로서 깊고 진실하게 돌보는 것이다. 돌본다는 것은 내담자의 감정이나 생각, 행위의 좋고 나쁨의 평가와 판단에 의해 영향 받지 않는다는 점에서 무조건적이다. 상담자는 내담자를 수용함에 있어 규정을 정하지 않고 무조건 존중하고 따뜻하게 받아들인다. 이것은 "나는 당신을 어떤 때만 받아들이겠다"가 아닌 "나는 당신을 있는 그대로 받아들이겠다"는 태도이다.

㉢ **정확한 공감적 이해** : 상담자의 주요 과업 중 하나는 치료기간 중에 상호작용을 통해 나타나는 내담자의 경험과 감정을 민감하고 정확하게 이해하는 것이다. 상담자는 내담자의 주관적인 경험 특히 지금 – 여기의 경험을 이해하도록 노력한다. 공감적 이해의 목적은 내담자가 자신에게 더욱 밀접히 다가가게 하고 더욱 깊고 강한 감정을 경험하게 하여 내담자 내부에 존재하는 불일치성을 인식하여 해결하도록 격려하는 데 있다.

5 형태주의 상담(게슈탈트)

① **개요** … 게슈탈트 치료는 외부로부터의 영향들을 독자적인 관점에서 통합함으로써 하나의 새로운 정체성을 확립하였다. 또한 게슈탈트 치료는 항상 새로운 경험과 이론에 개방되어 있어 끊임없이 그 폭과 깊이를 넓혀나가고 있다.

게슈탈트 치료는 그 적용범위를 사고, 감정, 욕구, 신체감각, 행동 등 모든 유기체 영역으로 확장시켰다. 게슈탈트 치료는 다음의 관점들을 치료이론에 도입하였다.

㉠ 개체는 장(field)을 전경과 배경으로 구조화하여 지각한다.

㉡ 개체는 장을 능동적으로 조직하여 전체로 지각하는 경향을 지니고 있다. 우리가 하루 동안에 하는 일들은 무수히 많지만 그것들을 어떤 일관되고 의미 있는 전체로 지각한다.

㉢ 개체는 현재 욕구를 바탕으로 게슈탈트를 형성하여 지각한다.

㉣ 개체는 미해결된 상황을 완결 지으려는 경향을 지니고 있다.

㉤ 개체의 행동은 개체가 처한 상황의 전체 맥락을 통하여 이해된다.

② 개념

㉠ **게슈탈트(gestalt)** : 게슈탈트 치료에서의 '개체에 의해 지각된 자신의 행동동기' 즉, 개체가 자신의 욕구나 감정을 하나의 의미 있는 행동동기로 조직화하여 지각한 것을 뜻한다.

㉡ **전경과 배경** : 어떤 대상을 지각할 때 관심 있는 부분은 지각의 중심 부분으로 떠오르고 나머지는 배경으로 물러나는 것을 체험할 수 있다. 게슈탈트 치료에서는 개체가 게슈탈트를 형성하여 지각하는 것도 전경과 배경의 관계로 생각한다. 따라서 게슈탈트를 형성한다는 말은 개체가 어느 한 순간에 가장 중요한 욕구나 감정을 지각하여 전경으로 떠올린다는 뜻이다. 건강한 개체는 매 순간 자신에게 중요한 게슈탈트를 형성하여 전경으로 떠올릴 수 있지만, 그렇지 못한 개체는 전경을 배경으로부터 명확히 구분하지 못한다. 다시 말해 어떤 특정한 욕구나 감정을 다른 것보다 강하게 지각하지 못하기 때문에 자신이 진정으로 하고 싶은 일이 무엇인지 잘 몰라서 행동이 불분명하고 매사에 의사결정을 잘 하지 못한다.

㉢ **미해결 과제(unfinished business)** : 개체가 게슈탈트를 형성하지 못했거나 혹은 게슈탈트를 형성하긴 했으나, 이의 해소를 방해받았을 때 그것은 배경으로 사라지지 않고 중간층에 남아서 계속 전경으로 떠오르려고 노력한다. 이렇게 완결되지 못한 혹은 해소되지 않은 게슈탈트를 '미해결 게슈탈트' 혹은 '미해결 과제'라고 한다. 이러한 미해결 과제는 계속 이의 해결을 요구하며 전경으로 떠오르려고 하면서, 전경과 배경의 자연스런 교체를 방해하여 개체의 적응에 장애가 된다. 이처럼 미해결 과제가 많을수록 개체는 자신의 유기체적 욕구를 효과적으로 해소하는데 실패하고 마침내 심리적, 신체적 장애를 일으키게 된다. 미해결 과제를 해결할 수 있는 방법은 '지금 여기(here and now)'를 알아차리는 것이다. Perls는 미해결 과제를 찾기 위해 Freud처럼 무의식의 창고 깊숙이 박혀있는 과거사를 파헤칠 필요가 없다고 한다. 그는 모든 것은 지금 여기에 명백히 드러나고 있다고 말한다.

㉣ **알아차림(awareness) – 접촉주기(cycle)** : '알아차림'은 개체가 자신의 유기체적 욕구나 감정을 지각한 다음 게슈탈트로 형성하여 전경으로 떠올리는 행위를 말한다. 알아차림은 누구에게나 자연적으로 갖추어져 있는 능력이다. '접촉'은 전경으로 떠오른 게슈탈트를 해소하기 위해 환경과 상호작용 하는 행위를 뜻한다. 에너지를 동원하여 실제로 환경과 만나는 행동으로, 게슈탈트가 형성되어 전경으로 떠올라도 이를 환경과의 접촉을 통해 완결 짓지 못하면 배경으로 사라지지 않는다. 따라서 접촉은 알아차림과 함께 서로 보완적으로 적용하여 게슈탈트 형성과 해소의 순환과정을 도와주어 유기체의 성장에 이바지 한다.

③ **접촉경계 혼란**··· 개체의 모든 활동은 항상 환경과의 관계 속에서 일어나며, 게슈탈트의 형성과 해소도 환경과의 교류를 통해서만 가능하다.

경계에 문제가 생기면 유기적인 교류접촉이 차단되고 심리적, 생리적 혼란이 생긴다.

혼란의 원인은 개체와 환경간의 경계가 너무 단단하거나, 불분명하거나, 경계가 상실될 때 생긴다.

결과적으로 접촉 경계혼란은 개체로 하여금 환경과의 유기적인 접촉을 방해하고 따라서 개체는 계속하여 미해결 과제를 가지게 되고 마침내 환경에 창조적으로 적응하는데 실패하게 된다.

㉠ **내사** : 권위자의 행동이나 가치관을 무비판적으로 받아들임으로써 자기 것으로 동화되지 못한 채 남아 있으면서 개체의 행동이나 사고방식에 악영향을 미치는 타인의 행동방식이나 가치관을 내사라고 한다.

㉡ **투사** : 개체가 자신의 생각이나 욕구, 감정 등을 타인의 것으로 지각하는 현상을 말한다. 개체가 투사를 하는 것은 그렇게 함으로써 자신의 욕구가 좌절되는 것보다 고통을 덜 받게 되기 때문이다. 즉, 개체가 자신 속의 받아들이기 힘든 부분들을 부정해버리고, 그것들을 타인의 것으로 돌려버림으로써 심리적 부담을 덜 수 있기 때문이다.

- 창조적 투사 : 개체가 새로운 상황에 처하여 그 상황에 능동적으로 대처하는 한 방편으로서 의도적으로 자신의 상상력과 창의력을 사용하는 행위
- 병적 투사 : 개체가 직면하기 힘든 자신의 내적인 욕구나 감정 등을 회피하기 위해서 무의식적이고 습관적으로 반복하는 행위

㉢ **융합** : 밀접한 관계에 있는 두 사람이 서로 간에 차이점이 없다고 느끼도록 합의함으로써 발생하는 것이다. 융합은 두 사람 간에 서로 다투지 서로 다투지 않기로 계약은 맺은 것과 같은 상태라고 정의할 수 있으며 죄책감과 짜증은 융합관계에 위협이 닥치면 나타나는 감정. 죄책감은 융합을 위반한 사람이 느끼는 감정이고, 짜증은 이의 시정을 요구하는 사람쪽 에서 내보내는 감정이다. 공허감이나 고독을 피하기 위한 목적으로 시작되고, 유지된다. 자신감이 없어 다른 사람의 힘이 없으면 혼자서 아무 일도 할 수 없다고 생각하므로 혼자 있는 것에 공포감을 가져 자신의 개성과 주체성을 포기하고 타인과 합치는 것이 고독하거나 공허한 것 보다 낫다고 생각한다.

㉣ **반전** : 개체가 다른 사람이나 환경에 대하여 하고 싶은 행동을 자기 자신에게 하는 것으로 개체는 반전을 통하여 환경이 용납하지 않는 행동을 하지 않음으로써 환경으로부터 어떤 처벌이나 불이익을 받지 않으며, 또한 그 대상이 자기 자신이기는 하지만 부분적으로 욕구나 행동을 해소할 수 있다. 타인에게 어떤 욕구를 표현하거나 행동을 했다가 거부당하거나 처벌받을 수 있다는 두려움으로 자신의 충동을 억압하고 자신을 희생양으로 삼는다.

㉤ **편향** : 환경과의 접촉이 힘든 심리적 결과를 예상할 때 경험으로부터 압도당하지 않기 위해 환경과의 접촉을 피하거나 혹은 자신의 감각을 둔화시켜 환경과의 접촉을 약화하는 것으로 접촉을 차단하는 면에서 반전과 비슷하다.

④ 성격층

㉠ **피상층** : 형식적이고 의례적 규범에 따라 피상적으로 만나는 단계. 표면적으로 세련된 행동을 보이고 적응적 행동을 보이지만 자신을 깊이 노출시키지 않아 진정한 변화는 일어나지 않는다.

㉡ **공포층(연기층)** : 부모나 주위 환경의 기대역할에 따라 행동하며 살아가는 단계이다. 환경에 적응하기 위해 자신의 욕구를 억압하고 주위에서 바라는 역할 행동을 연기하며 살아가는데, 그것이 연기라는 것 조차 망각하고 진정한 자기인 줄 착각하고 살아간다.

㉢ **교착층** : 역할연기를 그만두고 자립은 시도하지만 동시에 심한 공포를 체험한다. 이때 내담자들은 “갑자기 모든 것이 혼란스럽다. 도대체 뭐가 뭔지 모르겠다. 앞으로 어떻게 해야 좋을지 모르겠다. 마음이 공허하다. 쉬고 싶다” 등의 표현을 쓴다.

㉣ **내파층** : 자신이 억압하고 차단해왔던 욕구와 감정을 알아차리게 된다. 그러나 이런 유기체적 에너지들은 오랫동안 차단되어 왔기 때문에 상당한 파괴력을 갖고 있다. 내담자는 이런 파괴적 에너지가 외부로 발산되면 관계가 악화될 것이라는 두려움 때문에 이것이 자신의 내부로 향하게 된다.

㉤ **폭발층**(외파층) : 자신의 감정과 욕구를 더 이상 억압하지 않고 직접 외부 대상에게 표현한다. 개체는 자신의 욕구와 감정을 분명하게 알아차려 강한 게슈탈트를 형성하여 환경과 접촉을 통해 완결짓는다.

6 현실치료상담

① 현실치료의 개요

㉠ 현실치료는 우리가 행동을 선택하기에 우리의 모든 활동뿐만 아니라 사고나 감정에 대해서도 우리에게 책임이 있다는 기본 개념 위에 성립되어 있다. 현실치료의 기본 철학은 실존적 접근이나 합리적 정서치료와 유사하다. 이 치료 체계의 일반적 목표는 내담자들이 자신의 현재의 행동을 평가하고, 만약 행동이 자신의 욕구를 충족시키지 못하고 있으면 더 효과적인 행동을 획득할 수 있도록 심리적 힘을 개발할 수 있게 하는 조건을 제공하는 것이다.

㉡ Glasser의 통제이론은 우리의 요구를 만족시키는 내적세계를 창조한다는 가정에 바탕을 두고 현실세계가 존재하는 방식이 중요한 것이 아니라 현실세계에 대해 우리가 지각하는 방식, 즉 현상학의 중심 개념인 현상이 중요하다고 본다. 현실치료는 현재 행동에 초점을 맞추는 시스템으로 상담자는 교사 또는 모델로서의 기능을 하되, 내담자나 타인에게 해로움 없이 내담자가 현실을 직면하고 기본적인 욕구를 달성하게 하도록 한다. 현실치료의 핵심은 내담자와 인간적 관계를 확립하여 현재의 자신의 생활양식을 평가할 수 있도록 힘을 기르게 해주고 개인의 책임성에 대한 수용을 하는 것이다.

② 인간본성에 대한 관점

㉠ 1965년부터 1984년까지 Glasser의 저술을 통해 일관된 주제는 현실치료는 내담자의 사랑받고 싶은 욕구, 사랑하고 싶은 욕구, 그리고 자신과 다른 사람에게 가치 있는 존재가 되고 싶은 욕구를 내담자가 충족시키도록 돕는 현실치료이다.

㉡ Glasser의 현실치료에서 보는 인간은 자신과 주위 사람들이 자신을 사랑하고 가치 있게 여기면 성공적인 정체감이 발달한다고 본다. 하지만 그렇지 못할 경우에는 패배적인 정체감이 발달한다는 것이다. 즉 개인의 바램이나 질적인 세계와 지각세계가 불일치하는 경우에 갈등이 생기면서 문제행동을 선택하게 되는 것으로 보고 있다. Glasser는 인간은 자유롭고 자신을 스스로 선택하고자 하는 욕구를 지닌다고 가정하고 있다.

③ **선택이론**(Choice Theory)=**통제 이론**(Control Theory) … 현실치료에서는 인간이 내적인 욕구가 실현될 수 있도록 자신의 환경을 선택할 수 있다는 선택이론(Choice Theory)에 근거한다. 이 이론은 인간의 기본적 욕구(basic need), 지각체계(perceptual system), 행동체계(behavioral system)에 근거를 둔다.

㉠ **기본적 욕구**(Basic Need)

- 소속의 욕구 : 사랑하고 나누고 협력하고자 하는 인간의 속성을 말한다. 사회, 가족, 일에서 소속됨과 아울러 그에 대해 사랑하고 협력하는 욕구로 서로 신뢰하고 관심을 가지는 것과 관련된다.
- 힘에 대한 욕구 : 경쟁하고 성취하고 중요한 존재이고 싶어하는 속성을 의미한다. 이는 개인이 자신에 대해 가지는 자기가치(self – worth), 능력(competence), 성취감(achievement) 등과 관련된다. 모든 살아있는 피조물 중에서 인간만이 힘의 욕구를 끝까지 포기하려 하지 않는다. 힘에 대한 욕구에 매력을 느끼게 되면 다른 욕구와 직접적인 갈등을 경험하게 된다. 즉, 사람들은 소속의 욕구를 만족시키기 위해 결혼을 하지만, 가끔 부부 사이에서 힘에 대한 욕구를 채우고 싶어 서로 통제하려고 하다가 결과적으로 부부관계를 파괴시키는 원인이 되기도 한다.
- 자유에 대한 욕구 : 이동하고 선택하는 것을 마음대로 하고 싶어 하는 속성이다.
  자유는 자신의 의도대로 움직이고, 선택하려는 욕구로 독립성(independence), 자율성(autonomy)과 밀접히 관련된다. 이러한 자유에 대한 욕구는 타인을 간섭하거나 방해, 혹은 타인의 권리를 침해함이 없이 행할 수 있어야 한다. 즉, 우리의 욕구를 충족시키려면 지속적으로 타인의 권리를 인정해 주고, 나의 권리를 인정받는 것에 대한 합리적인 이해와 자기 선택에 대한 책임을 지려는 의지가 필요하다.
- 즐거움에 대한 욕구 : 많은 새로운 것을 배우고 놀이를 통해 즐기고자 하는 속성을 말한다. 즐거움은 학습과 놀이의 욕구로 재미와 관련된다. 즐거움의 욕구를 충족시키기 위해서는 좋은 감정과 웃음이 있어야 하며, 흥미를 가질 수 있는 행동을 해야 한다.
- 생존에 대한 욕구 : 살고자 하고 생식을 통한 자기 확장의 속성을 의미한다. 한편, 인간이 가지고 있는 욕구가 한 가지 뿐이거나 한꺼번에 한 가지씩만 작용하면 삶은 단순할 것이며, 마음속에서 아무런 갈등도 일어나지 않을 것이므로 편하게 지낼 수 있을 것이다. 그러나 위의 5가지 기본 욕구들 중 우선순위를 결정하는 데 있어서 끊임없이 갈등이 생기고 그것을 해소하려는 욕구를 충족시키기 위해 자기 나름대로의 질적인 세계를 머리 속에 만들어 보관한다. 이처럼 욕구 충족과 관련된 중요한 지식은 우리의 기억 속에 사진으로 저장되는데 이것이 내부세계 혹은 사진첩이다. 사진첩에 있는 사진들은 우리의 기본적 욕구 중 한 가지 또는 그 이상을 효과적으로 충족시켜 주고 있고, 앞으로도 충족시켜 줄 수 있을 것으로 믿어지는 모든 사람, 장면, 사물에 대한 것이다. 우리는 살아가면서 이 사진첩에다 새로운 사진을 추가하거나 때로는 제외하기도 한다. 우리의 기본적 욕구는 각각 많은 원함(want)을 충족시킴으로써 가능하다. 원함이 충족되면 그와 관련된 좌절이 일어나지 않는다. 그러나

원함이 충족되지 않으면 좌절이 일어나고 우리는 동기화 된다. 이렇게 볼 때 모든 행동은 욕구, 원함, 좌절에 의해 내면적으로 동기화되어진다고 볼 수 있다.

ⓛ 지각체계(Perceptual System) : 우리의 욕구나 원함의 충족은 결국 현실세계를 통해서 가능하다. 따라서 이들의 관계를 이해하는 것이 중요하다. 현실세계를 이해하기 위해 눈, 코 등의 감각체계를 통해 현실세계와 접촉한다. 그렇다고 현실세계의 모든 것이 바로 내부세계와 관계를 갖는 것은 아니다. 현실세계와 내부세계가 관계를 갖는 것은 감각체계를 통해 들어온 현실세계가 지각체계를 통과하여 내부세계에 연결됨으로써 어떤 관계를 가능하게 한다. 우리는 지각된 세계에 의해서만 현실세계와 접촉할 수 있기 때문에 우리가 말하는 현실세계란 지각된 세계이다.

ⓒ 행동체계(Behavioral System) : 우리는 자신이 원하는 것과 더욱 유사한 사진을 얻기 위해, 현실세계에 대한 행동을 시도한다. 이 행동은 기본적 욕구가 만족되지 못하고 있고 우리의 삶이 효과적으로 통제되지 못하고 있다는 신호라고 볼 수 있는 순수 고통(pure pain)이나 불편함(discomfort)이 일어날 때와, 효과적으로 통제가 되고 좋은 느낌을 일으키는 순수 즐거움이 일어날 때로 나누어 생각할 수 있다. 우리의 삶이 통제되지 않았을 때, 좌절되었을 때, 욕구의 만족이 불가능할 때, 우리는 행동체계를 작동시키는 좌절신호를 내보낸다. 우리가 지금까지 배웠던 모든 행동은 이 행동체계 안에 저장되어 있다. 그것이 활동을 개시할 때, 저장된 모든 행동은 좌절을 줄이기 위한 우리의 노력에 동원된다. 좌절신호가 발생되었는데도 즉각적으로 이용할 수 있는 조직화된 행동이 없으면 우리는 새로운 행동을 만들어낸다. 우리의 행동체계는 끊임없이 새로운 행동을 창조하는 조직화나, 조직화된 행동을 다시 조직하여 재조직화 한다.

ⓡ 전행동(全行動) : 인간은 그들이 원하는 것을 얻고 싶어질 때 전행동(Total Behavior - 활동하기, 생각하기, 느끼기, 생리기능)을 통해 자신이 원하는 것을 얻으려고 노력한다. 즉, 예술가가 작품을 마음으로 구상한 것을 완성하듯이, 우리들은 내면적인 상에 맞추어 자신의 세상이라는 작품을 만들려고 노력하며 특정한 활동을 한다는 것이다. 한편 화내는 것, 우울해하는 것, 죄책감을 갖는 것과 같은 부정적인 활동들도 실은, 우리가 원하는 것을 찾으려고 주어진 그 순간에 자신이 취한 최선의 노력이며 선택이라고 보는 것이다. 때문에 현실요법에서는 개인의 행동변화는 활동하기에서부터 그리고 개인의 환경변화는 그의 환경이나 타인의 행동을 변화시키기 보다는 변화를 원하는 자신의 활동하기에서 출발하는 것이 훨씬 현실적이라고 보며, 개인의 행동의 선택임을 상기시킨다.

④ 치료과정(WDEP)

㉠ 욕구, 바람, 지각탐색하기(Want ; 내담자가 자신이 원하고 있는 것을 정확히 집어낼 수 있도록 도와주는 질문)

㉡ **전행동**(Total Behavior) **탐색하기**(Doing) : 이 단계에서는 전행동을 탐색하여 평가하는 과정이다. 전행동은 활동하기, 생각하기, 느끼기와 생리기능의 네 가지 요소로 구성되어 있으며, 이 네 요소 중 단 한 가지 요소도 배제한 행동은 없다는 것을 다시 내담자에게 상기시킨다. 언제나 전행동으로만 인간의 행동은 행하여진다. 상담자는 "당신은 무엇을 하고 있습니까?"라고 묻는다. 이 질문은 4개의 부분으로 나누어진다.

㉢ **자기평가하기**(Evaluation) : 내담자의 행동 변화를 위한 현실요법에서의 가장 핵심이 되는 부분은 그들 스스로 자기평가를 하게 하는 단계이다. 상담자의 능숙한 질문을 통해 내담자가 자신의 행동과 자신의 수행능력을 평가한다.
상담자는 내담자가 원하는 것이 현실적인지를 평가하도록 요구하며 내담자의 바람이 성취될 수 있는가에 초점을 둔다.

㉣ **계획과 실행** : 이 단계는 계획과 실행과정으로 긍정적인 행동계획과 그 계획에 대한 약속과정에 대한 마무리 제언으로 이루어진다. 계획을 수립하고 실천하는 과정을 통해서 사람들은 자신의 생활을 통제할 수 있게 된다. 계획의 목적은 성공적 경험을 하도록 하는 것이다. 이러한 계획단계를 통해 내담자에게 그들 자신의 선택이나 활동에 대해 책임 능력이 있다는 사실을 인정하도록 상담자가 강요를 한다. 이 세상에 어느 누구도 내담자의 생활 대신 살아 줄 사람도 없고, 내담자의 일을 대신해 줄 사람도 없다는 사실을 상기시키는 것이다.

⑤ 현실치료에서의 전제

㉠ 현실치료는 상담자와 내담자 사이의 인격적 관계에 기초한다.
㉡ 현실치료에서는 계획을 세우는 것이 매우 중요하다.
㉢ 행동실천이 현실치료의 요지이다.
㉣ 현실치료는 변명을 수용치 않는다.

⑥ 상담자의 기능과 역할

㉠ 상담자의 기본 역할은 내담자의 삶에 참여하여 내담자를 현실과 맞서도록 하는 것이다.
㉡ 상담자가 내담자를 대면하여 지적할 때 내담자는 자기가 "책임있는 길"을 선택하도록 강요받는다고 느낀다.
㉢ 상담자의 임무는 내담자가 자신의 행동을 현실적으로 평가하도록 돕는 안내자의 역할을 하며, 또한 교사로서의 역할을 감당하고, 내담자가 어떠한 변명이나 현실을 무시하는 것도 용납하지 않으며, 내담자가 자기의 현재 불행에 대해서 외부의 어떤 일이나 사람을 비난하는 것을 용납하지 않는다.
㉣ 현실치료에서는 상담자는 내담자가 자신의 행복을 창조할 수 있으며 행복을 발견할 수 있는 열쇠는 책임성을 인정하는데 있다고 주장한다.

7 행동주의적 상담

① 개요

㉠ 파블로프의 고전적 조건형성이론과 스키너의 조작적 조건형성이론으로 전한 행동주의 이론을 상담에 접목하였다.

㉡ 인간을 이해하기 위해서는 정의적인 요소는 측정이 불가능하기 때문에 관찰가능한 행동이 중요하며 이러한 행동은 학습을 통해 변화할 수 있다.

㉢ 잘못된 학습을 소거하고 바람직한 행동을 학습시킴으로서 인간을 고양시킬 수 있다.

② 상담기법

㉠ **체계적 둔감화** : 행동주의 치료과정에서 가장 널리 활용되는 임상적 기법으로, 불안이나 공포로 인해 야기되는 부적응적 행동이나 회피행동을 치료하는데 효과적인 것으로 알려졌다. 이 기법은 불안을 일으키는 자극을 행동적으로 분석하고 불안 유발상황에 대한 위계목록을 작성한 다음 이완훈련을 시키고, 불안을 유발하는 상황을 상상하게 하여 치료하는 방법이다. 불안위계가 가장 낮은 단계를 상상하면서 점차적으로 가장 위협적인 상황으로 옮겨가는 것이 바람직하다. 불안유발 자극과 불안반응의 관계가 완전히 소거될 때까지 반복한다.

㉡ **홍수요법** : 불안을 일으키는 조건을 수위를 높여 적용시켜 불안을 극복하게 하는 방법

㉢ **인지적 모델링** : 주어진 행동을 수행하는 모델(상담자)의 생각과 이유를 언어적으로 제시하는 모델화된 설명과 시연을 의미하며 학습자들에게 실수를 인지하고 극복하는 방법을 보여주기 위해 실수가 모델화된 시범 속에 포함될 수 있다.

㉣ **감각적 구성법** : 내담자의 불안을 극복하기 위해 불안을 초래하는 상황에서 과거의 즐거웠던 기억을 떠올리며 불안을 제거하는 방법이다.

㉤ **스트레스 접종** : 스트레스가 직면되는 상황에 평상시 조금씩 노출되어 스트레스를 극복하는 방법이다.

㉥ **근육이완훈련** : 근육이완훈련을 통하여 불안을 제거하는 방법이다.

㉦ **모델링** : 상담자가 직접 과제를 수행하는 모습을 시범으로 보여 주는 것이다.

㉧ **강화** : 조작적 조건형성 원리를 이용하여 학습자의 행동을 증강시키고자 하는 것이다.

㉨ **토큰경제** : 바람직한 행동에 대하여 강화를 줄 때 직접적인 강화물보다는 토큰으로 대신하여 필요한 것으로 바꿀 수 있도록 하는 것이다.

㉩ **혐오치료법** : 특수 행동불안들로부터 구제하는 방법으로 원하지 않는 행동이 지양될 때까지 고통스러운 자극을 주어 증후를 나타내는 행동과 결합하게 하는 것이다.

㉪ **조형법** : 목표행동에 점진적으로 보상을 주어 행동을 습득시키는 기법이다.

㉫ **타임아웃제** : 부적절한 행동의 결과 정적강화를 받을 기회를 잃어버리는 것이다.

㉬ **프리맥의 원리** : 행동주의 상담에서 개인이 더 좋아하는 활동을 통해 덜 좋아하는 활동을 강화하는 방법이다.

③ 강화와 처벌의 종류

㉠ 정적강화 : 유쾌한 것을 제공함으로써 바람직한 행동을 증가시키는 것으로 칭찬, 상 등이 이에 속한다.

㉡ 부적강화 : 불쾌한 것을 제거시킴으로써 바람직한 행동을 증가시키는 것이다.

㉢ 정적처벌 : 불쾌한 것을 제공함으로서 바람직하지 못한 행동을 감소시키는 것이다.

㉣ 부적처벌 : 유쾌한 것을 제거함으로서 바람직하지 못한 행동을 감소시키는 것이다.

④ 강화계획(강화스케줄) … 계속적 강화와 간헐적 강화가 있으며 간헐적 강화를 주는 방법은 시간(고정간격, 변동간격)과 횟수(고정비율, 변동비율)에 따라 분류할 수 있다.

㉠ 고정간격계획 : 일정한 시간이 지난 뒤에 강화를 제공하는 것(예 주급, 월급, 일당 등)

㉡ 고정비율계획 : n번째의 일정한 수마다 강화를 제공하는 것(예 공장에서 100개 당 10만원 성과급)

㉢ 변동(가변)간격계획 : 강화시행의 간격은 다르나 평균적인 시간간격에 따라 강화를 제공하는 것(예 평균 5분)

⑤ 평가

㉠ 실험실에서 얻어진 학습 원리를 이상행동의 치료에 적용한 행동수정은 가장 유명한 치료법 중의 하나이다.

㉡ 행동교정이나 학습은 효과적이라 할 수 있지만 개인의 잠재적인 자아실현 경향성을 무시하였다.

㉢ 인간의 모호한 점을 간과하고 행동이라는 협의적인 부분만 강조하였다.

㉣ 행동수정은 구체적인 행동에는 가능하지만 대인관계나 사회적 적응 같은 광범위한 문제에 적용하기에는 무리가 있다.

8 합리적 – 정서행동 치료(REBT)

① 개요

㉠ Rational Emotive Behavior Therapy(인지, 정, 행동 치료)는 Albert Ellis에 의해 처음으로 창안되었다.

㉡ 인간을 이해하는 데 있어서 핵심을 이루는 세 가지 영역, 즉 인지, 정서, 행동에 초점을 맞추고 있다. 특히 이 이론에서는 인지, 정서, 행동이 서로 상호작용하는 과정에서 인지부분이 중심이 되어 정서와 행동에 영향을 준다고 강조한다. 이런 의미에서 REBT도 인지행동치료의 한 영역으로 볼 수 있겠으나 초기 행동주의적 접근에서는 인간을 어떤 자극에 대하여 반응하는 수동적 존재로 받아들인 반면에 REBT에서는 인간이 자극을 어떻게 지각하느냐에 따라 반응이 달라질 수 있다는 입장을 취하고 있다는 점이 다르다.

㉢ '인지(cognition)'란 용어는 태도, 기대, 귀인 등의 포괄적인 인지적 활동과 지각체계를 모두 포함한다고 할 수 있다. REBT는 인간의 행동을 예언하고 산출하고 이해하는 데 핵심이 되는 것으로 바로 이러한 인지활동을 꼽고 있다. Ellis는 인지의 역할을 특히 중요하게 생각하여 그의 치료를 처음에는 "합리적 치료(Rational Therapy)"라고 명명하였다.

② REBT의 인간관

㉠ REBT에서 인간은 합리적, 즉 곧은 사고를 할 수도 있으며 비합리적, 즉 왜곡된 사고를 할 수도 있는 잠재기능을 지니고 태어났다는 가정에서 출발한다.

㉡ 인간은 독특하고 고유하며 한계를 이해하는 능력을 지니고 있는 이성적인 존재로 지각한다.

㉢ 엘리스는 인간을 자아 실현하는 경향성을 지닌 모습으로 지각하는 실존주의적 견해에도 완전히 찬성하지는 않는다. 왜냐하면 인간은 어떤 특정한 방법으로 행동하는 강한 본능적 경향을 지닌 생물학적 동물적 존재라는 사실을 알기 때문이다.

③ REBT의 이론적 가정

㉠ 인간의 세 가지 심리구조인 인지, 정서, 행동은 상호작용하며 그 중 인지가 가장 중요한 핵심적 요소이다.

㉡ 외적인 사건보다 내적인 사건이 정서적 반응에 더욱 직접적인 영향을 준다.

㉢ 비합리적 사고는 정서 및 행동장애의 중요한 요인이 된다.

㉣ 정서적인 문제를 해결하기 위해서는 비합리적 사고를 논박하는데 있다.

㉤ 인간은 유전적이고 환경적인 영향에 의해 비합리적 사고를 할 수도 있다.

㉥ REBT는 과거보다 현실에 초점을 둔다.

㉦ 비합리적 신념은 노력에 의해 변화될 수 있다.

④ 주요 개념

㉠ ABCDE 모형

- 선행사건(A) : 개인의 정서적 훈련을 가져오게 되는 행동(action), 활동(activity) 또는 사건(agent)이다.
- 비합리적 신념(B) : A에서 일어나는 행동, 활동 또는 사건에 대한 개인의 비합리적 신념(belief)이다.
- 결과(C) : B에 대한 정서적, 인지적, 행동적 결과이거나 반응(consequence)이다.
- 논박(D) : 비합리적 신념을 합리적 사고로 전환하기 위하여 논박(dispute)한다.
- 효과(E) : 논쟁하여 획득하는 효과(effect)를 의미한다.
- 새로운 감정(F) : 이로 인하여 부정적인 감정이 사라지고 새로운 감정이 생긴다.

㉡ 비합리적 신념 11가지

- 우리는 주위의 모든 사람들로부터 항상 사랑과 인정을 받아야 한다.
- 우리는 모든 면에서 반드시 유능하고 성취적이어야 한다.

- 어떤 사람은 악하고 나쁘며 야비하다. 그러므로 그와 같은 행위에 대하여 반드시 준엄한 저주와 처벌을 받아야 한다.
- 일이 내가 바라는 대로 되지 않은 것은 끔찍스러운 파멸이다.
- 인간의 불행은 외부환경 때문이며 인간의 힘으로는 그것을 통제할 수 없다.
- 위험하거나 두려운 일이 일어날 가능성이 언제든지 존재하므로 이것은 커다란 걱정의 원천이 된다.
- 인생에 있어서 어떤 난관이나 책임을 직면하는 것보다 회피하는 것이 더 쉬운 일이다.
- 우리는 타인에게 의존해야 하고 자신이 의존할만한 더 강한 누군가가 있어야 한다.
- 우리의 현재 행동과 운명은 과거의 경험이나 사건에 의하여 결정되며 우리는 과거의 영향에서 벗어날 수 없다.
- 우리는 다른 사람의 문제나 고통을 우리 자신의 일처럼 아파해야 한다.
- 모든 문제에는 가장 적절하고도 완벽한 해결책이 반드시 있기 마련이며 그것을 찾지 못한다면 그 결과는 파멸이다.

㉢ 비합리적 신념에 대한 당위성 3가지

- 자신에 대한 당위성 : 나는 반드시 타인에게 인정받아야 하며 그렇지 못하면 끔찍하고 참을 수 없는 일이다.
- 타인에 대한 당위성 : 타인은 나를 반드시 공정하게 대우해야 하며 그렇지 않다면 나는 그러한 상황을 참아낼 수 없다.
- 세상(조건)에 대한 당위성 : 세상의 조건들은 내가 원하는 방향으로 돌아가야 하며 그렇지 않다면 그것은 끔찍한 일이며 그러한 세상을 살아갈 수 없다.

㉣ 적용 : 치료기법과 절차

- 인지적 기법
  - 비합리적 신념에 대한 상담자의 논박 : 상담자가 적극적으로 피상담자의 비합리적인 믿음을 논박하는 것이다.
  - 인지적 과제 부과 : 피상담자의 내면화된 자기 – 메시지의 일부인 추상적인 'should'나 'must'를 제거시키는 방법이다.
  - 새로운 진술문의 사용 : 피상담자는 절대적인 "해야 한다(should, must, ought)"를 절대적이 아닌 "하고 싶다(preferable)"로 대치함으로써 보다 합리적인 사고로 자신을 진술하는 법을 배울 수 있다.
- 정서적 기법
  - 합리적 정서적 이미지 : 피상담자로 하여금 습관적으로 기피하는 느낌이 드는 장면도 생생하게 상상하도록 한다. 그리고 그 장면에서의 부적절한 행동을 적절한 행동으로 바꾸도록 한다.
  - 역할 게임 : 피상담자는 문제행동과 관련된 장면에서 어떤 일이 일어나는지를 알기 위하여 그 장면에서의 행동을 시도해 본다.

- 부끄러움→공격연습 : 행동에 대해 주위 사람들이 어떻게 생각할지에 대한 두려움들로 인해 실천하지 못했던 것을 실제로 행동해 보도록 하는 훈련이다.
- 무조건적 수용 : 내담자의 어떤 말이나 행동을 무조건적으로 수용하는 기술이다.
- 시범 : 피상담자가 겪고 있는 정서적 혼란에 대해 그것과 다르게 생각하고 행동하는 사람들의 행동을 상담자가 연출해 보여주는 것이다.
- 유머 : 피상담자에게 혼란을 야기시키는 생각을 줄이기 위해 상담자가 유머를 사용한다.

• 행동적 기법 : 인지적 행동적 상담의 한 형태이기 때문에 행동적 상담기법(조작적 조건화, 자기관리, 체계적 둔감화, 도구적 조건화, 생체 자기제어, 이완 등)을 거의 그대로 활용할 수 있다.

⑤ 백(A. Beck)의 인지치료

㉠ 의의

• 백의 인지치료(cognitive therapy)는 합리적 정서치료방법 중 하나로 우울증의 치료에 효과적인 상담기법이다.
• 백은 사람들이 인지 삼제(자동적 사고의 3가지)를 통한 잘못된 인지체계(역기능적 인지 도식)로 인하여 부정적인 자동적 사고를 하게 되며 이러한 인지적 오류를 반박하여 긍정적인 사고로 전환하고자 한다.

㉡ 자동적 사고

• 어떤 사건에 당면하여 자동적으로 떠오르는 생각을 자동적 사고라 한다.
• 사람들이 경험하는 여러 가지 환경적 자극과 심리적 문제 사이에는 자동적 사고라는 인지적 요소가 개입되어 있는 것으로 정리된다.
• 백의 인지치료이론에 따르면 사람들이 경험하는 심리적 문제는 스트레스 사건을 경험했을 때 자동적으로 떠올리는 부정적인 내용의 생각들로 인해 발생하는 것으로 사람들이 경험하는 여러 가지 환경적 자극과 심리적 문제 사이에는 자동적 사고라는 인지적 요소가 개입되어 있다고 할 수 있다. 여기에서 문제가 되는 것은 환경적 자극에서 어떤 내용의 자동적 사고가 떠오르는가이다. 만일 부정적인 내용이 떠오른다면 심리적 문제로 이어질 수 있다.

㉢ 인지 삼제 : 전형적으로 우울증을 경험하는 사람들의 자동적 사고는 크게 다음과 같은 세 가지로 구성되어 있는데 이를 인지 삼제라고 한다.

• 자기에 대한 비관적 생각(나는 무가치한 사람이다. 등)
• 앞날에 대한 염세주의적 생각(나의 앞날은 희망이 없다. 등)
• 세상에 대한 부정적 생각(세상은 매우 살기 힘든 곳이다. 등)
• 이러한 생각들을 가지고 있는 사람이 그러한 생각들을 불러일으키는 생활사건을 경험했을 때 우울증이라는 심리적 문제가 경험되는 것이다.

㉣ **역기능적 인지 도식** : 사람들은 살아가면서 자기 나름대로 자기와 세상을 이해하는 틀을 발달시킨다. 세상은 어떤 곳인지, 자기는 어떤 사람인지, 인생은 어떤 의미가 있는지, 다른 사람들과 어떤 관계를 유지해야 하는지 등에 관한 지식을 쌓아가게 되는데 이러한 지식들이 어린 시절부터 시작해서 삶을 사는 과정에서 하나의 체계화된 것을 인지 도식이라 한다. 그 개인의 인지 도식의 내용이 부정적인 내용들로 인지 도식을 구성한다면 심리적 문제에 매우 취약해지기 쉽다.

㉤ **인지오류** : 인지오류란 현실을 제대로 지각하지 못하는 것, 또는 사실이나 그 의미를 왜곡하여 받아들이는 것을 뜻하는 것으로 역기능적 인지적 도식은 자동적 사고를 발생시키는 역할뿐 아니라 인지적 오류도 발생시킨다. 어떤 사건에 접해서 그 사건의 실제적 의미를 확인하지도 않고 성급하게 어떤 결론에 도달하게 되면 현실과 동떨어진 결론을 내릴 수 있다. 이것을 백의 인지치료이론에서는 개인의 임의적 추측을 사실 또는 현실과 혼동하는 것은 일종의 오류 또는 잘못이며, 사람들이 이러한 오류를 많이 범할수록 심리적 문제를 겪게 될 가능성이 더 커진다고 본다.

㉥ **인지오류의 종류**

- 흑백논리 : 사건의 의미를 이분법적인 범주의 둘 중 하나로 해석하는 오류
- 과잉일반화 : 한 두 번의 사건에 근거하여 일반적인 결론을 내리고 무관한 상황에서도 그 결론을 적용하는 오류
- 선택적 추상화 : 상황이나 사건의 주된 내용은 무시하고 특정한 일부 정보에만 주의를 기울어 전체의 의미를 해석하는 오류
- 의미확대 및 의미축소 : 사건의 중요성이나 의미를 지나치게 과장하거나 축소하는 오류
- 임의적 추론 : 어떤 결론을 내리기에는 충분한 근거가 없는 데도 최종적인 결론을 내려버리는 오류
- 개인화 : 사건의 부정적인 결과를 자신이 원인이며 책임져야 한다고 생각하는 오류

9 의사교류분석

① **개요**

㉠ Eric Berne에 의해 창시되고 발전된 교류분석(TA)은 집단상담, 치료에 적합한 접근법으로 많은 이들의 관심을 받아왔다.

㉡ 교류분석은 인간을 자율적이며 변화 가능한 존재로 설명하고 있는데, 이러한 교류분석의 가장 기본적인 개념은 세 가지 자아상태(부모 자아, 어른 자아, 어린이 자아)이다.

㉢ 인간 성격과 행동은 스트로크(strokes)라고 부르는 인정 자극을 추구하는 자극의 욕구, 구조의 욕구, 자세의 욕구에 의해 이루어진다. 특히 자세의 욕구에서는 자기 – 타인 긍정(I'm OK – You're OK)의 자세를 가장 바람직한 것으로 여기고 있다.

㉣ 인간의 의사소통은 '교류'를 통해 이루어지는데, 의사교류에는 세 가지(상호보완적, 교차적, 암시적)가 있다.

㉤ 의사교류와 함께 교류분석의 중요 개념인 생활각본은 생의 초기에 부모에 의해 형성되는데 이는 나중에 이루어지는 상담과정에서 재결정에 의해 재형성될 수 있다. 인간의 성격은 부모의 자녀 양육에 태도와 행동에 크게 영향을 갖게 된다.

㉥ 교류분석은 인간의 3가지 심리적 욕구인 자극갈망, 인정갈망, 구조갈망에 의해 동기화된다고 본다.

- **자극갈망**(stimulus hunger) : 다른 사람으로부터 신체적 접촉을 받고 싶어 하는 욕구
- **인정갈망**(cognition hunger) : 심리적 스트로크를 받고자 하는 욕구로 누군가에서 관심을 받고자 하는 인정에 대한 갈망
- **구조갈망**(structure hunger) : 주어진 시간을 어떻게 보낼지를 각자 찾고 발달시키려는 욕구
- **입장갈망**(position hunger) : 자극갈망, 인정갈망, 구조갈망의 욕구로부터 확인된 것으로 입장갈망(position hunger)을 가정한다.

② **교류분석의 인간관** … 교류분석의 인간관은 비결정론적(antideterministic)이며 긍정적인 특징을 갖고 있으며, 자율성, 변화가능성, 긍정성 등으로 설명될 수 있다.

㉠ **자율성** : Berne에 따르면 인간은 누구나 자율적으로 태어났다. 인생 초기에 부모의 일방적 명령과 금지에 복종하여 자율성을 유보하게 되나 교류분석을 통해 각성(awareness ; '지금 – 여기'에서의 실존적 대면을 통하여 세상과 자신을 지각할 수 있는 수용 능력), 자발성(spontaneity ; 자신의 감정이나 사고 그리고 행동의 선택지 중에서 자유롭게 선택할 수 있는 수용 능력), 친밀성(intimacy ; 솔직하게 다른 사람들과 사랑을 나누고 친숙한 관계를 맺을 수 있는 수용능력)을 회복함으로써 이를 다시 증대시킬 수 있다고 본다. "친밀성"을 교류분석 용어로 부연하면 정상적인 어른 자아의 기능 하에서 어린이 자아가 자유롭게 기능함으로써 지금 – 여기의 상황에서 다른 사람들과 진실한 만남의 관계를 경험할 수 있는 개방성을 특징으로 하는 개인의 수용능력이라 할 수 있다.

㉡ **변화 가능성**(재결정 능력) : 인간은 과거 자신이 잘못된 학습으로 인한 습관을 이해하며 재결정하기를 선택할 수 있다. 즉, 과거를 뛰어넘는 새로운 목표와 행동을 선택할 수 있다. 내담자는 어린 시절에 조건 형성된 부정적인 결정의 내용을 해제시키고 새로운 내용으로 재조건 형성하게 되면서 새로운 삶을 살아갈 수 있게 된다.

㉢ **인간존재의 긍정**(OKness) : Berne은 "인간은 모두 왕자 또는 공주로 태어났다"라는 표현을 통해서 인간성에 대한 긍정적 견해를 피력하였다. 이러한 긍정적 인간관과 관련하여 번은 실제로 인간은 적절한 현실 지향적인 완전한 신경학적인 구조를 갖고 있다고 하였다.

③ 세 가지 자아 상태

㉠ **어린이 자아 상태** : 외적 사태(주로 부모와 관련)에 대한 어린이의 감정적 반응체계가 내면화된 것이다. 그러므로 이것은 일종의 감정적 생활개념(felt concept of life)이라 할 수 있다. 어린이 자아 상태는 감정, 충동, 자발적 행동으로 이루어진다. 한편 어린이 자아는 그 기능에 따라서 세 가지로 구분될 수 있다.

- 자연스런 어린이 자아(Natural or Free Child, NC/FC) : 충동적이며 미숙하고 자발적이고 표현적인 유아와 같은 측면이다. 이는 타인을 의식하지 않고 자유롭게 기능하는 어린이 자아로서 자기중심적이거나 쾌락을 추구하고 감정을 자유로이 표출하는 반응을 보인다. 또한 호기심이 많으며 쾌활하고 재미있고 자유롭고 열성적이며 직관적이다. 그러나 너무 지나치면 제멋대로인 듯 보인다.
- 적응된 어린이 자아(Adapted Child, AC) : 이는 FC의 수정이다. 이 수정은 외상 경험, 욕구, 훈련, 주의를 끌기 위한 결정들의 결과이다. AC는 아이가 부모나 주위의 어른들로부터 관심을 끌기 위하여 눈치 보는 행동을 취할 때 기능하는 자아이므로 '눈치꾼'이라고 해석되기도 한다. AC는 투정하고 불평하고 반항한다. 순응적이고 타협적, 적응적이나 너무 지나치면 죄책감을 가지거나 발끈하는 성미를 내보이기도 한다.
- 작은 교수 자아(Little Prosser, LP) : LP는 아동의 타고난 선천적(unschooled) 지혜를 가리킨다. 창조적이며 탐구적이고 직관적 지혜와 가설 검증은 이 어린이 자아의 한 부분이다.

㉡ **부모 자아 상태** : Berne는 이를 '외재적 정신(exterpsyche)'이라고 이름 붙였다. 이는 한 개인의 부모를 내재화하고 동일시한 것이다. 부모 자아 상태는 가치체계와 도덕, 그리고 신념을 관장한다. 부모 자아는 타인을 비판하고 통제하는 것뿐만 아니라, 그들의 성장을 고무하는 행태를 취하기도 한다. 부모 자아 상태는 종종 부모로부터 자식에게로 전수되고 그것이 다시 후대로 계속 전수된다는 점에서 흔히 가족적, 문화적 기원을 가진다. 이런 맥락에서 부모 자아는 학습된 생활개념(taught concept of life)이라고 할 수 있다. 부모 자아는 기능상 다시 두 가지로 나누어진다.

- 양육적 부모 자아(nurturing parent NP) : 타인을 보살피고 관심을 가지며 보호적인 방식으로 기능하는데, 때때로 '과보호적'이 될 수 있다. 즉 NP가 지나치면 타인을 숨막히게 하는 사람(smother – mother)이 될 가능성이 있다. NP는 인정자극(strokes)을 제공하는 기능을 한다. 이는 내적으로 뿐만 아니라 외적으로도 그러한데, 내적으로 표출되는 예는 어떤 일을 성취한 후 스스로 "좋았어!"라고 말하는 경우이다. 외적으로 표출되는 예는 타인에게 인정자극을 주는 경우로, 타인을 칭찬해주는 행동 등이다. NP가 잘 발달된 사람들은 타인의 복리에 관심을 갖는다. 잘 발달된 NP는 건강한 성격의 중요한 요소가 된다.
- 비판적 부모 자아(critical or controling parent, CP) : 주장이 강하고 처벌적이며 완고한 방식으로 기능한다. CP가 내적으로 기능하는 경우는 "나는 어째 이 모양이냐? 바보같이!"라고 하면서 스스로를 나무라는 경우에 볼 수 있고, 외적으로 나타나는 경우는 타인의 행위나 일에 대해 비난하고 처벌하려는 상황에서 볼 수 있다. 그런데 이 CP는 사회의 대리인이라고

할 수 있다. 적절한 CP는 사회체제나 규범에 제대로 적응하게 하는데 도움이 될 수 있지만 심한 경우에는 오히려 자신의 뜻대로 인생을 살아가는데 방해가 될 수도 있다.

㉢ **어른 자아 상태** : 객관적으로 현실을 파악하고자 하는 속성이 있는데, 결국 이 어른 자아 상태는 각 개인의 현실적이고 논리적인 측면을 지칭하는 것이다. 자신의 환경에 대한 정보를 받아들이고 저장하고 인출하고 처리한다는 의미에서 컴퓨터와 흡사하다. 단지 사실과 논리적인 자료들만을 비정서적 방식으로 다루는 것이다. 따라서 이는 사고적 생활개념(thout concept of life)을 발달시킨다.

④ 교류분석의 상담과 심리치료

㉠ **계약** : 상담이나 심리치료에 대한 교류분석의 중요한 공헌 중 하나가 구체적 계약에 대한 강조이다. 계약이 없으면 치료목표도 정하지 않고 변화에 대한 책임도 전하지 않은 채 배회하기 쉽다. 많은 내담자들은 상담자가 전적으로 치료를 책임지고 자신의 생활각본에 맞는 역할을 해주기를 바라며 수동적이고 의존적인 입장에서 치료를 시작한다. 그들은 상담자에게 치료의 책임을 전가시킴으로써 생활각본을 계속 유지하려고 한다. 교류분석치료에서 계약은 책임의 분담을 강조하고 상담의 출발점이다. 즉 상담과정의 기본요소는 상담자와 내담자가 상호 동의하고 합의하는 측정 가능한 목표를 구체화하고 상담의 방향을 설정해 주는 치료적 계약이다. 계약적 접근은 연대책임을 의미한다. 상담자와 공동책임을 짐으로써 내담자는 치료에서 상담자와 동료가 되며 대등한 관계를 가지게 된다.

㉡ **구조분석** : 내담자로 하여금 자신의 자아 상태를 이해할 수 있도록 하여 과거의 경험 때문에 어른 자아가 기능하지 못하는 원인을 찾아 이를 해제하기 위하여 이루어진다. 이 단계에서 내담자는 각 자아 상태의 내용과 기능에 관하여 학습하게 된다. 따라서 이 과정에서 상담자는 특별히 능동적일 뿐만 아니라 가르치는 역할을 하게 된다. 구조분석에서는 성격구조와 관련된 2가지 문제, 즉 오염과 배척이 있다고 생각한다.

㉢ **교류분석** : 의사교류분석(transactional analysis)은 내담자가 타인과의 의사교류과정에서 그의 어떤 자아상태가 관여하여 작용하고 있는지 그리고 어떤 유형의 의사교류를 하고 있는지를 확인함으로써 그러한 의사교류가 의사소통이나 인간관계의 과정에서 일으키고 있는 문제점이 무엇인지를 분석하고 확인하여 문제해결을 돕고자 하는 목적으로 이루어진다. 교류에는 상호보완적, 교차적, 암시적 세 가지 유형이 있다.

㉣ **게임분석** : Berne은 게임을 "잘 정의된 예언을 할 수 있는 결과로 향하는 일련의 상호보완적이며 암시적인 교류라 하였다. 게임에 대가는 대개 참여자가 경험하는 불쾌한 감정"이다. 즉, 게임은 숨겨진 동기를 가진 일종의 암시적 의사교류로서 의사교류에 관여하는 두 사람 모두 또는 최소한 한 사람에게 부정적인 감정을 불러일으키는 의사교류의 한 유형이다. 교류분석의 목표 중 하나는 사람들이 타인들을 솔직하고 완전하고 친밀하게 대할 수 있도록 자신과 타인의 교류를 이해하도록 돕는 것이다. 그러고 나면 게임은 감소한다.

ⓜ 각본분석 : 각본이란 아동기에 이루어지고, 부모로부터 강화받고, 이후로부터 일어나는 사건들에 의해 정당화되어 결국 선택의 여지가 없어지게 된 결정에 바탕을 둔 인생계획을 말한다. 각본분석을 통해 내담자들이 각본이나 각본행동을 정당화하는 방식을 획득하는 과정을 그들에게 보여줄 수 있다. 내담자가 자신의 생활각본을 인식하게 되면 자신의 계획을 변화시키기 위해 무엇인가를 할 수 있는 위치에 있게 된다. 인식을 통한 재결정이 가능하기 때문에 사람들은 초기 각본의 희생자로 운명지어진 굴레에서 벗어나게 된다. 각본분석은 일생을 통해 사람들이 새로운 결정을 선택할 수 있다는 것을 보여준다.

⑤ 교류분석에 대한 평가

㉠ 공헌

- 대인관계에 있어서 의사소통의 질을 개선할 수 있는 구체적인 방안을 제시
- 효율적인 부모역할에 대한 지혜를 제공
- 이해하기 쉽고 적용되기 쉬운 개념들 사용
- 교류분석기법만을 고집하는 것이 아니라 다른 상담기법 등을 적용해서 상담목적 달성 가능

㉡ 한계

- 많은 개념이 인지적이기 때문에 지적능력이 낮은 내담자에게 부적절
- 교류분석의 이론과 개념들의 타당성을 검증하거나 지지하기 위해 수행된 경험적 연구 부족 (Patterson, 1980)
- 다른 이론가들이 이미 사용한 개념들과 유사한 점이 많아 새롭거나 독특한 면이 부족함. 예컨대 세 가지 자아 상태인 P, A, C는 Frued의 세 가지 성격요소 즉 superego, ego, id와 유사하며 생활각본의 개념은 Adler의 '생활양식'과 비슷함

10 분석심리학

① 분석심리이론의 주요 개념

㉠ 정신 : 퍼스낼리티 전체를 정신으로 보았으며, 의미, 가치로 풀이할 수 있다.

㉡ 리비도 : 생물학적 · 성적 · 사회적 · 문화적 · 창조적인 모든 형태의 활동에 에너지를 제공하는 전반적인 것을 생명력으로 보았다.

㉢ 무의식 : 모든 인류가 공통적으로 지니고 있는 것이다. 이것은 심층에 존재하고 있기 때문에 쉽게 포착하기 어렵다.

㉣ 원형 : 대부분의 사람들이 가지고 있는 조상 대대로 경험했던 심상들을 말한다.

㉤ 아니마와 아니무스 : 아니마(anima)란 남성에게서 발견되는 여성적인 면이고, 아니무스(animus)는 여성에게서 발견되는 남성적인 면을 가리킨다.

㉥ 페르소나 : 겉으로 드러나고 외부세계로 표출되는 자아이다.

ⓢ **자기** : 자기(self)는 의식과 무의식 모두의 중심이기 때문에 자기의 모든 것을 볼 수 있는 원형의 하나이다.

② **심리적 유형** … 융은 심리유형을 나누기 위해서 우선 자아의 태도와 자아의 기능으로 구분하였다. 그리고 자아의 태도는 외향과 내향으로, 자아의 기능은 사고 · 감정 · 감각 · 직관으로 나누어 총 8개의 유형으로 구분하였다.

㉠ **자아의 태도**

- 외향적인 사람 : 여건에 잘 순응하고 다른 사람과의 관계도 원만하다.
- 내향적인 사람 : 객체에 관심이 없거나 거부하는 경향을 보이기 때문에 교만한 이기주의자나 부적응자로 보이기 쉽다.

㉡ **자아의 기능**

- 사고 : 사실과 일치하느냐 않느냐를 판단하고 여러 가지 정보를 연결지어 일반화된 성향을 파악하여 문제를 해결하는 기능을 한다.
- 감정 : 대상에 대하여 좋음과 나쁨, 편함과 불편함, 기쁨과 슬픔 등을 판단하여 종합하는 기능을 한다.
- 감각 : 감각기관을 통하여 외부 세계와 신체 내부의 자극들을 보거나 듣는 등과 같은 현실 경험의 형태이다.
- 직관 : 무의식을 통한 감각과 내용을 알지 못하지만 전체적인 형태를 깨닫는 순간적 지각의 형태이다.

㉢ **8가지의 심리유형**

- 외향적 사고형 : 자기의 감성적 측면을 억압하기 쉽고 공식에 맞는 것을 옳다고 여기는 경향이 있다.
- 내향적 사고형 : 내적 현실, 자신의 생각에 몰두해 있는 경향을 보인다.
- 외향적 감정형 : 외부자극을 중시하며 향락적인 경향을 보인다.
- 내향적 감정형 : 주관적인 조건에 사로잡히는 경향을 보인다.
- 외향적 감각형 : 외계의 구체적 · 감각적 사실들, 만질 수 있는 현실을 중시하며 현실적 · 실제적이고 감각적 즐거움을 밝힌다.
- 내향적 감각형 : 바깥 세계에는 관심이 없고 주관적 · 내적 감각을 중시하며 물리적 세계의 표면보다는 배경들을 포착하는 경향을 보인다.
- 외향적 직관형 : 객관적 상황에서 모든 기능한 것, 새로운 것을 발견하고자 하거나 새로운 세계를 정복하려고 한다.
- 내향적 직관형 : 모든 것을 원형의 이미지에서 찾는 경향을 보이며, 바깥 세계에 대해서는 매우 어둡다.

㉣ **Jung의 치료과정** : 고백 → 명료화 → 교육 → 변형

02 직업상담이론

1 특성 – 요인 직업상담(이성적 · 지시적 상담)

① 특성 – 요인 진로상담의 배경

㉠ 파슨스의 특성 – 요인 직업상담은 인간행동의 개인차에 대한 측정과 확인에 초점을 맞추어 온 심리학분야에 배경을 두고 있다.

㉡ 직업선택이론에서 유래한 것으로 개인, 직업, 개인과 직업 사이의 관계성을 기본으로 하여 만든 직업이론의 원리를 반영하고 있다.

㉢ 상담의 이성적 과정, 판정결과에 대한 명확한 태도 등 과학적인 문제해결의 도식을 엄격히 따르고 있다.

㉣ 20세기 초 미국의 경제대공황 때 해직당한 사람들이 새로운 직업을 유지하는 것을 돕기 위하여 만들어졌다(Paterson & Darley, 1936).

② 특성 – 요인이론의 가정 및 특징

㉠ 개인은 각자의 독특한 심리학적 특성이 있으며, 각각의 직업은 요구하는 직업적 특성이 다르다.

㉡ 개인의 독특한 특성이 직업수행에서 요구되는 직업적 특성과 합리적으로 연결될 때 만족감을 느끼고 적응할 수 있다.

㉢ 특성요인상담은 개인과 직업을 매칭해 주는 이론으로 의학적 접근, 직선적 접근, 과학적 접근을 시도한 상담이론이라 할 수 있으며 개인 – 환경 – 대응(조화)모델의 대표적 예라 할 수 있다.

㉣ 이성적, 지시적 상담은 내담자의 정서적 이해보다 문제의 객관적 이해에 중점을 두며 학습기술과 사회적 적응기술을 알려주는 것을 중요하게 여기고 있다. 또한 내담자를 객관적으로 이해하고 올바른 예언을 위해 사례나 사례연구를 중요한 자료로 삼는다.

㉤ 당시 대학에서 상담을 했던 윌리암슨(Williamson)은 대학생의 직업선택에 대한 상담과정에 특성요인이론을 활용한 이성적, 지시적 상담모형을 활용하였으며 이 접근법은 상담자 중심 상담, 미네소타 접근 등 다양하게 지칭되고 있다.

③ 특성 – 요인이론의 개념

㉠ 특성(trait) : 개인의 독특한 특성들로 심리검사를 통해서 적성, 흥미, 가치, 성격 등으로 측정될 수 있다.

㉡ 요인(factor) : 직업수행을 위해 요구되는 특징으로 직업성취도, 책임, 성실 등을 말한다.

④ 특성 – 요인 진로상담의 목표

㉠ 개인의 특성을 여러 가지 검사를 통해서 자세히 밝혀내고 그것을 각 직업의 특성에 연결시키는 것이다.

㉡ 특성 – 요인 접근법의 일반적인 목표는 내담자의 의사결정과 문제해결에서 합리적인 과정을 통해서 실행하고, 그의 특성에 맞는 직업을 선택하는 것이다.

⑤ 윌리암슨의 직업상담과정

㉠ **분석** : 개인에 관한 자료수집, 표준화검사, 적성, 흥미, 동기 등의 요소들과 관련된 심리검사가 주로 사용된다.

㉡ **종합** : 개인의 성격, 장 · 단점, 욕구, 태도 등에 대한 이해를 얻기 위해 정보를 수집, 종합한다.

㉢ **진단** : 종합단계에서 얻어진 문제를 야기시키는 요소들에 관한 자료를 파악하고 그 문제를 해결할 수 있는 다양한 방법들을 검토한다.

㉣ **예측(예후)** : 선택한 대안들을 평가하고 예측한다.

㉤ **상담(개입, 중재, 처치)** : 분석, 종합, 진단, 예측과정을 통해 얻어진 자료를 중심으로 해결해야 할 대안에 대해 우선순위를 정하고 상담자는 특별한 행동과정을 권고한다.

㉥ **추후(추수)상담** : 결정과정의 적합성이나 새로운 문제를 해결하거나 혹은 동일한 문제의 재발을 막기 위해 첨가해야 할 도움이 필요한지를 확인하며, 상담의 효율성을 점검하는 재배치 등이 이루어진다.

⑥ (면담) 상담기법(Williamson)

㉠ **촉진적 관계형성** : 상담자는 내담자로 하여금 신뢰하고 문제를 맡기도록 할 수 있는 수준에서 관계를 유지한다.

㉡ **자기이해의 신장** : 상담자는 내담자가 자신의 장점이나 특징들에 대하여 개방된 평가를 하도록 도우며, 이런 장점이나 특징들이 문제해결에 어떻게 관련되는지에 대하여 통찰력을 갖도록 격려한다. 유능한 상담자는 내담자가 그의 장점을 최대한 발휘하여 진로면에서 성공과 만족을 얻도록 조력한다.

㉢ **행동계획의 권고나 설계** : 상담자는 내담자가 이해하는 관점에서 상담이나 조언을 하고 내담자가 표현한 학문적, 직업적 선택 또는 감정, 습관, 행동, 태도에 일치하거나 반대되는 것을 언어로 정리해준다. 그리고 실제적인 행동을 계획하고 설계하도록 조력한다.

㉣ **계획의 수행** : 행동계획이 일치했다면 상담자는 진로선택을 하는데 있어 직접적인 도움이 되는 여러 가지 제안을 함으로써 내담자가 직업을 선택하는 것을 돕는다.

㉤ **위임** : 모든 상담자가 내담자를 전부 상담할 수는 없으므로 경우에 따라서는 내담자에게 다른 상담자를 만나보도록 권유할 수 있다.

⑦ 검사의 해석기법

㉠ **직접 충고** : 내담자들이 따를 수 있는 가장 만족할 만한 선택, 행동, 계획에 관해 자신의 견해를 솔직히 표명한다.

㉡ **설득** : 상담자는 내담자의 대안적인 행동이 나올 수 있는 결과를 가져오도록 합리적이고 논리적인 방법으로 증거를 정리하고 내담자에게 다음 단계의 진단과 결과의 암시를 이해할 수 있도록 설득한다.

㉢ **설명** : 상담자는 진단과 검사자료뿐 아니라 비 검사자료들을 해석하여 내담자가 의미를 이해하고 가능한 선택을 하며, 선택한 결과에 대해 이해할 수 있도록 해석 및 설명한다.

⑧ Parsons의 직업상담 3요인설

㉠ **자신에 대한 이해** : 면담, 심리검사를 통한 나의 적성, 흥미, 능력 등의 자기 이해

㉡ **직업에 대한 이해** : 직업정보를 통한 보수, 직업환경, 승진제도 등의 이해

㉢ **자신과 직업의 합리적 연결(매칭)** : 내담자가 직업을 선택하는데 과학적 조언을 제공

⑨ 특성요인상담에서 제시한 인간본성에 대한 5가지 기본 가정

㉠ 인간은 선과 악의 잠재력을 모두 가지고 있다.

㉡ 인간은 선을 실현하는 과정에 타인의 도움을 필요로 한다.

㉢ 선의 본질은 자아의 완전한 실현이다.

㉣ 인간의 선한 생활을 결정하는 것은 자기 자신이다.

㉤ 세계관은 개인적인 것으로 인간은 누구나 그의 독특한 세계관을 가진다.

2 정신역동적 직업상담

① Bordin의 직업상담과정 3단계

㉠ **탐색과 계약설정의 단계** : 상담자는 내담자가 자신의 욕구 및 정신 상태를 탐색할 수 있도록 돕고 앞으로의 상담전략을 합의한다.

㉡ **중대한 결정의 단계** : 내담자가 자신의 성격적 제한을 그대로 받아들이고 그 성격에 맞는 직업을 택하거나 성격을 변화시켜 다른 직업을 선택할 것인지 결정할 수 있도록 한다.

㉢ **변화를 위한 노력의 단계** : 내담자가 원하는 직업과 관련하여 성격, 욕구, 흥미 등에 대해 변화하려는 노력이 필요하다.

② Bordin의 상담기법

㉠ 명료화

㉡ 비교

㉢ 소망-방어체제의 해석

3 발달적 직업상담

① 의의

㉠ 내담자의 생애단계를 통한 진로발달의 측면에 중점을 두는 접근법이다.

㉡ 발달적 진로상담이론은 내담자가 진로상담에서 언급된 진로의사결정의 문제와 내담자의 전반적인 진로성숙 사이의 일치성을 다루어 왔다.

㉢ 발달적 진로상담이론은 내담자가 처한 진로발달 시점에서 상담이 시작되어야 한다.
㉣ 발달적 진로상담이론의 직접적인 목표는 내담자의 진로발달을 촉진하는 데 있다.

② **진단** … Super은 진로선택이나 의사결정의 평가만큼이나 내담자의 잠재능력에 중점을 둔 세 종류의 평가에 대한 윤곽을 묘사하고 있다.
㉠ **문제의 평가** : 내담자가 경험한 어려움과 진로상담에 대한 기대가 평가된다.
㉡ **개인의 평가** : 사회적인 각종 통계자료에 의해 수집되며 임상적인 사례연구에 의한 분석이 이루어진다.
㉢ **예언평가** : 직업적, 개인적 평가를 바탕으로 내담자가 성공하고 만족할 수 있는 것에 대한 예언이 이루어진다.

③ **발달적 진로상담의 목적**
㉠ 통찰을 돕고 성공하도록 도우며 적응해야 할 중요 영역에서 자신감을 드러내게 함으로써 삶의 다른 면에서도 보다 잘 대처하도록 조력하여 일반적인 적응력을 증진시킨다.
㉡ 단점보다 장점을 활용함으로써 개인이 생의 의미를 설정하도록 조력한다.

④ **면담/상담기법**
㉠ 발달적 진로상담에서는 지시적, 비지시적 기법을 주기적으로 번갈아 사용한다.
㉡ 상담자에게 유용한 면담기술로는 진로자서전과 의사결정의 일기가 있다.

> **POINT 진로자서전과 의사결정의 일기**
> ㉠ 진로자서전 : 내담자가 과거에 어떻게 진로의사 결정을 했는가를 알아보는 재검토자료로 활용할 수 있다.
> ㉡ 의사결정의 일기 : 내담자가 매일 어떻게 결정을 하는가의 현재의 상황을 설명하는 것으로서 '진로자서전'의 보충역할을 한다.

⑤ **평가**
㉠ 발달적 직업상담 모형은 진로의식성숙과정을 가장 체계적으로 기술하고 있다.
㉡ 이 모형은 실증적 자료를 많이 활용한다.
㉢ 상담의 과정이 너무 광범위하고 자아개념을 지나치게 강조한다는 비판을 받는다.

04 직업상담의 기법

01 초기면담의 의미

1 초기면담의 유형과 요소

직업상담 과정에 상담자와 내담자가 처음으로 만나는 것으로 가장 중요한 면담이다. 상담자와 피상담자는 상대방과 앞으로의 관계를 지속적으로 유지할 수 있는지 해석한다.

① 초기면담의 유형

㉠ 솔선수범 면담

- 상담자 솔선수범 면담
- 피상담자 솔선수범 면담

㉡ 정보중심적 면담

- 개방형 질문 : 단답형 대답으로 끝나지 않는 질문의 형태로 '왜', '어떻게' 등을 이용한다.
- 폐쇄형 질문 : '예', '아니요'의 단답형으로 대답할 수 있도록 하는 질문이다.

㉢ 관계중심적 면담

- 반영
- 재진술

② 초기면담의 주요 요소

㉠ 감정이입

㉡ 언어적 행동과 비언어적 행동

㉢ 직업상담자 노출하기

㉣ 즉시성 : 상담자와 피상담자 간의 묘한 기류가 존재한다고 느낄 때 즉석에서 그 상황과 관련된 질문을 통해 그 기류를 사라지게 하는 대처법이라고 할 수 있다.

㉤ 유머 : 내담자의 저항을 우회할 수 있으며, 긴장을 완화할 수 있다.

㉥ 직면 : 상담자가 내담자의 행동 속에서 불일치를 경험하고 그것을 표현하는 것이다.

㉦ 계약 : 목표달성에 포함된 과정과 최종 결과에 초점을 두는 것이다.

㉧ 리허설 : 계약설정 후 연습하는 것으로, 명시적 리허설(직접행동), 암시적 리허설(상상과 숙고)이 있다.

③ 초기면담수행 시 상담사의 유의사항

㉠ **면담준비** : 상담자는 내담자와 면담 전에 가능한 모든 사례자료를 검토하여야 한다.

㉡ **내담자와 만나기** : 인사, 눈 맞춤, 억양, 자세 등에 주목하고 내담자의 심리상태를 살핀다.

㉢ **구조화** : 내담자의 초기목표를 명확히 한다.

㉣ 비밀유지의 한계를 설정한다.

㉤ 평가사항 및 평가방법을 인식한다.

㉥ 상담 시 주의사항을 숙지한다.

㉦ 초기면담의 종결(요약, 과제부여)을 명확히 한다.

④ 초기 상담 시 구조화에서 언급해야 할 사항

㉠ 비밀보장과 한계

㉡ 상담자와 내담자의 역할

㉢ 내담자가 지켜야 할 규칙

㉣ 상담의 시간과 장소

㉤ 상담의 목표와 과정

02 구조화된 면담법

1 생애진로사정의 의미

① **의미** … 생애진로사정은 상담자가 내담자와 처음 만났을 때 이용할 수 있는 구조화된 면접 기법으로 상담자와 내담자에게 내담자와 환경과의 관계를 이해하는데 도움을 주는 것으로 아들러의 개인심리학에 기초하며 진로사정, 전형적인 하루, 강점과 장애, 요약으로 이루어져 있다.

② **활용** … 작업자, 학습자, 개인의 역할을 포함한 다양한 생애역할에서 내담자의 기능수준과 환경을 극복하는 모습에 대한 정보의 산출까지 상담의 초기 내담자의 정보를 얻는데 유용한 사정도구가 된다.

2 생애진로사정의 구조

① 진로사정 … 일의 경험, 교육 또는 훈련과정, 여가

② 전형적인 하루 … 개인이 자신의 생활을 어떻게 조직하는지를 발견한다.

③ 강점과 장애 … 내담자가 다루고 있는 문제와 내담자가 마음대로 사용하는 자원에 대해 직접적인 정보를 준다.

④ 요약 … 면접을 하는 동안에 수집된 정보를 강조하고, 상담을 통해 목표를 성취하도록 자극하는 정보를 강조한다.

> **POINT 생애진로사정에서 가족역할의 부가**
>
> 생애진로사정은 내담자들이 그들의 환경에 대해 어떻게 타협하는가에 관한 정보를 이끌어내고 작업자로서의 역할, 학습자로서의 역할, 그리고 개인적 역할을 포함한 각종 생애역할을 어떻게 수행하고 있는지를 다룬다. 이 밖에도 생애진로사정에 가족역할을 부가하는 것을 생각해 볼 수 있다.

⑤ 직업가계도(제노그램)

㉠ 의미

- 내담자의 생물학적 친 조부모와 양 조부모, 양친, 숙모와 삼촌, 형제자매 등의 직업들을 도해로 표시한 것으로 가계의 직업에 대한 뿌리를 살펴보는 것이다.
- 직업, 경력포부, 직업선택 등에 관해 내담자에게 영향을 주었던 사람들도 포함시킨다.

㉡ 활용 : 직업가계도는 한 사람의 진로유산에 대한 시각적인 그림을 얻으며 내담자가 세상에 대한 태도와 지각, 그리고 삶의 다른 역할들과의 관계 등과 같은 출처들을 탐색하는 방법의 하나로 활용된다.

⑥ 생애진로주제 및 생애역할 구조와 모형

㉠ 작업자 : 자료 – 관념 – 사람 – 사물(프레디저), 직업적 성격 및 일, 환경(홀랜드), 기술확인(볼레스)

㉡ 학습자 : 학습자형태(콜브), 학습형태

㉢ 개인 : 생애형태, 대뇌반구상의 기능

03 내담자 사정하기

1 동기(Motivation) 사정하기

동기를 사정하는 것은 상황에 대한 인지적 명확성을 중점적으로 보는데, 진로탐색의 동기가 결여된 경우는 다양한 요인에 의한 것일 수 있는데 많은 경우에 목표가 너무 높아 자긍심이 낮은 경우이거나 양극적 사고 등이다. 이러한 동기에 대한 인지적 명확성을 사정하기 위해서는 다음과 같은 질문을 할 수 있다.

2 역할 내 일치성 사정하기(= 역할의 의미)

① 역할이란 사회적으로 규정된 활동을 포함하는 삶의 한 기능이다.

② 관계의 사정은 일하는 사람, 학생, 가족, 지역구성원 등과 같은 생애 역할 간의 내적 관계의 속성을 결정하는 것을 말한다.

③ 상호 역할 관계 사정법
- ㉠ 질문을 통해 역할 관계를 사정하기
- ㉡ 동그라미 역할 관계 그리기
- ㉢ 생애 계획 연습으로 전환시키기

④ 상호 역할 관계 사정 용도
- ㉠ 생애 역할 중 하나의 역할에 해당하는 작업의 인식 촉진
- ㉡ 직업전환 피할 수 있는 수단
- ㉢ 잠재적으로 보완적인 역할 찾도록 돕는 수단

3 가치 사정하기

가치(Value)란 신념에 해당하며, 신념이란 가장 신성하게 간직하고 있는 것으로, 가치 동기의 원천인 동시에 개인적인 수행기준, 개인의 전반적인 달성목표의 원천이 된다.

① 가치사정의 목적
- ㉠ 자기인식(Self - awareness)의 발전
- ㉡ 현재 상황에 대한 불만족 근거 발견
- ㉢ 역할갈등의 근거 찾기
- ㉣ 낮은 수준의 동기, 성취의 찾기

ⓜ 개인의 흥미나 성격사정의 예비단계

ⓑ 진로 선택이나 전환의 틀을 잡아주는 한 전략

② **자기 보고식 사정법** … 가치사정은 자기 보고식 사정법을 이용하고 있는데, 자기 보고식 사정법에는 다음과 같은 것이 있다.

㉠ 체크목록 가치에 순위 매기기

㉡ 과거의 선택 회상하기

㉢ 절정경험 조사하기

㉣ 자유시간과 금전의 사용확인하기

㉤ 백일몽 말하기

㉥ 존경하는 사람 기술하기

4 흥미 사정하기

흥미는 개인의 관심이나 호기심을 자극하거나 일으키는 것으로 개인의 선호활동에 대한 정보는 다양한 방법을 통해 수집할 수 있다.

① **흥미사정의 목적**

㉠ 자기인식 발전시키기

㉡ 직업 대안 규명하기

㉢ 여가선호와 직업선호 구별하기

㉣ 직업탐색 조장하기

㉤ 직업, 교육상의 불만족 원인 규명하기

② **수퍼의 흥미사정방법**

㉠ **표현된 흥미** : 어떤 활동이나 직업에 대해 좋고 싫음을 간단하게 말하도록 한다.

㉡ **조작된 흥미** : 활동에 대해 질문을 하거나 활동에 참여하는 사람들이 어떻게 시간을 보내는지를 관찰하는 것이다. 이 방법은 사람들이 자신이 좋아하고 즐기는 활동과 연관된다는 것을 가정한다.

㉢ **조사된 흥미** : 각 개인은 다양한 활동에 대해 좋고 싫음을 묻는 표준화된 검사를 완성하는데 대부분의 검사에서 개인의 반응은 특정 직업에 종사하는 사람들의 흥미와 유사점이 있는지 비교되는 것으로 가장 많이 사용하는 흥미사정기법이다.

③ **흥미사정의 검사도구** … 흥미와 가치는 자신이 가지고 있는 기술이나 능력과 밀접하게 관련될 수 있다. 그러한 흥미를 독립적 요소로 보며 가장 중심이 되는 지표로서 측정하는 도구에는 Holland – 흥미유형 검사, Strong – 직업흥미 검사, 직업카드분류 등이 있다.

5 성격 사정하기

① 의의

㉠ 성격(Personality)은 직업선택과 직업적응에서 핵심적인 변인에 해당된다.

㉡ 어떤 특정한 성격특성이 특정 직업에 꼭 필수적이라는 것은 검증된 바가 없으나, 비 표준화된 성격 사정도구를 통한 탐색은 보편성을 가진다.

② 홀랜드 유형 … 홀랜드는 개인이 지속적이고 비교적 영구적인 성격 또는 행동유형을 발전시키며 직업을 선택할 때에는 이러한 성격을 나타낸다고 제안하면서 6개의 기본적인 성격유형을 가정했다.

POINT 홀랜드의 6가지 성격유형

현실형, 탐구형, 예술형, 사회형, 진취형, 관습형

③ 마이어스 – 브릭스 유형지표(MBTI)

㉠ C.G.Jung의 성격유형이론을 근거로 Katharine C. Briggs와 Isabel Briggs Myers가 개발하였다.

㉡ 인간의 행동이 겉으로 보기에는 멋대로이고 예측하기 힘들 정도로 변화무쌍해 보이지만, 사실은 질서정연하고 일관성 있게 다르다.

㉢ 일관성과 상이성은 각 개인이 외부로부터 정보를 수집(인식과정)하고, 수집한 정보에 근거하여 행동을 위한 결정을 내리는데(판단과정) 있어서 각 개인이 선호하는 방법이 근본적으로 다르기 때문이다.

㉣ 의사결정의 근거에 대한 선호경향(사고, 감정)

- 사고는 논리적이고 객관적인 방식으로 결정하기 위해 정보를 조직화하고 구조화하는 것과 관련되는 선호경향이다.
- 감정은 개인적이고 가치지향적인 방식으로 결정하기 위해 정보를 조직하고 구조화하는 것과 관련되는 선호경향이다.

㉤ 생활양식에 대한 선호경향(판단, 인식)

- 판단은 미리 예정되어 있고 조직화된 생활을 하는 것과 관련되는 선호경향이다.
- 인식은 보다 자율적이고 융통성 있는 방식으로 생활하기를 선호하는 것을 말한다.

04 목표설정 및 진로시간 전망

1 목표설정의 의미 및 특성

① 직업상담을 할 때의 목표는 상담의 방향을 제시해주는 것이다.

② 직업상담의 목표는 내담자와 상담자 사이의 대화에 의해 결정된다. 목표설정은 내담자와 상담자 간의 협조적 과정이다.

③ 상담자의 개입이 필요한 이유는 내담자가 명확하고 구체적인 목표를 설정하도록 돕기 위한 것이다.

2 진로시간전망에 대한 검사[코틀(Cottle)의 원형검사]

① 사람들은 원형검사를 받을 때 과거, 현재, 미래를 의미하는 세 가지 원을 그리게 된다.

② 원의 크기는 시간차원에 대한 상대적 친밀감을 나타내고, 원의 배치는 시간차원들이 어떻게 연관되어 있는지를 나타낸다.

③ 원형검사에 기초한 시간전망 개입은 시간에 대한 심리적 경험의 세 가지 측면인 방향성, 변별성, 통합성의 국면으로 나눈다.

㉠ **방향성** : 미래에 대한 낙관적 입장을 구성하며 미래지향성을 증진시킨다.

㉡ **변별성** : 미래를 현실처럼 느끼게 하고 목표를 신속하게 결정하도록 하는데 있으며, 변별된 미래는 개인의 목표설정에 의미 있는 맥락을 제공한다. 내담자는 자신의 공간을 미래 속에서 그려볼 수 있기 때문에, 미래에 대한 불안감을 감소시킬 수 있다.

㉢ **통합성** : 현재의 행동과 미래의 결과를 연결시키고, 진로에 대한 인식을 증진시킨다. 과거, 현재, 미래 간의 관계를 개념화하는 것은 내담자가 자신의 목표를 완수하기 위해 계획을 수립할 수 있도록 내담자에게 인지적 도식(Schema)을 제공하는데, 그러한 인지적 도식을 통해서 내담자는 자신의 직업행동의 방향을 설정할 수 있다.

④ 시간관계성을 나타내는 4가지 시간차원

구분	내용
시간차원의 고립	어떤 것도 서로 접해 있지 않은 원들을 말한다. 이것은 내담자가 자신의 미래를 위해 현재 아무것도 하지 않음을 의미한다.
시간차원의 연결	중복되지 않고 경계선에 접해 있는 원들을 의미한다. 그것은 구별된 사건들의 선형적 흐름을 의미한다. 이 시간관점은 사건들이 아직은 각각 독립적이고 구별된 것을 의미한다.

시간차원의 연합	부분적으로 중첩된 원들을 말한다. 현재는 과거로부터 물려받은 것이고 미래는 현재로부터 물려받는다는 것을 의미한다. 현재와 미래의 원들이 중첩된 지역은 내담자가 자신의 미래를 예측할 수 있는 것을 의미한다.
시간차원의 통합	완전히 중첩된 원들을 말한다. 예를 들어 과거와 미래의 원을 현재의 원 안에 그려 넣은 사람은 단지 현재만 있을 뿐이다. 이들은 과거의 일들도 현재이며, 현재의 일도 현재이고, 미래의 일도 현재이다.

05 내담자의 인지적 명확성 사정

1 인지적 명확성 사정

상담이 중도에 중단되지 않도록 방지하고 상담의 목표를 달성하고자 직업상담이나 진로상담 전에 내담자를 면담하여 어떤 인지적 명확성이 부족한지를 알아보는 것을 말한다.

2 인지적 명확성 사정의 범위(원인)

① 정보부족(결핍) … 왜곡된 정보에 집착하거나 성보 분석능력이 보통 이하인 경우와 변별력이 낮은 경우로 구분된다.

② 고정관념 … 경험부족에서 오는 관념, 편협한 가치관, 낮은 자기 효능감, 의무감에 의한 집착 등으로 구분된다.

③ 경미한 정신건강 … 개인 상담을 실시 후 직업상담에 들어간다.

④ 심각한 정신건강 … 개인상담 및 심리검사 실시 후 직업상담에 들어간다.

3 인지적 명확성이 부족한 내담자의 유형 및 해결책 제시

① 단순 오정보 … 정보를 제공한다.

② 복잡한 오정보 … 논리적 분석을 시행하고, 잘못된 논리체계를 재구성한다.

③ 구체서의 결여 … 구체화시킨다.

④ 가정된 불가능(불가피성) … 논리적 분석과 격려를 시행한다.

⑤ 원인과 결과 착오 … 논리적 분석을 시행한다.

⑥ 파행적 의사소통 … 저항에 초점을 맞춘다.

⑦ 강박적 사고 … RET기법(합리적. 정서적 치료)을 사용한다.

⑧ 양면적 사고 … 역설적 사고 – 증상을 기술 → 바꿔야 할 사고 인식시키기, 사고전환에 대해 계약 맺기 및 그 사고 지속시키기

⑨ 걸러내기 … 재구조화(지각 바꾸기), 역설기법(긍정적 측면 강조)

⑩ 순교자형 … 논리적 분석

⑪ 비난 … 직면, 논리적 분석

⑫ 잘못된 의사결정방식 … 불안을 대처하기 위해 심호흡/의사결정 도움을 사용한다.

⑬ 자기인식의 부족 … 은유나 비유쓰기(재구조화)

⑭ 낮은 자긍심 … 비합리적 신념에 대한 논박, 역설, 상상

⑮ 무력감 … 지시적 상상하기

⑯ 고정관념 … 정보를 주기, 가정에 도전하기

⑰ 미래시간에 대한 미계획 … 정보를 주기, 실업 극복하기

06 내담자의 정보 및 행동에 대한 이해기법

1 내담자의 행동을 이해하기 위한 상담기법(Gysbers & Moore의 상담기법)

① 가정 사용하기 … 상담자는 내담자에게 그러한 행동이 이미 존재했다는 것을 가정한다.

② 의미 있는 질문 및 지시 사용하기 … 내담자의 주의를 요하는 질문을 한다.

③ 전이된 오류 정정하기

㉠ 정보의 오류 : 내담자는 직업세계에 대해 충분한 정보를 알고 있다고 잘못 생각하는 경우가 있는데 질문을 통해 잘못을 인식시켜 준다.

㉡ 한계의 오류 : 내담자는 예외를 인정하지 않거나, 불가능을 가정하거나 어쩔 수 없음을 가정한다.

㉢ 논리적 오류 : 내담자가 논리적으로 맞지 않는 진술을 함으로써 의사소통을 방해하는 경우로 인간관계오류, 마음의 해석, 제한된 일반화 등이 있다.

④ 분류 및 재구성하기 … 내담자의 경험을 끄집어내는 것을 도와주고, 자신의 세계를 다른 각도에서 볼 수 있는 기회를 갖게 한다.

⑤ 저항감의 재인식과 다루기 … 전혀 동기화되지 않거나 저항감을 나타내는 내담자의 경우, 저항의 목적이 무엇인지 이해하고 재인식하는 것을 다루는 기술이 필요하다.

㉠ 저항의 종류 : 방어기제, 고의적 의사소통의 방해

㉡ 내담자의 무기력함 : 동기가 부여되고 실천이 따르도록 전개해야 한다.

㉢ 저항 다루는 법 : 변형된 오류 수정, 친숙해지기, 은유, 대결

POINT 직업상담 시 저항적이고 동기화되지 않은 내담자들을 동기화하기 위한 효과적인 전략

- 내담자와 친숙해지기 : 상담자는 내담자를 이해하고 내담자에게 알림으로서 친숙해질 수 있다. 또한 상담자가 내담자를 위해 함께 노력하고 있음을 주지시켜야만 문제해결을 위한 내담자의 노력을 이끌 수 있다.
- 변이된 오류 수정하기 : 내담자가 피하고 싶은 유형이나 부정적 독백 등을 극복하는데 도움이 된다.
- 은유 사용하기 : 은유를 사용함으로서 사건을 재구성할 수 있고, 내담자가 이야기 속에서 문제해결방법을 통하여 자신의 문제해결의 실마리를 찾을 수 있다.
- 대결하기 : 상담의 목적을 이루기 위해서 내담자의 구체적인 행위를 지적하는 것

⑥ 근거 없는 믿음 확인하기 … 근거 없는 믿음에 바탕을 둔 직업발달과정에 대한 내담자의 사고를 '직업신화'라고 하는데, 어떤 일을 해보지 않고 그렇게 될 것으로 확신하는 유형을 말한다.

⑦ 왜곡된 사고 확인하기 … 결론 도출, 재능에 대한 지각, 지적 및 정보의 부적절, 부분적인 일반화 및 관념 등에서 정보의 한 부분만을 보는 경우이다. 이러한 내담자는 다음과 같은 특징을 갖는다.

⑧ 반성의 장 마련하기(웰펠의 7단계)

㉠ 1단계 : 내담자의 독단적인 사고를 밝히는 단계

㉡ 2단계 : 현실의 대안적 개념에 대해 어느 정도 알기 시작하는 단계

㉢ 3단계 : 지식의 확실성을 의심하는 단계

㉣ 4단계 : 주변의 모든 지식의 불확실성을 깨닫는 단계

㉤ 5단계 : 내담자들은 점차적으로 논쟁을 존재의 법칙에 따라서 숙고, 평가하고 그 법을 배우게 되며, 특정 내용에 대한 탐구의 규칙으로 내용을 증명하는 단계

㉥ 6단계 : 자신의 가치판단 체계를 벗어나서 일반화된 지식을 비교. 대조하는 단계

㉦ 7단계 : 전반적인 반성적 판단(반성의 장)이 이루어지는 단계

⑨ 변명에 초점 맞추기

㉠ 책임 회피하기

㉡ 결과를 다르게 조작하기

㉢ 책임 변형시키기

2 상담면접의 기법

① **반영** … 내담자가 표현한 기본적인 태도, 감정을 상담자가 다른 참신한 말로 부연해주는 시도로 내담자의 자기이해를 도와줄 뿐만 아니라 자기가 이해받고 있다는 인식을 주게 되므로 가능한 한 충분히 다른 말을 사용하여 관심을 갖고 이해하고자 한다는 태도를 보여야 한다.

② **수용** … 내담자에게 주의를 기울이고 있으며 내담자의 말을 받아들이고 있다는 상담자의 태도와 반응이다.

③ **구조화** … 상담과정의 본질, 제한조건 및 방향 등에 대해 상담자가 정의를 내려주는 것으로, 구조화를 통해 내담자는 상담관계가 합리적인 계획을 가지고 있다는 점을 느끼게 된다.

④ **자기개방** : 상담자가 내담자를 돕기 위해 자신에 관한 것을 공개하는 것으로 적절한 때에 적절한 내용을 공개해줌으로써 내담자로 하여금 자신을 개방하도록 유도한다.

⑤ **환언**(바꾸어 말하기, 재진술) … 내담자의 이야기를 듣고 나서 상담자가 자기의 표현양식으로 바꾸어 말해줌으로써 내담자의 입장을 상담자가 이해하도록 노력하고 있음을 전달하고 내담자의 말을 간략히 반복하여 생각을 구체화시키며, 내담자의 말을 상담자가 올바로 이해하고 있는지 확인할 수 있다.

POINT 반영과 환언의 차이

- 반영 : 내담자의 감정에 중점을 둔다.
- 환언 : 내담자의 인지적 측면에 중점을 둔다.

⑥ **명료화** … 내담자의 말 중에서 모호한 점이나 모순된 점을 발견할 때 이를 명확히 이해하고 넘어가기 위해서 다시 그 점을 상담자가 질문하여 내담자가 그 의미를 명쾌하게 하는 것이다.

⑦ **직면** … 상담자의 눈에 비친 내담자의 행동특성, 사고방식의 스타일을 지적하여 내담자가 외부에 비친 자신의 모습을 되돌아보고 통찰의 순간을 경험하게 하는 것이다.

⑧ **리허설** … 내담자가 선정된 행동특성, 사고방식의 스타일을 지적하여 내담자가 외부에 비친 자신의 모습을 되돌아보고 통찰의 순간을 경험하게 하는 것이다.

㉠ **명시적 리허설** : 말이나 행위로 표현한다.

㉡ **암시적 리허설** : 목표를 상상하거나 숙고한다.

⑨ **요약** … 상담에서 다루어진 주요한 문제들을 간략하게 표현하는 것을 의미하며, 중요한 주제를 요약할 수 있다. 요약은 상담을 구조화하는 하나의 방법으로 중요한 주제를 기술하고, 상담 시 변화의 흐름을 유지하고 관련 주제들의 연관성을 도와주는 역할을 한다.

⑩ **해석** … 반영이나 환언과 비슷하지만 해석을 할 때 상담자가 내담자에게 새롭게 참조를 제공하는 점이 다르다. 상담자의 견해에 내담자가 동의함으로서 해석이 받아들여진다.

⑪ **침묵의 처리** … 내담자 중심 상담이라 하더라도 침묵하는 내담자를 그대로 두는 것이 아니라, 내담자 침묵하는 이유를 탐색하는 것이 필요하다. 침묵은 상담에 대한 저항이나 중단을 의미하기도 하고 내담자가 통찰하고 사고를 정리하는 긍정적인 측면도 있다.

05 직업상담 행정

01 취업지원 관련 보고

1 취업지원 관련 보고

국가와 지방자치단체와 같은 직업안정기관의 취업지원을 위한 기본계획수립을 위해 취업에 대한 정보를 수집하는 것이 기본이 되어야 하므로 취업 관련 단체에 취업현황에 관한 보고를 요구한다. 취업 관련 단체는 이를 정기보고와 수시보고로 나누어 실시한다.

① **정기보고** … 일정한 기간을 정하여 정해진 시기에 보고하는 형식으로 통상 분기별로 보고를 하거나 6개월이나 1년을 주기로 보고하는 것이 일반적이다.

② **수시보고** … 보고할 사항이 발생할 때마다 수시로 보고하는 것을 말한다. 정기보고가 대략적이고 광범위한 보고의 내용을 담는 것과 달리 수시보고는 단편적이고 특별한 사실을 보고하는 차이가 있다.

2 직업지도

① **직업지도의 의의** … 오늘날의 사회는 거의 모든 사람에게 직업인이기를 요구하고 있으며, 좀 더 생산적이고 변화에 적응할 수 있는 직업인이 되어 주기를 요청한다. 이러한 개인적, 사회적 요청에 따라 직업지도의 의미도 점점 확대될 수밖에 없는데, 이런 차원에서 보면 직업지도란 개인이 자기 자신과 직업세계를 이해하고 의사결정을 함양하여, 직업에 대한 구체적 준비를 통해 직업생활에서 발생하는 다양한 문제를 해결하고 만족스런 직업생활을 영위할 수 있도록 도와주는 것이라 할 수 있다.

② **직업정보** … 직업정보는 직무와 취업에 필요한 자격요건, 작업조건, 보수, 승진, 현재 또는 미래의 수용과 증원계획 등에 관한 자료를 말한다. 또한 직업정보는 그 내용이 최신의 것이어야 하며, 객관적이어야 한다.

③ **직업흥미** … 직업활동, 직업영역에 대한 흥미로서, 직업흥미는 직업상의 성공도와 관계가 있다.

④ **직업적성** … 직업활동, 직업영역에서 중요한 기능 또는 특성을 학습해내고, 그 직업 분야에 적응할 수 있는 능력이다.

3 직업지도 프로그램의 실제

① 직업지도 프로그램의 의의 … 직업지도 프로그램이란 직업의식과 직업관 고취, 자신에 대한 이해, 직업준비, 직업적응, 직업전환 및 은퇴 등을 도와주기 위해 체계화되고 구조화된 과정과 내용을 갖춘 프로그램이다.

② 직업지도 프로그램의 개발

㉠ 직업지도 프로그램을 개발할 때에는 대상자와 무엇을 조력해주어야 하는지를 조사해야 한다.

㉡ 프로그램을 사용할 내담자들의 특성과 요구가 파악되면 이를 중심으로 프로그램의 목표를 도출한다.

㉢ 프로그램의 목표가 설정된 후에는 그러한 목표를 가장 효율적으로 달성할 수 있는 방법을 선택해야 한다.

㉣ 프로그램을 실시할 방법이 결정되면 어떤 내용을 담을 것인지를 결정한다. 그러나 방법과 내용은 서로 분리시키는 것보다 동시에 고려하는 것이 좋다. 즉 정해진 목표를 달성하기 위해서 어떤 방법과 내용을 써야 할 것인지를 포괄적으로 생각해야 한다.

㉤ 프로그램의 목표를 설정하고 그 방법과 내용을 결정한 후에는 그것이 주어진 상담기관의 실정과 여건에 적합한 것인지 아닌지를 검토하고 프로그램을 수정해야 한다.

㉥ 상담기관의 실정에 맞도록 프로그램을 수정한 다음에는 이 프로그램를 실시하는 데 필요한 지원체제를 마련해야 한다. 즉 프로그램 실시에 필요한 예산, 시설, 인적자원, 일정 등을 확보하여야 한다.

㉦ 프로그램을 실시한 후에는 그 결과를 평가해 보아야 한다. 이러한 단계를 거치면서 프로그램의 유용성과 아울러 수정, 보완의 방법을 찾을 수 있다. 따라서 어떤 프로그램을 개발하거나 선택할 때에는 시작단계에서부터 검증계획을 세워두어야 한다.

4 직업 프로그램의 종류와 내용

① 청소년을 위한 직업지도 프로그램

㉠ 자기이해 프로그램

- 흥미와 능력을 이해하는 활동
- 태도와 가치를 명료화하는 활동
- 적성을 이해하는 활동
- 적응 및 대처기술을 확인하는 활동
- 대인관계 및 사회성을 이해하는 활동
- 신체적 조건, 정서안정, 가정환경을 이해하는 활동

㉡ 직업정보탐색 프로그램
- 직무의 특성에 관한 정보나 탐색활동
- 취업조건이나 자격증취득에 관한 정보나 탐색활동
- 각종 직업정보원 안내 자료나 탐색활동
- 면담활동이나 자원인사 초빙에 관한 안내자료
- 현장견학이나 현장실습활동에 관한 지침이나 안내자료
- 미래사회 및 직업구조의 변동에 관한 정보
- 유망직종에 관한 정보
- 교육이나 훈련, 직업전환에 관한 정보
- 수집한 정보에 대한 분석 및 평가활동

㉢ 취업기술지도 프로그램
- 자신의 특성과 욕구에 대한 이해를 돕기 위한 활동
- 선호하는 직업에 대한 탐색활동
- 선호하는 직종에 취업하기 위해 가져야 할 지식이나 기술, 자격증에 대한 정보
- 취업기술을 익힐 시기나 훈련계획
- 면담할 내용과 면담 시 예의에 관한 안내
- 진로를 선택하고 목표를 설정하는 활동
- 취직시험 준비활동
- 면접기술
- 직업적응과 발달에 관한 안내 및 활동

② 재직근로자를 위한 직업지도 프로그램

㉠ 인간관계훈련 프로그램
- 인간관계형성의 요소
- 인간관계형성의 단계
- 인간관계와 커뮤니케이션

㉡ 스트레스관리 프로그램
- 스트레스 항목표 작성 및 스트레스를 인생의 일부로 인정하기
- 문제해결의 접근방법을 선택하기
- 성장을 위한 스트레스를 이용하기
- 분위기 전환 및 묵언의 규칙 바꾸기

㉢ 갈등관리 프로그램
- 개인 내 갈등
- 개인 간 갈등
- 집단 간 갈등

③ 직업전환 및 재취업을 위한 직업지도 프로그램

㉠ 직업전환 직업지도 프로그램

㉡ 여성 직업복귀 프로그램

④ 실직자를 위한 직업지도 프로그램

㉠ 실업충격완화 프로그램

㉡ 실직자 심리상담 프로그램

- 인간의 이해, 삶, 마음읽기
- 실직자를 위한 낙관적 사고훈련
- 자기표현 훈련
- 실직자 가족의 이해
- 위기관리 대처훈련
- 직장 및 조직 내 갈등관리훈련

02 직업상담사의 윤리강령

1 일반 원칙

상담자는 내담자가 자기 및 타인에 대한 이해를 통하여 보다 바람직한 사회생활을 할 수 있도록 돕는다. 이러한 역할을 수행하는 과정에서 상담자는 자기의 도움을 청하는 내담자의 복지를 보호한다. 내담자를 돕는 과정에서 상담자는 문의 및 의사소통의 자유를 가지되, 그에 대한 책임을 지며 동료의 관심 및 사회 공익을 위하여 최선을 다한다.

2 개별 원칙

① 사회관계

㉠ 상담자는 자기가 속한 기관의 목적 및 방침에 모순되지 않는 활동을 할 책임이 있다. 만일 그의 전문적 활동이 소속 기관의 목적과 모순되고 윤리적 행동 기준에 관하여 직무수행과정에서의 갈등을 해소할 수 없을 경우에는 그 소속 기관과의 관계를 종결하여야 한다.

㉡ 상담자는 사회윤리 및 자기가 속한 지역사회의 도덕적 기준을 존중하며, 사회 공익과 자기가 종사하는 전문직의 바람직한 이익을 위하여 최선을 다하여야 한다.

㉢ 상담자는 자기가 실제로 갖추고 있는 자격 및 경험의 수준을 벗어나는 인상을 타인에게 주어서는 안 되며, 타인이 실제와 다른 인식을 가지고 있을 경우 이를 시정해 줄 책임이 있다.

② 전문적 태도

㉠ 상담자는 상담에 대한 이론적, 경험적 훈련과 지식을 갖추는 것을 전제로 하며, 내담자를 보다 효과적으로 도울 수 있는 방법에 관하여 꾸준히 연구 · 노력하는 것을 의무로 삼는다.

㉡ 상담자는 내담자의 성장 촉진 및 문제의 해결 및 예방을 위하여 시간과 노력상의 최선을 다한다.

㉢ 상담자는 자기의 능력 및 기법의 한계를 인식하고, 전문적 기준에 위배되는 활동을 하지 않는다. 만일, 자신의 개인문제 및 능력의 한계 때문에 도움을 주지 못하리라고 판단될 경우에는, 다른 전문적 동료 및 관련 기관에 의뢰한다.

③ 개인정보의 보호

㉠ 상담자는 내담자 개인 및 사회에 임박한 위험이 있다고 판단될 때 극히 조심스러운 고려 후에만, 내담자의 사회생활정보를 적정한 전문인 혹은 사회 당국에 공개한다.

㉡ 상담에서 얻은 임상 및 평가자료에 관한 토의는 사례 당사자와의 경우 및 전문적 목적에 한하여 할 수 있다.

㉢ 내담자에 관한 정보를 교육장면이나 연구용으로 사용할 경우에는, 내담자와 합의한 후 그의 정체가 전혀 노출되지 않도록 해야 한다.

④ 내담자의 복지

㉠ 상담자는 상담활동의 과정에서 소속 기관 및 비전문인과의 갈등이 있을 경우, 내담자의 복지를 우선적으로 고려하고 자신의 전문적 집단의 이익을 부차적인 것으로 간주한다.

㉡ 상담자는 내담자가 자기로부터 도움을 받지 못하고 있음이 분명할 경우에는 상담을 종결하려고 노력한다.

㉢ 상담자는 상담의 목적에 위배되지 않는 경우에 한하여 검사를 실시하거나 내담자 이외의 관련 인물을 면접한다.

⑤ 상담관계

㉠ 상담자는 상담 전에 상담의 절차 및 있을 수 있는 주요 국면에 관하여 내담자에게 설명한다.

㉡ 상담자는 자신의 주관적 판단에만 의존하지 않고, 내담자와의 협의 하에 상담관계의 형식, 방법 및 목적을 설정하고 결과를 토의한다.

㉢ 상담자는 내담자가 이해 수용할 한도에서 상담의 기법을 활용한다.

⑥ 타 전문직과의 관계

㉠ 상담자는 상호 협의한 경우를 제외하고는 타 전문인으로부터 도움을 받고 있는 내담자에게 상담을 하지 않는다. 공동으로 도움을 줄 경우에는 타 전문인과의 관계와 조건에 관하여 분명히 할 필요가 있다.

㉡ 상담자는 자기가 아는 비전문인의 윤리적 행동에 관하여 중대한 의문을 발견했을 경우, 그러한 상황을 시정하는 노력을 할 책임이 있다.

㉢ 상담자는 전문적 자격이 타 전문직을 손상시키는 언어 및 행동을 삼간다.

⑦ 비밀보장

내담자와의 신뢰로운 관계형성을 위해 비밀을 유지하나 비밀유지의 한계가 존재한다.

POINT 비밀보장의 한계

- 내담자가 자신이나 타인의 생명 혹은 사회의 안전을 위협하는 경우
- 내담자가 감염성이 있는 치명적인 질병이 있다는 확실한 정보를 가졌을 경우
- 미성년인 내담자가 학대를 당하고 있는 경우
- 내담자가 아동학대를 하는 경우
- 법적으로 정보의 공개가 요구되는 경우

고급직업심리학

01 진로발달이론
02 직업심리검사
03 경력개발과 직업전환
04 직업과 스트레스

01 진로발달이론

01 특성-요인 이론

1 특성요인 이론의 특징(특성-요인 상담의 인간에 대한 기본 가정)

① 인간은 선과 악의 잠재력을 모두 지니고 있다.

② 인간은 선을 실현하기 위해서는 타인의 도움을 필요로 한다.

③ 선한 생활을 결정하는 것은 바로 자기 자신이다.

④ 선의 본질은 자아실현이다.

⑤ 인간은 누구나 자신만의 독특한 세계관을 지니고 있다.

2 특성-요인 이론의 기본 원리

① 인간은 신뢰성 있고 타당하고 측정할 수 있는 독특한 특성을 지녔으며, 각기 독특한 심리학적 특성으로 인해 근로자는 특수한 작업유행에 잘 적응한다.

② 내담자는 스스로의 문제를 독립적으로 해결하지 못한다.

③ 직업은 그 직업에서의 성공을 위해 매우 구체적인 특징을 지닐 것을 요구하며 각기 다른 직업에 종사하는 근로자들은 다른 심리학적 특성을 가지고 있다.

④ 상담자는 훈련과 경험, 다양한 정보를 가지고 있기 때문에 문제해결 암시와 조언이 가능 하다.

⑤ 직업적응은 직접적으로 근로자의 특성과 직업에서 요구하는 것들 사이의 조화의 정도에 따라 달라지며 밀접할수록 성공 가능성이 커진다.

02 홀랜드의 직업선택이론

1 인성이론의 주요 특징

① 홀랜드(Holland)는 로(Roe)의 욕구이론에서 직업흥미와 성격이라는 이질적인 특성을 통합하여 설명한 것에 영향을 받아 개인의 행동양식 및 성격유형이 직업선택과 발달에 영향을 미치며 개인의 성격과 직업적 성격의 일치정도에 따라 개인의 직업에서의 성공가능성을 예측할 수 있다고 주장하였다.

② 홀랜드의 가정에 따르면 개인의 유전적 소질과 문화적, 개인적 요소간의 상호작용에 의하여 직업을 선택하게 하고 이러한 직업환경 역시 개인에게 영향을 미친다고 한다. 따라서 개인은 환경에 대처하는 독특한 적응양식에 따라 자신에게 부합하는 직업환경을 선택하게 된다.

2 홀랜드 이론의 가정

① 대부분의 사람들은 여섯 가지 유형(RIASEC) 중의 하나로 분류될 수 있다.

② 여섯 가지 종류의 환경(RIASEC)이 있다.

③ 사람들은 자신의 능력과 기술을 발휘하고 태도와 가치를 표현하고 자신에 맞는 역할을 수행할 환경을 찾는다.

④ 개인의 행동은 성격과 환경의 상호작용에 의해서 결정된다.

3 홀랜드의 육각형 모형

홀랜드는 개인의 직업 환경과 인성에 대한 육각형 모형을 다음과 같이 설명하고 있다.

[홀랜드의 육각형 모형]

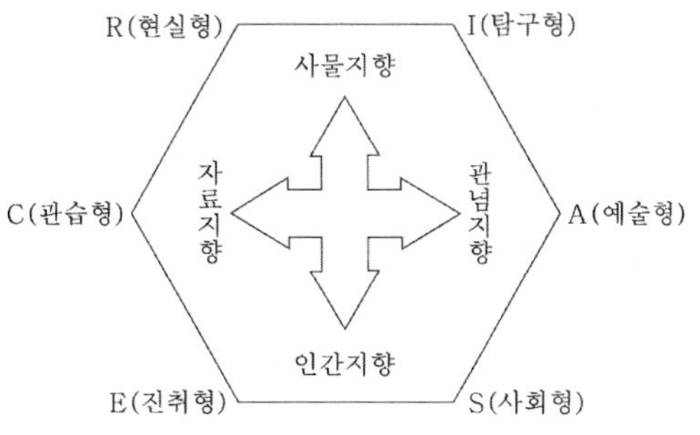

① 직업 환경의 특성

㉠ **현실적 성격 및 환경** : 현재 지향적, 기계 활동 선호, 육체적 활동 선호

㉡ **탐구적 성격 및 환경** : 추상적 문제해결, 관찰, 탐구 등 이론적 개념 선호

㉢ **예술적 성격 및 환경** : 상상적, 창조적, 변화추구, 심미적 활동 선호

㉣ **사회적 성격 및 환경** : 인간의 문제와 성장, 관계지향, 사회활동 촉진, 사회적 기법과 타인변화 촉진

㉤ **진취적 성격 및 환경** : 정치적 · 경제적 도전 극복지향, 성공에 대한 격려와 보상추구

㉥ **관습적 성격 및 환경** : 자료지향, 규칙, 관례 · 예언적인 것, 세부적인 것에 대한 믿음, 성과주의

② 개인의 흥미유형 특징

㉠ **현실형(현장형)** : 자신의 손이나 도구를 사용하여 일하는 것을 좋아하고, 물건을 수선하거나 만드는 일을 선호한다. 실제적으로 안정되어 있으며, 기계를 사용하거나 신체활동을 통하여 하는 일을 좋아한다. 사교적이지 못하며, 혼자 일하거나 현실형인 다른 사람들과 일하기를 선호한다. 사물 지향적이며 공구나 기계를 다루는 업무, 현장기술직과 같은 직업과 관련이 있으며, 경찰, 군인, 농부, 운동선수, 항공기 조종사, 정비사, 정원사 등의 활동이 이에 속한다.

㉡ **탐구형** : 수학, 물리학, 생물학, 사회과학과 같은 학문적 분야에서 연구하는 것을 좋아한다. 추상적, 분석적, 논리적인 사고능력을 갖고 있다. 사람보다 아이디어를 강조하고, 사회적 관계에 무관심하고, 타인이 보기에 차갑고 거리감을 느낀다. 학자, 연구원, 의사, 의료전문가 등의 활동이 이에 속한다.

㉢ **예술형** : 창의성을 지향하며, 아이디어와 재료를 사용해서 자신을 새로운 방식으로 표현하는 작업을 한다. 직관적이며 상상력이 풍부하고 창조적이며, 예술적인 재능과 심미적인 성향을 발휘하는 일을 선호한다. 관습과 보수성을 거부하고 현실적인 행동의 한계를 넘어서는 삶을 산다. 문학가, 음악가, 미술가, 드라마 작가, 무대감독, PD 등의 활동이 이에 속한다.

㉣ **사회형** : 다른 사람과 함께 일하는 것을 지향하며 자선가 타입이다. 다른 사람을 육성하고 개발하는 것을 좋아한다. 이익이 적더라도 도움이 필요한 사람을 돕는 일, 대인관계와 관련된 일을 좋아한다. 사회사업가, 교사, 간호사, 상담사, 언어교정가 등의 활동에 이에 속한다.

㉤ **진취형** : 특정목표를 달성하기 위해 타인을 통제하고 지배하는데 관심이 있다. 권력 사용을 좋아하고, 지위에 관심이 있으며, 성취의욕이 강하다. 또한 상황을 잘 통제할 수 있으며, 리더십을 발휘할 수 있는 환경을 좋아한다. 정치가, CEO, 영업사원, 보험설계사, 전략가, 주식 및 채권중개인, 마케팅관리자 등의 활동이 이에 속한다.

㉥ **관습형** : 일반적으로 잘 짜여진 구조에서 일을 잘하고, 세밀하고 꼼꼼한 일에 능숙하여 구조화된 직업과 활동을 즐기는 경향이 있다. 고정되어 있어 잘 변하지 않는 상태를 선호하며 체계적이고 구조적이며 인내심이 있다. 일을 성취하기 위한 목표나 수단이 명백하게 제시되는 구조화된 상황에서 일을 잘한다. 정확하고 수리적인 과제를 잘 처리해 낼 수 있으며, 사무직처럼 세부적이고 질서 정연하며, 자료의 체계적인 정리 같은 업무와 관련이 있다. 일반사무원, 은행원, 비서, 세무사, 기록원, 사서, 통계관리, 회계사 등의 활동이 이에 속한다.

4 홀랜드의 6각형 모델의 기본 개념

① **일관성** … 홀랜드의 육각형 모형에서 따르면 육각형의 둘레에 따라 인접해 있는 직업유형끼리는 공통점이 많은 반면, 멀리 떨어진 유형끼리는 공통점이 거의 없다. 공통점이 많은 인접한 유형은 일관성이 있다고 가정한다.

② **차별성(변별성)** … 한 개의 유형에는 유사성이 많이 나타나지만 다른 유형에는 유사성이 나타나지 않는다.

③ **정체성** … 개인이나 작업환경의 정체성이 확실한가 안정성이 있는가의 정도를 규정하는 것으로 개인의 고유하고 독특한 특성을 의미한다.

④ **일치성** … 일치성은 개인의 직업흥미나 성격 등의 특성이 직무 또는 조직과 잘 맞는지를 의미하며 자신의 직업적 흥미와 실제 직업특성이 잘 조화를 이룰 때 만족도가 높아지고 근속과 생산성이 높아질 수 있다.

⑤ **계측성(Calculus)** … 성격유형 또는 환경모형간의 거리는 그들의 이론적 관계와 반비례한다는 것을 의미하며 육각형 모형에서 각 유형간의 차이는 계측이 가능하다.

[홀랜드 육각형모형]

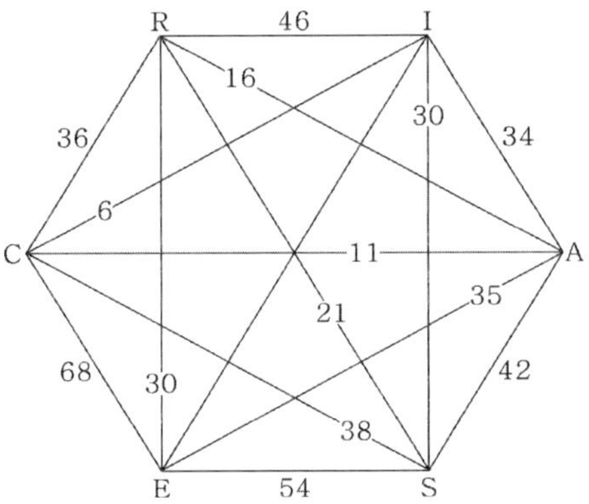

※ 출처 : An empirical occupational classification derived from a theory of personality intended for practice and research, by J. L Holland, D. R. Whitney, N. S. Cole, and J. M. Richards, Jr.

POINT 홀랜드 인성이론을 적용한 검사도구

㉠ 직업선호도검사(VPI)
㉡ 자기방향탐색(SDS)
㉢ 직업탐색검사(VEIK) : 미래진로문제에 대해 다소 스트레스를 받는 내담자에게 사용
㉣ 자기직업상황(MVS) : 직업정체성, 직업정보의 필요성, 직업목표에 대한 장애 정도를 측정

03 롭퀴스트와 데이비스의 직업적응이론

1 이론의 특징

① 직업적응이론(Theory of work adjustment : TWA)은 미네소타 대학의 롭퀴스트와 데이비스가 직업적응프로젝트의 연구 성과를 바탕으로 정립된 이론이다.

② 직업적응이론은 특성요인이론의 개인 - 환경 - 대응모델을 기본으로 직업적응에 대해 설명을 시도한 이론으로서, 개인의 욕구와 직업 환경의 요구사항에 대한 부합여부가 직무만족과 직무유지를 설명해 줄 수 있다고 한다. 따라서 직업적응이론은 직무만족을 위한 개인과 환경 간의 상호작용을 중시하고 있으며 이러한 상호작용은 개인이 직무를 통해 만족하는 강화요인(보수, 승진, 쾌적한 작업환경 등)과 환경이 개인을 통해 만족하는 강화요인(작업자의 성실도, 성과, 역할수행 등)이 일치할 경우 개인과 환경은 만족하게 되며 조화상태에 이르게 된다. 그러나 일방의 경우 만족하지 못한 부조화상태가 발생하게 된다면 개인은 환경의 요구조건을 변화시키거나 자신의 욕구를 변화시켜 조화상태를 유지하려고 하며 환경 역시 동일한 방법으로 조화상태를 유지하려 한다. 이러한 행동을 '적응'이라고 할 수 있으며 직업적응은 개인과 직업 환경 간의 조화를 유지하는 과정으로 설명할 수 있다. 하지만 이러한 조화상태가 깨져 부적응이 초래된다면 개인은 더 이상 직무를 유지하지 않게 되며 직업 환경 역시 개인의 직무유지가 어려워지게 된다. 상담과정은 개인의 만족도(안정된 고용, 독립성, 안전하고 좋은 근무환경 등)과 조직만족도(직무수행에 필요한 능력 등)을 밝혀내고 두 가지 요인의 일치를 확인한다. 여기서 상담자의 역할은 내담자의 만족도를 측정할 수 있는 지시적 상담과 가치평가를 위하여 조력한다.

2 직업적응양식

① 직업성격적 측면

㉠ **민첩성** : 과제를 얼마나 일찍 완성하느냐와 관계있는 것으로, 정확성보다는 속도를 중시 여긴다. 민첩성이 없다는 것은 반응의 신중함, 지연, 반응의 긴 잠재기를 뜻한다.

㉡ **역량** : 근로자의 평균활동 수준을 말하고 개인의 에너지 소비량을 의미한다.

㉢ **리듬** : 활동의 다양성

㉣ **지구력** : 개인이 환경과 상호작용하는 시간의 양을 의미한다.

② 직업적응 방식적 측면

㉠ **융통성** : 개인의 작업환경과 개인적 환경 간의 부조화를 참아내는 정도로서 개인의 부조화가 크더라도 잘 참아낼 수 있는 사람은 융통적인 사람이다.

㉡ **끈기** : 환경이 자신에게 맞지 않아도 얼마나 오랫동안 견뎌낼 수 있는가를 의미한다.

㉢ 적극성 : 개인이 작업환경을 개인적 방식과 좀 더 조화롭게 만들어 가려고 노력하는 정도를 의미한다.

㉣ 반응성 : 개인이 작업성격의 변화로 인해 작업환경에 반응하는 정도를 말한다.

③ 검사도구 … 직업적응이론의 장점 중 하나는 직업적응과 관련된 다양한 검사도구가 개발되었다는 것으로 검사도구는 다음과 같다.

㉠ MIQ(Minnesota Importance Questionnaire ; 미네소타 중요도검사) : 개인이 일의 환경에 대해 지니는 20가지 욕구와 6가지 가치관을 측정하는 도구

㉡ JDQ(Job Description Questionnaire ; 직무기술 질문지) : 일의 환경이 MIQ에서 정의한 20가지 욕구를 충족시켜주는지를 측정하는 도구

㉢ MSQ(Minnesota Satisfaction Questionnaire ; 미네소타 만족도 질문지) : 성취욕, 승진 등과 같이 직무만족의 요인이 되는 강화요인을 측정하는 도구

㉣ MSS(Minnesota Satisfaction Scales ; 미네소타 만족도 척도) : 작업환경의 충족정도를 측정하는 도구

[Minnesota Importance Questionnaire : 미네소타 중요도검사]

가치	욕구척도	문항
성취 achievemnet	능력활용	나는 내 능력을 활용할 수 있는 것을 하고 싶다.
	성취	그 직무는 내게 성취감을 줄 수 있다.
편안함(보상) comfort	활동	나는 항상 바쁘게 지낼 수 있다.
	독립성	나는 그 직무를 혼자서 감당할 수 있다.
	다양성	나는 매일 다른 일을 할 수 있다.
	보수	나의 보수는 다른 고용자와 비교할 수 있을 정도이다.
	안정성	내 직업은 지속적인 고용을 뒷받침한다.
	작업조건	그 직무는 작업조건이 좋다.
지위 status	승진	그 직무는 승진기회를 제공한다.
	인정	내가 하는 일에 대해 인정받을 수 있다.
	권위	내가 하는 일을 타인에게 말할 수 있다.
	사회적 지위	나는 공동체에서 "뭔가 의미 있는 사람"일 수 있다.
이타주의 altruism	직장동료	직장동료들은 쉽게 친구가 되어준다.
	도덕적 가치	그 직무는 비도덕적이라는 느낌 없이 할 수 있다.
	사회적 봉사	나는 다른 사람들을 위해서 무언가 할 수 있다.
안전성 security	회사정책과 관행	그 회사는 정책을 공정하게 실행할 것이다.
	감독－인간관계	나의 상사는 부하들을 지원할 것이다.
	감독－기술	직장상사는 부하직원을 적절히 훈련시킬 수 있다.
자율성 autonomy	창조성	나의 생각 중 일부를 실행해 볼 수 있다.
	책임성	나는 스스로 결정을 내릴 수 있다.

※ 출처 : A psychological Theory of Work Adjustment by Dawis & Lofquist(1984)

④ 직업적응유형의 발달 3단계

㉠ **변별기** : 생애 초기 20년 동안 발달하는 것으로 기술, 가치, 욕구, 성격이 형성되는 시기이다.

㉡ **안정기** : 능력과 가치가 비교적 안정적으로 유지되는 시기이다.

㉢ **쇠퇴기** : 능력, 가치, 유형을 변화시키는 생리적 변화가 일어나는 시기이다.

⑤ 직업적응유형 변인 2가지(개인과 조직 간의 불일치 이후 적응단계의 2가지 유형)

㉠ **유연성** : 개인의 욕구와 조직의 보상 사이의 불일치를 적응하기 위해 어떤 조치를 취하기 이전 그 상태를 견디는 능력

- 적극적 방식은 예를 들면 업무량이 과다하다고 느끼는 경우 업무량을 줄여달라고 요구하거나 임금상승 또는 승진을 요구할 것이다.
- 소극적 방식은 예를 들면 업무량이 과다하다고 느끼는 경우 작업효율성을 증진시킬 수 있는 시간관리 기술을 배우거나 우선순위를 바꿔서 일에 대한 중요성을 줄일 수 있다.

㉡ **인내력** : 인내력은 불일치가 확인되었지만 적응하기 위해 계속 일을 하면서 조직에 남아있는 상태

⑥ 롭퀴스트, 데이비스의 불일치를 찾을 수 있도록 돕기 위해 상담자가 고려해 볼 수 있는 7가지 가정

㉠ 내담자의 실제 능력과 직업에서 요구되는 능력과의 불일치로서 내담자의 능력은 요구되는 능력보다 더 높거나 더 낮을 수 있다.

㉡ 내담자가 지각하는 자신의 능력에 대한 주관적인 평가와 환경에서 요구되는 능력과의 불일치이다.

㉢ 능력과 자격조건은 일치하지만 내담자가 적절한 수행을 보이지 않는 경우로서 다른 일반적인 환경에서의 불일치를 수반한다.

㉣ 능력과 자격조건은 일치하지만 욕구 – 보상의 불일치의 결과로 수행이 부적절한 경우이다.

㉤ 내담자의 욕구와 보상의 일치가 부족한 경우이다.

㉥ 평가도구를 통하여 밝혀진 욕구는 대리학습에 의해 형성된 것이다.

㉦ 내담자가 만족스러워하고 회사도 내담자에게 만족하고 있다면 다른 영역의 문제에 잘 대처하고 있는지 확인해 보아야 한다.

⑦ TWA이론에서의 상담개입(과정)

㉠ 협력관계의 수립

㉡ 내담자의 호소문제 탐색

㉢ 내담자의 직업적 성격특성과 자기상을 평가

㉣ 환경을 평가

㉤ 문제에 대한 상담의 효과를 평가

04 발달적 직업상담

1 긴즈버그의 발달이론

① 이론의 특성

㉠ 긴즈버그는 직업선택이론을 발달적 관점으로 접근한 최초의 시도를 하였다. 긴즈버그와 그의 동료들은 경제학자, 심리치료학자, 사회학자, 심리학자들로 구성되어 직업선택이론을 개발하고 검증하려는 시도를 하였다. 그들의 초기 연구는 일의 세계에 관한 더욱 종합적인 연구의 일환으로 시작되었다. 긴즈버그와 긴스버그(Ginzberg & Ginsberg)는 직업선택과정에 발달적 접근방법을 도입하여 일생동안 이루어져야 하는 과업으로 인식하였다.

㉡ 초기 긴즈버그는 개인은 연대기적으로나 심리적으로 최초의 결정이 있던 시점으로 되돌릴 수 없다는 직업선택이 1회적인 행위 즉, 불가역적인 선택이라고 주장하였으나 이후 직업의사결정에서 역전 불가능성이 반박당하면서 일부 자신의 의견을 수정하면서 후기에 이르러는 직업선택을 가역적이며 연속적인 과정으로 설명하고 있다. 또한 직업의사결정을 장기간에 걸쳐서 이루어지는 일련의 결정으로 인식하고 있으나 긴즈버그는 커리어의사결정에서 초기 선택의 중요성을 계속 강조하고 있다.

㉢ 직업행동은 유년기의 초기 삶에서 근원을 찾을 수 있으며 시간이 경과되면서 직업행동과 직업선택은 점차 현실적으로 변해 간다고 주장하였다.

㉣ 긴즈버그의 이론은 진로지도에 필요한 직업성숙도의 규준을 제공하고 각 발달단계의 단계별 지도 및 상담에 도움을 줄 수 있다. 하지만 여성과 소수민족 집단의 커리어발달 유형을 고려하지 않았고, 도시나 교외의 저소득집단도 고려하지 않았다는 것이 단점으로 지적된다.

② 발달과정 … 직업선택과정을 진로발달과정으로 설명하고 있다.

발달단계	연령	특성
환상기 (Fantasy)	아동기 (11세 이전)	• 초기 단계의 놀이 중심의 단계가 후반으로 갈수록 일 중심으로 변화하게 된다. • 점차적으로 일에 대해 관심을 가지고 특정 활동에 대한 최초의 선호가 나타난다. • 다양한 직업역할놀이를 통해 구현되고 직업세계에 대한 가치판단이 시작된다.

잠정기 (Tentative)	청소년 초기 (11 ~ 17세)	작업요구수준 즉 관심, 능력, 작업보상, 가치관 등에 대하여 점차적으로 인식하는 과도기적 단계이다. • 흥미단계 : 좋아하는 것과 그렇지 않은 것에 대해 결정을 내리게 된다. • 능력단계 : 직업에의 열망과 관련하여 자신의 능력을 인식한다. • 가치단계 : 자신에 직업가치에 대해 명료화한다. • 전환단계 : 직업선택에 대한 책임을 인식한다.
현실기 (Realistic)	청소년 중기 (17세 ~ 성인 초기)	능력과 관심의 통합단계로서, 가치관을 발달시키고, 직업선택을 구체화하는 시기이다. • 탐색단계 : 진로선택 대안을 2 ~ 3개 정도로 좁히지만 아직까지 애매모호하고 결단력이 부족한 상태이다. 그러나 커리어초점의 범위는 전반적으로 더 좁아진다. • 구체화(결정화) 단계 : 특정직업 분야에 몰두하게 된다. 이 단계에서 커리어방향의 변화가 일어날 수도 있는데 이를 유사결정이라고 한다. • 특수화(정교화) 단계 : 직업을 선택하거나 특정진로에 맞는 직업훈련이나 교육을 받게 된다.

③ 의의

㉠ 긴즈버그는 이러한 연구를 통해 하나의 뚜렷한 체계적인 과정을 낳았는데 이러한 과정은 청소년들의 적응양상을 토대로 한 것이며 이 과정이 개인의 직업선택을 낳는 것이다.

㉡ 더욱 구체적으로 직업선택과정은 아동기에서부터 초기 성인에 이르기까지 개인들이 사회문화적 환경 내에서 직업들의 특성에 관해 주관적으로 내린 평가를 통해 점진적으로 발달한다. 사람들은 이러한 단계를 거쳐 직업적 선택을 하게 되는 것이다. 잠정적인 선택이 이루어지면 다른 가능한 선택을 제거하며 자신의 진로선택을 명확히 하게 된다.

㉢ 긴즈버그의 의사결정의 발달적 개념화는 특성요인 접근과는 다르며 비록 충분히 검증되지는 않았지만, 직업발달의 정상적 유형과 일탈적 유형에 대한 발달과정에 대해 기술하고 있다. 이 이론은 커리어발달을 촉진하기 위한 전략을 제공하지 않으며 발달과정을 설명하지 않는다는 점에서 설명적이라기보다는 기술적 이론이다. 이 이론의 주요 유용성은 커리어발달의 연구에 대한 틀을 제공했다는 데 있다(Osipow, 1983).

- 이론적 단점으로는 제한된 표집에 대한 경험적 연구결과를 기초로 형성되어 일반화에 문제가 있으며 상담자를 위한 구체적인 기법을 제공하지 못하고 있다.
- 직업선택을 흥미, 능력, 가치와 기회 간의 타협의 과정으로 보았으나 이 타협의 과정을 구체적으로 기술하지 않았다.

2 수퍼의 발달이론

① 이론의 특징

㉠ 수퍼(D. Super)는 자신을 개인차－발달－사회－ 현상학적 심리학자로 지칭하면서 그는 개인차 심리학이 성격, 적성, 흥미와 관련된 직업체계들의 차이에 관한 자료를 제공하는데 중요한 역할을 하며 이것을 우리가 일의 세계에서 배워가는 지속적인 과정으로 이해하였다. 따라서 수퍼는 직업선택과 직업발달에 대한 포괄적이고 발전적인 이론을 정립하고 진로발달과정을 긴즈버그의 아동기부터 초기 성인기까지의 과업으로 인식한 관점에서 전 생애적 접근으로 이해하고 있다.

㉡ 자기개념이론은 직업행동에 대한 수퍼의 접근에서 매우 핵심적인 부분이다. 이 접근은 어떻게 자기개념이 직업행동으로 작용되는지를 결정하는데 목적을 둔 많은 연구를 가능케 하였다.

㉢ 수퍼는 전 생애 공간적 입장에서 진로를 발달시키는 것이 자아개념(self－concept)을 형성하는 과정이 되며 인간은 자신의 자아 이미지와 일치하는 직업을 선택한다는 것이다. 일에 관한 인식이 더 폭넓게 경험될수록, 직업적 자기개념은 더 복잡하게 형성되어 간다. 수퍼는 학교현장에서 청소년을 위한 진로상담을 하면서 특성요인의 지시적인 상담기법과 내담자 중심의 비지시적인 상담기법을 상담과정에서 병행하여 사용하였으며 청소년의 진로지도를 위한 상담 장면에 다양하게 사용하였다.

② 수퍼의 진로발달 열 가지 명제

㉠ 인간은 능력, 흥미, 성격 등에 차이가 있다.

㉡ 인간은 이러한 특성의 차이로 인해 특정한 직업들에 대하여 적합성을 지니게 된다.

㉢ 각 직업군에는 요구하는 능력, 흥미, 인성이 있다.

㉣ 개인의 직업적 선호와 능력, 자아개념은 시간의 경과와 경험에 따라 변화하여 직업선택과 적응은 계속적인 과정이다.

㉤ 상기 과정은 생애단계로서 성장기(growth), 탐색기(exploration), 확립기(establishment), 유지기(maintenance), 쇠퇴기(decline)로 구분하며, 이 단계 중 몇 개는 하위단계로 구분된다.

㉥ 개인의 진로유형은 부모의 사회, 경제적 수준, 개인의 특성 등에 따라 결정된다.

㉦ 개인의 발달단계를 통한 성장은 능력과 흥미를 향상시키거나 자아개념의 발달을 조력함으로서 도모할 수 있다.

㉧ 진로발달과정은 본질적으로 자아개념을 발달시키고 실천해 나가는 과정이다.

㉨ 개인의 자아개념과 현실성 간의 타협은 역할수행의 하나이며 이러한 역할은 다양한 생애역할과 활동을 통해 수행된다.

㉩ 자신의 진로에 대한 만족은 자신의 특성과 부합하는 직업을 선택하느냐에 달려있다.

③ 수퍼의 진로발달 상담목표

㉠ 내담자 스스로 생애역할에 대한 적합한 개념을 형성하게 한다.

㉡ 현실에 반하는 자아개념의 내용을 검토하게 한다.
㉢ 자아개념을 실현시켜 일에서의 성공, 사회적 기여, 개인적 만족으로 이끄는 진로선택을 하게 한다.

④ 직업발달과제 … 직업발달단계는 직업행동과 태도의 틀을 제공하며, 직업발달과제라 알려진 다섯 가지 활동을 통해 입증된다. 이 다섯 가지의 발달과제는 일반적 연령범위와 일반적 특성들을 가지고 기술되어 있다.

직업발달과제	나이	일반적 특징
결정화	14 ~ 18세	자원의 인식, 유관성, 흥미, 가치, 선호하는 직업에 대한 계획 인식을 통해 일반적 직업목표를 형성하는 인지적 과정단계
구체화	18 ~ 21세	특정 직업선호에 따라 일시적 직업선호도를 갖게 되는 기간
실행화	21 ~ 24세	직업선호에 따른 훈련을 마치고 취업을 하게 되는 기간
안정화	24 ~ 35세	적절한 실제 일의 경험과 재능을 사용함으로서 선호하는 커리어를 확고히 하는 기간
공고화	35세 이상	승진, 지위, 선임자가 되면서 커리어를 확립하는 기간

⑤ 진로발달단계 … 개인은 하나 또는 그 이상의 단계를 거치면서 재순환할 수 있는데 이것을 소순환이라고 부를 수 있다.

성장기 (Growth Stage, 출생 ~ 14세)	타인과의 동일시를 통하여 자아개념을 발달시킨다. • 환상기(4 ~ 10세) : 욕구가 지배적이며 자신의 역할수행을 중시한다. • 흥미기(11 ~ 12세) : 개인취향에 따라 목표를 선정한다. • 능력기(13 ~ 14세) : 흥미와 욕구보다는 능력을 중시한다.
탐색기 (Exploration Stage, 15 ~ 24세)	학교 · 여가생활 · 시간제의 일 등의 경험을 통하여 잠정적으로 진로를 선택하고 필요한 교육이나 훈련을 받으며 자신에게 적합한 직업을 선택하여 일하기 시작한다. • 잠정기(15 ~ 17세) : 자신의 욕구, 흥미, 능력, 가치 등을 고려하여 직업을 선택한다. • 전환기(18 ~ 21세) : 필요한 교육훈련을 경험한다. • 시행기(22 ~ 24세) : 자신에게 적합한 직업을 선택한다.
확립기 (Establishment Stage, 25 ~ 44세)	자신에게 적합한 직업분야를 발견하고 자신의 생활의 안정을 위해 노력하는 단계이다. • 시행기(25 ~ 30세) : 자신이 선택한 직업과 자신과의 일치 정도를 확인하고 불일치할 경우 적합 직업을 탐색한다. • 안정기(30세 ~ 44세) : 자신에게 적합한 직업을 찾아서 직업적 안정감을 경험한다.

유지기 (Maintenance Stage, 45～64세)	직업세계에서 자신의 위치가 확고해지고 자신의 자리를 유지하기 위해 노력하며 안정된 삶을 살아가는 시기이다.
쇠퇴기 (Decline Stage, 65세 이후)	정신적, 육체적 기능이 쇠퇴함에 따라 직업세계에서 은퇴하게 되고 새로운 역할과 활동을 찾게 되는 시기이다.

⑥ 수퍼의 집단직업상담과정

상담과정	내용
문제탐색	비지시적인 방법으로 직업문제를 탐색하고 자아개념을 표출한다.
심층적 탐색	심층적인 탐색을 위해 지시적인 방법으로 직업문제를 설정한다.
자아수용	자아수용과 통찰을 얻기 위해 사고와 감정을 명료화한다.
현실검증	현실검증을 위해 심리검사와 직업 정보 분석을 실시한다.
태도와 감정의 탐색과 처리	현실검증에서 얻은 태도, 감정을 통하여 자신과 일의 세계를 탐색한다.
의사결정	가능한 대안과 행동에 대하여 검토하여 의사결정을 내린다.

⑦ 생애진로 무지개

㉠ 생애 공간적 입장에서 개인의 생애역할을 통하여 진로발달과정을 자기실현 및 생애발달의 과정으로 보았다.

㉡ 사람은 일생동안 9가지의 역할을 수행한다(아동, 학생, 여가인, 일반시민, 근로자, 가장, 주부, 부모, 연금생활자).

㉢ 진로발달과정은 전 생애에 걸쳐 계속되며 성장, 탐색, 정착, 유지, 쇠퇴 등의 대주기를 거친다.

㉣ 대주기가 있고 각 단계마다 성장, 탐색, 정착, 유지, 쇠퇴로 구성된 소주기가 있다.

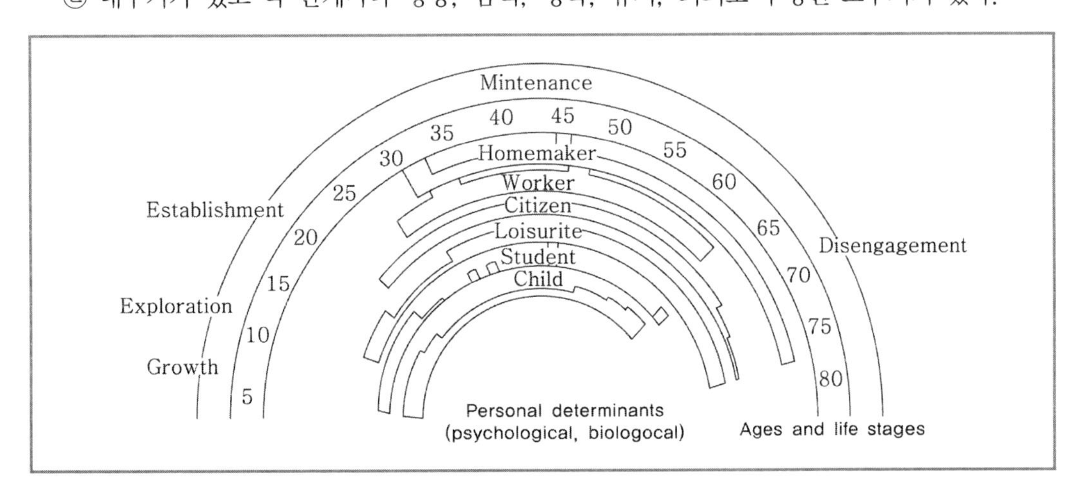

⑧ 진로아치문

㉠ 생애에 걸쳐 개인이 경험하는 생애역할의 다양성을 설명할 수 있다.

㉡ 이 모형은 전기적이고 심리적이며 사회경제적 결정요소가 어떻게 커리어발달에 영향을 미치는가를 구체화시키기 위해 사용된다.

㉢ 아치에서 하나의 기둥은 개개인과 그들의 심리적 특성을 나타내고 다른 기둥은 경제적 자원, 공동체, 학교, 가족 등의 사회적 양성을 나타낸다. 개인이 기능하고 성장하면서 사회적 요인은 개인의 생물학적이고 심리적 특성과 상호작용한다는 것이 핵심이다.

㉣ 생리학적 초석에서 뻗어 나온 기둥은 개인의 욕구, 지능, 가치, 적성, 흥미를 포함한다. 지리적 초석에서 세워진 기둥은 가족, 학교, 동료, 노동시장과 같은 환경적 영향을 포함한다. 즉, 사회정책과 고용현장에 영향을 미치는 요인이다. 이 기둥들은 결합하는 아치는 아동부터 성인까지의 발달단계와 발달하는 역할에 관해 발달한 자기개념을 포함한다.

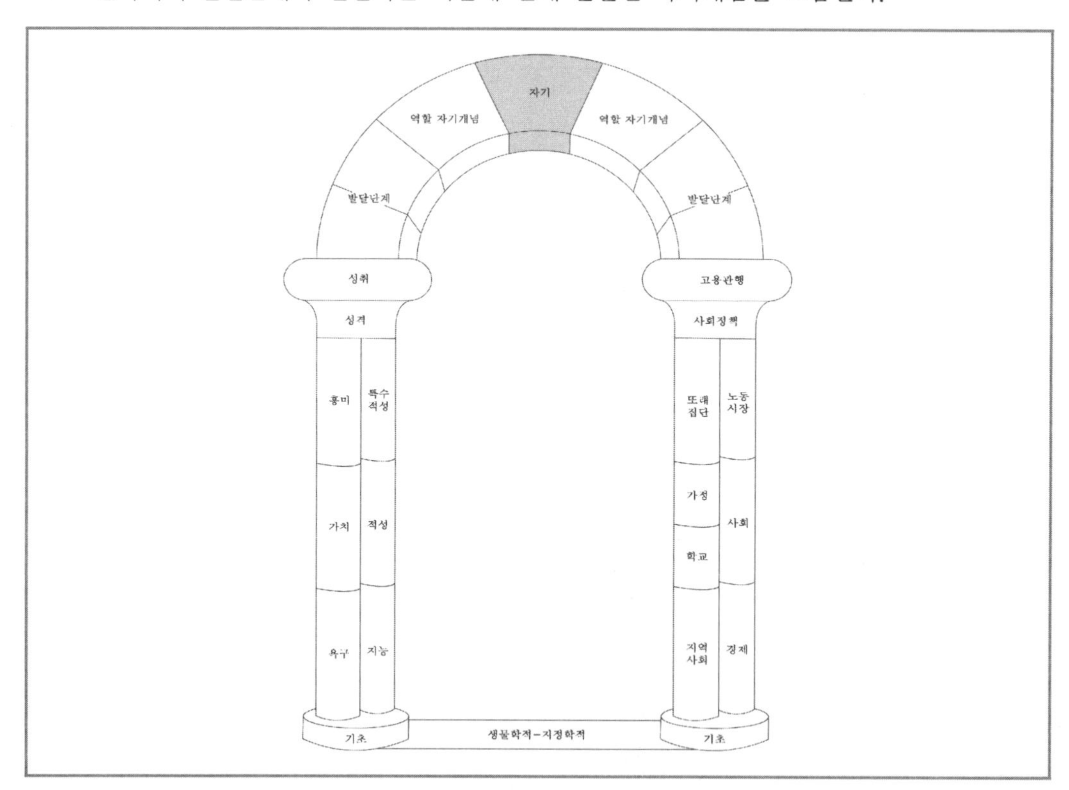

※ 출처 : “a life span, life space approach to career development” by D. E Super in career choice and development : applying contemporary, 2nd ed., by D. Brown, L. Brooks and Associates, pp.206 - 208

⑨ 수퍼의 3가지 내담자 평가 … 수퍼는 진단이라는 용어 대신 평가라는 용어를 사용했는데 이는 보다 포괄적인 개념이며 어감이 보다 긍정적이기 때문이다.

㉠ 문제평가

- 내담자가 호소하는 문제와 진로상담에 대한 기대를 평가한다.
- 보딘은 다섯가지 유목(의존성, 정보부족, 자아갈등, 선택의 불안, 확신의 결여)로 구분하였지만 수퍼는 진단분류체계에 대해 구체적으로 논의하지 않았다.

㉡ 개인평가

- 내담자의 심리적, 사회적, 신체적 상태에 대한 평가가 이루어진다.
- 직업적인 장점과 단점이 평가되고, 직업적인 자산과 부채가 평가되고, 결과는 표준용어로 표현된다.

㉢ 예후평가 : 내담자의 개인평가에 기초하여 진로적응의 두 가지 주요요소인 성공과 만족에 대한 예측이 이루어진다.

⑩ 종합적인 의의 … 수퍼는 순환적 상담을 장려하며 이런 상담에서 면접이 지시적 또는 비지시적으로 사용된다. 예를 들어 지시적 접근은 현실과의 직면을 제공하기 위해 사용될 수 있고 비지시적 접근은 내담자들이 직면과 관련된 의미를 해석하는 것을 도울 수 있다. 전 생애-생애공간 이론은 진로발달 상담이 태동한 하나의 종합적인 틀이다. 이 이론을 토대로 개발된 상담절차들은 최대한의 발달을 촉진하기 위해 설계된다(Super & Savickas, 1996). 그러나 수퍼의 이론이 진로발달수준이 자아개념의 수준과 같다고 설명하는 등 이론이 추상적이고 포괄적이며 발달단계와 발달과업의 개념은 체계적인 진로교육 및 지도를 위한 이론적인 틀을 제공하여 준 것에 반해 구체적인 전략에 대한 언급이 부족하다는 점에서 이론적 제약점이 따른다.

3 고트프레드슨의 진로포부이론

① 이론의 특징

㉠ 고트프레드슨(Gottfredson) 이론의 주요 주제는 직업포부(occupation aspiration)의 발달이다. 그녀의 이론은 수퍼의 발달단계와 유사한 발달적 접근을 통합하면서 어떻게 사람들이 특정 직업에 대해 매력을 갖게 되었는지를 설명하고 있다.

㉡ 고트프레드슨에 따르면, 사람들은 자신의 자기 이미지에 필적하는 직업을 원하기 때문에 직업발달에서 자기개념은 커리어선택의 핵심요인이 된다.

㉢ 개인이 직업선택을 할 때 자신의 자아 이미지와 부합되는 직업을 결정하게 되는데 이것은 제한－타협과정으로 설명할 수 있다. 하지만 직업선택이론이라는 측면에서 자기개념발달은 더 잘 정의할 필요가 있는데, 고트프레드슨은 자기개념발달의 핵심적 결정요소는 개인의 사회적 지위, 지능수준, 성유형화에 대한 경험을 고려하게 되며, 최종 타협과정을 통해 자신이 선택할 직업의 한계를 설정하게 된다고 본다.

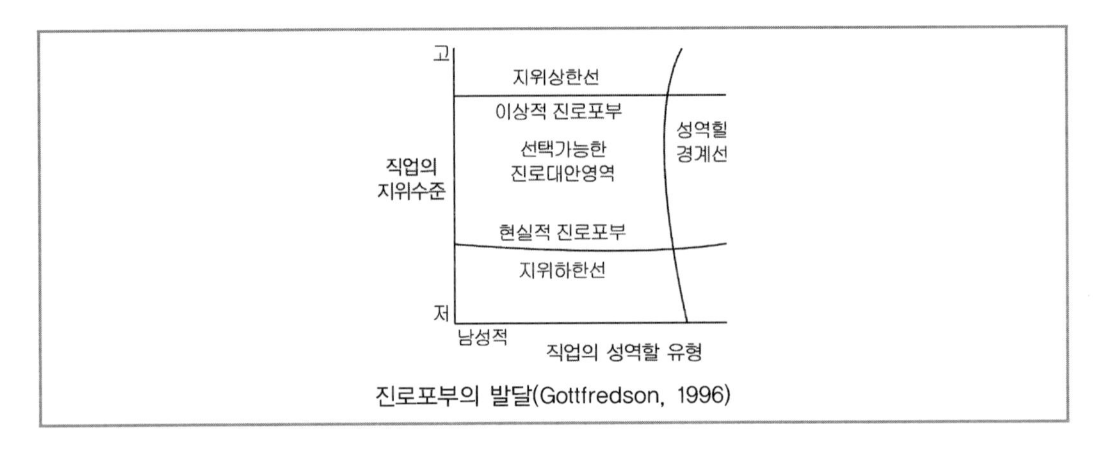

진로포부의 발달(Gottfredson, 1996)

② 직업포부의 발달단계

단계	내용
힘과 크기 지향성 (3～5세)	사고과정이 구체화하는 단계로 외형적 관심 단계로 어른이 조금되어 간다는 것을 의미한다.
성역할 지향성 (6～8세)	자아개념이 성의 발달에 의해서 영향을 받으며 구체적인 사고, 남녀 역할에 바탕을 둔 직업을 선호하게 된다.
사회적 가치 지향성 (9～13세)	사회계층에 대한 개념이 생기면서 자아를 인식하게 되고 직업의 수준에 대한 이해를 확장시킨다.
내적이며 고유한 자아에 대한 지향성 (14세 이후)	사회계층의 맥락에서 직업적 포부가 발달하며 내성적인 사고를 통하여 자아 인식이 발달되고 타인에 대한 개념이 생겨난다.

③ 고트프레드슨 이론의 주요 개념

㉠ **자기개념** : 자기개념이란 개인의 외모, 능력, 성격, 성별, 가치, 사회 내에서의 직위같이 많은 요소들을 포함하고 있는 자기에 대한 개인의 관점이라고 정의하였다.

㉡ **직업이미지** : 직업이미지란 상이한 직업에 종사하는 사람들의 성격, 그들이 행하는 일, 상이한 유형의 사람들에 대한 그 일의 적절성을 포함하는 직업에 대한 고정관념을 뜻한다.

㉢ **직업인지도** : 직업인지도에 따라 어떻게 청소년과 성인이 주요 차원들(남성성/여성성), 직업의 평판수준, 작업분야로 구별하는지를 보여준다. 성 유형과 직업평판의 2차원 지도를 구성해서 이들 두 차원으로 특정 직업들을 묘사한다. 이 때 작업분야를 나타내기 위해서는 홀랜드의 유형을 이용한다. 예를 들어 회계사는 평균 이상의 평판 수준을 갖고 있으며 성 유형이 여성적이기보다는 남성적이다. 이 지도는 일차적으로 상이한 직업들이 제공하는 사회의 '영역'을 표시하기 위해 사용된다.

개인은 상이한 직업에 대한 그들의 적합성을 사정하기 위해 자신의 이미지를 사용한다. 일부는 이런 과정을 개인-환경 일치라고 부른다. 만일 핵심적인 자기개념 요소가 어떤 직업과 갈등을 갖는다면 고트프레드슨의 도식에서는 그런 직업은 제거한다.

㉣ **제한** : 제한은 개인이 사회적 공간이나 수용 가능한 대안들에 관해 의사결정할 때 자신의 영역을 좁혀가는 과정을 말한다.

㉤ **타협** : 고트프레드슨의 이론에서 매우 중요한 하나의 과정으로 개인은 결정할 시기가 되었을 때 그들이 가장 선호하는 선택을 하는 것이 불가능하다는 것을 발견하게 된다. 이 과정에서 사람들은 가능한 최선의 것은 아니지만 좋은 선택을 낙찰할 것이다. 타협이란 교육프로그램과 고용의 국지적 가용성, 고용관행, 가족적 책임 같은 외적 현실에 열망을 순응시키는 과정이다. 고트프레드슨에 따르면 개인들은 불일치가 작을 때 평판이나 성 유형 때문에 그들의 흥미분야를 타협하지 않을 것이며, 보통 수준의 불일치 상황에서는 사람들은 평판을 포기하기 보다는 성 유형을 포기하는 타협을 할 것이다. 불일치가 큰 상황에서는 사람들이 평판이나 성 유형보다는 흥미를 희생시키는 타협을 할 것이다는 것을 말한다.

㉥ 의의 : 고트프레드슨은 내담자에게 양립가능성과 접근가능성의 정보를 제공하여 개인이 직업에 대한 적성요건, 직업군의 배치, 내담자의 성 유형과 명성에 대한 지각을 포함하는 사회적 공간에 대한 탐색을 통해 의사결정할 수 있도록 조력한다.

4 타이드만과 오하라의 발달이론

① 특성

㉠ 타이드만(Tiedeman)이 진로발달에서 다루는 핵심개념은 넓은 의미의 자기발달이다.

㉡ 개인의 전체적인 인지발달과 그에 따른 의사결정과정이 주 초점이다.

㉢ 타이드만은 진로발달이 개인의 자아와 관련된 위기를 해결하고자 할 때 일반적인 인지발달과정 안에서 일어난다고 보았다. 그는 자아정체감의 발달이 진로발달과정에서 핵심적인 중요성을 갖는다고 믿었다. 그는 상황적 자기(self in situation)의 발달을 자기에 대한 최초의 인식부터 시작해서 개인이 경험을 평가하고 미래의 목표에 대한 예상과 상상을 하고, 미래에 참조하기 위해 기억 속에 경험을 저장할 수 있게 되는 시점으로까지 이어진다고 보았다.

이런 맥락에서 진로발달경로는 에릭슨의 이론에서 이야기하는 신뢰, 자율성, 주도성, 근면성, 정체감, 친밀감, 생산성, 자아통합이라는 8개의 심리적 위기들은 개인이 심리사회적 위기를 해결하는 과정에서 발달한다.

㉣ 자아정체감이 발달하면 진로의사결정의 가능성 또한 발달하게 된다. 즉, 사람들은 모든 가능한 상황을 고려하면서 폭넓은 커리어분야와 특정 직업을 숙고할 수 있게 된다. 결국은 타이드만과 오하라는 진로발달을 개인이 일에 직면했을 때 분화와 통합을 통해서 직업정체감을 형성하는 과정으로 정의하였으며, 일에 대한 자신의 특성을 파악하고 자아를 실현시키는 과정에서 진로를 결정하는 과정을 중시 여기므로 의사결정이론이라고도 한다.

② 분화와 통합

㉠ 분화 : 직업의 다양한 특성들을 규명하고 연구하여 자기 또는 세속적 자기를 평가하는 과정으로 다양한 직업을 구체적으로 학습함으로써 자아구조가 분화하여 직업세계에서의 신뢰와 불신을 해결하게 된다.

㉡ 통합 : 개인이 직업세계로의 통합을 시도하는 것으로 개인의 고유성이 직업세계의 고유성과 일치하게 된다.

③ 진로의사결정과정

예상기 (Anticipation) /전직업기	탐색기	잠정적인 진로목표를 설정하여, 대안적 행동을 탐색한다.
	구체화기	대안에 대한 지속적인 평가를 재평가하고 목표를 명확히 한다.
	선택기	목표를 결정하여 자신의 진로결정을 명확히 한다.
	명료화기	의사결정을 분석, 검토하여 진로결정에 대한 확신을 가진다.
실천기 Implementation Period)/적응기	순응기	사회적 상호작용을 통해 인정과 승인을 받고자 조직의 풍토에 적응하기 위해 노력한다.
	개혁기	직장 내에서 내, 외적으로 주장적 행동을 하며 다른 사람을 설득한다.
	통합기	집단 및 조직에서의 요구에 자신의 욕구를 통합, 조절한다.

④ 의의

㉠ 타이드만과 오하라의 이론의 주요 공헌은 의사결정과정에서 중요하고 필수적인 자기인식의 증대에 초점을 둔 것이다.

㉡ 기존의 사회적인 진로체계의 관습을 적응하여 효과적인 변화와 성장을 이루는 것에 관심을 두고 있다.

㉢ 이 이론은 의미 있는 동료집단과 친해지고 작업수행을 높이기 위해 작업환경에 적응하는 것을 강조한다.

㉣ 이 이론은 진로결정과정에 중요한 영향을 미치기는 했지만 실증자료가 부족하다는 한계를 갖고 있으며 5명의 백인 남성의 직업 관련 경험을 토대로 에릭슨의 단계에 따라 만들어졌다.

5 포괄적 직업상담

① 이론의 특징

㉠ 앞의 다섯 가지 진로상담을 포괄하여, 변별적(특성-요인)이고 역동적인(정신분석) 성격을 띠는 포괄적인 진로상담이다.

㉡ 삶의 기능과 발달 등 모든 측면은 연관되었다고 가정하는 것이다. 포괄적 직업상담은 모든 내담자들이 독립적이고 현명한 의사결정자로 만드는 것이다.

② 상담과정

㉠ 문제 진단 : 검사자료와 상담을 통하여 자료가 수집되는 단계로 내담자의 진로문제를 진단할 수 있다.

㉡ 명료화와 해석의 단계 : 의사결정을 방해하는 태도와 행동을 확인하여 대안을 탐색하는 단계

㉢ 문제 해결 : 내담자가 문제를 확인하여 문제해결을 위한 행동에 대해 숙고하는 단계

6 의사결정 직업상담

① 처방적 의사결정이론

㉠ Galatt의 처방적 의사결정이론

- 상담에서 의사결정과정을 중시하며 결과보다는 과정에 대한 평가를 통해 내담자가 합리적인 의사결정을 수행하였는지를 평가하고자 한다.
- 개인은 목적의식에 따라 정보수집하고 이용할 수 있으며 이후 가능한 대안을 열거하게 된다.
- 정보는 예측체계(Prediction System), 가치체계(Value System), 결정준거(Criterion)로 조직되고 이를 결정(평가와 선택)하게 된다.

> ※ 처방적 의사결정과정 … 목적의식 → 정보수집 → 가능한 대안의 열거 → 각 대안의 실현가능성 예언 → 가치평가 → 의사결정 → 평가 및 재투입
> (의사결정은 주기적이며 계속적인 성격을 띤다)

㉡ 카츠의 의사결정이론

- 개인은 무엇에 더 가치를 두느냐에 따라 의사결정을 달리할 수 있다는 입장을 평가하고자 한다.
- 개인의 목적을 결정하는 업적, 관계성, 명성, 수입, 여가시간 등과 같은 성격의 기본적인 성향을 제시하면서 이러한 기본적인 것들의 가치를 점검하여 개개인의 가치실현을 극대화시켜주는 직업을 식별해낼 수 있도록 도움을 줄 수 있다.
- '상호작용 진로지도 정보의 체제'로서 상담에 적용할 수 있다.

② 기술적 의사결정이론

㉠ **힐튼의 의사결정이론** : 인간이 복잡한 정보에 접근하게 되는 구조에 근거를 두고 직업선택 결정단계를 나누어 의사결정과정을 다루었다.

- 선택하기 이전의 주변 세계에 대한 조사시기인 전제 단계
- 특정 직업에서 요구되는 행동을 상상하는 시기인 계획 단계
- 자신이 갖고 있는 특성과 반대되는 직업을 갖게 됨으로써 생겨나는 행동을 시험해 보는 시기인 인지부조화 단계

㉡ **브룸의 의사결정이론** : 개인이 어떠한 행동을 함으로서 정해진 결과가 얻어질 것이라는 기대와 그러한 결과가 개인에게 얼마나 매력적인가를 보여주는 유인정도에 따라 행동하게 된다고 한다. 개인을 동기부여 시키기 위해서 그 개인의 욕구 뿐 아니라 일정한 노력을 기울이면 달성될 수 있는 합리적 수준을 제시하여 그 목표를 달성했을 때 반드시 보상이 있고 그 보상은 그 사람에게 매력적이어야 한다.

동기부여(V) = 기대(E) × 수단성(I) × 유의성(V)

- 기대 : 일정한 노력을 기울이면 특정 결과를 달성하리라고 믿는 가능성으로 0에서 1의 값을 가진다.
- 수단성 : 특정 수준의 성과가 바람직한 보상을 가져오리라고 기대하는 가능성으로 0에서 1의 값을 가진다.
- 유의성 : 궁극적으로 보상이 개인에게 얼마나 매력적인가를 나타내는 것으로 −1 ~ 1의 값을 가진다.

노력 → 성과(1차 결과) → 보상(2차 결과) = 유의성 : 기대감(1차 기대치) : 수단성(2차 기대치)

③ 기타 의사결정이론(Harren의 진로의사결정유형)

㉠ 개인이 정보를 조직하고 여러 대안들을 검토하여 진로선택을 위한 행동과정에 전념하는 심리적 과정이다.

㉡ 진로의 결정은 어느 한 순간 이루어지는 것이 아니고, 결정된 것이라 할지라도 변경가능하다.

㉢ 진로결정이란 하나의 사건이 아니라 선택에 대한 확신의 정도를 말한다.

㉣ 진로결정수준은 '자신의 전공 및 직업의 선택과 관련된 확신의 정도'이다.

㉤ **진로의사 결정과정 4단계**

- **인식** : 진로계획이 없어 만족하지 못하여 심리적인 불균형을 느끼고 어떤 결정을 해야할 필요를 인식하는 과정
- **계획** : 여러 대안을 탐색하고 우선순위를 매기고 교체, 확장, 제한하는 과정
- **확신** : 자신의 선택에 대해 깊이 탐색, 검토하여 선택의 장단점을 명료화하는 과정
- **이행** : 사회적 인정에 대한 욕구와 자신의 선택 사이에 균형을 추구하고 자신의 선택에 적응

하는 과정

ⓑ 진로의사 결정유형

- 합리적 유형 : 자신과 상황에 대한 정확한 정보를 수집, 신중하고 논리적으로 의사결정을 수행, 의사결정에 대해 자신이 책임진다.
- 직관적 유형 : 의사결정의 기초로 상상을 사용하고 현재의 감정에 주의를 기울이며, 정서적 자각을 사용한다. 선택에 대한 확신은 비교적 빨리 내리지만 그 결정의 적절성은 내적으로만 느낄 뿐 설명하지 못할 경우, 결정의 책임은 자신이 진다.
- 의존적 유형 : 의사결정에 대한 개인적 책임 부정, 그 책임을 외부, 과정에서 타인의 영향을 많이 받고 수동적이고 순종적이고 사회적 인정에 대한 욕구가 높은 유형이다.

05 욕구이론

1 욕구이론의 특성

① 특성

㉠ 욕구이론은 직업선택과정에서 개인의 욕구가 반영된다는 것으로 로(Roe)의 욕구이론을 시초로 홀랜드(Holland)가 영향을 받게 된다.

㉡ 로의 욕구이론은 매슬로우(A. Maslow)의 욕구위계이론을 바탕으로 개인의 직업선택에서의 욕구를 설명하고 있다.

② 매슬로우의 욕구위계이론 … 매슬로우는 대표적인 인본주의자로 인간의 동기 및 행동의 발로를 욕구의 충족이라는 관점에서 설명하고 있다. 매슬로우의 욕구위계는 다음과 같다.

생리적 욕구	가장 기본적인 욕구로 갈증, 고통회피, 피로회복, 성적욕구 등을 예로 들 수 있다.
안전에 대한 욕구	안전과 안정에 대한 욕구로서, 주변 위험으로부터 보호받고자 하는 욕구이다.
소속감과 사랑에 대한 욕구	가족, 친구, 사회집단들에게 소속되고 수용 받고 싶으며 사랑받고자 하는 욕구이다.
자아존중의 욕구	타인으로부터의 존중뿐 아니라 자기 자신에 대한 존중과 인정의 욕구이다.
자아실현의 욕구	자신의 잠재력을 인식하고 그것을 성취하고자 하는 욕구로 욕구위계 중 최상위욕구에 해당한다.

2 로(Roe)의 욕구이론

① 특징

㉠ 로(Roe)는 진로방향을 결정하는 것으로 가족과의 초기 관계와 그것의 효과에 주로 관심을 가지고 어린 시절 경험은 한 사람이 선택한 분야에서 만족을 결정하는데 중요한 역할을 한다고 보았다. 부모의 유형이 어떻게 욕구위계에 영향을 끼치고, 매슬로우의 욕구위계를 성인이 되었을 때의 삶의 유형과 어떻게 관련되었는지를 연구하였다.

㉡ 로는 직업선택에서 있어 인성적 요인을 최초로 적용한 로는 성격적 특성에 따른 직업선택이론을 설명하고 있으며 인간의 욕구구조는 어린 시절 좌절과 만족에 의해 영향을 받는다고 하였다. 그의 연구를 통하여 인간지향적인 직업을 선택하는 사람과 비인간지향적인 직업을 선택하는 사람간에 인성적 차이가 있음을 발견하게 된다.

㉢ 로의 연구 분석에 따르면 성인기의 직업은 아동기의 경험 즉 부모－자녀 간의 관계에 의한 소산이라고 할 수 있다. 따라서 부모의 양육방식을 감정적 집중, 자녀회피, 자녀수용 등의 세 가지 유형으로 나타나며, 이러한 부모－자녀 간의 상호작용을 통해 직업선택에 영향을 받는다고 할 수 있다.

㉣ 아동기에 형성된 욕구에 대한 반응으로 직업선택이 이루어지며 직업선택은 욕구를 충족시키기 위한 수단이 된다.

㉤ 로는 성격이론과 직업분류라는 전혀 이질적인 영역을 통합하는데 관심을 가지고 직업의 흥미를 기초로 한 8가지 직업군집과 책무성과 곤란도를 기준으로 6가지로 분류하였다. 직업에서의 욕구는 사람들마다 각기 다른 욕구를 갖고 있으며, 앞서 설명한 바와 같이 욕구의 차이는 어린 시절 부모와 자녀와의 관계에서 기인하게 된다.

② **직업분류** … 로는 직업분류에 대한 연구에서 흥미를 기초로 수평적 분류에 따라 인간지향적 직업분야인 서비스, 비즈니스, 조직, 일반문화직, 예술과 예능직과 비 인간지향적 직업분야인 기술직, 옥외활동, 과학직으로 분류하였다. 각 직업군 내에는 책무성과 곤란도를 기초로 수직적 분류에 따라 고급 전문 관리, 중급 전문 관리, 준 전문 관리, 숙련, 반 숙련, 비 숙련직으로 분류하였다.

㉠ 8가지 직업군(흥미)

서비스직(Service)	다른 사람들을 위해 무엇인가를 하고 있는 환경(봉사, 사회사업)을 선호한다.
비즈니스직 (Business Contact)	일대일 만남을 통해 판매하는 것, 상대방을 설득하는 것을 선호한다.
단체직 (Organization)	관리직 화이트칼라(사업, 제조업, 행정), 기업조직과 효율적인 기능에 유능한 것을 선호한다.
기술직 (Technology)	운송, 정보통신, 공학, 생산, 유지 등 대인관계보다 사물을 다루는데 관심이 많은 것을 선호한다.
옥외활동직 (Outdoor)	농수산물, 개발, 보존 등과 관련된 활동을 선호한다.
과학직(Science)	과학이론 및 관련 내용에 관심이 있다.
일반문화직 (General Culture)	문화유산의 보존과 전수, 개인보다 인류의 활동에 흥미가 있다.
예술과 예능직 (Arts & Entertainment)	한 집단과 대중 사이의 관계에 초점을 두고 활동하는 것을 선호한다.

㉡ 직업의 6단계(곤란도와 책무성)

고급 전문 관리	• 독립적 책임을 지는 전문가, 개혁자, 창조자, 최고경영관리자 등이 해당된다. • 정책을 만들고 박사학위 이상의 교육을 필요로 한다.
중급 전문 관리	• 자율성이 있으나 고급단계보다는 좁은 영역에 해당한다. • 정책을 해석하고 석사학위 이상의 교육을 필요로 한다.
준 전문 관리	• 낮은 수준의 책임을 필요로 한다. • 정책을 적용하거나 자신만을 위한 의사결정가능, 고등학교, 기술학교 이상에서 활동한다.
숙련직	견습이나 다른 특수한 훈련과 경험을 필요로 한다.
반 숙련직	약간의 훈련과 경험을 요구하지만 더 적은 자율과 주도권이 주어진다.
비 숙련직	간단한 지시나 단순 반복활동에 종사한다.

㉢ 직업분류표

	서비스직	비즈니스직	단체직	기술직	옥외 활동직	과학직	일반 문화직	예술 · 예능직
고급 전문 관리	• 조사 연구자 • 과학자	• 판매원 소장 • 회사 사장	• 회사 사장 • 각료	• 발명가 • (공학) 과학자	• 공학 연구자	• 치과 의사 • 의사 • (물리 · 화학) 연구 과학자	• 판사 • 교수	• 관현악 지휘자 • TV 디렉터
중급 전문 관리	• 행정가 • 매니저 • 보호 관찰사 • 사회 사업가	• 인사과 직원 • 매매 기사	• 증권 분석가 • 중재인 • 호텔 매니저	• 항공엔 지니어 • 비행 분석가 • 공장 감독	• 지리 학자 • 어류 전문가	• 화학자 • 약학자	• 목사 • 편집장 • 뉴스 해설자 • 교원	• 건축가 • 야구 선수 • 조각가
준 전문 관리	• 고용 상담원 • 간호원	• 중개인 • 화물 취급가 • 판매원 • 도매인	• 계리사 • 우체국 소장 • 개인 비서	• 비행사 • (공사) 계약자 • 기관사	• 양봉가 • 산림 애호가	• 물리 요법사 • 시체 보건사	• 사서원 • 기자	• 광고 전문가 • 운동 코치 • 인테 리어 장식가 • 사진사
숙련직	• 미용사 • 경찰 • 해군 • 군인	• 경매원 • 조사원 • 부동산 중개사	• 속기사 • 계원 • 편집자	• 목수 • 봉재원 • 산업 기사	• 광부 • 조경사	• 의료 기술자 • 간호사	• 편집원	• 삽화가 • 만화가 • 장식가
반 숙련직	• 요리사 • 소방원 • 웨이터	• 표판 매원 • 판매 점원 • 행상원	• 서기 • 우체부 • 교환원 • 현금 출납원	• 크레인 조작인 • 트럭 운전사	• 어부 • 정원사 • 사냥꾼	• 보조 간호원	• 도서관 종사자	• 의류업 • 모델
비 숙련직	• 청소부 • 경비원 • 파출부	• 신문 배달원	• 배달업	• 목수 보조원 • 노동자	• 동물 사육사 • 노동자		• 서류 복사 종사자	• 무대 장치인

③ 의의

㉠ 진로는 단계적 진로상담절차를 말하지는 않았지만 이원적인 직업분류체계의 예를 포함시켜 진로상담을 설명하고 있다. 이러한 로의 이론은 이원적 직업분류체계에 기초한 진로탐색 프로그램과 진로선택 검사들(직업선호도 검사 : VPI, 직업흥미검사, 직업명 사전의 흥미검사)에 적용하고 있다.

㉡ 이외에도 Career Occupational Preference(COP)는 로의 이원분류체계를 토대로 만들어졌으며, 주요 목적은 진로에 대한 이차원적 관점을 통해 높은 진로 인식을 촉진시키는 것이다.

06 진로선택의 사회학습이론

1 사회학습이론의 특징

① 크롬볼츠(Krumboltz)와 그의 동료들은 행동주의 상담에 근거한 사회학습이론에 기초를 가지고 진로선택과정을 설명하였다.

② 대표적인 사회학습이론가로는 크롬볼츠, 미첼, 겔라트 등이 있다.

③ 사회학습이론은 진로발달에 있어서 내담자가 가지는 여러 가지 요인을 고려하여 진로선택을 하게 되며 이러한 진로의사결정은 개인의 학습경험에 의하여 나타나며 진로의사결정 역시 이러한 영향들의 상호작용에 의하여 발생한다고 주장한다.

④ 사회학습이론가들은 직업상담에 있어서 진로의사결정에 도움을 주기 위하여 직업정보를 제공하는 것에 업적을 남겼으며 크롬볼츠는 최초로 방사선사 등 20여 개의 직업에 대한 직업정보를 제시하였다.

2 진로선택 요인

크롬볼츠는 진로(직업)선택에 있어서 다음과 같은 요인으로 분류하였다.

① **유전적 요인과 특별한 능력** … 개인의 진로선택은 개인의 유전적인 소인과 능력에 영향을 받는다. 이것은 개인의 진로기회를 제한하는 타고난 특질을 말한다. 즉, 교육적, 직업적 선호나 기술에 제한을 줄 수 있는 자질로서 인종, 성별, 신체적 특징, 지능, 예술적 재능을 포함한다. 예를 들어 키가 크고 건장한 신체를 타고난 사람이라면 농구선수와 같은 진로선택을 할 가능성이 높을 것이다. 예술가, 음악가, 운동선수들이 이러한 유전적 요인과 특별한 능력에 의하여 진로를 선택한다고 할 수 있다.

② **환경적 조건과 사건** … 환경적 조건과 사건은 환경에서의 특정한 사건은 개인이 통제할 수 없는 요인으로서 환경적 조건과 사건으로 구성되어 있다. 이것은 개인을 둘러싸고 있는 상황이나 사건이 기술개발, 활동, 진로선호 등에 영향을 준다는 것을 의미하며 예를 들어 직업을 조절하려는 정부의 시책(직업적 기회), 취업가능한 직종의 내용, 교육훈련이 가능한 분야, 사회적 정책, 노동법, 자연적 자원, 기술발전, 사회조직의 변화, 가족의 자원, 그리고 이웃과 지역사회의 영향을 들 수 있으며 이것을 통해 개인의 진로의사결정에 영향을 받을 수 있다.

③ **학습경험** … 개인의 과거에 어떤 학습경험을 하였는가에 따라 진로의사결정에 영향을 미치게 되는데 크롬볼츠는 두 가지 유형의 학습경험을 가정하였다.

㉠ 도구적 학습경험

- 개인이 결과에 대한 반응을 통해서나 활동의 결과를 직접 관찰함으로서 또는 다른 사람의 반응을 통해 배우게 되는 것을 의미하며 도구적 학습은 선행사건과 행동, 결과를 포함한다.
- 선행사건은 유전적 재능과 환경적 조건을 포함하며 행동은 표현되거나 암시적일 수 있다. 그리고 결과는 즉시 나타나거나 또는 지연될 수 있다.
- 개인이 어떤 행동에 대해 정적인 또는 부적인 강화를 받을 때 행동은 강화되거나 소거된다. 예를 들어 개인의 행동에 대해 정적인 강화를 부여받을 때 행동은 증가되는 반면 부적인 강화를 부여받을 때는 흥미를 잃고 행동의 빈도 역시 떨어진다.

㉡ **연상적 학습경험** : 연상학습은 이전에 경험한 감정적으로 중립적인 사건이나 자극을 정서적으로 비중립적인 사건이나 자극에 연결시킬 때 일어난다. 예를 들어 중병에 걸렸던 사람이 병원에서의 치료로 건강을 회복하였다면 그는 병원이라는 중립자극이 그에게 정적인 영향을 미쳐 나중에 의사가 되길 희망할 것이다. 이러한 경험은 개인이 체험하는 직접적인 것인데, 간접적이거나 대리적인 학습경험도 개인의 교육적 · 직업적 행동에 영향을 미치게 된다.

3 진로의사결정에 대한 6가지 기본가정(6가지 검증 가능한 가정)

① 그 일에서 성공한 사람은 그 직업에 대해 선호를 표현한다.

② 그 직업과제에서 실패한 사람은 그 직업을 피하게 된다.

③ 그 일하는 역할모델이 강화 받는 것을 본 사람은 그 직업에 대해 선호를 표현한다.

④ 그 일을 하는 역할모델이 강화 받지 못하는 것을 본 사람은 직업을 피하게 된다.

⑤ 그 일에 대해 좋은 이야기를 들은 사람은 그 직업에 대해 선호를 표현한다.

⑥ 그 직업에 대해 좋지 못한 이야기를 들은 사람은 그 직업을 피하게 된다는 가정이다.

4 반두라의 사회학습이론(SLT : SOCIAL LEARNING THEORY)의 모델링

① 모델링의 기능

㉠ 반응 촉진 : 관찰자들이 적절하게 행동하게 하는 사회적 자극으로서의 역할을 수행하는 모델화된 행동을 일컫는다. 행동주의이론에서 설명하는 강화요인으로 사회학습에서의 모델링은 직접적인 강화요인이 없이도 모델의 행동 결과 강화를 받은 것을 관찰한 것(대리학습, 관찰학습, 모방학습)만으로도 반응을 촉진할 수 있다.

㉡ 억제와 탈 억제

- 억제는 어떤 행동을 수행한 것 때문에 벌을 받았을 때 일어나며, 결과적으로 관찰자가 그러한 행동을 그만두도록 하고 예방하는 데 도움을 준다. 모델의 처벌은 관찰자로 하여금 부적강화인자에 대한 대리학습을 하게 되므로 문제행동을 억제하는데 효과적인 것으로 나타났다.
- 탈 억제는 모델들이 부정적인 결과를 경험하지 않은 채 위협적이거나 금지된 행동을 수행할 때 일어나며, 관찰자로 하여금 동일한 행동을 수행하도록 유도할 수 있다.

㉢ 관찰학습단계

- 주의집중 : 관찰자의 주의를 끌어야한다.
- 파지 : 관찰을 통해 학습한 정보를 기억하는 단계이다.
- 재생 : 저장된 기억을 재생하는 단계이다.
- 동기유발 : 학습한 내용을 행동으로 옮기기 전에 동기화 단계이다.

07 새로운 진로 발달이론

1 인지적 정보처리이론

① 특징

㉠ 인지적 정보처리이론(Cognitive Information Processing ; CIP)은 피터슨(Peterson), 샘슨(Sampson), 리어던(Reardon)이 발달시켰다.

㉡ CIP는 개인의 진로문제에 대한 해결과 의사결정과정에서 어떻게 정보를 이용하는지에 대해 초점을 둔 상담이론으로 진로의사결정 하나의 문제해결활동이며, 진로문제해결능력은 지식과 인지적 조작의 가용성으로 인하여 고도의 기억력을 요하게 된다고 보고 있다.

② 기본 전제 … 인지적 정보처리이론은 다음의 기본 전제에 기초하고 있다. 이러한 가정을 핵심으로 하는 진로개입의 주요 전략은 개인의 처리능력을 발달시킬 학습사건을 제공하는 것이다. 내담자는 현재의 문제뿐 아니라 미래의 문제를 해결할 진로문제해결자로서 가능성을 발달시킬 수 있다. 그 기본 전제는 다음과 같다.

㉠ 진로선택은 인지와 정서의 상호작용에 의한 결과이다.

㉡ 진로선택과정은 하나의 문제해결활동이다.

㉢ 진로문제해결능력은 지식뿐 아니라 인지적 조작이 가능한가에 달려 있다.

㉣ 진로문제해결은 고도의 기억력을 요하는 과제이다.

㉤ 더 나은 진로문제를 해결하려는 동기는 자신과 직업세계에 대해 더 잘 이해함으로서 만족스러운 진로선택을 하려는 욕구에서 비롯된다.

㉥ 진로발달은 지식구조의 지속적인 성장과 변화를 포함한다.

㉦ 진로정체성은 자기 지식에 달려 있다.

㉧ 진로성숙은 개인의 진로문제해결능력에 달려 있다.

㉨ 정보처리기술의 성장을 촉진함으로서 진로상담의 궁극적인 목표를 성취할 수 있다.

㉩ 진로상담의 궁극적인 목표는 진로문제해결자와 의사결정자로서 내담자의 능력을 향상시키는 것이다.

③ 인지적 정보처리의 과정(CASVE)

㉠ **의사소통**(Communication) : 질문을 받아들여 부호화하며 송출한다.

㉡ **분석**(Analysis) : 개념적 틀 안에서 문제를 찾아 분류한다.

㉢ **통합**(Synthesis) : 일련의 행위를 형성한다.

㉣ **평가**(Valuing) : 성공과 실패의 확률에 관해 각각의 행위를 판단하고 타인에게 미칠 파급효과를 판단한다.

㉤ **실행**(Execution) : 책략을 통해 계획을 실행시킨다.

2 사회학적 이론

① 이론의 특징

㉠ 개인을 둘러싼 사회, 문화적 환경이 개인의 행동에 영향을 미친다는 사회학적 관점으로 블라우(Blau), 밀러(Miller), 폼(Form)에 의해 발달하였다.

㉡ 개인의 체제인 가정, 학교, 지역사회는 사회적 요인으로 직업선택과 발달에 많은 영향을 미친다고 가정할 수 있다.

㉢ 개인이 속한 사회계층은 문화나 인종에 비하여 개인의 직업적 포부에 크게 영향을 미치는 것으로 나타났다.

㉣ 이러한 현상은 사회계층 그 자체에 의한 것이 아니라 사회계층 속에서 생활하고 있는 대다수 사람들의 사회적 반응, 교육정도, 직업적 포부, 일반지능 수준 등을 결정하는 심리적 환경이 결과적으로 개인의 진로선택과 발달에 영향을 미치게 된다는 것이다.

㉤ 저소득층의 가정에서 자란 자녀들은 자신이 열망하는 직업과 그들이 실제로 가질 수 있다고 예상하는 직업 간에 상당한 차이가 나타났으며 이것은 그들의 직업적 포부를 억압하고 자신을 부정적으로 인식하게 만드는 사회적 문제로 야기된 것이다.

㉥ 이 이론에서 강조되는 요인은 시간과 공간에 따라 다르며, 이 결과 진로선택에 영향을 주는 요인도 달라지게 된다.

② 진로선택에 영향을 주는 사회요인

㉠ **가정** : 가정의 사회, 경제적 지위, 부모의 직업, 부모의 손질, 부모의 교육정도, 주거지역, 주거양식, 가정의 배경, 가족 규모, 부모의 기대, 형제의 출생순위, 가정의 가치관, 가정에 대한 개인의 태도 등

㉡ **학교** : 교사와의 관계, 또래와의 관계, 교사의 영향, 또래 집단의 영향, 학교의 가치

㉢ **지역사회** : 지역사회의 목적 및 가치관, 지역사회 내에서의 특수한 경험을 할 수 있는 기회, 지역사회의 경제조건 및 기술 수준

③ 의의

㉠ 직업적 포부와 발달에서 개인이 선택할 수 없는 사회적 요인이 중요한 영향을 끼친다는 것을 설명하며 개인이 가지는 직업선택의 재량권이 다른 이론에서 설명되는 것보다 훨씬 적다.

㉡ 따라서 사회학적 이론을 고려하여 진로상담을 하게 될 때 개인의 체제를 이해하고 상담, 지도해야 하며, 동일한 체제요건이라고 해도 개인이 영향을 받는 정도가 다를 수 있으므로 주의 깊게 상담해야 한다.

④ 과제접근기술

㉠ 과제접근기술은 타고난 능력과 환경적 조건과 학습경험에 대한 가설을 세울 수 있다.

㉡ 과제접근기술은 문제해결기술, 정보수집능력, 감성적 반응, 인지적 과정, 일의 습관, 수행의 경험과 같은 과제를 발달시키는 기술집합으로 개인이 환경을 이해하고 대처하는 능력이나 경향으로 파악할 수 있다.

㉢ 과제접근기술은 종종 바람직하거나 그렇지 않은 경험들의 결과에 의해 수정되며 학습결과가 좋지 못한 학생이 이전의 노트필기와 공부하는 습관을 바꾸어 좋은 성적을 거둔 것은 과제접근기술의 좋은 예라 할 수 있다.

⑤ 자기조절학습

㉠ 학습자 스스로 학습과제에 맞는 목표 그리고 계획을 수립해 필요한 학습전략을 동원해 계획을 실행하고 평가하여 목표달성을 위한 노력을 점검하고 통제하는 것이다.

㉡ 자기조정능력을 학습자들이 자신의 학습과정에 능동적으로 참여하는 능력이라고 하면서, 이는 전략적 지식(strategic knowledge), 자기효능감(self-efficacy), 주인의식(ownership), 숙달지향성(성취지향성 ; mastery orientation), 자기성찰(self-reflection) 등의 요소로 구성되어 있다.

[자기조정능력의 구성요소]

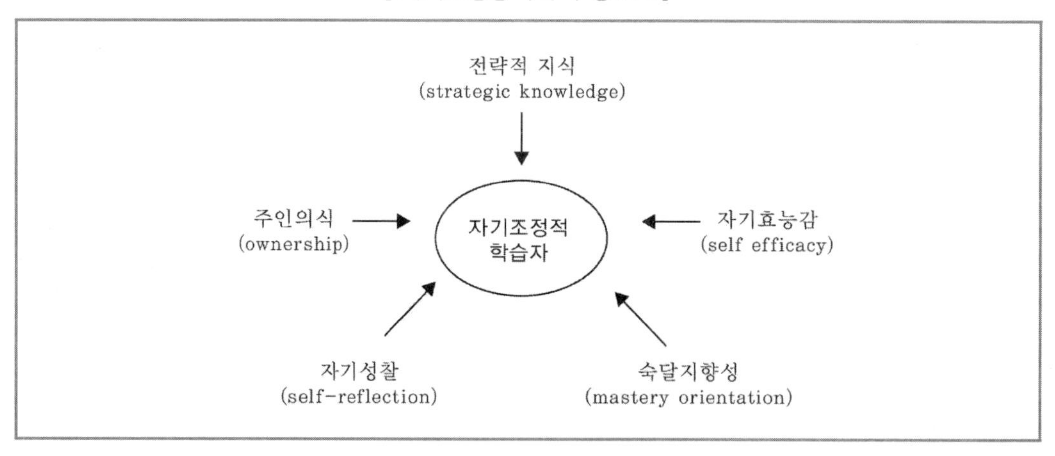

3 사회인지적 이론

① 진로의사선택에 있어서 렌트(Lent), 브라운(Brown), 헥커트(Hackett)는 사회인지적 진로이론(Social Cognitive Career Theory ; SCCT)에서 기존의 이론들을 보완하고 진로발달에 대한 다른 이론들을 연결하는 교량적 역할을 담당한다.

② 사회인지적 이론에서 자기개념과 자기효능감과 같은 개념을 통합적으로 이해하였으며 베츠(Betz)는 자기효능감을 "진로행동의 어떤 측면들에 관한 낮은 효능감 기대가 개인의 적절한 커리어 선택과 발달의 결정요인으로 작용할 가능성"이라고 정의한다.

③ 진로개발의 개인적 결정요인으로 자기효능과 성과기대 및 개인목표를 중요한 요소로 간주하고 있다.

④ 반두라의 사회인지이론을 직업심리학에 적용한 것으로 직업흥미가 어떻게 발달하고, 진로선택이 어떻게 이루어지며, 수행수준이 어떻게 결정되는지 알아보는 이론이다.

⑤ 자기효능감에 영향을 주는 4가지는 수행성취도, 대리경험, 언어적 설득, 생리적 반응이 있다.

⑥ 사회인지이론의 진로상담 목표

㉠ 내담자와 일치하는 진로선택

㉡ 진로대안을 막고 있는 잘못된 자기효능감의 변화

㉢ 진로대안을 실행할 때 장애를 확인하는 것이다.

⑦ 사회인지이론의 3가지 영역모델

㉠ **흥미모형** : 흥미는 결과기대, 자기효능감과 함께 목표를 예언하고 수행결과로 이어진다. 예를 들어 자신이 드럼을 잘 칠 수 있다는 자기효능감에 기초하여 드럼에 대한 흥미가 발달한다. 또한 본인이 드럼 칠 때 친구나 가족으로부터 칭찬을 받을 것이라는 긍정적 경로가 기대를 하게 된다. 그래서 드럼을 계속 치기 위해 밴드에 가입할 것이고 결국 드럼 능력은 더 향상될 것이다.

㉡ **선택모형** : 개인차와 그를 둘러싼 환경은 학습경험에 영향을 주고, 학습경험이 자기효능감과 결과기대에 영향을 주며, 자기효능감과 결과기대는 흥미에 영향을 미치고 흥미는 목표선택에 영향을 미친다.

㉢ **수행모형** : 개인이 목표를 추구함에 있어 어느 정도 지속할 것인가 어느 정도 수행할지 수준을 예측한다.

⑧ 사회인지이론의 진로상담 3가지 기본지침(방향제시와 시사점)

㉠ 내담자가 비현실적이라고 느꼈거나 부적절한 자기효능감이나 결과에 대한 기대 때문에 배제한 진로대안들을 확인한다.

㉡ 진로대안을 너무 일찍 배제한 진로장벽을 확인한다.

㉢ 내담자의 잘못된 직업정보와 부적절한 자기효능감을 수정한다.

⑨ 제외된(배제한) 대안 찾는 방법

㉠ **직업흥미검사 활용** : 흥미검사결과 높은 점수를 받은 영역, 낮은 점수를 받은 영역을 분석한다.

㉡ **직업가치관검사 활용** : 흥미검사에서 확인된 직업들은 적성검사나 직업가치관검사와 일치하지 않는 이유를 분석한다.

㉢ **직업카드분류법** : 직업카드를 선택하고 싶은 직업, 선택하고 싶지 않은 직업, 잘 모르는 직업으로 분류한다. 만약 능력이 있다면 선택할 직업, 성공을 확신할 수 있다면 선택할 직업, 어떤 경우에도 선택 불가한 직업으로 재분류하게 한다.

POINT 자기효능감이론과 반두라의 대리학습

㉠ 자기효능감이론
- 초기 진로발달이론이 남성의 진로발달을 설명한 것과 달리 성차를 설명하기 위한 시도로 자기효능감이론이 대두되었다.
- 성차를 다룬 이론 중 대표적인 것이 헥커드와 베츠의 자기효능감이론으로 반두라의 사회학습이론에 뿌리를 두고 있다. 핵커트와 베츠는 자기효능감 부족이 특히 여성의 경우 사회적 신념과 기대 때문에 발달하게 된다고 주장하며 이 이론은 진로선택 내용(수학, 과학)과 진로선택 과정에 대한 효능감을 설명한다.
- 낮은 자기효능감을 가진 여성들은 스스로 진로유연성과 대안을 제안한다고 주장하였다. 그래서 자기효능감이 낮다고 판단되는 여성은 진로결정을 포기하거나 꾸물대거나 회피하는 경향이 있다는 것을 설명하고 있다.
- 사회인지적 이론은 개인과 환경 사이에 상호작용하는 인과적 영향력을 밝히고 개념화하기 위해서 반두라(Bandura)의 개인적 속성-외부 환경요인- 외현적 행동 간의 인과성 모형인 3축 호혜성 모델을 받아 들여서 설명하고 있다.

㉡ 반두라의 대리학습
- 반두라는 강화를 이용한 자극 반응의 연합적 반응의 조작적 조건만이 아닌 모방을 통한 학습도 가능하다고 주장하였다.
- 자기효능감 : 자신이 성취할 수 있다고 믿는 신념 정도를 의미하며 성과-기대이론을 통하여 자기효능감 모형을 설명하기도 한다.
- 3축 호혜성 모델 : 인간의 개인적 특성, 행동, 환경은 상호적인 연관이 있기에 서로 영향을 미친다.

4 가치중심적 진로접근모형

① 브라운(Brown)의 가치중심적 접근은 인간의 기능이 그 사람의 가치지향성에 의해 영향을 받아 형성된다는 것을 가정하고 있다.

② 어떤 확립된 행동 기준은 발달과정에서 중요한 것으로 간주되며 이 행동 기준은 가치지향적인 것으로 자신의 행동과 타인의 행동을 판단하는 원칙이 된다. 따라서 가치란 진로의사결정과정에서 중요하며, 이것은 가치가 원하는 최종목표에 대한 방향을 결정하고 중심적인 역할을 하기 때문이다.

③ 가치는 또한 행동역할을 합리화하는 결정인자로서 간주된다. 예를 들어 사회봉사에 대한 가치가 있는 사람은 타인을 돕는 직업을 지향하는 반면, 독립성에 대한 가치가 있는 사람은 통제가 없는 작업환경을 찾는다.

5 맥락적 진로접근모형

① 맥락주의 기법은 진로상담의 맥락적 행위이론을 구축하였으며 맥락주의는 구성주의로 알려진 철학적 기반에 근원을 두고 있다.

② 구성주의에 따르면 "사람은 자기 나름의 정보조직화 방식을 구성하고 진실이나 실제는 지각의 문제"라고 제안한다. 이 이론의 핵심은 내담자가 현재의 행동과 후속 경험들로부터 개인적 의미들을 구성하는 방식을 이해하는 것이다.

③ 진로선택에 있어서 맥락적 접근 역시 진로선택에 영향을 미치는 성숙도는 지적 능력보다는 맥락적 사고를 통해 문제를 해결하는 능력에서 비롯된다는 견해로 정보의 질보다는 문제를 해결하는 맥락적 사고를 중시 여긴다.

02 직업심리검사

01 직업심리검사의 이해

1 심리검사의 특성

① 심리검사의 정의

㉠ 심리검사(psychological test)란 인간의 성격, 지능, 적성, 흥미, 태도 같은 다양한 심리적 특성들에 대해서 파악할 목적으로 다양한 도구들을 이용하여 그 사람의 행동 또는 행동의 결과를 질적, 양적으로 측정하고 평가하는 일련의 절차를 말한다.

㉡ 심리검사는 인간의 행동적 특성 및 심리적 특성을 측정하는 검사에서 특수한 영역에서의 유능성을 판별하는 검사까지 다양하다.

㉢ 최초의 심리검사는 초등학교의 저능아를 판별하기 위하여 비네(Binet)의 지능검사에서 시작되었으며 세계대전을 배경으로 미 육군 알파검사와 문맹자를 위한 베타검사를 통하여 검사가 개발되게 된다. 이후 산업현장에서 인사선발 및 배치를 위하여 다양한 검사들이 개발, 보급된다.

㉣ 심리검사는 인간을 연구하기 위한 여러 방법 중 하나로 연구방법에는 실험법, 관찰법, 조사법, 검사법, 사례사 등이 있으며 이러한 다양한 연구방법에 대해 측정하는 방법 또한 다양하다. 심리검사는 단순히 수치를 부여하는 것이 아니라 연구대상의 특성을 이해하고 측정되어야 하며 심리검사결과 평가의 자료로도 활용 가능하다.

㉤ 심리검사는 인간의 행동을 규명하는 완전한 도구가 아니라 인간을 이해하기 위한 보조적인 수단으로 맹신하거나 과신하는 것은 바람직하지 못하다. 따라서 검사에 대한 지나친 기대 또는 검사해석에서의 오용을 유의해야 한다.

② **심리검사의 측정** … 심리검사는 인간이 지니고 있는 심리적 속성을 측정하거나 평가하는 것으로 실제로 이러한 심리적 구성개념을 직접적으로 측정하는 것은 불가능하므로 간접적인 방식으로 측정하게 된다. 인간의 심리적 구성개념은 실재하는 대상이 아닌 가설적인 개념이기 때문에 연구자는 이러한 가설적인 심리적 구성개념(지능, 불안, 만족도 등)을 결정하면 이것을 조작적으로 정의하여 실제적으로 측정 가능한 준거로 변환하여 준다.

가설적인 심리적 구성개념을 '개념준거'라고 할 수 있으며 측정 가능한 준거는 '실제준거'라고 표현할 수 있다.

㉠ **준거적절** : 측정하고자 하는 심리적 구성개념인 개념준거(conceptual criterion)를 측정 가능한 실제준거(actual criterion)로 변환할 때 적절하게 변환된 것을 의미한다. 예를 들어 대학생의 지적수준, 또는 아버지의 가정적인 정도를 측정하고자 할 때 개념준거는 대학생의 지적수준이라면 이것을 측정가능한 대학생의 평균학점, 자녀와의 1일 대화시간으로 변환할 수 있을 것이다.

㉡ **준거왜곡** : 준거왜곡에는 측정하고자 하는 속성과 관련 없는 변인인 준거오염과 측정하고자 하는 변인이 부족하게 반영된 준거결핍이 있다.

- 준거오염 : 측정하고자 하는 심리적 구성개념인 개념준거를 측정 가능한 실제준거로 변환할 때 개념준거와 상관이 없는 준거로 변환된 것을 의미한다. 예를 들어 대학생의 지적수준, 또는 아버지의 가정적인 정도를 측정하고자 할 때 개념준거는 대학생의 지적수준이라면 이것을 대학생의 동아리 참여횟수, 자녀에게 주는 용돈 금액으로 변환했다면 실제준거가 개념준거를 적절히 반영하지 못했다고 할 수 있다.
- 준거결핍 : 측정하고자 하는 심리적 구성개념인 개념준거를 측정 가능한 실제준거로 변환할 때 개념준거의 심리적 속성을 모두 반영하지 못한 경우를 의미한다. 예를 들어 대학생의 지적수준, 또는 아버지의 가정적인 정도를 측정하고자 할 때 개념준거는 대학생의 지적수준이라면 이것을 대학생의 일부 과목의 학점, 아버지의 귀가시간으로 변환했다면 실제준거가 개념준거의 개념을 온전히 반영하지 못했다고 할 수 있다.

2 심리검사의 용도

① 심리검사의 목적

㉠ **행동의 예측** : 심리검사의 주된 목적은 개인의 행동을 예측하는 것이다. 심리검사의 결과는 개인 간의 상호비교에 그 근거를 두어 앞으로 한 개인이 수행할 행동을 상대적, 확률적으로 예측할 수 있도록 한다.

㉡ **분류 및 진단** : 심리검사는 행동의 원인을 진단하고 진단된 특성에 따라 분류하는데 사용된다. 적절한 심리검사의 사용을 통해 행동에서 나타나는 결함이나 결점뿐만 아니라 그 원인을 찾을 수가 있다.

㉢ **자기이해 증진** : 심리검사를 통하여 개인의 특성을 발견하여 자신에 대한 이해를 증진할 수 있다. 개인의 개성과 적성의 발견을 통하여 개인의 발전을 도모할 수 있다.

㉣ **조사 및 연구** : 심리검사를 통해서 집단의 일반적인 경향을 조사 또는 연구하여 기술하거나 규명하려는 목적으로 사용하기도 한다.

㉤ **인사선발 및 배치** : 심리검사를 통해 적합한 개인의 특성을 발견하여 인력을 적재적소에 배치할 수 있다.

② **심리검사의 측정상 유형** … 심리검사 절차를 근거로 측정상 유형을 분류할 수 있다.

㉠ **표준화검사** : 표준화검사는 정해진 절차에 따라 실시되고 채점되는 검사를 의미한다. 검사조건이 모든 내담자에게 동일해야 하고 모든 채점은 객관적이어야 한다. 표준화검사의 채점은 규준의 자료에 의해 해석되며 성취검사, 능력검사, 성격검사, 흥미검사 등이 있다.

㉡ **평정척도** : 평정척도란 평정자의 관찰에 기초하여 다양한 성격 혹은 행동을 평가하기 위한 방법이다. 표준화검사와 달리 평정척도는 객관적인 자료보다는 주관적인 자료로부터 얻어진다. 자기평정, 타인평정, 환경평정 등이 있으며 평정척도를 사용하여 면접자료를 요약할 수 있다. 평정척도는 주관성 때문에 많은 약점을 가지는데 이것과 관련된 오류가 후광효과, 중심화경향, 관용의 오류이다.

POINT 중심화 경향과 후광 효과

㉠ 중심화 경향 : 모든 사람을 '평균' 혹은 평정 척도의 중간에 가깝게 평정하려는 경향을 말한다.
㉡ 후광 효과 : 평정자가 내담자의 한가지 측면을 다른 측면으로 일반화하려는 경향을 말한다.

③ **투사기법** … 피검자에게 애매모호한 자극을 주고 이에 반응하도록 하는 것으로 자극의 모호성 때문에 사람들은 자극에 단순히 반응하기보다는 자극을 해석하는 과정에서 자기 자신을 드러내게 되는 경향이 발생하여 자신의 성격을 자극에 투사하게 된다. 보편적인 투사기법으로는 로흐샤 잉크반응검사, 주제통각검사, 문장완성검사 등이 있다.

④ **행동관찰** … 행동관찰에서 행동이란 관찰되고 측정될 수 있는 행동을 의미하며 관찰은 사전에 미리 계획하여 사건을 기록하는 것을 의미한다. 행동은 자연상태에서 발생하는데 이를 관찰자가 모니터링하는 방법이다.

⑤ **생애사적 자료** … 생애사적 자료는 내담자에 의해 보고되거나 역사적 기록에 반영되어 있는 개인의 성취나 경험을 말한다. 예를 들어 이력서는 개인의 광대한 전기적 정보를 제공한다. 생애사적 자료는 관찰이 사전에 계획되지 않는다는 점에서 행동관찰과는 다르며 정보가 판단보다는 사실의 문제라는 측면에서 평정척도와 다르다. 생애사적 자료로 학교성적, 학업성취, 취미, 과제수행경험 등의 축적된 학교기록(경력 포트폴리오) 혹은 직장의 인사기록 등에서 얻어진 정보를 포함한다. 생애사적 자료는 내담자와의 접수면접 또는 상담신청서를 통해 수집된다. 이러한 정보는 질적인 방법으로 주로 사용되지만 수량화하여 평가목적으로 사용될 수도 있다.

3 심리검사의 분류

① 검사의 실시 방식에 따른 분류

㉠ 속도검사와 역량검사(실시시간 기준)

속도검사 (speed test)	• 시간제한을 두는 검사 • 보통 쉬운 문제로 구성 • 제한된 시간에 수행능력을 측정하는 것으로 문제해결력보다는 숙련도를 측정 예 산수 계산 문제
역량검사 (power test)	• 시간제한 없음 • 어려운 문제들로 구성 • 숙련도보다는 문제해결력을 측정하는 검사 예 수학경시대회 문제

㉡ 개인검사와 집단검사(수검자 수 기준)

개인검사	• 한 사람씩 해야 하는 검사 • 한국판 웩슬러 지능검사(K- WAIS), 일반 직업적성검사(GATB), 주제통각검사(TAT), 로샤검사
집단검사	• 한 번에 여러 명에게 실시할 수 있는 검사 • 다면적 인성검사(MMPI), 성격유형검사(MBTI), 캘리포니아 심리검사(CPI), 직업선호도검사(VPI)

㉢ 지필검사와 수행검사(검사도구 기준)

지필검사	• 종이에 인쇄된 문항에 연필로 응답하는 방식. • 운전면허시험의 필기시험, 문장완성검사, MMPI, CPI, VPI, MBTI검사
수행검사 (동작검사)	• 수검자가 대상이나 도구를 직접 다루도록 하는 검사. • 운전면허시험의 주행시험, K-WAIS의 차례 맞추기, 모양 맞추기 등

② 측정 내용에 따른 분류

대분류	중분류	검사명	특징비교
인지적 검사 (능력검사/ 성능검사)	지능검사	• 한국판 웩슬러 성인용 지능검사 (K-WAIS) • 한국판 웩슬러 지능검사(KWIS)	• 극대 수행검사 • 문항에 정답이 있음 • 응답의 시간제한 있음 • 최대한의 능력발휘 요구
	적성검사	• GATB 일반적성검사 • 기타 다양한 특수적성검사	
	성취도검사	• TOEFL, TOEIC 등	
정서적 검사 (정의적 검사/성향검사)	성격검사	• 직업선호도 검사 중 성격검사 (Big five) • 캘리포니아 성격검사(CPI) • 성격유형검사(MBTI) • 다면적 인성검사(MMPI)	• 습관적 수행검사 • 문항에 정답이 없음 • 응답의 시간제한 없음 • 최대한의 정직한 응답요구
	흥미검사	• 직업선호도 검사 중 흥미검사	
	태도검사	• 직무만족도검사, 구직욕구검사 등	

③ 구조화에 따른 분류

객관적 검사(경제형/설문 지형/강제선택형)	• 검사자극의 의미가 명확하고 질문이 통일되어 있어 일정한 형식에 따라 응답하도록 되어 있다. • 한국판 웩슬러 지능검사(K-WAIS), 일반 직업적성검사(GATB), 다면적 인성검사(MMPI), 성격유형검사(MBTI), 캘리포니아 심리검사(CPI), 직업선호도검사(VPI) 등
투사적 검사	• 검사자극이 애매모호하며 질문이 통일되어 있지 않아 정해진 형식에 따라 응답하기보다는 자유롭게 응답할 수 있도록 되어 있다. • 로흐샤 잉크반응검사, 주제통각검사(TAT), 문장완성검사(SCT), 인물화검사(DAP) 등

④ 사용목적에 따른 분류 … 검사점수를 다른 대표적인 집단의 점수와 비교해서 해석하는가 아니면 특정기준을 토대로 해석하고 사용하는가의 차이에 따라 구분한다.

규준참조검사 (상대평가)	• 개인의 점수를 다른 사람들의 점수와 비교해서 상대적으로 어떤 수준인지 알아보는 것 • 비교 기준이 되는 점수들을 규준이라 함 • 대부분의 심리검사는 규준참조검사
준거참조검사 (절대평가)	• 어떤 기준점수와 비교해서 이용하려는 것이 목적 • 국가자격시험

02 규준과 점수 해석

1 규준의 개념 및 필요성

① 규준의 의미

㉠ 심리검사의 점수를 해석하기 위해서는 어떤 기준이 마련되어야 하는데 이러한 기준이 되는 자료를 규준이라고 한다.

㉡ 규준(norm)은 개인이나 집단의 검사점수를 그 개인이 속한 모집단에 비추어 해석을 하는 기준을 제공하며 개인의 검사결과에 대한 원점수를 규준에 비추어 해석하게 되면 다른 개인과의 점수를 비교할 수 있다. 따라서 규준이란 특정 개인의 점수가 어떤 의미를 지니고 있는지에 관한 정보를 제공해준다.

② **규준의 제작** … 규준을 제작하기 위해 검사를 실시하는 집단을 '규준집단' 또는 '표준화 표본집단'이라고 한다. 규준집단을 구성할 때 가장 중요한 것은 규준집단이 모집단에 대한 대표성을 확보하여 표본을 추출하여야 한다. 따라서 연구의 목적에 부합하여 표본을 추출해야 하는데 표본추출방법에는 크게 확률표집과 비 확률표집이 있다.

㉠ **확률표집법** : 확률표집법은 모집단의 모든 구성요소가 표본으로 선택할 수 있는 기회가 균등하게 부여된 표집방법으로 표본의 대표성을 극대화하고 표적모집단이 추정오차를 극소화하는 방법이라 할 수 있다.

- 단순무선표집(simple random sampling) : 표집방법 중 가장 기초적인 방법으로 구성원에게 일련번호를 부여하고, 이 번호들 중에서 무선적으로 필요한 만큼 표집하는 방법이다. 예를 들면 전화번호부에서 무선적으로 번호를 추출하는 방법이 있다.
- 체계적 표집(systematic sampling) : 단순표집방법 중 모집단에서 X번째에 해당하는 표본을 추출하는 방법으로 예를 들면 100명의 모집단에서 10명의 표본을 선정하고자 할 때 10번째의 표본을 추출한다면 10, 20, 30, 40번째 등의 순으로 표본을 선정하는 것을 말한다.
- 층화표집 : 모집단이 이질적인 하위집단으로 구성되어 있을 경우 각각의 하위집단마다 표집하는 것으로 예를 들면 모집단이 종교를 가진 사람들이라면 각 종교별로 무선표집을 하는 것이다.
- 집락표집(군집표집) : 모집단이 동질적인 하위집단으로 구성되었을 경우 특정 집단을 단위로 삼아 표본을 추출하는 방법이다. 예를 들면 전국 초등학교 1학년 반을 표집하는 방법이 있다.

㉡ **비 확률표집법** : 모집단의 모든 구성요소들이 표본으로 선택될 수 있는 기회를 갖지 않은 상태에서 표집하는 방법으로 신속하고 저렴하게 표집할 수 있다는 장점이 있지만 모집단에 대한 대표성을 갖지 못한다는 점에서 표본의 과학성을 보장할 수 없다.

- 임의표집(편의표집) : 연구자의 임의대로 표본을 선정하여 표집하는 방법

• 눈덩이표집 : 모집단의 사례수가 적을 경우 사례를 추적하여 표집하는 방법
• 의도표집 : 연구자의 자의적인 판단에 따라 의도적으로 표집하는 방법

2 표준화(standardization)

검사의 실시와 채점의 동일성을 유지하기 위해서 검사자가 지켜야 하는 관련 세부규칙들을 잘 정리하는 작업을 말한다. 구체적으로 검사의 표준화는 검사재료와 검사실시순서, 시간제한, 문제나 지시사항 읽어주기, 수검자의 질문에 대한 응답요령, 검사장소 등과 같은 검사실시와 직접 관련된 전체과정, 그리고 수검자가 응답한 내용을 어떻게 점수로 만들 것인가에 관한 채점절차까지 아주 소상하게 명시해놓은 것을 말한다.

① **검사도구의 표준화** … 검사도구의 표준화는 신뢰도와 타당도가 있는 검사도구를 의미한다.

② **절차의 표준화** … 검사실시순서, 시간제한, 문제나 지시사항 읽어주기, 검사장소 등과 같은 검사실시와 관련된 과정에 대하여 표준화를 위한 지시를 함으로서 절차상 발생할 수 있는 오차를 최소할 수 있다.

③ **채점 및 해석의 표준화** … 표준화검사에서는 검사결과를 비교해 볼 수 있는 '규준'을 통하여 다른 사람과 비교하여 개인의 상대적인 위치를 알아볼 수 있다

3 변수의 종류

변수란, 연구대상의 경험적 속성을 나타내면서, 그 속성에 계량적인 수치를 부여하여 경험적으로 측정 가능하게 하는 개념이다. 특정 대상의 속성을 나타낸다는 점에서는 개념과 같으나, 경험적 세계의 속성을 나타낸다는 점에서 개념과 구분된다. 즉, 하나의 변수가 여러 개의 값이나 범주를 가질 수 있다.

① **독립변수와 종속변수** … 독립변수는 원인이 되고 시간적으로 먼저 변하는 속성을 가진 변수를 말하고, 종속변수는 결과가 되고 시간적으로 독립변수가 변한 후에 따라서 변하는 변수를 말한다. 독립변수는 실험실 실험과 같이 통제가 가능한 실험에서 사용될 수 있는 개념으로 실험의 인과관계를 통해 설명할 수 있다.

② **통제변수** … 독립변수와 종속변수 간의 인과관계에 영향을 미칠 가능성이 있기 때문에 통제대상이 되는 변수를 말한다.

③ **매개변수** … 독립변수와 종속변수 간의 인과관계를 매개해 주는 역할을 하는 변수로 독립변수는 매개변수를 통하여 종속변수에 간접적으로 영향을 미치게 된다.

④ **외생변수** … 독립변수와 종속변수 간에 인과관계가 있는 것처럼 보이지만, 실제로는 두 변수가 제3의 변수와 밀접한 관계를 갖고 있어 표면상으로만 그렇게 보이는 경우, 그 제3의 변수를 외생변수라고 한다. 외적 변수 또는 외재변수라고도 한다.

⑤ **억압변수** … 두 변수가 각각 제3의 변수와 상관되어 있어, 실제로는 두 변수 관련이 있음에도, 관련이 없는 것처럼 보이는 관계를 '가식적 영 관계' 라고 한다. 이 때 가식적 영 관계의 원인이 되는 제3의 변수를 '억압변수'라고 하며, 이 제3의 변수는 어떤 식으로 두 변수 간의 관계를 왜곡시키고 있으므로 '왜곡변수'라고도 불린다.

4 변수의 척도수준에 따른 종류

① **이산변수** … 변수의 값에 최소단위가 있는 변수로, 명목척도와 서열척도로 측정되는 변수들이다.

② **연속변수** … 변수의 값에 최소한의 단위가 없고 연속적 수치로 나타낼 수 있는 변수로, 등간척도와 비율척도로 측정된 변수이다.

5 척도의 종류

연구에서 변인을 측정하는 것으로 수치를 체계적으로 할당하는데 있어 사용되는 도구를 측정도구라 하며, 이것을 척도(scale)라도 부른다. 척도의 종류는 다음과 같다.

① **명명척도**(nominal scale) … 숫자의 차이가 대상에 따라 측정한 속성이 다르다는 것만을 나타내는 척도이다. 축구선수나 배구선수의 등번호와 같이 속성의 같고 다름을 의미하며 이외에는 아무런 정보를 갖고 있지 않다.

② **서열척도**(ordinal scale) … 숫자의 차이가 측정한 속성의 차이에 관한 정보뿐 아니라, 그 순위관계에 대한 정보도 포함하고 있는 척도이다. 예를 들면 학교석차가 있다

③ **등간척도**(interval scale) … 수치상의 차이가 실제 측정한 속성 간의 차이와 동일한 숫자집합을 말한다. 따라서 등간척도는 할당된 수의 차이가 '다르다'는 차이정보와 '더 ~하다'는 서열정보 외에 간격에 대한 정보도 포함하고 있다. 예를 들면 온도계로 측정한 온도에서 '0도와 5도의 차이'는 '15도와 20도'의 차이와 같다고 할 수 있다.

④ **비율척도** … 비율척도는 차이정보와 서열정보, 등간정보 외에 수의 비율에 관한 정보도 담고 있는 척도로서 등간척도에 비해 절대영점을 가지고 있다. 예를 들면 '10kg는 1kg의 10배이고, 10 : 1'이다.

6 통계 기본개념

① **분포** … 자료들이 흩어져 있는 정도를 의미하며 정상분포인 경우 대개 종 모양을 이루게 된다. 종 모양의 분포는 중앙에 많은 값들이 몰려있고 양끝으로 갈수록 빈도수가 줄어드는 형태이다.

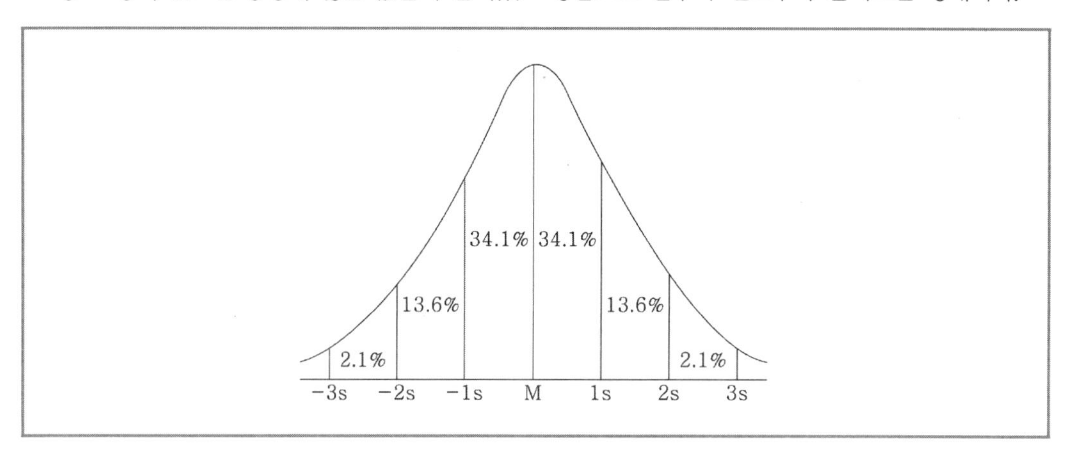

② **대푯값** … 집단의 자료 전체를 대표하는 값을 말한다. 대푯값의 종류에는 평균, 중앙값, 최빈값 등이 있다.

㉠ **평균** : 한 집단의 특성을 쉽고 간편하게 표현한 값으로 통상적으로 흔히 활용하는 개념이다. 측정값을 모두 더한 후 집단의 개수로 나눈 값을 말한다.

㉡ **중앙값** : 측정값을 크기 순서대로 나열하여 중앙에 위치하는 값을 말한다.

㉢ **최빈값** : 측정값 중 빈도가 가장 많은 값을 말한다.

예 측정값이 3, 5, 7, 7, 9, 10일 때 평균은 6.83, 중앙값은 7, 최빈값은 7이 된다.

③ **표준편차**

㉠ 집단의 각 수치들이 그 집단의 평균치로부터 얼마나 떨어져 있는가를 나타내는 것으로 즉 점수들이 평균에서 벗어난 평균거리를 나타내는 통계치이다. 따라서 이 값이 클수록 해당 집단의 측정치들이 서로 이질적이라는 것을 알 수 있다.

㉡ 표준편차는 한 집단의 수치들이 어느 정도 동질적인지를 표현해 주는 통계치로서 정상분포에서 특정점수의 위치를 파악하는데 유용하다.

④ **표준점수와 표준화점수**

㉠ 표준점수는 서로 다른 체계로 측정한 점수들을 변환하여 비교가 가능한 점수로 평균이 0이 되고, 표준편차가 1이 되도록 변환한 값을 표준점수(Z점수)라고 한다. 표준점수는 원점수에서 평균을 뺀 후 표준편차로 나눈 값이다.

$$Z = (X - M) / S$$

㉡ 표준점수는 음수값 또는 소수값으로 표현되어 일반인에게 익숙하지 않으므로 표준화점수로 변환하는데 대표적인 예로 T점수가 있으며 원점수를 변환해서 평균이 50이고 표준편차가 10인 수로 만든 값이다. T점수를 구하기 위해서는 먼저 Z점수를 구하여 변환해야 한다.

$$T = 10 \times Z + 50$$

⑤ **상관계수** … 두 변인이 서로 일정한 관련성을 갖고 있는 정도를 나타낼 수 있도록 만든 통계치로서 상관계수는 −1에서 +1까지의 값을 가진다.

POINT 상관계수의 크기에 영향을 미치는 요인

㉠ 점수의 제한 : 두 변인 중 어느 것이든 관찰한 점수의 범위가 그 변인의 실제 범위보다 제한될 경우 상관계수의 크기는 실제 크기보다 작아진다.
㉡ 서로 다른 집단의 결합 : 각 집단 내에서 두 변인 간의 상관이 없는데도 이들 두 집단의 자료를 결합해서 상관계수를 측정하면, 높은 상관이 나올 수도 있고, 두 변인 간의 상관이 높은데도 상관계수는 낮게 나올 수도 있다.

⑥ **산포도** : 산포도란 대푯값과 더불어 분포의 형태를 나타내는 중요한 척도로서, 각 점수들이 평균값을 중심으로 얼마나 퍼져있는가를 보여주는 통계값이다.

산포도를 보여주는 값은 범위, 사분위편차, 분산, 표준편차가 있다.

㉠ **범위**(range) : 범위란 자료의 분포를 보여주는 가장 간단한 값으로, 자료들이 퍼져있는 구간의 크기를 말한다. 변인의 분포에 중 최댓값에서 최솟값을 뺀 수치이다.

R(범위) = 최댓값 − 최솟값

㉡ **사분위편차**(quartile deviation) : 사분위편차란 자료들이 얼마나 중앙부분에 집중되어 있는가를 나타내주는 퍼짐의 정도를 말한다. 범위를 크기순으로 4등분하여 각 사분위수로 표현한 값이다.

㉢ **분산**(variance) **또는 표준편차**(standard deviation)

- 분산(variance) : 측정값이 평균값으로부터 퍼져있는 정도를 나타내는 것으로 분산의 값이 작을수록 그 변인은 동질적이고, 분산의 값이 클수록 그 변인은 이질적이라고 할 수 있다.
- 표준편차 : 평균으로부터 떨어진 점수들의 흩어진 정도를 나타내는 것으로 전체표본에서 결과들의 변량에 대한 추정치로서 상이한 집단들의 변량을 비교할 때 유용하다.

⑦ **표집오차**

㉠ 연구대상이 되는 전체집단인 모집단을 대상으로 연구하는 경우는 불가능하므로 표본을 추출하게 되는데 연구대상이 모집단이 아닌 표본추출에 따른 표집에 의해 오차가 발생하는 것을 표집오차라고 한다.

ⓛ 표집오차는 분산의 정도, 표본의 크기, 표집방법에 따라 달라진다. 일반적으로 표본의 크기가 클수록, 표본의 분산이 작을수록 표집오차는 작아지며, 표본에 근거한 모집단의 추정이 보다 정확하게 된다.

⑧ **표준오차(SEM)**

㉠ 표준오차는 표본을 여러 번 했을 때 각 표본들의 평균이 전체 평균과 얼마나 차이를 보이는가를 알 수 있는 통계량이다. 다시 말해 여러 표본들의 평균값의 표준편차로서 측정의 표준오차를 통해 평균의 정확성을 알 수 있다.

㉡ 표본연구의 최종 목적은 표본의 결과를 토대로 모집단의 특성을 알아내는데 있다. 하지만 모집단을 대상으로 하지 않는 한 여러 가지 원인 때문에 오류가 발생하게 된다. 이러한 표본연구에서 나오는 오류를 최소화하는 방법 중 하나는 모집단으로부터 표본을 여러 번 선정하여 개별표본들을 조사하고, 개별표본으로부터 나온 평균값들의 평균을 다시 구하는 것이다. 하지만 비현실적이기 때문에 통계학자들은 실제로 표본을 여러 번 선정하지 않고서도 같은 효과를 낼 수 있는 개념을 만들었는데, 이것이 표준오차이다.

㉢ 표본의 평균값과 표준오차를 알면 비교적 정확하게 모집단의 값을 유추할 수 있다.

㉣ 표준오차는 개인의 점수가 반복 측정된 점수의 평균을 정상분포곡선의 빈도로 해석할 수 있으며 예를 들어 어떤 검사에서 표준화된 피검자의 진점수가 40점이고 측정의 표준오차가 3이라면 그 검사를 여러 번 반복 측정할 때 개개인의 점수의 68%는 37 ~ 43점 사이에 위치하며 95%의 신뢰구간에서 어떤 개인의 진점수가 34 ~ 46점에 있다고 말할 수 있다.

㉤ 측정의 표준오차에서 두 값은 얻어진 점수를 기준으로 한 값이 된다.

㉥ 측정의 표준오차(SEM)공식은 다음과 같다.

SEM=SD× $\sqrt{(1-r)}$ (SD=검사의 표준편차, r=신뢰도계수)

예를 들어 WISC－R의 경우, 모든 척도점수의 표준편차가 15이고, 평균이 100, 신뢰도계수가 0.96이므로 SEM은 3이다($SEM = 15 \times \sqrt{1-0.96} = 3$). 이 때 95% 신뢰 구간은 평균 ±6이므로 검사결과 IQ 110이 나왔을 때, 측정의 표준오차를 고려하여 실제 점수가 104 ~ 116 사이에 위치한다고 볼 수 있다. 따라서 WISC－R 검사결과를 제시할 때 측정된 IQ점수가 아닌 점수대(측정 ±6)를 제시 및 해석하도록 권장하는 것이다.

7 규준의 종류

① 집단 내 규준

㉠ 백분위점수(percent score)

- 규준집단에서 피검사자의 점수가 차지하는 상대적 위치를 백분율로 나타낸 점수로서 100명의 집단으로 가정해서 순위를 나타내는 것이다.
- 백분위점수는 비교집단의 크기에 의존하지 않기 때문에 자주 사용된다.
- 백분위점수는 어떤 점수가 서열순위 내에 위치할 때 그 밑에 있는 비교집단의 사람비율을 나타낸다. 예를 들어 백분위점수가 65라면 비교집단에서 65%의 사람이 그 점수보다 더 밑에 있다는 것을 의미한다.

㉡ 표준점수

- 백분위점수가 실제 분포 모습을 그대로 반영하지 못하기 때문에 많은 검사에서 검사결과를 작성하는 방법으로 표준점수(standard score)를 사용한다.
- 표준점수는 분포의 표준편차를 이용하여 개인이 평균으로부터 벗어난 거리를 표시하는 것으로 가장 기본적인 점수는 Z점수이다.
- Z점수는 평균이 0, 표준편차를 1로 정한 표준점수를 말한다. 하지만 Z점수가 음의 값과 소수점으로 나타나기 때문에 계산과 해석이 어려울 수 있어서 Z점수를 변환한 다른 표준점수를 고안하였는데 그것이 T점수이다. T점수는 평균이 50, 표준편차가 10으로 정한 점수이다.

㉢ 표준등급

- 표준등급은 표준점수의 또 다른 유형으로 '스테나인(stanine)'으로 범위가 1 ~ 9 사이이며 평균값이 5이다. 분포상 양 극단인 스테나인 1과 9에는 각 4%의 사례가 포함되며 중앙값인 5에는 20%의 사례가 포함된다.
- 우리나라의 대학수학능력시험, 고교내신제가 대표적인 예로서 원점수를 크기 순서에 따라 배열한 후에 백분율에 맞추어 등급을 매겨 표현한 것이다.
- 스테나인의 가장 큰 장점은 한 자리 정수로 표현된다는 점이나 한 자리 정수값은 두 개인 간에 실재하는 차이를 나타내지 못하기도 하고 두 개인 간에 실재하지 않는 유의미한 차이가 있는 것처럼 제시될 수도 있다는 단점을 가지고 있다.

[스테나인과 대학수학능력시험 등급체계]

등급	1	2	3	4	5	6	7	8	9
비율	4%	7%	12%	17%	20%	17%	12%	7%	4%
의미	상위 4% 이내	상위 4~11 %	상위 11~23 %	상위 23~40 %	상위 40~60 %	상위 60~77 %	상위 77~89 %	상위 89~96 %	상위 96~100 %

② 발달규준

㉠ **연령규준** : 개인의 점수를 규준집단에 있는 사람들의 연령에 비교해서 몇 살에 해당되는지를 해석할 수 있게 하는 방법이다. 대표적으로 생활연령과 정신연령을 기준으로 하는 비네-스텐포드 지능검사가 있다.

㉡ **학년규준**

- 학년별 평균이나 중앙치를 이용해서 규준을 제작하는 방법이다.
- 학년점수는 흔히 학업성취도검사에서 특정 학생이 학년수준으로 볼 때 얼마나 향상되었는지를 해석하는데 사용된다.
- 학년점수는 3월부터 12월까지의 한 학년 10개월을 1로 표현한다. 등급의 범위는 초등학교 1학년(1)부터 고등학교 3학년(12)까지이다.
- 원점수의 평균은 각 학년들의 학생으로부터 산출되는데, 한 학년 동안의 여러 시점에 학생들을 검사한 값들을 계산하여 한 학년의 기준으로 산출된다.
- 학년점수의 가장 큰 장점은 측정학적 개념이 없이도 해석이 용이하다는 점이다.

8 규준해석의 유의점

표준화검사는 규준을 참조하여 해석하며 규준을 해석할 때는 다음과 같은 주의해야 한다.

① 규준은 절대적, 영구적, 보편적인 것이 아님을 인식하고 해석 시 주의한다. 규준은 내담자의 특성을 해석하기 위한 일종의 '자'로서의 역할을 할 뿐이다. 이러한 규준을 절대적이고 보편적인 것으로 해석한다면 해석상 악용될 수 있다.

② 규준집단이 모집단을 잘 대표하는 것이었는지 확인한다. 규준집단이 지역적으로 편중되었거나 특정 연령대에 집중되어 있다면 모집단의 특성을 제대로 반영하지 못해 규준해석에 문제가 발생할 수 있다.

③ 다양한 변인들을 고려하여 구성된 것인지 확인한다. 아동용 웩슬러 지능검사의 경우 아동의 수행수준을 채점한 원점수를 표준점수로 산출할 때 규준의 목적과 필요에 따라 연령별, 성별, 지역별로 여러 가지 변인을 고려하여 구성하는 것이 바람직하다.

④ 규준의 제작 시기가 너무 오래된 것이라면 해석에 유의하여야 한다. 예를 들어 1950년대 아동의 특성을 규준으로 2010년 아동을 설명한다는 것은 무리가 있다.

⑤ 표집의 크기가 충분한지를 확인한다. 규준집단을 표집시 표집의 크기가 너무 작으면 표집오차가 커져 신뢰도가 떨어지기 때문이다.

03 연구방법 이해

1 내적타당도와 외적타당도

연구자의 개입정도에 따라 내적타당도와 외적타당도가 있다.

① 내적타당도 … 연구결과로 나타난 종속변인의 차이를 연구의 독립변인 조작에 의한 것이라고 해석할 수 있는 정도를 말하는 것으로 내적타당도가 높다는 것은 동일한 조건에서 다시 실험했을 때 같은 결과가 나올 가능성이 높다는 것을 뜻하며 가외변인이 잘 통제되었다는 것을 의미한다.

② 외적타당도 … 연구에서 발견한 독립변인과 종속변인의 관계를 해당 연구장면과는 다른 시간, 다른 사람, 다른 환경 등에서 관찰해도 같게 나타나느냐의 정도를 의미한다. 여기서 독립변인이 아니면서도 독립변인에 영향을 미치는 변인을 가외변인이라고 하며 외생변인, 매개변인, 통제변수라고 표현될 수 있다.

> **POINT 외생변수와 통제변수**
>
> ① 외생변수 : 가설화된 원인을 포함하지 않은 변수이다. 이에 반해서 내생변수(endogenous variable)는 최소한 하나의 가설화된 원인을 포함한 변수이다.
>
> ② 통제변수 : 연구를 수행하면서 탐구하기를 원하지 않기 때문에 통제하는 변수이다. 외재변수 중의 한 가지라고 할 수 있다.

2 연구방법

연구방법으로 실증연구와 실제연구가 있으며 실증연구는 가외변인을 통제하여 내적타당도를 중시하는 연구방법이며 실제연구는 외적타당도를 중시하는 연구방법이라 할 수 있다.

① 실증연구법

㉠ 실험실 실험법 : 객관적 조건을 엄격히 통제한 실험실에서의 실험 방법으로 독립변인이 원인이 되며 종속변인이 결과가 된다고 진술할 수 있다.

- 장점
  - 인과관계를 밝히는 가장 좋은 방법이다.
  - 엄격한 측정이 가능하므로 정확성이 매우 높다.
  - 다른 연구자들이 쉽게 반복 확인할 수 있는 방법이어서 연구결과의 객관성이 높다.
- 단점
  - 현실성이 떨어지며 외적타당도가 낮다.
  - 모든 주제를 다룰 수 없으며 실제로 실험실 연구가 불가능한 주제들도 많다.

㉡ 현장실험법

- 장점
  - 연구결과를 실험실 실험법보다는 일반화할 수 있다.
  - 현실적이며 인과적 결론을 내릴 수 있다.
- 단점 : 실험과정을 실험실 실험보다 통제하기 어렵기 때문에 실험실 실험법에 비해 연구결과의 내적 타당도가 낮음.

② **실제연구법 – 현장연구법** … 현장에서 가외변인을 모두 포함하여 설문지, 관찰법, 면접법 등을 활용하여 연구하는 방법이다.

㉠ 장점

- 연구 장면에 개입하지 않고 통제를 가하지 않으므로 외적타당도가 높다.
- 여러 변인들을 한 연구에서 다룰 수 있고, 자료도 대규모로 얻을 수 있어서 엄격한 연구방법을 적용하기 이전에 가설을 개발한다거나, 이론적 통찰을 얻는 등의 방법으로 많이 활용된다.
- 후속연구에 사용될 가설개발, 이론적 통찰이 가능하다.

㉡ 단점

- 실험과정 전체를 엄격하게 통제하는 것이 어렵기 때문에 연구결과의 내적타당성이 낮다.(피험자의 탈락, 연구 상황변화 등 통제 어려움)
- 연구자들이 실제 현장상황에서 실험을 하는데 필요한 협조를 얻는 것이 어려운데 현장실험은 현장책임자의 협조가 없이는 불가하다.

3 직업심리학의 연구 유형

① **조사연구** … 연구주제의 변인을 찾아내고, 알려진 변인들의 기초치(parameter)를 찾아내어 집단의 특성을 이해하는 방법이다.

② **기법연구** … 수량화할 수 있는 관찰방법을 개발하고 측정도구를 찾아내어 집단의 특성을 이해하는 방법으로 기법연구는 직업심리학에서의 오랜 이론적 방법이라 할 수 있다.

③ **이론연구** … 경험법칙을 설명하기 위해, 이미 개발된 이론에서 도출한 가설을 검증하여 변인들의 인과성을 밝히고자 하는 것을 목적으로 한다.

④ **응용연구** … 현실적인 실제 문제해결을 위해 어떤 활동을 취할지를 확인하는 것을 목적으로 문제해결을 위한 연구라고 할 수 있다.

4 직업상담의 정질연구방법

① 정질적 연구의 특성

㉠ 실증적 연구는 대부분 정량적 연구로서 변인을 측정할 때, 많은 실제 상황들이 개입하므로, 현상을 제대로 측정하기 어려운 점과 인간행동은 매우 복잡하고 변하기 쉽다라는 배경에서 정량적 연구에 대한 비판이 나타나기 시작하였다.

㉡ 정질적 연구는 정량적 연구에 비해 덜 체계적이며 관찰과 주관적 해석을 강조함으로 인간행동의 모호한 점을 설명하는데 활용될 수 있다.

② 정질적 자료수집 방법

㉠ 생애진로사정

㉡ 직업카드 분류법

- 카드분류의 실례 : 홀랜드 이론을 결합한 미주리 직업카드분류(MOCS)
  - Missouri Occupationl Card Sort
  - 대학생/고등학생/성인을 대상으로 함
  - 6가지 유형의 직업 × 15개 = 90개의 직업카드를 만들었음
- 진행요령
  - 90개의 직업카드를 좋은 직업군/싫은 직업군/확신이 가지 않는 직업군으로 나눔
  - 혐오 직업군을 다시 세부적으로 분류하면서 개인의 가치관이 나타남
  - 선호 직업군을 다시 세부적으로 분류하면서 개인의 가치관이 나타남
  - 최종적으로 선호 직업군에 관한 정보를 제공함

㉢ 자기효능감의 측정

- 자기효능감이란 Bandura가 최초로 제안한 개념으로 어떤 과제를 특정수준까지 해낼 수 있다는 개인의 판단을 뜻한다.
- 자기효능감을 상회하는 활동/과제를 회피하고, 낮은 능력을 요구하는 활동/과제는 수행토록 만드는 동기적인 힘을 발휘한다.
- 직업선택에 관한 의사결정/구직활동 등에 상당한 영향을 미침
- 자기효능감의 측정 : 먼저 내담자에게 수행과제를 부여하고 이후 과제의 난이도와 성공에 대한 확신을 물음으로서 내담자 자신의 수행수준을 예측케 한다.

04 신뢰도와 타당도

1 신뢰도

① 신뢰도의 의미

㉠ 신뢰도란 검사결과에 대하여 믿을 수 있는 정도를 의미하며 다시 말해 검사를 동일한 사람에게 실시했을 때, 검사점수들이 얼마나 일관성이 있는가를 말한다. 또한 결과에 있어서 우연이나 다른 외부적 요인들을 제거하는 정보를 의미한다.

㉡ 어떤 사람이 검사에서 받은 점수는 두 개의 요소로 구성되는 그 사람의 진점수와 진점수에 가감될 수 있는 오차점수가 그것이다. 완벽한 신뢰도를 가진 검사가 있다면, 모든 사람들의 점수는 여러 번 검사를 실시한다고 해도 항상 같은 상대적 위치로 유지될 것이다.

㉢ 한 집단의 사람들에게 동일한 특성을 측정하는 두 가지 종류의 검사를 실시할 때 두 검사점수의 상관계수가 1.0으로 나타날 것이며 반대로 어떤 검사가 완전히 신뢰롭지 못한다면 둘 간의 관계는 우연의 관계이고 상관계수도 거의 0에 가까울 것이다.

② 신뢰도검사의 종류

㉠ 검사-재검사 신뢰도(안정성계수)

- 동일한 사람에게 서로 다른 시기에 두 번 실시한 검사점수들의 상관계수로서 검사점수가 시간의 변화에 따라 얼마나 일관성이 있는지를 의미한다. 시간에 따른 안정성을 나타내는 안정성계수라고도 한다. 안정성계수를 보고할 때는 두 검사 실시 사이의 시간간격을 보고하는 것이 중요하다.
- 검사-재검사 신뢰도는 흔히 검사실시 간의 시간간격이 길어질수록 작아지는 경향이 있다. 만약 시간간격이 짧다면 연습과 기억의 영향 때문에 실제 신뢰도와 무관하게 신뢰도가 높아지는 경향이 있다. 이것을 기억효과, 연습효과, 이월효과라고 한다. 또한 시간간격이 너무 길면 두 검사 실시 사이에 발생할 수 있는 경험의 영향으로 실제 신뢰도와 무관하게 신뢰도가 상당히 낮아질 수 있다. 이것을 성숙효과라고 할 수 있다.

㉡ 동형검사 신뢰도(동등성계수)

- 한 검사의 난이도는 동일하나 문항이 다른 검사를 제작하여 두 검사에서 얻은 점수의 상관을 산출하여 신뢰도계수를 얻는 방법이다. 이렇게 산출된 신뢰도계수를 동등성계수라고 한다.
- 검사 문항이 다르기 때문에 기억효과, 이월효과가 감소된다. 동일한 내용과 변인을 측정하면서 곤란도 수준이 균등한 두 검사는 한 날짜에 실시될 수도 있고 연습효과가 작용되지 않을 만한 가까운 날짜에 실시될 수도 있다. 이러한 점에서 동형 검사 신뢰도는 검사-재검사 신뢰도보다 널리 이용할 수 있는 것이지만 동행검사의 제작이 어렵고 검사제작을 위한 비용이 많이 든다는 단점이 있다.

㉢ 반분신뢰도(동질성 계수)

- 한 검사를 실시한 다음 적절한 방법에 의하여 두 부분(전후반분법, 기우반분법)으로 나누어 두 부분 사이의 상관을 구하는 방식이다.
- 동형검사 신뢰도의 특수한 형태로 검사가 한 번에 실시되기 때문에 시간에 따른 변동이 발생하지 않는다.
- 반분신뢰도를 나누는 방법에 따라 신뢰도가 달라질 수 있으며, 표본 문항수가 많을수록 측정치의 안정성이 커지는 단점이 나타날 수 있다. 즉, 모든 것이 동일하다면 검사가 길수록 신뢰도가 높아진다. 그러나 반분신뢰도는 반분하는 과정에서 검사 길이가 반이 되므로 신뢰도계수가 작아진다.
- 신뢰도를 정확하게 측정하기 위해서 검사 본래 길이에서 얻은 것과 같은 신뢰도를 짧은 길이에서도 정확하게 재도록 Spearman－Brown 예언공식을 사용한다.

㉣ 내적일관성 신뢰도(문항내적합치도)

- 한 검사의 문항을 각각 하나의 검사로 간주하여 각각의 문항의 동질성을 측정함으로서 신뢰검사를 구성하고 있는 문항 간의 내적합치도의 정도를 나타내주는 지수로 문항응답에 대한 일관성을 의미한다. 이 신뢰도계수는 검사의 모든 문항 간의 내적상관 평균으로부터 얻어진다.
- 검사도구의 반응유형에 따라 2개의 반응질문(진위형, O/X형)에는 Kuder－Richardson Formula 20을 쓰고, 2개 이상의 반응질문에는 Cronbach's alpha 신뢰도계수를 쓴다. 이러한 신뢰도계수는 성격을 측정하는 문항표본에서의 일관성을 보여준다.

㉤ 채점자 간 신뢰도(검사의 객관도)

- 채점자 간 신뢰도는 일명 검사에 대한 '객관도'라고 표현하며 한 집단의 검사용지를 두 명의 검사자가 각자 독립적으로 채점하게 해서 구하는 신뢰도이다.
- 개개의 수검자들한테 관찰한 두 개의 점수를 가지고 통상적인 방법에 따라 상관관계를 따져보는 것인데, 이 때 나타난 신뢰도계수가 채점자 신뢰도의 측정치가 된다. 이 채점자 신뢰도는 주관적으로 채점해야 하는 검사도구들을 연구에 이용할 때 흔히 계산된다.

③ 신뢰도계수에 영향을 미치는 요인

㉠ **개인차** : 수검자의 개인차가 전혀 없다면 신뢰도계수는 '0'이 된다. 수검자의 개인차가 없다는 것은 모든 수검자의 검사점수가 동일하게 된다는 뜻이며, 이렇게 되면 검사점수의 변량이 '0'이 되어 신뢰도계수도 '0'이 된다. 수검자의 개인차가 적다는 것은 결국 측정 자료들의 점수범위가 매우 제한적이라는 것을 뜻하며, 이로 인해 신뢰계수가 실제보다 적어지는 것이다.

㉡ **검사의 문항 수** : 반분신뢰도에서 설명하였듯이 검사의 문항 수가 많다면 신뢰도의 값은 커진다.

㉢ **문항의 반응 수** : 수검자의 검사문항에 대한 반응률이 많을수록 응답에 대한 신뢰도는 커진다.

㉣ **난이도** : 동형검사의 검사문항이 동질의 난이도로 구성되어 있을 때 신뢰도 값이 커진다.

㉤ **검사시간** : 속도검사의 경우 검사 초기의 응답이 검사 후기의 응답보다 신뢰성이 높으며, 이 검사결과에 대해 반분신뢰도를 측정한다면 신뢰도 값은 낮아지게 된다.

ⓑ **검사 시행 후 경과시간** : 검사－재검사법에 의하면 최초 검사 시행 후 재검사까지의 기간에 의해 연습효과, 기억효과 또는 성숙효과가 나타나 신뢰도값에 영향을 미칠 수 있다.

ⓢ **응답자 속성의 변화** : 검사－재검사법에 의하면 검사과정 중 심리적 상태, 피로, 질병 등 다양한 변인이 수검자에게 영향을 미쳐 응답에서의 일관성을 낮추게 된다.

ⓞ **검사 후 재검사까지의 절차** : 검사－재검사법에 의하면 두 검사과정상에 발생한 절차상의 차이(능숙한 검사자의 규정된 검사지시 준수와 그렇지 못한 검사지시 준수 시)가 수검자의 검사결과에 영향을 미쳐 신뢰도를 낮추게 된다.

ⓙ **신뢰도의 종류** : 같은 검사라도 어떤 종류의 신뢰도를 측정했느냐에 따라 신뢰도계수가 달라질 수 있다. 일반적으로 내적합치도계수가 가장 높은 신뢰도를 보이고, 그 다음으로 동형검사 신뢰도, 검사－재검사 신뢰도 순으로 나타난다.

④ 검사의 신뢰도를 높이는 방법

㉠ 오차변량을 줄인다.

㉡ 검사의 실시와 채점과정의 표준화한다.

㉢ 검사의 문항 수를 늘린다.

㉣ 문항의 반응 수를 늘린다.

2 타당도

① **타당도의 의미** … 타당도란 그 검사가 측정하고자 의도하는 속성을 어느 정도로 정확하게 측정하는가를 의미하며, 신뢰도와 밀접한 관계가 있다. 어떤 검사의 신뢰도의 크기는 이론적으로 그 검사의 타당도의 최댓값이다. 즉, 어떤 검사의 타당도는 아무리 커도 그 검사의 신뢰도보다 클 수는 없다는 것이다. 이런 점에서 검사가 높은 수준의 타당도를 확보하는 것은 매우 중요한 일이다.

② 타당도의 종류

㉠ **내용타당도**(content validity) : 검사의 문항들이 그 검사가 측정하고자 하는 내용영역을 얼마나 잘 반영하고 있는지를 의미한다. 내용타당도는 해당 분야 전문가의 주관적 판단에 의해 결정되므로 타당도계수로 표현되지 않는다. 비슷하지만 전혀 다른 개념의 안면타당도(face validity)가 있다. 안면타당도란 전문가가 아닌 일반인들이 그 검사가 얼마나 타당해 보이는지 평가하는 방법이다.

㉡ **준거타당도**(criterion－related validity) : 준거타당도는 검사점수와 어떤 준거점수와의 상관에 의하여 검사의 타당도를 검증하는 방법이다. 준거점수는 미래의 행동이나 다른 검사의 점수를 말한다. 다시 말해 어떤 심리검사가 특정 준거와 어느 정도 관련성이 있는가를 나타내는 것이다.

준거타당도의 종류에는 예언타당도와 동시타당도(공인타당도)가 있다.

• 예언타당도(predictive validity) : 그 검사의 결과를 가지고 준거점수를 예측하는 정도를 나타내는 것으로 먼저 실시한 검사와 나중에 측정한 준거점수와의 상관계수를 구하는 것이다. 예를 들어 새로 개발된 적성검사의 예언타당도를 측정하고자 할 때 예언타당도가 높다는 것은 해당 검사의 결과를 가지고 이후의 직무성과를 예측할 수 있다는 것을 의미한다. 예언타당도는 일정기간이 흐른 후에 준거를 측정해야 하기 때문에 시간이 오래 걸린다는 단점이 있다. 이런 단점을 보완한 것이 동시타당도이다.
• 동시타당도(concurrent validity ; 공인(공존)타당도) : 동시타당도란 검사도구의 타당도를 준거에 맞추어 재는 경험적 타당도의 일종으로 검사점수와 준거변인의 점수 간의 상관계수를 계산한다. 다시 말해 해당 검사의 점수와 준거점수를 동시에 얻어서 나온 상관계수로서 동일시점에서 검사와 준거를 동시에 측정해서 두 검사의 상관계수를 구하는 것이다. 예를 들어 신입사원 선발을 위한 적성검사를 개발하고자 할 때 기존의 표준화된 검사를 현재 직원을 대상으로 실시한 후, 이 직원들의 성과나 성실도 등 기타 검사의 준거가 될 수 있는 수치와의 상관계수가 동시타당도계수이다.

POINT 준거타당도의 문제점

• 공인타당도와 예언타당도의 문제점 중 하나는 검사나 준거변인 중 하나라도 점수범위가 제한되면 상관계수 크기도 작아진다는 점이다. 또한 준거의 오염으로 인해 의외의 높은 타당도계수가 얻어질 수도 있다.
• 검사의 타당도 개념은 전체 집단에서 측정될 수 있는 특성의 기본 비율과 관련 있으며 기본 비율이란 어떤 특성이나 행동이 전체 집단 중 몇 명(비율)에게서 발견되리라고 예상되는가를 말한다.
• 기본 비율은 예언을 위한 검사의 유용성 정도에 영향을 미치기 때문에 중요하다. 하지만 기본 비율이 너무 높거나 낮다면 검사의 예언은 별로 유용하지 않다. 물론 검사 목적 자체가 타당도의 중요한 정보가 된다.
• 검사의 타당도는 예언을 넘어서 기여정도에 따라 평가될 수 있다. 예를 들어 진로성숙도와 같은 발달적 변화를 예측하고자 할 때 준거타당도는 떨어진다.
그럼에도 불구하고 우리는 타당도를 통해 특히 상관계수를 준거로 하는 타당도를 통해 변량에 대한 예측이 가능하며 이러한 예언을 활용하기 위해서는 상관계수가 우연이나 기본 비율 이상을 보여줘야 한다. 예를 들어 상관계수 0.3은 변량의 9%(3^2)에 대해 예언할 수 있다.

㉢ **구성타당도**(consreuct validity ; 구인타당도) : 구성타당도는 조작적으로 정의되지 않은 인간의 심리적 특성이나 성질을 심리적 구인으로 분석하여 조작적 정의를 부여한 후, 검사점수가 이러한 심리적 구인으로 구성되어 있는가를 검증하는 방법이다. 구인타당도란 심리적 특성을 설명하기 위하여 있을 것이라고 가정하는 심리적 요인을 말한다. 따라서 구인타당도는 이론적 구성 개념이나 특성을 잘 반영하였는가를 나타내며, 심리검사는 추상적인 구성개념을 관찰 가능한 행동으로 보는 것으로 잘 반영되었다면 구성타당도가 있는 것으로, 심리검사가 포함하고 있는 행동표본들이 실제 그 검사가 측정하고자 하는 구성개념을 잘 반영하였다고 할 수 있다.
구인타당도에는 수렴타당도와 변별타당도, 이해타당도가 있다.

• 수렴타당도(convergent validity)와 변별타당도(discriminant validity) : 검사의 구성타당도를 분석하기 위하여 사용하는 방법 중 수렴타당도는 이론적으로 측정하고자 하는 속성과 관계가 있는 변인들과 높은 상관관계를 가져야 하고, 관계가 없는 변인들과 낮은 상관관계가 있다. 관계가 있는 변인과 상관관계가 높을 때 수렴타당도가 높다고 하며, 관계가 없는 변인과 상관관계가 낮을 때 이를 변별타당도가 높다고 한다.

• 이해타당도 : 특정 개념과 관련되는 개념 상호 간의 체계적 이론에 대한 타당도를 의미한다.

• 요인분석법(factor analysis) : 요인분석은 검사의 구성타당도를 분석하기 위하여 보편적으로 사용하는 방법으로 검사를 구성하는 문항들 간의 상호관계가 상관이 높은 문항을 묶어주는 통계적 기법이다. 예를 들어 인간의 직업흥미를 여섯 가지 유형으로 구분할 수 있다고 하는 홀랜드의 개인-환경 적합성 이론을 토대로 한 직업흥미검사를 요인분석한 결과, 서로 상관관계가 높은 문항군집이 6개가 아니라 2개나 9개로 구분된다면, 이 검사는 홀랜드 이론을 잘 반영하지 못한 검사라고 볼 수 있으며, 구성타당도가 낮은 것이다.

ㄹ **처치타당도**(treatment validity) : 처치타당도는 상담자와 임상가들이 고안한 개념으로 검사결과가 처치에 어떤 변화를 일으키는가에 대한 타당도이다. 만약 검사결과가 유용하고 상담과정에 변화를 주었다면 그 검사는 처치타당도가 높다고 할 수 있다. 예를 들어 MMPI 해석을 받은 내담자가 여러 가지 처치타당도 면에서 유의미한 향상을 보였다는 연구가 있으며 이러한 결과는 처치타당도가 높다고 할 수 있다.

③ **(준거)타당도 크기에 영향을 미치는 요인**

ㄱ **표집오차** : 표본이 모집단을 잘 대표하지 못할 경우 표집오차가 커지고, 타당도에 영향을 미치게 된다.

ㄴ **준거측정치의 신뢰도** : 준거측정치의 신뢰도는 타당도계수에 영향을 미치게 되므로 준거측정치의 신뢰도가 낮으면 검사의 준거타당도도 낮아지게 된다.

ㄷ **준거측정치의 타당도** : 실제 타당도계수를 확인하기 위해서는 검사점수와 준거측정치를 얻어야 하는데, 이 때 준거측정치(실제준거)가 해당 개념(개념준거)을 얼마나 잘 반영하는가 하는 준거측정치의 타당도가 검사의 준거타당도에 영향을 미치게 된다. 준거측정치의 타당도가 낮으면, 이를 준거로 삼은 검사의 준거타당도는 실제보다 낮아지게 된다.

ㄹ **범위의 제한** : 검사결과에 대하여 전체 범위를 포괄하지 않고 일부 범위만 포괄하는 경우, 타당도가 낮아진다.

05 주요 심리검사

1 성인지능검사

① 특징

㉠ 지능검사의 역사적 배경

- 지능검사는 학교상담이나 진로직업 상담에서 종종 사용되며 상담자들은 내담자의 의사결정을 돕기 위하여 지능측정에 대한 지식과 검사결과의 활용능력을 갖추어야 한다.
- 1900년 초 프랑스의 Alfrad Binet는 지능을 '잘 판단하는, 이해하는, 추리하는 일반 능력'이라고 정의하였다. 그는 이와 같은 정의로 특별 교육프로그램의 대상이 될 아동을 판별할 수 있는 일련의 방법을 개발하였으며 이것은 아동의 성장에 따라 인지능력이 증가된다는 것을 보여주었다.
- 이후 1916년 스텐포드 대학의 Lewis Terman은 미국에서 사용하기 위해 비네검사를 개정 표준화하여 스텐포드-비네검사를 만들었다.
- 비네에 의해 발전된 정신연령의 개념을 사용하면서 '지능지수(IQ)를 고안한 것으로 IQ점수는 정신연령과 생활연령간의 비율로 설명할 수 있다.

㉡ 지능의 이해

- 스텐버그는 지능의 삼위이론(인지적 요인, 창의적 요인, 개념요인)을 제시하여 세 요인은 서로 상호작용하는 다양한 요인으로 구성되어 있다고 보았다.
- 스텐버그의 지능개념을 확장한 가드너는 지능에 대한 새로운 접근을 시도하여 일반 지능과 같은 단일한 능력이 아니라 다수의 능력이 인간의 지능을 구성하고 있으며 지능이란 '문화 속에서 가치가 부여된 문제를 해결하거나 결과물을 창출하는 능력'으로 정의하였다.
- 가드너가 처음 제시한 인간의 다양한 능력은 음악적 지능, 신체-운동적 지능, 논리-수리적 지능, 언어적 지능, 시각-공간적 지능, 대인관계적 지능, 자기이해 지능, 자연탐구 지능으로 총 8개를 제기하였다.
- 스피어만은 지능이 한 개의 일반요인(공통요인)과 여러 개의 특수요인(특정과제에만 활용되는 특수한 능력)으로 구성되었다고 보았다.
- 서스톤은 지능에 대한 연구에서 56개 지능검사결과를 요인분석 한 결과 7가지 기초정신능력을 발견(PMA : primary mental ability)하게 되었다(언어이해력, 추리력, 수리력, 공간지각력, 언어유창성, 지각속도, 기억력).

• 카텔은 지능을 요소이론이 아닌 위계이론으로 설명하는데 지능 요인 간에 공유되거나 중첩된 변인을 종합하여 보다 높은 수준의 요인을 가정하고 있는 이론으로 카텔의 유동성지능과 결정성 지능으로 구분된다고 보았다(유동성 < 결정성).
• 스텐버그의 삼원지능이론에 지능은 다음과 같다.
 – 성분적 요소 : 분석적 사고력이 높은 경우
 – 경험적 요소 : 창의력이 높은 사람
 – 맥락적 요소 : 적응력이 높은 사람

㉢ 지능검사의 목적(지능검사를 통해 얻을 수 있는 정보)
• 개인의 지적인 능력수준을 평가할 수 있다.
• 지능검사를 통해 개인의 인지적 · 지적 기능의 특성을 파악할 수 있다.
• 지능검사를 통해 기질적 뇌손상 유무, 뇌손상으로 인한 인지적 손상을 평가하는데 도움을 준다.
• 지능검사의 결과를 통해 합리적인 상담 및 치료방법과 목표를 설정하는 데 중요한 정보를 제공한다.
• 상담과정 중 지능평가를 활용하여 합리적인 치료목표를 세울 수 있다.

② 지능검사의 종류

㉠ 스텐포드 – 비네검사(Stanford－Binet Intelligence Test)
• 스텐포드 – 비네검사는 가장 잘 알려진 검사로 다른 지능검사의 타당도를 확인하는데 표준으로 사용되어 왔으며 각 연령별로 평균 100, 표준편차 16인 표준점수로 계산된다.
• 최초의 비네검사가 언어성 검사로만 구성되었던 것에 반해 4판의 개정을 거치면서 비언어적 특성에 대한 문항을 포함시켜 보완하고 있다.
• 스텐포드 – 비네검사는 개인의 생활연령에 맞는 어휘검사를 실시한 다음, 그 반응수준에 근거하여 나머지 검사들의 시작점을 정한다.
• 검사는 15개의 소검사(언어추리, 추상적 · 시각적 추리, 수량추리, 단기기억 등)로 구성되어 있으며 시간은 약 1시간 30분이다.
• 전체 검사는 개인의 시작수준에 따라 15개 소검사를 전부 활용하지 않고 8 ~ 13개 소검사를 활용한다.
• 내적일관도는 검사 전체 0.95와 인지영역 0.93으로 매우 높다.

㉡ 고대 – 비네 검사 : 스텐포드 – 비네검사를 모델로 고대의 전용신이 1970년에 4 ~ 15세 아동을 대상으로 하는 지능검사를 한국판으로 재표준화하였다.

ⓒ **웩슬러 검사**(Wechsler Scale)

- 검사의 특징
  - 스텐포드 – 비네검사는 원래 아동을 대상으로 한 검사에 성인을 위하여 어려운 문항을 추가하여 사용하였다. 뉴욕의 정신병에서 근무하던 David Wechsler는 이러한 단점을 극복하여 성인에게 적합한 지능검사를 개발할 필요성을 느끼게 되어 1939년 웩슬러 벨레뷰 지능검사를 개발하였다. 그리고 스텐포드 – 비네검사가 언어와 언어적 기술에 의존하였다고 판단하여 비언어적인 지능을 측정하기 위해 수행검사를 개발하였다.
  - 웩슬러 지능검사는 크게 성인용(WAIS ; Wechsler Adult Intelligence Scale), 아동용(WISC ; Wechsler Intelligence Scale for Children), 유아용(WPPSI ; Wechsler Preschool and Primary Scale of Intelligence)이 있다.
- 구성요소
  - WAIS는 언어성 검사 6개와 동작성 검사 5개 총 11개의 하위검사로 구성되었다.
  - 하위검사의 점수를 합산하여 언어능력과 동작능력을 별개의 IQ점수로 환산하고 전체지능점수를 도출한다.

하위검사명		측정내용 문항구성
언어성 검사	기본지식	개인이 가진 기본지식의 정도
	숫자외우기	청각적 단기기억, 주의력
	어휘문제	일반지능의 주요 지표, 학습능력과 일반개념의 정도
	산수문제	수 개념의 이해와 주의력 집중
	이해문제	일상경험의 응용능력, 도덕적 윤리적 판단능력
	공통성문제	유사성 파악능력과 추상적 구분능력, 시각예민성
동작성 검사	빠진 곳 찾기	사물의 본질과 비본질 구분능력, 시각예민성
	차례 맞추기	전체상황에 대한 이해와 비본질 구분 능력
	토막 짜기	지각적 구성능력, 공간표상능력, 시각 · 운동 협응 능력
	모양 맞추기	지각능력과 재구성능력, 시각 · 운동 협응 능력
	바꿔 쓰기	단기기억 및 민첩성, 시각 · 운동 협응 능력

POINT 기타 지능검사의 종류

㉠ 아동용 웩슬러 지능검사(WISC－III) : 원래 6～16세 아동을 위한 검사로 성인용은 보통 만 17세 이후부터 사용한다. 따라서 중학생에게는 아동용 웩슬러 지능검사, 고등학생에게는 성인용 검사를 실시해야 한다.
㉡ 유아용 웩슬러 지능검사(WPPSI－R) : 4세～6세반 정도의 아동을 위해 WISC를 아래로 확장한 것이다.
㉢ 카우프만 검사는 성인용, 아동용, 청소년용 등 여러 가지 검사가 개발되었으며 아동용 K－ABC는 인지처리과정이론에 근거하여 지능을 인지처리과정으로 보고 문제해결을 순차처리 또는 동시처리 하느냐에 따라 분리하여 측정한다. 카우프만 검사는 특수아를 위한 지능검사로 활용된다.

• 결과 해석
 － T점수 : 평균 100, 표준편차 15를 기준으로 한다.
 － 각 하위 소검사는 평균 10, 표준편차 3을 기준으로 한다.
 － 검사결과 언어성 지능과 동작성 지능, 전체 지능으로 나타나며 언어성 지능이 높을 경우 학습능력이 탁월하다고 평가할 수 있으며, 동작성 지능이 높을 경우 현실적응능력, 문제해결능력, 맥락적 사고능력이 우수하다고 평가할 수 있다.
 － 카텔의 유동성 지능과 결정성 지능에 따르면 결정성 지능은 이전의 훈련, 교육, 문화적 자극을 통해 개발된 지적 능력을 말하며, 유동성 지능은 익숙지 않는 자극을 직면할 때 즉각적인 적응력과 융통성을 활용하여 문제를 해결하는 능력을 말한다. 일반적으로 결정성 지능은 언어성 검사에서 측정되고 유동성 지능은 동작성 검사에서 측정된다.
 － 좋은 환경에서 자랐거나 부모가 학업적 성취도를 강조하는 경우 언어성 지능이 높으며, 학습이나 읽기 장애를 갖고 있거나 문화실조의 경우 혹은 적응적이고 융통성 있는 문제해결능력을 가진 경우 동작성 지능이 높다. 따라서 검사 해석을 위해서는 피검자의 문화적 배경, 특정 학습경험을 고려해야 한다.
 － 결과 점수만이 아닌 반응내용. 반응양식, 언어적 표현방식에 대한 평가도 한다. 예를 들어 문제해결은 했지만 어려운 문제는 맞추는 반면 쉬운 문제는 틀린 경우, 응답반응이 늦은 경우 등과 같은 다양한 응답형태에 대해 보고한다.
 － 일반적으로 동작성 지능과 언어성 지능의 점수 차이는 문화적 차이와 교육적 차이에서 기인하는 것으로 알려져 있다. 동작성 지능은 언어성 지능에 비해 감각 운동적 요소, 정서적 요소를 잘 반영하여 두 지능지수의 차이를 살펴봄으로서 여러 가지 지적, 정의적 특성에 관한 진단에 도움을 얻을 수 있다.
 － 언어성 지능과 동작성 지능의 차이가 13점 이상일 경우 설명할 가치가 있다고 보고 있고 이는 종종 뇌손상으로 연결지어지는데 25점을 초과하는 경우 신경학적 역기능을 시사할 수 있다.
 － 뇌 기능적으로 볼 때 일반적으로 좌반구는 언어적 자극을 처리하고 우반구는 시공간적 자극을 처리하므로 언어성 지능이 동작성 지능보다 높다면 좌반구가 발달함을 시사하고 동작성 지능이 높다면 우반구가 기능적으로 발달됨을 시사한다.

2 직업적성검사

① **GATB 직업적성검사의 개요** … 적성(aptitude)은 한 마디로 '무엇에 대한 개인의 준비상태'를 의미하며, 특수한 영역에서 개인이 얼마나 성공할 수 있는지를 예측하는 검사이다.

② **GATB 직업적성검사의 구성요소** … 15개의 하위검사를 통해서 9개 분야의 적성을 측정할 수 있도록 제작된 것으로, 15개의 하위검사 중 11개는 지필검사, 4개는 수행검사이다.

<table>
<tr><th>하위검사명</th><th colspan="2">검출되는 적성</th><th>측정방식</th></tr>
<tr><td>기구대조검사</td><td rowspan="2">형태지각(P)</td><td rowspan="7"></td><td rowspan="11">지필검사</td></tr>
<tr><td>형태대조검사</td></tr>
<tr><td>명칭비교검사</td><td>사무지각(Q)</td></tr>
<tr><td>타점속도검사</td><td rowspan="3">운동반응(K)</td></tr>
<tr><td>표식검사</td></tr>
<tr><td>종선기입검사</td></tr>
<tr><td>평면도판단검사</td><td rowspan="2">공간적성(S)</td></tr>
<tr><td>입체공간검사</td><td rowspan="3">지능(G)</td></tr>
<tr><td>어휘검사</td><td>언어능력(V)</td></tr>
<tr><td>산수추리검사</td><td rowspan="2">수리능력(N)</td></tr>
<tr><td>계수검사</td><td rowspan="5"></td></tr>
<tr><td>환치검사</td><td rowspan="2">손의 재치(M)</td><td rowspan="4">동작검사</td></tr>
<tr><td>회전검사</td></tr>
<tr><td>조립검사</td><td rowspan="2">손가락 재치(F)</td></tr>
<tr><td>분해검사</td></tr>
</table>

③ 검출되는 적성

지능(G)	일반적인 학습능력이나 지도내용과 원리를 이해하는 능력, 추리 판단하는 능력, 새로운 환경에 빨리 순응하는 능력을 말한다(입체공간검사, 어휘검사, 산수추리검사).
형태지각(P)	실물이나 도해 또는 표에 나타나는 것을 세부까지 바르게 지각하는 능력, 시각으로 비교 · 판별하는 능력, 도형의 형태나 음영, 근소한 선의 길이나 넓이 차이를 지각하는 능력, 시각의 예민도 등을 말한다(기구대조검사, 형태대조검사).
사무지각(Q)	문자나 인쇄물, 전표 등의 세부를 식별하는 능력, 잘못된 문자나 숫자를 찾아 교정하고 대조하는 능력, 직관적인 인지능력의 정확도나 비교 판별하는 능력을 말한다(명칭비교 검사).
운동반응(K)	눈과 손 또는 눈과 손가락을 함께 사용해서 빠르고 정확한 운동을 할 수 있는 능력, 눈으로 겨누면서 정확하게 손이나 손가락의 운동을 조절하는 능력을 말한다(타점속도검사, 표식검사, 종선기입검사).
공간적성(S)	공간상의 형태를 이해하고 평면과 물체의 관계를 이해하는 능력, 기하학적 문제해결 능력, 2차원이나 3차원의 형체를 시각으로 이해하는 능력을 말한다(평면도 판단검사, 입체공간검사).
언어능력(V)	언어의 뜻과 그에 관련된 개념을 이해하고 사용하는 능력, 언어상호 간의 관계와 문장의 뜻을 이해하는 능력, 보고 들은 것이나 자신의 생각을 발표하는 능력을 말한다(어휘검사).
수리능력(N)	빠르고 정확하게 계산하는 능력을 말한다(산수추리검사, 계수검사).
손의 재치(M)	손을 마음대로 정교하게 조절하는 능력, 작은 물건을 정확 · 신속히 다루는 능력을 말한다(환치검사, 회전검사).
손가락 재치(F)	손가락을 정교하게 조절하는 능력, 물건을 집고, 놓고 뒤집을 때 손과 손목을 정교하고 자유롭게 운동할 수 있는 능력을 말한다(조립검사, 분해검사).

3 직업선호도(VPI)검사(L형)

① 이론적 배경

㉠ 노동부 – 흥미검사(VPI)는 홀랜드의 흥미검사를 기본으로 개발된 것으로 홀랜드 이론에 의하면 개인과 작업환경을 각각 여섯 가지의 흥미유형으로 구분될 수 있으며, 개인은 자신의 흥미유형과 일치하는 작업환경을 추구하는 경향이 있고, 자신의 흥미유형과 일치하는 작업환경에서 일할 때 자신의 잠재력을 최대한 발휘할 수 있다고 보았다.

㉡ 직업선호도검사는 다양한 분야에 대한 선호도를 측정하는 흥미검사, 일상생활 속에서 나타나는 개인의 성향을 측정하는 성격검사, 과거와 현재의 개인의 생활특성을 측정하는 생활사검사로 구성되어 있다.

② 홀랜드 이론의 가정

㉠ 대부분의 사람들은 여섯 가지 유형(RIASEC) 중의 하나로 분류될 수 있다.

㉡ 여섯 가지 종류(RIASEC)의 환경이 있다.

㉢ 사람들은 자신의 능력과 기술을 발휘하고 태도와 가치를 표현하고 자신에 맞는 역할을 수행할 환경을 찾는다.

㉣ 개인의 행동은 성격과 환경의 상호작용에 의해서 결정된다.

③ 직업선호도검사의 구성요소

하위 검사명	측정요인	문항 수
흥미검사	현실형	분명하고 질서정연하고 체계적인 활동을 좋아하며 기계를 조작하는 활동 및 기술을 선호하는 흥미유형
	탐구형	관찰적, 상징적, 체계적이며 물리적, 생물학적, 문화적 현상의 창조적인 탐구활동을 선호하는 흥미유형
	예술형	예술적 창조와 표현, 변화와 다양성을 선호하고 틀에 박힌 활동을 싫어하며 자유롭고, 상징적인 활동을 선호하는 흥미유형
	사회형	타인의 문제를 듣고, 이해하고, 도와주고, 치료해주는 활동을 선호하는 흥미유형
	진취형	조직의 목적과 경제적 이익을 얻기 위해 타인을 지도, 계획, 통제, 관리하는 일과 그 결과로 얻게 되는 명예, 인정, 권위를 선호하는 흥미유형
	관습형	정해진 원칙과 계획에 따라 자료를 기록, 정리, 조작하는 활동을 좋아하고 사무능력, 계산능력을 발휘하는 것을 선호하는 흥미유형
성격 5요인	외향성	타인과의 상호작용을 원하고 타인의 관심을 끌고자 하는 정도
	호감성	타인과 편안하고 조화로운 관계를 유지하는 정도
	성실성	사회적 규칙, 규범, 원칙들을 기꺼이 지키려는 정도
	정서적 불안정성	정서적으로 얼마나 안정되어 있고 자신이 세상을 얼마나 통제할 수 있으며, 세상이 위협적이지 않다고 생각하는 정도
	경험에의 개방성	자기 자신을 둘러싼 세계에 관한 관심, 호기심, 다양한 경험에 대한 추구 및 포용력 정도
생활사	대인관계지향	사람들과 어울려 지내는 것을 편안하고 즐겁게 여기는 정도
	자존감	자신의 능력, 외모, 인품에 대한 스스로의 평가 정도
	독립심	자기문제를 스스로 해결하는 정도
	양육환경	성장기 때 가족의 심리적 지지와 관심 정도
	야망	자신에게 사회적 부와 명예가 얼마나 중요한지 정도
	학업성취	학창시절의 학업성적 정도
	예술성	예술적인 자질, 경험 및 관심 정도
	운동선호	운동에 관한 선호와 능력 정도
	종교성	생활 속에서 종교의 중요성 정도
	직무만족	과거 또는 현재의 직무에 대한 만족 정도

4 직업흥미검사

① 개요

㉠ 특징

- 파슨즈가 1909년 '직업선택'이라는 책을 출간한 이래 많은 상담자들은 내담자의 진로 흥미를 측정할 수 있는 방법들을 찾기 위해 노력해 왔다.
- 다양한 활동들을 각각 어느 정도 좋아하는지, 어느 정도 싫어하는지를 물어보는 흥미검사가 진로선택에 유용하다는 것이 입증되었다.
- 흥미는 '일정한 활동에 대한 호 – 불호 또는 수용 – 배척 등으로 나타나는 경향성'을 말하며, 심리학 분야에서는 주로 직업과 관련된 흥미에 관심을 갖는다.

㉡ 유형별 분류

- 흥미검사는 사람들의 성격과 직업생활의 유형을 분석하여 여섯 가지의 유형(RIASEC)으로 분류한 Holland의 직업적 성격유형론을 기초한 직업선호도검사, SDS, Strong 직업흥미검사가 대표적이다.
- 우리나라에서 사용되는 흥미검사는 Holland 진로탐색검사(중고생용), Holland 적성탐색검사(대학생 및 성인용), Strong 진로탐색검사(중고생용), Strong 직업흥미검사(대학생 및 성인용), 노동부 직업선호도검사의 흥미하위척도가 여기에 속한다. 반면 다른 흥미유형의 검사는 어떤 특정한 직업에 종사하는 사람들의 흥미패턴과의 유사성을 측정한다.
- 직업검사라고 불리며 문항 내용면에 있어 서로 이질적이다. 한 직업에 종사하는 사람들의 흥미와 일반인들의 흥미를 구분해 주는 여러 문항들로 구성되어 있다. 여러 흥미가 한 문항의 내용에 포함되어 있으므로 상대적으로 해석이 어렵다. 또 다른 흥미검사의 유형으로 한 직업에 종사하는 사람들의 흥미와 일반인의 흥미를 구분해 주는 문항들에 기초하고 있다.
- 이론적 근거나 논리적 추론이 아닌 집단 간 차이에 대한 관찰에 근거한 실증적 연구과정을 통해 문항이 선정되었다. 이러한 방식은 Strong 직업흥미검사의 하위척도인 직업척도(Occupation Scale)가 대표적이다. 우리나라의 직업흥미검사에는 직업척도가 포함되어 있지 않다.

㉢ 활용

- 검사자는 흥미검사가 좋아하거나 싫어하는 것을 측정하는 것이지, 능력을 측정하는 것은 아니라는 사실을 잊지 말아야 한다. 많은 선행연구들이 흥미점수와 능력점수는 관련이 적다고 밝히고 있다. 흥미검사는 내담자가 만족할 수 있는 진로나 일의 상황이 무엇인지 알려주지만, 내담자가 그곳에서 어느 정도 성공할 수 있을지에 대한 정보를 제공하는 것은 아니다.
- 내담자는 검사를 할 때 긍정적으로 동기화되어 있어야 한다. 내담자가 자신의 흥미에 대해 표현할 수 있을 때 흥미검사가 더 도움이 된다. 그리고 검사의 목적을 잘 이해하고 충분히 인정하고 있어야 자신의 흥미나 의도에 대해 솔직하게 응답할 수 있을 것이다.

• 보편적 흥미검사는 구체적인 전공 사이에서 무엇을 선택해야 하는 것처럼 보다 세밀한 구분을 필요로 하는 내담자에게는 별로 유용하지 않다. 이러한 경우에는 좀 더 해당 전공에 대한 구체적인 검사를 활용하는 것이 효과적이다. 그러나 어떠한 경우이든 흥미검사의 결과는 내담자의 능력, 가치, 이전 일의 경험, 고용가능성 등 내담자의 상황에 대한 다른 정보들을 고려하여 의사결정에 활용되어야 한다.
• 정서적 문제를 가지고 있는 내담자에게 흥미검사를 사용하는 것은 부적절하다. 정서적 불안정성으로 인해 부정적이고 수동적인 태도로 응답하기 쉽다. 그리고 현재 가진 문제로 인해 의사결정과정이 방해 받게 된다. 따라서 상담자는 진로계획에 들어가기 전에 내담자가 현재 정서적인 문제를 가지고 있지 않은지 확인해야 한다.
• 내담자가 '왜' 그런 선택을 하는지에 대해 탐색할 경우, 흥미검사보다는 직업카드분류가 더 유용한 정보를 제공해 준다. 직업카드분류는 구조적 면접의 기능을 한다.

② 종류

㉠ Holland 검사

• 개요
  - Holland의 진로탐색검사(SDS)는 Holland의 직업적 성격유형론에 입각하여 개발된 검사로 성격에 관한 Holland의 연구는 유형론에 초점을 두고 있다.
  - Holland는 각 개인은 여섯 가지 기본 성격유형 중의 하나와 유사하다고 주장한다. 또한 여섯 가지 성격유형이 있듯이 여섯 가지 환경유형이 있는데 이것도 성격과 같이 확실한 속성과 특성에 따라 설명될 수 있다.
  - 환경은 환경에 속해 있는 사람들에 의해 특성이 나타난다.
• 기본 가정
  - 대부분의 사람들은 여섯 가지 유형(RIASEC) 중의 하나로 분류될 수 있다.
  - 여섯 가지 종류의 환경(RIASEC)이 있다.
  - 사람들은 자신의 능력과 기술을 발휘하고 태도와 가치를 표현하고 자신에 맞는 역할을 수행할 환경을 찾는다.
  - 개인의 행동은 성격과 환경의 상호작용에 의해서 결정된다.

• Holland의 6가지 직업적 성격의 특성

직업적 성격유형	성격유형	(선호하는/싫어하는) 직업적 활동	대표적 직업
현실형(R)	남성적, 솔직, 성실, 검소, 지구력이 있으며, 신체적으로 건강하고, 소박함, 말이 적고 고집이 세고, 직선적이며, 단순하다.	분명하고, 질서정연하게, 체계적으로 대상이나 연장, 기계, 동물들을 조작하는 활동, 신체적 기술을 좋아하는 반면 교육적인 활동이나 치료적인 활동은 좋아하지 않는다.	기술자, 자동차 및 항공기 조종사, 정비사, 농부, 엔지니어, 운동선수 등
탐구형(I)	탐구심이 많고, 논리적·분석적·합리적이며, 정확, 지적 호기심 많으며 비판적·내성적이고 수줍음을 잘 타며 신중하다.	관찰적·상징적·체계적으로 물리적·생물학적·문화적 현상을 탐구하는 활동에는 흥미를 보이지만 사회적이고 반복적인 활동에는 관심이 부족하다.	과학자, 생물학자, 화학자, 물리학자, 인류학자, 지질학자, 의료기술자 등
예술형(A)	상상력이 풍부하고, 감수성이 강하며, 자유분방하고 개방적이다. 독창적이며 개성이 강한 반면 협동적이지 않다.	예술적 창조와 표현, 변화와 다양성을 좋아하고, 틀에 박힌 것을 싫어한다. 모호하고, 자유롭고, 상징적인 활동을 좋아하지만, 명쾌하고 체계적이고 구조화된 활동에는 관심이 없다.	예술가, 작곡가, 음악가, 작가, 배우, 소설가, 디자이너 등
사회형(S)	사람들과 어울리기 좋아하며 친절하고, 이해심이 많으며, 이타적이고, 감정적이며 이상주의적이다.	타인의 문제를 듣고, 이해하고, 도와주며, 봉사하는 활동에는 흥미를 보이지만, 기계·도구·물질과 함께 명쾌하고 질서정연하며, 체계적인 활동에는 흥미가 없다.	사회복지가, 교육자, 간호사, 유치원교사, 종교지도자, 상담가, 임상치료가, 언어치료사 등
진취형(E)	지배적이며 통솔력·지도력이 있고 말을 잘하며, 설득적이고 경쟁적이며 야심적이고 외향적이며, 낙관적이고, 열성적이다.	조직의 목적과 경제적 이익을 얻기 위해 타인을 선도·계획·통제·관리하는 일과 그 결과로 얻어지는 위신·인정·권위를 얻는 활동을 좋아하지만 관찰적·상징적·체계적 활동에는 흥미가 없다.	기업경영인, 정치가, 영업사원, 상품판매인, 관리자, 보험회사원 등
관습형(C)	정확, 빈틈없고, 조심성이 있으며, 세밀하고 계획성이 있으며 변화를 좋아하지 않고, 완고하며, 책임감이 강하다.	정해진 원칙과 계획에 따라 자료를 정리, 조직하는 활동을 좋아하고, 체계적인 작업환경에서 사무적, 계산적 능력을 발휘하는 활동을 좋아한다. 그러나 창의적이고, 자율적이며, 모험적, 비체계적인 활동에서는 매우 혼란을 느낀다.	공인회계사, 경제분석가, 은행원, 세무사, 경리사원, 컴퓨터 프로그래머, 감사원, 사서 등

• 검사의 구성

– 안창규(1996)의 Holland 진로탐색검사는 미국의 진로탐색검사(SDS)를 그대로 번역하기 보다는 한국의 낮은 성숙수준, 진로교육 기회의 결여, 문화적 차이를 고려하여 새롭게 재구성되었다.

– 검사는 직업성격유형 찾기, 활동, 성격, 유능감, 직업, 능력평정의 여섯 가지 영역으로 구성되어 있고, Holland 적성탐색검사(대학생 및 성인용)은 여기에 가치 영역을 하나 더 포함하여 일곱 가지 영역으로 구성되어 있다.

– 직업적 성격유형 찾기는 직업적 성격유형에 대한 일반적이고 포괄적인 이해를 내담자에게 갖게 해 주며, 또한 평소 자기 자신에 관한 이해가 실제 검사를 통하여 측정된 것과 어느 정도 일치하는가를 알게 하여 자신의 정확한 코드를 찾게 하는 동기유발과 함께 자신의 이해를 촉진하는 데 목적이 있다. 이외 성격, 활동과 직업, 유능감과 능력에 대한 세 영역으로 분류된다.

• 검사결과의 해석

– Holland검사는 RIASEC 영역의 각각에 대한 요약점수를 제공한다.

– Holland 진로탐색검사는 성격, 유능감, 활동흥미, 직업흥미, 자기평정의 5개 하위검사로 RIASEC 점수와 전체 RIASEC 요약 점수를 결과로 제시한다.

– 결과해석과정에서 일관도, 변별도, 긍정응답률, 진로정체감, 검사 전후의 진로코드 및 최종적 진로코드 등을 분석하여 검토한다. 이러한 내용을 통해 내담자의 진로발달 및 성숙도를 알아볼 수 있고 검사결과 얻어진 진로코드의 안정성을 가늠할 수 있게 되어 후속 진로상담의 방향을 결정하는 데 도움이 된다.

• 홀랜드 6각형 모형의 주요 개념

– 일관성 : 홀랜드의 육각형 모형에서 따르면 육각형의 둘레에 따라 인접해 있는 직업유형끼리는 공통점이 많은 반면, 멀리 떨어진 유형끼리는 공통점이 거의 없다. 공통점이 많은 인접한 유형은 일관성이 있다고 가정한다.

– 차별성(변별성) : 특정 개인의 흥미유형 또는 이나 작업환경이 다른 어느 흥미유형이나 작업환경보다 더 명확한 모습으로 드러날 때 '차별성(변별성)이 있다'고 해석한다.

– 정체성 : 개인이나 작업환경의 정체성이 확실한가 안정성이 있는가의 정도를 규정하는 것으로 개인의 고유하고 독특한 특성을 의미한다.

– 일치성 : 일치성은 개인의 직업흥미나 성격 등의 특성이 직무 또는 조직과 잘 맞는지를 의미하며 자신의 직업적 흥미와 실제 직업특성이 잘 조화를 이룰 때 만족도가 높아지고 근속과 생산성이 높아질 수 있다.

– 계측성(Calculus) : 성격유형 또는 환경모형간의 거리는 그들의 이론적 관계와 반비례한다는 것을 의미하며 육각형 모형에서 각 유형간의 차이는 계측이 가능하다.

㉡ **자기탐색검사**(SDS : SELF DIRRECT SERCH)

- 개요 : 홀랜드의 흥미검사로서 대학생 및 성인에게 진로흥미를 탐색하는데 활용된다.
- 구성
  - 제1부 : 평소 희망하는 전공학과와 직업쓰기
  - 제2부 : 영역별검사 – 활동흥미
  - 제3부 : 영역별검사 – 유능감
  - 제4부 : 영역별검사 – 직업흥미
  - 제5부 : 영역별검사 – 능력의 자기평가
- 활용
  - 대학생의 전공학과의 적합성, 부전공, 복수전공의 선택을 위한 지침으로 제공될 수 있으며 대학원 진학 및 취업을 위한 선택, 취업 시 어떤 직종과 직무를 선택할 것인지 활용된다.
  - 신입사원 채용 시 직무에 적합한 직업적 성격을 가진 사람 선발하며 직무배치의 지침으로 활용되며 사원들의 성격적 적성에 맞는 직무배치 및 직무능력의 개발과 승진을 위한 자료로 활용가능하다.
  - 개인의 여가활동, 배우자 선택 등 다양한 시민적 활동을 위한 상담의 지침으로 활용할 수 있다.

㉢ **기술확신척도**(SCI : SKILLS CONFIDENCE INVENTORY)

- 개요
  - 이 검사는 홀랜드의 6가지 일반적인 직업주제와 관련된 일을 해내는 개인의 확신감의 수준을 측정하는 도구로 각 척도는 10개의 문항으로 구성되어 있다.
  - 1~5점으로 응답하고, 5점은 측정영역에서 매우 높은 확신이 있음을 의미한다.
  - 기술확신척도는 스트롱 검사와 함께 사용되도록 개발되었으며 일반적인 직업주제에 따른 확신감과 흥미를 보여준다.
  - 확신감과 흥미가 모두 높은 경우, 확신감이 흥미보다 높은 경우, 흥미가 확신감보다 높은 경우의 3가지 활용 가능하다.
  - 확신감과 흥미가 모두 높은 주제는 좋은 진로 영역이 된다.
- 검사의 구성
  - R(현실형) : 10개의 문항으로 구성, 1~5점으로 응답(5점 : 매우 높은 수준의 확신)
  - I(탐구형) : 10개의 문항으로 구성, 1~5점으로 응답(5점 : 매우 높은 수준의 확신)
  - A(예술형) : 10개의 문항으로 구성, 1~5점으로 응답(5점 : 매우 높은 수준의 확신)
  - S(사회형) : 10개의 문항으로 구성, 1~5점으로 응답(5점 : 매우 높은 수준의 확신)
  - E(진취형) : 10개의 문항으로 구성, 1~5점으로 응답(5점 : 매우 높은 수준의 확신)
  - C(관습형) : 10개의 문항으로 구성, 1~5점으로 응답(5점 : 매우 높은 수준의 확신)

㉣ 스트롱 직업흥미검사

- 개요
  - Strong 검사는 다양한 직업세계의 특징과 개인의 흥미 간의 유의한 자료를 제공해 주는 도구로서 흥미 목록의 형태로 광범위하고 친숙한 문항을 사용하여 반응자의 흥미 정도를 질문한다. 그 결과 내담자가 활동에 관심을 두는지, 어떤 직업이 적합한지, 어떤 환경이 적합한지, 어떤 사람들과 일하는 것을 좋아하는지 등에 관계되는 척도별 점수를 제공하여 개인의 전체적인 흥미의 경향성을 알아보고, 이들 경향성이 직업세계와 어떻게 관련되어 있는지, 이러한 발견을 통해 개인의 진로 및 직업을 탐색하는데 어떻게 적용할 것인지를 알아볼 수 있도록 구성되어 있다.
  - Strong 직업흥미검사의 최근판은 Strong－Campbell Interest Inventory(SCII)을 현재 SII가 대신하고 있다.
- 검사의 구성 : 스트롱 직업흥미검사는 다음과 같이 4개의 영역, 35개 척도로 구성되어 있다.
  - GOT(General Occupational Themes ; 일반직업분류) : 내담자의 보편적인 흥미유형을 알 수 있는 척도로 Holland이론에 기초하여 RIASEC 6개의 주제로 구성되어 있다.
  - BIS(Basic Interest Scales ; 기본흥미척도) : 특정한 활동이나 주제에 대한 자신의 흥미를 측정하는 25개의 척도로 GOT의 각 주제를 보다 세분화함으로써, 개인에게 적합한 직업영역을 보다 구체적으로 제공한다.

[기본흥미척도(BIS)의 세부 척도]

척도	내용
농업	야외 환경에서 힘든 신체적 노동을 반영한다.
자연	자연의 아름다움을 감상하고, 야영, 사냥 등 야외에서의 재창조적인 활동에 대한 흥미이다.
군사활동	구조화된 환경, 질서 있고 명령의 체계가 분명한 것에 대한 흥미이다.
운동경기	경기관람, 스포츠에 대한 강한 흥미를 말하며, 개인 스포츠보다는 단체경기나 경쟁적인 스포츠에 대한 흥미이다.
기계관련 활동	기계장비뿐 아니라 정밀한 의료기기 등을 다루는 일에서 요구되는 작업에 대한 흥미를 반영, 화학자, 치과의사, 물리학자, 엔지니어 등이 해당된다.
과학	자연과학에 대한 흥미를 말하며, 특히 과학이론과 진리에 대한 탐구, 과학적 연구와 실험 등에 대한 관심을 말한다.
수학	수를 다루고 통계적 분석에 대한 흥미를 말하며, 현실－탐구적인 영역에 대한 흥미를 포함한다.
의학	과학척도는 물리학에 대한 흥미를 나타내는데 비해 이 항목은 의학, 생물학 등에 대한 흥미를 말한다.
음악/드라마	공연활동에 참여하거나 공연관람에 대한 흥미를 말한다.
미술	순수미술가, 디자이너, 건축가 등 작품을 창조하고 관람 또는 수집하는 것에 대한 흥미를 반영한다.

응용미술	시각적인 창의성과 공간을 시각화하는 포괄적인 면에 강조를 하는 항목으로, 기계제도 등과 같은 현실적인 예술 부분에 대한 강한 흥미를 말한다.
글쓰기	문학, 독서, 비평적인 글에 대한 흥미를 말하며, 언어와 관련된 직업, 국어교사, 변호사, 기자, 작가 등이 해당된다.
가정/가사	다른 사람을 접대하는 일에 대한 흥미이다.
교육	초 · 중 · 고등학교 교직에 대한 흥미를 말한다.
사회봉사	사회사업, 사회봉사, 자선활동 등 사람과 함께 일하거나 사람을 돕는데 대한 인간적인 흥미를 말한다.
의료봉사	의학척도와 달리 진료상황에서 환자를 직접적으로 돕는데 대한 관심을 의미한다.
종교활동	종교교육지도자. 목사, 사회단체지도자 등과 같이 영적 혹은 종교적 문제에 대한 흥미를 말한다.
대중연설	각광 받기를 좋아하고 다른 사람들의 생각과 관점에 영향을 주고자 하며 언어적 활동을 통하여 다른 사람을 설득하는 것에 대한 흥미를 말한다.
법/정치	논쟁과 토론을 통해서 개념을 전달하는 것에 대한 흥미로 정치학자, 공무행정가 등의 흥미를 말한다.
유통	서비스보다는 물건을 파는 도 · 소매 활동에 대한 흥미로 주로 백화점 관리자, 유통업자 등과 같이 구조화된 상점과 같은 환경에서 판매하는 것을 선호한다.
판매	방문판매 등과 같은 예상치 않은 상황에 대해 적극적인 대처를 통한 활약이 가능한 흥미를 반영하는 항목이다.
조직관리	다른 사람을 지휘하고 감독하는 권위와 힘에 대한 흥미를 말한다.
자료관리	자료 및 정보를 다루고 처리하는 것에 대한 흥미로 아래의 사무척도와는 다르게 독립성과 의사결정권이 포함되는 위치에 있어서의 흥미를 의미한다.
컴퓨터	컴퓨터, 프로그래밍, 문서작성, 그리고 사무기기를 다루는 작업에 대한 흥미를 말한다.
사무	워드프로세싱, 오탈자 교정 등과 같은 단순한 사무활동에 대한 흥미를 말한다.

- PSS(Personal Style Scales ; 개인특성척도) : 내담자의 업무형태, 학습유형, 리더십, 위험감수와 관련한 개인적인 선호도를 평가하는 4개의 척도를 말한다.

[개인특성척도(PSS)의 세부척도]

PSS척도	내용
업무유형	사람과 함께 일하는 것을 좋아하는지, 또는 자료/사물/아이디어 등을 다루는 것을 좋아하는지를 알아보는 항목
학습유형	학문적인 분야에 관심을 두는지, 실용적인 분야에 관심을 두는지 알아보는 항목
리더쉽유형	타인과의 업무접촉이나 지시, 설득, 지도력을 측정하는 항목으로 조직화된 상황에서 조직의 부분 혹은 전체를 책임지기 좋아하는지, 다른 사람을 지도, 통솔하는 것을 좋아하는지 등을 알려준다.
모험심유형	신체적인 위험상황 또는 위기상황을 감수하거나 극복하는 정도를 측정하는 항목

– OS(Occupational ; Scale 직업척도)

- 유사성을 측정하는 척도로 GOT와 BIS는 일반인들을 대상으로 한 것이지만, OS는 그 직업에 종사하는 사람들을 대상으로 문항반응을 비교분석한 것이다. OS의 점수가 높을수록 그 직업에 종사하는 사람들의 흥미와 유사함을 의미한다.
- 100여 개 직업에 종사하는 사람들이 좋아하는 것과 싫어하는 것을 6개 일반직업분류(GOT)유형과의 관련성으로 유형화한다. 즉, 함께 일하는 동료가 자신과 유사하면 유사할수록 직무만족도가 높아질 것이라는 것에 가정을 둔 척도이다.

– TR과 IR

- 각 문항에 대해 어떤 식으로 응답했는가를 나타내 주는 응답지표를 보여준다.
- 전체응답률(TR)은 317문항 중 실제 응답한 문항수를 의미하며 TR지수가 300 이하인 경우 검사해석은 하지 않는 것이 바람직하다.
- 희귀반응률(IR)은 검사결과를 신뢰하기 어려운 정도를 나타내는 지표로서 여성의 경우 5점 이하, 남성의 경우 7점 이하면 평범한 검사결과로 보기 어렵고, 음수일 경우 성 역할의 유연성, 또는 검사응답에 대한 문제가 있을 수 있음을 가정할 수 있다.

[스트롱 직업흥미검사 프로파일]

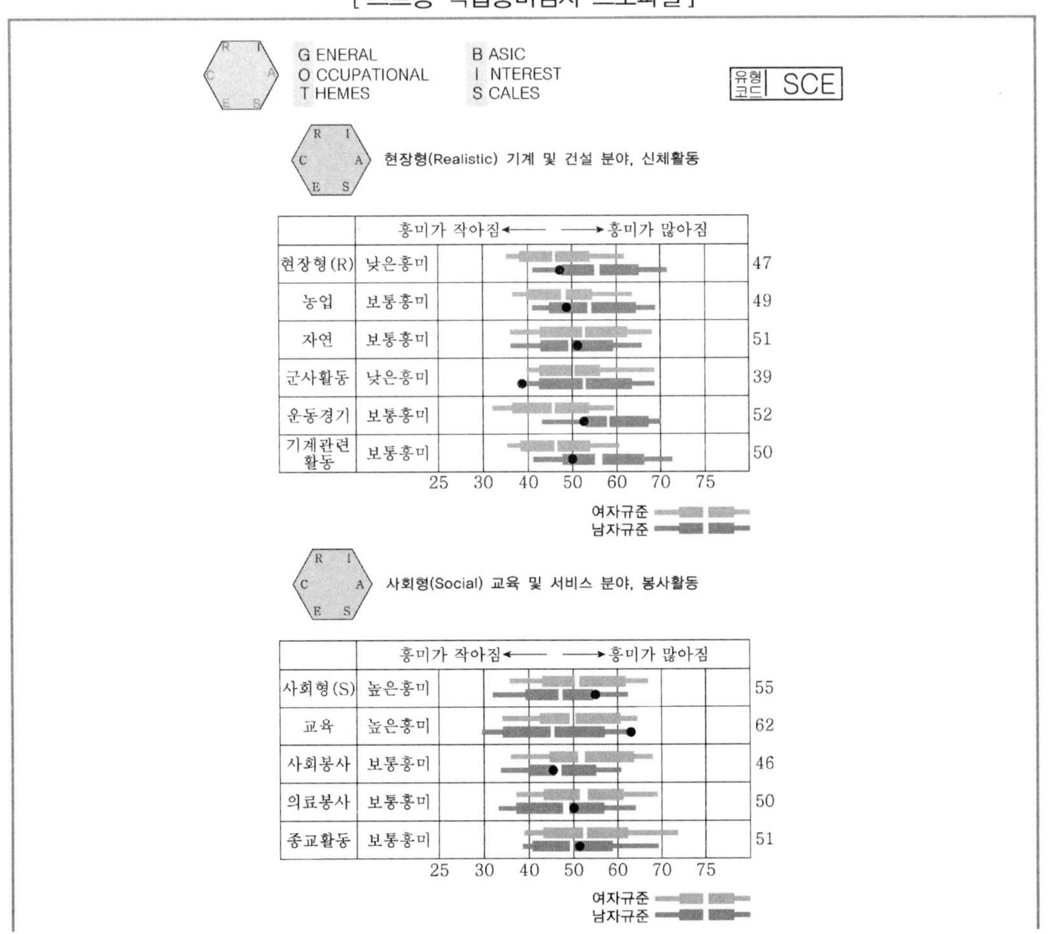

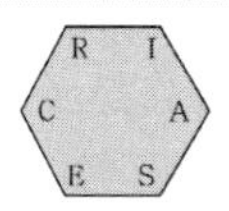

탐구형(Investigative) 분석 및 조사 분야, 연구활동

	흥미가 작아짐 ←—— ——→ 흥미가 많아짐	
탐구형(I)	낮은흥미	41
과학	보통흥미	45
수학	낮은흥미	40
의학	보통흥미	48

25 30 40 50 60 70 75

여자규준
남자규준

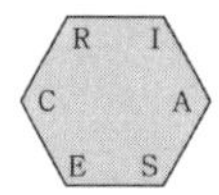

진취형(Enterprising) 사업 및 법/정치분야, 설득활동

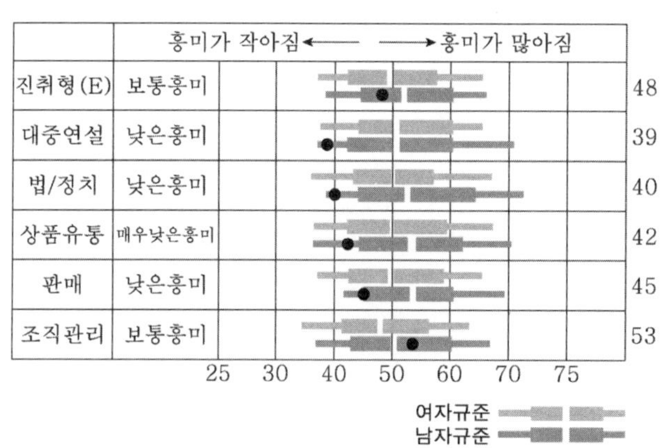

	흥미가 작아짐 ←—— ——→ 흥미가 많아짐	
진취형(E)	보통흥미	48
대중연설	낮은흥미	39
법/정치	낮은흥미	40
상품유통	매우낮은흥미	42
판매	낮은흥미	45
조직관리	보통흥미	53

25 30 40 50 60 70 75

여자규준
남자규준

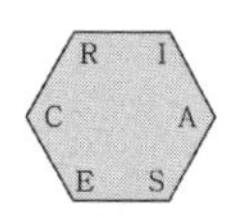

예술형(Artistic) 문화 및 예술분야, 창작활동

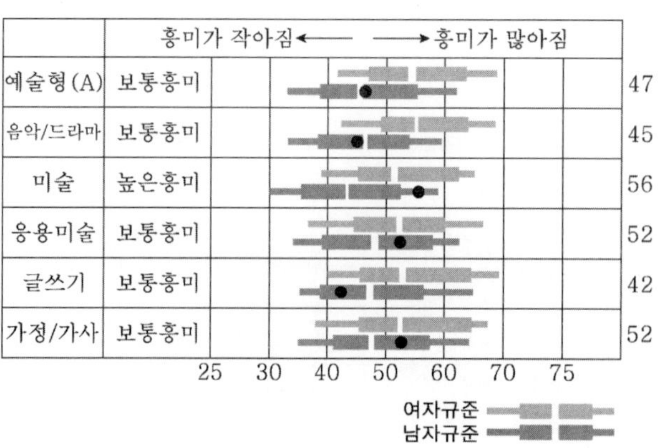

	흥미가 작아짐 ←—— ——→ 흥미가 많아짐	
예술형(A)	보통흥미	47
음악/드라마	보통흥미	45
미술	높은흥미	56
응용미술	보통흥미	52
글쓰기	보통흥미	42
가정/가사	보통흥미	52

25 30 40 50 60 70 75

여자규준
남자규준

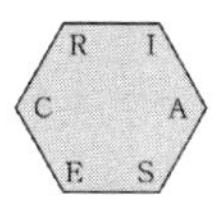

사무형(Conventional) 사무 및 정보처리분야, 관리활동

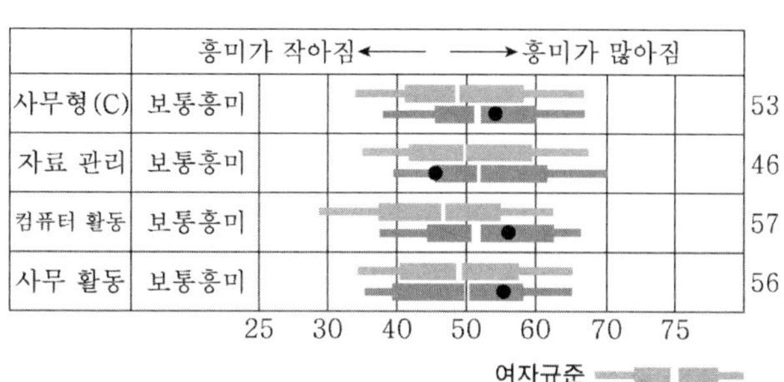

	흥미가 작아짐 ←── ──→ 흥미가 많아짐	
사무형(C)	보통흥미	53
자료 관리	보통흥미	46
컴퓨터 활동	보통흥미	57
사무 활동	보통흥미	56
	25 30 40 50 60 70 75	

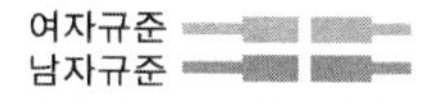

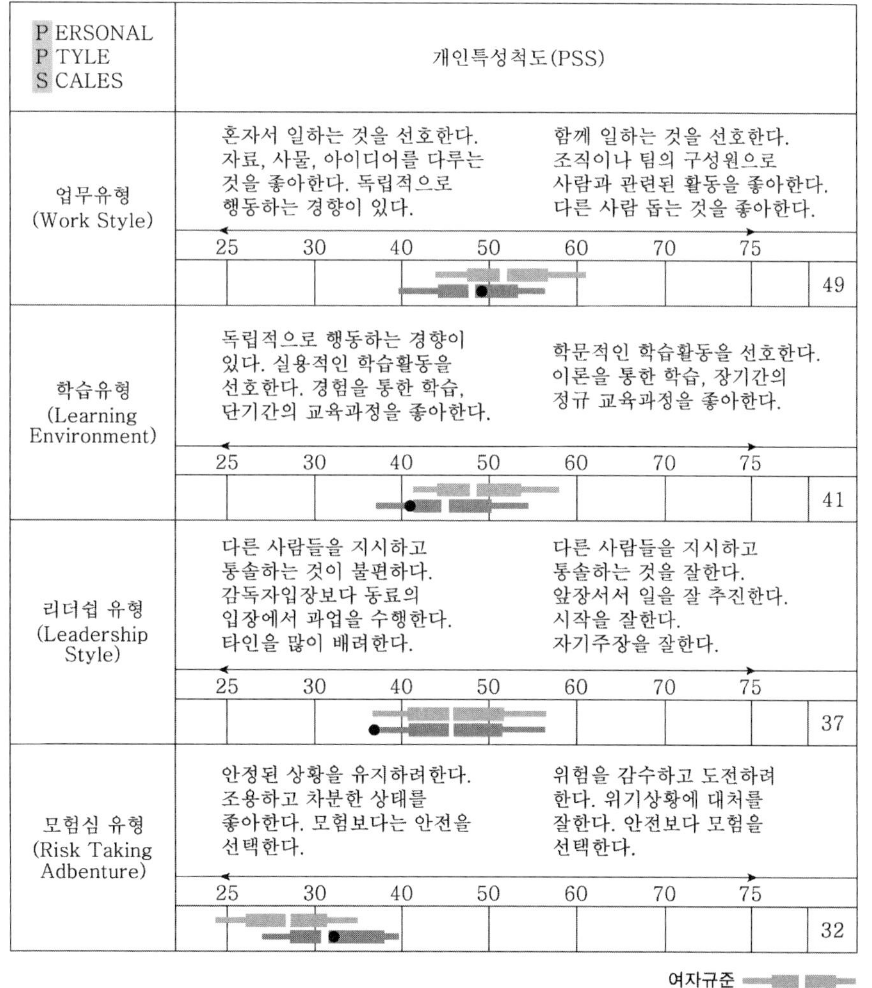

PERSONAL STYLE SCALES	개인특성척도(PSS)		
업무유형 (Work Style)	혼자서 일하는 것을 선호한다. 자료, 사물, 아이디어를 다루는 것을 좋아한다. 독립적으로 행동하는 경향이 있다.	함께 일하는 것을 선호한다. 조직이나 팀의 구성원으로 사람과 관련된 활동을 좋아한다. 다른 사람 돕는 것을 좋아한다.	
	25 30 40 50 60 70 75		49
학습유형 (Learning Environment)	독립적으로 행동하는 경향이 있다. 실용적인 학습활동을 선호한다. 경험을 통한 학습, 단기간의 교육과정을 좋아한다.	학문적인 학습활동을 선호한다. 이론을 통한 학습, 장기간의 정규 교육과정을 좋아한다.	
	25 30 40 50 60 70 75		41
리더십 유형 (Leadership Style)	다른 사람들을 지시하고 통솔하는 것이 불편하다. 감독자입장보다 동료의 입장에서 과업을 수행한다. 타인을 많이 배려한다.	다른 사람들을 지시하고 통솔하는 것을 잘한다. 앞장서서 일을 잘 추진한다. 시작을 잘한다. 자기주장을 잘한다.	
	25 30 40 50 60 70 75		37
모험심 유형 (Risk Taking Adbenture)	안정된 상황을 유지하려한다. 조용하고 차분한 상태를 좋아한다. 모험보다는 안전을 선택한다.	위험을 감수하고 도전하려 한다. 위기상황에 대처를 잘한다. 안전보다 모험을 선택한다.	
	25 30 40 50 60 70 75		32

여자규준
남자규준

- Storng 진로탐색검사
  - Storng 흥미검사의 4가지 척도 가운데 일반직업분류(GOT)척도를 채택하고 한국의 중·고등학생들의 진로성숙의 수준을 측정하기 위한 새로운 척도를 개발하여 진로성숙도검사와 직업흥미검사의 두 부분으로 구성되어 있다.
  - 1부 진로성숙도검사에서는 진로정체감, 가족일치도, 진로준비도, 진로합리성, 정보습득률 등을 측정하고, 2부 직업흥미검사에서는 직업, 활동, 교과목, 여가활동, 능력, 성격특성 등에 대한 문항을 통해 학생들의 흥미유형을 포괄적으로 파악할 수 있도록 한다.
  - 진로성숙도 점수가 특히 낮을 경우 흥미유형도 명확히 나타나지 않는다. 따라서 결과 해석지에 진로성숙도가 부족하면 '*' 표시가 되고, 이러한 부분에 대해 전문적인 상담이 요구된다.

[Storng 진로탐색검사 프로파일]

스트롱 진로탐색검사는 진로준비 및 진로계획을 위한 자신의 진로를 탐색하는데 도움을 주기 위하여 만들어졌습니다. 올바른 진로탐색을 위하여 각 개인은 자신의 적성이나 성격, 지식, 주위환경 등 많은 요소들을 고려하여 신중하게 결정하여야 합니다.
이 검사결과에는 자신의 진로탐색을 위해 필요한 정보들이 제공되고 있으며 올바른 해석을 위해서는 진로상담전문가의 도움이 필요합니다. 그러므로 이 프로파일은 스트롱 진로상담 전문교육을 받은 사람들에 의해 책임 있게 검사되고 해석되어져야 합니다.

진로성숙도 프로파일										
진로성숙요인	점 수		← 낮 다 →← 보 통 →← 높 다 →							특성
	T	(백분위)	25	30	40	50	60	70	75	
진로정체감	37	10		◀==▶						진로결정에 대한 자신의 확신 정도를 알아보기 위한 것입니다.
가족일치도	39	14		◀==▶						진로결정과 관련된 가족 간의 의견일치를 알아보기 위한 것입니다.
진로준비도	38	12		◀==▶						진로선택을 위해 자신이 얼마나 잘 준비를 했는지 알아보기 위한 것입니다.
진로합리성	42	21			◀==▶					진로결정과 관련된 다른 사람들의 의견을 잘 받아들이는지를 알아보기 위한 것입니다.
정보습득율	31	3		◀==▶						구체적인 직업정보 습득 정보 및 진로정보의 판단력을 알아보기 위한 것입니다.

흥미유형 프로파일				
	점 수		←— 낮 다 —→←— 보 통 —→←— 높 다 —→	특 성
	T	(백분위)	25 30 40 50 60 70 75	
R 현장형	58	79		기계, 건설, 수리 작업을 좋아하고, 야외활동, 모험, 신체적 활동을 선호한다.
I 탐구형	55	69		과학적이고 탐구적인 성격이 있으며, 학구적이고 연구하는 분위기를 선호한다.
A 예술형	62	88		창조적이고 자신을 표현하는 직업을 선호하며 예술 활동 참여를 좋아한다.
S 사회형	58	79		사람들과 함께 일하는 것을 좋아하고, 다른 사람들을 도와주는 활동을 선호한다.
E 진취형	58	79		개인이나 조직의 목적을 위해 다른 사람을 지도, 통제 및 설득하는 활동을 선호한다.
C 사무형	56	79		세부적이고 구체적인 작업을 체계적으로 하는 활동을 선호한다.
나의 흥미유형 코드	AS			

진로성숙도 프로파일의 해석

아래의 내용 중 평가등급은 자기점수의 상대적인 위치를 나타내는 지수입니다. 평가등급에서 A등급은 자신의 T점수가 65 이상, B등급은 55-64, C등급은 45-54, D등급은 35-44, E등급은 34 이하에 해당됩니다. 또한, 부족요인란에 '*'로 표기되어 있는 영역은 자신의 진로성숙도 하위영역 중 진로선택을 위한 준비가 부족한 부분들입니다. 이러한 표시가 되어있는 부분은 개발방법에 대한 내용을 잘 읽고 이를 실천하도록 노력해야 합니다(※ 부족요인란의 '*' 표시는 T점수가 40 미만일 경우에 표시되므로, D등급에서는 '*'가 표시될 수도 있고, 안될 수도 있습니다).

진로성숙요인	평가 등급	부족 요인	개발방법
진로정체감	D	*	자신의 진로결정에 대한 확신이 부족한 것으로 나타났습니다. 현재 진로방향을 결정함에 있어 혼란이나 갈등을 경험하고 있습니다. 진로정체감에 부정적인 원인이 무엇인지를 먼저 살펴보기 바랍니다.
가족일치도	D	*	자신의 진로로 인하여 가족 내 갈등이 있는 것으로 나타났습니다. 가급적 빠른 시일 내에 가족 내 갈등을 해결하기 위하여 가족들과의 대화를 시도해 보기 바라며 부모님과 함께 진로에 관한 전문상담을 받아보는 것도 좋은 해결책이 됩니다.

진로준비도	D	*	진로를 현실적으로 신중하게 선택하기 위한 준비활동이 부족한 것으로 나타났습니다. 미래 자신이 갖고 싶은 직업의 이해를 위한 탐색활동을 벌일 수 있도록 관심을 갖기 바랍니다. 자신감을 가지고 차근차근 자신의 미래 직업을 위한 준비를 하기 바랍니다.
진로합리성	D	*	다른 사람의 의견을 수용하려는 마음이 별로 없는 것으로 나타났습니다. 다른 사람과의 대화에서 자신의 의견이 받아들여지지 않는다는 느낌을 갖고 있는 것 같습니다. 먼저 마음을 열고 다른 사람의 조언이나 말에 귀 기울여 주시기 바랍니다.
정보습득율	E	*	구체적인 직업정보에 어두운 것으로 나타났습니다. 직업 특성에 관한 구체적인 정보를 다양하게 알아볼 수 있는 진로 자료를 참고하시기 바랍니다. 정확한 직업정보 없이 미래를 선택하는 불필요한 시행착오를 범하게 할 뿐입니다.

5 진로성숙검사

① 개요

㉠ 진로성숙도 측정은 진로발달에 대한 포괄적인 평가를 의미한다.

㉡ 진로계획태도와 진로계획능력의 두 가지 지표를 포함하고 있으며, 일반적으로 진로성숙도의 구인은 문화적으로 차이를 보이지 않지만, 진로발달의 속도는 문화적 배경에 따라 달라질 수 있다.

㉢ 진로성숙이란 개인의 진로와 관련된 발달과업이 개인의 연령에 비추어 성숙이 이루어졌는가를 인식함으로서 직업세계관을 정립하고 직업준비를 할 수 있도록 도와준다.

② 진로성숙검사

㉠ 진로발달검사(Career Development Inventory ; CDI)

- 개요
  - Super의 진로발달의 이론적 모델에 기초하여 제작되어 학생들의 진로발달과 직업 또는 진로성숙도를 측정하고 학생의 교육 및 진로계획 수립에 도움을 주고자 개발된 검사이다.
  - CDI는 적합한 교육 및 직업선택에 대한 학생들의 준비도를 측정하기 위해 제작되었다. 현재 중학교 2학년부터 고등학교 3학년 학생을 위한 학교용과 대학생을 위한 대학교용 두 가지가 있다.
- 구성
  - 80문항으로 구성된 CDI 제1부는 진로발달태도(CDA)와 진로발달지식(CDK)의 두 척도로 이루어져 있으며 진로발달에 대한 태도는 진로계획(CP)과 진로탐색(CE)으로, 진로발달에 대한 지식 및 기술은 의사결정(DM)과 일의 세계에 대한 정보(WW)로 각각 나타낼 수 있다. 이 네 하위척도의 점수를 합산하여 총체적인 진로성향(COT)점수를 얻을 수 있는데 이는 CDI에서 얻어지는 가장 대표적인 진로성숙의 예측치이다.

- CDI의 제2부는 자신이 가장 마음에 들어 하는 직업세계에 대한 내담자의 지식을 평가해 준다. 선호직업군에 대한 지식(PO)척도로서 일반적인 직업에 대한 정보가 아닌 특정 직업세계와 관련된 지식을 강조하며 제1부와는 다르다.

POINT CDI 하위척도

5개의 하위척도는 진로발달 특수영역(specific dimensions)을 측정하기 위하여 제작하였으며 3개의 하위척도는 5개의 하위척도 가운데 같은 특성을 측정하는 척도들을 조합하였다

- CP : 진로계획(career planning) : 20문항
- CE : 진로탐색(career exploration) : 20문항
- DM : 의사결정(decision-making) : 20문항
- WW : 일의 세계에 대한 정보(world of work information) : 20문항
- PO : 선호 직업군에 대한 지식(knowledge of preferred occupational group) : 40문
- CDA : 진로발달-태도(attitude) : CP+CE
- CDK : 진로발달-지식과 기술(knowledge and skills) : DM+WW
- CDT : 총체적인 진로성향(career orientation total) : CP+CE+DM+WW

• 활용
- 개인상담시 분석적인 데이터 및 예언적 정보제공
- 진로교육 프로그램 시행결과 측정
- CDI를 통해 얻은 정보는 적성개발, 흥미검사, 학력검사 등에서 얻은 정보와 함께 사용된다면 학생들의 진로발달 경험을 계획할 때 유용하다.

ⓛ **진로성숙도검사**(Career Maturity Inventory ; CMI)

• 개요
- CMI는 John Crites(1978)의 진로발달모델에 기초하였다.
- Crites의 진로발달 모델에 따르면 진로성숙도는 요인의 위계체계를 가지고 있으며 지능검사의 일반요인과 유사한 진로성숙도의 일반적 요인이 있고 몇몇의 영역요인이 있고 수많은 특수요인이 있다고 한다.
- 영역요인은 진로계획과정(태도 및 능력)과 진로계획내용(일관성 및 진로선택의 범위)의 두 가지이다.
- CMI는 CDI와 마찬가지로 진로계획의 과정변인에 초점을 두고 있다. CDI와 마찬가지로 진로계획태도와 진로계획능력의 두 척도로 구성되어 있고, 각 척도를 구성하는 하위척도만이 CDI의 하위척도와 다르다.
- Crites가 객관적으로 점수화되고 표준화된 진로발달측정도구로서 최초로 개발된 검사로 초등학교 6학년에서 고등학교 3학년의 학생을 대상으로 실시되었던 검사로서 직업선택을 위한 초기 성인기까지 적용이 가능하다.

• 구성
- CMI의 하위척도는 태도척도와 능력척도로 구성되었으며 태도척도에는 선발척도와 상담척도 두 가지가 있다.
- 선발척도는 진술문 형식의 문항으로 구성되어 있으며 상담척도의 하위는 결정성, 참여도, 독립성, 성향, 타협성의 척도로 구성되어 있다.

POINT CMI 하위척도

• 진로의사결정에 대한 태도(75문항)
–결정성 : 선호하는 진로의 방향에 대한 확신의 정도를 측정. 문항의 예) 나는 선호하는 진로를 자주 바꾸고 있다.
–참여도 : 진로선택의 과정에의 능동적 참여의 정도를 측정. 문항의 예) 나는 졸업할 때까지는 진로 선택 문제에 별로 신경 쓰지 않겠다.
–독립성 : 진로 선택을 독립적으로 할 수 있는 정도를 측정. 문항의 예) 나는 부모님이 정해주시는 직업을 선택하겠다.
–성향 : 진로결정에 필요한 사전 이해와 준비의 정도. 문항의 예) 일하는 것이 무엇인지에 대해 생각한 바가 거의 없다.
–타협성 : 진로 선택시 의욕과 현실을 타협하는 정도를 측정. 문항의 예) 나는 하고 싶기는 하나 할 수 없는 일을 생각하느라 시간을 보내곤 한다.
• 진로의사결정에 대한 능력(100문항)
–자기평가(self-appraisal)
–직업정보(occupational information)
–목표선정(goal selection)
–계획(planning)
–문제해결

※ 참고 : 진로성숙에 영향을 미치는 변인

③ 개인심리적변인
㉠ **지능** : 진로성숙은 지능에 따라 차이가 있다.
㉡ **자아개념** : 진로성숙은 자아개념을 발달시키고 실천해가는 과정이다.
㉢ **내적통제 또는 외적통제** : 자신의 행동과 강화 간의 인과 관계에 대한 지각으로 자신의 힘으로 통제가 되면 내적통제성이고, 자신의 힘으로 통제가 안 되면 외적통제성이다.
㉣ **일 역할의 중요도** : 개인이 삶에서 일이 차지하는 중요성의 정도
㉤ **직업가치** : 진로성숙과 직업가치는 이론적으로 연계
㉥ **진로의사결정 자기효능감** : 개인이 주어진 과업을 성공적으로 수행할 수 있느냐에 대한 신념
㉦ **의사결정양식** : 합리적 의사결정의 증진은 진로성숙을 증진시킨다는 가정에 기초한다.

④ 가족변인

㉠ 구조적 변인

• 부모의 사회경제적 지위 : 부모의 교육수준, 부모직업수준
• 부모의 결혼상태 : 정상가정 출신, 이혼가정 출신
• 부모의 영향 : 자신에 대한 교육적, 직업적 포부

㉡ 과정변인

• 가족응집성과 가족적응성
  - 가족응집성 : 가족 구성원들 간의 정서적 유대 수준
  - 가족적응성 : 스트레스에 대한 반응
• 심리적 분리와 애착

㉢ 진로발달평가모델(C-DAC)

• 개요
  - 수퍼(super)는 진로검사가 내담자의 특성을 이해하는데 협의적이라는 점에서 개인의 정량적, 정질적 사정이 가능하고 발달학적 개입을 시사할 수 있는 평가라는 용어를 지향하고 있으며 이러한 의미에서 진로발달적 특성을 평가모델(C-DAC)로 개발하였다.
  - 진로평가모델은 4가지 평가기준을 제시해 주고 있다.
• 구성 : C-DAC는 4가지 단계로 평가모델을 설명하고 있다.
  - 1단계 : 내담자의 생애구조와 직업역할의 중요성 평가
    6가지의 생애역할(부모, 배우자, 직장인, 시민, 학생, 자녀) 중 직업인으로서의 역할이 자녀, 학생 등의 역할에 비해 얼마나 중요한지를 탐색한다.
  - 2단계 : 내담자의 진로발달수준과 자원의 평가
    상담자의 어떤 발달과업이 내담자와 연관되어 있는지를 확인해야 한다.
    내담자의 발달과업을 확인한 후에는 이 문제를 해결할 수 있는 자원에 대한 평가로 넘어간다.
  - 3단계 : 직업적 정체성에 대한 평가
    가치, 능력, 흥미의 측면에서 내담자의 직업적 정체성의 내용을 파악하고, 이러한 정체성이 내담자의 다양한 생애역할에 어떻게 나타나는지 탐색
  - 4단계 : 직업적 자아개념과 생애주제에 대한 평가
    자신과 세상을 어떻게 이해하고 있는지 내담자의 자기상을 확인하는 과정이다. 상담자는 내담자가 현재의 자신을 어떻게 묘사하는지 경청함으로써 자아개념을 평가하는 횡단적인 평가와 생애전반에 초점을 두는 종단적인 방법이 있다.

㉣ 인지적 직업성숙도 검사(CVMT : COGNITIVE VOCATIONAL MATURITY TEST)

• 개요 : 학생(초6-중3)이 직업정보를 알고 사용하는 정도를 측정하도록 설계되어 있는데, 좋은 진로선택을 하는데 직업정보가 핵심적인 역할을 한다는 것이다.

• 구성
- 직업분야 : 다양한 직업분야에 대한 지식을 측정
20개의 5지 선다형 문항
- 직업선택 : 흥미, 능력, 가치를 고려하여 가장 현실적인 직업선택을 할 수 있는 능력측정
15개의 5지 선다형 문항
- 근무조건 : 수입을 포함한 근무조건에 대한 지식을 측정
20개의 5지 선다형 문항
- 학력 : 다양한 직업에서 요구되는 교육정도에 대한 지식을 측정
20개의 5지 선다형 문항
- 직업특성 : 다양한 직업에서 요구되는 흥미, 능력, 가치에 대한 지식을 측정
20개의 5지 선다형문항
- 업무 : 다양한 직업에서 수행되는 주요 업무에 대한 지식을 측정
25개의 5지 선다형 문항
(총 120문항으로 구성, 한 문항 당 1점씩,총 120점으로 계산된다.)

ⓜ **성인용 진로문제검사**(ACCI : ADULT CAREER CONCERNS INVENTORY)
• 개요
- Super와 그의 동료들이 발달적 진로과업과 단계를 평가하기 위해 개발한 검사로 Super의 전 생애 진로발달단계 중 초기의 성장기(1단계)를 빼고 다음 4단계 즉, 탐색기, 확립기, 유지기, 쇠퇴기의 각 단계 점수와 3개의 하위단계를 측정한다.
- 각 하위단계 점수를 통해 개인이 가장 심각하게 생각하는 진로문제가 무엇인지 확인할 수 있다.
• 검사방법 및 측정내용
- 검사시간은 약 15분~20분 정도이며, 마지막 문항(61번 문항)은 따로 채점하지 않는다. ACCI의 점수는 피검사자가 현재 관심을 가지고 있는 직업적 발달과업이 무엇인지 보여준다.

ⓑ **진로신념검사**(CBI : CAREER BELIEFS INVENTORY)
• 개요 : 크롬볼츠가 진로결정과정에서 비합리적이고 비논리적인 신념을 확인하기 위해 개발한 검사로 내담자가 가지고 있는 자원에 비해 자신의 진로영역에 대한 자기지각과 세계관을 탐색할 수 있다.
• 구성 : 96문항으로 이루어져 있고, 25개의 하위척도로 제시되어 있으며 각 하위척도는 5개의 영역으로 설명할 수 있다.
• 5개의 영역
- 나의 현재 진로상황
- 나의 행복을 위해 필요하다고 생각되는 것

- 나의 결정에 영향을 끼치는 요소
- 내가 기꺼이 변화할 수 있는 것
- 내가 기꺼이 노력할 수 있는 것

• 검사의 활용 : 내담자의 진로신념 때문에 생길 수 있는 장애요인 수준을 파악하여 목적달성을 방해할 수 있는 영역과 인지적 왜곡을 이해할 수 있다. 각 하위척도점수가 39점 이하일 경우 그 영역은 탐색해 볼 필요가 있으며 CBI검사는 타당도가 비록 0.2정도이지만 각 하위척도에서 내담자의 진로신념을 파악하는데 유용한 자료로 활용될 수 있다는 점에서 상담장면에서 매우 유용하다.

6 성격검사

① 개요

㉠ 특징

• 성격검사는 개인의 적성, 성취, 흥미를 측정하는 검사와 구별하여 개인의 정서적이고 사회적인 특성과 행동을 평가하는 검사를 일컫는다.

• 성격(personality)은 직업선택과 직업적응에서 핵심적인 설명변인에 해당된다. 따라서 직업상담에서 성격이란 개인의 독특하고 일관된 행동의 경향성을 보이는 것을 특성으로 성격에 대한 이해를 통해 개인의 행동을 예측할 수 있는데 도움을 준다.

㉡ 성격사정의 한계 : 직업상담에서 성격사정을 통해 내담자의 일 환경에 대한 만족과 적응도를 예측할 수 있을 뿐 직업과 성격의 직접적인 관련성을 주장할 수 없으므로 성격사정의 해석 및 적용에 유의해야 한다. 또한 성격사정은 정상인을 대상으로 하는 것으로 검사결과에 대해 내담자를 부정적으로 인식하는 것은 바람직하지 못하다.

② 종류

㉠ 성격 5요인(Big five ; 노만의 성격 5요인)

• 외향성 : 외향적인 사람은 사교적일 뿐 아니라 활달하고 말을 많이 하며 자기주장을 잘 한다. 흥분과 자극을 좋아하고 명랑하고 힘이 넘치며, 선천적으로 낙관적이다. 내향적인 사람은 외향성의 반대라기보다는 외향성 특징이 없는 것으로 보아야 한다.

• 호감성 : 호감성은 외향성과 함께 대인관계적인 양상과 관련이 있는 차원이다. 호감적인 사람은 기본적으로 이타적이다. 그는 타인과 공감을 잘하고 기꺼이 도와주며 상대방도 자신에게 도움을 줄 것이라고 생각하는 사람이다.

• 성실성 : 이 차원을 구성하고 있는 기본요소는 매사에 꼼꼼히 계획하고 일정을 조직화하고 끈질기게 수행하는 과정에서 반드시 필요한 일종의 자기 통제력이 있는 정도를 의미한다.

• 정서적 불안정성 : 적응 또는 정서적 안정성을 부적응 또는 정서적 불안정성과 대비시키고 있는 차원으로 두려움, 슬픔, 당혹감, 분노, 죄책감 같은 부정적인 정서의 경험을 의미한다.

- 개방성 : 경험에 대한 개방성과 정서적인 성숙 정도를 의미하며 이 점수가 높을수록 더 건강하거나 성숙한 사람으로 보이기 쉽지만, 이것은 상황의 요구조건에 따라 달라진다.

ⓒ 성격유형검사(Myers－Briggs Type Indicator ; MBTI)

- 개요
  - Carl Jung의 유형론을 바탕으로 한 MBTI는 인간관찰에 대한 연구를 통하여 내담자의 성격을 이해하는 자기보고식 강제선택검사이다.
  - 한국의 MBTI는 심혜숙, 김정택에 의해 번안, 표준화 작업을 거쳐 상용되고 있다.
  - MBTI가 광범위하게 사용되는 매력 중의 하나는 좋고 나쁜 점수, 좋고 나쁜 유형이 없다는 점이다.
  - 두 극단 모두 장점과 단점을 갖기 때문에 내담자에게 결과를 해석해 줄 때 상담자가 중립적일 수 있다. 각 선호는 강점과 즐거움, 긍정적인 특성을 포함하고 문제와 맹점을 동시에 가지고 있다.
- 구성 : MBTI는 무작위로 보이는 인간행동을 개인의 인식과 판단에 대한 선호방식에 따라 체계적으로 설명하고 있으며 4개의 양극단 영역을 제공하는 8개척도(4쌍)로 채점된다.
  - 에너지의 주의집중과 세상에 대한 태도 : 외향(E)－내향(I)
  - 정보수집 및 정보인식 : 감각(S)－직관(N)
  - 판단 및 결정 : 사고(T)－감정(F)
  - 행동양식 : 판단(J)－인식(P)

[직업에서의 유형별 특성]

유형	내용
외향성(E)	• 타인과 상호작용하는 것을 좋아함 • 다양성과 행위를 좋아함 • 느린 직무에 참을성이 없음 • 직무의 결과에 관심이 있음
내향성(I)	• 고독을 좋아하고 혼자 집중하는 시간을 좋아함 • 침묵을 좋아함 • 한 가지 일에 오랜 시간을 들여 작업함 • 직무의 아이디어에 관심 있음
감각형(S)	• 주의집중을 요구하는 작업을 선호함 • 새로운 문제를 직면하는 것을 싫어함 • 이미 배운 기술을 활용하는 것을 즐기고 영감이 전혀 없음 • 실수한 적이 거의 없음

직관형(N)	• 상세한 것을 싫어함 • 새로운 문제들이 제기되고 직면되는 상황을 선호함 • 새로운 기술의 학습을 즐김 • 영감에 의존하며 실수를 자주 함
사고형(T)	• 아이디어와 숫자를 가지고 논리적 순서를 요하는 작업을 선호함 • 비판력이 뛰어나며 의지가 굳음
감정형(F)	• 사람들에게 서비스를 제공하는 활동을 선호함 • 타인을 비난하기 보다는 이타적 행위를 선호함
판단형(J)	• 작업을 계획하고 그 계획에 따라 실천하는 것을 선호함 • 사건이 해결되고 종결되는 것을 좋아함
지각형(P)	• 변화하는 상황에 대한 유연한 적응이 가능하며 이에 대해 강점을 발휘함 • 변화를 선호하며 변화를 두려워하지 않음

• 용도
- MBTI는 내담자가 현재 직업에 대해 가지고 있는 불만족의 요인을 설명할 수 있다.
- 직장에서 인간관계를 이해하고 팀워크를 발전시키는데 주로 활용될 수 있다.
- 내담자의 성격과 상반된 직업 환경의 경우 내담자는 효능감을 발휘하지 못하고 만족감이 떨어지는 것으로 나타난다. 또한 MBTI는 내담자를 도와 직업대안을 제시하고 내담자에게 적합한 직업 환경을 찾는데 도움을 준다.
- MBTI는 흥미검사인 storng 검사와 병행한다면 storng 직업흥미검사에서 이론적으로 제시한 특정 직업에 대해 내담자의 적응도와 만족도를 예측할 수 있다.

• 유의점
- MBTI 검사의 대중성과 결과 해석의 단순성 때문에 종종 MBTI를 과신하는 경우가 발생한다.
- MBTI는 사람을 협소하게 범주화하거나 명명하기 위해서 사용하는 것이 아니라 그들이 가진 장점을 지지하고 반대성향의 성격양식을 배울 수 있도록 하기 위함이다.

ⓒ CPI(캘리포니아 성격검사)

• 개요
- CPI는 적응적인 일반 성인을 대상으로 사용하기 위해 Harrison Gough가 개발하였다.
- CPI는 MBTI의 개념 위에 '사회문화적 개념'이라고 부르는 사회성, 관용성, 책임성과 같은 일반적인 성격 특성을 측정하기 위해 고안되었다.
- CPI는 전형적인 행동유형과 태도를 나타내는 문항으로 구성되어 정상적인 개개인의 대인관계 행동을 이해하는데 도움을 주는 검사이다.
- CPI는 때때로 '심리적으로 건강한 사람들을 위한 MMPI'로 불린다.

• 구성 : CPI는 4개의 군집으로 구성되며 각 군집은 20개의 척도로 구성된다.
- 1군집척도 : 지배성, 사교성, 자기수용성, 독립성, 동정심, 지위수용력, 사회적 자발성
- 2군집척도 : 책임감, 사회화, 자기통제력, 호감성, 공동체의식, 인내력, 행복감

- 3군집척도 : 순응적 성취, 독립적 성취, 지적 효율성
- 4군집척도 : 융통성, 남성-여성성, 심리지향성

ⓔ 다면적 인성검사(MMPI)

• 개요

- MMPI의 주된 사용 목적은 정신과적 진단과 분류를 위한 것이며, 일반적인 성격특성을 측정하는 것은 아니다. 그러나 병리적 분류를 통해 정상인의 행동도 비교해 볼 수 있다는 가정 하에 MMPI를 통해 어느 정도 정상인의 행동도 설명하거나 일반적 성격특성을 유추해 볼 수 있다.
- 검사는 비정상적 행동의 측정하는 10개의 임상척도와 피검자의 검사태도를 측정할 수 있는 4개의 타당도척도로 구성되어 있다.
- MMPI는 주로 피검자의 선험적인 경험을 질문함으로서 피검자를 진단하며 일부는 논리적인 질문을 통해 피검자의 허위정도를 파악할 수 있다.

• 구성

- 타당도척도

타당도 척도	?(알 수 없다)	무응답 또는 '예, 아니오' 둘 다에 답한 문항의 수 30점 이상이 나타날 경우 검사결과를 신뢰할 수 없다.
	L척도	피검사자가 자신을 좋게 보이려는, 다소 고의적이고 부정직하며 세련되지 못하게 자신을 조작하려는 정도
	F척도	보통사람들의 생각이나 경험과는 다르게 비전형적인 방법으로 행동하는 것을 측정
	K척도	은밀하고 세련된 사람들에게서 분명한 정신적인 장애를 지니면서도 정상적인 프로파일을 보이는 사람을 식별하기 위한 것

- 무응답척도(?) : 피검자가 응답하지 않은 경우와 '예, 아니오' 둘 다에 답한 문항들의 합이다. 무응답 척도는 566문항 중 30개 이상이면 척도의 높이를 저하시키며 제외문항이 10개 이상이면 그 검사는 무효가 된다. 제외문항은 개인 상담을 통해 검사에 불응한 이유를 탐색하는 것이 좋다. 내담자가 방어적이거나 억압적인 태도를 가졌거나 강박, 우울의 경우 무응답척도가 높을 수 있다.
- 허위척도(L) : L척도 15개 문항은 모두 이성적으로 바람직하며 사회적으로 칭송받을 만한 것이나 실제로 수행이 불가한 것들에 대한 질문이다. 이 점수가 높다는 것은 피검자가 의식적으로 거짓말을 하는 것으로 통상 지능이 높고 사회경제적 지위가 높을수록 L척도가 낮게 나타난다. 따라서 L척도가 높은 피검자는 자신을 바람직하게 보이려고 자신의 응답을 왜곡한 것으로 판단할 수 있다.

- 신뢰성척도(F) : F척도는 피검자의 검사에 대한 부주의, 이해부족 등을 검출하기 위해 64문항으로 구성되어 있으며 일반적으로 정상인이라면 잘 응답하지 않는 것들을 질문한다. F척도가 높다는 것은 검사의 결과를 신뢰할 수 없게 된다는 것을 의미하며 또한 정신분열증과 우울증과 같은 정서장애자일 가능성이 높다. F척도 문항에는 정신병적 척도군과 중복문항을 포함한다.
- 교정척도(K) : K척도는 검사를 받는 태도를 측정하는 척도로 24점 이상으로 높으면 피검자의 검사에 대한 방어적인 태도를 의미한다. L척도와 같이 자신을 바람직한 모습으로 왜곡하려는 방어적인 태도를 나타낸다. K척도가 11점 이하이면 방어적인 태도가 낮아 도리어 과도하게 솔직하게 자신을 비하하는 모습을 보이는 자기 비하적 태도를 알 수 있다. 또한 K척도는 정신장애는 분명한데 정상적인 프로파일을 보이는 피검자를 가려내기 위한 척도이기도 하다. K척도가 낮은 경우 임상프로파일은 높아지며 특히 척도 6, 7, 8, 9의 정신병적 척도가 상승하는 경향을 보인다.

– 임상척도

임상척도	척도 1	건강염려증(HS)
	척도 2	우울증(D)
	척도 3	히스테리(Hy)
	척도 4	반사회성(Pd)
	척도 5	남성특성–여성특성(Mf)
	척도 6	편집증(Pa)
	척도 7	강박증(Pt)
	척도 8	정신분열증(Sc)
	척도 9	경조증(Ma)
	척도 0	내향성(Si)

- 척도 1 ; 건강염려증(HS) : 신체기능에 대한 과도한 집착 및 신체질환이나 비정상적인 상태에 대한 불안 정도를 측정한다.
- 척도 2 ; 우울증(D) : 신경적 우울증보다는 반응성 우울을 측정하는 것으로 피검자의 비관, 슬픔 정도를 의미한다.
- 척도 3 ; 히스테리(Hy) : 현실적으로 인정하기 힘든 갈등에 대하여 책임을 회피하기 위하여 스트레스 상황에서 부인기제를 사용하는 경향을 의미한다.
- 척도 4 ; 반사회성(Pd) : 강자인 권위자 및 기존 체제에 대한 불만 등을 비도덕적인 성향으로 표현하는 정도를 측정한다. 반사회성이 높은 사람은 적대적이며 반항심이 강하다.

- 척도 5 ; 남성특성 – 여성특성(Mf) : 상기 척도는 직업, 취미에 대한 성 정형화된 관심과 다른 정도, 대인감수성 등에 대한 것을 측정하는 것으로 남자의 경우 점수가 70점 이상으로 높다면 남성적 역할에 대해 불안정한 태도를 보이며 여성적 역할을 동일시하는 경향이 있다는 것을 의미한다.
- 척도 6 ; 편집증(Pa) : 대인관계에서의 민감성, 집착, 피해의식 등을 측정하는 것으로 자기합리화를 통해 나타난다. 점수가 70점 이상이면 의심이 많고 적대적이며 피해망상, 과대망상을 보이는 경향이 있다.
- 척도 7 ; 강박증(Pt) : 만성적인 불안 정도를 측정하며 병리적인 공포, 불안, 강박관념, 자기비하 등을 측정한다.
- 척도 8 ; 정신분열증(Sc) : 피검자의 기이한 사고방식이나 행동방식 등과 같은 정신적 혼란정도를 측정한다.
- 척도 9 ; 경조증(Ma) : 피검자의 정신적인 에너지 정도를 의미하며 점수가 70점 이상으로 높을수록 과잉행동, 기분의 고양, 정서적 흥분정도가 강하다.
- 척도 0 ; 내향성(Si) : 피검자의 내향성을 측정하는 것으로 점수가 높으면 내향적이며 수줍음이 많고 현실 도피적이다.

[MMPI검사결과(상담 전 실시 : 실선, 24회기 실시 : 점선)]

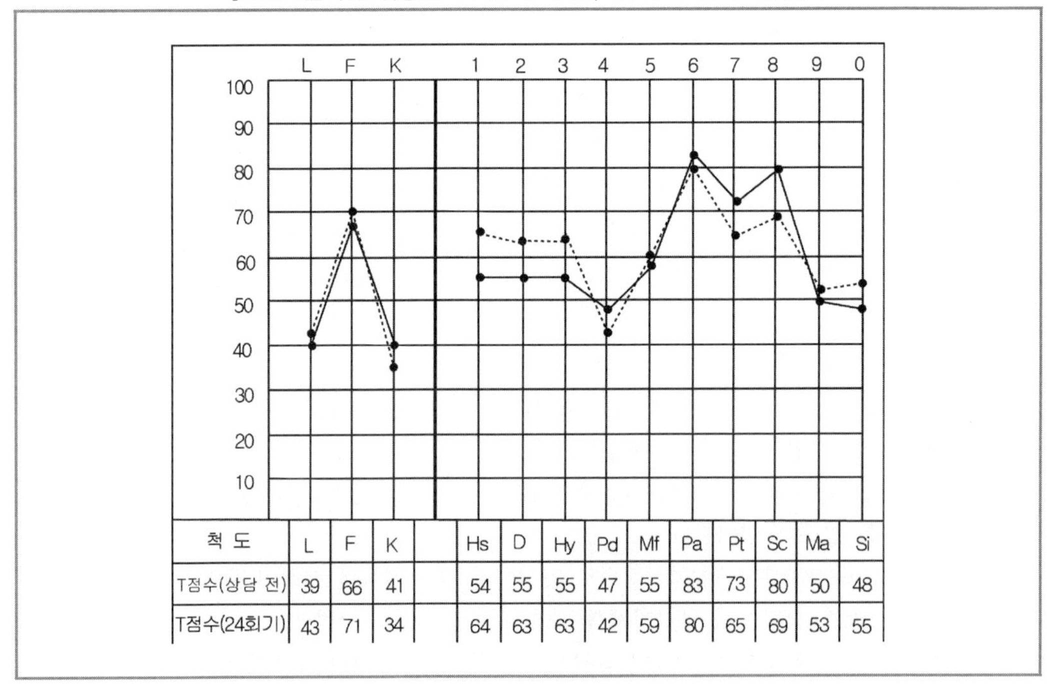

척 도	L	F	K		Hs	D	Hy	Pd	Mf	Pa	Pt	Sc	Ma	Si
T점수(상담 전)	39	66	41		54	55	55	47	55	83	73	80	50	48
T점수(24회기)	43	71	34		64	63	63	42	59	80	65	69	53	55

ⓜ DISC 행동유형검사

- 개요 : 히포크라테스의 채액론에 근거하여 사람의 기질을 담즙, 다혈, 점액, 우울질로 구분하여 William Moulton Marston박사가 제시한 성격검사로 전 세계의 기업체에서 인사채용, 선발, 배치에 활용하고 있다.
- 구성
  - D point(Dominance) : 자아가 강하며 목표 지향적이다. 도전/통제력에 의해 동기부여가 되며 통제권을 상실하거나 이용당하는 것을 두려워한다. 압력 하에서 다른 사람의 견해, 감정들을 별로 고려하지 않을 수 있다.
  - I point(Influence) : 낙천적이며 사람 지향적이다. 사회적 인정/칭찬에 의해 동기부여가 된다. 다른 사람들로부터 거부당하는 것을 두려워하며 압력 하에서 일을 체계적으로 처리하지 못할 수 있다.
  - S point(Steadiness) : 정해진 방식에 따라 행동한다. 팀 지향적이며 현재의 상태를 안정적으로 유지하는 것에 의해 동기부여가 된다. 안정성을 상실하거나 변화하는 것을 두려워한다. 압력 하에서 지나치게 남을 위해 자신을 양보할 수 있다.
  - C point(Conscientiousness) : 세부적인 사항에 주의를 기울이고, 분석적이다. 과업 지향적이다. 정확성과 높은 품질을 유지하는 것에 의해 동기부여가 된다. 자신이 수행하는 작업에 대해 타인의 비판을 두려워하며 압력 하에서 자신과 다른 사람에 대해 기대가 높고 비판적일 수 있다.

ⓑ 로샤(Rorshach) 잉크반점검사

- 개요
  - 피검자에게 애매한 반응을 제공하여 자료를 해석하는 방식을 보면서 그들의 비인지적 특성에 대한 추론하는 검사로 1921년 스위스의 정신과 의사 H. Rorshachdp에 의하여 개발되었다.
  - 로샤는 체계적으로 정신분열증 환자군의 잉크반점 자극에 대한 반응 자료를 수집하기 시작하였고, 405명의 피험자에 대한 반응을 분석하여 잉크반점기법이 특히 정신분열증 진단에 상당히 유용한 도구가 될 수 있다는 결과가 나타났다.
  - 그는 특정 반응(주로 움직임이나 색채 반응)이 특정 심리행동적 특징과 관련이 있기 때문에 이러한 잉크반점검사가 임상진단 도구로서 뿐만 아니라 개인의 성격이나 습관, 반응스타일을 알려주는 도구로 활용될 수 있다고 보았다.
  - 오늘날에는 심리학, 교육학, 정신의학 및 인류학 등 여러 분야에서 인간행동을 이해하기 위해 다양하게 사용되고 있다.
- 구성
  - 이 검사는 종이의 한 면에 잉크를 놓고 반으로 접어 잉크반점을 만든 것을 검사자료로 제시하고 피검자가 그 잉크반응을 무엇이라고 생각하는지 이야기하도록 하여 그의 성격을 평가하는 방법이다.

– 검사도구는 잉크반점이 찍힌 10장의 카드(약 24.2cm×16.9cm)로 구성되는데 이 중 일부는 흑백이고 일부는 컬러로 되어 있다. 10개의 카드 중 Ⅰ. Ⅳ, Ⅴ, Ⅵ, Ⅶ 카드는 무채색카드이며 Ⅱ, Ⅲ 카드는 검정색과 붉은색이 혼합되어 있고, Ⅷ, Ⅸ, Ⅹ는 여러 가지 색으로 구성되어 있다.

[로샤 잉크반점검사 카드의 구성]

카드 Ⅰ : 날개달린 산 짐승(박쥐, 나비), 인간상으로 볼 때는 중앙부는 여성상, 골반 또는 다른 해부적 개념, 손, 새끼 새
카드 Ⅱ : 인간 및 그 운동, 동물 및 그 운동, 곰, 개 등
카드 Ⅲ : 인간, 2명의 인간, 인간의 운동, 인간의 성
카드 Ⅳ : Sex Card(Father Card), 모피류, 동물의 머리, 괴물, 거인, 고릴라
카드 Ⅴ : 나비, 박쥐 및 운동동물의 머리, 인족
카드 Ⅵ : 동물의 피질, 남근, 모피
카드 Ⅶ : Sex Card(Mother Card), 인간 및 그 운동, 지도, 동물 및 그 운동
카드 Ⅷ : 동물, 색칠한 나비, 해부도
카드 Ⅸ : 마녀, 인두, 원자폭탄의 폭발(카드를 거꾸로 볼 때), 무궁화
카드 Ⅹ : 화가의 파렛트, 해저경치, 가슴, 거미, 뱀

• 해석
  – 로샤 검사의 채점방식은 매우 다양하게 개발되어 있는데 반응의 위치, 반응특징, 반응내용 등의 준거에 따라 반응을 분류한다.
  – 검사자가 “지금부터 10장의 카드를 보여 드리겠습니다. 이것은 잉크를 떨어뜨려 우연히 생겨난 모양이므로 무엇으로 보아도 상관없습니다. 이것이 무엇으로 보이는지, 무엇과 같이 생각되는지 말씀해 주십시오. 한 장 한 장 보여드릴테니 가능한 두 손으로 잡고 자유롭게 보십시오. 무엇으로 보이더라도 상관이 없으니깐 보이는 대로 주저하지 말고 말씀하세요.”라고 검사의 응답이 자유롭게 지시한다.

ⓢ 주제통각검사(TAT)

• 개요 : TAT는 Murray의 욕구이론에 기초하여 Mogan과 Murray가 개발한 검사로 사람이 등장하는 그림을 제시하고 그에 대한 이야기를 구성해 보도록 하는 방법으로 대상을 지각하는 과정에서 발생하는 내담자의 심리적 특성을 반영하고 이해하는 심리검사기법으로 다양한 대인관계상의 역동적 측면을 파악하는 데 유용하다.
• 구성 : 약 23.5cm×28cm 크기의 31개 흑백카드로 구성되어 있고, 대부분의 카드에는 하나 이상의 등장인물이 있으며 한 장은 완전히 백지(도판 16)로 구성되어 있다. 30장의 카드 중 피검자의 성별과 연령에 따라 20장의 카드를 선택하여 제시한다.

• 해석

– 각 20매의 그림을 2회로 나누어 실시하도록 되어 있으나, 경우에 따라서는 그림의 매수를 줄여 간편하게 9 ~ 12매의 그림으로도 실시되고 있다.

– TAT는 피검자가 이야기의 주인공과 동일시한다는 가정 하에 결과해석에 있어서도 피검자의 갈등, 경험, 욕구 등이 이야기 반응에 투사된다고 가정한다. 따라서 TAT는 보통 객관적인 방식으로 채점하기 보다는 다양한 주제에 대한 빈도, 이야기 길이, 결과 등을 고려하여 평가하게 된다.

– TAT의 해석방법으로는 표준화된 자료와 비교하여 분석하거나 주인공을 중심으로 분석, 해석자의 직관적 해석, 인물들의 대인관계 사태를 분석하는 방법 등으로 해석할 수 있다.

[TAT카드]

ⓞ 집 – 나무 – 사람그림검사(HTP)

• 개요 : 피검자로 하여금 집 – 나무 – 사람의 주제로 그림을 그리게 하여 피검자의 심리적 상태를 파악하는 검사로 그림을 통해서 성격을 진단하며, 심리치료의 보조수단으로 사용되는 것으로 무엇을 어떻게 표현시키는가에 따라 여러 가지로 분류할 수 있다. 그러나 가장 많이 사용하는 그림검사는 피검자에게 일정한 과제를 부여하고 거기에 대하여 그림을 그리게 하는 과제그림검사이다.

• 구성

– 집

- 누구의 집인가?
- 이 집은 무엇으로 만들어졌나?
- 이 집을 어떻게 생각하는가?
- 이 집에는 어떤 사람들이 사는가?

– 나무

- 몇 년이나 된 나무인가?
- 나무가 죽었는가? 살았는가? 죽었다면 언제 죽었는가?
- 나무는 건강한가? 혹은 강한가?

- 이 나무에게 가장 필요한 것은 무엇인가?

– 사람

- 남자인가? 여자인가?
- 몇 살인가? 누구인가?
- 무엇을 하고 있는가? 무엇을 생각하고 있는가?
- 어떤 인상을 주는가?

ⓩ 문장완성검사(SCT)

• 개요 : 내담자가 자신의 갈등, 혹은 정서와 관련된 문장의 일부를 완성하는 검사로 문장완성검사는 로샤 검사, TAT검사에 비해 검사 자극이 보다 분명하며 응답자가 검사 자극내용을 지각할 수 있도록 구성되어 있어 다른 투사적 검사들에 비해 보다 의식된 수준의 심리적 현상들이 반응되는 경향이 있다.

• 구성

– 가족관계 : 가족에 대한 태도, 가족이 자기에 대하여 갖는 태도, 가정의 분위기 등

– 교우관계 : 사교성, 교육에 대한 태도 등

– 신체관계 : 자기의 용모, 신체조직 및 기능에 대한 생각, 열등감, 편견 등

– 직장관계 : 근로의욕, 직장에서의 인간관계, 불만 있는 일에 대한 태도 등

– 일반적인 대인관계 : 이성이나 동성에 관한 태도, 성적 역할, 권위상이나 성인에 대한 태도, 대인관계에서 위기장면에 놓였을 경우의 태도, 이웃관계 등

– 학교관계 : 학교장면에서의 문제나 인간관계 등

– 감정 : 불안이나 행복감의 존재와 대상, 좋아하거나 싫어하는 대상, 심리적 외상 등

– 일상생활 태도 : 유년기, 소년기와 현재의 생활, 습관 등

– 자기 기타 : 자기 자신을 어떻게 보고 있는가? 현재의 자기와 이상상, 자존심, 욕구불만이나 갈등시의 행동 등

– 사상 : 사물이나 현상에 관한 느낌 등

ⓒ PAI(Personality Assessment Inventory)

• 검사개요

– Morey(1991)가 제작한 객관형 성격평가 질문지이다.

– 이 검사는 성인의 다양한 정신병리를 측정하기 위해 구성된 성격검사로 임상진단, 치료계획 및 진단집단을 변별하는데 정보를 제공해주고 정상인에게도 적용할 수 있는 성격검사이다.

– 심리측정적 관점에서 매우 타당한 성격검사로서 DSM-Ⅳ와 같이 진단체계가 바뀌고 시대가 변화하면서 새로운 검사도구가 필요하다는 입장에서 제작되었다.

- 최근 진단 실제에서 차지하는 비중을 고려하여 임상증후군을 선정하고 이를 측정하는 22개 척도로 구성된다.
- 증상의 수준과 심각성을 고려한 검사이고 진단집단간의 변별력이 높은 검사이다.
- 많은 성격검사들이 개발된 이후로 심리측정이론의 현재 상태를 잘 나타내주는 새로운 중요한 개념적, 방법론적 측면들을 고려하였다.

• 검사의 활용
- 심리학적 정상범주와 이상범주의 구별뿐만 아니라 척도별로 3~4개의 구체적인 하위척도로 구성되어 있어서 현재 개인이 경험하고 있는 어려움이나 불편을 호소하고 있는 영역을 구체적이고 전반적으로 파악할 수 있다.
- 정신과적 관심이 되는 이상행동뿐만 아니라 개인의 성격적 특징과 행동적 특징을 동시에 파악할 수 있다.
- 현대사회를 살면서 일반인들이 흔히 경험하는 대인관계문제, 공격성, 스트레스, 알코올문제 및 약물문제까지도 파악할 수 있다.

• 구성척도
- 정신장애를 측정하는데 가장 타당하다고 보는 22개 척도에 344개 문항을 선별하여 구성하였고 4점척도(0-3)로 이루어진다.
- 4개의 타당도 척도와 11개의 임상척도, 5개의 치료고려척도와 2개의 대인관계척도가 있다. 이 중 10개 척도에는 해석을 보다 용이하게 하고 임상적 구성개념을 포괄적으로 다루는데 도움을 주는 3~4개의 하위척도가 포함되어 있다.
- 타당도척도 : 비일관성척도, 저빈도척도, 부정적인상척도, 긍정적인상척도
- 임상척도 : 신체적 호소척도, 불안척도, 불안관련 장애척도, 우울척도, 조증척도, 망상척도, 정신분열병 척도, 경계선적특징척도, 반사회적특징척도, 알코올문제척도, 약물문제척도
- 치료고려척도 : 공격성척도, 자살관념척도, 스트레스 척도, 비지지척도
- 대인관계척도 : 지배성척도, 온정성척도

POINT 각 구성척도별 하위척도

- 신체적 호소 : 전환, 신체화, 건강염려
- 불안 : 인지적 불안, 정서적 불안, 생리적 불안
- 불안관련장애 : 강박장애, 공포장애, 외상적 스트레스장애
- 우울 : 인지적 우울, 정서적 우울, 생리적 우울
- 조증 : 활동수준, 과대성, 초조감
- 망상 : 과경계, 피해의식, 원한
- 정신분열병 : 정신병적 경험, 사회적 위축, 사고장애
- 경계선 : 정서적불안정, 정체성문제, 부정적 관계, 자기 손상
- 반사회적 : 반사회적 행동, 자기중심성, 자극추구
- 공격성 : 공격적 태도, 언어적 공격, 신체적 공격

POINT PAI의 특징

- 환자집단의 성격 및 정신병리적 특징뿐만 아니라 정상성인의 성격평가에 매우 유용하다.
  일반적인 성격검사들이 환자집단에 유용하고 정상인의 성격을 판단하는 데 다소 제한적이지만 PAI는 두 장면에서 모두 유용하다.
- DSM-Ⅳ의 진단분류에 가장 가까운 정보를 제공한다.
  우울, 불안, 정신분열병 등과 같은 축Ⅰ 장애뿐만 아니라 반사회적, 경계선적 성격장애와 같은 축Ⅱ 장애를 포함하고 있어 DSM 진단분류에 가장 가까운 정보를 제공한다.
- 행동손상정도 및 주관적불편감 수준을 정확히 파악할 수 있는 4점 평정척도로 구성되었다.
  대부분의 질문지형 성격검사가 '예-아니오'라는 양분법적 반응양식으로 되어 있으나, PAI는 4점 평정척도로 이루어져 있어서 행동의 손상 정도 또는 주관적 불편감 수준을 정확히 측정하고 평가할 수 있다.
- 분할점수를 사용한 각종 장애의 진단 및 반응 탐지에 유용하다.
  분할점수를 사용한 각종 장애의 진단과 꾀병이나 과장 및 무선적 반응과 부정적 반응왜곡, 물질남용으로 인한 문제의 부인과 긍정적 또는 방어적 반응왜곡의 탐지에 특히 유용하다.
- 각 척도는 3~4개의 하위척도로 구분되어 있어, 장애의 상대적 속성을 정확히 측정하고 평가할 수 있다.
  10개 척도는 해석을 용이하게 하고 임상적 구성개념을 포괄적으로 다루기 위해 개념적으로 유도한 3~4개의 하위척도를 포함하고 있어, 장애의 상대적 속성을 정확하게 측정, 평가할 수 있다. 예컨대, 불안척도의 경우 인지적, 정서적, 신체적 불안으로 하위척도를 구분하고 있고 하위척도의 상대적 상승에 따른 해석적 가정을 제공하고 있다.
- 높은 변별타당도 및 여러 가지 유용한 지표를 활용한다.
  문항을 중복시키지 않아서 변별타당도가 높고 꾀병지표, 방어성지표, 자살가능성지표 등과 같은 여러 가지 유용한 지표가 있다.
- 임상척도의 의미를 보다 정확하게 평가할 수 있는 결정 문항지를 제시한다.
  환자가 질문지에 반응한 것을 분석하는 데 그치지 않고 임상장면에서 반드시 체크해야 할 결정문항을 제시하고 있다. 따라서 그 내용을 직접 환자에게 물어봄으로써 추가적인 정보를 수집할 수 있을 뿐만 아니라 임상척도의 의미를 보다 정확하게 평가할 수 있다는 이점이 있다.
- 수검자가 경험하고 있는 다양한 증상이나 심리적 갈등을 이해하는 데 도움을 준다.
  결정문항 기록지를 통해 수검자가 경험하고 있는 다양한 증상이나 심리적 갈등을 이해하고 프로파일의 의미를 구체화시키고 해석하는 데 도움이 된다.
- 채점 및 표준점수 환산과정의 편리성
  채점판을 사용하지 않고 채점할 수 있어서 채점하기 용이하고 프로파일 기록지에 원점수와 T점수가 같이 기록되어 있어서 규준표를 찾아야 하는 번거로움이 없다. 또한 온라인 검사로 PAI를 실시할 경우 검사 실시 후 실시간으로 결과를 바로 확인할 수 있다.

06 검사개발과 해석

1 심리검사의 개발

순서	방법
1. 가설개념의 영역규정(측정대상의 개념화)	→ 문헌연구
2. 문항의 표집(문항제작)	→ 문헌연구, 가장 창의적인 단계
3. 사전검사 자료수집	→ 표본조사
4. 측정도구 세련화	→ 문항분석 · 요인분석
5. 본검사 자료수집	→ 표본조사
6. 신뢰도 평가	→ 신뢰도 평가
7. 타당도 평가	→ 타당도 평가
8. 규준 제작	→ 표준화 표본집단

① 0단계(검사의 목적 파악) … 검사가 측정하고자 하는 검사 목적을 이해한다.

② 1단계(가설개념의 영역규정) … 심리검사 개발의 첫 단계로 측정하고자 하는 심리적 구성개념을 기존의 문헌을 참조하여 정의내리고 규정한다.

③ 2단계(문항의 표집) … 심리검사 개발과정 중 가장 창의적인 과정으로 문헌연구를 통해 연구자의 심리적 구성개념에 부합하는 문항을 표집 또는 문항을 제작한다.

④ 3단계(사전검사 자료수집) … 수집된 문항을 표본집단에게 검사하여 자료를 수집한다.

⑤ 4단계(측정도구의 세련화) … 사전검사에서 수집된 자료 결과 타당도와 신뢰도가 부족하다면 불필요한 문항을 삭제, 수정함으로서 문항을 재구성한다.

⑥ 5단계(본검사 자료수집) … 수정된 문항을 표본 집단에게 다시 검사하여 잘못된 문항이 수정되었는지를 확인한다.

⑦ 6, 7단계(신뢰도 평가, 타당도 평가) … 본검사에서 수집된 자료를 신뢰도와 타당도를 평가하여 유의수준에 있는지를 확인한다.

⑧ 8단계(규준 제작) … 신뢰도와 타당도가 있는 완성된 문항을 표준화 표본집단(규준집단)에게 검사를 실시한 후 집단의 특성을 파악한다. 이때 규준은 인구통계변인을 고려하여 집단별로 제작하는 것이 바람직하다.

2 심리검사의 실시

① 검사의 선정

㉠ 심리검사는 상담과 분리된 활동이 아니라 상담의 한 과정이다. 어떤 내담자들은 검사를 실시할 경우 많이 불안해한다. 이러한 불안은 상담과정 전체에 영향을 미칠 수도 있다.

㉡ 어떤 결과가 나오더라도 상담자는 내담자를 수용할 것이라고 느낄 수 있도록 해 주어야 한다. 흥미검사나 성격검사에서도 개인의 성격적 약점이나 단점이 드러날까봐 두려워할 수 있는데, 이 같은 검사가 주는 불안을 낮추기 위해 검사의 목적이 상담자가 내담자를 진단내리는 것이 아니라 내담자 스스로 자신을 더 잘 이해할 수 있도록 돕는데 있다는 것을 분명히 밝혀야 한다.

㉢ 상담과정에서 어떤 검사를 사용할 것인지에 대해 내담자와 의논한다. 검사의 목적과 특성을 알면 내담자는 검사결과를 통해 더 많은 도움을 받을 수 있다. 검사의 유용성에 대해 확신을 가진 내담자는 능력검사에서도 최대한 노력하고 흥미검사와 성격검사에도 솔직하게 응답하게 될 것이다. 검사과정에서 검사의 본성을 이해한 내담자는 방어를 최소화하여 검사결과를 보다 객관적으로 인식할 수 있다.

㉣ 내담자가 검사결과에 너무 의존하게 해서는 안 된다. 학업이나 진로상담에서 내담자는 검사결과에 많이 의존한다. 상담자는 전문가로서 자신에게 맞는 검사를 선택해 주고 그 검사결과를 바탕으로 무엇을 해야 할지 조언해 줄 것이라고 생각한다. 그러나 내담자를 검사선택과정에 참여시킴으로서 이러한 지나친 의존성을 방지할 수 있다.

㉤ 내담자가 검사를 받아보고 싶다고 말하는 내용을 표현하는 그대로 이해하기 보다는 이유를 탐색한다. 예를 들어 내담자가 성격검사를 받아보고 싶다고 말할 경우 내담자의 요구대로 바로 성격검사를 실시하는 것이 아니라. 성격검사를 요구하는 의미를 탐색해야 한다. 검사를 실시하기 전에 내담자가 우울이나 불안의 중요한 문제를 가지고 있는지 여부를 확인해야 한다.

㉥ 검사실시에 걸리는 시간 및 비용을 고려해야 한다. 어떤 결정을 위해서는 정확성이 조금 떨어지더라도 짧은 검사를 사용할 수도 있지만 보다 중요한 결정을 위해서는 보다 길고 신뢰도가 높은 검사를 사용하는 것이 바람직하며 검사문항을 답지와 별도로 재사용할 수 있는지, 채점방식이 어떤지, 비용이 얼마인지 등을 고려할 필요가 있다.

② 검사의 실시

㉠ 검사자는 검사실시지침과 검사실시의 여러 면에서 익숙해야 한다.

㉡ 검사자는 내담자가 검사에 관심을 가지고 협조할 수 있도록 해야 한다.

㉢ 검사자는 검사실시과정에 숙련되어 내담자가 검사자의 능력을 의심하지 않도록 해야 한다.

㉣ 검사장소는 의자, 조명, 통풍, 온도 등에 있어서 검사실시가 적합해야 한다. 소음이 없고 조용해야 하며 방해받지 않는 곳이어야 한다.

3 검사의 해석

① 검사해석의 일반원칙

㉠ 검사결과는 절대적인 것이 아니다.

㉡ 각종 검사들의 결과는 학생을 이해하기 위한 수단일 뿐이지 피검자를 규정짓기 위한 것이 아니다.

㉢ 검사결과는 규준을 참조하여 의미 있는 해석을 한다.

㉣ 전문가(유자격자로 해당 검사에 대한 전문적 자질이 있는 자)가 검사를 실시, 해석해야 한다.

㉤ 피검자의 알 권리를 존중한다.

② 검사결과 해석 시 주의(유의)할 사항

㉠ 해석에 대한 내담자의 반응을 고려한다. 검사가 가질 수 있는 한계와 제한점을 지적한다.

㉡ 검사결과를 해석할 때 다른 검사와 관련 자료를 함께 고려하여 결론 내린다.

㉢ 검사결과를 악용해서는 안 된다.

㉣ 자기 충족적 예언을 하면 안 된다.

㉤ 검사결과를 규준에 따라 해석해야 한다.

㉥ 검사결과를 가지고 피검자를 낙인찍거나 명명해서는 안 된다.

㉦ 해석에 대한 내담자의 방어를 최소화해야 한다.

㉧ 검사지의 대상과 용도를 명확히 해야 한다.

㉨ 내담자의 점수 범위를 고려해야 한다.

㉩ 검사결과에 대해 상담자는 중립적인 입장을 지켜야 한다.

㉪ 검사결과를 내담자에게 이해하기 쉬운 언어로 설명해야 한다.

③ 부정적인 심리검사의 통보

㉠ 다른 검사와 관련 자료들을 함께 고려하여 결론 내린다.

㉡ 검사결과에 따라 피검자를 단정하거나 낙인찍어서는 안 된다.

㉢ 검사결과를 악용해서는 안 된다.

㉣ 검사해석을 오용하지 않도록 주의한다.

㉤ 검사결과를 절대적인 것으로 해석하지 않는다.

㉥ 검사결과에 너무 의존하지 않고 융통적으로 활용한다.

㉦ 검사의 한계를 지적하고 특정범위 내에서 해석한다.

④ **심리검사 평가과정에서의 윤리성** … 심리검사 평가과정의 윤리는 APA(미국심리학회)의 윤리강령을 참조한다.

㉠ 심리학자는 평가기법을 이용할 때 의뢰인이 그 기법의 목적과 본성을 자신이 이해할 수 있는 언어로 충분히 설명을 받을 권리가 있음을 인정하며, 이런 권리를 제한할 때는 사전에 문서로 동의를 받는다.

㉡ 심리학자는 심리검사나 다른 평가기법을 개발하고 표준화할 때 기존의 잘 확립된 과학적 과정을 따라야 하며 APA의 관련 기준을 참조한다.

㉢ 심리학자는 평가결과를 보고할 때 평가환경이나 수검자를 위한 규준의 부적절성으로 인한 타당도나 신뢰도에 관한 모든 제한점을 지적한다. 심리학자는 평가결과와 그 해석을 다른 사람이 오용하지 않도록 노력한다.

㉣ 심리학자는 평가결과가 시대에 뒤떨어진 것을 수 있음을 인식한다. 심리학자는 이렇게 측정을 오용하지 않기 위해 노력한다.

㉤ 심리학자는 채점과 해석 서비스가 그런 해석에 이르기 위해 사용한 과정과 프로그램의 타당도에 대한 적절한 증거를 갖출 수 있게 한다. 공공에 대한 자동해석 서비스도 전문가끼리의 컨설팅과 같은 것으로 간주한다.

㉥ 심리학자는 적절한 훈련이나 교습, 후원이나 감독을 받지 않은 사람들이 심리검사기법을 이용하는 것을 조장하거나 권장하지 않는다.

⑤ Tinsley와 Bredley의 심리검사결과 해석과정

㉠ 해석 준비기 : 내담자가 검사 자체와 점수 의미에 관하여 충분히 이해하고 있는지, 내담자의 중요한 관련 정보(교육, 가정환경 등)와 검사결과의 의미가 어떻게 통합되며 그것을 잘 알고 있는지 등을 심사숙고하는 단계로 해석의 흐름을 간략하게 미리 생각해 둔다.

㉡ 내담자 준비기 : 내담자가 검사결과 해석을 듣고 받아들이도록 준비시키는 단계로 피검사자가 측정의 목적, 검사에 응답하는 동안의 경험, 점수나 프로파일의 결과를 예측해 보도록 한다.

㉢ 정보(결과) 전달 : 상담가는 측정 목적을 다시 새긴 후 점수를 이야기 하며, 측정오차 등의 문제를 설명, 검사결과에 대해 내담자가 솔직하게 반응하도록 격려해야 한다.

㉣ 추후활동 : 상담결과에 대한 의견을 함께 나누고, 내담자가 결과를 이해했는지 확인, 검사를 통해 알게 된 내용들과 관련 자료를 잘 통합할 수 있도록 돕는다.

03 경력개발과 직업전환

01 조직에서의 경력개발

1 경력개발의 정의

① 경력개발의 의미

㉠ 경력이란 개인의 일련의 직업 관련 활동, 행동 그리고 그와 관련된 태도, 가치와 포부, 경력 관리과정을 의미하며 경력개발은 조직원과 조직이 상호 협력하여 경력을 구상하는 구조적이고 조직화된 계획 활동 또는 과정이라고 정의할 수 있다.

㉡ 경력개발을 통해 조직원은 장래의 경력경로를 점검할 수 있고 이를 통해 자신의 능력과 관심을 분석하고, 개인의 성장 · 발전 요구와 조직의 요구를 조화시킨다.

② 경력개발의 목적

㉠ 경력개발은 조직에 필요한 인력을 확보함과 동시에 개인의 성취동기를 유발하여 개인과 조직의 목표달성을 극대화하고자 하는데 목적이 있다. 이는 개인에게 명확한 목표를 제시하고, 직무에 대한 성취 욕구를 충족시켜, 개인의 능력발휘와 역량파악에 도움을 주고 현업에 대한 의미를 부여하여 개인의 성취동기를 유발하게 한다.

㉡ 조직에서는 개인의 자질향상과 우수인력의 이직방지를 통해 장기적으로 인재를 육성하고 적재적소 배치가 가능하며 직책수행에 필요한 경력을 이수할 수 있다.

③ 경력 닻 … Schein(1978)은 개인의 경력개발에 영향을 주는 몇 가지 동기 또는 가치들을 발견하였다. 이것을 경력 닻이라 하며 이것은 경력선택을 좌우하는 결정요인으로 정의된다. 즉 경력 닻은 조직원이 어떻게 자신의 경험을 선정하고, 원하는 바를 발견해 내며 경력결정기준들을 만들어 내는지를 결정한다. 또한 그들이 어떤 포부를 가지고, 어떻게 자신들의 성취도를 평가하는지도 결정한다. 기본적으로 경력 닻은 8가지로 구분된다.

㉠ **관리능력** : 책무를 더욱 증가시키는 데 경력개발의 초점이 된다.

㉡ **기술/기능적 능력** : 전문성을 제고하고 사람과 일 사이의 조화로운 관계를 형성하는 데 경력개발의 초점이 된다.

㉢ **안전/안정성** : 수입, 이익, 인정같이 만족감을 유지하는 데 경력개발의 초점이 있다.

㉣ **도전 정신** : 새로운 과제에 도전하고 문제를 해결하는 데 경력개발의 조점이 있다.

㉤ **자율성과 독립성** : 의사결정을 하고 자율적으로 책무를 수행하는 데 경력개발의 초점이 있다.

㉥ **온전한 삶** : 삶과 일 사이의 균형을 유지하는 데 경력개발의 초점이 있다.

㉦ **봉사와 헌신** : 사회, 조직, 또는 사람들에게 봉사하는 데 경력개발의 초점이 있다.

㉧ **기업가 정신** : 일에 대한 주인의식과 총체적인 책무성의 획득에 경력개발의 초점이 있다.

④ 경력개발의 효과

㉠ 숙련되고 경험 있는 조직원의 이직률 감소

㉡ 조직의 구시대적 경력관 교정

㉢ 조직원의 자기개발 동기화

㉣ 최신 기술 습득의 중요성에 대한 이해 확장

㉤ 지속적인 학습의 필요성에 대한 인식 증대

㉥ 멘토링 계획 강화

㉦ 소수집단과 여성을 위한 평등한 기회보장

㉧ 관리자의 직원개발의 중요성에 대한 확신

㉨ 생산성 있고 동기화된 조직원을 통한 경쟁력 확보

㉩ 국제적 유연성 확보

⑤ 다운사이징 시대의 경력개발 방향

㉠ 수직적 이동에서 수평적 이동

㉡ 조직개발에서 경력개발을 통한 개인의 능력 신장

㉢ 장기, 집체교육에서 단기, 연속적 평생학습 요구

㉣ 장기고용에서 계약직, 파견직 등의 유연적 단기고용 증가

㉤ 특정영역에서의 전문가 중심에서 다면적 전문가 선호

2 경력개발 프로그램

① 경력워크숍과 세미나

㉠ 워크숍과 세미나는 경력개발에서 선호하는 방식으로 이를 통해 조직원이 자신의 경력에 책임질 것을 장려한다.

㉡ 조직원은 경력워크숍과 세미나를 통해 자신의 현재직업에 대해 숙고해 봄으로서 일에 대한 만족도를 알게 된다.

㉢ 경력워크숍은 신입 부서원이 배치된 후 6개월 이내에 자신이 도달하고 싶은 미래의 모습을 경력목표로 정하고, 약 5일간 경력계획에 대한 준비와 실천방법에 대해 숙고하고 건설적인 대안을 찾도록 강구한다.

② **사내공모제도** … 직무공고란 직원들이 조직 내에서 개방직을 지원하는 것을 허용하는 조직화된 과정으로 조직은 그들의 개인적 자격을 심사하고 선발과정을 적용하여 채용한다. 이러한 방법 중 사내공모제도란 조직에 공석이 발생할 경우 그 자리를 충원하기 위해서 조직 내의 인트라넷을 활용하여 직원들에게 직무공고를 한 뒤 조직 내에서 채용한 방법을 말한다.

③ **평가기관**(assessment center) … 1950년대 말 미국의 AT & T사가 처음으로 운영한 관리자 선발방식으로 2 ~ 3일간에 걸쳐 면접, 리더 없는 집단토의, 비즈니스게임 등 다양한 형태의 실습을 한 뒤 복수의 전문가로 구성된 평가자로부터 리더십 의사소통능력 등을 평가한다.

④ **조기발탁제** … 잠재력이 높은 종업원을 초기에 발견하여 집중 투자함으로 특별한 경력경험과 경력개발을 제공하는 것이다. 조기발탁제는 조직의 신입사원 중 뛰어난 인재를 후계자로 지정하여 경력개발 함으로서 경력개발비용을 줄일 수 있다는 장점이 있다.

⑤ **멘토링제** … 멘토링은 조직의 내부 네트워크로 직원의 경력개발에 도움을 주는 방법으로 멘토링 체제는 불분명했던 조직의 기대를 분명하게 하고, 신입사원들의 강점과 약점을 객관적으로 평가하며, 참여자들의 의견전달통로서의 기능을 담당한다.

⑥ **교육훈련프로그램** … 조직은 조직원의 경력개발을 위하여 다양한 교육프로그램을 기획 · 실시한다. 과거 전 조직원을 대상으로 일괄적으로 실시하던 교육훈련 프로그램에서 경력직 및 교육이 요구되는 일부 조직원을 대상으로 하는 직무위주의 교육훈련으로 전환되고 있으며 대인관계훈련에서 스트레스관리 프로그램까지 다양한 교육이 실시되고 있다. 교육훈련 프로그램을 실시할 경우 교육담당자는 가장 먼저 교육생의 요구(needs)를 파악 후 교육을 기획한다.

⑦ **직무순환** … 조직원에게 다양한 직무를 경험하게 함으로서 직무에서 오는 권태로움을 해소할 수 있으며 조직원의 경력개발에도 도움을 줄 수 있다.

⑧ **파일럿 연구**(pilot study) … 특정 경력개발 프로그램을 대규모로 적용하기 전에 소규모 집단에 시범적으로 실시하는 과정을 말한다. 프로그램 참여자로부터 프로그램에 대한 평가와 피드백을 받은 후, 그에 대한 대책을 마련하여 개발된 경력개발 프로그램을 본격적으로 정착시키는데 활용되는 방식으로 진행되는 경력개발방법이다.

POINT **직무 설계 과정에서 조직구성원에게 요구되는 'KSAO'**

- 지식 Knowledge
- 기술 Skill
- 능력 Ability
- 기타 특성 Others

3 경력개발의 단계

경력개발단계는 일반적으로 초기, 중기, 말기경력단계로 구분할 수 있다.

① 초기 경력단계

㉠ 경력 초기에는 신입사원들이 조직에 적응할 수 있도록 조력하며 현실적인 직무소개를 통해 자신의 직무를 담당할 수 있도록 하는 노력이 필요하다.

㉡ Campbell과 Hofferman은 초기 경력단계에서 조직에 적응하도록 방향을 설정하고 지위와 책임을 알고 만족스러운 수행을 증명해 보이며 개인적 목적과 승진기회의 관점에서 진로경로를 계획 · 탐색 또한 승진, 지위 변경의 계획을 실행하는 것을 주된 과제로 보았다.

[초기 경력개발 프로그램]

현실적 직무소개(JRP ; Real Job Preview) 직업적응 프로그램 스트레스대처 프로그램 경력계획 워크숍 후견인 프로그램(Mentoring program)

② 중기 경력단계

㉠ 중기단계는 개인의 작업생애와 사회적 · 정서적 욕구의 중간국면에 해당하는 시기로 수퍼의 발달단계로 보자면 유지단계의 시작으로도 간주할 수 있다.

㉡ 중기단계에는 직책 및 상황을 증진시키고 계속 적응하는 과정으로 조직 내에서의 직무역할을 수행하는데 어려움이 없는 반면 개인이 조직에 머무는 동안 발생할 수 있는 조직원간의 인간관계향상 및 스트레스관리에 주력한다.

[중기 경력개발 프로그램]

인간관계향상프로그램 갈등관리 프로그램 후견인프로그램(Mentoring program)

③ 말기 경력단계

㉠ 후기단계에서 개인 생애의 주요 초점은 조직의 외부에서 활동하는데 있다.

㉡ 개인은 외부의 흥미를 구축하고 조직으로부터 멀리 떨어져 나가기 시작하며 조직활동도 권력 역할에서 사소한 역할로 바뀌게 된다. 따라서 경력 말기에는 조직 내에서의 역할수행을 마무리하고 은퇴를 준비하는 시기로 볼 수 있다.

㉢ 이 시기에는 사회적 역할을 소실함으로서 발생하는 심리적 박탈감을 처치하기 위한 정서적 지지가 중요하며, 은퇴 이후의 제2의 직업기를 준비하는 것에 주력한다.

[말기 경력개발 프로그램]

㉠ 은퇴준비 프로그램(Bridge Employment, Outplacement)
㉡ Bridge Employment : 기존 직장에서 은퇴 후 새로운 직장을 찾도록 다리를 놓아주는 형식의 경력관리로써 퇴직자의 퇴직요인 및 니즈를 분석하여 개인에게 적합한 정보와 일자를 제공하는 프로그램
㉢ Outplacement : 퇴직자의 실업으로 인한 스트레스와 심리적 고통을 줄이고 자신의 경력사다리를 이어갈 수 있도록 새로운 직장을 소개하거나 창업에 대한 정보를 제공하는 프로그램
㉣ 실업충격대처 프로그램

POINT 경력관리의 단계

㉠ 1단계 : 직업 선택, 일을 위한 준비단계 (0 ~ 25세)
- 자기탐색 : 재능, 흥미, 가치, 성격, 자신의 라이프스타일 등
- 직업탐색 : 직업의 특성 탐색, 잠정적 직업 선택과 필요한 교육 훈련이수, 직업 분야에서 요구되는 사항, 가능성, 급여 또는 보상에 대한 정보수집 및 통찰
- 직업선택은 연령과 관계없이 언제든지 다시 나타날 수 있음.

㉡ 2단계 : 조직 입사(18 ~ 19세)
- 자신이 선택한 경력분야의 직무와 조직을 선택
- 바람직한 결과 : 자신의 경력가치를 충족시키고 자신의 재능을 발휘할 수 있는 직무를 선택
- 새로운 조직에 들어가는 시기는 사람마다 다를 수 있기 때문에 연령의 범위는 고정적이지 않으며 변할 할 수 있음.

㉢ 3단계 : 경력 초기(25 ~ 40세)
- 확립시기 : 자신의 업무내용을 파악하고 조직의 가치 기대를 이해하고 조직에 크게 기여하는 사람으로 인정받는 단계
- 성취시기 : 조직에 적응하는 문제보다 조직 내에서 위로 올라 가는 것(승진, 진급)에 더 많은 관심

㉣ 4단계 : 경력 중기(40 ~ 45세)
- 성인 초기와 중기를 연결시키는 가교로서의 역할 인생중반의 변화에 의해 촉진됨
- 자신의 경력 초기를 지배했던 인생구조를 재평가하게 됨
- 주요주체 : 중년기의 변화, 경력 중기 변화의 역동성, 쇠퇴의 위험, 경력 중기에서의 한계 가능성 등

㉤ 5단계 : 경력 말기(55세 ~ 은퇴)
- 기술의 변화, 나이에 대한 고정관념, 조기퇴직에 대한 압력
- 개인은 조직의 기여자로 남아 있어야 하고 자신의 가치를 유지해야 함
- 경력말기에 있는 사람은 은퇴시기를 예측하고 이에 대한 효과적인 계획을 세워야 함

02 직업전환

1 직업전환과 직업상담

① 직업전환

㉠ 전직을 위한 직업상담 목표 : 전직을 위한 직업상담의 목표는 전직 전과 전직 후로 비교하여 설명할 수 있다.

전직 전	전직 후
• 직업문제 인식 • 자기개념의 구체화를 통한 현실적 자신의 이미지 형성 • 노동시장에 대한 이해 및 정보수집 • 미래사회에 대한 이해 및 정보수집 • 직업선택 계획에 대한 책임감 • 의사결정 배양 • 협동적 사회행동 추구 • 전직 · 실직 가능성에 대한 인식 • 직업훈련 이수에 대한 인식 • 퇴직준비 프로그램 • 관련법의 수혜사항 확인	• 충격완화 프로그램 • 조직문화 인식 • 노동시장 추이 및 전망에 관한 정보수집 • 직업훈련 이수 • 직업에 대한 태도 형성 • 취업처에 대한 정보 및 의사결정 능력 • 직장적응의 문제 인식 • 미래에 대한 진로경로계획 • 구직활동시의 기술 • 구직활동 기법 • 직업복귀 프로그램 • 취직준비 프로그램 • 관련법의 수혜사항 확인

ⓛ 전직을 위한 직업상담 영역 : 직업상담 프로그램은 다음과 같이 유형화할 수 있다.

구분	전직		실직	
	전직 예방	전직 대비	실업 전	실업 후
대상	결근, 지각, 조직에 대한 불만, 퇴직욕구, 퇴직의사 보유자	퇴직의사 보유자	명예퇴직자, 조기퇴직자	휴·폐업 근로자
담당기관	사업장	사업장, 직업안정기관	사업장, 직업안정기관	직업안정기관
프로그램 실시자	직업상담가	직업상담가	직업상담가	직업상담가
처치방법	직업문제 처치	의사결정 기법	스트레스 해소법	충격완화법
프로그램명	• 직장스트레스대처 프로그램 • 직업적응 프로그램	• 생애계획 프로그램 • 직업전환(훈련) 프로그램	• 조기퇴직 계획 프로그램 • 은퇴 후 진로경로 계획 프로그램	• 실업충격완화 프로그램 • 직업복귀(훈련) 프로그램 • 취업알선 프로그램 • 사후상담 프로그램

② 직업전환 프로그램

㉠ 프로그램의 목적 : 현재 직업에서 다른 직업으로의 전환을 준비할 수 있으며 직업전환을 위한 준비를 계획적으로 추진할 수 있다.

㉡ 대상
- 진로 초기, 진로 중반, 진로 후기 등에서 지금의 직업보다 새로운 직업으로 전환하고자 하는 자
- 자신의 인생의 전환점을 만들고자 계획하는 자
- 지금의 직업에서 권태를 느껴 새로운 일을 도전하고 싶은 자

㉢ 프로그램 내용
- 들어가기
- 자기평가
- 자기이해
- 미래전망
- 나의 선호분야 찾기
- 직업훈련 이해하기
- 시간관리
- 대인관계 분석/대인관계 관리
- 대화법 관리
- 실력 관리
- 직업훈련 선택
- 구직효능감 높이기

2 실업자의 직업전환과 직업상담

① 실업의 발생

㉠ 실업은 경기침체와 기업의 도산, 휴 · 폐업 등으로 발생하게 되는데 실업에 대비하여 개인의 구직활동이 절실히 요구된다.

㉡ 개인은 실업 전 실업으로 인하여 불안, 두려움의 상태에 있다가 실업을 맞아 증오, 분노, 초조, 무력감, 슬픔, 수치심, 열등감, 죄악감, 불신감, 불안이나 두려움의 감정 상태에 빠지게 된다. 이러한 복합적인 감정으로 실업자는 큰 충격을 받게 된다.

② 실업극복 프로그램과 전직훈련 … 실업극복 프로그램으로 실업자가 재취업하게 된 경우 정신건강에 유익하다는 보고가 있으며 프로그램은 5단계로 진행된다.

㉠ 1단계 : 참여자들이 직장을 얻는 데 도움을 줄 수 있는 전문성을 진행자가 갖추고 있음에 대한 신뢰감을 형성시킨다.

㉡ 2단계 : 자신의 직무 관련 능력을 고용주에게 전달하는 방법에 대한 훈련을 받는다.

㉢ 3단계 : 실제 훈련을 받는다.

㉣ 4단계 : 자신의 능력을 전달하는 방법을 확고히 하는 단계로 참여자가 직장을 얻는데 장애물이 되는 것이 무엇인지 훈련받는다.

㉤ 5단계 : 실제 참여자들이 면접에 응하여 피드백을 받는다.

③ 실업자의 직업상담

㉠ 성인의 실직에 대한 대처로 실업문제 위주의 대처와 징후 위주의 대처방안으로 구분해 볼 수 있다. 여기서 문제위주의 행동들은 실직 때문에 조성된 분위기를 직업적으로 변화시키는 것이며, 징후 위주의 행동은 실직과 관련된 스트레스와 불안을 경감시키는 것을 의미한다(Carey, 1994). 그러므로 실직에 대한 충격완화, 직업선택 및 직업문제에 대한 직업상담과 직업적응을 위한 직업상담 프로그램, 의사결정을 위한 직업정보 제공, 은퇴 후의 진로경로 계획을 돕는 것이 실업자의 직업상담에 포함되어야 한다.

㉡ 실업상태가 지속되면 근로의욕이 저하되고 직무능력이 감소하며 취업효능감도 떨어지게 된다. 따라서 실업자를 위한 직업상담은 재취업 교육훈련을 포함한 실업충격에 대한 상담이 병행되어야 할 것이다.

④ 실업자 상담프로그램

㉠ 상담목표 : 실업자 상담프로그램은 프로그램을 통해 취업 효능감과 경쟁력을 증진시키는 것을 목적으로 크게 3단계로 진행된다.

㉡ 상담프로그램

대상	12개월 된 장기 만성 직업 부적응자	
목적	상담프로그램을 통해 실업스트레스 대처 및 취업 효능감과 경쟁력을 증진	
1단계	실업충격완화 프로그램	• 실업스트레스대처 프로그램 • 자기관리 프로그램 • 무력감 극복 프로그램
2단계	취업동기향상 프로그램	• 취업효능감 증진 프로그램 • 경쟁력 강화 프로그램
3단계	구직기술향상 프로그램	• 구직활동 증진 프로그램

POINT 작업동기이론

㉠ 작업동기의 의미 : 작업동기에 대한 연구를 통하여 작업자의 작업능률을 향상시킬 수 있으며 만족할 만한 직무환경을 제공할 수 있다. 작업동기이론은 호손의 연구에서 시작되었으며 물리적인 조건보다는 내적인 조건이 작업능률에 직접적인 영향을 미친다는 연구결과를 토대로 이후에 다양한 작업동기 이론이 출현하게 된다.

㉡ 작업동기이론

- 매슬로우의 욕구 위계이론 : 매슬로우의 욕구위계설에 따르면 작업자에게 하위 욕구를 충족시켜주면서 점차 상위 욕구로 동기를 부여하면 작업능률은 향상될 수 있다.
- 동기-위생이론 : 동기요인은 작업자의 만족도, 성실성, 충성도라면 위생요인은 회사의 정책, 급여수준, 복지, 직책이라고 할 수 있다.
- ERG이론 : 알더퍼의 존재-관계-성장 이론이라고 하며 매슬로우의 5단계 욕구위계를 3단계로 축소해 놓은 욕구모형이다.
- 내재적 동기이론 : 데시는 작업동기로 물질적인 보상보다는 내적 동기(성취욕, 만족감 등)이 더 강력한 동기요인이 된다고 주장하였다.
- 목표설정이론 : 일반적이고 도달 가능한 목표보다는 높고 구체적인 목표가 작업자의 행동조성에 효과적이라고 주장한다.
- 기대-유인가이론 : 자기효능감을 증진시킬 수 있는 작업동기모형으로 성과기대를 통하여 성공경험을 충족하며 작업능률을 향상할 수 있다.
- 형평성이론 : 아담스의 주장에 따르면 개인은 다른 사람과 비교하여 자신을 지각하게 되며 타인과의 평가 불형평을 줄이기 위하여 작업동기가 자극된다. 타인과의 불형평에 대한 행동동인이 좌절될 경우 비교대상을 변경할 수 있다.

04 직업과 스트레스

01 스트레스 연구 및 의미

1 스트레스의 의미

① 스트레스의 어원 … 스트레스(stress)는 라틴어의 'stringer'에서 유래되었으며 '팽팽하게 조인다'라는 뜻을 가지고 있다. 스트레스는 생체에 가해지는 여러 상해(傷害) 및 자극에 대하여 체내에서 일어나는 생물학적 반응으로 H.셀리에가 처음으로 명명하였는데 자극 호르몬인 아드레날린이나 다른 호르몬이 혈중 내로 분비되어 우리 몸을 보호하려고 하며 위험에 대처해 싸우거나 그 상황을 피할 수 있는 힘과 에너지를 제공하게 된다. 이렇게 신체에 영향을 주는 외적 힘인 스트레스 요인에 의한 변형을 막고 원래의 상태로 회복되고자 하는 인간의 반응체계라고도 할 수 있다.

② 스트레스의 정의 … 스트레스에 대한 관점에 따라 다음과 같이 정의할 수 있다.

㉠ 자극으로서의 스트레스 : 스트레스란 스트레스를 일으키는 사건 자체(스트레스 요인)를 의미하며 개인의 스트레스에 대한 반응 또는 개인의 특성과는 무관한 객관적인 성질을 가진 자극으로 간주한다.

㉡ 반응으로서의 스트레스 : 스트레스는 스트레스 요인에 대한 생물학적, 생리학적 반응으로 간주할 수 있다.

㉢ 개인차로서의 스트레스 : 스트레스란 스트레스 요인에 대해 개인이 어떻게 지각하느냐에 따라 다르게 반응하는 것으로 환경적 사건과 개인의 반응에 대한 상호작용으로 이해할 수 있다.

③ 스트레스 이론

㉠ 셀리에(Selye)의 이론

- 셀리에는 수많은 스트레스원에 의해 야기되는 일반적인 신체적 적응 반응으로 정의하였다.
- 신체에 가해진 어떤 외부자극에 대하여 신체적, 생리적으로 반응이 나타나는 것으로 매우 다양하고 서로 다른 상황들이 스트레스 반응을 일으킬 수 있지만, 그 반응은 항상 동일한 과정을 거쳐 간다고 보았으며 그 자극의 종류에 관계없이 스트레스 반응은 비 특정적으로 발생한다고 주장하였다. 이러한 일반적 반응을 일반적응증후군(General Adaptation Syndrom, GAS)이라고 한다.

㉡ 라자루스(Lazarus)의 이론

- 일상적인 생활에서 일어난 사건이 스트레스를 일으킨다고 보고 있지 않으며 개인적인 심리 요인과 관점이 스트레스를 만든다고 주장하고 있다.
- 스트레스는 사건 자체보다 그 사건에 대한 개인의 해석을 더욱 중시하고, 생활사건(스트레스 요인)이 스트레스를 일으키기보다는 상황에 대한 인지적 평가가 스트레스를 만든다고 가정하고 있다.
- 스트레스의 취약성에 대해서는 개인적으로 중요하게 여기는 상황에서 자원이 모자라는 것으로 주장하고 있다.

㉢ 홈스(Holmes)와 라헤(Rahe)의 이론 : 스트레스를 재적응 노력을 요구하는 일상의 변화 사건으로 정의하며, 셀리에와 유사하게 개인이 보유하고 있는 재적응 에너지는 한정되어 있기 때문에 너무 많은 생활 사건들을 경험하게 되면 질병이 유발될 것이라고 가정하였다.

㉣ 캐논(Cannon)의 이론 : 유기체의 생존 및 적응에 직접 관련된 위협에 대한 반응으로 정의하였다.

㉤ 이반시비치(Ivancevich)와 매터슨(Matterson)의 이론 : 지나친 생리 · 심리적 요구에 가하는 외부환경에 의해 발생하는 것으로 간주한다.

㉥ 버크맨(Berkman)의 이론 : 개인의 능력이나 자원한계를 벗어나는 위협적인 환경적 요구에 봉착한 개인이 경험하는 긴장상태를 의미한다.

2 스트레스 연구의 특성

기존의 스트레스 연구는 스트레스가 유기체에 심리적, 신체적으로 영향을 미치는 것들에 중점을 둔 반면 근래의 연구에서는 이외에 직무와 관련하여 이해할 수 있다. 이에 대해 직무스트레스에 대한 다양한 연구가 진행되었으며 직무스트레스란 다음과 같이 정의내릴 수 있다.

① 칸(Kahn) … 스트레스를 위협적인 직무환경에 대한 반응으로 이해하고 있다.

② 마골리스(Margolis)와 크로스(Kroes) … 스트레스를 직무수행자의 심리적 · 신체적 항상성을 파괴시키는 직무조건으로 이해하고 있다.

③ 비어(Beehr) … 스트레스를 부정적 직무 관련 요소가 작업자와 상호 작용하는 상황으로 이해하고 있다.

④ 프랜치(French) … 스트레스란 개인적 요구와 직무환경이 제공하는 불일치로 이해할 수 있다.

3 스트레스의 작용원리

① **스트레스에 대한 생리적 반응** … 일반적응증후군(GAS)은 진행단계에 따라 3단계로 분류하여 설명할 수 있다.

㉠ **1단계(경고반응단계)** : 첫 반응, 쇼크단계와 역 쇼크단계를 거친다. 신체 내에서는 교감신경계가 활성화되어 스트레스에 반응한다. 이 때 몸은 일시적으로 두통 증상이 나타나며, 피곤해지고, 식욕이 떨어지며, 위통 등이 발생할 수 있다.

㉡ **2단계(저항단계)** : 저항은 증가되지만, 신체저항력은 저하된다. 신체는 스트레스에 대해 저항을 하고 원상태(균형)로 돌리려고 한다. 체내에서는 호르몬의 분비가 왕성해지고, 신체적으로는 소진될 가능성이 있으며, 겉으로는 정상이지만 생리적으로 불균형을 이루어가려고 진행을 하고 있는 상태이다. 심리적, 생리적으로 저항이 이루어지지 않으면 불안을 유발시킬 수 있다. 통상 스트레스의 경우 2단계에서 끝난다.

㉢ **3단계(소진단계)** : 스트레스에 장기간 노출되면 신체저항력은 결국 붕괴되고 만다. 신체적, 심리적으로 저항이 약화되어 심신의 균형을 잃게 되는 상태이다. 신체적으로 활동이 둔화되어 질병으로도 확산될 가능성이 있다.

② 라자루스는 스트레스는 사건 자체보다 지각과 인지과정을 중시하는 이론으로 스트레스의 단계는 다음과 같다.

㉠ **1차 평가** : 사건이 얼마나 위협적인지 평가하는 것이다.

㉡ **2차 평가** : 사건에 대처능력에 대한 평가이다.

㉢ **재평가** : 환경으로부터 오는 새로운 정보에 근거하여 처음의 평가가 수정된다.

02 스트레스의 원인

1 개요

① 스트레스의 원인을 '스트레서(stressor)' 또는 '유발인자(trigger)'라고 한다. 그 원인은 외적 원인과 내적 원인으로 나눌 수 있는데, 대부분 자기 자신에 의한 내적 원인에 기인한다.

② 외적 원인으로는 불쾌한 환경과 같은 물리적 특성, 타인의 강압과 무례함 등과 같은 타인과의 부정적인 관계 등이 있다.

③ 내적 원인은 과중한 업무, 잘못된 인지구조에 따른 부정적인 생각, A형 성격유형, 일중독자 등이 있다.

2 직무 관련 스트레스 요인

① 직무 내적 요인(직업의 요구사항)

㉠ 결정을 내려야 하는 직무상황

㉡ 계속적인 장비와 재료의 감독

㉢ 타인과 반복적인 정보의 교환

㉣ 불쾌하고 위험한 물리적 조건

㉤ 구조화되지 않은 작업 수행

㉥ 단순하고 반복적인 직무 또는 어렵고 복잡한 직무

② 조직에서의 역할(역할갈등과 역할모호성)

㉠ **역할갈등**(조직에서의 역할갈등) : 역할담당자가 자신의 직위와 역할전달자의 역할기대가 상충되는 상황에서 지각하는 심리적 상태로 공식적이고 구조적인 조직은 구조적인 문제(의사결정참여, 부하의 폭) 때문에 역할갈등이 일어나고 비공식적인 조직은 주로 인간관계(신뢰, 존경, 동료와의 관계) 때문에 역할갈등이 발생한다.

- 송신자 내 갈등 : 일인 갈등으로 일을 어떻게 처리할 것인가에 대해 동일한 사람으로부터 일치하지 않은 지시를 받은 경우 발생할 수 있는 갈등
- 송신자 간 갈등(대인관계갈등) : 다른 사람들이 서로 갈등을 빚는 일을 요구할 경우 발생할 수 있는 갈등
- 역할 내 갈등 : 동일 역할에 관해 다른 사람들에게서 서로 상충되는 기대를 받게 될 때 느끼는 갈등
- 역할 간 갈등 : 두 가지 이상의 역할을 동시에 수행함으로 인해 겪는 갈등
- 개인과의 역할갈등 : 주어진 역할이 개인의 기본적인 가치관, 태도, 욕구 등과 상충될 때 발생하는 갈등

  예 친구 부정행위 목격 시 친구 간의 신뢰에 대한 기대와 부정을 싫어하는 가치관과의 갈등한다.
- 개인 내 역할갈등(내적 갈등+심리적 갈등) : 개인이 수행하는 직무의 요구와 가치관이 다를 때 발생하는 갈등
- 개인 간 역할갈등(외적 갈등+인간관계에서의 갈등) : 직업에서의 요구와 직업 이외의 요구 간에서 발생하는 갈등

㉡ **역할모호성** : 개인적인 갈등의 범주에 속하는 것으로 개인의 책임한계나 직무의 목표가 명료하지 않을 때 발생한다.

3 개인 관련 스트레스 요인

① **성격유형** … 성격유형에는 A형, B형, C형이 있다. 이 중 A형 성격유형의 경우 스트레스에 취약한 것으로 보고되고 있다.

㉠ **A형 성격유형** : 경쟁이 심하고 성급하며 긴박하게 행동, 항상 서두른다. 적개심, 공격심이 강하고, 장시간 노동을 한다. 이완상태를 항상 미룬다. 자기 자신의 가치에 불안하기 때문에 자신의 성공을 타인의 성공과 비교한다. 사람들과 정서적으로 접촉하는 경우가 드물다. 적은 시간에 되도록 많은 일을 성취하려고 한다. 항상 투쟁하며 공격적이고 적대적인 행동을 많이 하여 심장병에 취약하다.

㉡ **B형 성격유형** : 생활을 향유하고 일의 노예가 되는 것을 거부한다. 적개심이나 불필요한 경쟁심을 갖지 않는다. 항상 우월성을 시사하려고 하지 않는다. 자신감이 있기 때문에 타인의 의견에 의해 자아를 상실하지 않는다. 유머와 센스가 있고 자신의 실패에 대해서도 미소를 지을 수 있다. 자기가 하는 일에 몰두하고, 자기에게 일어나는 일을 도전적으로 받아들이며 자기가 하는 일을 통제할 수 있다고 믿는다. 느긋하고 태평하며 시간에 쫓기지 않고, 업적 성취보다는 자기 자신에게 더 관심이 많다.

㉢ **C형 성격유형** : 협조적이고 유화적이다. 다른 사람의 욕구를 충족시켜 주기 위해 자신의 욕구를 포기하고, 분노와 같은 부정적 정서표현이나 자기주장을 자제하고, 양보, 수용하려는 경향이 높다.

② **통제소재** … 통제소재에는 외적 통제와 내적 통제가 있다.

㉠ **외적 통제** : 외적 통제자의 경우 어떤 행동의 결과를 자신의 행동의 의한 결과로 보지 않고 외부조건, 즉 운이나 기타 타인의 것으로 귀인하는 특성을 의미한다.

㉡ **내적 통제** : 특정 행동의 결과를 자신 내부의 것으로 이해하는 특성을 의미한다. 이 중 외적 통제자가 스트레스가 발생할 때 외부의 요인에 의한 수동적인 객체로서 반응하므로 스트레스에 취약한 것으로 알려져 있다.

③ **사회적 지원** … 사회적 지원은 개인의 대인관계로부터 제공되는 다양한 지원을 의미하며 사회적 지원을 통해 개인은 정서적 또는 물질적 위로를 얻을 수 있다.

㉠ **사회적 지원의 원천** : 사회적 지원은 직장 내의 상사. 동료, 부하, 고객 등을 들 수 있으며, 직장 외에서는 가족, 친구 등을 들 수 있다.

㉡ **사회적 지원의 유형** : 개인에게 자신감을 심어주어 스스로 자신이 귀중하고 가치 있는 존재임을 일깨워 주거나, 정서적으로 지지해 줌으로 소속감을 심어줄 수 있다. 또는 물질적 서비스를 제공할 수도 있다.

㉢ **사회적 지원의 유/무** : 유기체는 사회적 지원이 없을 경우 스트레스에 취약한 것으로 보고되고 있다.

03 스트레스의 결과 및 예방

1 역 U형 가설

일정 수준의 직무스트레스는 개인 및 조직의 성과에 긍정적인 효과를 기대할 수 있다. 역 U형 가설은 너무 낮거나 너무 높은 스트레스 수준은 인정하지 않으며 적정 수준(최적수준)을 가장 바람직한 스트레스 수준으로 가정한다. 따라서 스트레스가 일정 수준까지 이르면 순기능역할을 담당하여 과업의 성취가 올라가지만 일정수준을 넘어가면 오히려 역기능이 초래될 수 있다.

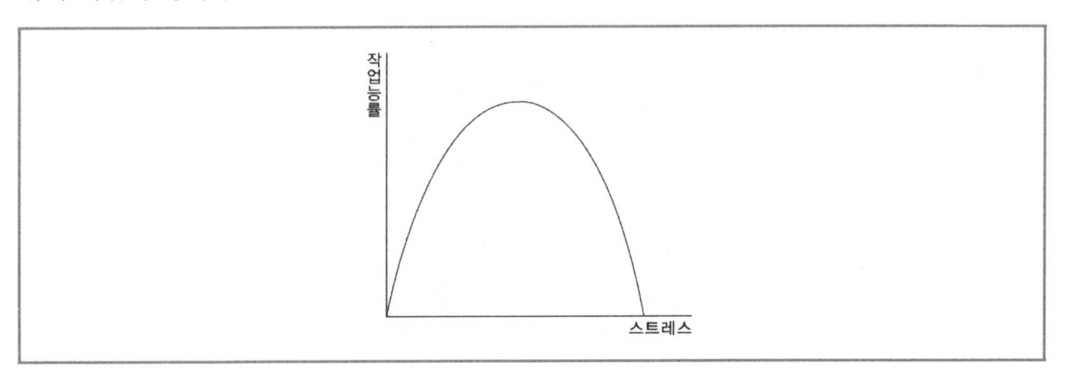

2 스트레스의 결과

스트레스의 결과 부정적인 영향을 미치는 역기능 스트레스(Distress)와 긍정적 영향을 미치는 순기능 스트레스(Eustress)로 구분해 볼 수 있다.

① **스트레스의 순기능** … 스트레스는 무조건 건강에 좋지 않은 영향만 끼치는 것이 아니다. 적당하면 오히려 신체와 정신에 활력을 주는 것으로 알려져 있다. 약간의 긴장을 통하여 업무의 집중도가 높아지며 작업강도 및 능률이 향상될 수 있다.

② **스트레스의 역기능** … 내 · 외적 자극에 대해 한 개인이 감당할 능력이 약화되거나, 이러한 상태에 장기간 반복적으로 노출되면 스트레스는 만성화되어 정서적으로 불안과 갈등을 일으키고, 자율신경계의 지속적인 긴장을 초래하여 정신적 · 신체적인 기능장애나 질병을 유발시킨다. 특히 중년기에는 신체기능이 저하되면서 심장병, 위궤양, 고혈압, 당뇨병 등 성인병의 원인으로 작용하고, 노년기에는 신경증, 심신증 등을 초래해서 우울하게 만든다. 그러나 어느 누구든지 스트레스를 피해서 살 수 없으므로, 자신의 역할을 감당해 내기 위해서는 적당히 스트레스에 익숙해지도록 노력해야 하고 여기에 적응해야 한다.

일반적인 증상은 다양하지만 크게 4가지 범주로 나타나 유기체에 부정적인 영향을 미친다.

㉠ **신체적 증상 :** 피로, 두통, 불면증, 위장장애, 신체 면역력 감소 등의 증상이 나타난다.

㉡ **정신적 증상 :** 집중력이나 기억력 감소, 혼란감 등의 증상이 나타난다.

㉢ **감정적 증상 :** 불안, 신경과민, 우울증, 분노, 좌절감 등의 증상이 나타난다.

㉣ **행동적 증상 :** 부정적인 신체 습관, 흡연, 과음, 신경질적 행동이 증가한다.

3 예방 및 대처전략

스트레스는 스트레스 요인보다는 이것을 인지하여 반응하는 정서적, 신체적 문제가 더 크다. 스트레스로 인한 심신의 질환을 예방하려면 다음과 같은 노력이 필요하다.

① 규칙적인 생활과 건전한 생활리듬을 유지한다.

② 자기 분수에 맞는 취미생활, 오락, 스포츠 등으로 심신의 스트레스를 해소한다.

③ 원만한 인격수양을 위해 보다 적극적인 대인관계를 갖는다.

④ 주인의식을 갖고 즐겁게 충실하려는 노력과 습관을 갖는다.

⑤ 필요한 경우에는 정신과 의사를 찾아 상담하고 지도를 받는 것도 도움이 된다.로 확대되고 있으며 노동자의 권익보호의 역할을 담당하게 된다.

고급직업정보론

01 직업정보의 제공

02 직업 및 산업분류의 활용

03 직업 관련 정보의 이해

04 직업정보의 수집, 분석

05 고용보험제도 및 직업훈련

06 자격제도

01 직업정보의 제공

01 직업정보의 의의

1 직업정보의 이해

① 직업정보의 의의

㉠ 직업의 사전적 의미는 "생계를 유지하기 위하여 일정한 기간 동안 계속해서 종사하는 일의 종류"이다. 그러나 현대사회에서는 직업에 대해 단순히 생계유지기능만을 강조하기보다는 훨씬 다양한 의미를 가진다고 보아야 할 것이다.

㉡ 직업정보에는 미래사회 전망, 노동력에 관한 것, 직업구조와 직업군, 취업경향, 노동에 관한 제반규정, 직업의 분류와 직종, 직업에 관한 필요한 자격요건, 준비과정, 취업정보자료, 취업처에 대한 자세한 내용이 포괄적으로 포함되어야 한다.

㉢ 바람직한 직업정보는 직업의식을 높이고 장래의 진로를 선택하고 결정하는 능력을 증가시키며, 또한 생활에 대한 적응과 자기실현을 도모하는 것이 가능하도록 능력을 배양하는 데에 그 필요성이 있다고 할 것이다.

㉣ 직업정보는 국내외의 각종 직업에 관련된 다양한 정보를 체계화시킨 것으로 직업에 관한 특별한 문제해결에 도움을 주어서 근본적으로 직업에 대한 책임감을 가질 수 있도록 하는데 그 역할이 있으므로 직업정보는 직업을 결정하고자 하는 의사결정 단계에서 중요한 가치를 갖는다.

② 직업정보의 역할과 기능

㉠ 직업정보는 개인이 직업을 결정하고자 하는 의사단계에서 제 역할을 한다. 물론 그 이전 시기인 직업탐색기에도 개인에게 제공되는 직업정보는 장기적인 차원에서 직업선택에 영향을 미칠 수 있다. 그리고 개인이 이미 입직한 이후에도 전직이나 경력관리를 위해 직업정보를 제공받을 필요가 있다.

㉡ 노동시장 측면에서 본다면 청소년의 진로 탐색 및 진로 선택 시 참고자료로 이용하고, 구직자에게는 구직활동을 촉진시키는 기능을 하고, 기업적인 측면에서는 고용정책 결정 자료로 활용된다.

③ 직업정보의 내용 … 직업정보는 국 · 내외의 직업에 관한 다양한 정보를 체계화시킨 것으로 다음의 두 가지 개념을 포함한다.

㉠ 직업별로 수행되는 직무와 이에 필요한 학력, 적성, 흥미, 자격조건 등의 직업명세(부가직업정보) 등의 미시적 사항

㉡ 각 직업별 고용동향, 인력수급현황 및 고용전망 등의 거시적 노동시장 정보

④ 직업정보의 부문별 기능 및 역할 … 개인과 국가적 차원의 다양한 영역과 범위에서 활용되고 유용한 직업정보는 노동생산성 및 노동시장의 효율성을 제고시킨다.

㉠ 노동시장 측면에서의 직업정보는 미취업 청소년의 진로탐색 및 진로 선택 시 참고 자료로 이용되며, 구직자에게는 구직활동을 촉진시키는 기능을 한다.

㉡ 기업적인 측면에서의 직업정보는 직업별 수행직무를 정확하게 파악하도록 함으로써 합리적인 인사관리를 촉진하고 직무분석을 기초로 한 과학적인 안전관리로 산업재해를 예방하는 기능을 수행한다.

㉢ 국가적인 측면에서의 직업정보는 체계적인 직업정보를 기초로 하여 직업훈련 기준의 설정 및 적절한 직업훈련 정책을 입안하여 고용정책을 결정하는 기초자료로 활용된다.

⑤ 직업정보 사용목적

㉠ 근로자의 작업동기 부여, 흥미유발, 태도변화를 촉구할 수 있다.

㉡ 근로자에게 알지 못했던 직업 및 환경에 대한 지식을 전달할 수 있다

㉢ 한 직업에서 더 좋은 근로자의 생활 형태를 비교 · 분석할 수 있다.

㉣ 학교나 대학졸업자, 중도 탈락자 등 동일시 할 수 있는 근로자 등에 대한 역할모델을 제시할 수 있다.

2 공공직업정보와 민간직업정보

① 공공직업정보

㉠ 정부 및 공공단체와 같은 비영리기관에서 공익적인 목적으로 생산 · 제공

㉡ 특정한 시기에 국한되지 않고 지속적으로 조사, 분석하여 제공

㉢ 특정분야 및 대상에 국한되지 않고 전체산업 및 업종에 걸친 직업을 대상으로 함

㉣ 국내 또는 국제적으로 인정되는 객관적인 기준에 근거한 직업분류

㉤ 직업별로 특정한 정보만을 강조하지 않고 보편적인 항목으로 이루어진 기초적인 직업정보 체계로 구성

㉥ 관련 직업정보 간의 비교 · 활용이 용이

㉦ 정부 및 공공기관 주도로 생산 · 운영되므로 무료로 제공

② 민간직업정보

㉠ 필요한 시기에 최대한 활용되도록 한시적으로 신속하게 생산되어 운영

㉡ 노동시장환경, 취업상황, 기업의 채용환경 등을 반영한 직업정보가 상대적으로 단시간에 조사되어 집중적으로 제공됨

㉢ 특정한 목적에 맞게 해당분야 및 직종을 제한적으로 선택

㉣ 정보생산자의 임의적 기준에 따라, 또한 관심이나 흥미위주로 직업을 분류

㉤ 정보 자체의 효과가 큰 반면 부가적인 파급효과는 적음

㉥ 객관적이고 공통적인 기준에 따라 분류되지 않았기 때문에 다른 직업정보와의 비교가 적고 활용성이 낮음

㉦ 민간이 특정 직업에 대하여 구체적이고 상세한 정보를 제공하기 위해서는 조사, 분석, 정리 및 제공에 상당한 시간 및 비용이 소요되므로 해당 직업정보는 유료로 제공

POINT 민간직업정보와 공공직업정보의 구분

구분	민간직업정보	공공직업정보
정보제공의 지속성	불연속, 단절적	지속적
직업의 분류 및 구분	① 임의적, 관심이나 흥미위주로 직업을 분류(자의적)	② 국내 또는 국제적으로 인정되는 객관적인 기준(객관적)
조사 수록되는 직업의 범위	③ 특정한 목적에 맞게 해당분야 및 직종을 제한적으로 선택(제한적)	④ 특정분야 및 대상에 국한하지 않고 전체산업 및 업종에 걸친 직종을 대상으로 함(포괄적, 전체적)
다른 정보와의 관계	다른 정보와의 관련성 낮음	다른 정보에 미치는 영향이 크며, 관련성이 높음
정보획득 비용	유료	무료

3 직업정보의 수집

① 직업정보 생산관리단계 … 수집 → 분석 → 가공 → (체계화) → 제공 → 축적 → 평가 수집과정

② 직업정보수집과정(대안선택과정)

㉠ 직업분류 제시하기

㉡ 대안 만들기

㉢ 목록 줄이기

㉣ 직업정보 수집하기

③ 직업정보 수집방법

㉠ 모든 형태의 자료를 망라하여 이용자의 요구에 충실히 정보 수집한다(경제성을 고려한 모든 정보제공대상이 볼 수 있게 정보를 수집할 필요는 없다).

㉡ 정보의 구입, 기증, 상담, 조사, 관찰, 현장방문, 체험 등을 통하여 수집가능하다.

④ 직업정보 수집 시 유의점
   ㉠ 명확한 목표를 세우고, 계획적으로 수집한다.
   ㉡ 자료의 출처와 수집일자를 반드시 기록한다(수집자도 공개).
   ㉢ 항상 최신의 자료인가 확인한다.
   ㉣ 필요한 도구(녹화, 사진 등)를 사용할 수 있지만 재구성은 할 수 없다.

4 직업정보의 분석

① 전문가에 의한 분석

② 용도에 따른 분석 … 미래사회 분석, 직업세계분석, 노동시장분석, 개인분석

③ 직업정보 분석 시 유의점
   ㉠ 동일한 정보일지라도 다각적인 분석을 시도하여 해석을 풍부히 한다.
   ㉡ 전문적인 시각에서 분석한다.
   ㉢ 분석과 해석은 원 자료의 생산일, 자료표집방법, 대상, 자료의 양 등을 검토
   ㉣ 직업정보원과 제공원에 대하여 제시한다.

5 직업정보의 가공(체계화)

① 정보를 공유하는 방법을 강구한다(직업정보를 동일한 조건에서 구조화시켜 정보 비교 가능하도록 한다).

② 정보의 활용 방법을 선정 · 가공하여 표준방법을 채택, 표준화작업으로 체계화한다.

   예 호텔지배인-가공, 체계화된 직업정보 : 직업개요, 근로시간, 승진 및 승급, 자격요건, 학력 및 훈련, 직업전망, 상세한 정보 문의처 등

③ 직업정보 가공 시 유의점(체계화)
   ㉠ 이용자의 수준에 준하는 언어로 가공(직업은 그 분야에서 매우 전문적이므로 분석은 전문가가 하되, 직업정보의 이용자는 일반인이므로 전문적인 지식이 없이도 이해할 수 있는 언어로 작성되어야 한다)
   ㉡ 직업에 대한 장 · 단점을 편견 없이 제공한다.
   ㉢ 현황은 가장 최신의 자료를 활용하되 표준화된 정보를 활용한다(직업사전, 한국표준직업분류, 한국표준산업분류).
   ㉣ 객관성을 잃는 정보나 문자, 어투는 삼간다.
   ㉤ 시청각의 효과를 부과한다(동영상).

6 직업정보의 제공

① 직업정보 제공 방법
　㉠ 인쇄물, 슬라이드, 필름 등의 매스미디어
　㉡ CD, 인터넷 등 컴퓨터의 이용
　㉢ 지역사회 인사와 면담
　㉣ 전화서비스 체제
　㉤ 직업정보 박람회

② 직업정보 제공 시 유의점
　㉠ 직업정보는 이용자의 구미에 맞도록 생산되어야 한다.
　㉡ 직업정보의 생산과정은 공개한다.

7 직업정보의 축적

정보관리시스템을 적용하여 정보제공, 교환하며 보급된 정보를 축적하는 과정

8 직업정보의 평가

① 직업정보는 정확성, 신뢰성, 효용성을 갖추어야 한다. 효용(utility)의 관점에서 정보를 평가한다.

② Andrus의 직업정보 효용
　㉠ **형태효용** : 제공되는 정보가 사용자의 요구에 적합한 형태로 제공될 때 형태효용이 증가
　㉡ **시간효용** : 필요할 때(적절한 시간) 제공되어야 시간효용이 증가
　㉢ **장소효용** : 정보에 쉽게 접근할 수 있으면 장소효용이 증가(인터넷)
　㉣ **소유효용** : 정보소유자가 타인에게 정보전달을 차단함으로써 정보소유자가 가진 정보의 소유효용이 증가
　(예 주식, 중요한 정보, 정보독점)

9 직업선택 결정 모형

직업선택결정이론은 직업적 행위에 대한 개념들을 상호 비교하여 정리된 방법을 제공하는 것으로 직업을 선택하고자 하는 사람은 자신이 선택한 직업에 맞는 적합한 정보로 접근해야 한다.

① **기술적 직업결정모형** … 타이드만과 오하라(Tiedeman & O'Hara), 힐튼(Hilton), 브룸(Vroom), 슈(Hsu), 플레쳐(Fletcher) 등의 학자가 제시하였다.

㉠ **타이드만과 오하라** : 두 학자는 직업선택의 결정과정을 기대의 기간과 실행 및 조정기간으로 분류하였다.

• 기대기간(예상기) : 직업선택을 결정하기 이전의 기간으로 4단계로 구분하였다.

탐색단계	대안적 목표를 구별하기 위한 실행착오적 시기
구체화단계	대안적 목표가 수행되고 있는 현장, 활동범위, 순서, 형태를 분명히 하려는 시기
선택단계	대안적 목표와 수행되는 상황에 개입하게 되는 시기
명료화단계	후에 닥쳐올 상황에 있어 자기 이미지를 보다 완전하게 하려고 시도하는 시기

• 실행과 조정의 기간(실천기) : 직업선택을 결정하고 난 후의 행위단계를 의미한다.

순응기	선택된 조직에 적응하는 시기
개혁기	순응기 이후 자신에게 맞지 않는 부분에 대해 개혁하려는 시기
통합기	개인의 욕구와 조직의 욕구를 타협하는 시기

㉡ **힐튼의 모형**

전제단계	직업을 선택하기 이전의 주변세계에 대해 조사하는 시기
계획단계	특정한 직업에서 요구하는 행동을 상상하는 시기
인지부조화단계	자신이 가지고 있는 특성과 반대되는 직업을 갖게 됨으로써 생겨나는 행동을 시험해 보는 시기

㉢ **브룸의 모형** : 균형, 기대, 힘의 원리로 제시하였다.

균형	직업에 대한 실제 만족과는 달리 기대된 만족을 의미
기대	자신이 선택한 직업이 실현가능하다고 믿는 정도를 의미
힘	인간의 행위를 통제하는 가설적 인자요인을 의미

㉣ **슈의 모형** : 브룸의 모형과 비슷하지만 '힘'의 개념을 직업결정의 독특한 직업목표를 성취하기 위하여 최대 한도의 기회를 가진 것으로 설명하였다. 슈는 직업결정자는 선택과 목표 사이의 불균형을 극소화시키려고 시도한다고 가정한다.

㉤ **플래쳐의 모형** : 직업선택에 대하여 학습개념에 근거를 두고 있으며 미래에 대한 개념으로 기본적인 인간욕구와 관련된 경험에 토대를 두었다.

② **처방적 직업결정 모형** … 직업을 결정하는데 있어 실수를 감소시키고 보다 나은 작업 선택을 할 수 있도록 돕기 위해 시도된 이론으로, 카츠(Katz), 겔라트(Gelatt), 칼도와 쥐토스키(Kaldor – Zytowski) 등의 학자가 제시하였다.

㉠ **카츠의 모형** : 직업결정자는 자신의 특성요인을 가치와 중요도에 따라 비교하여 그 특성 에 맞는 대안을 선택하고 그 대안이 제공하는 보수에 따라 평가하여야 한다고 하였다.

㉡ **겔라트의 모형** : 직업선택의 의사결정과정을 중요시 하였으며 직업정보를 3차원으로 분리 조직하고 훌륭한 선택결정은 3차원의 정보체계에서 각 체계마다 정보를 얻어냄으로써 가능하다고 설명하였으며 3가지 체계를 제시했다.

- 예언적 체계 : 대안적 행동, 가능한 결과, 결과와 연관된 가능성인 예언적 체계
- 가치체계 : 결과들 사이의 상대적 선호도와 가치체계
- 결정준거 : 평가규칙적인 결정준거
- 직업선택과정 : 목표 수립(목적의식) → 정보 수집 → 대안 열거 → 대안의 결과 예측 → 대안의 실현 가능성 예측 → 가치 평가 → 의사결정 → 평가 및 재투입

㉢ **칼도와 쥐토스키의 모형** : 무결정과 미결정에 관한 정보로는 구조의 부족과 확신, 장벽, 접근의 문제, 개인의 갈등 등 버려야 할 가치를 할당하는 관계를 직업적 유용도 함수로 설명하였으며, 이와 관련하여 진로성숙도의 개념이 등장하는데 일반적으로 개인이 지식, 태도적 요소들, 진로발달단계의 적절성 등을 포함한 직업발달과제를 달성하는 범위로 정의하는데 검사로는 직업성숙도검사와 진로발달검사 등이 있다.

02 직업 및 직무의 이해

1 직업 및 직무의 정의

직무(Job)라는 말은 누가, 언제, 어떤 목적으로 사용하느냐에 따라 다른 의미를 가질 수 있으며 상황에 따라 직업(Occupation), 직위(Position), 작업(Task) 등과 상호 교환적으로 사용된다. 따라서 이러한 혼란을 없애고 용어의 의미를 명확히 하기 위해 직무분석 관점에서 직업관련 용어들을 아래에 정의한다.

① **동작**(Motion, 動作) … 과업요소(Task Element)를 구성하는 작업자의 기본 행위를 말한다. 신체의 일부를 움직이거나 이동하는 등의 작업과 관련된 모든 행위가 포함된다.

② **과업요소**(Task Element, 課業要素) … 유관한 여러 개의 동작이 하나의 과업요소(Task Element)를 형성하며, 이는 과업(task)을 구성하는 하위요소이다. 이 과업요소 하나로는 유용한 결과를 얻을 수 없지만, 몇 개의 과업요소가 합해지면 유용한 결과를 얻을 수 있다.

③ **과업**(Task, 課業) … 유관한 여러 개의 요소작업이 하나의 과업(Task)을 형성하며, 직무(Job)를 구성하는 하위요소이다. 과업은 직무를 단계별 작은 부분으로 나눈 것으로 이것은 완전한 과업단위를 나타내며 자체로 독립될 수 있으며 측정 가능한 행동을 말한다. 과업에는 작업자에 의해 수행되는 정신적 · 육체적 활동이 포함되며 일 또는 과업 등으로 표현되기도 한다.

④ 직위(Position, 職位) … 작업자 한 사람, 한 사람에게 임무 · 일 · 책임이 분명히 존재하여 작업이 수행될 경우, 그 한 사람, 한 사람의 작업을 '직위'라 한다. 어떤 조직이건 작업자의 수만큼 직위가 있게 된다. 이 직위는 개개인의 사회적 또는 신분적 지위(地位)를 의미하거나 위계적인 상하의 지위를 의미하는 것이 아니라 직무상의 지위를 의미하는 것으로 직무가 조직 내의 직무체계 안에서 차지하는 지위를 가리킨다. 조직 속의 개인은 무엇보다도 우선 직위로서 표현된다.

⑤ 직무(Job, 職務) … 다른 직무와 구별되는 주요한 일 또는 특징적인 일의 수행 측면에서 볼 때 동일하다고 인정되는 직위의 일군으로, 작업자가 수행하는 임무(duty)와 과업(task)이 그의 직무를 이룬다. 만일 여러 사람이 동일한 임무와 과업을 수행하고 있다면 그들은 동일한 직무를 수행하고 있는 것이다. 각각의 직무는 직무분석의 대상이 되며 독립된 직업 결정의 중요한 기준이 된다. 직무 수는 직위 수와 같거나 적게 된다.

⑥ 직업(Occupation, 職業) … 하나의 사업장(社業場) 이상에서 발견되며 한 사람 이상의 작업자에 의해 수행되는 공통된 직무들의 묶음으로 정의된다. 특정한 직업은 작업목적, 작업방법, 중간재료, 최종생산물, 작업자의 행동, 작업자의 특성 등의 관점에서 볼 때 유사한 관계에 있다. 여기서 사업장의 범위는 1인(人)이 경영하는 자영업체에서 대규모 사업체까지를 포함한다. 직업이 유사한 직무의 집합이라는 관점은 하나의 직업이 다른 직업과 구별되는 특정한 직무를 가지고 있어야 한다는 기본 원리를 제공한다. 따라서 직무분석가는 사업체에 존재하는 모든 직위들 중에서 유사한 직무를 변별해 냄으로써 직업의 수를 결정하게 된다.

⑦ 직종(Occupations, 職種) … 직무의 복잡함과 책임의 비중은 다르지만, 직무내용이 유사한 직무의 집합을 직종이라고 하며, 통상적으로 직무순환은 이 범위에서 주로 이루어진다. 즉, 직종이라 함은 「직무의 종류가 유사하고 그 복잡함과 책임의 비중이 다른 직무의 계열」이라고 할 수 있으며, 기업의 테두리를 넘어서 직무의 분류구분을 생각할 때에는 직무분석용어로서는 직업(occupation)이라는 분류개념이 쓰인다.

⑧ 직군(Job Group, 職群) … 이론적인 기준으로 설정한 유사한 성격을 지닌 일정 직무의 군으로서 이는 직무의 내용인 과업(작업, task)의 유사성이 높은 기능, 지식, 능력을 필요로 하는 공통 또는 상호 관련된 직무의 무리이다.

⑨ 직렬(occupational Series, 職列) … 직무의 종류가 유사하고 그 책임과 곤란성이 정도가 상이한 직급의 군을 말한다(국가공무원법 제5조 제8호). 업무분야가 같은 여러 개의 직종의 무리를 말한다.

02 직업 및 산업분류의 활용

01 한국표준직업분류

1 연혁

우리나라에서 체계적인 직업분류를 작성한 것은 1960년 당시 내무부 통계국 국세조사에 사용한 것이 처음이었다. 그 후 통계업무를 경제기획원에서 관장하게 됨에 따라 통계표준분류를 작성하기 시작하였고, 이에 1958년 제정되어 각국에서 사용토록 권고된 국제노동기구(ILO)의 국제표준직업분류(ISCO, International Standard Classification of Occupations)를 근거로 1963년 한국표준직업분류가 제정되었다.

1963년 제정된 한국표준직업분류를 개선, 보완하기 위해 1966년에 개정작업을 추진하였으며, 이후 ILO의 국제표준직업분류 개정('68, '88, '08)과 국내 노동시장의 직업구조와 직능수준의 변화를 반영하기 위하여 6차례 개정작업을 추진해 왔다.('70, '74, '92, '00, '07).

2007년에 개정된 제6차 한국표준직업분류는 국제표준직업분류(ISCO-08) 개정을 반영함으로써 국제 비교 가능성을 강화하는 한편, 국내 노동시장 현실을 반영하였다. 전문가와 준전문가(기술공)의 대분류를 통합하여 우리나라 노동시장의 구조를 반영하고 현장 적용도를 제고하고자 하였다. 또한 국내 노동시장 구조 및 인력규모를 고려하여 성장 추세 직종인 전문가 및 관련 종사자의 분류를 세분하는 한편, 고용 인력규모의 감소가 예상되고 분류항목이 과잉 세분되어 현장 적용이 어려운 농림 · 어업 관련 직종 및 제조업 분야 기계 조작 직종은 분류항목을 통합 · 축소하는 등 분류체계 전반을 개정하였다.

2007년 제6차 한국표준직업분류 개정 이후 많은 시간이 경과되면서, 새롭게 등장하거나 전문영역으로 분화되는 등 직무 변화가 있는 직업 영역들에 대한 통계작성 및 정책지원 수요가 증가하였다. 이에 통계청에서는 2015년 5월, 제7차 한국표준직업분류 개정을 위한 기본계획을 수립하고 약 2년간에 걸친 개정작업을 추진, 통계청 고시 제2017-191호(2017. 7. 3.)로 확정 · 고시하고 2018년 1월 1일부터 시행하게 되었다.

2 제7차 개정 주요내용

① 개정 방향

㉠ 지난 개정 이후 시간 경과를 고려하여 전면 개정 방식으로 추진하되, 중분류 이하 단위 분류 체계를 중심으로 개정을 추진하였다.

㉡ 국제표준직업분류(ISCO)의 분류 기준, 적용 원칙, 구조 및 부호 체계 등 직업분류 기본 틀은 기존 체계를 유지하였으며, 특히 2007년 7월 개정작업에 이어 국제표준직업분류(ISCO-08) 개정 내용을 추가로 반영하였다.

㉢ 국내 노동시장 직업구조의 변화 특성을 반영하여 전문 기술직의 직무영역 확장 등 지식 정보화 사회 변화상을 반영하고 사회 서비스 일자리 직종을 세분 및 신설하였다. 고용규모 대비 분류항목 수가 적은 사무 및 판매 · 서비스직 분류는 세분하고 자동화 · 기계화 진전에 따른 기능직 및 기계 조작직 분류는 일부 통합하였다.

㉣ 관련 분류 간 연계성, 통합성을 제고하고, 직업분류체계의 일관성을 유지하기 위해 2016년 9월 개정 · 고시된 한국표준교육분류(영역)와 2017년 1월 개정 · 고시된 한국표준산업분류의 내용을 명칭 변경, 분류 신설 등에 반영하였다. 또한 한국표준직업분류와 특수 분류인 고용직업분류가 세분류 수준에서 일대일로 연계될 수 있도록 복수연계 항목을 세분하였다.

② 개정 특징

㉠ 전문 기술직의 직무영역 확장 등 지식 정보화 사회 변화상 반영

4차 산업 혁명 등 ICTs 기반의 기술 융 · 복합 및 신성장 직종을 발굴하여 분류체계에 반영하였다. 데이터 분석가, 모바일 애플리케이션 프로그래머, 산업 특화 소프트웨어 프로그래머 등을 신설하고, 문화 · 미디어 콘텐츠 분야 신성장 직종인 미디어 콘텐츠 창작자, 사용자 경험 및 인터페이스 디자이너, 공연 · 영화 및 음반 기획자 등을 신설하거나 세분하였다. 과학기술 고도화에 따라 로봇공학 기술자 및 연구원을 상향 조정하고, 대형재난 대응 및 예방의 사회적 중요성을 고려하여 방재 기술자 및 연구원을 신설하였다.

㉡ 사회 서비스 일자리 직종 세분 및 신설

저출산 · 고령화에 따른 돌봄 · 복지 일자리 수요 증가를 반영하여 노인 및 장애인 돌봄 서비스 종사원, 놀이 및 행동치료사를 신설하고, 임상심리사, 상담 전문가 등 관련 직종을 상향 조정하였다. 여가 및 생활 서비스 일자리 수요 증가를 반영하여 문화 관광 및 숲 · 자연환경 해설사, 반려동물 훈련사, 개인 생활 서비스 종사원 등을 신설하였다.

㉢ 고용규모 대비 분류항목이 적은 사무 및 판매 · 서비스직 세분

이제까지 포괄적 직무로 분류되어 온 사무직의 대학 행정 조교, 증권 사무원, 기타 금융 사무원, 행정사, 중개 사무원을 신설하고, 판매 · 서비스직의 소규모 상점 경영 및 일선 관리 종사원, 대여 제품 방문 점검원 등의 직업을 신설 또는 세분하였다.

㉣ 자동화 · 기계화 진전에 따른 기능직 및 기계 조작직 직종 통합

제조 관련 기능 종사원, 과실 및 채소 가공 관련 기계 조작원, 섬유 제조 기계 조작원 등은 복합 · 다기능 기계의 발전에 따라 세분화된 직종을 통합하였다.

[최신 개정 내용]

- 지난 개정 이후 시간 경과를 고려하여 전면 개정, 단, 중분류 이하 단위 분류 체계를 중심으로 개정
- 국제표준직업분류(ISCO)의 분류 기준, 적용 원칙, 구조 및 부호 체계 등 직업분류 기본 틀은 기존 체계를 유지
- 전문 기술직의 직무영역 확장 등 지식 정보화 사회 변화상을 반영하고 사회 서비스 일자리 직종을 세분 및 신설
- 고용규모 대비 분류항목 수가 적은 사무 및 판매 · 서비스직 분류는 세분하고 자동화 · 기계화 진전에 따른 기능직 및 기계 조작직 분류는 일부 통합
- 2016년 9월 제정 · 고시된 한국표준교육분류(영역)와 2017년 1월 개정 · 고시된 한국표준산업분류의 내용을 명칭 변경, 분류 신설 등에 반영

③ 대분류별 주요 개정 내용

대분류 1	관리자

- 경영활동에서 마케팅 분야의 중요성이 높아지고, 관련 분야 직무가 분화되면서 '마케팅 및 광고 · 홍보 관리자'를 소분류로 신설하고, 이하 세세분류로 '마케팅 관리자'와 '광고 및 홍보 관리자'를 배열하였다.
- 문화 및 예술 관리자를 '공연 · 전시 예술 관련 관리자'로 영상 관련 관리자를 '방송 · 출판 및 영상 관련 관리자'로 항목명을 변경하여 분류명과 포괄범위가 일치하도록 하였다.
- 공동주택 관리가 강화되면서 '공동주택 관리자'를 신설하고, '건설 관련 관리자'를 건축, 토목, 조경 관리자로 세분하였다.

대분류 2	전문가 및 관련 종사자

- 세분류 '자연과학 연구원' 하위분류인 천문 및 기상학 연구원을 '지구 및 기상 과학 연구원'과 '천문 및 우주 과학 연구원'으로 세분하고, 학문분야의 인접성 및 관련성을 고려하여 세세분류 배열 순서를 조정하였다.
- '정보시스템 개발 전문가'를 '컴퓨터 시스템 및 소프트웨어 전문가', '데이터 및 네트워크 관련 전문가'로 소분류 수준에서 세분하고, 웹 운영자는 소분류 '정보 시스템 및 웹 운영자' 이하, 웹 개발자는 '컴퓨터 시스템 및 소프트웨어 전문가' 하위분류로 이동하였다. 또한 '산업 특화 소프트웨어 프로그래머'와 '모바일 애플리케이션 프로그래머'를 세분 · 신설하고, '데이터 분석가'는 비정형 데이터 분석을 포괄할 수 있도록 기존 분류명칭 및 직무 범위를 조정하였다.

– 중분류 '공학 전문가 및 기술직'에서는 직무내용이 상이하고 각각 고용규모가 큰 건축가와 건축공학 관련 기술자를 세분류 수준에서 분리하였다. 전기 · 전자와 기계공학 분야 기술 고도화 및 고용규모를 고려하여 '전기 · 전자 및 기계 공학 기술자 및 시험원'을 '전기 · 전자공학 기술자 및 시험원'과 '기계 · 로봇공학 기술자 및 시험원'으로 분리하였다. '로봇공학 기술자 및 연구원'은 세세분류 '로봇 및 그 외 기계공학 기술자 및 연구원'에서 분리하여 세분류로 상향 · 신설하였다. 사회적 중요성 및 인접분야 관련성을 고려하여 기존 소방, 안전관리, 환경공학, 가스, 에너지 분야 기술자 및 시험원의 분류체계를 소분류 '소방 · 방재 기술자 및 안전 관리원'과 '환경공학 · 가스 · 에너지 기술자 및 시험원'으로 재편하였다.
– 중분류 '보건 · 사회복지 및 종교 관련직' 이하에서는 '전문 의사' 이하 세세분류 명칭을 소아과 의사에서 소아청소년과 전문 의사로 정신과 의사에서 정신건강의학과 전문 의사 등으로 변경하는 한편, 한의사를 '전문 한의사'와 '일반 한의사'로 영양사를 '임상영양사'와 '일반영양사'로 세분하였다. 장애인 등 취약계층의 재활 및 복지를 위한 전문 보건 및 복지 관련 인력인 '보조공학사', '임상심리사', '놀이 및 행동치료사', '상담 전문가'와 '청소년 지도사'는 상향 조정하거나 세분 · 신설하였다.
– 세분류 '대학 교수'와 '대학 시간강사'의 세세분류가 계열별 체계로 되어있던 것을 관련 표준 분류와의 정합성을 제고하기 위해 '한국표준교육분류(영역)' 대분류 기준 체계를 반영하여 영역별 체계로 재편하였다.
– 중분류 '문화 · 예술 · 스포츠 전문가 및 관련직' 이하에서는 소분류 '작가 및 언론 관련 전문가' 하위분류를 세분류 수준에서 '작가', '출판물 전문가', '기자 및 언론 관련 전문가', '번역가 및 통역가'로 재편하고, 평론가는 직무특성 및 국제분류를 고려하여 상위분류를 '작가'에서 '기자 및 언론보도 관련 전문가'로 이동하였다. 소분류 화가 · 사진가 및 공연예술가의 분류명을 관련 직업을 모두 포괄할 수 있는 용어인 '시각 및 공연 예술가'로 변경하였다. 신성장 직종인 '미디어 콘텐츠 창작자'와 문화예술 분야 매개인력인 '공연 · 영화 및 음반 기획자'를 세분류로 신설하였다. 소분류 '식문화 관련 전문가'를 신설하고, 이하 세세분류를 '주방장', '요리 연구가', '그 외 식문화 관련 전문가'로 재편하였다.

대분류 3	사무종사자

– '대학 행정조교'는 대학 행정의 보조자로서 교육조교(TA), 연구조교(RA) 등과는 구분되며, 대학 내 고용규모가 상당하므로 '총무 사무원'에서 분리하여 세세분류로 신설하는 한편, 세분류 '기타 사무원' 하위분류에 행정 서비스를 대행해주는 '행정사'를 신설하였다.
– 금융 관련 사무원의 경우 관련 분야의 전체대비 규모 등을 고려하여 은행, 금융, 보험으로 분류되어 있던 것을 은행, 보험, 증권, 기타 금융으로 구분하여 세분하였다.
– '사무 종사자' 이하 안내원은 정해진 공간에서 해당 시설, 기관에 방문한 사람을 대상으로 시설물의 위치, 운영시간, 담당자 등의 일반적인 사항을 안내하는 경우에 한하는 것으로 정의하였다. 박물관, 문화재, 전시회, 박람회와 같은 시설 또는 공간에서 장소를 이동하여 견학, 해설하는 업무의 경우에는 '서비스 종사자'로 이동하였다.
– '고객 상담 및 기타 사무원'에 '의료 서비스 상담 종사원'(피부과, 성형외과, 안과, 치과, 한방병원, 건강검진 센터 등의 병원 코디네이터)을 신설하였다.

대분류 4	서비스 종사자

- 중분류 '경찰 · 소방 및 보안 관련 서비스직' 이하에서는 '해양 경찰관'과 '일반 경찰관'에 수사관을 분류명에 병기하여 치안경찰과 함께 검찰 수사관 및 형사를 포괄할 수 있도록 하고, '시설 및 특수 경비원'을 시설, 호송, 기계, 특수 등으로 세분하였다. 소년 보호관의 분류명은 '소년원 학교 교사'로 변경하였다.
- 국제분류(ISCO-08)와의 정합성을 제고하고 사회변화로 인한 돌봄 · 복지 및 대인 서비스 분야 인력 수요 증가를 고려하여 관련 분류체계를 정비하였다. 보건, 의료, 복지, 미용 및 예식, 장례 등 대인 서비스 직무 전반을 아우를 수 있도록 중분류명을 '돌봄 · 보건 및 개인 생활 서비스직'으로 변경하였다. 세분류 '돌봄 서비스 종사원' 이하에 세세분류 '요양 보호사'와 '노인 및 장애인 돌봄 서비스 종사원'을 신설 하였다. '보육 관련 시설 종사원'을 신설하여 키즈카페나 대형 상업 시설 내 탁아시설 등 보육 관련 시설의 아동 돌봄 종사원을 분류하였다. 반려동물을 키우는 인구가 증가하고 관련 인력 수요가 증대됨에 따라 세분류 '반려동물 미용 및 관리 종사원'을 신설하고, 이하 세세분류에 '반려동물 미용사', '반려동물 훈련사', '수의사 보조원'을 배열하였다.
- 주 5일 근무제 정착에 따른 여가시간 증대로 관련 인력수요 증가를 반영하여 여가관련 직종의 직무범위를 넓히기 위해 세분류 명칭을 '여행 및 관광통역 안내원'에서 '여가 및 관광 서비스 종사원'으로 변경하여 미술관 및 박물관의 전시품, 예술품을 설명하고 안내하거나 박람회, 전시회에서 전시내용을 안내하는 직무를 대분류 '사무 종사자'에서 '서비스 종사자'로 이동하였으며, 일반 관광 가이드와 직능수준, 직무내용 등에서 구분되는 '문화 관광 및 숲 · 자연환경 해설사'를 신설하였다.

대분류 5	판매 종사자

- 국내 노동시장 특성을 고려하여, 현업과 일선 관리(first-line managing) 업무를 함께 수행하는 점주(shopkeepers) 및 일선 관리 종사원(shop supervisors)을 단순 판매직 및 관리자(managers)와 구분할 수 있도록 세분류를 신설하였다. 대분류 '관리자' 직군과 구분을 명확히 할 수 있도록 '소규모'와 '일선 관리(first-line)'를 분류명에 명기하였다. 대여(렌털) 제품 시장 성장을 반영하여 중분류 '매장 판매직'의 분류명이 '상품 대여원'을 포괄할 수 있도록 '매장 판매 및 상품 대여직'으로 변경하였다.
- '자동차 영업원'을 신차와 중고차 영업원으로 세분하고, 관계법령 변화를 반영하여 '간접 투자증권 판매인'을 '투자 권유 대행인'으로 명칭 및 직무범위를 변경하였다. 인력규모를 고려하여 '대출 모집인'과 '신용카드 모집인'을 신설하였다.
- '상점 판매원'과 '상품 대여원' 이외의 판매직 중 통신, 방문, 노점 판매직을 소분류 '통신 관련 판매직'과 '방문 및 노점 판매 관련직'으로 재편하였다. 이동전화 단말기와 통신 서비스의 판매가 함께 이루어지는 특성을 고려하여 '단말기 및 통신 서비스 판매원'으로 명칭 및 직무범위를 변경하였다.

대분류 6	농림어업 숙련 종사자

- 세분류 '조림 · 영림 및 벌목원' 중 '영림'을 '산림 경영'으로 알기 쉽게 변경하였으며, 동물원 등에서 관람 또는 공연을 위해 동물을 사육하는 '동물 사육사'를 출하 목적의 동물이나 가축 사육자와 구분하기 위하여 '동물원 사육사'로 변경하였다.

대분류 7	기능원 및 기능 종사자

- 국제분류(ISCO-08) 체계와의 정합성을 제고하고 유사 · 인접 분야 직무 체계의 정합성을 제고하기 위해 중분류 '정보 통신 및 방송장비 관련 기능직'을 신설하고, '전기 및 전자기기 설치 및 수리원'과 '영상 및 통신 장비 관련 기능직'에 분산되어 있던 컴퓨터와 이동전화기, 정보 통신기기, 방송 · 통신장비 관련 설치 및 수리원을 하위분류로 재편하였다. '의복 제조 관련 기능 종사자' 이하 가죽 수선원과 모피 수선원을 통합하고, '자동차 튜닝원'(드레스업 튜닝 제외)을 신설하였다.

대분류 8	장치 · 기계 조작 및 조립 종사자

- 자동화 · 기계화 진전에 따라 기존에 통조림기, 살균기, 냉장기, 건조기 등으로 세분되어 있던 '과실 및 채소 가공 관련 기계 조작원'과 연조기, 조방기, 정방기, 권사기, 혼합기, 소면기, 래핑기 등으로 세분되어 있던 '섬유 제조 기계 조작원' 등 복합 · 다기능 기계 조작직의 분류를 통합하였다.
- '음료 제조 관련 기계 조작원'을 알코올성 음료와 비알코올성 음료로 세분하고, 차 · 커피 및 코코아 제조기 조작원 중 분말류의 제조기 조작원은 세분류 '기타 식품가공 관련 기계 조작원'으로 액상 가공 음료 제조기 조작원은 '비알코올성 음료 제조기 조작원'으로 범위를 조정하여 산업분류 체계와 정합성을 제고하였다.
- 상대적으로 인력규모가 작은 화물열차 차장, 철도 신호원, 철도 수송원을 '철도운송 관련 종사원'으로, 갑판장, 갑판원, 기관부원을 '선박부원'으로 통합하였다. 세분류 '화물차 및 특수차 운전원' 이하 세세분류를 화물차의 총중량 규모에 따라 '경 · 소형 화물차 운전원', '중형 화물차 운전원', '대형 화물차 운전원'으로 재편하였다. 관련법에 따라 건설기계로 분류되는 '콘크리트 믹서 트럭 운전원'과 '덤프트럭 운전원'을 '화물차 및 특수차 운전원'에서 '건설 및 채굴기계 운전원' 이하 세세분류로 이동하였다.

대분류 9	단순노무 종사자

- 자동판매기 관리원을 제외한 각종 수금업무를 담당하는 '수금원'은 '사무 종사자'로, 경비원 중 특수 및 시설 경비 직무는 '서비스 종사자'로 대분류를 이동하고, 직무내용 및 직능유형을 고려하여 '건물 관리원'은 '아파트 경비원', '건물 경비원'으로 한정하였다. 또한 정수기, 공기청정기, 가습기, 매트리스 등 대여 제품 유지 · 관리 직종이 증가함에 따라 '대여 제품 방문 점검원'을 신설하였다.

대분류 A	군인

- 이번 개정에는 의무복무 중인 사병 및 장교도 직업 활동에 포함하여 모든 군인을 직업분류 범위 안에 포괄하였다. 단, '의무복무 중인 군인'의 직업분류 포함 여부는 경제활동 상태의 판단 기준이 되지 않음에 유의해야 한다.

3 한국표준직업분류의 개요

① 직업의 정의

국제표준직업분류(ISCO-08)에서 직무(job)는 '자영업을 포함하여 특정한 고용주를 위하여 개별 종사자들이 수행하거나 또는 수행해야 할 일련의 업무와 과업(tasks and duties)'으로 설정하고 있으며, 직업(occupation)은 '유사한 직무의 집합'으로 정의된다. 여기에서 유사한 직무란 '주어진 업무와 과업이 매우 높은 유사성을 갖는 것'을 말한다.

직업은 유사성을 갖는 직무를 지속적으로 수행하는 계속성을 가져야 하는데, 일의 계속성이란 일시적인 것을 제외한 다음에 해당하는 것을 말한다.

㉠ 매일, 매주, 매월 등 주기적으로 행하는 것

㉡ 계절적으로 행해지는 것

㉢ 명확한 주기는 없으나 계속적으로 행해지는 것

㉣ 현재 하고 있는 일을 계속적으로 행할 의지와 가능성이 있는 것

직업은 또한 경제성을 충족해야 하는 데, 이는 경제적인 거래 관계가 성립하는 활동을 수행해야 함을 의미한다. 따라서 무급 자원봉사와 같은 활동이나 전업학생의 학습행위는 경제활동 혹은 직업으로 보지 않는다. 직업의 성립에는 비교적 엄격한 경제성의 기준이 적용되는데, 노력이 전제되지 않는 자연발생적인 이득의 수취나 우연하게 발생하는 경제적인 과실에 전적으로 의존하는 활동은 직업으로 보지 않는다.

직업 활동은 전통적으로 윤리성과 사회성을 충족해야 하는 것으로 보고 있다. 윤리성은 비윤리적인 영리행위나 반사회적인 활동을 통한 경제적인 이윤추구는 직업 활동으로 인정되지 못한다는 것이다. 사회성은 보다 적극적인 것으로써 모든 직업 활동은 사회 공동체적인 맥락에서 의미 있는 활동 즉 사회적인 기여를 전제조건으로 하고 있다는 점을 강조한다. 또한 속박된 상태에서의 제반활동은 경제성이나 계속성의 여부와 상관없이 직업으로 보지 않는다. 그러므로 다음과 같은 활동은 직업으로 보지 않는다.

㉠ 이자, 주식배당, 임대료(전세금, 월세) 등과 같은 자산 수입이 있는 경우

㉡ 연금법, 국민기초생활보장법, 국민연금법 및 고용보험법 등의 사회보장이나 민간보험에 의한 수입이 있는 경우

㉢ 경마, 경륜, 경정, 복권 등에 의한 배당금이나 주식투자에 의한 시세차익이 있는 경우

㉣ 예 · 적금 인출, 보험금 수취, 차용 또는 토지나 금융자산을 매각하여 수입이 있는 경우

㉤ 자기 집의 가사 활동에 전념하는 경우
㉥ 교육기관에 재학하며 학습에만 전념하는 경우
㉦ 시민봉사활동 등에 의한 무급 봉사적인 일에 종사하는 경우
㉧ 사회복지시설 수용자의 시설 내 경제활동
㉨ 수형자의 활동과 같이 법률에 의한 강제노동을 하는 경우
㉩ 도박, 강도, 절도, 사기, 매춘, 밀수와 같은 불법적인 활동

② 직업분류의 목적

직업분류는 경제활동인구조사, 인구주택총조사, 지역별고용조사 등 고용관련 통계조사나 각종 행정자료를 통하여 얻어진 직업정보를 분류하고 집계하기 위한 것이다. 직업관련 통계를 작성하는 모든 기관이 통일적으로 사용하도록 함으로써 통계자료의 일관성과 비교성을 확보할 수 있다. 또한 각종 직업정보에 관한 국내통계를 국제적으로 비교 · 활용할 수 있도록 하기 위하여 ILO의 국제표준직업분류(ISCO)를 근거로 설정되고 있다.

직업분류는 고용 관련 통계 및 장 · 단기 인력수급 정책수립과 직업연구를 위한 기초자료 작성에 활용되며, 다음에도 기준자료로 활용되고 있다.

㉠ 각종 사회 · 경제통계조사의 직업단위 기준
㉡ 취업알선을 위한 구인 · 구직안내 기준
㉢ 직종별 급여 및 수당지급 결정기준
㉣ 직종별 특정질병의 이환율, 사망률과 생명표 작성 기준
㉤ 산재보험요율, 생명보험요율 또는 산재보상액, 교통사고 보상액 등의 결정 기준

③ 직업분류의 개념과 기준

수입(경제활동)을 위해 개인이 하고 있는 일을 그 수행되는 일의 형태에 따라 체계적으로 유형화 한 것이 직업분류이며, 우리나라 직업구조 및 실태에 맞도록 표준화한 것이 한국표준직업분류(KSCO, Korean Standard Classification of Occupations)이다.

한국표준직업분류는 주어진 직무의 업무와 과업을 수행하는 능력(the ability to carry out the tasks and duties of a given job)인 직능(skill)을 근거로 편제되며, 직능수준과 직능유형을 고려하고 있다. 직능수준(skill level)은 직무수행능력의 높낮이를 말하는 것으로 정규교육, 직업훈련, 직업경험 그리고 선천적 능력과 사회 문화적 환경 등에 의해 결정된다. 직능유형(skill specialization)은 직무수행에 요구되는 지식의 분야, 사용하는 도구 및 장비, 투입되는 원재료, 생산된 재화나 서비스의 종류와 관련된다.

하나의 직업(occupation)은 직무상 유사성을 갖고 있는 여러 직무(job)의 묶음이다. 어떤 직무의 집합을 여타 직업과 구별하고 동일한 직업으로 분류하는 것은 유사성의 정도에 대한 판단을 전제로 하는데, 이는 직무상 서로 다른 것을 규정하는 직업별 직무 배타성(exclusivity)을 제시하는 것과 같다. 그런데 현장에서 일어나는 직무수행 조건의 복잡성과 기업규모의 차이 등에 따른 직무범위의 격차 때문에 직무별 유사성과 배타성을 판별하는 것은 매우 어려운 작업이다.

직무 유사성의 기준에는 해당 직무를 수행하는 사람에게 필요한 지식(knowledge), 경험(experience), 기능(skill)과 함께 직무수행자가 입직을 하기 위해서 필요한 요건(skill requirements) 등이 있다. 때로는 직업 종사자가 주로 일하는 기업의 특성, 생산 과정이나 최종 산출물 등이 중요할 때도 있다. 유사하지 않은 직업은 배타성의 요건이 충족되어 상호 다른 직업이라고 할 수 있으며, 직무별로 노동시장의 형성이 다른 경우에는 가장 분명한 배타성을 갖는다고 할 수 있다.

또한 직무 범주화 기준에는 직무별 고용의 크기 또한 현실적인 기준이 된다. 한국표준직업분류에서는 세분류 단위에서 최소 1,000명의 고용을 기준으로 설정하였으며, 고용자 수가 많은 세분류에는 5,000~10,000명이 분포되어 있을 것으로 판단된다.

④ 직업 대분류와 직능수준

국제표준직업분류(ISCO)에서 정의한 직능수준(skill level)은 정규교육을 통해서만 얻을 수 있는 것은 아니며, 비정규적인 직업훈련과 직업경험을 통하여서도 얻게 된다. 따라서 분류에서 사용되는 기본개념은 정규교육 수준에 의해 분류되는 것이 아니라, 직무를 수행하는데 필요한 특정업무의 수행능력이다. 이러한 기본개념에 의하여 설정된 분류체계는 국제적 특성을 고려하여 4개의 직능수준으로 구분하고, 직무능력이 정규교육(또는 직업훈련)을 통하여서 얻어지는 것이라고 할 때 국제표준교육분류(ISCED-11)상의 교육과정 수준에 의하여 다음과 같이 정의하였다.

㉠ 제1직능 수준

일반적으로 단순하고 반복적이며 때로는 육제적인 힘을 요하는 과업을 수행한다. 간단한 수작업 공구나 진공청소기, 전기장비들을 이용한다. 과일을 따거나 채소를 뽑고 단순 조립을 수행하며, 손을 이용하여 물건을 나르기도 하고 땅을 파기도 한다. 이러한 수준의 직업은 최소한의 문자이해와 수리적 사고능력이 요구되는 간단한 직무교육으로 누구나 수행할 수 있다. 제1직능 수준의 일부 직업에서는 초등교육이나 기초적인 교육(ISCED 수준1)을 필요로 한다.

㉡ 제2직능 수준

일반적으로 완벽하게 읽고 쓸 수 있는 능력과 정확한 계산능력, 그리고 상당한 정도의 의사소통 능력을 필요로 한다. 보통 중등 이상 교육과정의 정규교육 이수(ISCED 수준2, 수준3) 또는 이에 상응하는 직업훈련이나 직업경험을 필요로 한다. 이러한 수준의 직업에 종사하는 자는 일부 전문적인 직무훈련과 실습과정이 요구되며, 훈련실습기간은 정규훈련을 보완하거나 정규훈련의 일부 또는 전부를 대체할 수 있다. 운송수단의 운전이나 경찰 업무를 수행하기도 한다. 일부의 직업은 중등학교 졸업 후 교육(ISCED 수준4)이나 직업교육기관에서의 추가적인 교육이나 훈련을 요구할 수도 있다.

㉢ 제3직능 수준

복잡한 과업과 실제적인 업무를 수행할 정도의 전문적인 지식을 보유하고 수리계산이나 의사소통 능력이 상당히 높아야 한다. 이러한 수준의 직업에 종사하는 자는 일정한 보충적 직무훈련 및 실습과정이 요구될 수 있으며, 정규훈련과정의 일부를 대체할 수도 있다. 또한 유사한 직무를 수행함으로써 경험을 습득하여 이에 해당하는 수준에 이를 수도 있다. 시험원과 진단과 치료를 지원하는 의료관련 분류나 스포츠 관련 직업이 대표적이다. 일반적으로 중등교육을 마치고 1~3년 정도의 추가적인 교육과정(ISCED 수준5) 정도의 정규교육 또는 직업훈련을 필요로 한다.

㉣ 제4직능 수준

매우 높은 수준의 이해력과 창의력 및 의사소통 능력이 필요하다. 이러한 수준의 직업에 종사하는 자는 일정한 보충적 직무훈련 및 실습이 요구된다. 또한 유사한 직무를 수행함으로써 경험을 습득하여 이에 해당하는 수준에 이를 수도 있다. 분석과 문제해결, 연구와 교육 그리고 진료가 대표적인 직무분야이다. 일반적으로 4년 또는 그 이상 계속하여 학사, 석사나 그와 동등한 학위가 수여되는 교육수준(ISCED 수준6 혹은 그 이상)의 정규교육 또는 훈련을 필요로 한다.

POINT **표준직업분류와 직능수준과의 관계**

위와 같은 4개의 직무능력 수준의 정의는 다음과 같이 적용되었다.

1	관리자	제4직능 수준 혹은 제3직능 수준 필요
2	전문가 및 관련 종사자	제4직능 수준 혹은 제3직능 수준 필요
3	사무 종사자	제2직능 수준 필요
4	서비스 종사자	제2직능 수준 필요
5	판매 종사자	제2직능 수준 필요
6	농림 · 어업 숙련 종사자	제2직능 수준 필요
7	기능원 및 관련 기능 종사자	제2직능 수준 필요
8	장치 · 기계 조작 및 조립 종사자	제2직능 수준 필요
9	단순노무 종사자	제1직능 수준 필요
A	군인	제2직능 수준 이상 필요

그러나 이러한 직능수준이 실제 종사자의 학력수준을 제시하는 것은 아니며, 필요로 하는 최소 직능수준을 의미한다고 할 수 있다.

⑤ 직업분류 원칙

㉠ 직업분류의 일반원칙

- 포괄성의 원칙 : 우리나라에 존재하는 모든 직무는 어떤 수준에서든지 분류에 포괄되어야 한다. 특정한 직무가 누락되어 분류가 불가능할 경우에는 포괄성의 원칙을 위배한 것으로 볼 수 있다.

- 배타성의 원칙 : 동일하거나 유사한 직무는 어느 경우에든 같은 단위직업으로 분류되어야 한다는 점이다. 하나의 직무가 동일한 직업단위 수준에서 2개 혹은 그 이상의 직업으로 분류될 수 있다면 배타성의 원칙을 위반한 것이라 할 수 있다.

㉡ **포괄적인 업무에 대한 직업분류 원칙** : 동일한 직업이라 할지라도 사업체 규모에 따라 직무범위에 차이가 날 수 있다. 예를 들면 소규모 사업체에서는 음식조리와 제공이 하나의 단일 직무로 되어 조리사의 업무로 결합될 수 있는 반면에, 대규모 사업체에서는 이들이 별도로 분류되어 독립적인 업무로 구성될 수 있다. 직업분류는 국내외적으로 가장 보편적인 업무의 결합상태에 근거하여 직업 및 직업군을 결정한다. 따라서 어떤 직업의 경우에 있어서는 직무의 범위가 분류에 명시된 내용과 일치하지 않을 수도 있다. 이러한 경우 다음과 같은 순서에 따라 분류원칙을 적용한다.

- 주된 직무 우선 원칙 : 2개 이상의 직무를 수행하는 경우는 수행되는 직무내용과 관련 분류항목에 명시된 직무내용을 비교 · 평가하여 관련 직무 내용상의 상관성이 가장 많은 항목에 분류한다. 예를 들면 교육과 진료를 겸하는 의과대학 교수는 강의, 평가, 연구 등과 진료, 처치, 환자상담 등의 직무내용을 파악하여 관련 항목이 많은 분야로 분류한다.
- 최상급 직능수준 우선 원칙 : 수행된 직무가 상이한 수준의 훈련과 경험을 통해서 얻어지는 직무능력을 필요로 한다면, 가장 높은 수준의 직무능력을 필요로 하는 일에 분류하여야 한다. 예를 들면 조리와 배달의 직무비중이 같을 경우에는, 조리의 직능수준이 높으므로 조리사로 분류한다.
- 생산업무 우선 원칙 : 재화의 생산과 공급이 같이 이루어지는 경우는 생산단계에 관련된 업무를 우선적으로 분류한다. 예를 들면 한 사람이 빵을 생산하여 판매도 하는 경우에는, 판매원으로 분류하지 않고 제빵원으로 분류하여야 한다.

㉢ **다수 직업 종사자의 분류원칙** : 한 사람이 전혀 상관성이 없는 두 가지 이상의 직업에 종사할 경우에 그 직업을 결정하는 일반적 원칙은 다음과 같다.

- 취업시간 우선의 원칙 : 가장 먼저 분야별로 취업시간을 고려하여 보다 긴 시간을 투자하는 직업으로 결정한다.
- 수입 우선의 원칙 : 위의 경우로 분별하기 어려운 경우는 수입(소득이나 임금)이 많은 직업으로 결정한다.
- 조사 시 최근의 직업 원칙 : 위의 두 가지 경우로 판단할 수 없는 경우에는 조사시점을 기준으로 최근에 종사한 직업으로 결정한다.

㉣ **순서배열 원칙** : 동일한 분류수준에서 직무단위의 분류는 다음의 원칙을 가능한 준수하여 배열하였다.

- 한국표준산업분류(KSIC) : 동일한 직업단위에서 산업의 여러 분야에 걸쳐 직업이 있는 경우에 한국표준산업분류의 순서대로 배열하였다. 대분류 7과 8의 기능원과 조작직 종사자인 경우에는 거의 모든 산업에 종사하는 직업이 중분류 수준에서 발견되고 있으므로 중분류의 순서를 한국표준산업분류에 따라 분류하였다.

- 특수-일반분류 : 직업의 구분이 특수 분류와 그 특수 분야를 포함하는 일반 분류가 있을 경우, 특수 분류를 먼저 배열하고 일반분류를 나중에 배열하였다. 예를 들어, 생명과학 연구원을 먼저 위치시키고, 이어서 자연과학 연구원을 배열하였다.
- 고용자수와 직능수준, 직능유형 고려 : 직능수준이 비교적 높거나 고용자수가 많은 직무를 우선하여 배치한 것을 말한다. 예를 들어 대분류 1 관리자의 중분류에서 공공 및 기업고위직을 먼저 배열한 것은 이 분야가 직능수준이 상대적으로 높아 관리자를 관리하는 직종이기 때문이다. 또 직능유형이 유사한 것끼리 묶어 분류하였는데, 이는 직업분류의 용이성과 활용성을 높이기 위함이다.

⑥ 특정 직종의 분류요령

㉠ **행정 관리 및 입법적 기능 수행업무 종사자** : 행정 관리 및 입법기능을 수행하는 자는 '대분류 1 관리자'에 분류된다. 따라서 주된 업무가 정책 결정, 법규 등의 입안 업무를 주로 하는 중앙 및 지방정부 고위공무원 및 공 · 사기업 관리자가 여기에 분류된다. 또한 대규모의 농업, 도 · 소매업 및 음식 · 숙박업 등의 관리자, 고용주 중에서 기획, 조정, 통제, 지시 업무를 주로 하는 자 등이 여기에 포함된다. 현업을 겸하는 경우에는 다른 사람의 직무수행을 감독 및 관리하는 직무에 평균 근무시간의 80% 이상을 종사하는 자만 관리자로 분류된다.

㉡ **자영업주 및 고용주의 직종** : 자영업주 및 고용주는 수행되는 일의 형태나 직무내용에 따른 정의가 아니라 고용형태 또는 종사상 지위에 따라 정의된 개념이다. 그러므로 직업분류에서 자영업주 및 고용주의 직업은 그들이 주로 수행하는 직무내용이 관리자가 하는 일과 유사한가 아니면 동일 분야에서 종사하는 다른 근로자와 유사한 일을 하는가, 즉 주된 직무 우위원칙에 따라 수행하는 직무 중 투자하는 시간이 가장 많은 직무로 분류된다. 단, 소규모 상점을 독립적으로 또는 소수의 타인의 지원을 받아 소유하고 운영하는 자를 분류하기 위해 신설된 '소규모 상점 경영자'는 예외로 한다. 그러나 게스트 하우스, 민박, 음식점, 카페 등의 소규모 업체 운영자들은 관리가 주된 업무가 아닌 경우, 요리, 웨이터처럼 하는 일의 주된 업무에 따라 분류해야 한다.

㉢ **감독 직종** : 반장 등과 같이 주로 수행된 일의 전문, 기술적인 통제업무를 수행하는 감독자는 그 감독되는 근로자와 동일 직종으로 분류한다. 그러나 주된 업무가 자기 감독 하에 있는 일이나 근로자의 일상 작업 활동을 기획, 조정, 통제, 지시하는 업무인 경우에는 관리직으로 보아 '12 행정 및 경영 지원 관리직', '13 전문 서비스 관리직', '14 건설 · 전기 및 생산 관련 관리직', '15 판매 및 고객 서비스 관리직'으로 각각 분류된다. 단, 편의점 등 프랜차이즈 소매점이나 백화점, 쇼핑센터 내에 단일 매장 내의 인력을 지휘하고, 판매 및 관리 업무 전반을 일선 관리하는 자를 분류하기 위해 제7차 개정에서 신설된 '소규모 상점 일선 관리 종사원'은 예외로 한다.

㉣ **연구 및 개발 직종** : 연구 및 개발업무 종사자는 '대분류 2 전문가 및 관련 종사자'에서 그 전문분야에 따라 분류된다. 다만, 연구자가 교육에 종사할 경우에는 '25 교육 전문가 및 관련직'으로 분류한다.

㉤ **군인 직종** : 군인은 별도로 대분류 'A 군인'에 분류된다. 이것은 수행된 일의 형태에 따라 분류되어야 한다는 일반원칙보다는 자료수집상의 현실성에 따라 분류된 것이다.

㉥ **기능원과 기계 조작원의 직무능력 관계** : 하나의 제품이 기능원에 의해 제조되는지 또는 대량 생산기법을 유도하는 기계를 사용해서 제조되는지에 따라 필요로 하는 직무능력에 대단한 영향을 미친다. 기능원은 재료, 도구, 수행하는 일의 순서와 특성 및 최종제품의 용도를 알아야 하는 반면에, 기계 조작원은 복잡한 기계 및 장비의 사용방법이나 기계에 어떤 결함이 발생할 때 이를 대체하는 방법을 알아야 한다. 또한 기계 조작원은 제품 명세서가 바뀌거나, 새로운 제조기법이 도입될 때 이를 적용할 수 있는 직무능력을 갖추고 있어야 한다.
직업분류에서는 이러한 직무능력 형태의 차이를 반영하여 대분류 7, 8을 설정하였다. '대분류 7 기능원 및 관련 기능 종사자'에는 목 공예원, 도자기 공예원, 보석 세공원, 건축 석공, 전통 건물 건축원, 한복 제조원과 같은 장인 및 수공 기예성 직업을 분류하였고, '대분류 8 장치 · 기계 조작 및 조립 종사자'에는 제품의 가공을 위한 기계 지향성 직업으로 분류하였다. 최근 전자 · 제어 기술과 자동화 기계의 발전에 따라 기능직무 영역이 축소되고 조작직무 영역이 증가하는 추세이다.

㉦ **직능수준과 아동 돌봄 관련 직종 분류** : 영유아 교육관련 종사자인 '대분류 2 전문가 및 관련 종사자' 이하 '유치원 교사'나 '보육 교사'는 영유아를 대상으로 일련의 놀이나 교육계획을 수립하고, 정해진 계획에 따라 교육과정 전반을 운영한다. 반면, 아동 복지시설, 어린이 카페, 탁아기관 등 보육 관련 시설에서 일하는 대분류 '대분류 4 서비스 종사자' 이하 '보육 관련 시설 서비스 종사원'은 놀이나 교육적 활동 전반을 계획하거나 조직하는 업무를 수행하지 않으며, 주로 돌봄 대상 영유아를 보호하거나 몸을 씻고 옷을 입고 먹는 등의 기초생활을 원활하게 영위할 수 있도록 돕는 것에 직무의 초점이 맞추어져 있다.

㉧ **직능수준과 음식 조리 및 준비 관련 직종 분류** : 음식을 준비하거나 조리하는 직업 중 대분류 '대분류 2 전문가 및 관련 종사자' 이하 '주방장'은 조리법을 정하고, 새로운 메뉴의 요리를 개발하는 한편, 조리 관련 업무 전반을 책임지는 자로서, 음식점의 경영계획에 참여한다. 반면, '대분류 4 서비스 종사자' 이하 '조리사'는 음식을 만들기 위한 재료를 준비하고 조리하지만 주방장의 감독 또는 정해진 조리법에 따라 음식을 조리하는 '생산' 측면에 직무의 초점을 두고 있다. 한편, '대분류 9 단순 노무 종사자' 이하 '패스트푸드 준비원'과 '주방 보조원'은 주로 음식을 조리하는 데 자격이 특별히 요구되지 않으며, 직무를 수행하는 데에 있어 필요한 훈련이나 경험의 수준에 있어 조리사와 구별된다.

⑦ 분류체계 및 분류번호

직업분류는 세분류를 기준으로 상위에는 소분류-중분류-대분류로 구성되어 있으며, 하위분류는 세세분류로 구성되어 있다. 각 항목은 대분류 10개, 중분류 52개, 소분류 156개, 세분류 450개, 세세분류 1,231개로 구성되어 있는데 계층적 구조로 되어 있다.

분류번호는 아라비아 숫자와 알파벳 A로 표시하며 대분류 1자리, 중분류 2자리, 소분류 3자리, 세분류 4자리, 세세분류는 5자리로 표시된다.

동일 분류에 포함된 끝 항목의 숫자 9는 '기타~(그 외~)'를 표시하여 위에 분류된 나머지 항목을 의미한다. 또한 끝자리 0은 해당 분류수준에서 더 이상 세분되지 않는 직업을 의미하고 있다.

다음은 분류단계별 항목 수를 표로 나타낸 것이다.

〈분류단계별 항목 수〉

대분류	중분류	소분류	세분류	세세분류
전체	52	156	450	1,231
1 관리자	5	16	24	82
2 전문가 및 관련 종사자	8	44	165	463
3 사무 종사자	4	9	29	63
4 서비스 종사자	4	10	36	80
5 판매 종사자	3	5	15	43
6 농림·어업 숙련 종사자	3	5	12	29
7 기능원 및 관련 기능 종사자	9	21	76	198
8 장치·기계조작 및 조립종사자	9	31	65	220
9 단순노무 종사자	6	12	24	49
A 군인	1	3	4	4

⑧ 직업 대분류별 개념

대분류 1	관리자

의회의원처럼 공동체를 대리하여 법률이나 규칙을 제정하고, 정부를 대표, 대리하며 정부 및 공공이나 이익단체의 정책을 결정하고 이를 지휘·조정한다. 정부, 기업, 단체 또는 그 내부 부서의 정책과 활동을 기획, 지휘 및 조정하는 직무를 수행한다. 현업을 겸할 경우에는 직무시간의 80% 이상을 다른 사람의 직무를 분석, 평가, 결정하거나 지시하고 조정하는데 사용하는 경우에만 관리자 직군으로 분류한다. 이 대분류에 포함되는 대부분의 직업은 제4수준과 제3수준의 직무능력을 필요로 한다.

대분류 2	전문가 및 관련 종사자

특정 분야의 전문지식과 경험을 바탕으로 개념과 이론을 이용하여 해당 분야에 대한 연구 · 개발, 자문, 지도(교수) 등 전문 서비스를 제공하는 자를 말한다. 주로 자료의 분석과 관련된 직종으로 물리, 생명과학 및 사회과학 분야에서 높은 수준의 전문적 지식과 경험을 기초로 과학적 개념과 이론을 응용하여 해당 분야를 연구하고 개발 및 개선하며 집행한다. 전문지식을 이용하여 의료 진료활동과 각 급 학교 학생을 지도하고 예술적인 창작활동이나 스포츠 활동 등을 수행한다. 또한 전문가의 지휘 하에 조사, 연구 및 의료, 경영에 관련된 기술적인 업무를 수행한다. 이 대분류에 포함되는 대부분의 직업은 제4수준과 제3수준의 직무능력을 필요로 한다.

대분류 3	사무종사자

관리자, 전문가 및 관련 종사자를 보조하여 경영방침에 의해 사업계획을 입안하고 계획에 따라 업무를 추진하며, 당해 작업에 관련된 정보(data)의 기록, 보관, 계산 및 검색 등의 업무를 수행한다. 또한 금전취급 활동, 법률 및 감사, 상담, 안내 및 접수와 관련하여 사무적인 업무를 주로 수행한다. 이 대분류에 포함되는 대부분의 직업은 제2수준의 직무능력을 필요로 한다.

대분류 4	서비스 종사자

공공안전이나 신변보호, 돌봄, 보건 · 의료분야 보조 서비스와 미용, 혼례 및 장례, 운송, 여가, 조리와 관련된 공공 사회서비스 및 개인 생활 서비스 등 대인 서비스를 제공하는 업무를 주로 수행한다. 이 대분류에 포함되는 대부분의 직업은 제2수준의 직무능력을 필요로 한다.

대분류 5	판매 종사자

영업활동을 통해 상품이나 서비스를 판매하거나 인터넷 등 통신을 이용하거나, 상점이나 거리 및 공공장소에서 상품을 판매 또는 임대한다. 상품을 광고하거나 상품의 품질과 기능을 홍보하며, 매장에서 계산을 하거나 요금정산 등의 활동을 수행한다. 이 대분류에 포함되는 대부분의 직업은 제2수준의 직무능력을 필요로 한다.

대분류 6	농림 · 어업 숙련 종사자

자기 계획과 판단에 따라 농산물, 임산물 및 수산물의 생산에 필요한 지식과 경험을 기초로 작물을 재배 · 수확하고 동물을 번식 · 사육하며, 산림을 경작, 보존 및 개발하고, 물고기 및 기타 수생 동 · 식물을 번식 및 양식하는 직무를 수행한다. 이 대분류에 포함되는 대부분의 직업은 제2수준의 직무능력을 필요로 한다.

대분류 7	기능원 및 기능 종사자

광업, 제조업, 건설업 분야에서 관련된 지식과 기술을 응용하여 금속을 성형하고 각종 기계를 설치 및 정비한다. 또한 섬유, 수공예 제품과 목재, 금속 및 기타 제품을 가공한다. 작업은 손과 수공구를 주로 사용하며 기계를 사용하더라도 기계의 성능보다 사람의 기능이 갖는 역할이 중요하다. 자동화된 기계의 발전에 따라 직무영역이 축소되는 추세인데, 생산과정의 모든 공정과 사용되는 재료나 최종 제품에 관련된 내용을 알 수 있어야 한다. 이 대분류에 포함되는 대부분의 직업은 제2수준의 직무능력을 필요로 한다.

대분류 8	장치 · 기계 조작 및 조립 종사자

기계를 조작하여 제품을 생산하거나 대규모적이고 때로는 고도의 자동화된 산업용 기계 및 장비를 조작하고 부분품을 가지고 제품을 조립하는 업무로 구성된다. 작업은 기계 조작뿐만 아니라 컴퓨터에 의한 기계 제어 등 기술적 혁신에 적응할 수 있는 능력을 포함하여 기계 및 장비에 대한 경험과 이해가 요구되며, 기계의 성능이 생산성을 좌우한다. 또한 여기에는 운송장비의 운전업무도 포함된다. 이 대분류에 포함되는 대부분의 직업은 제2수준의 직무능력을 필요로 한다.

대분류 9	단순노무 종사자

주로 간단한 수공구의 사용과 단순하고 일상적이며, 어떤 경우에는 상당한 육체적 노력이 요구되고, 거의 제한된 창의와 판단만을 필요로 하는 업무를 수행한다. 몇 시간 혹은 몇 십 분의 직무훈련(on the job training)으로 업무수행이 충분히 가능한 직업이 대부분이며, 일반적으로 제1수준의 직무능력을 필요로 한다. 직능수준이 낮으므로 단순 노무직 내부에서의 직업 이동은 상대적으로 매우 용이한 편이라고 할 수 있다.

대분류 A	군인

의무 복무 여부를 불문하고 현재 군인 신분을 유지하고 있는 군인을 말한다. 직업정보 취득의 제약 등 특수 분야이므로 직무를 기준으로 분류하는 것이 아니라, 계급을 중심으로 분류하였다. 국방과 관련된 정부기업에 고용된 민간인, 국가의 요청에 따라 단기간 군사훈련 또는 재훈련을 위해 일시적으로 소집된 자 및 예비군은 제외된다. 이 대분류에 포함되는 대부분의 직업은 제2수준 이상의 직무능력을 필요로 한다.

POINT 한국표준직업분류 제7차 개정 주요 내용정리(2017년 7월)

㉠ 분류체계 변화

• 분류구조 변화 : 대분류 및 중분류는 현행 유지, 소분류 +7개, 세분류 +24개, 세세분류 +25개 순증

구분	대분류		중분류		소분류		세분류		세세분류	
	6차	7차	6차	7차	6차	7차	6차	7차	6차	7차
증감	10	10	52	52	149	156	426	450	1,206	1,231

㉡ 주요 개정 내용

• 4차 산업혁명 등 ICTs 기반의 기술 융·복합 및 신성장 직종 반영
–전문 기술직의 직무영역 확장 등 지식 정보화 사회 변화상 반영
▪ 데이터 분석가, 모바일 애플리케이션 개발자, 산업 특화 소프트웨어 개발자 등

• 문화·미디어 콘텐츠 분야 신성장 직종 신설 및 세분
–미디어 콘텐츠와 채널의 생산 및 유통 구조 다변화 추세 반영
▪ 미디어 콘텐츠 창작자, 사용자 경험 및 인터페이스 디자이너, 공연·영화 및 음반 기획자 등

• 사회 서비스 일자리 직종 세분 및 신설
–저출산·고령화에 따른 돌봄·복지 수요 증가를 반영하여 관련 직종 세분
▪ 노인 및 장애인 돌봄 서비스 종사원, 놀이 및 행동 치료사(신설), 임상 심리사, 상담 전문가(상향) 등
–여가 및 생활서비스 수요 증가를 반영하여 관련 직종 신설
▪ 문화 관광 및 숲·자연환경 해설사, 반려동물 훈련사, 개인 생활 서비스 종사원 등

• 자동화·기계화 진전에 따른 기능직 및 기계직 직종 통합
–복합·다기능 기계의 발전에 따른 세분 직종 통합
▪ 의복 제조 관련 기능 종사원, 과실 및 채소 가공 관련 기계 조작원, 섬유 제조 기계 조작원 등

• 고용규모 대비 분류항목이 적은 사무 및 판매·서비스직 세분
–포괄적 직무로 분류되어 온 사무직군 직업 세분
▪ 대학 행정 조교, 증권사무원, 기타 금융 사무원, 행정사, 중개 사무원(신설) 등
▪ 여성·청년·고령층 진출이 많은 서비스·판매직군 직업 세분
▪ 소규모 상점 경영 및 일선 관리 종사원(세분), 대여 제품 방문 점검원(신설) 등

02 한국표준산업분류(10차)

1 연혁

① 한국표준산업분류는 산업관련 통계자료의 정확성, 비교성을 확보하기 위하여 작성된 것으로서 1963년 3월에 경제활동 부문 중에서 우선 광업과 제조업 부문에 대한 산업분류를 제정하였고, 이듬해 4월에 제조업 이외 부문에 대한 산업분류를 추가로 제정함으로써 우리나라의 표준산업분류 체계를 완성하였다. 이렇게 제정된 한국표준산업분류는 유엔의 국제표준산업분류(1차 개정 : 1958년)에 기초하여 작성된 것이다.

② 1964년에 제정된 한국표준산업분류의 미비점과 불합리한 점을 보완하기 위하여 1965년과 1968년 두 차례에 걸쳐 개정작업을 추진하였으며, 이후에는 유엔의 국제표준산업분류 2 · 3 · 4차 개정(1968, 1989, 2007)과 국내 산업구조 및 기술변화를 반영하기 위하여 추가적으로 일곱 차례에 걸친 개정작업을 수행하여 왔다(1970, 1975, 1984, 1991, 1998, 2000, 2007).

③ 2007년에 개정 고시한 9차 개정 분류는 국제표준산업분류 4차 개정결과와 한국표준산업분류 8차 개정 이후 진행된 국내 사회, 경제 변화상을 반영하여 대폭적인 개정작업으로 추진된 바 있다. 9차 개정분류의 주요 특징으로는 대분류에서 농업 · 임업 · 어업(A)이 통합되었고 하수 · 폐기물 처리, 원료재생 및 환경복원업(E), 출판, 영상, 방송통신 및 정보 서비스업(J), 전문, 과학 및 기술 서비스업(M), 사업시설 관리 및 사업지원 서비스업(N) 등이 신설 또는 범위변경 형태로 세분되었으며 중분류 수가 63개에서 76개로 세분되었고 소분류 34개, 세분류 45개, 세세분류 24개가 순증되는 등의 분류체계 변화를 가져온 바 있다.

④ 한국표준산업분류 9차 개정 이후 8년이 경과하면서 새롭게 등장하고 있는 산업 영역들의 통계작성 및 정책지원에 필요한 분류체계 신설, 변경 요청 등이 급증함에 따라, 2015년 3월에 기본계획을 수립하고 약 2년간에 걸친 개정작업을 추진하여 통계청 고시 제2017-13호(2017.1.13.)로 제10차 개정 분류를 확정 · 고시하고 2017년 7월 1일부터 시행하게 되었다.

연도	제 · 개정 사항
1963. 3. 1.	광업 · 제조업 부문 제정
1964. 4. 1.	광업 · 제조업 이외 부문 제정
1965. 9. 8.	제1차 개정(경제기획원 고시 제20호)
1968. 2. 1.	제2차 개정(경제기획원 고시 제1호)
1970. 3. 13.	제3차 개정(경제기획원 고시 제1호)
1975. 12. 3.	제4차 개정(경제기획원 고시 제5호)
1984. 1. 26.	제5차 개정(경제기획원 고시 제71호)
1991. 9. 9.	제6차 개정(통계청 고시 제91-1호)
1998. 2. 18.	제7차 개정(통계청 고시 제1998-1호)
2000. 1. 7.	제8차 개정(통계청 고시 제2000-1호)
2007. 12. 28.	제9차 개정(통계청 고시 제2007-53호)
2017. 1. 13.	제10차 개정(통계청 고시 제2017-13호)

2 제10차 개정 주요 내용

① 주요 특징

㉠ 국제표준산업분류 4차 개정안(ISIC Rev.4) 추가 반영

2007년 9차 개정작업에 이어, 국제표준산업분류 4차 개정안을 추가로 반영하여 부동산 이외 임대업 중분류를 부동산업 및 임대업 대분류에서 사업시설 관리 및 사업지원 서비스업 대분류 하위로 이동하였고, 수도업 중분류를 전기, 가스, 증기 및 수도업 대분류에서 수도, 하수 및 폐기물 처리, 원료재생업 대분류 하위로 이동하였다. 자본재 성격의 기계 및 장비 수리업 소분류는 수리 및 기타 개인 서비스업 대분류에서 제조업 대분류로 이동하고 중분류를 신설하였다. 출판, 영상, 방송통신 및 정보서비스업 대분류는 정보통신업으로 명칭을 변경하였다.

㉡ 국내 산업구조 변화 특성을 반영한 분류 신설 및 통합

국내 산업활동의 변화상과 특수성을 고려하여 미래 성장 산업, 기간산업 및 동력산업 등은 신설 또는 세분하였고 저성장 산업 및 사양산업은 통합하는 등 전체 분류체계를 새롭게 설정하였다. 이런 영향으로 바이오연료, 탄소섬유, 에너지 저장장치, 디지털 적층 성형기계, 무인 항공기 제조업과 태양력 발전업, 전자상거래 소매 중개업 등을 신설하였고 반도체, 센서류, 유기발광 다이오드 표시장치, 자동차 부품류, 인쇄회로 기판 제조업, 대형마트, 면세점, 요양병원 등은 기존 분류체계에서 세분하였으며 일부 광업과 청주, 코르크 및 조물제품, 시계 및 관련 부품, 나전칠기, 악기 제조업 등은 통합하였다.

㉢ 관련 분류간 연계성, 통합성 및 일관성 유지

산업분류는 경제활동 관련 모든 분류와 연관되어 있으므로 한국재화 및 서비스분류(KCPC), 국민계정 경제활동별분류(SNA 분류체계), 산업별 생산품목(광업 및 제조업통계조사), 한국표준무역분류(SKTC), 관세및통계통합품목분류(HS), 한국상품용도분류(BEC) 등을 동시에 고려하여 분류의 포괄범위, 명칭 및 개념 등을 조정하였고, 결과적으로 통합경제분류 연계표 작성 및 활용을 위한 기본 틀을 구축하고 경제분석을 종합적으로 수행할 수 있는 기초를 마련하였다.

② 대분류별 주요 개정 내용

대분류 A	농업, 임업 및 어업

채소작물 재배업에 마늘, 딸기 작물 재배업을 포함하였으며, 어업에서 해면은 해수면으로, 수산 종묘는 수산 종자로 명칭을 변경하였다.

대분류 B	광업

국내 생산활동 감소 추세를 반영하여 비철금속 광업은 우라늄 및 토륨 광업, 금 · 은 및 백금광업, 연 및 아연광업, 그 외 기타 비철금속 광업 등을 통합하여 분류하였고, 석회석 광업과 고령토 및 기타 점토광업, 건설용 석재 채굴업과 건설용 쇄석 생산업, 원유 및 천연가스 채굴관련 서비스업과 기타 광업 지원 서비스업 등을 통합하였다.

대분류 C	제조업

안경 및 안경렌즈 제조업을 사진장비 및 기타 광학기기 제조업에서 의료용기기 제조업으로 이동하였고, 운송장비용 의자 제조업은 가구제조업에서 자동차, 항공기, 철도 등 운송장비 제조업 중 해당 장비 또는 부품 제조업으로 이동하였다. 산업용 기계 및 장비 수리업은 ISIC 분류에 맞춰 수리업에서 제조업 중 중분류를 신설(34)하여 이동하였다. 원모피 가공업은 의복, 의복 액세서리 및 모피제품 제조업에서 가죽, 가방 및 신발 제조업으로, 전사처리업은 기타 제품 제조업에서 인쇄 및 기록매체 복제업으로, 석유 정제과정에서 생산되는 아스팔트 관련 제품은 비금속광물제품 제조업에서 코크스, 연탄 및 석유정제품 제조업으로 이동하였다. 하위 분류에서는 관련 산업통계 시계열 자료 등을 기초로 전문화율 및 포괄률, 사업체 수, 출하액, 종사자 수 등 산업 규모 수준, 산업별 증감률 추세 등을 고려하여 분류를 신설, 세분 또는 통합하였다. 주요 신설 부문은 바이오 연료 및 혼합물, 탄소섬유, 에너지 저장장치, 디지털 적층 성형기계, 자동차 구조 및 장치 변경, 무인항공기 및 무인 비행장치 제조업 등이며, 육류도축업 및 가금류 도축업, 육류 포장육 및 냉동육 가공업, 김치류, 도시락류, 배합사료 및 단미사료 · 기타 사료, 위생용 원지, 오프셋 인쇄업, 고무패킹, 플라스틱 필름 및 시트 · 판, 폴리스티렌 발포 성형제품, 안전유리, 디스플레이 장치용 유리, 메모리용 및 비메모리용 반도체, 강관 및 강관 가공품 · 관연결구류, 피복 및 충전 용접봉, 유기발광 표시장치, 인쇄회로기판용 적층판, 경성 및 연성 인쇄회로기판, 전자감지장치, 자동차용 조향 · 현가 · 제동장치 부품 등은 세분하였고, 청주, 담배 재건조, 견직물, 편조제품, 모피제품, 목재 도구 및 주방용 나무제품, 코르크 및 조물제품, 인쇄 잉크 및 회화용 물감, 위생용 및

산업용 도자기, 금고, 전자관, 전자접속카드, 자동판매기 및 화폐 교환기, 운송용 컨테이너, 비철금속 선박, 시계 및 시계 부품, 나전칠기 가구, 악기류, 조화 및 모조장식품, 우산 및 지팡이 제조업 등은 통합하였다.

대분류 D	전기, 가스, 증기 및 공기조절 공급업

수도업은 국내 산업 연관성을 고려하고 ISIC에 맞춰 대분류 E로 이동하였으며, 산업 성장세를 고려하여 태양력 발전업을 신설하였고, 전기자동차 판매 증가 등 관련 산업 전망을 감안하여 전기 판매업 세분류를 신설하였다.

대분류 E	수도, 하수 및 폐기물 처리, 원료 재생업

수도업을 전기, 가스, 증기 및 공기조절 공급업 대분류에서 이동하여 포함하고 대분류 명칭을 변경하였으며, 금속 및 비금속 원료재생업 소분류는 원료 수집, 운반 이후 처리 수준을 고려하여 해체, 선별업과 원료재생업으로 세분하였다.

대분류 F	건설업

전문직별 공사업에서 2종 이상의 공사 내용으로 수행하는 개량 · 보수 · 보강공사를 시설물 유지관리 공사업으로 신설하였고, 주거용 건물 건설업을 단독주택 건설업과 기타 공동주택 건설업으로, 기타 시설물 축조관련 전문공사업을 지붕, 내 · 외벽 축조 관련 전문공사업과 기타 옥외 시설물 축조관련 전문공사업으로 세분하였다.

대분류 G	도매 및 소매업

세분류에서 종이 원지 · 판지 · 종이상자 도매업, 면세점, 의복 소매업을 신설하였고, 세세분류는 도매업에서 자동차 전용 신품 부품, 자동차용 전기 · 전자 · 정밀기기 부품, 자동차 내장용 부품 판매업, 목재 및 건축자재, 연료 · 광물 · 1차 금속 · 비료 및 화학제품 중개업, 과실류 및 채소류 · 서류 · 향신작물류, 건어물 · 젓갈류 및 신선 · 냉동 및 기타 수산물, 커피 · 차류 및 조미료, 의료기기 및 정밀기기 · 과학기기, 전지 및 케이블 등 도매업을 세분하였다. 소매업은 대형마트, 면세점, 건어물 및 젓갈류, 조리 반찬류, 남자용 및 여자용 겉옷, 셔츠 · 블라우스 및 가죽 · 모피의복, 의복 액세서리 및 모조 장신구 등을 세분하였다.

대분류 H	운수 및 창고업

화물자동차 운송업과 기타 도로화물 운송업을 통합하였으며, 철도운송업을 철도 여객과 화물 운송업으로 세분하였고, 항공운송업을 항공 여객과 화물 운송업으로 변경하였다. 또한, 하위분류에서는 산업 규모를 고려하여 용달 및 개별 화물자동차 운송업, 통관 대리 및 관련 서비스업을 세분하였으며, 내륙 수상 여객 운송업과 화물 운송업은 통합하였다.

대분류 I	숙박 및 음식점업

산업 규모를 고려하여 한식 음식점업 세분류를 일반한식, 면요리, 육류요리, 해산물 요리 전문점으로 세분하였고, 주점업 세분류에서 생맥주 전문점을, 비알코올 음료점업 세분류에서 커피 전문점을 세분하였다. 교육 프로그램을 중심으로 운영하는 숙박시설을 갖춘 청소년 수련시설은 교육서비스업으로 이동하였다.

대분류 J	정보통신업

대분류 명칭을 출판, 영상, 방송통신 및 정보서비스업에서 정보통신업으로 변경하였으며, 온라인·모바일 게임 소프트웨어 개발 및 공급업을 유선 온라인 게임과 모바일 게임 소프트웨어 개발 및 공급업으로 세분하였고, 무선통신업과 위성통신업은 통합하였다.

대분류 K	금융 및 보험업

산업 규모를 고려하여 상호저축은행 및 기타 저축기관을 통합하였고, ISIC 분류에 맞춰 금융 및 보험업 대분류의 금융지주회사와 전문, 과학 및 기술 서비스업 대분류에서 포함하던 비금융지주회사를 통합하여 분류하였으며, 자산운용회사는 신탁업 및 집합투자업으로 변경하였다.

대분류 L	부동산업

부동산 이외 임대업 중분류는 사업시설 관리, 사업 지원 및 임대 서비스업 대분류로 이동하였고, 부동산 자문 및 중개업은 산업 규모를 고려하여 부동산 중개 및 대리업과 부동산 투자 자문업으로 세분하였다.

대분류 M	전문, 과학 및 기술 서비스업

연구개발업 융합 추세를 반영하여 자연과학 및 공학 융합 연구개발업 세분류를 신설하였고, 전문서비스업 융합 추세를 고려하여 기타 전문 서비스업을 세분하였다. 상업용 사진 촬영업에서 분류하던 인쇄회로 사진원판 제작은 제조업으로 이동하였으며, 마이크로필름 처리 서비스는 사업지원서비스업에서 기타 전문, 과학 및 기술 서비스업으로 이동하였다.

대분류 N	사업시설 관리, 사업 지원 및 임대 서비스업

국제표준산업분류(ISIC) 체계에 맞춰 부동산 이외 임대업의 소속 대분류를 변경하여 포함하였으며, 인력 공급업은 임시 및 일용인력 공급업과 상용 인력 공급 및 인사관리 서비스업으로 세분하였고, 국내 여행사업은 일반 및 국외 여행사업과 통합하였다. 산업용 기계 및 장비 임대업 중 용접장비 임대업은 기타 산업용 기계 및 장비 임대업으로 이동하였다.

대분류 O	공공 행정, 국방 및 사회보장 행정

포괄범위를 고려하여 통신행정을 우편 및 통신행정으로 변경하였으며, 나머지 행정 부문은 정부직제 및 기능 등을 고려하여 기존 분류를 유지하였다.

대분류 P	교육 서비스업

숙박업 대분류에서 구분하던 청소년 수련시설은 교육 프로그램 운영이 주된 산업활동인 경우 교육 서비스업으로 이동하였으며, 일반 교습학원은 초 · 중 · 고등학생 진학 및 보습용 학원으로 구분하고, 일반 외국어학원 및 기타 교습학원은 기타 교육기관으로 이동하였다. 스포츠 교육기관은 태권도 및 무술 교육기관과 기타 스포츠 교육기관으로, 예술학원은 음악학원, 미술학원, 기타 예술학원으로 세분하였다.

대분류 Q	보건업 및 사회복지 서비스업

주로 장기 입원환자를 대상으로 진료하는 요양병원을 신설하였으며, 증가하는 사회복지서비스 수요를 반영하여 비거주 복지서비스업 세분류에 종합복지관 운영업, 방문 복지서비스업, 사회복지 상담 서비스업을 신설하였다.

대분류 R	예술, 스포츠 및 여가관련 서비스업

갬블링 및 배팅업 세분류 명칭을 사행시설 관리 및 운영업으로, 경주장 운영업 세세분류 명칭을 경주장 및 동물 경기장 운영업으로 변경하였다. 단역 배우 공급업은 공연 및 제작관련 서비스업에서 사업지원 서비스업으로 이동하였다.

대분류 S	협회 및 단체, 수리 및 기타 개인 서비스업

자본재 성격의 산업용 기계 및 장비 수리업은 제조업으로 이동하였고, 의복 및 기타 가정용 직물제품 수리업과 가죽 · 가방 및 신발 수리업을 세분하였다. 기타 미용관련 서비스업은 체형 등 기타 신체관리 서비스업으로 명칭을 변경하였고, 마사지업은 발 마사지, 스포츠 마사지 등도 포함하도록 변경하였으며, 맞선 주선 및 결혼상담업은 결혼 준비 서비스업을 포함하여 결혼 상담 및 준비 서비스업으로 변경하였다.

3 표준산업분류 개요

① 산업 정의

산업이란 “유사한 성질을 갖는 산업 활동에 주로 종사하는 생산단위의 집합”이라 정의되며, 산업활동이란 “각 생산단위가 노동, 자본, 원료 등 자원을 투입하여, 재화 또는 서비스를 생산 또는 제공하는 일련의 활동과정”이라 정의된다. 산업 활동의 범위에는 영리적, 비영리적 활동이 모두 포함되나, 가정 내의 가사 활동은 제외된다.

② 분류 목적

한국표준산업분류는 생산단위(사업체단위, 기업체단위 등)가 주로 수행하는 산업 활동을 그 유사성에 따라 체계적으로 유형화 한 것이다. 이러한 한국표준산업분류는 산업활동에 의한 통계 자료의 수집, 제표, 분석 등을 위해서 활동 분류 및 범위를 제공하기 위한 것으로 통계법에서는 산업통계 자료의 정확성, 비교성을 위하여 모든 통계작성기관이 이를 의무적으로 사용하도록 규정하고 있다. 한국표준산업분류는 통계작성 목적 이외에도 일반 행정 및 산업정책 관련 법령에서 적용대상 산업영역을 한정하는 기준으로 준용되고 있다.

③ 분류 범위

한국표준산업분류는 산업활동의 유형에 따른 분류이므로 이 분류의 범위는 국민계정(SNA)에서 정의한 것처럼 경제활동에 종사하고 있는 단위에 대한 분류로 국한하고 있다. 다만, ISIC에서도 규정하고 있는 982(자가 소비를 위한 가사 서비스 활동)는 SNA 생산영역 밖에 있지만 가구의 생계활동을 측정하기 위한 중요한 틀이 되기 때문에 981(자가 소비를 위한 가사 생산활동)과 병행하여 분류하고 있다. 이들 분류는 일반적인 사업체 조사에서는 이용되지 않으나, 이를 통해 노동력조사 같은 가구대상 조사에서 KSIC의 다른 산업활동 영역으로 분류하기 어렵거나 불가능한 가계활동을 분류할 수 있다

④ 분류 기준

산업분류는 생산단위가 주로 수행하고 있는 산업활동을 그 유사성에 따라 유형화 한 것으로 이는 다음과 같은 분류 기준에 의하여 적용된다.

㉠ 산출물(생산된 재화 또는 제공된 서비스)의 특성

- 산출물의 물리적 구성 및 가공 단계
- 산출물의 수요처
- 산출물의 기능 및 용도

㉡ 투입물의 특성

- 원재료, 생산 공정, 생산기술 및 시설 등

㉢ 생산활동의 일반적인 결합형태

⑤ 통계 단위

㉠ 개념 : 통계단위란 생산단위의 활동(생산, 재무활동 등)에 관한 통계작성을 위하여 필요한 정보를 수집 또는 분석할 대상이 되는 관찰 또는 분석단위를 말한다. 관찰단위는 산업 활동과 지리적 장소의 동질성, 의사결정의 자율성, 자료수집 가능성이 있는 생산단위가 설정되어야 한다. 생산 활동과 장소의 동질성의 차이에 따라 통계단위는 다음과 같이 구분된다.

구분	하나 이상 장소	단일 장소
하나 이상 산업활동	기업집단 단위	지역 단위
	기업체 단위	
단일 산업활동	활동유형 단위	사업체 단위

* 하나의 기업체 또는 기업집단을 전제함

㉡ 사업체 단위 정의 : 사업체 단위는 공장, 광산, 상점, 사무소 등과 같이 산업활동과 지리적 장소의 양면에서 가장 동질성이 있는 통계단위이다. 이 사업체 단위는 일정한 물리적 장소에서 단일 산업활동을 독립적으로 수행하며, 영업잉여에 관한 통계를 작성할 수 있고 생산에 관한 의사결정에 있어서 자율성을 갖고 있는 단위이므로 장소의 동질성과 산업 활동의 동질성이 요구되는 생산통계 작성에 가장 적합한 통계단위라고 할 수 있다. 그러나 실제 운영면에서 사업체 단위에 대한 정의가 엄격하게 적용될 수 있는 것은 아니다. 실제 운영상 사업체 단위는 "일정한 물리적 장소 또는 일정한 지역 내에서 하나의 단일 또는 주된 경제활동에 독립적으로 종사하는 기업체 또는 기업체를 구성하는 부분 단위"라고 정의할 수 있다. 한편, 기업체 단위란 재화 및 서비스를 생산하는 법적 또는 제도적 단위의 최소 결합체로서 자원 배분에 관한 의사결정에서 자율성을 갖고 있다. 기업체는 하나 이상의 사업체로 구성될 수 있다는 점에서 사업체와 구분되며, 재무관련 통계작성에 가장 유용한 단위이다.

⑥ 통계단위 산업결정

㉠ 생산단위 활동 형태 : 생산단위의 산업활동은 일반적으로 주된 산업활동, 부차적 산업활동 및 보조적 활동이 결합되어 복합적으로 이루어진다. 주된 산업활동이란 산업활동이 복합 형태로 이루어질 경우 생산된 재화 또는 제공된 서비스 중에서 부가가치(액)가 가장 큰 활동을 말하며 부차적 산업활동은 주된 산업활동 이외의 재화 생산 및 서비스 제공 활동을 말한다. 이러한 주된 활동과 부차적 활동은 보조 활동의 지원 없이는 수행될 수 없으며 보조 활동에는 회계, 창고, 운송, 구매, 판매 촉진, 수리 서비스 등이 포함된다. 경제활동에 따라 단위 분류를 결정하기 위한 기본 개념인 부가가치는 산출물과 중간소비 간의 차이로 정의되며 국내총생산(GDP)에 대한 각 경제단위의 기여 수준을 측정하는 방법으로 사용된다. 보조 활동은 모 생산단위에서 사용되는 비내구재 또는 서비스를 제공하는 활동으로서 생산활동을 지원해 주기 위하여 존재한다. 생산활동과 보조활동이 별개의 독립된 장소에서 이루어질 경우 지역 통계작성을 위하여 보조단위에 관한 정보를 별도로 수집할 수 있다. 다음과 같은 활동단위는 보조단위로 보아서는 안되며 별개의 활동으로 간주하여 그 자체활동에 따라 분류하여야 한다.

- 고정자산을 구성하는 재화의 생산, 예를 들면 자기계정을 위한 건설활동을 하는 경우 이에 관한 별도의 자료를 이용할 수 있으면 건설활동으로 분류한다.
- 모 생산단위에서 사용되는 재화나 서비스를 보조적으로 생산하더라도 그 생산되는 재화나 서비스의 대부분을 다른 시장(사업체 등)에 판매하는 경우
- 모 생산단위가 생산하는 생산품의 구성 부품이 되는 재화를 생산하는 경우, 예를 들면 모 생산단위의 생산품을 포장하기 위한 캔, 상자 및 유사 제품의 생산활동
- 연구 및 개발활동은 통상적인 생산과정에서 소비되는 서비스를 제공하는 것이 아니므로 그 자체의 본질적인 성질에 따라 전문, 과학 및 기술 서비스업으로 분류되며 SNA 측면에서는 고정자본의 일부로 고려된다.

㉡ 산업 결정 방법

- 생산단위의 산업활동은 그 생산단위가 수행하는 주된 산업활동(판매 또는 제공하는 재화 및 서비스)의 종류에 따라 결정된다. 이러한 주된 산업 활동은 산출물(재화 또는 서비스)에 대한 부가가치(액)의 크기에 따라 결정되어야 하나, 부가가치(액) 측정이 어려운 경우에는 산출액에 의하여 결정한다.
- 상기의 원칙에 따라 결정하는 것이 적합하지 않을 경우에는 그 해당 활동의 종업원 수 및 노동시간, 임금 및 급여액 또는 설비의 정도에 의하여 결정한다.
- 계절에 따라 정기적으로 산업을 달리하는 사업체의 경우에는 조사시점에서 경영하는 사업과는 관계없이 조사대상 기간 중 산출액이 많았던 활동에 의하여 분류한다.
- 휴업 중 또는 자산을 청산 중인 사업체의 산업은 영업 중 또는 청산을 시작하기 이전의 산업활동에 의하여 결정하며, 설립 중인 사업체는 개시하는 산업활동에 따라 결정한다.
- 단일사업체의 보조단위는 그 사업체의 일개 부서로 포함하며, 여러 사업체를 관리하는 중앙 보조단위(본부, 본사 등)는 별도의 사업체로 처리한다.

⑦ 산업분류 적용원칙

㉠ 생산단위는 산출물뿐만 아니라 투입물과 생산공정 등을 함께 고려하여 그들의 활동을 가장 정확하게 설명된 항목에 분류해야 한다.

㉡ 복합적인 활동단위는 우선적으로 최상급 분류단계(대분류)를 정확히 결정하고, 순차적으로 중 · 소 · 세 · 세세분류 단계 항목을 결정하여야 한다.

㉢ 산업활동이 결합되어 있는 경우에는 그 활동단위의 주된 활동에 따라서 분류하여야 한다.

㉣ 수수료 또는 계약에 의하여 활동을 수행하는 단위는 동일한 산업활동을 자기계정과 자기책임 하에서 생산하는 단위와 같은 항목에 분류하여야 한다.

㉤ 자기가 직접 실질적인 생산활동은 하지 않고, 다른 계약업자에 의뢰하여 재화 또는 서비스를 자기계정으로 생산하게 하고, 이를 자기명의로, 자기 책임 아래 판매하는 단위는 이들 재화나 서비스 자체를 직접 생산하는 단위와 동일한 산업으로 분류하여야 한다. 다만, 제조업의 경우에는 이들 이외에 제품의 성능 및 기능, 고안 및 디자인, 원재료 구성 설계, 견본 제작 등에 중요한 역할을 하고 자기계정으로 원재료를 제공하여야 한다.

㉥ 각종 기계장비 및 용품의 개량, 개조 및 재제조 등 재생활동은 일반적으로 그 기계장비 및 용품 제조업과 동일 산업으로 분류하지만, 산업 규모 및 중요성 등을 고려하여 별도의 독립된 분류에서 구성하고 있는 경우에는 그에 따른다.

㉦ 자본재로 주로 사용되는 산업용 기계 및 장비의 전문적인 수리활동은 경상적인 유지 · 수리를 포함하여 "34 : 산업용 기계 및 장비 수리업"으로 분류한다. 자본재와 소비재로 함께 사용되는 컴퓨터, 자동차, 가구류 등과 생활용품으로 사용되는 소비재 물품을 전문적으로 수리하는 산업활동은 "95 : 개인 및 소비용품 수리업"으로 분류한다. 다만, 철도 차량 및 항공기 제조 공장, 조선소에서 수행하는 전문적인 수리활동은 해당 장비를 제조하는 산업활동과

동일하게 분류하며, 고객의 특정 사업장 내에서 건물 및 산업시설의 경상적인 유지관리를 대행하는 경우는 “741 : 사업시설 유지관리 서비스업”에 분류한다.

ⓞ 동일 단위에서 제조한 재화의 소매활동은 별개 활동으로 분류하지 않고 제조활동으로 분류되어야 한다. 그러나 자기가 생산한 재화와 구입한 재화를 함께 판매한다면 그 주된 활동에 따라 분류한다.

ⓩ “공공행정 및 국방, 사회보장 사무” 이외의 교육, 보건, 제조, 유통 및 금융 등 다른 산업활동을 수행하는 정부기관은 그 활동의 성질에 따라 분류하여야 한다. 반대로, 법령 등에 근거하여 전형적인 공공행정 부문에 속하는 산업활동을 정부기관이 아닌 민간에서 수행하는 경우에는 공공행정 부문으로 포함한다.

ⓩ 생산단위의 소유 형태, 법적 조직 유형 또는 운영 방식은 산업분류에 영향을 미치지 않는다. 이런 기준은 경제활동 자체의 특징과 관련이 없기 때문이다. 즉, 동일 산업활동에 종사하는 경우, 법인, 개인사업자 또는 정부기업, 외국계 기업 등인지에 관계없이 동일한 산업으로 분류한다.

ⓚ 공식적 생산물과 비공식적 생산물, 합법적 생산물과 불법적인 생산물을 달리 분류하지 않는다.

⑧ **분류 구조 및 부호 체계**

㉠ 분류구조는 대분류(알파벳 문자 사용/Section), 중분류(2자리 숫자 사용/Division), 소분류(3자리 숫자 사용/Group), 세분류(4자리 숫자 사용/Class), 세세분류(5자리 숫자 사용/Sub-Class) 5단계로 구성된다.

㉡ 부호 처리를 할 경우에는 아라비아 숫자만을 사용하도록 했다.

㉢ 권고된 국제분류 ISIC Rev.4를 기본체계로 하였으나, 국내 실정을 고려하여 국제분류의 각 단계 항목을 분할, 통합 또는 재그룹화하여 독자적으로 분류 항목과 분류 부호를 설정하였다.

㉣ 분류 항목 간에 산업 내용의 이동을 가능한 억제하였으나 일부 이동 내용에 대한 연계분석 및 시계열 연계를 위하여 부록에 수록된 신구 연계표를 활용하도록 하였다.

㉤ 중분류의 번호는 01부터 99까지 부여하였으며, 대분류별 중분류 추가여지를 남겨놓기 위하여 대분류 사이에 번호 여백을 두었다.

㉥ 소분류 이하 모든 분류의 끝자리 숫자는 “0”에서 시작하여 “9”에서 끝나도록 하였으며 “9”는 기타 항목을 의미하며 앞에서 명확하게 분류되어 남아 있는 활동이 없는 경우에는 “9” 기타 항목이 필요 없는 경우도 있다. 또한 각 분류 단계에서 더 이상 하위분류가 세분되지 않을 때는 “0”을 사용한다(예를 들면 중분류 02/임업, 소분류/020).

⑨ 구 · 신분류 단계별 분류 항목 수 비교

대분류	중분류		소분류		세분류		세세분류	
	9차	10차	9차	10차	9차	10차	9차	10차
A 농업, 임업 및 어업	3	3	8	8	21	21	34	34
B 광업	4	4	7	7	12	10	17	11
C 제조업	24	25	83	85	180	183	461	477
D 전기, 가스, 증기 및 공기조절 공급업	2	1	4	3	6	5	9	9
E 수도, 하수 및 폐기물 처리, 원료 재생업	3	4	5	6	11	14	15	19
F 건설업	2	2	7	8	14	15	42	45
G 도매 및 소매업	3	3	20	20	58	61	164	184
H 운수 및 창고업	4	4	11	11	20	19	46	48
I 숙박 및 음식점업	2	2	4	4	8	9	24	29
J 정보통신업	6	6	11	11	25	24	42	42
K 금융 및 보험업	3	3	8	8	15	15	33	32
L 부동산업	2	1	6	2	13	4	21	11
M 전문, 과학 및 기술서비스업	4	4	13	14	19	20	50	51
N 사업시설 관리, 사업 지원 및 임대 서비스업	2	3	7	11	13	22	21	32
O 공공행정, 국방 및 사회보장 행정	1	1	5	5	8	8	25	25
P 교육서비스	1	1	7	7	16	17	29	33
Q 보건업 및 사회복지 서비스업	2	2	6	6	9	9	21	25
R 예술, 스포츠 및 여가관련 서비스업	2	2	4	4	17	17	43	43
S 협회 및 단체, 수리 및 기타 개인 서비스업	3	3	8	8	18	18	43	41
T 가구 내 고용활동, 자가소비 생산활동	2	2	3	3	3	3	3	3
U 국제 및 외국기관	1	1	1	1	1	1	2	2
21	76	77	228	232	487	495	1,145	1,196

POINT 한국표준산업분류(10차) 개정 내용정리

㉠ (대분류 이동) 부동산 이외 임대업(69), 수도업(36)은 대분류 이동
- 부동산 이외 임대업(69)은 대분류 L(부동산업 및 임대업)에서 N(사업시설관리, 사업지원 및 임대서비스업)으로 이동하고 중분류 코드 변경(76)
- 수도업(36)은 대분류 D(전기, 가스, 증기 및 수도사업)에서 E(수도, 하수 및 폐기물 처리, 원료재생업)로 이동

㉡ (중분류 신설) 산업용 기계 및 장비 수리업(34)은 대분류 이동 및 중분류 신설
- 산업용 기계 및 장비 수리업은 대분류 S(수리 및 기타 개인서비스업)에서 C(제조업)으로 이동 후 중분류 신설(34)

㉢ (대분류 명칭변경) 대분류 J(출판, 영상, 방송통신 및 정보서비스업)는 정보통신업으로 명칭 변경

㉣ (분류 신설) 국정과제 및 주요 부처 정책과제 등으로 추진 중인 미래 성장산업 관련 분류 신설

〈주요 신설 산업〉
바이오연료 · 탄소섬유 · 에너지저장장치 · 디지털적층성형기계(3D프린터) · 자동차 구조 및 장치변경(튜닝) · 무인항공기(드론) 제조업, 태양력 발전업, 전자상거래 소매 중개업, 모바일 게임SW 개발 및 공급업 등

㉤ (분류 세분) 국가 기간산업 및 동력산업 중 성장산업 세분
- (제조업) 김치, 도시락 및 가공식품, 디스플레이용 유리, 반도체, 센서류, 전기회로 개폐 · 보호 · 접속장치, 자동차용 부품 제조업 등
- (음식점업) 한식 일반요리 · 면요리 · 육류요리 · 해산물요리 전문점, 생맥주 · 커피 전문점 등
- (서비스업) 대형마트, 면세점, 통관대행업, 학원, 인력공급업, 사회복지서비스업 등

㉥ (분류 통합) 저성장 사양산업은 분류 통합
- (광업 · 제조업) 광업, 청주 · 코르크 및 조물제품 · 시계 및 시계부품 · 선박 · 악기 · 나전칠기 제조업 등
- (서비스업) 내륙수상운송업, 위성통신업, 지주회사, 저축은행 등

03 직업 관련 정보의 이해

01 한국직업사전

1 「한국직업사전」 발간 목적

「한국직업사전」은 급속한 과학기술 발전과 산업구조 변화 등에 따라 변동하는 직업세계를 체계적으로 조사·분석하여 표준화된 직업명과 기초직업정보를 제공할 목적으로 발간되었다. 「한국직업사전」은 청소년과 구직자, 이·전직 희망자에게는 직업선택을 위해, 직업 및 진로상담원에게는 진로선택 및 취업상담자료로, 직업훈련담당자에게는 직업훈련과정 개발을 위해, 연구자에게는 직업분류체계 개발과 기타 직업연구를 위해, 그리고 노동정책 수립자에게는 노동정책 수립을 위해 기초자료로 사용될 수 있다.

2 「한국직업사전」 발간 연혁

① 1969년 우리나라 최초의 「한국직업사전」(인력개발연구소) 발간
- ㉠ 인사관리, 실업교육, 직업지도, 직업훈련, 직업안정, 기능검정, 통계조사를 위한 기준으로 활용될 목적으로 인력개발연구소가 경제기획원, 과학기술처, 노동청의 감수를 받아 발간
- ㉡ 경제기획원 조사통계국 제정 '한국표준직업분류'와 국제노동기구 제정 '국제표준직업분류'의 소분류를 기준으로 수록 직업을 분류
- ㉢ 3,260여개 직업명 수록

② 1986년 「한국직업사전」 통합본 1판(노동부 국립중앙직업안정소) 발간
- ㉠ 인력배분의 효율화, 과학적 직업지도 및 직업훈련, 과학적 안전관리, 노동력의 조직화 등 인력관리 각 분야에서 다각도로 활용하고, 1970~80년대의 경제발전과 산업화에 따른 직업세계의 변화를 실질적으로 반영하고자 현장직무분석을 통하여 발간
- ㉡ 10,600여개 직업명 수록(본직업명 6,500여개, 관련직업명 2,400여개, 유사직업명 1,700여개)

③ 1995년 「한국직업사전」 통합본 2판(노동부 중앙고용정보관리소) 발간
- ㉠ '87~'94년간 조사·정리한 24개 산업분야의 표준직업명세에 대하여 직업내용과 직업명세사항을 전면 재검토 및 통합하고, 1980년대 후반 이후의 과학발달과 산업구조변화에 따른 직업내용 변화와 신규·생성직업을 보완

㉡ 보다 정확하고 유용한 정보가 될 수 있도록 직무내용뿐만 아니라 기능정도, 교육정도, 습숙기간, 육체적 활동, 환경조건, 자격 · 면허 등 직업명세사항을 추가

㉢ 12,000여개 직업명 수록(본직업명 6,000여개, 관련직업명 3,500여개, 유사직업명 2,500여개)

④ 2003년 「한국직업사전」 통합본 3판(중앙고용정보원) 발간

㉠ '97~'02년간 조사한 각 산업별 직업을 재분류하고 산업분류 개정으로 조사에서 누락되었던 도 · 소매업, 자동차제조업 등에 대한 추가 직무조사를 실시하여 국내의 전체 산업 및 직업에 대한 정보 수록

㉡ 기존 부가직업정보(산업분류, 정규교육, 숙련기간, 직무기능, 작업강도, 작업장소, 조사연도) 외에 OES코드 부여

㉢ '한국표준직업분류' 세분류를 기준으로 코드명 통합

㉣ 9,426개 직업명 수록(본직업명 4,630개, 관련직업명 3,350개, 유사직업명 1,446개)

※ 통합본 3판의 직업수가 통합본 2판보다 감소한 이유는 통합본 2판에 수록된 직업이 지나치게 세분화되었다는 판단에 따라 직업을 통합한 결과임

⑤ 2011년「한국직업사전」 통합본 4판(한국고용정보원) 발간

㉠ '04~'11년간 산업별로 조사한 직업들에 대한 직무내용을 재검토 및 통합하고, 산업별 직무조사 과정에서 누락된 직업이나 새로운 기술과 서비스의 등장으로 새롭게 등장한 직업에 대한 추가 조사를 실시하여 국내의 전체 직업을 총 망라

㉡ 직업분류기준으로서 이전 연도까지 사용되어 왔던 '한국표준직업분류'를 대신하여 '한국고용직업분류(KECO)'를 사용함으로써 우리나라의 노동시장 현실을 제대로 반영하고 일-훈련-자격 체계의 일관성을 도모

㉢ 기존 부가직업정보(산업분류, 정규교육, 숙련기간, 직무기능, 작업강도, 작업장소, 조사연도) 외에 '한국표준직업분류(제6차)' 코드 및 '한국표준산업분류(제9차)' 코드를 부여

㉣ 11,655개 직업명 수록(본직업명 5,385개, 관련직업명 3,913개, 유사직업명 2,357개)

⑥ 2019년「한국직업사전」 통합본 5판(한국고용정보원) 발간

㉠ '12~'18년간 직종별로 조사한 직업들에 대한 직무내용을 재검토 및 통합하고, 산업별 직무조사과정에서 누락된 직업이나 새로운 기술과 서비스의 등장으로 새롭게 등장한 직업에 대한 추가조사를 실시하여 국내의 전체 직업을 총 망라

㉡ 16,891개 직업명 수록(본직업명 6,075개, 관련직업명 6,784개, 유사직업명 4,068개)

3 발간 과정

① 연도별 조사 수행

㉠ 한국고용직업분류체계에 근거하여 매년 직종별 조사계획을 수립하여 조사를 실시하고 연도별 「직종별 직업사전」을 발간함

㉡ 2019년에는 그간 조사결과를 토대로 직업 간 통합 및 삭제 등의 작업을 수행

연도	조사분야
2012	「2013 직종별 직업사전」 관리직, 교육 및 자연 · 사회과학 연구 관련직, 문화 · 예술 · 디자인 · 방송 관련직, 미용 · 숙박 · 여행 · 오락 · 스포츠 관련직, 음식서비스 관련직 등 5개 직종
2013	「2014 직종별 직업사전」 경영 · 회계 · 사무 관련직, 금융 · 보험 관련직, 운전 및 운송 관련직, 영업 및 판매 관련직 등 4개 직종
2014	「2015 직종별 직업사전」 건설 관련직, 전기전자 관련직, 정보통신 관련직 등 3개 직종
2015	「2016 직종별 직업사전」 기계 관련직, 재료 관련직 등 2개 직종
2016	「2017 직종별 직업사전」 화학 관련직, 섬유 및 의복 관련직, 식품가공 관련직 등 3개 직종
2017	「2018 직종별 직업사전」 법률 · 경찰 · 소방 · 교도 관련직, 보건 · 의료 관련직, 사회복지 및 종교 관련직, 정비 및 청소 관련직, 환경 · 인쇄 · 목재 · 가구 · 공예 및 생산단순직, 농림어업 관련직, 군인 등 7개 직종
2018/ 2019	「한국직업사전」 통합본 5판 발간을 위한 추가 보완조사

② 조사절차 및 방법

㉠ **예비조사 및 조사설계** : 문헌 연구, 협회 및 기업체 관계자 인터뷰, 사이트 검색 등 예비조사를 실시하여 조사대상 직종/직업에 대한 이해도를 높이고 직종별 조사 사업체 선정 및 조사방법 검토 등 조사방안 구안

㉡ **현장전문가 인터뷰** : 협회 관계자, 인적자원개발협의체 담당자, 직업별 재직자, 관련 분야 교수 및 연구자, 기업 인사담당자 등 현장 전문가와 네트워크를 구성하여 조사방법 등 설계에 대한 타당성 검토

㉢ 기존직업 검토

- 조사대상 직업의 과거 수록정보 등을 분석하여 분류체계, 직업명칭, 부가직업정보 등 정보 오류 및 자격제도 변경 등을 분석하여 수정

• 점검표를 통해 직무기술서의 타당성 검토
• 현장 전문가 집단을 통해 기존 직업의 직업정보 타당성, 직업세계의 변화 등을 인터뷰, 이메일, FAX 등을 통해 수집

ⓔ 신생 및 누락직업 검토
• 재직자, 전문가의 면대면 및 이메일 인터뷰, 문헌연구, 취업알선자료 분석 등을 통해 신생 및 누락직업 후보직업 수집
• 직업사전 DB와 비교 · 분석을 통해 신생 및 누락직업 최종 결정

ⓜ 현장 직무 조사 및 직무기술서 작성
• 직무조사는 사업체를 방문하여 직접 조사하는 것을 원칙으로 함
–그러나 기존 직업의 경우 기존 직무내용 등 정보를 검토하고 필요시 부분 수정하여 초안을 작성하고 재직자, 전문가를 중심으로 이메일 또는 면대면 조사 등을 통해서 검토 받음
• 기존 직업으로 재조사가 필요하거나 누락직업 및 신규직업의 경우 현장 조사를 통해 신규로 작성
–현장조사가 어렵거나 합의된 직무도출 및 기술을 위해 일부 직업에 대해서는 전문가인터뷰(FGI) 실시

ⓗ 검증작업, 직업DB구성, 직업사전 발간
• 조사 직업을 대상으로 전문가와의 협의를 거쳐 변경사항을 확인하고 직업사전 등재여부를 확정
–직업조사 적정성은 점검표를 활용하여 평가
• 조사된 직업은 동일한 포맷으로 직업DB를 구축하고 최종 인쇄 · 배포 및 워크넷에 업로드

③ 한국직업사전 구성항목

㉠ **직업코드** : 특정 직업을 구분해 주는 단위로서 「한국고용직업분류(KECO)」의 세분류 4자리 숫자로 표기하였다. 다만, 동일한 직업에 대해 여러 개의 직업코드가 포함되는 경우에는 직무의 유사성 등을 고려하여 가장 타당하다고 판단되는 직업코드 하나를 부여하였다. 직업코드 4자리에서 첫 번째 숫자는 대분류, 두 번째 숫자는 중분류, 세 번째 숫자는 소분류, 네 번째 숫자는 세분류를 나타낸다. 세분류 내 직업들은 가나다 순으로 배열된다.

㉡ **본직업명** : 산업현장에서 일반적으로 해당 직업으로 알려진 명칭 혹은 그 직무가 통상적으로 호칭되는 것으로 「한국직업사전」에 그 직무내용이 기술된 명칭이다. 즉, 사업주가 근로자를 모집할 때 사용하는 명칭, 사업체 내에서 일반적으로 통용되는 명칭, 구직자가 취업하고자 할 때 사용하는 명칭, 해당 직업 종사자 상호 간의 호칭, 그 외 각종 직업 관련 서류에 쓰이는 명칭을 말한다. 특별히 부르는 명칭이 없는 경우에는 직무내용과 산업의 특수성 등을 고려하여 누구나 쉽게 이해할 수 있는 명칭을 부여하였다. 실제로 현장근로자를 대상으로 하는 직무조사의 경우 작업자 스스로도 자신의 직업이 무엇으로 불리는지 알지 못하는 경우가 있는데 이는 작업자들 간에 사용하는 호칭과 기업 내 직무편제상의 명칭이 다르기

때문이다. 따라서 직업명칭은 해당 작업자의 의견뿐만 아니라 상위책임자 및 인사담당자의 의견을 수렴하여 결정하였다. 또한 가급적 외래어를 피하고 우리말로 표기하되, 우리말 표기에 현장감이 없을 경우에는 외래어를 정부에서 정한 외래어표기법에 따라 표기하였다.

㉢ **직무개요** : 직무담당자의 활동, 활동의 대상 및 목적, 직무담당자가 사용하는 기계, 설비 및 작업보조물, 사용된 자재, 만들어진 생산품 또는 제공된 용역, 수반되는 일반적, 전문적 지식 등을 간략히 포함한다.

㉣ **수행직무** : 직무담당자가 직무의 목적을 완수하기 위하여 수행하는 구체적인 작업(task) 내용을 작업순서에 따라 서술한 것이다. 단, 공정의 순서를 파악하기 어려운 경우에는 작업의 중요도 또는 작업빈도가 높은 순으로 기술하였다. 작업을 수행하면서 수반되는 작업요소(task element)는 직무를 기술하는데 필요한 것이라면 포함하였다. 직무의 특징적인 작업을 명확히 하기 위하여 작업자가 사용하는 도구 · 기계와 관련시켜 작업자가 무엇을, 어떻게, 왜 하는가를 정확하게 표현하되 평이한 문체로 이해하기 쉽게 기술하였다. 작업과 작업요소는 상대적인 개념으로 어떤 직업에서는 작업요소인 활동이 다른 직업에서는 작업(task)이 될 수 있고 또 어떤 근로자에게는 하나의 직무가 될 수 있으므로 직무특성에 따라 적절히 판단하였다. 문장기술의 통일성을 확보하기 위하여 조사자는 다음의 원칙을 고려하여 수행직무를 기술하였다.

- 해당 작업원이 주어일 때는 주어를 생략하나, 다른 작업원이 주어일 때에는 주어를 생략하지 않는다.
- 작업의 본질을 표현하는 동사와 그것을 규정하는 수식어를 적절히 사용하여 문장을 완성한다. 직무의 특성이 나타나지 않는 일반적인 문장은 가급적 피한다.
- 문체는 항상 현재형으로 기술한다. 즉 "……한다" "……이다"의 형식이 된다.
- 작업의 내용을 기술할 때 추상적인 언어는 사용하지 않는다.
- 문체는 간결한 문장으로 한다.
- 내용기술은 시간적 순서(작업순서)에 의해 작성한다.
- 전체를 정확히 파악하여 중요한 내용을 모두 기술한다.
- 주된 직무보다 빈도나 중요도는 낮으나 수행이 가능한 작업에 대해서는 "수행직무"에서 "~하기도 한다."로 표현한다. "~하기도 한다."라는 문장은 이 직업에 종사하는 사람이 가끔 이런 작업을 수행할 것이라는 의미가 아니라 다른 사업체에 있는 이 직업에 종사하는 사람이 일반적으로 수행하거나 수행 가능한 작업을 나타낸다.
- 외래어의 정확한 이해를 위해 원어(原語)를 함께 표기한다.

㉤ **부가 직업정보**

- 정규교육 : 해당 직업의 직무를 수행하는데 필요한 일반적인 정규교육수준을 의미하는 것으로 해당 직업 종사자의 평균 학력을 나타내는 것은 아니다. 현행 우리나라 정규교육과정의 연한을 고려하여 "6년 이하"(무학 또는 초졸 정도), "6년 초과~9년 이하"(중졸 정도), "9년 초과~12년 이하"(고졸 정도), "12년 초과~14년 이하"(전문대졸 정도), "14년 초과~16년 이

하"(대졸 정도), "16년 초과"(대학원 이상) 등 그 수준을 6단계로 분류하였으며, 독학, 검정고시 등을 통해 정규교육 과정을 이수하였다고 판단되는 기간도 포함된다.

수준	교육정도
1	6년 이하 (초졸 정도)
2	6년 초과 ~ 9년 (중졸 정도)
3	9년 초과 ~ 12년 (고졸 정도)
4	12년 초과 ~ 14년 (전문대졸 정도)
5	14년 초과 ~ 16년 (대졸 정도)
6	16년 초과 (대학원 이상)

- 숙련기간 : 정규교육과정을 이수한 후 해당 직업의 직무를 평균적인 수준으로 스스로 수행하기 위하여 필요한 각종 교육, 훈련, 숙련기간을 의미한다. 해당 직업에 필요한 자격 · 면허를 취득하는 취업 전 교육 및 훈련기간뿐만 아니라 취업 후에 이루어지는 관련 자격 · 면허 취득 교육 및 훈련기간도 포함된다. 또한 자격 · 면허가 요구되는 직업은 아니지만 해당 직무를 평균적으로 수행하기 위한 각종 교육 · 훈련기간, 수습교육, 기타 사내교육, 현장훈련 등이 포함된다. 단, 해당직무를 평균적인 수준 이상으로 수행하기 위한 향상훈련(further training)은 "숙련기간"에 포함되지 않는다.

수준	숙련기간
1	약간의 시범정도
2	시범 후 30일 이하
3	1개월 초과 ~ 3개월 이하
4	3개월 초과 ~ 6개월 이하
5	6개월 초과 ~ 1년 이하
6	1년 초과 ~ 2년 이하
7	2년 초과 ~ 4년 이하
8	4년 초과 ~ 10년 이하
9	10년 초과

- 직무기능 : 해당 직업 종사자가 직무를 수행하는 과정에서 "자료(data)", "사람(people)", "사물(thing)"과 맺는 관련된 특성을 나타낸다. 각각의 작업자 직무기능은 광범위한 행위를 표시하고 있으며 작업자가 자료, 사람, 사물과 어떤 관련을 가지고 있는지를 보여준다. 세 가지 관계 내에서의 배열은 아래에서 위로 올라가면서 단순한 것에서 차츰 복잡한 것으로 향하는 특성을 보여주지만 그 계층적 관계가 제한적인 경우도 있다.

"자료(data)"와 관련된 기능은 정보, 지식, 개념 등 세 가지 종류의 활동으로 배열되어 있는데 어떤 것은 광범위하며 어떤 것은 범위가 협소하다. 또한 각 활동은 상당히 중첩되어 배열간의 복잡성이 존재한다.

"사람(people)"과 관련된 기능은 위계적 관계가 없거나 희박하다. 서비스 제공이 일반적으로 덜 복잡한 사람 관련 기능이며, 나머지 기능들은 기능의 수준을 의미하는 것은 아니다.

“사물(thing)”과 관련된 기능은 작업자가 기계와 장비를 가지고 작업하는지 혹은 기계가 아닌 도구나 보조구(補助具)를 가지고 작업하는지에 기초하여 분류된다. 또한 작업자의 업무에 따라 사물과 관련되어 요구되는 활동수준이 달라진다.

수준	자료	사람	사물
0	종합	자문	설치
1	조정	협의	정밀작업
2	분석	교육	제어조작
3	수집	감독	조작운전
4	계산	오락제공	수동조작
5	기록	설득	유지
6	비교	말하기-신호	투입-인출
7	-	서비스 제공	단순작업
8	관련 없음	관련 없음	관련 없음

– 자료(data) : “자료”와 관련된 기능은 만질 수 없으며 숫자, 단어, 기호, 생각, 개념 그리고 구두상 표현을 포함한다.

- 종합(synthesizing) : 사실을 발견하고 지식개념, 또는 해석을 개발하기 위해 자료를 종합적으로 분석한다.
- 조정(coordinating) : 데이터의 분석에 기초하여 시간, 장소, 작업순서, 활동 등을 결정한다. 결정을 실행하거나 상황을 보고한다.
- 분석(analyzing) : 조사하고 평가한다. 평가와 관련된 대안적 행위의 제시가 빈번하게 포함된다.
- 수집(compiling) : 자료, 사람, 사물에 관한 정보를 수집 · 대조 · 분류한다. 정보와 관련한 규정된 활동의 수행 및 보고가 자주 포함된다.
- 계산(computing) : 사칙연산을 실시하고 사칙연산과 관련하여 규정된 활동을 수행하거나 보고한다. 수를 세는 것은 포함되지 않는다.
- 기록(copying) : 데이터를 옮겨 적거나 입력하거나 표시한다.
- 비교(comparing) : 자료, 사람, 사물의 쉽게 관찰되는 기능적, 구조적, 조합적 특성을(유사한지 또는 명백한 표준과 현격히 차이가 있는지) 판단한다.

– 사람(people) : “사람”과 관련된 기능은 인간과 인간처럼 취급되는 동물을 다루는 것을 포함한다.

- 자문(mentoring) : 법률적으로나 과학적, 임상적, 종교적, 기타 전문적인 방식에 따라 사람들의 전인격적인 문제를 상담하고 조언하며 해결책을 제시한다.
- 협의(negotiating) : 정책을 수립하거나 의사결정을 하기 위해 생각이나 정보, 의견 등을 교환한다.
- 교육(instructing) : 설명이나 실습 등을 통해 어떤 주제에 대해 교육하거나 훈련(동물포함)시킨다. 피 기술적인 문제를 조언한다.

- 감독(supervising) : 작업절차를 결정하거나 작업자들에게 개별 업무를 적절하게 부여하여 작업의 효율성을 높인다.
- 오락제공(diverting) : 무대공연이나 영화, TV, 라디오 등을 통해 사람들을 즐겁게 한다.
- 설득(persuading) : 상품이나 서비스 등을 구매하도록 권유하고 설득한다.
- 말하기-신호(speaking-signaling) : 언어나 신호를 사용해서 정보를 전달하고 교환한다. 보조원에게 지시하거나 과제를 할당하는 일을 포함한다.
- 서비스제공(serving) : 사람들의 요구 또는 필요를 파악하여 서비스를 제공한다. 즉각적인 반응이 수반된다.

– 사물(thing) : "사물"과 관련된 기능은 사람과 구분되는 무생물로서 물질, 재료, 기계, 공구, 설비, 작업도구 및 제품 등을 다루는 것을 포함한다.

- 설치(setting up) : 기계의 성능, 재료의 특성, 작업장의 관례 등에 대한 지식을 적용하여 연속적인 기계가공작업을 수행하기 위한 기계 및 설비의 준비, 공구 및 기타 기계장비의 설치 및 조정, 가공물 또는 재료의 위치조정, 제어장치설정, 기계의 기능 및 완제품의 정밀성 측정 등을 수행한다.
- 정밀작업(precision working) : 설정된 표준치를 달성하기 위하여 궁극적인 책임이 존재하는 상황 하에서 신체부위, 공구, 작업도구를 사용하여 가공물 또는 재료를 가공, 조종, 이동, 안내하거나 또는 정위치시킨다. 그리고 도구, 가공물 또는 원료를 선정하고 작업에 알맞게 공구를 조정한다.
- 제어조작(operating-controlling) : 기계 또는 설비를 시동, 정지, 제어하고 작업이 진행되고 있는 기계나 설비를 조정한다.
- 조작운전(driving-operating) : 다양한 목적을 수행하고자 사물 또는 사람의 움직임을 통제하는데 있어 일정한 경로를 따라 조작되고 안내되어야 하는 기계 또는 설비를 시동, 정지하고 그 움직임을 제어한다.
- 수동조작(manipulating) : 기계, 설비 또는 재료를 가공, 조정, 이동 또는 위치할 수 있도록 신체부위, 공구 또는 특수장치를 사용한다. 정확도 달성 및 적합한 공구, 기계, 설비 또는 원료를 산정하는데 있어서 어느 정도의 판단력이 요구된다.
- 유지(tending) : 기계 및 장비를 시동, 정지하고 그 기능을 관찰한다. 체인징가이드, 조정타이머, 온도게이지 등의 계기의 제어장치를 조정하거나 원료가 원활히 흐르도록 밸브를 돌려주고 빛의 반응에 따라 스위치를 돌린다. 이러한 조정업무에 판단력은 요구되지 않는다.
- 투입 · 인인출(feeding-off bearing) : 자동적으로 또는 타작업원에 의하여 가동, 유지되는 기계나 장비 안에 자재를 삽입, 투척, 하역하거나 그 안에 있는 자재를 다른 장소로 옮긴다.
- 단순작업(handling) : 신체부위, 수공구 또는 특수장치를 사용하여 기계, 장비, 물건 또는 원료 등을 정리, 운반 처리한다. 정확도 달성 및 적합한 공구, 장비, 원료를 선정하는데 판단력은 요구되지 않는다.

• 작업강도 : "작업강도"는 해당 직업의 직무를 수행하는데 필요한 육체적 힘의 강도를 나타낸 것으로 5단계로 분류하였다. 그러나 "작업강도"는 심리적 · 정신적 노동강도는 고려하지 않았다.

작업강도	개요
아주 가벼운 작업	– 최고 4kg의 물건을 들어 올리고 때때로 장부, 대장, 소도구 등을 들어 올리거나 운반한다. – 앉아서 하는 작업이 대부분을 차지하지만 직무수행상 서거나 걷는 것이 필요할 수도 있다.
가벼운 작업	– 최고 8kg의 물건을 들어 올리고 4kg정도의 물건을 빈번히 들어 올리거나 운반한다. – 걷거나 서서하는 작업이 대부분일 때 또는 앉아서 하는 작업일지라도 팔과 다리로 밀고 당기는 작업을 수반할 때에는 무게가 매우 적을지라도 이 작업에 포함된다.
보통 작업	최고 20kg의 물건을 들어 올리고 10kg정도의 물건을 빈번히 들어 올리거나 운반한다.
힘든 작업	최고 40kg의 물건을 들어 올리고 20kg정도의 물건을 빈번히 들어 올리거나 운반한다.
아주 힘든 작업	40kg 이상의 물건을 들어 올리고 20kg 이상의 물건을 빈번히 들어 올리거나 운반한다.

또한 각각의 작업강도는 "들어 올림", "운반", "밈", "당김" 등을 기준으로 결정하였는데 이것은 일차적으로 힘의 강도에 대한 육체적 요건이며 일반적으로 이러한 활동 중 한 가지에 참여한다면 그 범주를 기준으로 사용한다.

– 들어 올림 : 물체를 주어진 높이에서 다른 높이로 올리거나 내리는 작업
– 운반 : 손에 들거나 팔에 걸거나 어깨에 메고 물체를 한 장소에서 다른 장소로 옮기는 작업
– 밈 : 물체에 힘을 가하여 힘을 가한 반대쪽으로 움직이게 하는 작업(때리고, 치고, 발로차고, 페달을 밟는 일도 포함)
– 당김 : 물체에 힘을 가하여 힘을 가한 쪽으로 움직이게 하는 작업

• 육체활동 : "육체활동"은 해당 직업의 직무를 수행하기 위해 필요한 신체적 능력을 나타내는 것으로 균형감각, 웅크림, 손, 언어력, 청각, 시각 등이 요구되는 직업인지를 보여준다. 단, "육체활동"은 조사대상 사업체 및 종사자에 따라 다소 상이할 수 있으므로 전체 직업 종사자의 "육체활동"으로 일반화하는 데는 무리가 있다.

구분	정의
균형감각	손, 발, 다리 등을 사용하여 사다리, 계단, 발판, 경사로, 기둥, 밧줄 등을 올라가거나 몸 전체의 균형을 유지하고 좁거나 경사지거나 또는 움직이는 물체 위를 걷거나 뛸 때 신체의 균형을 유지하는 것이 필요한 직업이다. ※ 예시 직업 : 도장공, 용접원, 기초구조물설치원, 철골조립공 등
웅크림	허리를 굽히거나 몸을 앞으로 굽히고 뒤로 젖히는 동작, 다리를 구부려 무릎을 꿇는 동작, 다리와 허리를 구부려 몸을 아래나 위로 굽히는 동작, 손과 무릎 또는 손과 발로 이동하는 동작 등이 필요한 직업이다. ※ 예시 직업 : 단조원, 연마원, 오토바이수리원, 항공기엔진정비원, 전기도금원 등
손사용	일정기간의 손사용 숙련기간을 거쳐 직무의 전체 또는 일부분에 지속적으로 손을 사용하는 직업으로 통상적인 손사용이 아닌 정밀함과 숙련을 필요로 하는 직업에 한정한다. ※ 예시직업 : 해부학자 등 의학관련직업, 의료기술종사자, 기악연주자, 조각가, 디자이너, 미용사, 조리사, 운전관련 직업, 설계관련 직업 등
언어력	말로 생각이나 의사를 교환하거나 표현하는 직업으로 개인이 다수에게 정보 및 오락제공을 목적으로 말을 하는 직업이다. ※ 예시직업 : 교육관련 직업, 변호사, 판사, 통역가, 성우, 아나운서 등
청각	단순히 일상적인 대화내용 청취여부가 아니라 작동하는 기계의 소리를 듣고 이상유무를 판단하거나 논리적인 결정을 내리는 청취활동이 필요한 직업이다. ※ 예시직업 : 피아노조율사, 음향관련 직업, 녹음관련 직업, 전자오르간검사원, 자동차엔진정비원, 광산기계수리원 등
시각	일상적인 눈사용이 아닌 시각적 인식을 통해 반복적인 판단을 하거나 물체의 길이, 넓이, 두께를 알아내고 물체의 재질과 형태를 알아내기 위한 거리와 공간 관계를 판단하는 직업이다. 또한 색의 차이를 판단할 수 있어야 하는 직업이다. ※ 예시 직업 : 측량기술자, 제도사, 항공기조종사, 사진작가, 의사, 심판, 보석감정인, 위폐감정사 등 감정관련 직업, 현미경, 망원경 등 정밀광학기계를 이용하는 직업, 촬영 및 편집관련 직업 등

- 작업장소 : "작업장소"는 해당직업의 직무가 주로 수행되는 장소를 나타내는 것으로 실내 또는 실외의 근무시간 비율에 따라 구분한다.

구분	정의
실내	눈, 비, 바람과 온도변화로부터 보호를 받으며 작업의 75% 이상이 실내에서 이루어지는 경우
실외	눈, 비, 바람과 온도변화로부터 보호를 받지 못하며 작업의 75% 이상이 실외에서 이루어지는 경우
실내 · 외	작업이 실내 및 실외에서 비슷한 비율로 이루어지는 경우

• 작업환경 : "작업환경"은 해당 직업의 직무를 수행하는 작업원에게 직접적으로 물리적, 신체적 영향을 미치는 작업장의 환경요인을 나타낸 것이다. 작업자의 작업환경을 조사하는 담당자는 일시적으로 방문하고 또한 정확한 측정기구를 가지고 있지 못한 경우가 일반적이기 때문에 조사 당시의 조사자가 느끼는 신체적 반응 및 작업자의 반응을 듣고 판단한다. 온도, 소음 · 진동, 위험내재 및 대기환경이 미흡한 직업은 근로기준법, 산업안전보건법 등의 법률에서 제시한 금지직업이나 유해요소가 있는 직업 등을 근거로 판단할 수 있다. 그러나 이러한 기준도 산업체 및 작업장에 따라 달라질 수 있으므로 절대적인 기준이 될 수 없다.

구분	정의
저온	신체적으로 불쾌감을 느낄 정도로 저온이거나 두드러지게 신체적 반응을 야기시킬 정도로 저온으로 급변하는 경우
고온	신체적으로 불쾌감을 느낄 정도로 고온이거나 두드러지게 신체적 반응을 야기시킬 정도로 고온으로 급변하는 경우
다습	신체의 일부분이 수분이나 액체에 직접 접촉되거나 신체에 불쾌감을 느낄 정도로 대기 중에 습기가 충만하는 경우
소음 · 진동	심신에 피로를 주는 청각장애 및 생리적 영향을 끼칠 정도의 소음, 전신을 떨게 하고 팔과 다리의 근육을 긴장시키는 연속적인 진동이 있는 경우
위험내재	신체적인 손상의 위험에 노출되어 있는 상황으로 기계적, 전기적 위험, 화상, 폭발, 방사선 등의 위험이 있는 경우
대기환경미흡	직무를 수행하는데 방해가 되거나 건강을 해칠 수 있는 냄새, 분진, 연무, 가스 등의 물질이 작업장의 대기 중에 다량 포함되어 있는 경우

• 유사명칭 : "유사명칭"은 현장에서 본직업명을 명칭만 다르게 부르는 것으로 본직업명과 사실상 동일하다. 따라서 직업 수 집계에서 제외된다. 예를 들어, "보험모집원"은 "생활설계사", "보험영업사원"이라는 유사명칭을 가지는데 이는 동일한 직무를 다르게 부르는 명칭들이다.

• 관련직업 : "관련직업"은 본직업명과 기본적인 직무에 있어서 공통점이 있으나 직무의 범위, 대상 등에 따라 나누어지는 직업이다. 하나의 본직업명에는 두 개 이상의 관련 직업이 있을 수 있으며 직업 수 집계에 포함된다.

• 자격 · 면허 : "자격 · 면허"는 해당 직업에 취업 시 소지할 경우 유리한 자격증 또는 면허를 나타내는 것으로 현행 국가기술자격법 및 개별법령에 의해 정부주관으로 운영하고 있는 국가자격 및 면허를 수록한다. 한국산업인력공단 및 대한상공회의소에서 주관 · 수행하는 시험에 해당하는 자격과 각 부처에서 개별적으로 시험을 실시하는 자격증을 중심으로 수록하였다. 그러나 민간에서 부여하는 자격증은 제외한다.

• 한국표준산업분류 코드 : 해당 직업을 조사한 산업을 나타내는 것으로 「한국표준산업분류(제10차 개정)」의 소분류(3-digits) 산업을 기준으로 하였다. 두 개 이상의 산업에 걸쳐 조사된 직업에 대해서도 해당 산업을 모두 표기하였으며 대분류 기준의 모든 산업에 포함되는 일부 직업은 대분류의 소분류 산업을 모두 표기하는 것이 아니라 "제조업", "도매 및 소매업"

등 대분류 산업을 기준으로 표기하였다. 단, "산업분류"는 수록된 산업에만 해당 직업이 존재하는 것을 의미하는 것이 아니라 그 직업이 조사된 산업을 나타내고 있다. 따라서 타 산업에서도 해당 직업이 존재할 수 있다.

- 한국표준직업분류 코드 : 해당 직업의 「한국고용직업분류(KECO)」 세분류 코드(4-digits)에 해당하는 「한국표준직업분류」(통계청)의 세분류 코드를 표기한다.
- 조사연도 : "조사연도"는 해당 직업의 직무조사가 실시된 연도를 나타낸다.

02 한국직업전망

1 「한국직업전망」 개요

「2019 한국직업전망」은 우리나라를 대표하는 17개 분야 196개 직업에 대한 상세 정보를 수록하고 있다. 한국직업전망은 진로와 직업을 탐색하고 결정하고자 하는 청소년 및 구직자에게 직업정보를 제공하기 위해 기획되었다. 그 외에 청소년의 진로와 진학을 상담하는 진로진학상담교사, 구직자의 취업을 돕는 고용센터 직업상담원, 노동시장 정책 입안자, 연구자에게도 중요한 자료로 활용될 것으로 기대된다. 특히, 「2019 한국직업전망」은 하는 일, 근무환경 등 일반적인 직업정보 외에 향후 10년간(2018~2027년)의 일자리 전망과 이유를 제공함으로써 이용자들이 미래의 직업세계 변화에 대한 이해도를 높이도록 하였다는 점에 의의가 있다.

2 수록 직업 선정

「2019 한국직업전망」의 수록 직업 선정은 「한국고용직업분류(KECO)」의 세분류(4-digits) 직업에 기초하여 종사자 수가 일정 규모(3만 명) 이상인 경우를 원칙으로 하며, 그 밖에 청소년 및 구직자의 관심이 높거나 직업정보를 제공할 가치가 있다고 판단되는 직업을 추가 선정하였다. 「2019 한국직업전망」의 직업 선정 시, KECO의 세분류 직업 중 승진을 통해 진입하게 되는 관리직은 제외하였다. 또 직무가 유사한 직업들은 하나로 통합하거나 소분류(3-digits) 수준에서 통합하였다. 예를 들어 건설 관련직 중 '강구조물 가공원 및 건립원'과 '경량철골공'은 철골공으로 통합하였고, 한식 · 중식 · 일식 · 양식으로 나뉘는 주방장 및 조리사의 경우도 '주방장 및 조리사'로 통합하였다.

3 일자리 전망 방법

「2019 한국직업전망」은 향후 10년간(2018~2027년) 해당 직업의 일자리 규모에 대한 전망과 변화 요인을 제공하고 있다. 일자리 전망 결과는 향후 10년간의 연평균 고용증감률을 -2% 미만(감소), -2% 이상 -1% 이하(다소 감소), -1% 초과 +1% 미만(현 상태 유지), 1% 이상 2% 이하(다소 증가), 2% 초과(증가) 등 5개 구간으로 구분하여 제시하였다.

① **1차 과정** … 먼저, 정량적 전망과 정성적 전망을 종합적으로 분석하여 직업별 고용전망 결과 1차안을 도출하였다. 정량적 전망은 한국고용정보원의 「2016~2026 중장기 인력수급전망」을 참고하였고, 정성적 전망은 「2018년 정성적 직업전망 조사」, 산업경기 전망 관련 각종 연구보고서, 통계청 · 협회 등의 통계자료 등을 참조하였다. 직업별 고용전망의 방향성은 기본적으로 「중장기 인력수급전망 2016~2026」(한국고용정보원, 2017)의 취업자 증감률(2016~2026년)을 바탕으로 하였다.

「중장기 인력수급전망」에서 제시하지 않은 직업의 경우에는 「정성적 직업전망 조사」 등의 정성적 조사 결과와 관련 협회, 연구보고서, 전문가 의견 등을 종합적으로 분석하여 판단하였다. 「2018년 정성적 직업전망 조사」는 한국의 대표적인 직업 약 200개를 80개 직업군으로 묶은 후 각 직업군별로 경력 10년 이상의 현직자 또는 학계, 협회 등의 전문가 두 명을 대상으로 진행하였으며, 구조화된 설문지를 바탕으로 주제초점집단 면접법(FGI)과 심층면접법(In-depth interview), 자기기입식 설문법 등을 통해 고용변동 요인별 전망, 직무변화 등에 대해 조사하였다.

② **2차 과정** … 1차 분석 과정을 통해 정리된 전망 결과와 그 요인에 대해 직업별로 관련 협회나 연구소 등의 산업 또는 현장전문가로부터 검증을 받았다. 1차안과 배치되는 의견에 대해서는 재검토하여 수정하였다.

③ **3차 과정** … 마지막으로 외부전문가로부터 검증받아 2차로 도출된 전망 결과에 대해 직업 전문가들로 구성된 내부 연구진의 토론을 통해 상호 검증 과정을 거쳤다. 특히, 「중장기 인력수급전망」 결과와 연구진 분석(정성적 전망 등) 간 차이가 큰 직업에 대해 집중적으로 논의하였다. 이상의 3차에 걸친 과정을 통해 최종 전망 결과를 확정하였다.

4 직업정보 수록 내용

「2019 한국직업전망」은 직업별로 대표 직업명, 하는 일, 근무 환경, 성별/연령/학력 분포 및 평균 임금, 되는 길(교육 및 훈련, 관련 학과, 관련 자격 및 면허, 입직 및 경력개발), 적성 및 흥미, 경력 개발, 일자리 전망, 관련 직업, 분류 코드, 관련 정보처 등으로 구성하였다.

① 일반 직업정보

㉠ **대표 직업명** : 직업명은 가능한 KECO의 세분류 수준의 명칭을 사용하였는데, 이는 다른 직업정보나 통계자료와의 연계성을 높이기 위함이다. 여러 세분류 직업들이 합쳐진 경우에는 소분류 수준의 명칭을 사용하였다. 산업현장에서 실제 불리는 명칭이 대표 직업명과 다른 경우는 대표 직업명과 병기하거나 내용 중 포함하였다.

㉡ **하는 일**

- 해당 직업 종사자가 일반적으로 수행하는 업무 내용과 과정에 대해 서술하였다. 여러 직업을 함하는 경우에는 세부 직업별로 하는 일을 서술하였다.
- 근무환경 : 해당 직업 종사자의 일반적인 근무시간, 근무형태(교대근무, 야간근무 등), 근무장소, 육체적 · 정신적 스트레스 정도, 산업안전 등에 대해 서술하였다.

㉢ **성별 / 연령 / 학력 / 임금**

- 성별 : 직업 종사자의 남녀 비율을 제시하였다.
- 연령 : '20대 이하(29세 이하)', '30대(30~39세)', '40대(40~49세)', '50대(50~59세)', '60대 이상(60세 이상)'으로 구분 하여 제시하였다.
- 학력 : '고졸 이하', '전문대졸(2~3년제)', '대졸(4~5년제)', '대학원졸 이상'으로 구분하여 제시하였다.
- 임금 : 임금 구간을 네 개의 구간('25% 미만', '25% 이상 50% 미만', '50% 이상 75% 미만', '75% 이상')으로 구분한 후, '하위 25%', '중위 50%', 75% 이상은 '상위 25%'로 구분하는 값을 표기하였다. 다만, 통계조사 표본 수가 30명 미만으로 적은 직업의 경우는 통계의 신뢰성을 고려하여 임금을 제시하지 않았다.

㉣ **되는 길**

- 교육 및 훈련 : 해당 직업에 종사하는 데 필요한 학력과 전공, 직업훈련기관 및 훈련과정 등을 소개하였다.
- 관련 학과 : 일반적 입직 조건을 고려하여 대학에 개설된 대표 학과명을 수록하거나, 특성화고등학교, 직업훈련기관, 직업전문학교의 학과명을 수록하였다.
- 관련 자격 : 해당 직업에 종사하기 위해 반드시 필요하거나 취업에 유리한 국가자격(기술, 전문)을 수록하였다. 그 외에 민간공인자격이나 외국자격 중 업무수행이나 취업에 필요하거나 유용한 것도 수록하였다.

㉤ **적성 및 흥미** : 해당 직업에 취업하거나 업무를 수행하는 데 필요하거나 유리한 적성, 성격, 흥미, 지식 및 기술 등을 수록하였다.

ⓗ **경력 개발 :** 해당 직업 관련 활동 분야(취업처)나 이 · 전직 가능 분야를 수록하였다. 직업에 따라 승진이나 창업 등 경력개발 내용이 포함되는 경우도 있다.

② 일자리 전망

㉠ **고용전망 결과 :** 향후 10년간(2018~2027년) 해당 직업의 일자리 규모에 대한 전망과 변화 요인을 기술하였다. 일자리 전망 결과는 향후 10년간의 연평균 고용증감률을 -2% 미만(감소), −2% 이상 -1% 이하(다소 감소), −1% 초과 +1% 미만(현 상태 유지), 1% 이상 2% 이하(다소 증가), 2% 초과(증가) 등 5개 구간으로 구분하고, 그래픽으로 시각화하여 제시하였다.

㉡ **고용전망 요인 :** 고용전망 결과를 설명할 수 있는 요인들을 제시하였다. 고용에 영향을 미치는 요인들은 인구구조 및 노동인구 변화, 대내외 경제 상황 변화, 기업의 경영전략 변화, 산업특성 및 산업구조 변화, 과학기술 발전, 기후변화와 에너지 부족, 가치관과 라이프스타일 변화, 정부정책 및 법 · 제도 변화 등 8가지 범주를 바탕으로 하되, 직업에 따라 유연하게 활용하였다. 고용전망 결과를 설명할 수 있는 요인들을 제시하기 위해 「정성적 직업전망 조사」, 산업경기전망 등 각종 보고서, 통계청 · 협회 등의 통계자료, 산업전문가 자문, 현장전문가 인터뷰 등을 활용하였다.

㉢ **유의사항 :** 직업별 일자리 전망 자료는 진로 및 직업 선택 시, 결정적 요인으로 간주하기보다는 참고자료로만 활용하기 바란다. 고용전망은 불확실한 요인들이 복합적으로 작용하고 다양한 원인으로 급변할 수 있기 때문이다.

③ 부가 직업정보

㉠ **관련 직업 :** 워크넷 직업진로(한국직업정보시스템(KNOW))에서 서비스하는 약 800개 직업을 중심으로 자격이나 전공, 경력 등을 고려하여 곧바로 혹은 추가 교육훈련을 통해 진입이 가능한 직업을 제시하였다.

㉡ **분류코드 :** 한국고용직업분류(KECO)와 한국표준직업분류(KSCO)의 세분류(4-digits) 코드를 제공하였다. 해당 직업이 소분류(3-digits) 수준이라면 하위에 포함된 분류 코드 여러 개가 제공된다.

㉢ **관련 정보처 :** 직업정보와 관련된 정부부처, 공공기관, 협회, 학회 등의 기관명칭, 전화번호, 홈페이지 주소를 제공하였고, 유용한 웹 사이트도 수록하였다.

5 「2019 한국직업전망」 직업별 일자리 전망 결과

전망	직업명
증가 (19)	간병인, 간호사, 간호조무사, 네트워크시스템개발자, 물리 및 작업치료사, 변리사, 변호사, 사회복지사, 생명과학연구원, 산업안전 및 위험관리원, 수의사, 에너지공학기술자, 의사, 치과의사, 컴퓨터보안전문가, 한식목공, 한의사, 항공기객실승무원, 항공기조종사
다소 증가 (69)	감독 및 연출자, 경영 및 진단전문가(경영컨설턴트), 경찰관, 경호원, 관제사, 광고 및 홍보전문가, 기자, 냉·난방관련 설비조작원, 노무사, 대중가수 및 성악가, 데이터베이스 개발자, 도시 및 교통설계전문가, 만화가 및 애니메이터, 미용사, 방사선사, 방송 및 통신장비 설치 수리원, 배우 및 모델, 법률관련사무원, 보육교사, 보험 및 금융상품개발자, 사서 및 기록물관리사, 사회과학연구원, 시민단체운동가, 상담전문가 및 청소년지도사, 상품기획전문가, 석유화학물가공장치 조작원, 세무사, 소방관, 손해사정사, 스포츠 및 레크리에이션강사, 시스템소프트웨어개발자, 식품공학기술자 및 연구원, 안경사, 애완동물미용사, 약사 및 한약사, 여행서비스관련종사자, 연예인 및 스포츠매니저, 영양사, 운송장비정비원, 웹 및 멀티미디어기획자, 웹 및 멀티미디어디자이너, 응급구조사, 응용소프트웨어개발자, 보건의료정보관리사, 인문과학연구원, 임상병리사, 임상심리사, 자동차 및 자동차부분품조립원, 작가, 전기 및 전자설비조작원, 전기공학기술자, 전자공학기술자, 정보시스템운영자, 제조공장부품조립원, 지리정보전문가, 직업상담사 및 취업알선원, 치과기공사, 치과위생사, 컴퓨터시스템설계 및 분석가, 컴퓨터하드웨어 기술자 및 연구원, 큐레이터 및 문화재보존원, 택배원, 판사 및 검사, 피부미용사 및 체형관리사, 행사기획자, 화학공학기술자, 환경공학기술자, 환경관련장치조작원, 회계사
유지 (82)	기업고위임원(CEO), 간판제작 및 설치원, 감정평가전문가, 건설기계운전원, 건축가(건축사), 건축공학기술자, 경기감독 및 코치, 경비원, 경영지원사무원, 공예원, 관세사, 국악인 및 전통예능인, 금속가공장치조작원, 금융 및 보험관련사무원, 금형 및 공작기계조작원, 기계공학기술자, 기계장비설치 및 정비원, 농림어업기술자, 대학교수, 도배공 및 유리부착원, 메이크업아티스트 및 분장사, 무역사무원, 무용가 및 안무가, 물품이동장비조작원(크레인 및 지게차운전원), 미술가, 미장공 및 방수공, 배관공, 버스운전원, 번역가, 법무사, 보험관련영업원, 부동산중개인(부동산중개사), 비금속광물가공장치조작원, 비서, 상품중개인 및 경매사, 상품판매원, 생산관련사무원, 소년보호관 및 교도관, 시각디자이너, 식품가공관련기능종사자, 식품제조기계조작원, 아나운서 및 리포터, 안내 및 접수사무원, 영업원, 영화·연극 및 방송제작장비기사, 용접원, 운동선수, 운송사무원, 유치원교사, 음악가, 인테리어디자이너, 임업 종사자, 자동차정비원, 자산운용가, 장례지도사, 재료공학기술자, 전공, 전기 및 전자기기설치수리원, 제과제빵사, 제품디자이너, 조경기술자, 조사전문가, 주방장 및 조리사, 중등학교교사, 철골공, 철도 및 전동차기관사, 청소원 및 가사도우미, 청원경찰, 초등학교교사, 출판물전문가, 토목공학기술자, 통신공학기술자 및 연구원, 통신장비 및 방송송출장비기사, 통역사, 투자 및 신용분석가, 특수학교교사, 패션디자이너, 학원강사 및 학습지교사, 선장, 항해사 및 도선사, 홍보도우미 및 판촉원, 화물차 및 특수차운전원, 회계 및 경리사무원
다소 감소 (28)	건축목공, 결혼상담원 및 웨딩플래너, 계산원 및 매표원, 귀금속 및 보석세공원, 낙농 및 사육관련종사자, 단순노무종사자, 단열공, 단조원, 도장원 및 도금원, 바텐더, 비파괴검사원, 사진가, 섬유공학기술자, 세탁원, 악기제조원 및 조율사, 의복제조원 및 수선원, 이용사, 작물재배종사자, 조적공 및 석공, 주조원, 증권 및 외환딜러, 철근공, 철도 및 전동차기관사, 측량가, 캐드원, 콘크리트공, 텔레마케터, 판금원 및 제관원
감소 (2)	어업종사자, 인쇄 및 사진현상관련조작원

03 한국고용직업분류(KECO)

1 한국고용직업분류의 목적

한국고용직업분류(KECO : Korean Employment Classification of Occupations)는 우리나라 노동시장의 상황과 수요, 현실적 직업구조 등을 반영하여 직무를 체계적으로 분류한 것으로 직업정보를 전달하는 기본 틀이다. 이를 위해 개인이 수행하는 일에 대해 일의 유형이나 수준에 따라 체계적으로 유형화한 것으로서 특히 고용통계 파악뿐 아니라 고용실무에 적합하도록 우리나라 직업구조와 일반인의 인식수준에 부합하도록 분류한 것이다. 한국고용직업분류는 고용 관련 행정자료나 통계조사의 결과를 집계하고 비교하기 위한 통계목적으로 활용될 뿐 아니라 공공 부문의 취업알선 업무에도 활용되며, 국가직무능력표준(NCS), 직업훈련, 자격, 직업정보 제공, 진로지도 등 고용 실무 전반에 관한 분류의 기본 틀로 활용된다.

2 한국고용직업분류의 원칙

① 직업분류의 일반원칙으로서 '포괄성의 원칙'과 '배타성의 원칙'을 둔다. 포괄성의 원칙은 우리나라에 존재하는 모든 직무는 어떤 수준에서든 분류에 포괄되어야 한다는 의미이다. 배타성의 원칙은 동일하거나 유사한 직무는 어느 경우에든 같은 단위직업으로 분류되어야 한다는 의미이다.

② 포괄적인 업무에 대한 직업분류 원칙으로 '주된 직무 우선 원칙', '최상급 직능수준 우선 원칙', '생산업무 우선 원칙'을 순서에 따라 적용한다. 이는 동일한 직업이더라도 사업체 규모에 따라 직무 범위가 차이날 수 있는데 하나의 단일직무를 수행하는 경우가 아니라 여러 직무를 결합하여 수행하는 경우에 적용하기 위한 원칙이다.

③ 다수 직업 종사자의 분류원칙으로 '취업시간 우선의 원칙', '수입 우선의 원칙', '조사시 최근의 직업 원칙'을 적용한다. 이는 한 사람이 전혀 상관성이 없는 두 가지 이상의 직업에 종사할 경우에 그 직업을 결정하기 위한 원칙이다.

3 한국고용직업분류의 분류단위별 항목 구성체계

대분류	중분류	소분류	세분류
0. 경영 · 사무 · 금융 · 보험직	3	18	70
1. 연구직 및 공학 기술직	5	19	54
2. 교육 · 법률 · 사회복지 · 경찰 · 소방직 및 군인	5	12	41
3. 보건의료직	1	7	20
4. 예술 · 디자인 · 방송 · 스포츠직	2	8	34
5. 미용 · 여행 · 숙박 · 음식 · 경비 · 청소직	6	13	49
6. 영업 · 판매 · 운전 · 운송직	2	11	35
7. 건설 · 채굴직	1	6	24
8. 설치 · 정비 · 생산직	9	37	110
9. 농림어업직	1	5	13
10개	35개	136개	450개

04 취업알선직업분류

1 취업알선직업분류 개정의 필요성

① 취업알선직업분류 상위 분류 틀로 활용 중인 한국고용직업분류가 개정됨에 따라 이를 반영하기 위한 개정 필요성이 제기되었다.

㉠ '한국고용직업분류 2018' 개정 분류는 지난 개정 이후 10년이 경과하면서 그 간 사회경제적 환경의 변화와 4차 산업혁명과 같은 과학기술의 혁신으로 직업구조 전반에 변화나 나타나면서 이를 고용 정책과 실무에 반영함은 물론 정확한 고용통계를 수집 · 분석 · 제공을 위해 추진되었다.

㉡ 통계청의 한국표준직업분류의 개정으로 국가통계의 활용성을 제고하기 위해 세분류 직업항목 간 일치화를 위한 조정도 필요하였다.

② 일선 취업알선 현장에서는 업무 경감과 이용자의 검색 편리성을 위해 취업알선분류의 간소화 요구가 많았다.

2 취업알선직업분류 활용 시 유의사항

① 직업의 분류 원칙

㉠ 직업의 분류 원칙

- 주된 직무 우선 원칙 : 포괄적인 업무를 수행하는 직업인 경우 주된 수행 직무내용과 분류에 명시된 직무내용을 비교 · 평가하여 관련 직무내용 상 상관성이 가장 많은 항목에 분류한다.
  - 주된 수행 직무를 판단하는 기준으로는 직무를 수행하는 시간, 직무 수행을 통해 창출되는 부가가치(소득이나 임금) 등이 고려될 수 있다.
  - 보다 많은 시간을 투자하는 직무, 더 많은 부가가치를 창출하는 직무 등이 주된 직무라 할 수 있다.
- 상위 능력의 우선 원칙 : 2개 이상의 직무를 수행하는 경우 보다 높은 수준의 능력이 요구되는 직무를 기준으로 직업을 분류하도록 한다.
  - 보다 높은 수준의 능력 판단기준은 학력, 필요 자격증 수준, 필요 훈련기간 등이 될 수 있다.
  - 보다 높은 학력, 더 높은 수준의 자격증, 보다 많은 훈련기관이 요구되는 능력을 기준으로 해당 직무를 분류하도록 한다.

㉡ 생산업무 우선 원칙 : 재화의 생산과 공급이 같이 이뤄지는 경우 생산단계에 관련된 업무를 우선적으로 고려해야 한다. 예를 들면 빵을 생산하여 판매도 해야 하는 경우 판매원으로 분류하지 않고 제과 · 제빵원으로 분류하도록 한다.

② 세분류와 세세분류를 함께 활용

㉠ 정확한 취업알선 서비스를 위해서는 세세분류에서 구인 · 구직 등록이 이루어지는 것이 효과적이다.

㉡ 구인 · 구직 등록 시 총 3개의 직업까지 입력이 가능하므로 가급적 세세분류 수준에서 구인 · 구직을 등록하되, 필요에 따라서는 세분류에서 등록할 수도 있다.

③ 특정 직업의 분류 시 주의사항

㉠ 관리자의 분류

- 진정한 의미에서 관리자는 인력, 재정, 물자에 관한 의사결정과 함께 총괄하는 사람으로, 일반적으로 직위로서 이해된다. 실제 노동시장에서는 관리자인지 현업 담당자인지 혼동되는 경우가 많아 관리자를 구분하는 기준으로 사업장의 규모도 고려하고 있다.
- 사업장 규모는 작으나 실제 관리자로서의 업무를 수행할 경우 관리자로 분류해야 하며, 반대로 사업장 규모가 크더라도 현업 담당자이면 해당 직업으로 분류해야 한다.

㉡ 직능수준의 분류

- 통상 직업분류에서 기술자, 기능직, 조작원 등은 수행 업무로 분류되는데, '연구개발', '설계' 등의 업무를 수행할 경우 '연구원 및 공학기술자'로, 설치, 정비, 수리 등의 업무를 수행할 경우 '기능원', 생산을 위한 기계의 조작 업무를 수행할 경우 '조작원' 등의 명칭으로 구분된다.

- 현장에서는 기능원이나 조작원을 기술자로 호칭하는 경우가 빈번하므로, 단순히 현장에서의 호칭만으로 기술자 또는 기능원이나 조작원을 분류할 경우 구인 · 구직 등록 오류가 발생할 가능성이 크기 때문에 수행하는 직무를 정확히 인식한 후에 직업을 분류해야 한다.

㉢ 제조 단순직의 분류

- 취업알선분류에서 제조 단순직은 가내수공업(인형눈붙이기, 구슬꿰기, 종이볼투접합 등) 형태의 단순조립, 수포장원 등 주로 육체나 간단한 도구를 활용하여 제조 활동을 하는 사람을 말한다.
- '기계 조작원'은 기계를 조작하여 생산 활동을 하는 사람을 말하며, 최근 기계화로 인해 기계조작이 버튼 조작으로 많이 변화되고 있어 현장에서는 기계조작 업무를 수행함에도 제조 단순직으로 인식하는 경우가 많다.
- 기계를 조작하여 생산 활동을 수행하는지 아니면 주로 간단한 도구를 활용하거나 육체적 활동으로 생산 활동을 하는지 정확히 구분하여, 해당 직업에 분류되도록 하여야 한다.

④ 직무내용의 자세한 기술

㉠ 산업부문, 기업규모 등에 따라 동일 직업의 수행직무에서 차이가 날 수 있다.

- 모든 직무내용의 차이를 취업알선직업분류에 반영할 경우 수만 혹은 수십만 개의 세세분류가 필요할 것이다.
- 취업알선직업분류는 최대한 유사한 직업을 그룹화하여 취업알선직업분류 탐색의 효율성을 추구하고 있다.

㉡ 정확한 취업알선을 위해서는 직무내용의 차이가 반영되어야 하며 이러한 점을 취업알선직업분류로만 해결하는 데에는 한계가 있다.

㉢ 직무내용은 취업알선직업분류를 통해 등록된 유사한 직업에서의 구인 · 구직자가 좀 더 정확히 연결될 수 있도록 하는 도구이다.

- 직무내용이 상세할수록 취업알선이 더 정확히 이루어질 것이며, 특히 연구개발직, 기술직, 기능직 등은 직무내용의 차이가 매우 세부적이기 때문에 직무내용을 상세히 작성할 필요가 있다.
- 제조 단순직일지라도 특기사항이나 특이사항이 있으면 반드시 그 내용을 적어두어야 취업알선이 정확히 이뤄질 것이다.

㉣ **직무내용 작성 시 포함될 내용** : 구체적으로 하는 일, 사업체에서 사용하는 직업명, 작업 대상물, 생산품목 또는 서비스, 작업 도구 · 기기 · 장비, 상세한 전문 분야 및 경력, 필요능력, 작업환경, 기타 특기 사항 등

⑤ 취업알선직업분류의 직업탐색

㉠ 취업알선직업분류 상의 직업을 탐색할 경우 Button-Up 방식보다는 Top-Down 방식이 보다 효과적이다.

㉡ 전체 세세분류 상에서 특정 직업을 탐색할 경우 수많은 직업 목록을 확인해야 하기 때문에 그만큼 많은 시간을 낭비하게 된다. Top-Down 방식을 직업을 탐색할 경우 단계적으로 필요한 직업 목록만 확인하기 때문에 탐색 시간을 줄일 수 있다.

3 취업알선직업분류 해설의 구성

① **직업명** … 사업체 현장과 취업알선 현장에서 사용되는 직업명 중 가장 표준적이고 널리 사용되는 것으로 부여한다.

② **직업설명** … 직종 종사자들이 수행하는 직무와 작업 내용을 기술한다.

③ **주요 업무** … 직업에 대한 이해를 돕고자 해당 직업에서 수행하는 주요 업무를 보다 상세하게 기술한다.

④ **참고** … 해당 직업을 정확히 이해하는데 도움을 줄 수 있도록, 세부적인 직무수행 과정, 특정 용어에 대한 설명 등을 제공한다.

⑤ **분류 시 유의사항** … 해당 직업의 분류 과정에서 흔히 발생할 수 있는 오류, 타 직업과 혼동 가능성이 있는 부분 등을 정리하여 기준을 제시한다.

⑥ **직업예시** … 해당 직업에 포함되는 유사직업을 제시한다.

⑦ **워크넷 구인 DB 분석** … 등록된 구인자료를 대상으로 주요항목 분석 후 6개청별 결과를 제시한다.

05 워크넷(www.work.go.kr)

1 워크넷 연혁

① 1987. 5 … 취업알선시스템 서비스 개시(텍스트 위주의 서비스)

② 1996. 9 … 국내 · 외 취업알선 서비스 개시

③ 1998. 11 … 워크넷 서비스 개시

④ 1999. 4 … 고용안정정보망 인트라넷 서비스 개시

⑤ 2003. 8 … 워크넷 회원제 서비스 개시

⑥ 2009. 12 … 고용센터 홈페이지 통합

⑦ 2010. 11 … 모바일웹 서비스 개시

⑧ 2011. 7 … 공공 · 민간 일자리정보 통합서비스 개시(취업포털)

⑨ 2012. 3 … 정부 3.0 공공데이터 개방 Open API 서비스 개시

⑩ 2013. 3 … 지역워크넷 서비스 개시

⑪ 2015. 7 … 나라일터 일자리 연계서비스 개시

⑫ 2016. 10 … 고용노동서비스 One-ID 서비스 개시

⑬ 2017. 7 … 소셜로그인 서비스 개시

⑭ 2018. 12 … 워크넷 개편

⑮ 2019. 2 … 챗봇(고용이) 서비스 시범 개시

⑯ 2020. 10 … 모바일 기업서비스 개시

2 워크넷 개요

1998년 서비스를 개시하였으며, 고용노동부와 한국고용정보원이 운영하는 믿고 신뢰할 수 있는 구직 · 구인정보와 직업 · 진로정보를 제공하는 대한민국 취업정보 사이트이다. 2011년 7월부터 민간취업포털과 지자체 일자리정보를 워크넷 한 곳에서 쉽고 빠르게 검색할 수 있도록 통합일자리 서비스를 제공하고 있다.

아울러 정부 3.0 공공데이터 개방과 관련하여 Open API 제공과 지역 워크넷, 정부지원 일자리, 시간선택제, 강소기업 등 다양한 서비스를 마련하였으며, 모바일 서비스를 제공하여 PC외에도 스마트폰, 태블릿 PC등을 이용하여 언제 어디서나 워크넷 서비스를 이용할 수 있다.

3 주요서비스

① 인터넷 서비스

㉠ 개인 구직자에게 지역별, 역세권별, 직종별, 기업형태별 등 다양한 일자리정보를 비롯하여 온라인 구직신청, 이메일 입사지원, 맞춤정보 서비스, 구직활동 내역 조회/출력, 메일링 서비스 등의 취업지원 서비스를 제공한다.

㉡ 구인 기업에게 지역별, 직종별, 전공계열별 등 다양한 인재정보를 비롯하여 온라인 구인신청, 인재정보관리, 맞춤정보 서비스, 찜하기, e-채용마당 등의 채용지원 서비스를 제공한다.

㉢ 그 밖에 직업심리검사, 직업 · 학과정보검색, 직업탐방, 진로상담 등 직업 · 진로 서비스와 Job Map, 일자리/인재 동향, 통계간행물/연구자료 등의 고용동향 서비스를 제공한다.

② 인트라넷 서비스

㉠ 고용센터 상담원 및 지자체 공무원 등에게 구인신청 또는 구직신청을 통해 구인자와 구직자 사이의 고용계약의 성립 등 취업알선 업무와 구인구직통계, SMS/FAX, 모니터링 업무를 지원해주는 취업알선서비스를 제공한다.

ⓛ 청년강소기업체험, 청년인턴, 취업성공패키지, 취업지원민간위탁 등 취업지원사업에 대한 행정지원 서비스를 제공한다.

ⓒ 고용센터에서 실시하고 있는 성취프로그램, 청년층 직업지도프로그램, 취업희망 프로그램 등 다양한 집단상담프로그램에 대한 서비스를 제공한다.

06 학과정보

1 계열별 학과정보

① 인문계열

㉠ 국어 · 국문학과 : 국어국문학과, 한국어문학과, 한국어학과, 한문학과

㉡ 국제지역학과 : 중국학과, 일본학과, 러시아학과, 미국학과, 국제지역학부, 글로벌학부, 동아시아학과, 아시아학부, 중남미학부

㉢ 기타 아시아어 · 문학과 : 태국어과, 몽골어과, 인도어과, 동양어문학과, 베트남어과, 아랍어과, 말레이 · 인도네시어과

㉣ 기타 유럽어 · 문학과 : 네덜란드어과, 루마니아어과, 스칸디나비아어과, 그리스 · 불가리아학과, 이탈리아어과, 체코어과, 포르투갈어과, 폴란드어과, 헝가리어과, 세르비아 · 크로아티아어과, 우크라이나어과, 터키 · 아제르바이잔어과

㉤ 독일어 · 문학과 : 독어독문학과, 독일언어문화학과, 독일학과, 독일어과

㉥ 러시아어 · 문학과 : 노어노문학과, 러시아어과, 러시아어문학과, 러시아언어문화전공

㉦ 문예창작과 : 문예창작학과, 문예창작과, 미디어문예창작학과, 문예창작전공

㉧ 문헌정보학과 : 문헌정보학과, 아동문헌정보학과

㉨ 문화 · 민속 · 미술사학과 : 문화인류학과, 미술사학과, 문화재보존학과, 고고미술사학과, 문화콘텐츠학과

㉩ 스페인어 · 문학과 : 스페인어과, 스페인 · 중남미학과, 서어서문학과

㉪ 심리학과 : 심리학과, 심리상담치료학과, 상담심리학과, 심리치료학과

㉫ 언어학과 : 언어학과, 한문학과, 어문학부, 글로벌어학부, 국제어문학부

㉬ 역사 · 고고학과 : 사학과, 국사학과, 역사문화학과, 역사학과, 한국사학과, 사학전공

㉭ 영미어 · 문학과 : 영어영문학과, 영어학과, 영어과, 관광영어과, 실용영어학과

㉮ 일본어 · 문학과 : 일어일문학과, 일본학과, 일본어과, 일본어학과, 관광일어과

㉯ 종교학과 : 신학과, 기독교학과, 불교학과, 종교문화학과, 원불교학과, 종교학과

㉰ 중국어 · 문학과 : 중어중문학과, 중국학과, 중국어학과, 중국어과, 중국언어문화전공, 관광중국어과

㉱ 철학 · 윤리학과 : 철학과, 철학전공, 역사철학부

㉲ 프랑스어 · 문학과 : 불어불문학과, 프랑스어과, 프랑스어문학과, 프랑스언어문화학과, 프랑스학과

② 사회계열

㉠ 경영학과 : 경영학과, 경영정보학과, 경영과, 의료경영학과, 글로벌경영학과, 국제경영학과, 융합경영학과, 글로벌비즈니스학과

㉡ 경제학과 : 경제학과, 농업경제학과, 식품자원경제학과, 글로벌경제학과, 경제통상학부, 경제금융학과

㉢ 경찰행정학과 : 경찰행정학과, 경찰학과, 경찰경호과, 경찰경호행정과, 해양경찰학과

㉣ 광고 · 홍보학과 : 광고홍보학과, 광고홍보학전공, 언론광고학부, 언론홍보학과

㉤ 국제학과 : 국제학부, 국제관계학과, 글로벌경제학과

㉥ 금융 · 보험학과 : 금융보험학과, 경제금융학과, 자산관리학과, 금융자산관리학과

㉦ 노인복지학과 : 노인복지학과, 실버문화경영학과, 고령친화융복합학과, 실버케어복지학과

㉧ 도시 · 지역학과 : 부동산학과, 도시계획부동산학과, 도시계획학과, 부동산지적학과, 도시사회학과

㉨ 무역 · 유통학과 : 무역학과, 국제통상학과, 유통경영학과, 국제무역학과, 국제물류학과

㉩ 법학과 : 법학과, 경찰법학전공, 공법학전공, 법률실무과, 사법학전공, 지식재산학과

㉪ 보건행정학과 : 보건행정학과, 의료경영과, 의무행정과, 의료정보시스템전공, 보건의료정보과, 의약정보관리과

㉫ 비서학과 : 비서행정과, 비서경영과, 국제비서과, 비서과, 비서사무행정학과

㉬ 사회복지학과 : 사회복지학과, 사회복지상담학과, 사회복지행정학과, 보건복지과, 복지경영학과

㉭ 사회학과 : 사회학과, 정보사회학과, 공공사회학과

㉮ 세무 · 회계학과 : 세무회계학과, 회계학과, 세무회계정보과, 회계세무학과, 경영회계학과, 세무학과

㉯ 신문방송학과 : 신문방송학과, 언론정보학과, 저널리즘전공, 커뮤니케이션학과, 언론영상학과

㉰ 아동 · 청소년복지학과 : 아동학과, 아동복지학과, 아동가족학과, 영유아보육학과, 보육과, 아동보육복지학과

㉱ 정보미디어학과 : 미디어커뮤니케이션학과, 디지털미디어학과, 방송영상과, 미디어콘텐츠학과, 방송영상미디어학과, 미디어영상학과

㉲ 정치외교학과 : 정치외교학과, 정책학과, 통일학부

㉳ 지리학과 : 지리학과, 토지정보관리과, 토지행정과

㉳ **항공서비스과** : 항공서비스학과, 항공운항학과, 항공관광과, 항공서비스경영학과

㉴ **행정학과** : 행정학과, 공공인재학부, 사회복지행정학과, 공공행정학과, 자치행정학과, 도시행정학과

㉵ **호텔 · 관광경영학과** : 관광경영학과, 호텔관광과, 호텔경영학과, 관광학부, 항공관광과, 외식산업과

③ 교육계열

㉠ **공학교육과** : 컴퓨터교육과, 기술교육과, 건설공학교육과, 기계교육과, 전기 · 전자 · 통신공학교육과, 전자공학교육과, 화학공학교육과

㉡ **교육학과** : 교육학과, 교육공학과, 교육심리학과, 평생교육학과

㉢ **사회교육과** : 사회교육과, 일반사회교육과, 역사교육과, 지리교육과, 상업정보교육과

㉣ **언어교육과** : 국어교육과, 영어교육과, 일어교육과, 독어교육과, 불어교육과, 한문교육과, 한국어교육과

㉤ **예체능교육과** : 미술교육과, 음악교육과, 체육교육과, 보건교육과

㉥ **유아교육학과** : 유아교육학과, 보육학과, 아동보육과, 영유아보육과, 유아보육과, 아동미술보육과

㉦ **인문교육과** : 윤리교육화, 기독교교육과, 문헌정보교육과

㉧ **자연계교육과** : 수학교육과, 가정교육과, 과학교육과, 물리교육과, 생물교육과, 지구과학교육과, 화학교육과, 환경교육과, 기술 · 가정교육과, 농업교육과, 수해양산업교육과

㉨ **초등교육학과** : 초등교육과

㉩ **특수교육학과** : 특수교육과, 초등특수교육과, 중등특수교육과, 유아특수교육과, 특수체육교육과

④ 자연계열

㉠ **(애완)동물학과** : 애완동물학과, 애완동물관리과, 특수동물학과, 마사과

㉡ **가정관리학과** : 가정관리학과, 아동가족학과, 소비자아동학과, 주거환경학과, 소비자학과, 생활복지주거학과

㉢ **농업학과** : 농학과, 식물자원학과, 식물생명과학과, 식물의학과, 응용생명과학과, 축산학과, 동물자원과학과, 동물생명공학과, 바이오시스템공학과

㉣ **물리 · 과학과** : 물리학과, 응용물리학과, 전자물리학과, 나노물리학과

㉤ **산림 · 원예학과** : 산림자원학과, 산림과학과, 목재응용과학과, 임산공학과, 원예생명과학과, 환경원예학과, 원예디자인과, 화훼원예과

㉥ **생명과학과** : 생명과학과, 생명공학과, 의생명과학과, 의생명공학과, 미생물학과, 분자생물학과, 분자생명과학과, 유전공학과, 생물학과, 분자생물학과, 생명시스템학과, 바이오산업공학과

ⓢ 수산학과 : 수산생명의학과, 해양분자생명과학과, 해양생명과학과, 헤양생명응용과학부, 수산양식학과

ⓞ 수의학과 : 수의학과, 수의예과

ⓩ 수학과 : 수학과, 응용수학과, 수리과학과

ⓒ 식품영양학과 : 식품영양학과, 식품공학과, 식품생명공학과, 식품생명과학과

ⓚ 식품조리학과 : 호텔외식조리과, 호텔조리과, 호텔조리제과제빵과, 호텔외식조리과, 식품조리학과, 제과제빵과, 조리과학과, 외식조리과, 커피바리스타과, 푸드스타일링전공

ⓣ 의류 · 의상학과 : 의류학과, 의류산업학과, 의류패션학과, 패션의류학과, 패션산업학과, 의상학과, 패션마케팅과

ⓟ 지구과학과 : 지질학과, 지적학과, 지질환경과학과, 지구시스템과학전공

ⓗ 천문 · 기상학과 : 대기환경과학전공, 천문우주학과, 천문대기과학전공, 대기환경과학과, 대기과학과

㉮ 통계학과 : 통계학과, 응용통계학과, 정보통계학과, 데이터정보학과, 데이터과학과, 전산통계학과, 데이터사이언스학과, 빅데이터공학과

㉯ 화학과 : 화학과, 응용화학과, 생화학과, 정밀화학과, 화장품과학과

⑤ 공학계열

㉠ (안경)공학과 : 안경광학과, 광공학과, 레이저광정보공학전공

㉡ 건축 · 설비공학과 : 건축공학과, 건축기계설비과, 건축시스템공학과

㉢ 건축학과 : 건축학과, 건축과, 실내건축학과, 친환경건축학과

㉣ 게임공학과 : 게임공학과, 게임컨텐츠과, 게임학과, 멀티미디어게임과

㉤ 기계공학과 : 기계공학과, 기계설계공학과, 기계시스템공학과, 기계융합공학과, 자동화시스템과, 지능로봇과, 컴퓨터응용기계과, 기계과

㉥ 도시공학과 : 도시공학과, 도시건설과, 도시정보공학전공

㉦ 메카트로닉스(기전)공학과 : 메카트로닉스공학과, 로봇공학과, 스마트팩토리과, 전기자동차과, 항공메카트로닉스과

㉧ 반도체 · 세라믹공학과 : 반도체공학과, 반도체디스플레이학과, 반도체장비공학과

㉨ 산업공학과 : 산업공학과, 산업경영공학과, 산업시스템공학과, 산업설비자동화과

㉩ 섬유공학과 : 섬유소재공학과, 섬유시스템공학과, 바이오섬유소재학과

㉪ 소방방재학과 : 소방방재학과, 소방안전관리학과, 안전공학과, 재난안전소방학과

㉫ 신소재공학과 : 신소재공학과, 나노신소재공학과, 신소재응용과, 융합신소재공학과, 화학신소재학과

㉬ 에너지공학과 : 에너지자원공학과, 원자력공학과, 미래에너지공학과, 바이오에너지공학과, 환경에너지공학과, 신재생에너지과

ⓗ 응용소프트웨어공학과 : 디지털콘텐츠과, 소프트웨어공학과, 스마트소프트웨어과, 융합소프트웨어학과

㉮ 자동차공학과 : 자동차공학과, 미래자동차공학과, 스마트자동차공학과, 자동차튜닝과, 자동차과

㉯ 재료 · 금속공학과 : 금속재료과, 재료공학과, 제철산업과, 나노재료공학전공

㉰ 전기공학과 : 전기공학과, 디지털전기공학과, 전기전자과, 철도전기과

㉱ 전자공학과 : 전자공학과, 전자전기공학과, 디지털전자과, 스마트전자과

㉲ 정보 · 통신공학과 : 정보통신공학과, 전자정보통신공학과, e-비즈니스과, ICT융합학과, 스마트IT학과

㉳ 정보보안 · 보호학과 : 정보보안학과, 정보보호학과, 사이버보안과, 융합보안학과

㉴ 제어계측공학과 : 제어계측공학과, 전기전자제어과, 전기제어과, 스마트시스템제어과

㉵ 조경학과 : 조경학과, 생태조경디자인과, 녹지조경학과, 환경조경과

㉶ 지상교통공학과 : 교통공학과, 철도운전시스템과, 드론교통공학과, 교통시스템공학과

㉷ 컴퓨터공학과 : 컴퓨터공학과, 멀티미디어공학과, 컴퓨터시스템공학과

㉸ 토목공학과 : 토목공학과, 건설시스템공학과, 건설환경공학과, 철도건설과, 토목과

㉹ 항공학과 : 항공우주공학과, 항공시스템공학과, 항공정비학과, 항공기계과

㉺ 해양공학과 : 해양공학과, 선박해양공학과, 조선해양공학과, 조선해양플랜트과, 조선기계과, 해양학과

㉻ 화학공학과 : 화학공학과, 고분자공학과, 생명화학공학과, 화공생명학과

ⓐ 환경공학과 : 환경공학과, 지구환경과학과, 환경보건학과, 환경생명공학과, 환경과학과, 환경시스템공학과, 환경학과

⑥ 의약계열

㉠ 간호학과 : 간호학과, 간호과

㉡ 물리치료학과 : 물리치료학과, 물리치료과

㉢ 방사선학과 : 방사선학과, 방사선과

㉣ 보건관리학과 : 보건관리학과, 보건학과, 산업보건학과, 보건환경과

㉤ 약학과 : 약학과, 약학부, 약학전공, 제약학과, 한약학과

㉥ 응급구조학과 : 응급구조학과, 응급구조과

㉦ 의료공학(의료장비)과 : 의용공학과, 의공학과, 의료공학과, 바이오메디컬공학전공, 의료보장구과

㉧ 의학과 : 의예과, 의학과, 의학부

㉨ 임상병리학과 : 임상병리학과, 임상병리과

㉧ 작업치료학과 : 작업치료학과, 작업치료과

㉨ 재활학과 : 재활공학과, 언어재활과, 직업재활학과, 언어치료학과, 스포츠재활학과

㉩ 치기공학과 : 치기공학과, 치기공과

㉪ 치위생학과 : 치위생학과, 치위생과

㉫ 치의학과 : 치의학과, 치의예과

㉮ 한의학과 : 한의학과, 한의예과

⑦ 예체능계열

㉠ 경호학과 : 경호학과, 경찰경호과, 경호스포츠과, 경호보안학과

㉡ 공예학과 : 공예과, 공예디자인학과, 귀금속보석공예학과, 도예학과

㉢ 만화 · 애니메이션학과 : 만화애니메이션학과, 웹툰창작과, 만화콘텐츠과

㉣ 무용학과 : 무용학과, 무용예술학과, 발레전공, 한국무용전공, 현대무용전공

㉤ 미술학과 : 미술학과, 회화과, 동양화과, 서양화과, 한국화과

㉥ 방송 · 연예과 : 방송연예학과, 공연예술과, 모델과, 엔터테인먼트과, 방송기술학과

㉦ 뷰티아트과 : 미용과, 미용예술과, 뷰티디자인과, 뷰티아트과, 피부미용학과, 뷰티케어과

㉧ 사진 · 영상예술학과 : 사진학과, 사진영상학과, 공연영상학과, 미디어디자인과, 방송영상과, 영상디자인과

㉨ 산업디자인학과 : 산업디자인학과, 제품디자인공학전공

㉩ 시각디자인학과 : 시각디자인학과, 디지털디자인학과, 멀티미디어디자인학과, 커뮤니케이션디자인학과

㉪ 실내디자인학과 : 실내디자인학과, 공간디자인학과, 실내건축디자인학과

㉫ 실용음악과 : 실용음악과, 생활음악과, 뮤지컬과

㉬ 연극 · 영화학과 : 연극영화학과, 연극전공, 영화전공, 연기예술학과

㉭ 음악학과 : 음악학과, 국악과, 기악과, 관현악과, 피아노과, 성악과, 작곡과, 국악과

㉮ 음향과 : 음향제작과, 음향과, 방송음향영상과

㉯ 조형학과 : 조형학과, 생활조형디자인학과, 조소과, 판화과

㉰ 체육학과 : 체육학과, 사회체육학과, 생활체육학과, 운동처방학과, 스포츠과학과, 스포츠레저학과, 골프산업학과, 태권도과

㉱ 패션디자인학과 : 의상디자인학과, 패션디자인학과, 섬유패션디자인전공, 텍스타일디자인학과

⑧ 이색학과정보

㉠ 식품/웰빙/여가 : 푸드코디네이션과, 커피바리스타전공, 리조트개발학과, 국제소믈리에과, 화장품 · 향수전공, 축산계열(축산전공, 낙농한우전공, 양돈양계전공), 호텔조리김치발효과, 관광크루즈승무원과, 웰빙테라피과

ⓛ 과학/정보통신 : 하이브리드전기자동차과, 모바일게임과, 신재생에너지과, 국방과학기술학과, 쇼핑몰디자인창업과, 발명특허학과, 스마트폰컨텐츠과, 시계주얼리과, 유비쿼터스정보응용전공

ⓒ 보건의료/교육 : 풍수명리과, 다문화복지과, 미술치료과, 보건허브과

ⓔ 문화/예술/스포츠 : 게임제작과, 이종격투기전공, 스키스노우보드전공(스포츠레저학과), 플로리스트과, 토이캐릭터디자인전공, 컬러리스트전공, 요가치유학과, 토이캐릭터창작과, 카이로스포츠과, 서비스유통과, 박물관큐레이터과, 골프학과, 격기지도학과, 문화재과, 한옥문화산업과, 카지노과, 승마조련전공, 자동차모터스포츠과

ⓜ 경영/금융/보안 : 자동차손해보상과, 국방탄약과, 방공유도무기과, 부사관과, VMD과, 콜마케팅과, 유통프랜차이즈전공, 교정보호학과, 자산운용학과

ⓑ 방송/이벤트 : 신발패션산업과, 보석감정딜러&디자인과, 스타일리스트과, 미술학과, 쇼핑호스트과, 분장예술과, 웨딩이벤트과, 안경디자인과, 동물조련이벤트과

ⓢ 기타 : 제철산업과, 장례복지과, 자동차딜러과

2 학과정보 검색

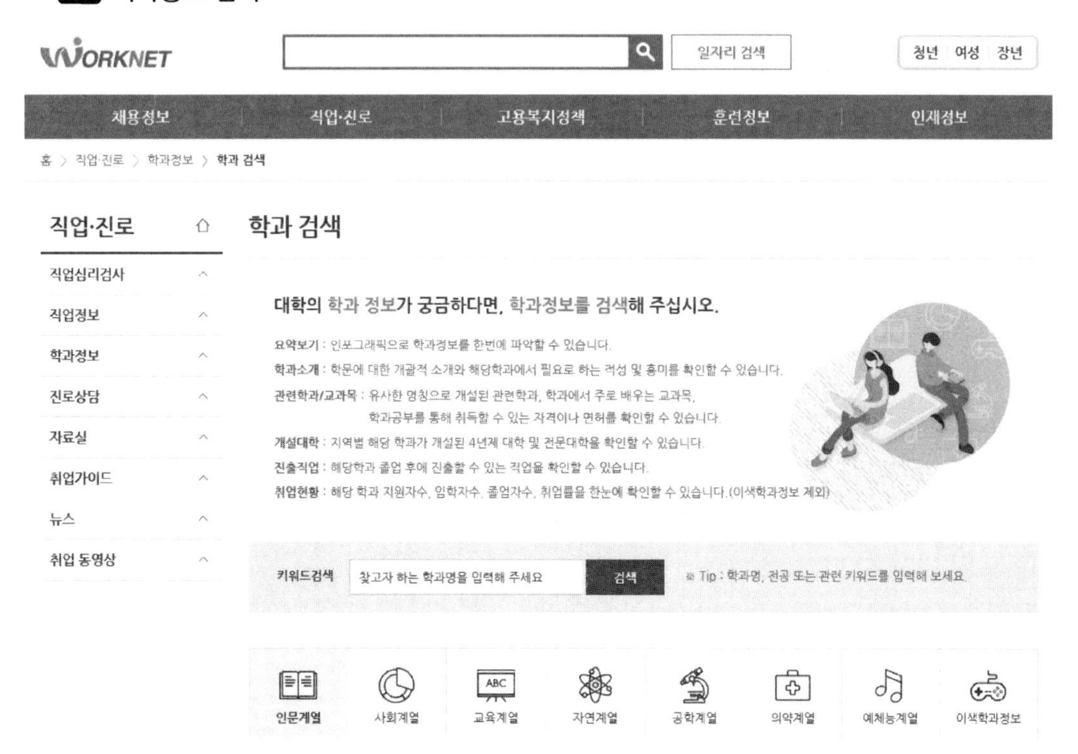

07 직업훈련포털(HRD-NET)

① **훈련과정** … 구직자 및 근로자와 기업(사업주)들의 다양한 요구와 필요에 맞는 직업능력개발 훈련지원 프로그램 제공

㉠ **국민내일배움카드** : 급격한 기술발전에 적응하고 노동시장 변화에 대응하는 사회안전망 차원에서 생애에 걸친 역량개발 향상 등을 위해 국민 스스로 직업능력개발훈련을 실시할 수 있도록 훈련비 등을 지원

㉡ **정부부처별 훈련과정** : 대한민국정부 각 부처에서 실시하고 있는 직업능력개발 훈련지원 프로그램 및 유관 사업 훈련과정

㉢ **디지털 기초역량훈련**(K-Digital Credit) : 청년, 여성 구직자 등이 디지털 역량 부족으로 노동시장 진입 및 적응에 어려움을 겪지 않도록 디지털 분야 기초역량 개발을 지원하는 정부지원 훈련

* 「디지털 기초역량훈련과정」은 언제 · 어디서나 수강할 수 있는 100% 인터넷 원격훈련

㉣ **디지털 신기술 훈련과정** : 선도국가로 도약하기 위한 디지털 신기술 분야의 핵심 실무인재 양성사업 훈련과정

㉤ **일학습병행과정** : 기업현장에서 요구하는 실무형 인재 양성을 위한 일학습병행 훈련과정으로 산업현장의 실무형 인재양성을 위하여 기업이 취업을 원하는 청년 등을 학습근로자로 채용하여, 맞춤형 체계적 훈련을 제공하고, 훈련종료 후 학습근로자 역량평가 및 자격인정을 통한 노동시장의 통용성을 확보함

㉥ **유관기관 훈련과정** : 기업 · 사업주단체, 대학 또는 민간 우수훈련기관 등 유관훈련기관에서 직업훈련 제공

㉦ **기업훈련** : 사업주 직업능력개발훈련은 사업주(=사업장 대표)가 소속근로자 등의 직무수행능력을 향상시키기 위하여 훈련을 실시할 때, 이에 소요되는 비용의 일부를 지원해 주는 제도

② **지원제도**

㉠ 정부지원사업 안내

㉡ 범부처 신기술 훈련사업

㉢ 정부부처별 지원사업 안내

㉣ 법령/서식/규정

㉤ 일학습병행

③ 일자리, 직업정보

㉠ 구인정보

㉡ 자격정보 : 국가자격/공인민간자격/국가기술자격 시험일정

㉢ 직업사전

㉣ 학과정 : 학과정보검색/이색학과

㉤ NCS분류체계

④ 지식정보센터

㉠ 인재뱅크 : 직업훈련 교 · 강사 인력관리의 체계성과 효율성 제고 및 검증된 강사정보 제공을 통하여 중소기업에 자체훈련을 활성화 하기 위한 제도

㉡ 스타훈련교사 : 직업훈련 현장에서 전문역량을 갖추고 탁월한 성과를 거둔 "훈련교사"를 선정하여 훈련교사의 자긍심 고취 및 사회적 인식제고를 통해 고품질 훈련서비스를 제공할 수 있는 여건 조성을 마련하고자 고용노동부에서 추진하는 제도

㉢ 훈련기관평가정보 : 집체훈련/원격훈련

㉣ 훈련/고용통계

04 직업정보의 수집, 분석

01 직무분석(Job Analysis)

1 직무의 정의

조직에서 일하는 사람들은 각자 맡은 직무를 가지고 있다. 일반적으로 직무는 개인이 수행하는 과제(task)들의 집합으로 정의된다. 개인이 수행하는 과제들은 개별 활동들의 집합으로서 직무에서 수행해야 할 목표를 달성하기 위한 가장 기본적인 작업단위들이다.

2 직무분석의 정의

조직에서 직무에 새로운 종업원들을 모집 · 선발하고, 배치하고, 교육시키고, 수행평가를 통하여 적정임금을 지급하고, 유사한 직무들을 함께 묶어서 직무를 분류하기 위한 가장 기초적인 정보는 직무분석을 통해 얻어진다. 직무분석을 통하여 직무에서 어떤 활동들이 이뤄지며, 직무수행에 사용되는 도구나 장비가 무엇이고, 어떤 환경에서 작업이 수행되고, 직무수행에 요구되는 인간적 능력들이 어떤 것인지 등을 알 수 있다. 즉, 직무분석이란 어떤 일을 어떤 목적으로 어떤 방법에 의해 어떤 장소에서 수행하는지를 알아내고, 직무를 수행하는 데 요구되는 지식, 능력, 기술, 경험, 책임 등이 무엇인지를 과학적이고 합리적으로 알아내는 것이다.

02 직무분석의 목적과 용도

직무분석의 목적은 사실상 직무기술서(job description)나 직무명세서(job specification)를 만들고 여기서 얻어진 정보를 여러모로 활용하는 데 있다.

1 직무기술서와 직무명세서의 개념

직무기술서는 분석대상이 되는 직무에서 어떤 활동이나 과제가 이루어지고 작업조건이 어떠한지를 알아내 그러한 것들을 기술해 놓은 것이며, 직무명세서는 직무를 수행하는 사람에게 요구되는 지식, 기술, 능력 등과 같은 인간적 요건이 무엇인지에 관한 정보를 적어 놓은 것이다. 직무기술서는 과제중심 직무분석을 통해 작성되고 직무명세서는 작업자 중심 직무분석을 통해 작성된다.

2 활용분야와 용도

직무기술서는 직무 자체와 작업환경에 관한 정보를 알려주기 때문에 직무의 파악에 활용되고, 직무명세서는 작업자에게 요구되는 인간적 요건을 알려주기 때문에 선발이나 교육과 같은 인적자원관리에 활용된다. 직무분석을 하는 경우에 직무기술서와 직무명세서를 모두 작성하는 것이 일반적이다.

직무분석의 결과로부터 얻은 직무기술과 직무명세에 관한 정보는 여러 가지 용도로 사용된다.

① 모집공고와 인사선발에 활용된다.

② 선발된 사람의 배치와 경력개발 및 진로상담에 활용된다. 선발된 사람들을 적합한 직무에 배치하고 경력개발에 관한 기초자료를 제공한다.

③ 종업원의 교육 및 훈련에 활용된다.

④ 분석을 통하여 직무수행을 구성하고 있는 요소들을 알아내고 실제 종업원들이 각 요소에서 어떤 수준의 수행을 나타내는지를 평가한다. 이러한 직무수행 평가의 결과는 승진, 임금결정 및 인상, 상여금 지급, 전직 등의 인사결정에 활용된다.

⑤ 직무에서 이루어지는 과제나 활동들과 작업환경을 알아내어서 조직 내의 직무들 간의 상대적 가치를 결정하는 직무평가의 기초자료를 제공한다.

⑥ 직무와 작업환경을 정확히 파악하여 보다 효율적인 작업이 이루어질 수 있도록 직무를 재설계하거나 작업환경을 변경하는데 필요한 정보를 제공한다.

⑦ 직무에 소요되는 시간 추정을 통해 해당직무에 필요한 적정인원을 산출할 수 있기 때문에 조직 내의 부서별 적정인원 산정이나 향후의 인력수급계획을 수립할 수 있다.

⑧ 각 직무의 파악을 통하여 유사한 직무를 묶을 수 있기 때문에 직무분류가 가능하다.

직무분석 결과	→	• 직무기술서와 직무명세서의 작성 • 모집공고와 인사선발 • 배치, 경력개발 및 진로상담 • 교육 및 훈련 • 직무수행평가(인사고과) • 직무평가 • 직무의 재설계 및 작업환경 개선 • 적정인원 산정 및 향후 인력수급계획 수립 • 직무분류

03 직무분석의 유형

직무를 분석할 때 초점을 어디에 두느냐에 따라 과제 중심 직무분석(task-oriented job analysis)과 작업자 중심 직무분석(worker-oriented job analysis)으로 나눌 수 있다.

1 과제 중심 직무분석

과제 중심 직무분석은 직무에서 수행하는 과제나 활동이 어떤 것들인지를 파악하는 데 초점을 둔다. 과제 중심 직무분석에 의해 직무에서 수행되는 모든 과제들을 세부적으로 나열해 보면 어떤 직무에서는 열거되는 과제수가 수 백 개까지 될 수도 있다. 일반적으로 과제들은 '검사한다', '수리한다', '개수를 파악한다' 등과 같이 동사의 형태로 표현된다. 이러한 분석을 때로는 과제분석(task analysis)이라고도 부르는데 과제 중심 직무분석으로부터 얻어진 결과는 직무기술서를 작성하는 데 중요한 정보를 제공한다.

2 작업자 중심 직무분석

작업자 중심 직무분석은 직무를 수행하는데 요구되는 인간의 재능들에 초점을 두어서 지식, 기술, 능력, 경험과 같은 작업자의 개인적 요건들에 의해 직무가 표현된다. 즉, 작업자 중심 직무분석은 작업자의 시력, 지능, 깊이지각, 육체적 힘 등과 같이 직무수행에 요구되는 인간의 특성들에 의해 직무를 표현한다. 작업자 중심 직무분석으로부터 얻어진 결과는 직무명세서를 작성할 때 중요한 정보를 제공한다. 작업자 중심 직무분석의 대표적인 예가 McCormick, Jeanneret, 및 Mecham(1972)에 의해 개발된 직책분석설문지(Position Analysis Questionnaire, PAQ)이다. PAQ는 직무를 수행하는데 요구되는 인간의 특성들을 기술하는데 사용되는 194개의 문항들로 구성되어 있다. 문항들은 직무수행에 관한 6개의 주요범주들에 대해 평정하도록 되어 있는데, 이러한 범주들은 정보입력, 정신과정, 작업결과, 타인들과의 관계, 직무맥락, 직무요건들이다.

3 과제 중심 직무분석과 작업자 중심 직무분석의 비교와 적용

① 비교 … 과제 중심 직무분석의 단점은 각 직무에서 이루어지는 과제나 활동들이 서로 다르기 때문에 분석하고자 하는 직무 각각에 대해 표준화된 분석도구를 만들 수 없다는 것이다. 반면 작업자를 중심으로 하는 직무분석은 인간의 다양한 특성들이 각 직무에서 어느 정도나 요구되는지를 분석하기 때문에 직무에 관계없이 표준화된 분석도구를 만들기가 용이하고 다양한 종류의 직무들에서 요구되는 인간특성의 유사정도를 양적으로 비교하는 것이 가능하다.

② 적용 … 직무분석의 목적에 따라 과제 중심 직무분석을 할 것인지 아니면 작업자 중심 직무분석을 할 것인지를 결정해야 한다. 직무분석의 목적이 현재 직무에 대한 적정인원을 산출하거나 또는 향후 각 직무에 필요한 인력을 추정하기 위한 것이라면, 직무에서 이루어지는 활동의 종류와 활동에 소요되는 시간에 관한 정보를 알아야 하므로 반드시 과제 중심 직무분석을 실시해야만 할 것이다. 하지만 실제로 직무분석을 할 때는 두 가지 유형의 직무분석을 함께 실시하는 것이 일반적이다.

04 직무분석을 위한 정보의 출처

직무분석 결과의 질을 좌우하는 것은 직무에 관한 정보의 정확성과 완전성이다. 직무분석을 할 때 직무에 관한 정보를 얻는 가장 중요한 출처는 "주제관련 전문가(SME : subject matter expert)"이다. 주제관련 전문가에 대해 관한 자격요건이 정확하게 정해져 있는 것은 아니지만, 최소 요건으로서 직무에서 수행되는 모든 과제들에 대하여 잘 알고 있을 정도로 충분히 오랜 시간 동안 직무에 관한 직접적이고 최근의 경험을 가지고 있어야 한다. 따라서 직무분석을 할 때 주제관련 전문가로서 가장 많이 사용되는 사람들은 현재 직무를 수행하고 있는 현직자나 그 직무의 상사들이다.

1 현직자(job incumbent)

직무정보를 얻는 데 가장 자주 사용되는 출처는 현직자로서 직무에 현재 종사하고 있는 사람이다. 주제관련 전문가로서 현직자를 사용하는 것은 그들이 자신들의 직무에 관하여 상세하게 가장 잘 알고 있기 때문이다. 하지만 현직자들 중에서도 어떤 사람은 자신의 일에 관하여 잘 알고 있고 자신이 하는 일을 말로 잘 표현할 수 있지만 어떤 사람은 상대적으로 그러한 능력이 부족할 수 있다. 따라서 현직자들 중에서도 누구를 선정하는지가 직무분석 결과의 질을 좌우할 수 있다.

2 현직자의 상사들

두 번째 주제관련 전문가는 현직자의 상사들이다. 상사들은 일반적으로 해당직무를 거쳐 승진한 경우가 대부분이므로 현직자들이 직무에서 무엇을 하는지를 정확하게 알려줄 수 있는 신뢰할 수 있는 출처이다. 상사들이 현직자들보다 직무를 어느 정도는 보다 객관적으로 기술할 수 있지만, 현직자들과 상사들 간에는 의견차이가 있을 수 있다. 이들 간의 대부분의 의견 차이들은 직무에서 무엇을 수행하는지에 관한 것이 아니라 직무수행에서 실제로 요구되는 중요한 능력에 관한 것이다. 즉, 현직자들이 언급하는 직무에서 요구되는 중요한 능력과 상사들이 언급하는 중요한 능력들이 다를 수 있다.

3 직무분석가

현직자나 상사 이외에 직무분석가도 직무분석에 사용되는 정보의 출처가 될 수 있다. 직무분석가들은 많은 직무들 간에 비교가 필요할 때 사용된다. 그들은 직무분석 방법들에 익숙하기 때문에 여러 직무들에 대하여 가장 일관된 평정을 내릴 수 있다. 직무분석가의 전문성은 다양한 직무들 그 자체에 관한 내용을 알고 있는데 있는 것이 아니라 직무에서 수행되는 과제나 수행에 요구되는 능력들에서 직무들 간의 유사성과 차이점을 이해하는 능력에 있다.

4 고객의 직무분석

최근에는 현직자, 현직자의 상사들, 직무분석가들 이외에 고객이 직무분석의 중요한 출처로 대두되고 있다. 최근에 고객의 중요성이 부각되고 영리조직이나 비영리조직을 막론하고 고객만족이 강조됨에 따라 창구담당자, 상담원 등 고객과의 접촉이 많은 직무들에서는 고객이 직무에 관한 중요한 정보를 제공하는 출처로 간주된다. 직무에 대하여 현직자나 상사로부터 얻지 못하는 귀중한 정보를 고객으로부터 얻을 수 있으므로 직무분석에 필요한 정보의 출처로서 고객을 포함하는 것이 점차 늘어나고 있는 추세이다.

5 기존 문헌

사람으로부터 직무에 관한 정보를 얻을 수 있지만 기존 문헌들로부터도 부가적인 정보를 얻을 수 있다. 조직 내에서 직무에 관하여 기술되어 있는 기존의 업무편람이나 작업일지 또는 국가에서 발행하는 직업사전과 같은 책자로부터도 직무에 관한 기초정보를 얻을 수 있다.

05 직무분석의 단계

직무분석을 실시하는 경우에 일반적으로 다음과 같은 여섯 가지 단계들을 거치게 된다. 1단계는 직무분석을 준비하는 행정적 단계이고, 2단계는 직무분석의 설계 단계이고, 3단계는 직무에 관한 자료를 수집하고 분석하는 단계이고, 4단계는 직무기술서와 직무명세서를 작성하는 결과정리 단계이고, 5단계는 직무분석을 한 결과를 조직 내 여러 관련 부서에 배포하는 단계이고, 마지막 6단계는 통제단계로서 시간의 흐름에 따라 직무에서의 변화가 있을 때 그러한 변화를 직무기술서나 직무명세서에 반영하여 직무에 관한 정보를 최신의 것으로 바꾸어 주는 단계이다. 각 단계에서 구체적으로 이루어지는 일들은 다음과 같다.

① 1단계 : 행정적 단계(준비단계)

㉠ 어떤 직무를 분석할 것인지를 결정한다(분석대상 직무의 선정).
㉡ 직무분석을 왜 하는지를 결정한다(직무분석의 목적을 확인).
㉢ 조직 내 사람들에게 직무분석의 필요성을 인식시킨다.
㉣ 직무분석에서 수집할 정보의 종류와 범위를 명시한다.
㉤ 직무분석을 실제로 담당할 사람들의 역할과 책임을 할당한다.

② 2단계 : 직무분석 설계단계

㉠ 직무에 관한 자료를 얻을 출처와 인원수를 결정한다.
㉡ 자료수집 방법을 결정한다(예, 관찰법, 면접법, 설문지법 등).
㉢ 설문지법을 사용하는 경우에는 설문지를 직접 만들 것인지 아니면 구입해서 쓸 것인지를 결정한다.
㉣ 자료분석 방법을 결정한다.

③ 3단계 : 자료수집과 분석 단계

㉠ 직무분석의 목적에 따라 어떤 정보를 수집할 것인지를 분명히 한다.
㉡ 직무분석 목적과 관련된 직무요인의 특성을 찾는다.
㉢ 직무정보의 출처로부터 실제로 자료를 수집한다.
㉣ 수집된 정보가 타당한 것인지 현직자나 상사를 사용하여 재검토한다.
㉤ 직무에 관하여 수집된 정보를 분석하고 종합한다.

④ 4단계 : 결과정리 단계

㉠ 직무기술서를 작성한다.
㉡ 직무명세서를 작성한다.
㉢ 작업자의 직무수행평가에 사용할 평가요인과 수행기준을 결정한다.
㉣ 직무평가에 사용할 보상요인을 결정한다.
㉤ 유사한 직무들을 묶어서 직무군을 분류한다.

⑤ 5단계 : 직무분석 결과의 배포단계

㉠ 직무분석 결과를 조직 내에서 실제로 사용할 여러 관련 부서에 배포한다.

㉡ 관련부서들은 이러한 결과를 모집, 채용, 배치, 교육, 고과, 인력수급계획 등에 활용한다.

⑥ 6단계 : 통제단계(최신의 정보로 수정하는 단계)

㉠ 시간의 흐름에 따라 직무에서의 변화를 반영하여 직무정보를 최신화 한다.

㉡ 이러한 통제단계는 다른 모든 단계에 영향을 미칠 수 있다.

㉢ 조직 내의 직무기술서 및 작업자명세서의 사용자로부터 피드백을 받는다.

06 직무분석 방법

직무를 분석하는데 있어서 최초분석법으로 관찰법, 면접법, 설문지법, 작업일지법, 결정적 사건법 등 주요 다섯 가지 중요한 방법들이 있다. 각 방법들은 나름대로의 장단점을 지니기 때문에 일반적으로 공적인 직무분석을 하기 위해서는 두 가지 이상의 방법들을 함께 사용한다.

1 최초분석법

① **관찰법** … 관찰법은 직무분석을 시작할 때 직무에 대하여 가장 기초적인 지식을 제공한다. 직무를 수행하는 사람들을 현장에서 직접 관찰함으로써 직무활동과 내용을 파악한다. 관찰자는 작업자의 수행을 방해하지 않고 그들이 평소대로 일하는 것을 관찰하는 것이 바람직하다. 관찰자는 종업원들과의 대화가 그들의 직무수행을 방해하기 때문에 종업원들과 이야기하지 않는 것이 좋다.

㉠ **주의할 점** : 관찰을 할 때 한 가지 어려운 점은 정확한 관찰을 하기 위하여 작업자와 지나치게 근접되어 있으면 그들의 정상적 직무수행을 방해할 가능성이 있고 그렇다고 지나치게 멀리 떨어져 있으면 정확한 관찰이 힘들다는 것이다. 산업현장에서 직무수행을 직접적으로 관찰하는 경우에도 가급적이면 관찰자의 존재를 노출시키지 않는 것이 좋으며 관찰자의 존재를 의식하지 않도록 하기 위하여 CCTV나 녹화장비들이 사용되기도 한다.

㉡ **한계** : 관찰을 통해 직무에서 작업자들이 행하는 외현적 행동과 작업환경에 관해 생생하게 알 수 있지만 그러한 행동들을 왜 하는지는 알 수 없으므로 관찰법은 한계를 지닌다.

② **면접법** … 종업원들과 개인적으로, 소집단으로, 혹은 여러 번의 집단토론을 통하여 면접을 진행할 수 있다. 훈련된 면접자는 직무에서 수행하는 활동들이나 직무를 수행하는데 요구되는 기술들을 이해하기 위하여 종업원들에게 직접 질문을 한다. 면접법은 다양한 직무들에 광범위하게 적용될 수 있기 때문에 가장 흔히 사용되는 직무분석 방법이다. 직무를 실제로 수행하는 사람과 면접을 하기 위해서는 먼저 면접할 장소를 선정해야 한다. 직무가 수행되는 현장에서의 면

접이 가장 바람직하겠지만 직무수행을 방해하지 않도록 주의해야 한다. 면접자는 작업자들이 직무에서 수행하는 활동들이나 직무를 수행하는데 요구되는 인간적 요건들을 알기 위하여 질문을 한다. 면접을 위하여 필기도구를 갖출 필요가 있으며 보다 철저한 면접을 위해서 녹음기를 준비할 수도 있다. 면접을 할 때 대화하기 편한 분위기의 조성, 편견의 배제, 응답을 얻어내는 기술, 한 가지 질문에서 다음 질문으로 부드럽게 넘어가는 기술, 직무와 관련 없는 응답에 대한 통제 등이 면접자에게 요구된다.

㉠ 직무분석을 위한 면접 단계의 지침

준비단계 1. 면접대상자들의 상사를 통하여 대상자들에게 면접을 한다는 사실과 일정을 미리 알려주어서 관심을 유도한다. 2. 면접에 적합한 조용한 장소를 선정한다. 3. 면접자가 면접대상자보다 더 높은 지위에 있다는 인상을 줄 수 있는 모든 상징을 제거하거나 최소화한다.
개시단계 1. 대화하기에 편안한 분위기 형성을 위해 면접자는 작업자의 이름을 물어서 대화 중에 사용하고, 자신을 소개하고, 일반적이고 유쾌한 주제에 관해 먼저 이야기한다. 2. 면접의 목적을 분명히 밝히고 작업자의 협조가 필요하다는 것을 설명한다. 3. 작업자가 말문을 쉽게 열도록 격려한다. 면접자는 정중한 태도를 지녀야 하고 작업자가 말하는 것에 진지하게 관심을 보인다. 4. 작업자가 중요하게 여기는 목표와 면접을 연관시킨다.
진행단계 1. 작업자가 직무수행이 이루어지는 논리적 순서에 따라 생각하고 이야기할 수 있도록 도와준다. 만일 직무가 논리적 순서에 따라 수행되는 것이 아니라면 활동의 중요도에 따라 가장 중요한 활동부터 기술하도록 한다. 직무에서의 정상적인 활동에는 포함되지 않지만 가끔씩 하는 활동도 언급하도록 한다. 2. 작업자가 방금 한 이야기를 요약하거나 질문을 반복함으로써 작업자와의 대화가 끊기지 않도록 한다. 3. 작업자가 각 질문에 대한 답을 나름대로 정리하여서 이야기할 수 있도록 충분한 시간을 주고 한 번에 하나씩의 질문만을 한다. 4. 대답이 '예' 또는 '아니오'만으로 나오는 질문을 삼가고 보다 상세한 응답이 나오도록 질문한다. 5. 유도질문을 하지 말아야 한다. 6. 간단하고 쉽게 이해되는 언어를 사용한다. 7. 작업자에게 마음에서 우러나오는 진정한 관심을 보인다. 8. 작업자에게 냉담하거나 오만하거나 권위적이어서는 안 된다. 9. 면접을 안정되고 일관된 속도로 진행한다. 10. 완전한 직무분석을 위해 요구되는 모든 종류의 정보를 구체적이고 완전하게 얻는다. 11. 부서 내의 다른 직무와 분석대상이 되는 직무간의 관계를 고려한다. 12. 면접 중에 주제를 벗어난 응답을 통제하고 시간을 경제적으로 사용한다. 응답이 주제를 벗어났을 때는 벗어나기 바로 전까지의 응답을 요약하는 것이 다시 원래의 주제로 되돌리는 좋은 방법이다.

13. 면접자는 인내심을 갖고 면접을 진행해야 하고 작업자가 혹시 불편해 하거나 신경질적인 반응을 보이지는 않는지를 살펴서 적절히 대처한다.
종결단계 1. 면접이 이제 곧 끝날 것이라는 것을 알려준다. 2. 필요하다면, 작업자가 진술했던 내용들을 요약해보는 시간을 갖는다. 3. 작업자의 응답이 귀중한 가치를 지니는 정보가 될 것이라는 설명을 한다. 4. 감사의 말을 끝으로 면접을 마친다.

㉡ 직무분석을 위한 면접 시 유의사항

1. 작업자가 말하는 내용에 대하여 의견대립을 보이지 말아야 한다. 2. 노사 간의 불만이나 갈등에 관한 주제에 어느 한쪽으로 편을 들지 말아야 한다. 3. 직무에서의 임금 분류체계에 관심을 보이지 말아야 한다. 4. 면접 내내 정중하고 공손한 태도를 보여야 한다. 5. 작업자를 얕보는 듯한 투로 이야기하지 말아야 한다. 6. 면접자의 개인적인 견해나 선호가 개입되지 말아야 한다. 7. 사적인 감정을 배제해야 한다. 조직이나 작업방법에 대해 비판하지 말고 변화나 개선을 제안하지 말아야 한다. 8. 상사나 감독자의 허락을 먼저 받고 작업자와 면접한다. 9. 면접을 통해 수집한 자료에 대해 작업반장이나 부서장이 검토하는 과정을 거친다. 특히 전문적이고 기술적인 용어들에 관해서는 이러한 과정이 필요하다. 10. 완결된 분석에 대해 전문가가 검토하는 과정을 거친다.

㉢ 질문을 하는 방식에 따른 면접법의 구분

- 구조적 면접 : 질문할 많은 내용들을 미리 마련해 놓고 그 순서에 따라 면접을 진행하기 때문에 짧은 시간에 많은 정보를 얻을 수 있는 장점이 있는 반면에 심층적인 정보를 얻지 못하는 단점이 있다.
- 비구조적 면접 : 미리 설정된 소수의 질문으로부터 시작하지만 응답자의 반응에 따라 융통성 있게 면접을 진행한다. 비구조적 면접은 구조적 면접과는 반대로 심층적 정보를 얻을 수 있는 장점이 있지만 직무의 다양한 요소들에 관한 다량의 정보를 얻지 못한다는 단점을 지닌다.
- 반구조적 면접 : 구조적 며접과 비구조적 면접을 절충한 형태로 산업현장에서 많이 사용된다.

③ 설문지법 … 설문지에는 직무에서 수행되는 많은 활동들이 열거되어 있으며 경우에 따라서는 수백 개의 질문들이 포함되어 있기도 하다.

㉠ 평정 사항 : 종업원은 그들이 얼마나 자주 설문지에 열거된 활동들을 수행하는지, 그러한 활동들이 얼마나 중요한지 등에 관하여 몇 가지 척도 상에서 평정한다. 또한 직무수행에 요구되는 지식, 기술, 능력들이 얼마나 자주 사용되는지, 그러한 것들이 얼마나 중요한지 등에 관하여 척도 상에 평정하도록 한다. 이렇게 얻어진 응답들은 직무의 내용과 성질을 이해하기 위하여 통계적으로 분석된다.

㉡ **자료 수집** : 설문지를 사용하여 직무에 관한 자료를 수집하려고 할 때 두 가지 방식을 고려해 볼 수 있다.

- 분석하려고 하는 직무의 분석에만 사용할 수 있는 설문지를 직무에 대한 사전정보에 기초하여 분석자 스스로 만들어 사용하는 것이다. 여러 개의 직무들을 분석할 때 각 직무마다 다른 설문지를 만들면 시간과 노력이 더 들지만 각 직무의 특성은 상세히 밝힐 수 있다.
- 어떤 직무의 분석에든 상관없이 쓸 수 있도록 기존에 개발되어 있는 표준화된 설문지를 사용하거나 표준화된 설문지를 스스로 만드는 것이다. 표준화된 직무분석 설문지의 대표적인 예가 미국에서 사용되고 있는 직책분석설문지(Position Analysis Questionnaire, PAQ)이다. 여러 직무에 공통적으로 사용되도록 하나의 설문지를 만들면 여러 직무의 분석에 시간과 노력은 덜 들더라도 각 직무의 특성을 살리는 독특한 정보를 얻기가 힘들다. 하지만 직무분석을 위해 표준화된 동일한 설문지를 사용함으로써 얻는 최대의 장점은 여러 가지 다른 직무들 간에 양적인 비교가 가능하다는 것이다.
- 표준화된 설문지를 구입하여 직무분석을 하고자 할 때는 몇 가지 평가준거를 고려하여 설문지를 선택해야 한다.

1. 신뢰성으로서 설문지를 통해 얻어지는 결과가 일관성을 지녀야 한다.
2. 타당성으로서 얻어지는 결과의 정확성 정도를 나타낸다.
3. 만능성으로서 여러 종류의 다양한 직무를 분석할 수 있고 직무분석의 다양한 목적을 충족시킬 수 있는 정도이다.
4. 표준성으로서 다른 조직에서의 직무와도 비교할 수 있도록 표준화되어 있는 정도이다.
5. 실용성으로서 실시에 드는 시간과 비용이다.

④ **작업일지법** … 작업일지법은 작업자들이 정해진 양식에 따라 직접 작성한 작업일지로부터 직무에 관한 정보를 수집하는 방법이다. 어떤 직무를 분석하고자 하는 사람은 작업자들에게 작업일지를 작성하도록 요구하거나 아니면 기존에 작성되어 있는 작업일지를 입수하여 작업일지로부터 직무의 내용이나 성질을 추론한다. 작업자들의 작문을 통한 의사소통능력, 즉 문장력에 있어서 현저한 개인차가 있기 때문에 가장 덜 사용되고 가장 바람직하지 못한 직무분석 방법이다. 또한 작업자가 의도적으로 왜곡되게 일지를 작성할 수도 있다.

⑤ **결정적 사건법** … 결정적 사건법는 원래 Flanagan(1954)에 의해 개발되어 여러 분야에서 활용되는 방법인데 이러한 방법을 직무를 분석하는데도 사용할 수 있다. 직무분석을 위하여 결정적 사건법을 사용하기 위해서는 종업원들이 직무에서 결정적으로 잘한 사건이나 결정적으로 실수를 범한 사건들을 수집한 후, 그러한 사건들에서 있었던 구체적인 행동들을 알아내고 이러한 행동들로부터 직무에서 요구되는 지식, 기술, 능력 등의 인적 요건들을 추론한다.

㉠ 결정적 사건의 수집과 추론 과정

일반적으로 현직자나 상사들과 면접을 하거나 관찰을 함으로써 결정적 사건들을 수집한다. 결정적 사건을 수집한 다음에는 그들에게 그 사건을 상기하도록 하여 1. 무엇이 그 사건을 일으켰고 사건이 일어난 환경은 어떠했는지, 2. 그 사건에서 종업원이 효과적으로 행동했거나 혹은 비효과적으로 행동한 것이 정확히 어떤 행동이었는지, 3. 그러한 행동으로부터 초래된 결과는 무엇이었는지, 4. 실제로 그러한 결과가 종업원의 행동에 의해 유발되었는지 아니면 환경 요인에 의해 유발되었는지를 알아낸다. 5. 다음 단계에서는 결정적 사건과 관련된 종업원들의 행동들로부터 직무에서 요구되는 중요한 지식, 기술, 능력들을 추론해낸다.

이러한 추론 과정에서 주관성이 개입될 수 있으므로 한 집단의 직무분석 전문가들이 행동으로부터 지식, 기술, 능력들을 추론해내고 다른 집단의 직무분석 전문가들이 이러한 지식, 기술, 능력들을 거꾸로 행동 및 중요사건들에 할당한다. 이러한 재할당 과정에서 두 집단 간에 일치도가 높은 지식, 기술, 능력들이 최종적으로 추려진다.

㉡ 결정적 사건법의 장단점

- 장점 : 실제로 직무에서 일어났던 중요한 사건을 토대로 직무수행과 관련된 중요한 지식, 기술, 능력들을 알아낼 수 있다는 것이다.
- 단점

–극단적으로 잘하거나 잘못한 수행이 아니라 일상적인 수행에 관한 정보는 수집하지 않으므로 결과적으로 이러한 수행과 관련된 지식, 기술, 능력들이 배제될 수 있다.

–응답자들이 과거에 일어났던 결정적 사건들을 회상할 때 그 사건을 왜곡하여 기술할 가능성이 있다.

–사건과 관련된 종업원의 행동으로부터 지식, 기술, 능력들을 추론하는 과정에서의 주관성이다. 주관성을 배제하기 위하여 재할당 과정을 거치더라도 여전히 주관성이 문제될 수 있다.

2 비교확인법

① 지금까지 분석된 자료를 참고로 하여 현재의 직무상태를 비교, 확인하는 방법으로 현장검증법이라고도 한다.

② 역사가 오래되어 많은 자료가 수집될 수 있는 직업으로서 수행하는 작업이 다양하고 직무의 폭이 넓어 단시간의 관찰을 통해 분석하기 어려운 경우에 적합하다.

③ 분석자는 지금까지 개발된 자료를 수집 · 분석한 후 직무분석 양식에 초안을 작성한 다음 현장에 나가 실제여부를 면담이나 관찰과 같은 최초분석법으로 확인하여야 한다.

④ 직무정의와 작업명칭 수록되어 있는 직업사전이 자료로 많이 사용된다.

3 데이컴법

① 교과과정을 개발하는 데 활용되어 온 직업분석의 한 가지 기법이다.

② 교육 목표와 내용을 비교적 단시간 내에 추출하는 데 효과적이다.

③ 8~12명의 분석협조자로 구성된 데이컴 위원회를 중심으로 이루어진다.

④ 2박 3일 정도의 집중적인 워크숍을 실시하여 데이컴법을 완성함으로써 작업을 마치게 된다.

⑤ 서기나 옵저버의 의견반영은 되지 않는다.

07 직무분석 방법에 대한 평가

직무를 분석하기 위해 사용되는 여러 가지 방법들은 장점과 단점을 지니고 있지만 면접법과 더불어 설문지법이 가장 자주 사용되고 그 중에서도 PAQ가 가장 많이 사용되고 있다.

1 PAQ에 대한 평가

PAQ에 의해 얻어진 직무분석 정보가 작업자의 성이나 분석자의 성에 의해 강하게 영향을 받지 않고 편파되지 않는다는 것을 보여주었다. 높은 수행을 보이는 작업자나 낮은 수행을 보이는 작업자 모두가 PAQ에서 그들의 직무내용을 평정할 때는 동일한 반응을 보인다고 보고하였다. 즉, 작업자들이 제공하는 직무에 관한 정보는 작업자의 수행수준에 따라 다르지 않았다.

2 PAQ의 한계

직무분석 전문가들이 PAQ를 사용하여 분석한 결과와 대학생들이 PAQ를 사용하여 분석한 결과가 다르다는 것을 보고했다. 이는 PAQ가 아무리 정교하고 표준화된 직무분석 도구라 하더라도 그것을 사용하는 사람들의 자질에 따라 다른 결과를 얻을 수 있다는 것을 의미한다. 전문적으로 훈련을 받은 직무분석 전문가는 일곱 가지의 직무분석 방법 중 어느 것을 사용하더라도 직무에 대하여 정확하게 추론할 수 있지만, 반대로 직무분석에 관하여 경험이 전혀 없는 사람은 어떤 직무분석 방법을 사용하더라도 정확한 추론을 얻을 수 없다고 했다.

08 직무기술서와 직무명세서

직무분석을 통해 얻게 되는 중요한 두 가지 산출물이 직무기술서와 직무명세서이다. 직무기술서는 분석대상이 되는 직무에서 어떤 활동이나 과제가 이루어지고 작업조건이 어떠한지를 알아내어서 그러한 것들을 기술해 놓은 것이며, 직무명세서는 직무를 수행하는 사람에게 요구되는 지식, 기술, 능력 등과 같은 인간적 요건이 무엇인지에 관한 정보를 적어 놓은 것이다.

1 직무기술서

① 판단 기준 … 직무분석을 통해 작성된 직무기술서가 직무를 잘 기술하고 있는지를 판단하는 기준은 직무에 대한 묘사의 정확성과 포괄성이다. 직무기술서가 잘 작성되어 있으면 그 직무에 대해 전혀 모르는 사람일지라도 한 번 읽어보기만 하면 머릿속에서 그 직무에서 이루어지는 활동이나 작업환경을 생생하게 그려볼 수 있을 것이다.

② 포함되는 정보

㉠ 직무의 명칭, 급수, 조직 내 위치, 보고체계, 임금과 같은 직무정의에 관한 정보

㉡ 직무의 목적이나 사명, 직무에서 산출되는 재화나 서비스에 관하여 간결하게 진술해 놓은 직무요약

㉢ 직무에서 사용하는 기계, 도구, 장비, 기타 보조장비

㉣ 직무에서 사용하는 원재료, 반가공품, 물질, 기타 물품

㉤ 재료로부터 최종산물을 만들어내는 방식

㉥ 감독의 형태, 작업의 양과 질에 관한 규정 등의 지침이나 통제

㉦ 직무의 목적을 달성하기 위해 작업자가 하는 과제나 활동

㉧ 직무가 이루어지는 물리적, 심리적, 정서적 환경 등

③ 과제를 기술 시 유의사항

㉠ 항상 현재형의 시제를 사용

㉡ 과제를 수행하는 사람은 작업자이므로 능동형의 문장을 사용

㉢ 가급적 간결하고 직접적인 문체를 사용

㉣ 구체적인 행위를 나타내는 동사를 사용하여 과제를 기술

㉤ 가급적 수량을 나타내는 용어를 사용

㉥ 은어나 속어 등의 비일상적인 용어 배제

㉦ 직무 현직자들에게 친숙한 용어 사용

㉧ 직무가 이루어지는 환경을 기술할 때는 물리적 환경들을 상세히 기술하고, 정신적 스트레스와 같은 심리적 혹은 정서적 환경도 기술

2 직무명세서

직무명세서는 직무를 성공적으로 수행하는데 필요한 인적 요건들을 명시해 놓은 것이다.

① **포함되는 정보** … 작업자에게 요구되는 적성, 지식, 기술, 능력, 성격, 흥미, 가치, 태도, 경험, 자격요건 등

㉠ **적성** : 어떤 일을 하거나 배울 수 있는 잠재력

㉡ **지식** : 능력과 기술이 발현되는 기초로서 직무수행을 적절하게 수행하기 위하여 개인이 소유하고 있는 사실적 혹은 절차적 정보

㉢ **기술** : 쉽고도 정확하게 직무에서 요구되는 동작을 할 수 있는 신체적 혹은 운동 능력

㉣ **능력** : 직무수행에 요구되는 인지적 능력으로서 교육이나 경험을 통해 당장 어떤 일을 할 수 있는 준비상태

㉤ **성격** : 다른 사람이나 상황에 독특한 방식으로 반응하는 상대적으로 일관되고 안정적인 개인의 경향성을

㉥ **흥미** : 특정 활동에 대한 선호나 취미

㉦ **가치** : 인생의 목표나 생활방식에 대한 선호

㉧ **태도** : 물리적 대상, 사람, 기관, 정당 등과 같은 사회적 대상에 관한 감정이나 신념

② **활용** … 직무분석을 통하여 얻어진 직무명세에 관한 정보는 모집과 선발, 직무평가, 교육훈련, 직무수행평가(인사고과) 등에 유용하게 쓰인다.

③ **기술 시 유의사항** … 직무명세서는 주로 지식, 기술, 능력, 기타 특성들을 중심으로 작성하는데 직무에서 요구되는 인적 요건들의 수준이나 유형을 가급적 구체적으로 쓰는 것이 좋다. 또한 기타 특성들이 서로 독립적인 정보가 되도록 진술하여야 한다.

09 고용정보시스템

1 워크넷(WORKNET)

워크넷은 고용노동부와 한국고용정보원이 운영하는 믿고 신뢰할 수 있는 구인 · 구직, 취업알선, 직업상담 서비스를 제공하는 우리나라 최대의 취업정보 시스템이다.

2 WORKNET의 내력

WORKNET은 고용노동부에서 IMF 이후 대량실업사태로 인하여 고용과 관련된 통합정보체계의 수립을 위한 공신력 있는 대국민 서비스를 제공하기 위하여 캐나다의 WORKINFORNET을 모델로 하여 1999년 1월 개설 · 설치된 것으로 고용노동부의 중앙고용정보관리소에서 운영하다가 2001년 초반부터는 고용노동부의 직제개편에 따라 한국산업인력관리공단 한국고용정보원으로 개편되면서 운영되어오고 있다.

WORKNET은 개인의 적성과 능력에 따라 직업을 안내하고 궁극적으로는 고용안정에 기여할 수 있는 것으로 개방적이고 확정된 기능을 수행하고 있다.

3 특징

① 누구나 이용할 수 있는 열린 공간(OPEN SYSTEM)이다.

② 다양한 정보를 체계적으로 제공한다.

③ 세분화된 고용정보를 제공한다.

④ 다양한 고용관련 통계자료를 제공한다.

⑤ 다양한 첨단 통신매체를 이용한다.

⑥ 직업정보의 장소적, 시간적 유용성을 극대화 한 것이다.

4 연결망

① 고용노동부 산하의 취업알선기관으로 고용지원센터, 인력은행이 있다.

② 시 · 군 · 구처 및 동사무소와 인트라넷으로 연결한다.

5 주요활용기관

대학취업정보실, 기타 취업관련기관, 교육훈련기관, 개인 등

6 제공되는 주요 정보

일자리, 인재검색, 채용속보, 신문구인광고, 공무원채용정보, 취업준비, 심리검사, 직업전망서, 직업사전, 자격증 관련정보, 학과정보, 직업훈련기관정보, 실업대책, 고용보험 등 다양한 정보를 인터넷으로 제공하고 있다.

10 고용동향

1 고용동향 관련 용어 정리

① 구인업체 수(구인자 수) … 구인을 하는 개개 업체의 수

② 구인 수(구인인원) … 구인업체가 사람을 구하는 수(통계작성 시 구인은 구인업체가 아닌 구인 수를 기준)

③ 신규구인인원 … 해당기간 동안 모집인원 수

④ 신규구직자 수 … 해당기간 동안 구직신청을 한 인원 수의 합

⑤ 유효구인인원 … 구인신청 인원 중 해당월말 현재 알선 가능한 인원 수의 합[전체 모집인원 수에서 신청취소, 자체충족, 기간만료(60일) 등으로 등록 마감한 인원 수와 채용으로 알선 처리한 인원수를 뺀 것]

⑥ 유효구직자 수 … 구직신청자 중 해당월말 현재 알선 가능한 인원 수의 합[신청취소, 본인취업, 기간만료(90일) 등으로 등록 마감된 구직자, 취업된 구직자를 제외한 수]

⑦ 알선건수 … 해당기간 동안 알선처리한 건수의 합

⑧ 취업건수 … 해당기간 동안 취업으로 결과 처리된 인원 수의 합

2 고용동향 관련 계산식

구분	계산식
구인배율	구인인원 ÷ 구직자 수 ⇒구인배율이 1이하로 떨어질수록 취업난은 가중
유효구인배율	유효구인인원 ÷ 유효구직자 수
알선율	(알선건수 ÷ 구직자 수) × 100 ⇒알선율이 높으면 적중률(한번 알선으로 취업이 되면 적중률 100%)이 낮아지며, 알선율이 낮으면 알선한 업체가 별로 없음을 나타낸다.
취업률	(취업건수 ÷ 신규구직자 수) × 100
충족률	(취업건수 ÷ 구인인원) × 100

05 고용보험제도 및 직업훈련

01 고용보험제도

1 고용보험제도의 개념

「고용보험제도」란 적극적인 노동시장정책을 하나의 체계 내에서 상호 연계하여 실시하는 사회보험제도이다. 즉, 실직근로자에게 실업급여를 지급하는 전통적 의미의 실업보험사업 외에 적극적인 취업알선을 통한 재취업의 촉진과 근로자의 직업안정 및 고용구조개선을 위한 고용안정사업, 근로자의 능력개발사업, 재직 근로자의 복지증진을 위한 모성보호사업 등을 상호 연계하여 실시하는 사회보험제도이다.

2 고용보험제도의 기능 및 기본원칙

① 고용보험제도의 기능

㉠ 취업 전 : 올바른 직업선택을 위한 체계적 지원

㉡ 취업 후 : 실업예방, 고용구조개선(고용안정사업, 직업능력개발사업)

㉢ 재취업 : 실업급여지급, 재취업의 촉진시키는 사회보험제도

㉣ 고용보험제도의 기본원칙

② 실업발생은 근로자 개인만의 책임이 아닌 사회적 책임론 대두

㉠ 운영은 국가에서 담당

㉡ 자격 및 수혜대상은 일정기간 피보험자 자격을 가져야 하고 보험료를 납부해야 함

㉢ 보험료와 보험금은 균등을 이루어야 한다.

㉣ 보험금은 노동의사능력, 구직 중이지만 취업기회를 얻지 못한 경우 지급

㉤ 보험금의 지급은 일정기간 자금의 일부에 해당하는 금액을 지급

3 고용보험제도 범위

산업구조의 고도화 및 급속한 기술의 발전에 따라 근로자의 직업능력을 지속적으로 개발. 향상시키지 않으면 산업구조 조정과정에서 근로자는 심각한 고용불안에 직면하게 되며 기업도 경쟁력을 유지할 수 없음을 인식하게 되면서부터 고용보험제도를 적극적으로 운용할 필요성이 대두되었다. 이에 따라 근로자에게 적극적인 취업알선을 통하여 구인자와 구직자를 효율적으로 연계하여 마찰적 실업을 최소화함과 동시에 기술개발에 따른 고용조정을 원활히 지원하는 다양한 고용안정사업, 그리고 근로자의 직업생활의 전 기간에 걸쳐서 직업능력을 지속적으로 개발. 향상시키는 직업능력개발사업까지 고용보험제도의 범위에 포함하는 현상이 나타나게 되었다.

4 우리나라의 고용보험제도

① 의의 … 우리나라의 고용보험제도는 전통적 의미의 실업보험사업과 고용안정사업, 직업능력개발 사업 모성보호사업 등 적극적인 노동시장정책을 하나의 체계 내에서 상호연계하여 실시하는 사회보험이다.

② 우리나라의 고용보험제도 도입

㉠ 고용보험제도 도입의 필요성
- 산업구조조정의 촉진
- 인력수급의 원활화
- 직업능력개발의 활성화로 기업경쟁력 강화
- 실직근로자의 생활안정과 재취업 촉진

㉡ 고용보험법의 연혁
- 1993년 12월 : 고용보험법 제정
- 1995년 7월 : 고용보험 시행
- 1998년 10월 : 1인 이상 전 사업장으로 고용보험 적용확대
- 2001년 11월 : 고용보험을 통해 모성보호급여(육아휴직, 산전후 휴가 급여) 지급
- 2002년 12월 : 일용근로자 고용보험 적용 등 고용보험법 개정
- 2003년 12월 : 고용보험과 산재보험 보험료 통합징수를 위한 관련 규정 정비
- 2010년 1월 : 4대 사회보험 통합에 따라 보험료 산정기준을 임금에서 보수로 변경
- 2011년 7월 : 자영업자 고용보험 실업급여 혜택 확대
- 2011년 9월 : 육아기 근로시간 단축 급여제도 시행
- 2012년 1월 : 자영업자 고용보험(실업급여) 적용
- 2012년 7월 : 두루누리 사회보험지원제도 시행
- 2013년 6월 : 65세 이상자 고용보험(실업급여) 적용

- 2014년 9월 : 고용 · 산재 보험료 연체금 산정기준 관련 규정 등 다른 사회보험과 통일, 보험사무대행기관 인가대상에 개인세무사 포함
- 2014년 10월 : 아빠의 달 육아휴직 특례 제도 시행
- 2015년 7월 : 근로자 직업능력개발 훈련 지원대상 확대
- 2015년 12월 : 근로시간단축 지원금 신설
- 2016년 5월 : 실업크레딧 제도 도입
- 2017년 1월 : 고용장려금 제도 개편(통합지원금 서비스 시행)
- 2017년 8월 : 중소기업청년추가고용장려금 신설
- 2018년 6월 : 실업인정 재취업지원 자율화 시범센터(총 11개 운영)
- 2018년 8월 : 전자우편(e그림카드)발송 시스템 구축
- 2019년 7월 : 실업급여 수급자 대상 온라인 취업특강 서비스
- 2019년 9월 : 배우자 출산휴가 지급 시스템 구축
- 2020년 1월 : 피보험자 관리 이관(고용노동부 → 근로복지공단)
- 2020년 6월 : 긴급고용안정지원금 지급
- 2021년 3월 : 고용보험 인터넷 서비스 개편

③ 고용보험의 운영 및 적용

㉠ 고용보험의 운영조직 : 「고용보험법 및 고용보험」 및 「산업재해보상보험의 보험료 징수 등에 관한 법률」(고용보험에 관한 사항에 한함)의 시행에 관한 주요사항을 고용보험 운영 및 평가 전문위원회의 사전 검토 조정을 거쳐 고용보험위원회의 심의를 거쳐 고용노동부장관에 의해 이루어지게 된다. 고용노동부 본부조직으로는 고용정책실 내에 고용정책심의관, 노동보험심의관 및 직업능력개발심의관을 두어 고용보험 업무를 처리하고 있다. 또한 고용보험에 관한 연구지원을 위해 한국노동연구원에 고용보험 연구센터(現 노동보험 연구센터)가 1995년부터 설치되어 활동하고 있다.

㉡ 고용보험의 적용

- 적용대상 : 1998년 10월 1일부터 1인 이상의 근로자가 있는 사업주는 의무적으로 고용보험에 가입하여야 하며, 1인 이상의 근로자를 고용하는 사업 및 사업장을 대상으로 적용한다.
- 당연적용사업 : 근로자를 고용하는 모든 사업 또는 사업장의 사업주는 원칙적으로 고용보험의 당연가입대상이다. 다만, 사업장의 규모 등을 고려하여 일부 사업(장)은 고용보험 당연가입대상에서 제외하고 있다.
- 임의가입사업 : 사업의 규모 등으로 고용보험법의 당연가입 대상사업이 아닌 사업의 경우 근로복지공단의 승인을 얻어 보험에 가입할 수 있다. 이 경우 사업주는 근로자(적용제외 근로자 제외) 과반수 이상의 동의를 얻은 사실을 증명하는 서류(고용보험 가입 신청서)를 첨부하여야 한다.

• 적용 제외 대상
–농업, 임업 및 어업 중 법인이 아닌 자가 상시 4명 이하의 근로자를 사용하는 사업
–가구 내 고용활동 및 달리 분류되지 아니한 자가 소비 생산활동
–건설업자 등이 아닌 자가 시공하는 총공사금액 2천만원 미만인 공사, 연면적 100제곱미터 이하인 건축물의 건축 또는 연면적이 200제곱미터 이하인 건축물의 대수선에 관한 공사

④ 적용대상 확대 및 보험료

㉠ 적용대상 확대

구분	95.7.1	97.7.1	98.1.1	98.3.1	98.7.1	98.10.1	04.1.1
실업급여	30인 이상		10인 이상	5인 이상		1인 이상	
고용안정 · 직업능력개발	70인 이상		50인 이상		5인 이상	1인 이상	
건설업의 총 공사금액	40억 원	44억 원	34억 원		3억4천만 원		2천만 원

㉡ 보험료 : 06.1.1부터 고용안정사업 및 직업능력개발사업을 통합하여 고용안정/직업능력개발사업으로 운영

구분		근로자	사업주
실업급여		0.8%	0.8%
고용안정사업 및 직업능력개발 사업	150인 미만 기업	–	0.25%
	150인 이상 기업(우선지원대상기업)	–	0.45%
	150인 이상 ~ 1,000인 미만 기업(우선지원대상기업 제외)	–	0.65%
	1,000인 이상 기업 및 국가, 지방자치단체가 직접 행하는 사업	–	0.85%

㉢ 개산보험료와 확정보험료

• 매년 보험연도 초일부터 3월 31일까지(보험연도 중 보험관계가 성립한 경우에는 그 보험관계의 성립일부터 70일) 전년도 확정 보험료와 당해 연도 개산보험료를 근로복지공단(사업장 관할지사)에 보고하고 납부하여야 한다.

• 개산보험료 : 보험료는 선납하는 방식을 취하고 있는데, 피보험자인 근로자에게 당해 년도 지급할 1년치의 예상 입금총액에 해당 보험료율을 곱하여 개략적으로 산정한 보험료를 개산보험료라고 한다. 개산보험료는 일시 납부하거나 분기별로 4회 분할 납부할 수 있으며 일시 납부의 경우에는 개산보험료의 5%가 공제된다.

• 임의가입사업 : 사업의 규모 등으로 고용보험법의 당연가입 대상사업이 아닌 사업의 경우 근로복지공단의 승인을 얻어 보험에 가입할 수 있다. 이 경우 사업주는 근로자(적용제외 근로자 제외) 과반수 이상의 동의를 얻은 사실을 증명하는 서류(고용보험 가입 신청서)를 첨부하여야 한다.

• 확정보험료 보고 및 납부 시 이미 납부한 개산보험료보다 확정보험료가 많은 경우에는 그

부족액을 추가 납부하고, 초과 납부한 경우에는 초과 금액을 반환 받거나 다음 연도 개산보험료에 충당 신청할 수 있다.

- 근로자가 부담하는 실업급여 보험료에 대하여는 사업주가 임금 지급 시 원천공제(0.8%)한다.
- 법정기일 내에 보험료를 보고 납부하지 아니하면 연체금, 가산금이 부과된다.
- 사업장 적용징수업무는 '99.10.1부터 근로복지공단에서 위탁 수행하고 있다.

⑤ 실업급여

㉠ 실업급여의 개요

- 고용보험 가입 근로자가 실직하여 재취업 활동을 하는 기간에 소정의 급여를 지급함으로써 실업으로 인한 생계불안을 극복하고 생활의 안정을 도와주며 재취업의 기회를 지원해주는 제도로서 실업급여는 크게 구직급여와 취업촉진수당으로 나누어져 있다.
- 실업급여는 실업에 대한 위로금이나 고용보험료 납부의 대가로 지급되는 것이 아니다.
- 실업급여는 실업이라는 보험사고가 발생했을 때 취업하지 못한 기간에 대하여 적극적인 재취업활동을 한 사실을 확인(실업인정)하고 지급한다.
- 실업급여 중 구직급여는 퇴직 다음날로부터 12개월이 경과하면 소정급여일수가 남아있다고 하더라도 더 이상 지급받을 수 없다.

㉡ 지급대상

- 이직일 이전 18개월간(초단시간근로자의 경우, 24개월) 피보험단위기간이 통산하여 180일 이상일 것
- 근로의 의사와 능력이 있음에도 불구하고 취업(영리를 목적으로 사업을 영위하는 경우 포함)하지 못한 상태에 있을 것
- 재취업을 위한 노력을 적극적으로 할 것
- 이직사유가 비자발적인 사유일 것(이직사유가 수급자격의 제한사유에 해당하지 아니할 것)

㉢ 부정수급 : 실업급여 수급자가 근로를 제공하거나 취업 · 창업한 사실 또는 소득이 발생한 사실을 신고하지 않을 경우, 재취업활동을 허위로 제출한 경우 등 기타 거짓이나 부정한 방법으로 실업급여를 받은 경우에는 실업급여 지급이 제한되며, 그간 지급받은 실업급여는 모두 반환되고 부정하게 지급받은 금액의 최대 5배가 추가 징수될 수 있다. 또한, 최대 5년 이하의 징역 또는 5천만 원 이하의 벌금이 부과될 수 있다.

㉣ 실업급여 주요 내용

- 구직급여 : 고용보험 적용사업장에서 실직전 18개월(초단시간근로자의 경우, 24개월) 중 피보험단위기간이 통산하여 180일 이상 근무하고 근로의 의사 및 능력이 있고(비자발적으로 이직), 적극적인 재취업활동(재취업활동을 하지 않는 경우 미지급)에도 불구하고 취업하지 못한 상태이며 일용근로자로 이직한 경우 아래 요건 모두 충족하여야 한다. 또한 수급자격 제한사유에 해당하지 않아야 한다. 자발적 이직하거나, 중대한 귀책사유로 해고된 경우는 제외된다.

–(일용) 수급자격신청일 이전 1월간의 근로일 수가 10일 미만일 것

- (일용) 수급자격 제한사유에 해당하는 사유로 이직한 사실이 있는 경우에는 최종 이직일 기준 2019.10.1 이후 수급자는 실직전 18개월(초단시간근로자의 경우, 24개월)중 90일 이상을 일용근로하였을 것(최종 이직일 기준 2019.10.1 이전 수급자는 피보험단위기간 180일 중 90일 이상을 일용근로하였을 것)

• 상병급여 : 실업신고를 한 이후 질병 · 부상 · 출산으로 취업이 불가능하여 실업의 인정을 받지 못한 경우, 7일 이상의 질병 · 부상으로 취업할 수 없는 경우 증명서를 첨부하여 청구, 출산의 경우 출산일로부터 45일간 지급

• 훈련연장급여 : 실업급여 수급자로서 연령 · 경력 등을 고려할 때, 재취업을 위해 직업안정기관장의 직업능력개발훈련지시에 의하여 훈련을 수강하는 자에게 지급

• 개별연장급여 : 취직이 특히 곤란하고 생활이 어려운 수급자로서 임금수준, 재산상황, 부양가족 여부 등을 고려하여 생계지원 등이 필요한 자에게 지급

• 특별연장급여 : 실업급증 등으로 재취업이 특히 어렵다고 인정되는 경우 고용노동부장관이 일정한 기간을 정하고 동기간 내에 실업급여의 수급이 종료된 자에게 지급

• 취업촉진수당

- 조기재취업수당 : 구직급여 수혜자가 대기기간이 지난 후 재취업한 날의 전날을 기준으로 소정급여일수를 1/2 이상 남겨두고 재취업하여 12개월 이상 계속 고용되거나 사업을 영위한 경우 지급. 단, 자영업의 경우 실업인정대상기간 중 1회 이상 자영업 준비 활동으로 실업인정을 받아야 하며, 자영업자 고용보험 임의가입자로서 구직급여를 받은 자는 조기재취업수당 적용이 제외된다.
- 직업능력개발수당 : 실업기간 중 직업안정기관장이 지시한 직업능력개발훈련을 받는 경우 지급
- 광역구직활동비 : 직업안정기관장이 소개로 거주지에서 편도 25km 이상 떨어진 회사에 구직활동을 하는 경우 지급
- 이주비 : 취업 또는 직업안정기관이 장이 지시한 직업능력개발훈련을 받기 위해 그 주거를 이전하는 경우 지급

02 직업능력개발훈련

1 실업자

① 국가기간 · 전략산업직종 훈련

㉠ 구직 등록한 15세 이상 실업자, 고 3학년에 재학 중인 상급학교 비진학자, 대학(전문대 포함) 최종학년 재학생으로 대학원 등에 진학하지 않은 자를 대상으로 한다.

㉡ 국가의 기간산업 및 전략산업 등의 산업분야에서 부족하거나 수요가 증가할 것으로 예상되는 직종에 대한 직업능력개발훈련을 실시한다.

② 내일배움카드(실업자)

㉠ 고용센터의 상담을 거쳐 훈련의 필요성이 인정된 실업자 등을 대상으로 한다.

㉡ 취업, 창업에 필요한 직무수행능력 습득이 필요한 실업자 등에게 직업능력개발훈련 참여기회를 제공한다.

③ 취업사관학교 운영 지원

㉠ 만 15세 이상 만 24세 미만의 학교 밖 청소년, 직업교육훈련을 실시할 수 있는 기관으로 기숙사 시설을 갖춘 기관을 대상으로 한다.

㉡ 학업 중단, 가출 등의 이유로 경제적 · 사회적 · 심리적 도움이 필요한 청소년을 대상으로 맞춤형 훈련 실시를 통해 건전한 자립을 지원한다.

④ 직업훈련 생계비 대부

㉠ 고용노동부가 지원하는 훈련 중 4주 이상 훈련에 참여하고 있는 비정규직 근로자 또는 전직 실업자를 대상으로 한다.

㉡ 실업자 및 비정규직 등의 장기간 직업훈련에 따른 생계부담을 대부지원을 통해 경감함으로써 직업훈련에 전념하도록 하여 더 나은 일자리로의 취업을 지원한다.

2 재직자 및 사업주

① 내일배움카드(재직자)

㉠ 중소기업 근로자, 기간제, 단시간. 파견, 일용근로자, 이직 예정의 근로자(180일 이내), 무급휴직자, 휴업자, 45세 이상 대규모 기업 근로자, 3년간 사업주훈련을 받지 못한 자, 육아휴직자 등을 대상으로 한다.

㉡ 중소기업 근로자, 비정규직 근로자 등의 직업훈련 기회 확대를 통한 평생고용가능성을 재고하기 위해 실시한다.

② 국가인적자원개발 컨소시엄

㉠ 다수의 중소기업과 컨소시엄을 구성하고 자체 우수훈련시설을 이용하여 중소기업 근로자 등에게 맞춤형 공동훈련을 제공하는 기업 및 사업주단체 등을 대상으로 한다.

㉡ 중소기업 재직근로자의 직업훈련 수혜 확대와 우수 인력공급, 신성장동력 분야 등 전략산업의 인력 육성, 지역 · 산업별 인력 양성 기반을 조성한다.

③ 사업주 직업능력개발 지원

㉠ 고용보험가입 사업주를 대상으로 한다.

㉡ 사업주가 소속 근로자 등에게 직업능력개발훈련을 시킬 때 소요되는 비용의 일부를 지원함으로써 기업의 인적자원개발을 촉진한다.

④ 중소기업 훈련 지원

㉠ 인적자원개발에 대한 투자 여력이 부족한 중소기업 근로자들을 대상으로 한다.

㉡ 인적자원개발에 대한 투자 여력이 부족한 중소기업 근로자들의 직업능력개발 참여 촉진 및 중소기업 경쟁력 제고를 위함이다.

3 기타

① 능력개발시설 · 장비비용 대부

㉠ 직업능력개발훈련을 실시하기 위해 필요한 훈련시설 및 장비를 새롭게 확충하고자 하고 고용보험 가입 사업주, 사업주단체, 직업능력개발훈련시설 등을 대상으로 한다.

㉡ 근로자직업능력개발 실시의 기반이 되는 훈련시설 및 장비 확충을 지원함으로써 훈련실시 인프라 구축에 기여한다.

② 국가직무능력표준 … 산업현장에서 직무를 수행하기 위하여 요구되는 내용을 국가가 산업부문별 · 수준별로 체계화한 것으로 직업교육 · 훈련 및 자격제도를 현장에 맞도록 체계적으로 개편하고 기업의 능력중심 인사관리를 유도하는 기준으로 모든 일자리 종사자에 대한 직무수행 명세서를 제공한다.

③ 과정평가형 국가기술자격

㉠ 국가직무능력표준 기반 일정 요건을 충족하는 교육 · 훈련과정을 충실히 이수한 사람을 대상으로 한다.

㉡ 국가직무능력표준 기반 일정 요건을 충족하는 교육 · 훈련과정을 충실히 이수한 사람에게 내부 · 외부 평가를 거쳐 일정 합격기준을 충족하는 사람에게 국가기술자격을 부여하는 제도이다.

④ 직업능력개발훈현기관 인증평가 … 직업능력개발 훈련기관의 건전성, 역량 및 훈련성과를 인증평가하여 부실 훈련기관 진입을 배제하고 직업능력개발훈련의 질 향상, 평가결과를 공개하여 훈련수요자인 국민들이 합리적으로 직업능력개발훈련기관 및 훈련과정을 선택할 수 있도록 지원한다.

⑤ 숙련기술 장려

㉠ 숙련기술인 및 단체를 대상으로 한다.

㉡ 숙련기술장려 활성화로 숙련기술자의 경제적 · 사회적 지위 향상을 도모하고 우수숙련기술인이 존중받는 능력위주 사회 풍토를 조성한다.

06 자격제도

01 국가기술자격

1 국가기술자격 시험절차

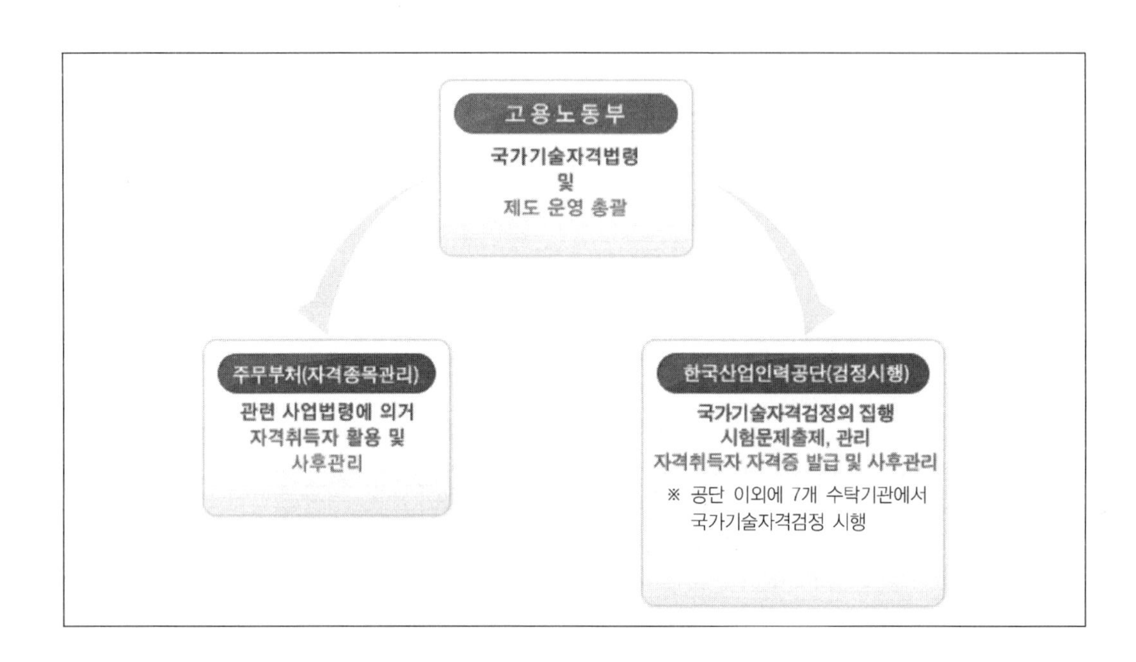

2 기술 · 기능분야 자격 검정기준

① **기술사** … 해당 국가기술자격의 종목에 관한 고도의 전문지식과 실무경험에 입각한 계획, 연구, 설계, 분석, 조사, 시험, 시공, 감리, 평가, 진단, 사업관리, 기술관리 등의 업무를 수행할 수 있는 능력 보유

② **기능장** … 해당 국가기술자격의 종목에 관한 최상급 숙련기능을 가지고 산업현장에서 작업관리, 소속 기능인력의 지도 및 감독, 현장훈련, 경영자와 기능인력을 유기적으로 연계시켜 주는 현장관리 등의 업무를 수행할 수 있는 능력 보유

③ **기사** … 해당 국가기술자격의 종목에 관한 공학적 기술이론 지식을 가지고 설계 · 시공 · 분석 등의 업무를 수행할 수 있는 능력 보유

④ **산업기사** … 해당 국가기술자격의 종목에 관한 기술기초이론 지식 또는 숙련기능을 바탕으로 복합적인 기초기술 및 기능업무를 수행할 수 있는 능력 보유

⑤ **기능사** … 해당 국가기술자격의 종목에 관한 숙련기능을 가지고 제작, 제조, 조작, 운전, 보수, 정비, 채취, 검사 또는 작업관리 및 이에 관련되는 업무를 수행할 수 있는 능력 보유

3 응시자격기준

① 기술사

㉠ 기사 자격을 취득한 후 응시하려는 종목이 속하는 직무분야(고용노동부령으로 정하는 유사 직무분야를 포함한다. 이하 "동일 및 유사 직무분야"라 한다)에서 4년 이상 실무에 종사한 사람

㉡ 산업기사 자격을 취득한 후 응시하려는 종목이 속하는 동일 및 유사 직무분야에서 5년 이상 실무에 종사한 사람

㉢ 기능사 자격을 취득한 후 응시하려는 종목이 속하는 동일 및 유사 직무분야에서 7년이상 실무에 종사한 사람

㉣ 응시하려는 종목과 관련된 학과로서 고용노동부장관이 정하는 학과(이하 "관련학과"라 한다)의 대학졸업자 등으로서 졸업 후 응시하려는 종목이 속하는 동일 및 유사 직무분야에서 6년 이상 실무에 종사한 사람

㉤ 응시하려는 종목이 속하는 동일 직무분야의 다른 종목의 기술사 등급의 자격을 취득한 사람

㉥ 3년제 전문대학 관련학과 졸업자 등으로서 졸업 후 응시하려는 종목이 속하는 동일 및 유사 직무분야에서 7년 이상 실무에 종사한 사람

㉦ 2년제 전문대학 관련학과 졸업자 등으로서 졸업 후 응시하려는 종목이 속하는 동일 및 유사 직무분야에서 8년 이상 실무에 종사한 사람

㉧ 국가기술자격의 종목별로 기사의 수준에 해당하는 교육훈련을 실시하는 기관 중 고용노동부령으로 정하는 교육훈련기관의 기술훈련과정(기사 수준 기술훈련과정) 이수자로서 이수 후 응시하려는 종목이 속하는 동일 및 유사 직무분야에서 6년 이상 실무에 종사한 사람

㉨ 국가기술자격의 종목별로 산업기사의 수준에 해당하는 교육훈련을 실시하는 기관 중 고용노동부령으로 정하는 교육훈련기관의 기술훈련과정(산업기사 수준 기술훈련과정) 이수자로서 이수 후 동일 및 유사 직무분야에서 8년 이상 실무에 종사한 사람

㉩ 응시하려는 종목이 속하는 동일 및 유사 직무분야에서 9년 이상 실무에 종사한 사람

㉪ 외국에서 동일한 종목에 해당하는 자격을 취득한 사람

② 기능장

㉠ 응시하려는 종목이 속하는 동일 및 유사 직무분야의 산업기사 또는 기능사 자격을 취득한 후 근로자직업능력 개발법에 따라 설립된 기능대학의 기능장 과정을 마친 이수자 또는 그 이수예정자

㉡ 산업기사 등급 이상의 자격을 취득한 후 응시하려는 종목이 속하는 동일 및 유사 직무분야에서 5년 이상 실무에 종사한 사람

㉢ 기능사 자격을 취득한 후 응시하려는 종목이 속하는 동일 및 유사 직무분야에서 7년 이상 실무에 종사한 사람

㉣ 응시하려는 종목이 속하는 동일 및 유사 직무분야에서 9년 이상 실무에 종사한 사람
㉤ 응시하려는 종목이 속하는 동일 및 유사 직무분야의 다른 종목의 기능장 등급의 자격을 취득한 사람
㉥ 외국에서 동일한 종목에 해당하는 자격을 취득한 사람

③ 기사

㉠ 산업기사 등급 이상의 자격을 취득한 후 응시하려는 종목이 속하는 동일 및 유사 직무 분야에서 1년 이상 실무에 종사한 사람
㉡ 기능사 자격을 취득한 후 응시하려는 종목이 속하는 동일 및 유사 직무분야에서 3년 이상 실무에 종사한 사람
㉢ 응시하려는 종목이 속하는 동일 및 유사 직무분야의 다른 종목의 기사 등급 이상의 자격을 취득한 사람
㉣ 관련학과의 대학졸업자 또는 그 졸업예정자
㉤ 3년제 전문대학 관련학과 졸업자 등으로서 졸업 후 응시하려는 종목이 속하는 동일 및 유사 직무분야에서 1년 이상 실무에 종사한 사람
㉥ 2년제 전문대학 관련학과 졸업자 등으로서 졸업 후 응시하려는 종목이 속하는 동일 및 유사 직무분야에서 2년 이상 실무에 종사한 사람
㉦ 동일 및 유사 직무분야의 기사 수준 기술훈련과정 이수자 또는 이수예정자
㉧ 동일 및 유사 직무분야의 산업기사 수준 기술훈련과정 이수자로서 이수 후 응시하려는 종목이 속하는 동일 및 유사 직무분야에서 2년 이상 실무에 종사한 사람
㉨ 응시하려는 종목이 속하는 동일 및 유사 직무분야에서 4년 이상 실무에 종사한 사람
㉩ 외국에서 동일한 종목에 해당하는 자격을 취득한 사람

④ 산업기사

㉠ 기능사 등급 이상의 자격을 취득한 후 응시하려는 종목이 속하는 동일 및 유사 직무분야에서 1년 이상 실무에 종사한 사람
㉡ 응시하려는 종목이 속하는 동일 및 유사 직무분야의 다른 종목의 산업기사 등급 이상의 자격을 취득한 사람
㉢ 관련학과의 2년제 또는 3년제 전문대학졸업자 등 또는 그 졸업예정자
㉣ 관련학과의 대학졸업자등 또는 그 졸업예정자
㉤ 동일 및 유사 직무분야의 산업기사 수준 기술훈련과정 이수자 또는 그 이수예정자
㉥ 응시하려는 종목이 속하는 동일 및 유사 직무분야에서 2년 이상 실무에 종사한 사람
㉦ 고용노동부령으로 정하는 기능경기대회 입상자
㉧ 외국에서 동일한 종목에 해당하는 자격을 취득한 사람.

⑤ 기능사 … 제한 없음

4 국가기술 자격종목

① 주관식 필기시험 또는 필기 · 실기 병합 시험(서비스 분야) … 직업상담사 1 · 2급, 사회조사분석사 1 · 2급, 전자상거래관리사 1 · 2급, 컨벤션기획사 1 · 2급, 소비자전문상담사 1 · 2급, 임상심리사 1 · 2급, 텔레마케팅관리사, 스포츠경영관리사, 국제의료관광코디네이터, 게임그래픽전문가, 게임기획전문가, 게임프로그래밍전문가, 멀티미디어콘텐츠제작전문가, 비서 1 · 2 · 3급, 워드프로세서, 전자상거래운용사, 전산회계운용사 1 · 2 · 3급, 컴퓨터활용능력 1 · 2급, 한글속기 1 · 2 · 3급

② 실기시험만 실시하는 종목

㉠ 토목 : 석공기능사, 지도제작기능사, 도화기능사, 항공사진기능사

㉡ 건축 : 조적기능사, 미장기능사, 타일기능사, 온수온돌기능사, 유리시공기능사, 비계기능사, 건축목공기능사, 거푸집기능사, 금속재창호능사, 건축도장기능사, 도배기능사, 철근기능사, 방수기능사

㉢ 기초사무 : 한글 속기 1 · 2 · 3급

③ 필기시험과 실기시험을 연속하여 실시하는 시험 … 워드프로세스 1급

5 한국산업인력공단의 시행종목

① 경영 · 회계 · 사무

㉠ 경영 : 사회조사분석사 1 · 2급, 소비자전문상담사 1 · 2급, 컨벤션기획사1 · 2급

㉡ 생산관리 : 공장관리기술사, 포장기사, 포장기술사, 포장산업기사, 품질경영기사, 품질경영산업기사, 품질관리기술사

② 보건 · 의료 … 국제의료관광코디네이터, 임상심리사 1 · 2급

③ 사회복지, 종교 … 직업상담사 1 · 2급

④ 디자인 … 시각디자인기사, 시각디자인산업기사, 웹디자인기능사, 제품디자인기사, 제품디자인기술사, 제품디자인산업기사, 제품응용모델링기능사, 컬러리스트기사, 컬러리스트산업기사, 컴퓨터그래픽스운용기능사

⑤ 운전, 운송 … 농기계운전기능사, 철도운송산업기사

⑥ 영업, 판매 … 텔레마케팅관리사

⑦ 이용, 미용 … 미용사(네일), 미용사(메이크업), 미용사(일반), 미용사(피부), 미용장, 이용사, 이용장

⑧ 숙박, 여행, 오락, 스포츠 … 스포츠경영관리사

⑨ **조리** … 복어조리기능사, 복어조리산업기사, 양식조리기능사, 양식조리산업기사, 일식조리기능사, 일식조리산업기사, 조리기능장, 조주기능사, 중식조리기능사, 중식조리산업기사, 한식조리기능사, 한식조리산업기사

⑩ **건설**

㉠ **건축** : 거푸집기능사, 건축구조기술사, 건축기계설비기술사, 건축기사, 건축도장기능사, 건축목공기능사, 건축목공산업기사, 건축목재시공기능장, 건축산업기사, 건축설비기사, 건축설비산업기사, 건축시공기술사, 건축일반시공기능장, 건축일반시공산업기사, 건축품질시험기술사, 도배기능사, 미장기능사, 방수기능사, 방수산업기사, 비계기능사, 실내건축기능사, 실내건축기사, 실내건축산업기사, 온수온돌기능사, 유리시공기능사, 전산응용건축제도기능사, 조적기능사, 철근기능사, 타일기능사

㉡ **토목** : 건설재료시험기능사, 건설재료시험기사, 건설재료시험산업기사, 농어업토목기술사, 도로및공항기술사, 도화기능사, 상하수도기술사, 석공기능사, 수자원개발기술사, 응용지질기사, 잠수기능사, 잠수기능장, 잠수산업기사, 전산응용토목제도기능사, 지도제작기능사, 지적기능사, 지적기사, 지적기술사, 지적산업기사, 지질및지반기술사, 철도기술사, 철도토목기능사, 철도토목기사, 철도토목산업기사, 측량기능사, 측량및지형공간정보기사, 측량및지형공간정보기술사, 측량및지형공간정보산업기사, 콘크리트기능사, 콘크리트기사, 콘크리트산업기사, 토목구조기술사, 토목기사, 토목산업기사, 토목시공기술사, 토목품질시험기술사, 토질및기초기술사, 항공사진기능사, 항로표지기능사, 항로표지기사, 항로표지산업기사, 항만및해안기술사, 해양공학기사, 해양기술사, 해양자원개발기사, 해양조사산업기사, 해양환경기사

㉢ **조경** : 조경기능사, 조경기사, 조경기술사, 조경산업기사

㉣ **도시, 교통** : 교통기사, 교통기술사, 교통산업기사, 도시계획기사, 도시계획기술사

㉤ **건설배관** : 배관기능사, 배관기능장, 배관산업기사

㉥ **건설기계운전** : 굴삭기운전기능사, 기중기운전기능사, 로더운전기능사, 롤러운전기능사, 불도저운전기능사, 양화장치운전기능사, 지게차운전기능사, 천공기운전기능사, 천장크레인운전기능사, 컨테이너크레인운전기능사, 타워크레인운전기능사

⑪ **채광** … 화약류관리기사, 화약류관리기술사, 화약류관리산업기사, 화약취급기능사

⑫ **기계**

㉠ **기계제작** : 공유압기능사, 기계가공기능장, 기계가공조립기능사, 기계기술사, 기계설계기사, 기계설계산업기사, 기계조립산업기사, 연삭기능사, 일반기계기사, 전산응용기계제도기능사, 정밀측정기능사, 정밀측정산업기사, 치공구설계산업기사, 컴퓨터응용가공산업기사, 컴퓨터응용밀링기능사, 컴퓨터응용선반기능사

㉡ **기계장비설비, 설치** : 건설기계기술사, 건설기계설비기사, 건설기계설비산업기사, 건설기계정비기능사, 건설기계정비기능장, 건설기계정비기사, 건설기계정비산업기사, 공조냉동기계기능사, 공조냉동기계기사, 공조냉동기계기술사, 공조냉동기계산업기사, 궤도장비정비기능사, 궤도장비정비기사, 궤도장비정비산업기사, 기계정비기능사, 기계정비산업기사, 농기계정비기능사, 농업기계기사, 농업기계산업기사, 메카트로닉스기사, 반도체장비유지보수기능사, 산업기계설비기술사, 생산자동화기능사, 생산자동화산업기사, 설비보전기능사, 설비보전기사, 승강기기능사, 승강기기사, 승강기산업기사, 전자부품장착기능사, 전자부품장착산업기사

㉢ **철도** : 철도차량기사, 철도차량기술사, 철도차량산업기사, 철도차량정비기능사, 철도차량정비기능장

㉣ **조선** : 동력기계정비기능사, 선체건조기능사, 전산응용조선제도기능사, 조선기사, 조선기술사, 조선산업기사

㉤ **항공** : 항공기관기술사, 항공기관정비기능사, 항공기사, 항공기체기술사, 항공기체정비기능사, 항공산업기사, 항공장비정비기능사, 항공전자정비기능사

㉥ **자동차** : 그린전동자동차기사, 자동차보수도장기능사, 자동차정비기능사, 자동차정비기능장, 자동차정비기사, 자동차정비산업기사, 자동차차체수리기능사, 차량기술사

㉦ **금형, 공작기계** : 금형기능사, 금형기술사, 금형제작기능장, 사출금형산업기사, 사출금형설계기사, 프레스금형산업기사, 프레스금형설계기사

⑬ 재료

㉠ **금속, 재료** : 금속가공기술사, 금속재료기능장, 금속재료기사, 금속재료기술사, 금속재료산업기사, 금속재료시험기능사, 금속제련기술사, 세라믹기술사, 압연기능사, 압연기능장, 열처리기능사, 재료조직평가산업기사, 제강기능사, 제강기능장, 제선기능사, 제선기능장, 축로기능사

㉡ **판금, 제관, 섀시** : 금속재창호기능사, 판금제관기능사, 판금제관기능장, 판금제관산업기사, 플라스틱창호기능사

㉢ **단조, 주조** : 원형기능사, 주조기능사, 주조기능장, 주조산업기사

㉣ **용접** : 용접기능사, 용접기능장, 용접기사, 용접기술사, 용접산업기사, 특수용접기능사

㉤ **도장, 도금** : 광고도장기능사, 금속도장기능사, 표면처리기능사, 표면처리기능장, 표면처리기술사, 표면처리산업기사

⑭ 화학

㉠ **화공** : 바이오화학제품제조기사, 바이오화학제품제조산업기사, 정밀화학기사, 화공기사, 화공기술사, 화약류제조기사, 화약류제조산업기사, 화학분석기능사, 화학분석기사

㉡ **위험물** : 위험물기능사, 위험물기능장, 위험물산업기사

⑮ **섬유, 의복**

㉠ **섬유** : 섬유기사, 섬유기술사, 섬유디자인산업기사, 섬유산업기사, 염색기능사(날염), 염색기능사(침염), 의류기사, 의류기술사

㉡ **의복** : 세탁기능사, 신발류제조기능사, 신발산업기사, 양복기능사, 양장기능사, 패션디자인산업기사, 패션머천다이징산업기사, 한복기능사, 한복산업기사

⑯ **전기, 전자**

㉠ **전기** : 건축전기설비기술사, 발송배전기술사, 전기공사기사, 전기공사산업기사, 전기기능사, 전기기능장, 전기기사, 전기산업기사, 전기응용기술사, 전기철도기사, 전기철도기술사, 전기철도산업기사, 철도신호기사, 철도신호기술사, 철도신호산업기사, 철도전기신호기능사

㉡ **전자** : 3D프린터개발산업기사, 3D프린터운용기능사, 광학기기산업기사, 광학기능사, 광학기사, 로봇기구개발기사, 로봇소프트웨어개발기사, 로봇하드웨어개발기사, 반도체설계기사, 반도체설계산업기사, 산업계측제어기술사, 의공기사, 의공산업기사, 의료전자기능사, 임베디드기사, 전자계산기기능사, 전자계산기기사, 전자계산기제어산업기사, 전자기기기능사, 전자기기기능장, 전자기사, 전자산업기사, 전자응용기술사, 전자캐드기능사

⑰ **정보기술** … 멀티미디어콘텐츠제작전문가, 사무자동화산업기사, 전자계산기조직응용기사, 정보관리기술사, 정보기기운용기능사, 정보처리기능사, 정보처리기사, 정보처리산업기사, 컴퓨터시스템응용기술사

⑱ **식품, 가공**

㉠ **식품** : 수산제조기사, 수산제조기술사, 식육가공기사, 식품가공기능사, 식품기사, 식품기술사, 식품산업기사

㉡ **제과, 제빵** : 떡제조기능사, 제과기능사, 제과기능장, 제빵기능사

⑲ **인쇄, 목재, 가구, 공예**

㉠ **인쇄, 사진** : 사진기능사, 인쇄기능사, 인쇄기사, 인쇄산업기사, 전자출판기능사

㉡ **목재, 가구, 공예** : 가구제작기능사, 가구제작산업기사, 귀금속가공기능사, 귀금속가공기능장, 귀금속가공산업기사, 도자공예기능사, 목공예기능사, 보석가공기능사, 보석감정사, 보석감정산업기사, 보석디자인산업기사, 석공예기능사, 피아노조율기능사, 피아노조율산업기사

⑳ **농림어업**

㉠ **농업** : 농화학기술사, 시설원예기사, 시설원예기술사, 원예기능사, 유기농업기능사, 유기농업기사, 유기농업산업기사, 종자기능사, 종자기사, 종자기술사, 종자산업기사, 화훼장식기능사, 화훼장식기사, 화훼장식산업기사

㉡ **축산** : 식육처리기능사, 축산기능사, 축산기사, 축산기술사, 축산산업기사

㉢ 임업 : 버섯산업기사, 버섯종균기능사, 산림기능사, 산림기사, 산림기술사, 산림산업기사, 식물보호기사, 식물보호산업기사, 임산가공기능사, 임산가공기사, 임산가공산업기사, 임업종묘기능사, 임업종묘기사

㉣ 어업 : 수산양식기능사, 수산양식기사, 수산양식기술사, 수산양식산업기사, 어로기술사, 어로산업기사, 어업생산관리기사

㉑ 안전관리

㉠ 안전관리 : 가스기능사, 가스기능장, 가스기사, 가스기술사, 가스산업기사, 건설안전기사, 건설안전기술사, 건설안전산업기사, 기계안전기술사, 농작업안전보건기사, 방재기사, 산업안전기사, 산업안전산업기사, 산업위생관리기사, 산업위생관리기술사, 산업위생관리산업기사, 소방기술사, 소방설비기사(기계분야), 소방설비기사(전기분야), 소방설비산업기사(기계분야), 소방설비산업기사(전기분야), 인간공학기사, 인간공학기술사, 전기안전기술사, 화공안전기술사, 화재감식평가기사, 화재감식평가산업기사

㉡ 비파괴검사 : 누설비파괴검사기사, 방사선비파괴검사기능사, 방사선비파괴검사기사, 방사선비파괴검사산업기사, 비파괴검사기술사, 와전류비파괴검사기사, 자기비파괴검사기능사, 자기비파괴검사산업기사, 초음파비파괴검사기능사, 초음파비파괴검사기사, 초음파비파괴검사산업기사, 침투비파괴검사기능사, 침투비파괴검사기사, 침투비파괴검사산업기사

㉒ 환경 · 에너지

㉠ 환경 : 농림토양평가관리산업기사, 대기관리기술사, 대기환경기사, 대기환경산업기사, 생물분류기사(동물), 생물분류기사(식물), 소음진동기사, 소음진동기술사, 소음진동산업기사, 수질관리기술사, 수질환경기사, 수질환경산업기사, 온실가스관리기사, 온실가스관리산업기사, 자연생태복원기사, 자연생태복원산업기사, 자연환경관리기술사, 토양환경기사, 토양환경기술사, 폐기물처리기사, 폐기물처리기술사, 폐기물처리산업기사, 환경기능사, 환경위해관리기사

㉡ 에너지, 기상 : 기상감정기사, 기상기사, 기상예보기술사, 신재생에너지발전설비기능사(태양광), 신재생에너지발전설비기사(태양광), 신재생에너지발전설비산업기사(태양광), 에너지관리기능사, 에너지관리기능장, 에너지관리기사, 에너지관리산업기사

6 국가기술자격 기관(한국산업인력공단 외)

① 한국콘텐츠진흥원 … 게임그래픽전문가, 게임기획전문가, 게임프로그래밍전문가

② 한국방송통신전파진흥원 … 무선설비기능사, 무선설비기사, 무선설비산업기사, 방송통신기능사, 방송통신기사, 방송통신산업기사, 전파전자통신기능사, 전파전자통신기사, 전파전자통신산업기사, 정보통신기사, 정보통신기술사, 정보통신산업기사, 통신기기기능사, 통신선로기능사, 통신선로산업기사, 통신설비기능장

③ 한국광해관리공단 … 광산보안기능사, 광산보안기사, 광산보안산업기사, 광해방지기사, 광해방지기술사, 시추기능사, 자원관리기술사

④ 대한상공회의소 … 비서1급, 비서2급, 비서3급, 워드프로세스, 전산회계운용사1급, 전산회계운용사2급, 전산회계운용사3급, 전자상거래관리사1급, 전자상거래관리사2급, 전자상거래운용사, 컴퓨터활용능력1급, 컴퓨터활용능력2급, 한글속기1급, 한글속기2급, 한글속기3급

⑤ 한국원자력안전기술원 … 방사선관리기술사, 원자력기사, 원자력발전기술사

⑥ 한국인터넷진흥원 … 정보보안기사, 정보보안산업기사

⑦ 영화진흥위원회 … 영사기능사, 영사산업기사

⑧ 한국기술자격검정원 … 굴삭기운전기능사, 미용사(일반), 미용사(피부), 양식조리기능사, 일식조리기능사, 정보기기운용기능사, 정보처리기능사, 제과기능사, 제빵기능사, 중식조리기능사, 지게차운전기능사, 한식조리기능사

⑨ 한국데이터산업진흥원 … 빅데이터분석기사

⑩ 한국디자인진흥원 … 서비스 · 경험디자인기사

8 서비스 분야 국가기술자격의 응시자격(국가기술자격법 시행규칙 제10조의2 제3항 관련)

종목	응시자격
사회조사분석사 1급 전자상거래관리사 1급 직업상담사 1급	다음 각 호의 어느 하나에 해당하는 사람 1. 해당 종목의 2급 자격을 취득한 후 해당 실무에 2년 이상 종사한 사람 2. 해당 실무에 3년 이상 종사한 사람
사회조사분석사 2급 전자상거래관리사 2급 직업상담사 2급	제한 없음
소비자전문상담사 1급	다음 각 호의 어느 하나에 해당하는 사람 1. 해당 종목의 2급 자격 취득 후 소비자상담 실무경력 2년 이상인 사람 2. 소비자상담 관련 실무경력 3년 이상인 사람 3. 외국에서 동일한 종목에 해당하는 자격을 취득한 사람
소비자전문상담사 2급	제한 없음
임상심리사 1급	다음 각 호의 어느 하나에 해당하는 사람 1. 임상심리와 관련하여 2년 이상 실습수련을 받은 사람 또는 4년 이상 실무에 종사한 사람으로서 심리학 분야에서 석사학위 이상의 학위를 취득한 사람 및 취득 예정자 2. 임상심리사 2급 자격 취득 후 임상심리와 관련하여 5년 이상 실무에 종사한 사람 3. 외국에서 동일한 종목에 해당하는 자격을 취득한 사람
임상심리사 2급	다음 각 호의 어느 하나에 해당하는 사람 1. 임상심리와 관련하여 1년 이상 실습수련을 받은 사람 또는 2년 이상 실무에 종사한 사람으로서 대학졸업자 및 그 졸업예정자 2. 외국에서 동일한 종목에 해당하는 자격을 취득한 사람
컨벤션기획사 1급	다음 각 호의 어느 하나에 해당하는 사람 1. 해당 종목의 2급 자격을 취득한 후 응시하려는 종목이 속하는 동일 직무분야(유사 직무분야를 포함. 이하 "동일 및 유사 직무분야")에서 3년 이상 실무에 종사한 사람 2. 응시하려는 종목이 속하는 동일 및 유사 직무분야에서 4년 이상 실무에 종사한 사람 3. 외국에서 동일한 종목에 해당하는 자격을 취득한 사람
컨벤션기획사 2급	제한 없음
국제의료관광코디네이터	공인어학성적 기준요건을 충족하고, 다음 각 호의 어느 하나에 해당하는 사람 1. 보건의료 또는 관광분야의 학과로서 고용노동부장관이 정하는 학과의 대학졸업자 또는 졸업예정자 2. 2년제 전문대학 관련학과 졸업자 등으로서 졸업 후 보건의료 또는 관광분야에서 2년 이상 실무에 종사한 사람 3. 3년제 전문대학 관련학과 졸업자 등으로서 졸업 후 보건의료 또는 관광분야에서 1년 이상 실무에 종사한 사람 4. 보건의료 또는 관광분야에서 4년 이상 실무에 종사한 사람 5. 관련자격증(의사, 간호사, 보건교육사, 관광통역안내사, 컨벤션기획사 1·2급)을 취득한 사람

게임그래픽전문가, 게임기획전문가, 게임프로그래밍전문가, 멀티미디어콘텐츠제작전문가, 비서 1급 · 2급 · 3급, 스포츠경영관리사, 워드프로세서, 전자상거래운용사, 전산회계운용사 1급 · 2급 · 3급, 컴퓨터활용능력 1급 · 2급, 텔레마케팅관리사, 한글속기 1급 · 2급 · 3급	제한 없음

02 국가전문자격

개요
국가기술자격이 주로 산업과 관련이 있는 기술, 기능 및 서비스분야의 자격인 반면 국가자격은 주로 전문서비스 분야(의료, 법률 등)의 자격으로 개별부처의 필요에 의해 신설, 운영되며 대부분 면허적 성격을 지님

① **보건복지부** … 사회복지사1급, 간호사, 간호조무사, 물리치료사, 방사선사, 보건교육사, 보건의료정보관리사, 보육교사, 보조공학사, 안경사, 안마사, 약사, 언어재활사, 요양보호사, 영양사, 위생사, 응급구조사, 의사, 의지보조기기사, 임상병리사, 작업치료사, 장례지도사, 장애인재활상담사, 정신건강간호사, 정신건강사회복지사, 정신보건임상심리사, 조산사, 치과기공사, 치과위생사, 치과의사, 한약사, 한약조제사, 한의사

② **환경부** … 정수시설운영관리사1급, 정수시설운영관리사2급, 정수시설운영관리사3급, 환경측정분석사, 사회환경교육지도사 2급, 사회환경교육지도사 3급, 환경영향평가사

③ **고용노동부** … 공인노무사, 산업보건지도사(산업위생공학), 산업보건지도사(직업환경의학), 산업안전지도사(건설안전), 산업안전지도사(기계안전), 산업안전지도사(전기안전), 산업안전지도사(화공안전), 직업능력개발훈련교사

④ **해양수산부** … 감정사, 검량사, 검수사, 고속구조정 조종사, 구명정 조종사, 기관사, 도선사, 소형선박조종사, 수면비행선박조종사, 수산질병관리사, 운항사, 통신사, 항해사, 수산물품질관리사

⑤ **중소벤처기업부** … 경영지도사(1차공통), 경영지도사(마케팅), 경영지도사(생산관리), 경영지도사(인적자원관리), 경영지도사(재무관리), 기술지도사(1차공통), 기술지도사(금속), 기술지도사(기계), 기술지도사(생명공학), 기술지도사(생산관리), 기술지도사(섬유), 기술지도사(전기전자), 기술지도사(정보처리), 기술지도사(화공), 기술지도사(환경)

⑥ **경찰청** … 기계경비지도사, 일반경비지도사, 자동차운전기능검정원, 자동차운전면허, 자동차운전전문강사

⑦ **공정거래위원회** … 가맹거래사

⑧ **문화체육관광부** … 관광통역안내사(독어), 관광통역안내사(러시아어), 관광통역안내사(말레이/인도네시아어), 관광통역안내사(베트남어), 관광통역안내사(불어), 관광통역안내사(스페인어), 관광통역안내사(아랍어), 관광통역안내사(영어), 관광통역안내사(이탈리아어), 관광통역안내사(일본어), 관광통역안내사(중국어), 관광통역안내사(태국어), 국내여행안내사, 박물관및미술관준학예사, 한국어교육능력검정시험, 호텔경영사, 호텔관리사, 호텔서비스사, 1급 생활스포츠지도사, 1급 장애인스포츠지도사, 1급 전문스포츠지도사, 2급 생활스포츠지도사, 2급 장애인스포츠지도사, 2급 전문스포츠지도사, 건강운동관리사, 노인스포츠지도사, 유소년스포츠지도사, 경주심판, 무대예술전문인, 문화예술교육사, 사서

⑨ **문화재청** … 문화재수리기능자(가공석공), 문화재수리기능자(대목수), 문화재수리기능자(도금공), 문화재수리기능자(드잡이공), 문화재수리기능자(모사공), 문화재수리기능자(목조각공), 문화재수리기능자(박제및표본제작공), 문화재수리기능자(번와와공), 문화재수리기능자(보존처리공), 문화재수리기능자(석조각공), 문화재수리기능자(세척공), 문화재수리기능자(소목수), 문화재수리기능자(식물보호공), 문화재수리기능자(실측설계사보), 문화재수리기능자(쌓기석공), 문화재수리기능자(온돌공), 문화재수리기능자(제작와공), 문화재수리기능자(조경공), 문화재수리기능자(철물공), 문화재수리기능자(칠공), 문화재수리기능자(표구공), 문화재수리기능자(한식미장공), 문화재수리기능자(화공), 문화재수리기능자(훈증공), 문화재수리기술자(단청), 문화재수리기술자(보수), 문화재수리기술자(보존과학), 문화재수리기술자(식물보호), 문화재수리기술자(실측설계), 문화재수리기술자(조경)

⑩ **관세청** … 관세사, 보세사

⑪ **여성가족부** … 1급 청소년상담사, 1급 청소년지도사, 2급 청소년상담사, 2급 청소년지도사, 3급 청소년상담사, 3급 청소년지도사

⑫ **행정안전부** … 기술행정사, 외국어번역행정사, 일반행정사

⑬ **농림축산식품부** … 경매사(수산), 경매사(약용), 경매사(양곡), 경매사(청과), 경매사(축산), 경매사(화훼), 농산물품질관리사, 손해평가사, 가축인공수정사, 농산물검사원, 말조련사, 수의사, 장제사, 재활승마지도사

⑭ **국토교통부** … 감정평가사, 공인중개사, 물류관리사, 주택관리사보, 건축물에너지평가사, 건축사, 건축사(예비), 교통안전관리자, 버스운전자, 사업용 조종사, 운송용 조종사, 자가용 조종사, 철도차량운전면허, 초경량비행장치 조종사, 택시운전자격, 항공교통관제사, 항공기관사, 항공사, 항공운항관리사, 항공정비사, 화물운송종사자

⑮ **소방청** … 소방시설관리사, 소방안전교육사, 1급 소방안전관리자, 2급 소방안전관리자, 3급 소방안전관리자, 특급 소방안전관리자

⑯ **국세청** … 세무사, 주류제조관리사

⑰ **특허청** … 변리사

⑱ **산림청** … 1급 산림치유지도사, 2급 산림치유지도사, 나무의사, 목구조관리기술자, 목구조시공기술자, 산림교육전문가, 수목치료기술자

⑲ **방송통신위원회** … 무선통신사, 아마추어무선기사

⑳ **과학기술정보통신부** … 방사선취급감독자면허, 방사성동위원소취급자일반면허, 방사성동위원소취급자특수면허, 원자로조종감독자면허, 원자로조종사면허, 핵연료물질취급면허[감독자], 핵연료물질취급면허[취급자]

㉑ **산업통상자원부** … 유통관리사

㉒ **교육부** … 보건교사, 사서교사, 실기교사, 영양교사, 전문상담교사, 정교사, 준교사, 평생교육사

㉓ **해양경찰청** … 동력수상레저기구조종면허

㉔ **법무부** … 변호사

㉕ **법원행정처** … 법무사

㉖ **금융위원회** … 공인회계사, 보험계리사, 보험중개사, 손해사정사

03 민간자격 국가공인 제도

1 민간자격 국가공인 제도

① **민간자격 국가공인** … 민간자격 국가공인제도는 정부가 민간자격에 대한 신뢰를 확보하고 사회적 통용성을 높이기 위하여 1년 이상 3회 이상 검정실적(자격발급실적) 있고, 법인이 관리 · 운영하며, 민간자격 등록관리 기관에 등록한 자격 중 우수한 자격을 자격정책심의회의 심의를 거쳐 공인하는 제도이다.

② 국가공인 절차

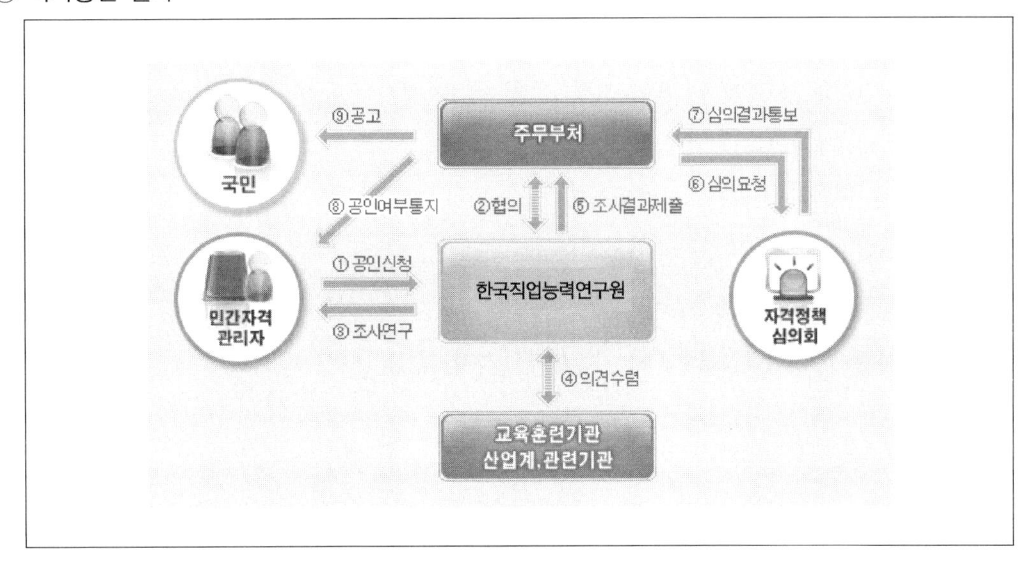

→국가공인 기준

- 자격제도 운영의 기본방향에 적합한 민간자격의 관리 · 운영능력을 갖출 것
- 신청일 현재 1년 이상 시행된 것으로서 3회 이상의 자격검정실적이 있을 것
- 관련 국가자격이 있는 경우에는 해당 민간자격의 검정기준 · 검정과목 및 응시자격 등 검정수준이 관련 국가자격과 동일하거나 이에 상당하는 수준일 것

2 민간공인자격 종류

① **(사)대한민국한자교육연구회** … 한자 · 한문전문지도사(지도사 1, 2급, 훈장특급, 훈장 1, 2급, 아동지도사급), 한자급수자격검정(사범, 1급, 준1급, 2급, 준2급)

② **(사)대한병원행정관리자협회** … 병원행정사

③ **(사)범국민예의생활실천운동본부** … 실천예절지도사

④ **(사)보험연수원** … 개인보험심사역, 기업보험심사역

⑤ **(사)한국교경비협회** … 신변보호사

⑥ **(사)한국국어능력평가협회** … 한국실용글쓰기검정(1, 2, 3급)

⑦ **(사)한국금융연수원** … CRA(신용위험분석사), 국제금융역, 신용분석사, 여신심사역, 외환전문역 Ⅰ, Ⅱ종(CFES Ⅰ, Ⅱ), 자산관리사

⑧ **(사)한국농아인협회** … 수화통역사

⑨ **(사)한국분재조합** … 분재관리사(1, 2급, 전문관리사)

⑩ (사)한국소프트웨어저작권협회 … 소프트웨어자산관리사(C_SAM)(2급)

⑪ (사)한국수목보호연구회 … 수목보호기술자

⑫ (사)한국시각장애인연합회 … 점역교정사(1, 2, 3급)

⑬ (사)한국실내건축가협회 … 실내디자이너

⑭ (사)한국애견협회 … 반려견스타일리스트

⑮ (사)한국어문회 … 한자능력급수

⑯ (사)한국에너지기술인협회 … 지역난방설비관리사

⑰ (사)한국자동차진단보증협회 … 자동차진단평가사자격증(평가장, 1급, 2급)

⑱ (사)한국정보관리협회 … 한자어능력

⑲ (사)한국정보통신진흥협회 … 디지털정보활용능력(DIAT)(초, 중, 고급), 리눅스마스터(1, 2급), 인터넷정보관리사(전문가, 1, 2급)

⑳ (사)한국정보평가협회 … CS Leaders(관리사), PC Master(정비사)

㉑ (사)한국조경수협회 … 조경수조성관리사(2, 3급)

㉒ (사)한국종이접기협회 … 종이접기마스터

㉓ (사)한국주거학회 … 주거복지사

㉔ (사)한국직업연구진흥원 … 샵마스터(3급)

㉕ (사)한국지능형사물인터넷협회 … RFID기술자격검정(RFID-GL, RFID-SL)

㉖ (사)한국창의인성교육원 … E-TEST Professionals(1, 2, 3, 4급), 실용수학(1, 2, 3급)

㉗ (사)한국평생교육평가원 … 한국영어검정(TESL)(1, 2, 2A급), 한국한자검정(1, 2, 3, 준3급)

㉘ (사)한국포렌식학회/한국인터넷진흥원 … 디지털포렌식전문가(2급)

㉙ (사)한국행정관리협회 … 행정관리사(1, 2, 3급)

㉚ (사)한자교육진흥회 … 한자실력급수(사범, 1급, 2급, 3급), 한자 · 한문지도사(특, 1, 2, 3급)

㉛ (재)국제원산지정보원 … 원산지관리사

㉜ (재)서울대학교발전기금 TEPS 관리위원회 … TEPS(영어능력검정)(1+, 1, 2, 2+급)

㉝ (주)와이비엠 … YBM 商務漢檢

㉞ (주)이에스피평가아카데미 … 영어회화능력평가시험(ESPT-성인 1급, 2급)

㉟ (주)피씨티 … PC활용능력평가시험(PCT)(A, B급)

㊱ KBS한국방송공사 … KBS한국어능력시험(성인 : 1, 2+, 2-, 3+, 3-, 4+)

㊲ 국제뇌교육종합대학원대학교 … 브레인트레이너

㊳ 대한상공회의소 … FLEX일본어, FLEX독일어, FLEX러시아, FLEX스페인어, FLEX영어, FLEX중국어, FLEX프랑스어, 무역영어(1, 2, 3급), 상공회의소 한자(1, 2, 3급), 상공회의소 IT+ (레벨 1~5)

㊴ 대한정보통신기술(합) … 정보기술프로젝트관리전문가(IT-PMP)

㊵ 도로교통공단 … 도로교통사고감정사

㊶ 매일경제신문사 … 매경TEST

㊷ 삼일회계법인 … 재경관리사, 회계관리(1, 2급)

㊸ 신용회복위원회 … 신용상담사

㊹ 한국경제신문사 … 경제이해력검증시험(TESAT), 청소년경제이해력검증시험

㊺ 한국공인회계사회 … AT자격시험

㊻ 한국냉동공조산업협회 … 시스템에어컨설계시공관리사

㊼ 한국농어촌공사 … 농어촌개발컨설턴트

㊽ 한국디자인진흥원 … 신용관리사

㊾ 한국발명진흥회 … 지식재산능력시험(1, 2, 3, 4급)

㊿ 한국산업기술보호협회 … 산업보안관리사

51 한국데이터산업진흥원 … SQL, 데이터아키텍처전문가(DAP), 데이터분석전문가, 데이터분석준전문가

52 한국생산성본부 … ERP물류정보관리사, ERP생산정보관리사, ERP인사정보관리사, ERP회계정보관리사, GTQ, 정보기술자격(ITQ)시험(A, B, C급), IEQ, SMAT서비스경영자격

53 한국세무사회 … 전산세무회계(전산세무 1, 2급, 전산회계 1, 2급), 세무회계(1, 2, 3급)

54 한국열쇠협회 … 열쇠관리사(1, 2급)

55 한국옥외광과협회 … 옥외광고사(2급)

56 한국의료기기안전정보원 … 의료기기RA전문가(2급)

57 한국정보통신기술협회 … SW테스트전문가(CSTS)

58 한국정보통신자격협회 … PC정비사(1, 2급), 네트워크관리사(2급)

59 한국정보화진흥원 … 정보시스템감리사

60 한국한자한문능력개발원 … 한자능력자격(1, 2, 준2, 준3급)

노동시장론

01 노동시장의 이해
02 실업의 개념
03 노사관계이론

01 노동시장의 이해

01 노동시장의 개념 및 종류

1 노동시장의 개념

자본주의 경제 하에서 기업은 이윤을 극대화하고자 노동력을 수요하고 노동공급자는 노동력을 공급함으로서 노동자의 이익을 창출하게 된다. 여기서 기업은 노동수요자라 지칭할 수 있으며 노동자를 노동공급자라고 할 수 있다. 여기서 노동을 사고팔기 위하여 관계를 맺는 수많은 개인과 기업들의 집합을 노동시장이라고 한다.

노동공급자와 노동수요자의 공급량과 가격(임금)은 노동의 수요와 공급에 의해 결정된다.

2 노동시장의 종류

① **내부노동시장과 외부노동시장**… 내부노동시장이란 임금, 상여금, 퇴직금 등 부가급여로 구성되는 임금과 직무배치 및 승진 등이 기업 내부의 명문화된 관리규칙과 절차에 의거하여 결정되는 시장을 말한다. 이에 반해 외부노동시장이란 기업 내부의 명문화된 규칙과 절차와 상관없이 노동시장의 수요와 공급에 의해 임금과 고용이 결정되는 시장을 말한다.

② **1차 노동시장과 2차 노동시장**… 1차 노동시장은 높은 임금, 양호한 근로조건과 안정성, 양질의 교육훈련, 합리적인 인사관리, 높은 승진기회를 제공하는 기업들이 존재하는 노동시장을 말하며 2차 노동시장은 낮은 임금과 열악한 근로조건, 고용의 불안정성, 교육훈련과 승진기회의 부재에 의한 기업들의 노동시장을 의미한다.

02 노동수요

1 노동수요의 정의

① **'유량'적 노동시장**… 노동수요는 일정기간 동안 기업에서 고용하고자 하는 노동의 양을 의미한다. 노동을 일정 시점에서 일을 할 수 있는 인간의 능력과 힘의 총체인 생산가능인구 · 경제활동인구 · 취업인구라는 관점에서 볼 때는 저량(Stock)의 개념에 속한다고 볼 수 있다. 그러나

노동의 수요는 일정시점이 아니라 일정기간 동안에 있어서의 노동력 이용 및 활용을 의미하므로 유량(Flow)의 개념이다.

② **파생수요(유발수요)** … 노동의 수요는 상품의 수요가 전제되어야 하며 상품이 소비되어야 기업에서는 노동력을 수요하여 상품을 생산하여 이윤을 창출하게 된다. 따라서 노동수요는 독립적인 수요가 아니고, 기업이 생산하는 상품이 시장에서 수요 되는 것으로부터 파생 또는 유발되는 수요라고 정의할 수 있다. 이와 같이 노동에 대한 수요는 최종생산물에 대한 소비자의 수요에서 유발된다는 의미에서 유발수요 또는 파생수요라고 부른다.

③ **결합수요** … 상품은 노동, 원료, 자본의 생산요소가 결합되어 생산되며 노동은 다른 생산요소와 공동으로 사용되므로 결합수요라고 부른다. 기업의 노동수요는 비용을 최소화시킬 수 있는 자본재와의 적정 결합률, 대체율, 기술수준과 자동화단계에 따른 제약 및 노동조합의 역할 등에 의해 영향을 받게 된다. 즉, 노동의 수요는 그 자체에 대한 독립적인 수요만으로 이루어지는 것이 아니라, 다른 투입물(설비 · 기계)의 수요와 동시에 결합되어 이루어진다.

④ **노동수요와 노동수요량**

㉠ **노동수요** : 노동수요자가 일정기간 동안에 상품 즉 노동력을 구매하고자 하는 의사를 말하며 노동곡선 자체를 이동시키는 요인이 된다.

㉡ **수요량** : 주어진 가격(임금) 하에서 노동수요자(기업)가 구매하고자 하는 최대의 양을 의미하며 노동곡선상에서 수요량이 결정된다.

㉢ **노동수요량의 변화** : 다른 조건이 일정할 때, X재의 가격변화→수요곡선상점의 이동

㉣ **노동수요의 변화** : X재의 가격 일정 시, 다른 조건 변화→수요곡선자체의 이동

예 생산물가격 변화, 생산기술 진보, 노동생산성 증대, 자본 등의 가격상승, 생산물 수요증대 등

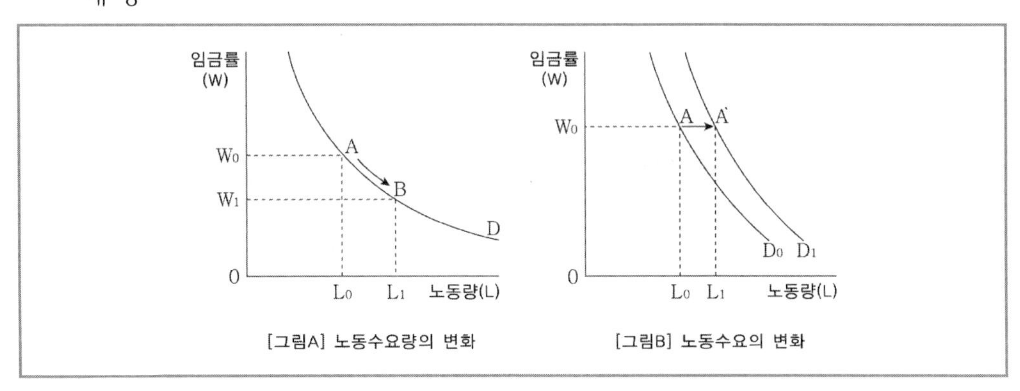

[그림A] 노동수요량의 변화 [그림B] 노동수요의 변화

POINT 유효수요와 가수요

① 유효수요 : 수요자가 구매의사와 구매능력을 모두 가지고 있는 수요(소비수요 + 투자수요)
② 가수요 : 물가가 계속 오르거나 물자가 부족(초과수요)할 것으로 예측되는 경우, 필요가 없으면서도 일어나는 수요.
  ㉠ 배블린효과 : 상품의 가격이 비쌀수록 상품의 수요가 증가하는 것으로 예를 들어 가격이 비싼 옷일수록 물건이 더 잘 팔린다.
  ㉡ 기펜재효과 : 소득과 관련없이 상품의 소비가 나타나는 것으로 예를 들어 아일랜드 감자와 같이 소득이 높아져도 가격이 비싼 빵을 먹는 대신 계속 감자를 먹는다.

⑤ **상품시장에서의 수요와 공급**
  ㉠ **대체재** : 커피의 가격이 상승하면 수요는 감소하게 되며 대체품인 녹차의 수요는 증가하게 된다.
  ㉡ **보완재** : 커피의 가격이 하락하여 커피의 수요가 증가하게 커피와 보완재인 커피메이트(프리마)의 소비도 증가하게 된다.
  ㉢ **독립재** : 배추의 가격과 관련 없이 커피의 수요가 나타난다면 이를 독립재라고 한다.
  ㉣ **정상재** : 소비자의 소득이 증가하면 상품의 소비가 증가하는 것을 정상재라고 한다(예 : 쌀).
  ㉤ **열등재** : 소비자의 소득이 증가하며 상품의 소비가 감소하는 것을 열등재라고 한다(예 : 감자, 밀가루).

2 노동수요의 결정요인

기업들은 노동을 고용함으로써 상품을 생산한 후 이를 판매하여 이윤을 얻게 된다. 기업의 이윤은 상품의 판매에 대한 총수입과 총생산비의 차액으로 나타나며 기업의 총이윤이 증대 또는 감소하면 노동에 수요도 증대 또는 감소할 것이다. 기업들의 노동에 대한 수요를 결정하는 요인은 다음과 같다.

① **노동의 가격(=임금)** … 여타 조건이 변화하지 않을 때, 임금의 상승은 기업의 이윤을 감소시키고 기업의 노동수요(고용량)를 감소시킬 것이다. 그러므로 임금과 기업의 노동수요 간에는 역의 관계가 성립한다. 노동의 가격은 노동수요량의 변화를 초래하게 된다.

② **재화에 대한 소비자의 수요** … 재화의 소비가 늘어났다면 추가적인 재화를 생산하기 위해 노동의 수요량은 증가될 것이다. 즉 노동수요는 기본적으로 파생수요(유발수요)라는 특징을 갖고 있기 때문에 생산되는 상품에 대한 소비자의 수요의 크기가 노동수요에 영향을 주어 노동곡선자체를 이동시키게 된다.

③ **다른 생산요소의 가격** … 재화의 생산을 위해서는 노동, 자본, 원료의 3요소가 사용되는데 자본(기계의 사용 등)의 가격이 변화한다면 자본의 투입이 증가 또는 감소될 수 있으며 이러한 다른

생산요소의 가격이 노동수요에 영향을 미치게 된다. 예를 들어 자본서비스의 가격 즉, 이자율이 상승하면 기업들은 자본 대신에 노동을 더 이용하려고 할 것이기 때문에 노동에 대한 수요는 증가 될 것이라고 예상할 수 있으며 노동수요곡선 자체를 이동시킨다.

④ **노동생산성의 변화나 생산기술방식의 변화** … 노동생산성의 변화와 생산기술의 행상은 노동수요를 증가시킬 수도 있으며 감소시킬 수도 있다. 생산기술의 향상은 기업으로 하여금 주어진 생산량을 보다 적은 생산요소의 투입으로 생산할 수 있게 하므로 노동수요를 감소시킬 수 있다. 또는 생산기술의 향상은 생산비용을 줄여 상품가격을 하락시킬 수 있고, 보다 저렴해진 상품을 소비자들이 더 구입함에 따라 기업이윤이 증대되어 노동수요가 증가될 수 있다. 생산기술의 향상으로 고용감소효과가 클지, 아니면 고용창출효과가 클지는 실증적인 문제이며, 이론에 의해 예측될 수 있는 문제는 아니다. 따라서 노동수요곡선을 왼쪽으로 이동시킬지 오른쪽으로 이동시킬지에 대해서는 알 수가 없다.

⑤ **기업의 수** … 노동시장에 작용하는 기업의 수도 노동수요에 영향을 미치게 되며 기업의 수가 많을수록 노동수요는 개별기업의 노동수요의 합계로 도출되므로, 노동수요자가 증가하게 되어 노동수요 곡선이 우상향으로 이동하게 된다. 단, 장기노동시장의 경우는 개별기업의 노동수요의 합계보다 탄력적으로 노동수요곡선이 이동하게 된다. 또한 노동시장이 경쟁적인 경우와 노동시장에 단 하나의 노동수요자(독점기업)만 있는 극단적인 경우 기업의 노동수요의 차이가 있을 수 있다.

3 노동수요곡선

① **노동시장에서의 단기노동수요와 장기노동수요** … 단기란 노동이 가변요소이며, 자본이 고정요소로 존재하는 짧은 기간을 의미하고, 산업에 따라서 몇 개월에서 몇 년이 될 수도 있다. 장기는 모든 생산요소가 가변요소가 될 정도로 충분히 긴 기간을 의미하며 즉 노동과 자본이 가변요소로 존재하는 기간을 의미한다. 단기노동시장에서는 노동수요곡선은 장기노동시장의 노동수요곡선보다 비탄력적이라 할 수 있다.

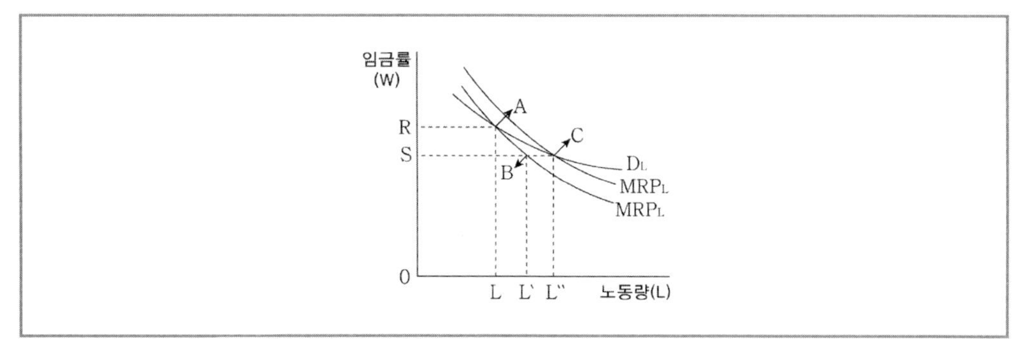

㉠ **단기노동수요곡선** : 임금이 상승하면, 노동고용량은 감소한다(기타 조건 : 고정).

㉡ **장기노동수요곡선** : 임금이 상승하면 노동고용량이 감소하나 기타 자본요소의 조정이 가능하여 기계, 기술 등의 생산요소가 변화시켜 노동수요를 감소시킨다. 따라서 장기 노동수요곡선은 AC가 된다.

② 노동의 한계생산물과 평균생산물가

㉠ **평균생산물**(APL : Average Product of Labor) : 평균생산물이란 총 생산량을 노동투입량으로 나눈 값으로, 노동 한 단위 당의 평균적인 생산물을 의미하며, 평균생산물은 한계생산물이 극대점을 지난 이후에도 계속적으로 증가된다. 그리고 H점에서 극대에 도달한다.

㉡ **한계생산물**(MPL : Marginal Product of Labor) : 한계생산물이란 노동의 투입이 한 단위 증가함에 따라 얻어지는 총 생산량의 증가분을 의미하며, 한계생산물은 극대에 도달한 이후에는 계속적으로 감소한다.

㉢ 노동의 한계생산물가치곡선(VMPL)

- 노동의 한계생산물가치란 노동을 한 단위 더 추가로 고용하므로 얻을 수 있는 총 수입의 증가분을 의미한다.
- 노동의 한계생산물가치곡선(VMPL) = 상품가격(P) × 노동의 한계생산물(MPL)
- 완전경쟁시장에서는 상품(재화)의 시장가격은 일정하고 근로자 수가 증가함에 따라 노동의 한계생산물이 체감하므로 한계생산물가치곡선도 체감하게 된다.
- 한계생산물 체감의 법칙에 따라 노동수요곡선은 우하향한다.

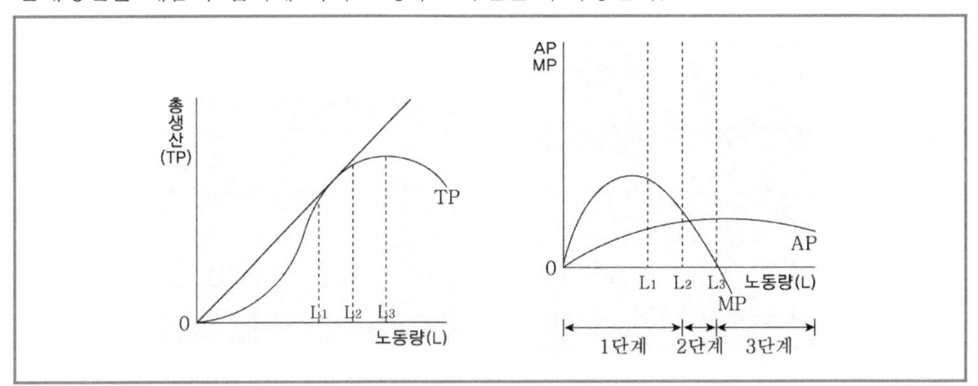

㉣ **기업의 이윤극대화를 위한 조건** : 기업은 노동 한 단위를 추가로 고용할 때 투입되는 비용의 증가분(임금)과 수입의 증가분(노동의 한계생산가치) 크기를 비교하여 고용량을 결정한다.

DL = VMPL = P × MPL = W

- 기업은 노동 1단위를 추가로 투입해서 얻는 생산물의 증가분(한계생산물)을 시장에서 판매하여 얻은 금액 즉, 노동의 한계생산물가치(VMPL ; Value of Marginal Product of Labor)와 노동 1단위에 지급되는 임금(W)을 비교하여 노동의 고용여부를 결정한다.
- 노동의 한계생산물가치(VMPL) = 임금(W)일 때 이윤이 극대화되고 노동의 최적고용량이 결정된다. 노동의 한계생산물가치곡선은 바로 노동의 수요곡선이 된다.

4 노동의 한계생산물가치(VMPL) > 임금(W) : 고용증가 – 이윤증가

5 노동의 한계생산물가치(VMPL) < 임금(W) : 고용감소–이윤감소

6 노동의 한계생산물가치(VMPL) = 임금(W) : 고용최적 – 이윤극대

노동단위	0	1	2	3	4	5	6	7	8
총생산물	0	5	12	20	27	32	35	36	36
한계생산물		5	7	8	7	5	3	1	0
평균생산물	0	5	6	6.7	6.8	6.4	5.8	5.1	4.5
한계생산물가치 (생산물가격=100)		500	700	800	700	500	300	100	0

만약 임금이 700이라고 하면 노동이 4단위일 때 한계생산물은 7이고, 생산물가격은 100이라고 하였으므로 한계생산물가치는 700이 되어 한계생산물가치(VMPL)=임금(W)이 되므로 이때 기업의 이윤극대화가 이루어지고 최적고용량이 된다.

7 노동수요의 탄력성

우하향하는 노동수요곡선은 임금이 상승하면 고용량이 감소할 것이라는 것, 즉 임금과 고용 간의 관계가 역방향이라는 것을 보여줄 뿐이다. 그러나 정부·기업 및 노동조합의 경우, 예를 들어 임금이 1% 상승할 경우 고용량이 구체적으로 어느 정도 변화할지 그 변화의 크기를 알 필요가 있을 때가 많다. 노조가 임금인상 투쟁을 벌일 때 임금인상의 결과가 어떻게 나타날지를 예측할 필요가 있으며, 정부가 최저임금제를 실시할 경우 법정최저임금을 시장임금보다 높게 책정하려고 할 때는 고용량의 감소를 정확히 측정해야 올바른 고용대책을 수립할 수 있기 때문이다.

① 수요탄력성 … 가격의 등락에 의하여 수요량 변화의 폭이 그렇게 크지 않은 생활필수품과 가격의 등락에 의하여 수요량에 큰 변화를 가져오는 사치품의 경우에 있어서 수요곡선의 기울기는 크게 다르다. 그 이유는 가격의 변화에 대하여 수요량이 민감한 반응을 보이느냐 않느냐에 따라 수요곡선의 기울기가 결정되기 때문이다. 탄력성 개념은 마샬이 물리학의 탄력성 개념을 경제학에 도입한 것으로, 수요의 가격탄력성이란 가격의 변화율에 대한 수요량 변화율의 비율을 말한다.
수요의 가격탄력성 = 수요량의 변화율(%) / 가격의 변화율(%)

② **노동수요의 탄력성** … 노동에 대한 수요량, 즉 고용량은 노동의 가격인 임금의 변화에 따라 변화하게 된다. 노동에 대한 수요가 임금의 변화에 대해 얼마나 민감하게 반응하는가를 측정하는 도구로서 노동수요의 탄력성이라는 개념을 사용하게 되는데, 이는 결국 1%의 임금상승에 대하여 노동수요가 몇 % 감소하는가를 나타내는 것이다. 즉, 노동수요의 탄력성은 수요량의 변화율을 임금의 변화율로 나누어 그 절대값을 취한 것이다. 절대값을 취한 것은 노동수요량의 변화율과 임금의 변화율이 반대의 방향으로 움직이므로 탄력성값이 양이 되도록 하기 위해서이다. 노동수요의 탄력성값이 1보다 크면 탄력적, 그리고 1보다 작으면 비탄력적이라고 부른다.
노동수요의 탄력성 = 노동수요량의 변화율(%) / 임금의 변화율(%)

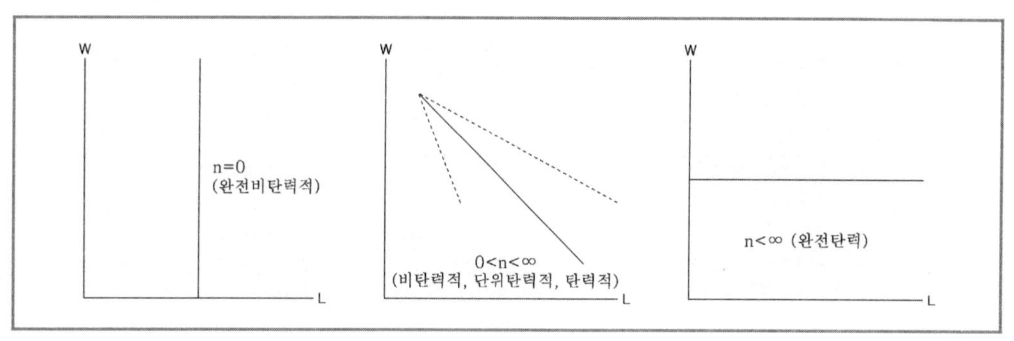

㉠ 노동의 수요탄력성 $= \dfrac{\text{노동수요량의 변화율(\%)}}{\text{임금의 변화율(\%)}}$

$$= \dfrac{\dfrac{\text{노동수요량의 변화분}}{\text{원래의 노동수요량}}}{\dfrac{\text{임금의 변화분}}{\text{원래의 임금}}}$$

㉡ 노동수요의 탄력성에 영향을 미치는 요인은 다음과 같다(힉스-마샬 법칙)
- 생산물에 대한 소비자 수요의 탄력성이 클수록 탄력성은 커진다.
- 총 생산비에 대한 노동비용이 차지하는 비중이 클수록 탄력성은 커진다.
- 노동 이외의 다른 생산요소로의 대체가능성이 클수록 탄력성은 커진다.
- 노동 이외의 다른 생산요소의 공급탄력성이 클수록 탄력성은 커진다.

8 산업의 노동수요곡선

① **산업의 노동수요** … 상품에 대한 수요이론에서는 시장 내 개별수요자의 수요량을 수평적으로 합계하면 시장 또는 산업의 전체 수요량을 알 수 있다. 그러나 기업의 노동수요에 있어서는 개별 기업의 노동수요량을 수평적으로 합계한다고 해서 산업의 노동수요량을 구할 수 있는 것은 아니다. 각 기업의 노동수요가 달라지면 산업전체의 생산량이 영향을 받게 되고 따라서 시장가격도 영향을 받기 때문이다.

② **산업의 노동수요곡선** … 임금이 하락하면 개별 기업은 고용을 증대시키고 그 과정에서 산출량은 증가한다. 이로 인하여 시장 내에 산출량이 많아져 상품의 가격은 하락한다. 상품의 가격이 하락하면 개별 기업의 노동수요곡선은 노동의 고용량이 감소하여 하방으로 이동하게 된다. 산업의 노동수요곡선은 개별 기업의 노동수요곡선을 수평적으로 합한 것보다 비탄력적으로 나타난다.

03 노동의 공급

1 노동공급의 의의

노동의 공급은 일정기간 동안 노동자가 팔기를 원하는 노동의 양이다. 따라서 노동공급 역시 유량(Flow)의 개념으로 표현되며 노동공급은 다음의 요건에 의해 결정된다.

① **상품으로서의 노동력** … 노동력은 일반 상품과는 달리 저장이 불가능하며 노동자는 자신의 노동력만을 판매하는 것이지 자신을 판매하는 것은 아니다.

② **노동인구** … 노동시장에서 근로자는 시장임금률과 요구임금율(의중임금)을 비교하여 시장임금률이 노동공급자의 요구임금률보다 높은 경우에만 자발적으로 경제활동에 참가하게 된다.

③ 노동공급은 일정기간 동안 노동자가 팔기를 원하는 노동의 양이다.

㉠ **취업자**
- 조사 대상 기간(1주) 동안 수입을 목적으로 1시간 이상 일한 자
- 가족이 경영하는 기업이나 농장에서 주당 18시간 이상 일한 무급가족종사자
- 휴가, 질병, 노동쟁의 등의 일시휴직자

㉡ **실업자** : 무직자로서 취업할 의사와 능력이 있고 적극적인 구직활동을 한 자

2 노동공급 결정요인

① **임금**… 여타의 조건이 동일하다면 근로자의 임금이 상승하면 노동공급은 증가한다.

② **인구 또는 생산가능인구의 크기**… 다른 조건이 동일하다면 인구의 크기가 클수록 노동공급은 커지며 인구구성상 생산가능인구인 만 15세 이상 인구의 비율이 높을수록 노동공급은 커진다.

③ **경제활동참가율**… 경제활동참가율이란 경제활동인구를 생산가능인구로 나눈 값을 말하는 것으로 생산가능인구에서 차지하는 경제활동인구의 비율을 말한다. 경제활동참가율의 크기에 영향을 미치는 요인으로는 산업구조, 여성의 취업률, 자녀의 수, 보육시설의 보급률, 가사를 대용할 기술의 진보 등의 사회경제적 요인을 들 수 있다.

> **POINT 고용률**
>
> 취업률이 경제활동인구를 취업자로 나눈 값을 백분위로 설명하는데 실제로 경제활동인구 중 실망노동자 등 일할 의사가 있음에도 불구하고 장기간의 불황으로 취업이 어려운 경우 구직을 포기한 사람들이 비경제활동인구로 전락하면서 취업률이 상대적으로 높아지는 현상이 나타난 것에 대해 문제를 인식하여 생산가능인구를 취업자로 나눈 값을 '고용률'이라고 하며 현실적인 취업률을 반영할 수 있다는 측면에서 유용한 지표가 된다.
>
> 문제 : 기혼여성의 경제활동참가율은 70%이고 실업률은 20%일 때, 기혼 여성의 고용률은?
> ① 50% ② 56% ③ 80% ④ 86%
>
> 해설 : 고용률=(취업자 수/생산가능인구)×100
> 생산가능인구를 100으로 가정해 보면 경제활동참가율을 통해 경제활동인구가 70명이고, 실업률이 20%이므로 취업률은 80%이므로 취업자 수는 70×80%=56명이다.
> 따라서 고용률은 (56/100)×100=56%이다.

④ **노동시간**… 노동시장에 참여하는 노동자의 수가 같더라도 노동시간의 길이에 따라 공급되는 노동력의 크기는 달라진다.

⑤ **노동력의 질**… 노동자들의 지식, 기능, 숙련도, 열정 등에 노동력의 질적 차이가 존재하며 노동력의 질은 노동공급에 중요한 영향을 미친다.

3 노동공급곡선

근로자의 노동공급곡선은 노동자의 선호에 따라 다양한 형태를 띄게 된다.

① **대체효과에 따른 노동공급**… 노동자는 고임금이 존재하지 않을 경우 근로를 선호하게 된다. 임금이 상승하게 되면 여가에 활용하는 시간이 상대적으로 비싸져, 노동자는 여가시간을 활용하는 대신, 근로를 선호하게 되어 노동공급이 증가하는 효과를 말한다.

② **소득효과에 따른 노동공급**… 일반적으로 선진국에서 근로자는 고임금이 존재할 경우 여가를 선호하고 노동공급을 감소합니다. 일정수준 이상에서 임금이 상승할 경우 부유해진 노동자는 노동에 투입하려는 시간보다는 여가를 더 선호하려는 경향을 가지고 있으므로 여가시간은 늘리고, 노동공급은 감소하게 된다.

③ **후방굴절 노동공급곡선**… 임금이 상승하게 되면 고임금이 존재하지 않는 경우, 노동자는 노동에 대한 기회비용이 높아져 노동공급을 증가시키고 여가시간은 감소하게 된다. 하지만 일정시점 즉 고임금이 존재하는 경우 임금이 상승할수록 노동자는 여가에 대한 기회비용이 높아져 노동공급을 감소시키고 여가공급을 증가시키게 된다. 일정수준 이상에서 임금의 상승은 근로자는 여가를 선호하게 하여 여가를 늘리고 노동공급을 감소하게 만든다. 따라서 노동공급곡선이 '뒤쪽으로 구부러지는 공급곡선', 즉 후방굴절 노동공급곡선의 형태를 띠게 된다.

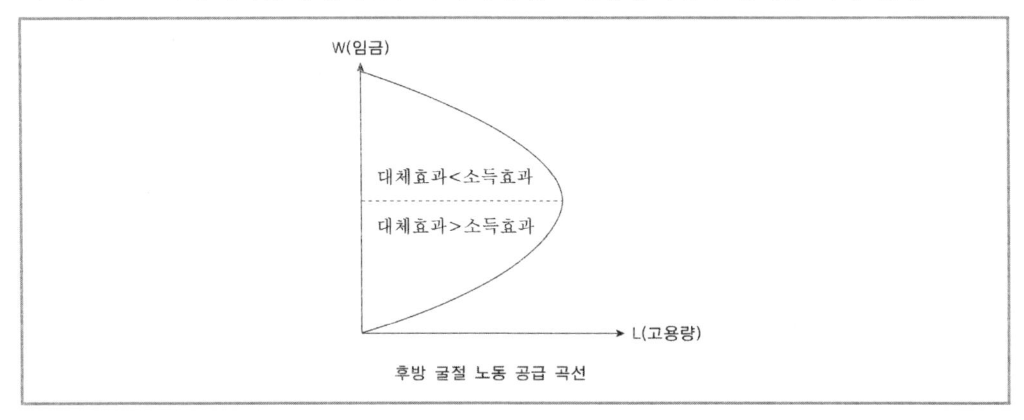

후방 굴절 노동 공급 곡선

④ **노동공급의 탄력성**… 임금의 변화에 대한 공급량의 변화 정도를 노동공급의 탄력성이라고 한다. 노동공급의 탄력성은 노동공급의 변화율을 임금의 변화률로 나눈 값이다. 일반적으로 노동공급의 탄력성값이 1보다 크면 탄력적이라고 하며, 임금에 대해 노동공급을 늘리거나 줄일 수 있는 정도가 크며 탄력성값이 1보다 작으면 비탄력적이라고 할 수 있으며 노동자는 임금에 대한 노동공급에 덜 영향을 받는다.

노동공급의 탄력성 = 노동공급량의 변화율(%) / 임금의 변화율(%)

04 노동시장의 균형

1 노동시장의 균형분석

① **경쟁시장에서의 균형**… 노동시장의 균형고용량의 결정을 위해 노동시장은 완전경쟁시장인 것으로 가정하며 노동수요는 기업의 한계생산물가치곡선과 같으며 우하향의 기울기를 가진다. 반면에 노동의 공급곡선은 임금률이 상승할수록 공급이 증가하는 관계를 반영하여 우상향의 기울기를 가지게 된다. 노동시장에서는 수요곡선과 공급곡선이 만나는 E점에서 적정임금과 노동공급이 결정되며, 균형임금은 P, 그리고 균형고용량은 L 수준으로 결정된다. 그림에서 균형점인 E점은 수요자(기업)와 공급자(근로자) 모두가 만족하는 최적의 상태를 나타낸다.

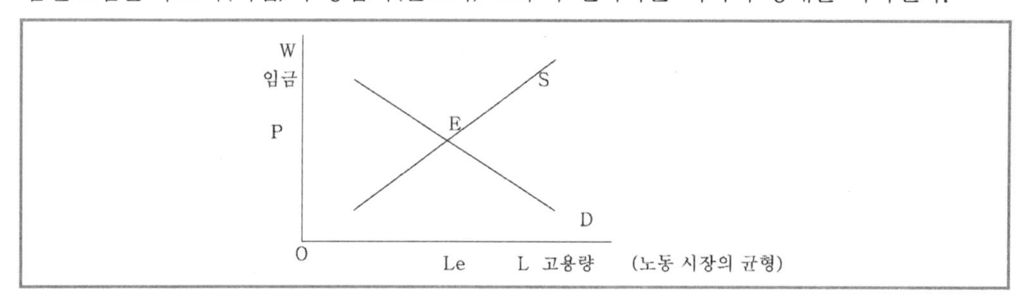

2 노동시장에서의 이윤극대화와 최적고용량

노동시장에서 경쟁기업의 이윤극대화이며 상품시장에서 경쟁기업의 이윤극대화 조건은 P = W / MPL 이다. 양변에 MPL을 곱하면, W = P × MPL이 된다.

$$DL = VMPL = P \times MPL = W$$

05 노동시장의 종류

1 노동시장의 유형

① **완전경쟁노동시장**… 완전경쟁노동시장은 노동력의 흐름이나 분배를 제약하는 장애요소가 없는 것으로 가정하고 임금이라는 가격기능에 의해 균형노동력의 수급이 조절되는 시장을 말한다. 완전경쟁시장은 기술이나 지역적인 차이를 제외하고 근로자의 속성에는 아무런 차이가 없다고 가정하며 노동자는 정보의 완전소유로서 고용주가 노동시장에 관한 모든 정보를 가지고 행동한다고 보는 것이다.

② **분단노동시장**… 분단노동시장 가설에서는 노동시장을 연속적이며 경쟁적인 시장으로 보지 않고 근로자나 직종의 속성 차이로 인하여 노동시장의 형태가 분리된다고 본다. 노동시장의 불완전경쟁요인으로 노동시장에 대한 정보의 부족, 노동의 수요와 공급에 있어서의 독점력과 기술 또는 제도의 구조적인 차이 등을 들 수 있다.

㉠ **1차 노동시장과 2차 노동시장**: 노동시장을 근로조건 및 고용안정성 등에 따라 구분한 시장으로 1차 노동시장은 고임금, 양호한 근로조건, 안정된 고용과 합리적인 노무관리, 승진기회의 제공 등을 가지고 있다. 이에 반해 2차 노동시장은 저임금, 열악한 근로조건, 고용의 불안정이 있는 노동시장을 말한다.

㉡ **내부노동시장과 외부노동시장**: 내부노동시장은 단위사업장 내에서의 노동력 이동이 나타나며 기업 특수적 기능, 숙련의 특수성, 직장 내 현장훈련과 기업의 관습 및 풍토 등을 들 수 있으며 임금, 상여금, 부가급여로 구성되는 노동의 가격결정과 직무배치, 직무전환, 현장훈련 및 승진 등과 같은 고용의 여러 측면이 기업내부의 관리규칙 · 절차에 의해 지배되는 기업내부의 구조화된 고용관계가 존재하는 시장을 의미한다. 반면 외부노동시장은 내부규칙이 존재하지 않고 비숙련이 존재하는 시장 말한다. 내부노동시장의 형성요인 및 장, 단점은 다음과 같다.

- 내부노동시장의 형성요인
  - 숙련의 특수성
  - 현장훈련
  - 관습한다.
- 내부노동시장의 장 · 단점
  - 장점
    - 고임금으로 장기고용계약이 가능하다.
    - 생산성과 경쟁력 향상으로 기업의 지불능력 증대될 수 있다.
    - 기업에서는 우수한 인재의 확보 및 유지가 가능하다.
    - 승진과 배치전환의 활용으로 동기유발 효과 기대할 수 있다.
  - 단점
    - 노동조합과 정규직 근로자에 대한 지나친 의존성이 증대될 수 있다.
    - 인력구조가 경직될 수 있다.
    - 기술변화에 따른 훈련비용의 부담이 증대될 수 있다.
    - 관리비용의 증가와 과다한 인건비 부담이 될 수 있다.

2 노동시장에서 기혼여성의 경제활동참가

① **기혼여성의 노동공급**… 기혼여성의 노동공급시간 탄력성은 다음의 요인에 의해 영향을 받게 된다. 우리나라 여성의 연령별 경제활동참가율을 M자형으로 나타나게 되는데 학교 졸업 후 높은 경제활동참가율을 보이다가 기혼여성이 30대 전후 자녀를 출산하면서 양육으로 인해 경제활동참가율이 낮아지다가 다시 40대 이후 자녀들이 어느 정도 성장하면서 다시 노동시장으로 진입하면서 경제활동참가율을 높이게 된다. 기혼여성의 경제활동참가에 영향을 미치는 요인으로는 기혼여성의 경제활동참가를 보호하는 법과 제도, 기혼여성의 교육수준, 사회의 일반 의식과 기업의 문화, 기혼여성의 자녀의 수와 자녀의 나이, 배우자의 경제활동 여부 및 배우자의 소득 등이 있다.

POINT 여성의 경제활동참가(노동참가율)를 결정하는 요인과의 관련성

① 시간의 경과에 따라 시장임금(실질임금의 의미)이 증가할수록 여성의 경제활동 참가율은 높아진다.
* 시장임금의 크기는 교육 · 직업에 따라 달라지는데, 고학력화, 사무직 · 서비스직의 화이트칼라 직업의 성장으로 인하여 저학력 · 블루칼라 직업 중심인 산업구조보다도 여성의 참가율이 높아질 것으로 예상할 수 있다.

② 보상요구임금이 낮을수록 경제활동참가율이 높아진다.
* 남편 소득이 낮을수록 보상요구임금 수준이 낮다. ⓐ는 저가구 소득의 여성들의 경제활동참가가 높을 것임을 시사한다. ⓑ 또한 자녀수가 적어질수록 보상요구임금 수준은 낮아진다. 이는 자녀수의 감소에 따라 여성의 경제활동이 증가될 것임을 시사한다.

③ 가계생산의 기술(household technology)이 향상될수록 여성의 경제활동참가율은 높아진다.
* 가사노동시간을 줄이는데 기여한 세탁기, 진공청소기, 식기세척기, 전자레인지의 이용뿐만 아니라 의 · 식생활과 관련된 필수품들의 상품화(기성복, 냉동식품, 즉석요리식품 등)는 가정재 생산기술향상의 결과이며, 이로 인하여 여성의 경제활동 참가율은 높아지게 된다.

④ 도시화의 진전은 여성으로 하여금 가정재 생산에 있어서 시장구입상품에 보다 의존하게 만들고, 여가활동에서도 시간집약적 여가활동(낮잠, 수다떨기, TV시청 등)으로부터 재화집약적 여가활동(헬스, 극장, 공연)에 의존하게 만듦으로서 시장노동의 가능성을 넓혀준다.

⑤ 자동차, 에어컨, 컴퓨터 등이 생활 필수품화하고 사람들이 소비표준을 주위 사람들과 맞춤에 따라 시장참여에 대한 선호도가 높아져 여성은 보상요구임금 수준을 낮추며, 여성의 경제활동 참가율을 높인다.

⑥ 탁아시설의 미비는 여성의 보상요구임금 수준을 높여 30대 기혼여성의 경제활동 참가를 낮추는 요인으로 작용하며, 우리나라 여성의 연령별 경제활동 참가율을 M자형으로 만들고 있다.
참조1) 여자: M자형(결혼, 출산 등)

⑦ 파트타임 고용시장의 부족은 30대 기혼여성의 경제활동 참가를 낮추는 요인으로 작용하여 우리나라에서 여성의 연령별 경제활동 참가율을 M자형으로 만들고 있다.

② **노동시장 유연성**… 노동시장 유연성이란 일반적으로 외부환경 변화에 노동자들이 신속하게 대처할 수 있는 노동시장의 능력을 지칭한다. 노동시장의 유연성은 외부적/내부적 수량적 유연성, 기능적 유연성, 외부화 등으로 유지될 수 있다.

㉠ **외부적 수량적 유연성** : 노동자의 고용과 해고 등에 있어서 법률의 제한이 덜 제약적이라면 노동시장의 유연성을 확보할 수 있다.

㉡ **내부적 수량적 유연성** : 노동자의 고용과 해고를 하지 않고 노동자의 근로시간을 조정하여 유연성을 확보하는 것으로 변형근로시간제, 변형근무일제, 교대근무제, 탄력적 근로시간제 등으로 노동시장의 유연성을 확보할 수 있다.

㉢ **기능적 유연성** : 노동자의 다기능공화, 배치전환, 작업장 간 노동이동을 통해 생산과정 변화에 대한 근로자의 적응력을 높임으로서 근로자의 고용과 해고 없이 노동시장의 유연성을 확보할 수 있다.

㉣ **외부화** : 외부화란 작업을 하청의 형태로 외부에 주거나 파견근로나 용역업체의 형태로 노동자를 고용함으로서 기업의 노동수요를 유연하게 활용할 수 있다.

3 임금의 의의와 범위

① **임금의 의의**··· 임금이란 사용자의 입장에서 보면 근로자가 기업에 제공한 노동에 대하여 지불하는 대가이며, 근로자의 입장에서 볼 때에는 생활의 원천이 되는 소득이다. 근로기준법에 의하면 임금이란 "사용자가 근로의 대가로 근로자에게 임금, 봉급 그 밖에 어떠한 명칭으로든지 지급하는 일체의 금품을 말한다"고 규정하고 있다.

② 임금의 기타 개념

㉠ **보상요구임금** : 근로자가 요구하는 최소한의 주관적 임금수준으로, 의중임금 또는 눈높이임금이라고 한다. 전업주부의 경우 보육 및 가사분담에 따른 의중임금은 실제임금보다 높으며 이로 인해 노동시장의 진입이 어려울 수 있다.

㉡ **실질임금** : 실질임금은 물가수준을 반영하여 구매력으로 평가한 임금을 의미하며 화폐임금(명목임금)을 소비자물가 또는 생계비 변동지수로 수정한 것이다.

㉢ **생산성임금** : 생산성 향상에 따른 이익분배를 노사 간에 상호 보장하는 임금제도로서 생산성 임금제에서의 명목임금 인상분은 물가상승률에 실질생산성 향상률을 합한 만큼이 된다.

㉣ **유보임금** : 노동자가 노동의 대가로 최소한 받아야 되겠다고 생각하는 임금수준을 의미한다.

㉤ **효율임금** : 근로자의 생산성을 높이기 위해 기업 스스로 균형임금보다 높은 임금을 지불하는 임금을 의미한다.

③ 임금의 종류

㉠ **평균임금**

- 평균임금을 산정할 사유가 발생한 날, 이전 3개월 간에 그 근로자에 대하여 지급한 임금의 총액을 그 기간의 총 일수로 나눈 금액을 말한다.
- 평균임금은 퇴직금, 재해보상, 휴업수당 등의 산출기준으로 활용된다.

㉡ 통상임금
- 근로자에게 정기적, 일률적으로 소정근로 또는 총 근로에 대하여 지급하기로 정하여진 시간급금액, 주금액, 월급금액, 또는 도급금액을 말한다.
- 통상임금은 시간외수당, 연 · 월차수당, 주휴수당 등의 일상적인 업무와 관련된 수당의 산출기준이다.

㉢ 고정적 임금 : 기본급, 통상적 수당, 기타 수당 등의 정액급여와 고정적 상여금으로 구성되어 총액임금으로 표현된다.

㉣ 변동적 임금 : 상여금, 초과근무 수당(연장근무), 야간근로→초과급여, 변동적 상여금

4 부가급여

① 부가급여의 의미 … 경상화폐임금(current money wages) 이외에도 노동자에게 지급되는 현물보상을 부가급여(fringe benefits)라고 하며 경상화폐임금과 부가급여의 합은 기업차원의 노동자에게 제공되는 보수(compensation)가 된다. 부가급여는 사용자가 근로자에게 개별적 또는 단체적으로 지급하는 경상화폐가 아닌 현물보상을 말한다. 예를 들어 사용자가 적립하는 퇴직금, 월차휴가 · 년차 휴가 · 산전후 휴가 등 유급휴가와 정규 국경일에 관한 유급휴가비, 의료보험제도 및 실업보험제도 하에서 사용자부담 보험료, 교육훈련비, 식권, 도서비 등이 될 수 있다.

② 부가급여의 선호이유

㉠ 근로자가 부가급여를 선호하는 이유 : 부가급여를 통해 노동자는 조세상의 혜택을 얻을 수 있다. 일정한 금액을 현금으로 이에 대한 근로소득세를 부담하게 된다. 그러나 그것이 비현금형태(현물 등)로 제공될 때에는 조세를 감면받을 경우가 많다. 그리고 현물형태의 급여는 또한 대량 내지 집단적으로 할인된 가격으로 구입이 가능하므로 그와 같은 측면에서도 근로자에게 이익이 될 수 있다. 또한 퇴직금, 연금과 같은 이연보수의 경우에도 조세상의 혜택이 있을 수 있다. 정년퇴직 이후의 노령기에 수령이 가능한 이연보수는 세율이 낮다는 장점이 있다. 따라서 추가적인 세부담 없이 저축된 금액을 퇴직 이후에 노후대책으로 받게 되며 또한 조세 면에서 혜택을 받으므로 이러한 이연보수 형태의 부가급여를 근로자가 선호하게 되는 것이다.

㉡ 사용자가 부가급여를 선호하는 이유 : 사용자는 사회보험에 대한 사용자측 기여분이나 보험료를 근로자의 임금액에 비례해서 납부하게 되는데 부가급여분만큼 임금액이 감소되면 사용자측 역시 조세나 보험료부담이 감소된다. 또한 기업에서는 부가급여를 제공함으로서 그들이 희망하는 어떤 노동특성을 가진 근로자들을 채용하는데 도움이 될 수 있으며 노동자의 이직률을 막고 장기근속을 유도하는 방편으로도 활용할 수 있어 기업에 대한 충성심과 애사심을 발휘하게 하고 노동자에 대한 내부통제를 용이하게 하는 데 이용될 수도 있다. 그리고 정부가 정책상 임금에 대한 규제를 강화할 때, 이를 회피하는 수단으로서 활용할 수 있다.

5 임금결정이론

① **임금생존비설** … 임금생존비설은 중상주의를 배경으로 탄생한 이론이며 임금철칙설이라고도 한다. 임금수준은 노동자의 노동력 재생산 즉, 가족의 유지에 필요한 생존비에 의해 결정된다고 보는 것으로 노동공급측면에서 임금수준이 결정된다고 보는 학설이다. 임금은 항상 생존비 수준에 머물게 되고 노동의 공급이 임금에 대해 무한 탄력적임을 가정하는 것으로 노동 공급곡선이 수평선의 형태로 나타난다.

② **임금기금설** … 19세기 '밀'이 주창한 이론으로 어느 한 시점에 근로자의 임금으로 지불될 수 있는 부의 총액(임금기금)이 정해져 있고, 임금수준은 고용되어 있는 노동자 수에 의해 결정된다는 것이다. 임금기금설에서 임금은 기업의 지불능력에 의존한다는 지불능력설, 생산력의 증가에 의해 임금이 상승한다는 생산력임금론 등이 대표적이며, 노동시장의 수요측면을 지나치게 강조하여 노동자의 노동조합의 교섭력을 통한 임금의 인상이 불가능하다는 노동조합무용론을 주장한다.

③ **노동가치설**(노동력 재생산비설) … 마르크스의 노동가치설은 노동력의 가치는 노동자계급의 유지와 재생산에 필요한 생존수단을 생산하는데 필요한 노동시간에 의하여 결정된다는 것이다. 노동가치설은 노동수요자 즉 자본가를 임금을 생존비수준에서 결정하고 나머지의 잉여가치를 착취하는 존재로 간주하고 자본가는 노동절약적인 기계의 도입을 통하여 임금상승을 극복하고 이로 인해 기술적 실업이 발생되어 실업자는 산업예비군이 된다고 설명하고 있다.

④ **한계생산력설** … 한계생산력설은 기업의 수요중심의 임금이론으로 각 개별기업들은 이윤을 얻을 수 있을 때까지, 즉 고용노동단위당 비용(임금)이 기업에 대한 그 근로자의 기여분과 같아질 때까지 고용을 증대시키게 된다고 본다. 결과적으로 임금은 노동자의 한계생산물의 가치와 일치하는 수준에서 결정된다는 것이다.

⑤ **임금교섭력설** … 임금교섭력설은 임금을 한계생산력과는 달리 노동의 공급측면에서 설명하고 있으며 노동의 한계생산력을 상한으로 하여 상한과 하한 사이의 어떤 점에서 결정된다는 것이다.

※ **임금수준의 결정요인**

- 근로자의 최소한의 생계비 수준
- 기업의 지불능력 수준
- 사회일반의 임금수준(평균수준)
- 근로자의 한계생산성 수준

⑥ **제도적 임금결정설** … 임금은 근로자의 생산적 기여가 아닌 경직된 제도에 의해 결정된다는 이론으로 성문화된 규칙뿐만 아니라 관행이나 관습을 포함한다.

6 임금의 하방경직성

임금의 하방경직성이란 한 번 인상된 임금은 경제여건(경기침체, 재고증가, 실업증가 등 임금의 하락요인 발생)의 변화에도 불구하고 떨어지지 않고 인상된 수준을 유지한다는 것을 의미한다.

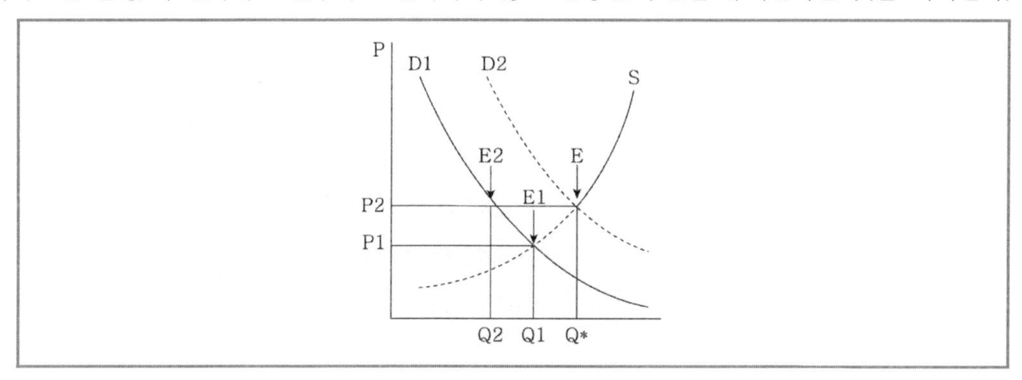

7 임금의 하방경직성 발생요인

① **최저임금제도** … 최저임금제도란 노동시장에서 결정되는 시장임금이 노동자의 생활안정을 보장하기에는 지나치게 낮다고 판단하여 정부가 임금의 최저한도를 정하여 고용주에게 그 이상의 임금을 강제하는 제도이며 이러한 제도에 의해 규정된 임금을 의미하며 근로자의 과도한 노동을 방지하고 노동조합 미조직 근로자의 권익을 보호함으로서 산업평화를 촉진할 수 있으며 노동자의 최저임금을 통해 유효수요를 증대시킬 수 있다는 장점이 있다. 반면 최저임금 수준 이하의 저임금으로 노동공급의 암시장이 형성될 수 있으며 노동자의 근로개선을 한다는 취지와 반대로 노동자의 불이익이 발생될 수 있다는 단점도 있다.

㉠ 목적 : 최저임금제는 근로자에 대하여 임금의 최저수준을 보장하여 근로자의 생활안정과 노동력의 질적 향상을 꾀함으로써 국민경제의 건전한 발전에 이바지하게 함을 목적으로 한다. 단 초과공급으로 인하여 실업의 발생이라는 단점을 가지고 있다.

㉡ 장점

- 저임금 해소로 임금격차가 완화되고 소득분배 개선에 기여한다.
- 근로자에게 일정수준 이상의 생계를 보장함으로써 근로자의 생활을 안정시키고 사기를 올려 주어 노동생산성이 향상된다.
- 저임금을 바탕으로 한 생산방식을 지양하고 적정한 임금을 지급하도록 하여 공정한 경쟁을 촉진하고 기업의 경영합리화를 도모한다.
- 일정한 소비수준 유지로 유효수요를 확보한다.

② **물가상승** … 물가가 상승하는 경우 실질임금이 하락한 근로자는 명목임금이 하락하는 것에 저항한다.

명목임금 = 실질임금 + 물가상승분

③ **장기근로계약**… 경제상황이 좋지 못할 경우 시장원리에 따라 임금이 하락해야 하지만 근로계약을 장기로 하는 경우에 임금이 내려가질 않는다.

④ **명목임금에 대한 근로자의 화폐환상**(= 근로자의 역선택) … 명목임금에 대해 화폐환상을 가지고 있는 노동자는 실질가치보다 명목임금 즉 화폐를 더 좋아하기 때문에 명목임금이 하락하는 것을 원하지 않아 현물대신 화폐를 선호하게 되며 이로 인해 임금의 하방경직성이 발생하게 된다.

⑤ **강력한 노동조합의 존재**… 노동조합은 근로자의 근로조건을 보호하고 생활안정을 위해 존재하며 노동조합의 활동으로 인하여 노동공급이 제한되므로 노동수요의 탄력성이 작아지게 된다. 따라서 임금은 강력한 노동조합에 의해 하방경직성을 띄게 된다.

06 임금형태와 체계

1 임금체계

① **연공급**… 임금의 수준이 속인적 요소 즉 노동자의 연령, 학력 등 개인적 특성에 의해 결정되는 생활급체계로 연령이 증가할수록 생계비가 증가한다고 보고 연공서열에 따라 임금을 제공하는 형태를 말한다.

㉠ **연공급의 장점**
- 정기승급에 의한 생활안정으로 높은 귀속의식을 가질 수 있다.
- 연공서열에 따라 조직은 안정화되고 위계질서가 확립되기 용이하다.
- 인력관리가 용이하고 평가가 용이하다.

㉡ **연공급의 단점**
- 동일노동에 대한 동일임금의 원칙에 위배된다.
- 비합리적 인건비 지출로 인하여 기업의 효율성을 저해하게 된다.
- 노동자의 무사안일주의, 적당주의를 초래하게 된다.

POINT 연공급의 논거로 제시되는 '이연임금제'

생애 임금 관점에서 젊을 때 생산성보다 낮은 임금을 받고 일정 연령 이후에는 생산성보다 높은 임금을 받는 것이 노사 모두에게 이익이 될 수 있다는 소위 '이연임금제(deferred wage system)'가 연공급의 근거로 제시되곤 한다. 기업 입장에서는 숙련형성의 유인을 높여 생애에 걸친 생산성을 가장 높이면서 임금 부담도 완화할 수 있고, 근로자 입장에서는 고용보장을 받으면서 일정 연령 이후 생산성 대비 높은 임금을 받게 되어 서로 이익이 된다는 것이다.
그러나, 연공급의 논거로서 이연임금제 이론은 미국이라는 배경 하에서 형성된 이론으로 상황이 다른 우리나라에서 그대로 통용되기는 어렵다. 미국의 경우 기본적으로 해고가 자유로운 나라이다. 근로자가 언제든지 해고될 수 있는 상황에서 기업특수적 숙련형성의 유인이 크지 않다. 이러한 상황에서 노사가 명시적 또는 묵시적으로 고용보장-숙련형성-이연임금제를 패키지로 합의하게 되면 위에서 언급한 상호이익의 결과를 도출할 수 있게 된다.
그러나, 법적으로 고용보장을 받고 있는 경우라면 사정이 달라진다. 근로자가 고용보장을 조건으로 처음 부터 낮은 임금을 수용할 유인도 별로 없을 뿐 아니라 고용보장도 되고 임금도 자동으로 오르기 때문에 특별히 숙련형성 유인도 없다.
실제 미국의 경우 직무급이 지배적 임금체계이고 동 이론을 최초로 제시한 미국의 경제학자 Lazear의 모형에서 '이연임금제'가 상정하고 있는 대표적 연공성 급여는 기업연금(corporate pension)이지 우리나라의 경우와 같은 호봉급이 아니다(미국의 경우 우리나라와 같은 사회보장제도로서의 국민연금이 아닌 기업별로 기업연금을 운영하고 있으며 강제가입이 아닌 임의가입이므로 이러한 제도 도입을 통해 장기근속 유도가 가능한 것임). Lazear의 모형에서도 이연임금제는 고용보장을 확실히 한다기보다는 근로자의 해고회피를 위한 노력(성과, 충성 등) 유인이 제고되는 효과에 주목한 것이다.

② **직능급** … 직무수행능력에 따라 임금의 차이가 나타나는 임금체계로 노동자 개인의 능력이 어떤 수준으로 평가되느냐에 따라서 임금이 결정된다는 점에서 직무급과 차이가 있다. 연공서열형 임금체계에서와 같이 근속연수에 따라 승급은 되나, 승급금액이 개인의 인사고과성적과 직무의 가치에 따라 차이가 나는 것으로 직무급에 비해 근속년수와 노동자의 능력을 평가요소를 포함하였다.

㉠ 직능급의 장점
- 노동자의 직능에 대한 처우가 보장에 따라 강한 동기부여가 발생하게 된다.
- 학력과 직종에 관계없이 능력에 따라 동일한 기회가 보장된다.
- 직무분석과 평가로 임금이 제공되는 직무급만큼 복잡하지 않다.

㉡ 직능급의 단점
- 연공급이 아니므로 조직의 위계질서 확립의 어렵다.
- 직능급이 잘못 운영될 경우 연공급화가 될 가능성이 있다.

③ **직무급** … 직무의 중요성과 곤란도에 따라 각 직무의 상대적 가치를 평가하여 임금에 반영하는 체계로 공정한 직무에 대한 평가가 선행되어야 한다. 동일한 노동에 대해 동일한 임금이 지급된다는 원칙에 의거하여 합리적인 직무중심의 고과제가 확립될 수 있다.

㉠ 직무급의 장점

- 동일노동에 대해 동일한 임금이 지급되므로 직무의 중요도와 곤란도에 따라 임금이 결정되므로 합리적인 임금체계라 할 수 있다.
- 학력과 직종에 관계없이 직무에 따라 임금이 결정되므로 합리적인 인사고과가 적용될 경우 조직원들의 불만이 낮아진다.

㉡ 직무급의 단점

- 공정한 직무분석이 어려우므로 조직원들의 원성과 불만을 초래할 수 있다.
- 직무를 분석하는 방법이 매우 어렵고 까다롭기 때문에 운영하는데 다소 어려움이 발생할 수 있다.

④ **역할급** … 주로 일본에서 연공급 및 직능급의 대안으로 등장한 임금체계로서 직무와 성과를 강화한 것이다. 일본식 직무급으로 이해되고 있다. 기본적으로 기업의 부가가치는 근로자의 역할과 성과에 의해 창출되는 것으로 보면서 우선적으로 역할등급을 정하고 역할등급별 임금구간을 설정한 후 역할에 대한 이행 정도, 즉 성과에 따라 임금이 최종 결정되는 체계이다.

여기서의 역할이란 직무급에서의 직무와는 차이가 있는데, 조직 내에서 해당 직위 또는 직무를 담당하는 근로자가 수행해야 할 책임, 미션 등을 의미한다. 직무급에서의 직무와 같이 고정된 것이 아니라 그 역할을 수행하는 근로자의 속인적 특성까지 고려하여 유연하게 설정될 수 있다는데서 차이가 있다.

일본의 역할급은 관리직에서 두드러지게 증가하고 있으나 최근에는 생산직에서도 빠르게 증가하고 있는 것으로 나타났다. 역할급이 등장하게 된 가장 주된 배경은 과도한 연공성을 어떻게 완화할 것인지에 대한 고민이었다. 연공급에서 직능급으로 변화가 있었으나 직능급이 연공급화 되면서 이러한 가능성을 가급적 줄이려는 동기에서 역할급이 대두된 것이다. 노조나 근로자들도 크게 반대하지 않았는데 기본적으로 기업이 고용보장을 약속하였고 종업원을 중시하는 기존의 일본식 HR 전통을 훼손하지 않으면서 직무급 전환과 같은 급격한 변화보다는 연공성 완화 전략을 추구했기 때문이다.

역할급 하에서 임금조정은 역할의 이행 정도, 즉 성과와 관련되며 근속년수에 따른 자동 임금인상은 없다. 다만, 성과가 저조할 경우 감급이 가능하다는 점에서 과거 일본에서 유행하던 직능급과 큰 차이가 있다. 물론 역할이 변경되면 그에 따른 임금조정도 당연히 발생하게 된다.

POINT 역할급과 직무급 – 어떻게 다른가?

역할급과 직무급이 사실상 동일한 임금체계인지 전혀 다른 임금체계인지에 대해 일본 내에서도 의견이 갈린다. 양자가 같은 것이라는 입장은 직무급이 근로자가 담당하는 직무의 난이도, 복잡성 등에 따라 임금이 결정되고 역할급이 담당 업무(역할)의 책임의 크기 등에 따라 임금이 결정되므로 양자 모두 결국 일의 내용에 따라 임금이 결정된다는 점에서 동일하다고 한다. 양자가 다른 것이라는 입장은 직무는 수행되는 업무 자체의 기능과 내용을 규정하는 것이고 역할은 조직목적 달성을 위한 기능과 활동의 내용을 규정하는 것으로 차이가 난다는 것이다. 즉, 직무는 주어진 업무내용의 수행에, 역할은 조직의 성과에 기여할 수 있는 기능에 보다 방점을 두고 있어 분류체계나 보상방식에 차이가 나게 된다는 것이다.

직무급이 과거 미국의 테일러-포드주의의 분업화 · 전문화된 조직체계 하에서 효율성 제고를 위한 것이었다면 역할급은 근로자 인적특성과 조직성과의 우선이라는 일본의 전통에 기반한 것으로 볼 수 있다.

극단적으로 보면 잘 설계된 분업화, 전문화를 통해 각각의 직무가 최고의 기능을 수행하면 당연히 전체적인 최고의 성과가 실현된다는 미국식 사고의 산물이 직무급에 반영되어 있고, 조직의 유기적 협력과 유연한 역할 분담, 근로자의 충성, 헌신을 중시하는 일본식 전통의 산물이 역할급에 반영되어 있다고 할 수 있다.

그러나, 달리 보면 이 두 가지 임금체계는 결국에는 유사한 방향으로 가까워지고 있다고 할 수 있다. 역할급이 연공급 또는 연공성이 강한 직능급 등 과거 일본형 임금체계를 직무와 성과 중심으로 개편하려는 노력의 산물이었다면 미국에서 확대되고 있는 직무급의 브로드밴딩, 성과주의 강화 경향은 경직적 분업체계에서 벗어나 조직 · 인사관리의 유연성을 제고하려는 미국 기업문화의 변화와 맞물려 있다. 두 임금체계는 이론적으로는 다르지만 내용적으로는 각 국가의 기업문화와 조직 · 인사관리의 특징을 감안한 직무 · 성과 중심 임금체계의 진화라는 점에서는 일치한다고 볼 수 있다.

⑤ **성과급** … 성과급을 하나의 독자적인 임금결정체계로 보기는 어렵다. 순수하게 성과만을 기준으로 임금을 결정하는 경우는 현실적으로 별로 없기 때문이다(과거 개수급이 해당될 수 있고, 근로자성 문제는 있으나 보수체계로만 보면 보험계약 실적에 연계되어 보수가 결정되는 보험외판원이나 성적에 따라 매년 연봉이 조정되는 프로운동선수 등의 사례가 해당될 수 있다). 따라서, 성과급은 임금의 결정 측면보다는 조정 측면에서 활용되는 경우가 일반적이다. 즉, 임금조정(인상)을 성과에 따라 하는 경우를 말한다. 연공급, 직무급, 직능급, 역할급 등 다양한 임금체계 하에서 임금조정 수단으로 성과급이 주로 또는 보완적으로 적용될 수 있는 것이다.
성과급은 기존 임금체계 하에서 별도 항목으로 정할 수도 있고(성과급을 별도 임금항목으로 정하고 성과평가에 의해 성과급 수준을 결정), 기존 임금체계의 틀 내로 편입하여 운영할 수도 있다. 기존 임금체계 내로 편입할 경우는, 예를 들면 호봉제의 경우 성과에 따라 호봉승급을 차등하거나 직무급의 경우 직무등급에 임금구간(pay band)을 설정하여 성과에 따라 임금구간 내에서 임금을 조정하는 방식으로 운영할 수 있다.
넓은 의미의 성과급의 한 형태로 성과연봉제가 있는데, 독자적인 임금체계는 아니고 성과에 따른 임금조정의 한 방식으로 볼 수 있다. 성과에 따라 차등을 두어 연봉을 조정하는 방식인데, 보통 기본연봉과 성과연봉으로 구성된다. 기본연봉은 성과와 직접 연계되지 않은 고정적인 부분을 말하고 성과연봉은 성과에 따라 가변적인 부분을 말한다.

성과연봉의 증액분 또는 감액분을 다음 해 기본연봉 또는 성과연봉에 포함하는지 아니면 제로 베이스에서 다시 시작하는지 여부에 따라 이를 포함시키는 누적식과 포함시키지 않는 비누적식으로 구분할 수 있다. 누적식이 비누적식에 비해 전체 연봉의 변동폭이 크게 되고 근로자들 간 더 큰 연봉차이를 초래하게 된다.

2 임금형태

임금형태란 임금의 산정방법, 임금의 지급방법에 따라 임금형태를 유형화한 것으로 다음과 같다.

① **시간급제** … 시간급제란 수행한 작업의 양과 질과 관계없이 근로시간을 기준으로 임금을 산정하는 방식으로 단순근로자에게 경우 많이 적용하는 방법이다. 시간급제는 지급형태에 따라 단순시간급제, 복률시간급제가 있는데 단순시간급제는 시간당 임률을 정해놓고 근로시간을 곱하여 산정하는 방식으로 계산이 간편하고 기업의 입장에서도 인건비를 예측하고 운영할 수 있어 효과적인 방법이 된다. 복률시간급제는 작업능률에 따라 표준과업량을 정해놓고 이를 초과한 경우 다른 임률을 적용함으로서 인센티브제로 활용할 수 있다.

② **능률급제** … 능률급은 임금을 능률에 따라 증감시켜 변동적 적용하는 임금지급의 형태를 말한다. 능률급의 유형은 성과급제, 할증급제, 상여급제 등이 있다.

③ **연봉제** … 연봉제는 연간 지급되는 기본급이나 각종 수당 및 상여금을 합한 총액임금을 의미하며 전년도의 업적과 능력을 평가하여 임금에 반영하는 임금체계이다. 연봉제는 국제경쟁에서 살아남기 위한 능력주의 지향의 임금체계로 복잡한 임금종류를 단순화시켜 임금 내역 안에 기본급, 상여금, 각종 수당, 성과급이 포함된다. 기업은 단순시간급제와 마찬가지로 기업운영에 대한 예산을 설정하고 운영하는데 효과적인 장점이 있으며 노동자의 근로의욕을 고취시키는데도 도움이 된다. 노동자는 조직변화와 경쟁의식이 확산되어 직무성과에 대한 경쟁을 하게 되어 기업에서는 산출적인 측면에서 효과가 있지만 노동자의 능력주의적 태도가 조직의 위계질서를 무너뜨려 자칫 조직의 안정성을 저해할 수 있다. 또한 직무성과가 임금에 반영되므로 직무평가에 대한 공정성 시비가 발생할 수 있다.

POINT 임금관리의 3대 지주

① 임금수준(적정성) : 평균임금, 총액인건비와 관계됨
② 임금체계(공평성)
㉠ 개별 종업원의 임금결정기준으로 전체임금을 공평 · 배분하는 문제로 개별 인건비관리라 함
㉡ 연공급, 직능급, 직무급
③ 임금형태(합리성)
㉠ 계산 및 지불방법
㉡ 시간, 능률급, 연봉제

3 임금수준의 결정요인

① **기업의 지불능력** … 기업이 근로자에게 지급되는 인건비는 그 기업의 지불능력 범위 내에서 이루어져야 한다.

② **노동생산성** … 노동생산성의 향상은 임금수준을 높이기 위한 기본 조건이다. 오늘날의 무한경쟁시대를 생각할 때 우리나라 기업도 노사 간의 합의를 통하여 생산성 임금제를 실시해야 한다.

③ **생계비** … 근로자에게 사회정의에 입각한 최소한의 생활보장을 할 수 있는 임금수준을 의미한다.

④ **사회일반의 임금수준** … 시장임금수준과 균형을 이루지 못하고 낮은 수준의 임금을 지급한다면 필요한 인재의 확보가 불가능하고 생산성 향상을 도출하기가 어렵다.

⑤ **단체교섭** … 노동조합의 교섭력은 임금수준 결정에 큰 영향을 미치는 요소로서 작용하게 된다.

⑥ **노동공급기준** … 특정기업에서의 임금수준은 필요로 하는 노동력의 질과 양의 크기, 노동시장 조건이 고려된 것이어야 한다.

07 임금격차

1 임금격차이론

완전경쟁노동시장에서는 동일한 노동에 대해 동일한 임금이 지급된다고 현실적으로 동일한 직무 및 노동에 대해 차등된 임금이 지불된다. 이러한 임금격차의 발생원인은 크게 나누면 경쟁적 요인과 비경쟁적 요인으로 나눌 수 있는데 경쟁적 요인이란 임금격차의 발생 원인을 경쟁적 노동시장의 내부에서 발생하는 요인으로 보는 것임에 반해 비경쟁적 요인이란 임금격차의 원인을 노동시장 외부에서 발생하는 요인으로 보는 것을 의미한다.

① 경쟁적 요인

㉠ **근로자의 한계생산성의 차이** : 근로자의 임금격차는 근로자가 총생산의 기여도에 대한 차이를 나타내는데 근로자가 한계생산성이 높아 기업에 많은 이익을 가져다 줄 경우 고임금을 받게 된다.

㉡ **노동시장의 단기적 불균형** : 모든 근로자가 완전한 정보를 가지고 이동이 자유롭다는 완전경쟁시장과 달리 노동시장에서 노동의 공급은 단기적으로 비탄력적이다. 따라서 노동에 대한 초과수요의 상태가 발생하여 특정 직종에 대한 임금이 상승하여 임금격차가 발생하게 된다.

㉢ **인적자본량의 차이** : 근로자가 교육 및 숙련도가 높으면 생산성이 증대되어 고임금을 받게 되는 것이다. 인적자본(저량)은 정규교육, 현장훈련, 이주, 건강, 정보 등을 통해 축적될 수 있다.

• 선별가설 : 인적자본론은 교육이 생산성 증대를 가져 이로 인해 임금이 상승하게 된다는 것에 반해 실제적으로 인적자본이 생산성을 증대시킨다는 연구결과가 입증되지 않았다는 것을 토대로 선별가설이 제시되었다. 스펜서(Spencer)는 교육은 노동자의 생산성을 높이는데 아무런 효과를 갖지 않는다는 가설을 제시하고 기업가가 노동자를 채용할 때, 채용 또는 선별비용과 훈련비용을 줄이기 위해 학력이 높은 사람 즉 기업에게 선별적인 매력을 보이는 인재를 채용한다는 것이다. 노동자의 선별적인 매력은 관찰가능하지 않기 때문에 기업의 입장에서는 나이, 학력, 경력 등을 통해 선별하게 된다는 것으로 대표적으로 교육이 개인의 능력을 신호해 주는 역할을 하게 된다. 따라서 노동자는 교육이라는 신호를 보내기 위해 교육에 대한 비용을 증가시키게 되고 고용주는 선별비용을 줄이기 위해 교육을 투여한 대상에게 더 높은 임금을 지불하게 된다. 이것을 선별가설이라고 한다.
• 신호가설(Signaling Theory) : 학력은 개인의 숨겨져 있는 선천적 재능을 신호(signal)하는 역할을 담당한다. 기업 또한 사람을 채용할 때, 각 개인이 자신의 질적 수준을 알고 있으나, 기업은 각 개인의 능력과 생산성을 알 수 없는 상황, 즉 정보의 비대칭성(information asymmetries)에 직면한다. 겉만 번드레하고 실력은 없는 외화내빈의 근로자를 솎아내고, 능력 있고 생산성이 높은 근로자를 선별(screening)하고자 할 때, 기업은 일류대학 졸업장이라는 간판을 생산성의 지표로 이용할 수 있다. 이와 같이 교육이 개인의 선천적 재능과 숨겨져 있는 생산성을 신호하는 기능을 가지며, 개인의 교육 투자는 신호에 대한 투자라는 것이다. 교육신호 가설을 강하게 신봉하는 일부 학자들은 교육(또는 인적자본)은 개인의 능력개발을 통해 생산성을 높인다는 것을 부인하고, 단지 개인의 선천적 재능을 신호하는 역할만 담당한다고 주장한다.

㉣ **임금의 보상적 격차설** : 직무가 더럽고(Dirty) · 위험하고(Dangerous) · 어려운(Difficult) 작업환경에서 일해야 하는 것이라면 기업은 근로자를 채용하기 위하여 더 높은 임금을 제시하여야 한다. 이처럼 직업의 비금전적인 특성을 보상하기 위한 임금의 차이를 보상적 격차 또는 균등화 격차라고 한다. 아담 스미스는 임금격차를 가져오는 직업의 특징에는 고용의 안정성 여부, 직업의 쾌적함 정도, 교육훈련 비용의 정도, 책임의 정도, 성공 또는 실패의 가능성 여부가 있다고 구 주장하였다.

• 헤도닉 임금이론 : '로젠'이 사용한 '헤도닉 임금'이란 '고통스럽고 불유쾌한 직무'에 대해서 노동자에게 보상임금을 제공하는 것을 말한다.
• 헤도닉 임금이론의 기본가정
  - 직장의 다른 특성은 다 동일한데, 산업재해의 위험도만이 다르다.
  - 노동자는 효용을 극대화하며, 노동자간에는 산업위험에 관한 선호의 차이가 존재한다.
  - 기업은 이윤극대화를 추구하며 그러기 위해서 산업안전에 투자해야 한다.
  - 노동자는 각종 직업들에 대해 정확한 정보를 가지고 있으며, 직업 간 이동이 자유롭다.

ⓜ **기업의 효율임금정책** : 기업이 근로자에게 균형임금보다 높은 고임금을 제시하게 되면 근로자의 기업에 대한 충성심과 귀속감을 증대되고 근로자의 직장상실비용을 증대시켜서 업무태만을 방지할 수 있다. 또한 이직을 감소시켜서 신규채용비용을 절감할 수 있으며 상대적으로 우수한 인재의 지원을 유도할 수 있어 선순환적 기업운영의 효율성이 나타나 기업의 이윤 역시 증대될 수 있다.

② 비경쟁적 요인

㉠ **노동시장의 분단** : 노동시장의 분단이 근로조건이 양호하고 고임금이 있는 1차 노동시장과 근로조건이 열악하고 저임금이 존재하는 2차 노동시장으로 분리되어 근로자간 이동이 어려울 경우 임금격차가 나타난다.

㉡ **근로자의 독점지대배당** : 동일직무에 대해 일부 근로자는 독점지대를 배당받아 고임금을 받게 되어 임금격차가 나타날 수 있다. 독점이윤은 소비자들에게 높은 가격을 부과함으로써 발생하기 때문에 소비자의 희생하에 발생하는 이익 전부를 자신에 소속된 근로자에게 고임금으로 배분한다.

㉢ **강력한 노동조합의 효과** : 노동조합이 조직화되어 있는 단체교섭을 통해 균형임금보다 높은 임금을 요구하게 되며 이것은 임금격차의 비경쟁요인이라 할 수 있다.

㉣ **비효율적 연공급제도** : 비효율적 연공급제도란 기업내부에 형성시킨 숙련과 기술과 관련 없이 연령에 따라 임금을 제공하는 것으로 직무곤란도와 능력을 배제하고 연공급에 따라 임금이 지급되므로 임금격착의 비경쟁요인이라 할 수 있다.

- 임금 피크제 : 임금피크제란 정년의 장년층의 인력에 대하여 생산성에 맞추어서 임금을 낮추고 정년은 보장하는 방안으로 연공급의 방식에서는 연령이 높아질수록 임금이 상승함으로 기업입장에서는 비효율적이므로 임금보상에 대해 일정부분 탄력성을 부여하는 제도이다. 즉 임금피크제란 일정연령 이상의 근로자의 임금을 삭감하여 장기적으로 근무할 수 있도록 도와줄 수 있다. 또한 기업의 인건비를 절감하고 신규인력에 대한 채용비용을 절감할 수 있다는 측면에서 긍정적이다.

POINT 인적자본이론

㉠ 개념 : 노동력의 질적 차이에 주목한 이론으로 1950년대에 슐츠, 벡커, 민서 등에 의해 발전된 이론이다. 일반적으로 자본이라고 할 때에는 자본과 토지 등 물적 자본만을 지칭하는데 이것과 달리 인적자본이란 미래에 금전적 소득을 창출하는데 있어서 인간에 내재되어 있고 활용할 수 있는 자산을 말한다. 이러한 인적자본의 종류는 지능이나 천부적 재능 등의 능력과 자질을 말하는 선천적으로 타고난 자본과 후천적으로 교육, 보건, 훈련, 정보 등에 의해 습득된 자본의 두 가지로 나누어진다. 현재의 지출을 통해 미래의 생산성을 높이고자 한다는 점에서 다른 투자와 비슷하나 인적자본의 형태로 사람에게 축적된다는 점에서 차이가 있다.

㉡ 인적자본 투자대상
- 현장훈련(OJT–On the Job Training) : 취업자가 취업 후에 사업장에서 작업을 통해 습득하는 훈련
- 정규교육, 학교교육(Formal Education, Schooling) : 일반적으로 학교에서 이루어지는 교육
- 이주(Migration) : 인적자본을 축적한 근로자가 자신의 생산능력을 발휘할 수 있는 곳으로 이동함으로써 자신의 가치를 더욱 증가시키는 과정
- 건강(Health) : 건강수준의 유지로 결근, 직장상실 등의 경제적 손실을 줄일 수 있음
- 정보(Information) : 직업탐색비용이나 노동시장 관련 정보의 획득에 지출된 투자비용

02 실업의 개념

1 실업의 의미

실업이란 일할 의사와 능력을 가지고 있는 있음에도 불구하고 일자리를 갖지 못한 상태를 의미한다. 취업자란 수입을 목적으로 주당 1시간 이상 일한 사람, 가족이 경영하는 사업체에서 주당 18시간 이상 일하는 무급가족종사자, 그리고 직장은 있지만 휴가, 질병 등으로 인해 일시적으로 일을 하지 않은 일시휴직자를 말한다. 반면 실업자는 전업주부, 학생, 군인, 재소자 등과 같은 비경제활동인구를 제외한 취업할 의사와 능력이 있으나 최근 4주 동안에 적극적 구직활동을 하였으나 취업할 기회를 얻지 못한 사람을 말한다. 하지만 주부가 가사를 돌보며 부업을 한다든가, 학생이 아르바이트를 한다면 경제활동인구에 포함되어 취업자로 간주된다.

2 실업의 종류

실업은 근로자의 자발적인 선택에 의해 발생하는 실업과 경기구조 및 외부적 요인으로 발생하는 비자발적 실업으로 나눠볼 수 있다.
직업탐색과정에서 발생하는 마찰적 실업, 특정산업 · 특정지역에 발생하는 구조적 실업, 경기침체기에 발생하는 경기적 실업으로 구분된다. 마찰적 실업, 구조적 실업, 경기적 실업은 실업의 종류를 구분하는 가장 일반적인 방법이다. 실업을 크게 자발적 실업과 비자발적 실업으로 나누어 볼 수도 있다. 비자발적 실업은 근로자가 일할 의사와 능력을 가지고 있음에도 불구하고 본인의 의사와는 관계없이 실업상태에 빠진 경우를 지칭한다. 비자발적 실업은 경기적 실업의 주된 특징이며, 자발적 실업은 마찰적 실업의 주된 특징이 된다.

마지막으로 실업은 크게 수요부족 실업과 비수요부족 실업으로 나눌 수가 있다. 이 경우 수요부족 실업은 경기적 실업을 의미하며, 비수요부족 실업은 마찰적 실업과 구조적 실업을 의미한다.

① **마찰적 실업** … 마찰적 실업은 실업과 미충원 상태의 공석이 공존하는 경우로 근로자가 노동시장에 진입하는 과정에서 직업정보의 부족에 의하여 일시적으로 발생하는 실업을 의미한다. 마찰적 실업은 근로자의 구직 탐색활동 과정에서 일시적인 원인으로 발생하는데 마찰적 실업은 어느 시장에서나 존재하게 되며 일반적으로 완전고용 상태라 할지라도로 2~3%의 자연실업률이 나타난다고 한다. 마찰적 실업의 대책으로서는 노동시장정보시스템의 효율적인 구축과 정보제공, 직업안정기관의 기능 강화, 직업정보제공 시설의 확충, 구인구직 전산망 확충 등이 있으며 구인 · 구직에 대한 정보를 제공하면 해소되는 실업으로 실업의 유형 중 사회적 비용이 가장 적게 든다.

② **구조적 실업** … 구조적 실업은 노동시장의 구조적 변화로 인하여 유발되는 실업으로 산업 및 직종, 지역 간의 노동력 수급의 불균형 또는 노동시장에서 요구하는 훈련과 근로자의 교육정도의 차이에서 발생하는 실업의 유형이다. 특정 산업이나 특정직종에 노동수요가 증가(혹은 감소)하는 경우 노동공급이 원활히 이루어지지 못하는 경우에 발생하며 그 외에도 교육 및 훈련시장과 산업체의 요구가 일치하지 않는 경우에도 발생하게 된다. 구조적 실업은 단기간에 해결되지 않는 실업으로 교육훈련과 직업전환 프로그램, 산업구조의 변화와 예측에 따른 인력수급정책, 이주에 대한 보조금 등이 대책이 될 수 있다.

③ **경기적 실업** … 경기적 실업은 재화와 서비스에 대한 총수요(유효수요)의 부족으로 인해 노동력에 대한 수요가 감소하여 발생하는 실업으로 전형적인 비자발적 실업으로 수요부족에 의한 실업이라 할 수 있으며 경기구조와 관련되어 경기침체시에 나타나는 실업이다. 경기적 실업의 대책으로서는 유효수요 증대를 위하여 재정확대정책을 실시하는데 감세 및 금리인하, 은행의 지급준비율인하정책 등을 실시하고 도로, 운하 등 공공사업을 통해 실업을 흡수할 수 있다.

④ **잠재적 실업** … 표면적으로는 실업이 아니지만 노동자의 한계생산력이 '0'에 가까워 실업한 상태와 같은 것을 의미한다. 개발도상국의 농촌지대에서 농업에 의존하는 과잉노동력은 한계생산력이 '0'에 가까우며 이런 상태를 잠재실업이라고 한다.

⑤ **계절적 실업** … 계절적 실업은 농업, 건설업, 관광업 등과 같이 기후나 계절적 요인에 의해 발생하는 실업으로 계절성에 의해 예상할 수 있다는 점에서 경기적 실업과는 차이가 있다. 대책으로 농한기나 관광비수기에 특화작물 재배 또는 다른 산업을 영위함으로서 실업을 예방할 수 있다.

3 실업의 대책

① 고용안정정책
- ㉠ 취업알선 등 고용서비스 기능강화
- ㉡ 직업훈련의 효율성 제고
- ㉢ 기업의 고용유지를 위한 노력

② 고용창출정책
- ㉠ 공공투자사업의 확충
- ㉡ 민간 및 공공부문 유연성 제고

③ **사회안정망 정책** … 실업 등으로 생계지원이 어려운 경우 정부가 사회적 서비스나 공적부조를 제공함으로서 생활의 안정을 도모하도록 하는 정책을 의미한다. 사회적 안정망은 사전적 사회안정망과 사후적 사회안정망으로 나누어지는데 실업이 발생한 이후에 제공되는 실업부조금이 사후적 성격을 가지고 협의적인 사회안정망이라면 교육을 통해 갱쟁력 있는 근로자를 양성함으로서 실업을 사전에 방지하는 것은 사전적 사회안전망이자 적극적인 정책이라 할 수 있다.

4 부가노동자 효과와 실망노동자 효과

① **부가노동자 효과**… 경기불황일 경우 노동자들이 노동시장에 참가하는 것으로 학생 및 주부와 같은 비경제활동인구들이 취업을 하고자 구직활동을 하는 경우, 경제활동인구로 분류되며 이로 인하여 실업자로 실업률이 높아지게 된다.

② **실망노동자 효과**… 경기가 후퇴하여 노동시장에 실업률이 높을 때는 노동자들은 다수의 구직활동의 실패로 인하여 구직을 포기하게 되는데 이것을 실망노동자효과라고 한다. 실망노동자는 구직단념자로서 경제활동인구에서 비경제활동인구로 전락하게 되고 이로 인해 실업률을 낮아지는 현상이 나타난다.

5 필립스 곡선

필립스는 실증적 자료를 토대로 명목임금상승률과 실업률 사이에 역의 관계가 성립한다는 것을 보고하는데 이후 명목임금상승률은 물가상승률을 반영하므로 물가상승률과 실업률 사이의 역의 관계를 보여주는 것을 필릭스곡선이라고 한다.

필립스 곡선에 의하면 실업률이 낮을수록 인플레이션율(물가상승률)이 높아지고 실업률이 높을수록 인플레이션율이 낮아지게 된다. 따라서 정부가 실업률을 낮추기 위해서는 물가상승을 감수해야 하며 반대로 물가상승을 통제하기 위해서는 실업률이 높아질 수밖에 없다. 따라서 완전고용과 물가안정이라는 두 가지 주제는 동시에 달성하기 어렵다고 할 수 있으며 물가상승률이 0이라 할지라도 어느 사회에서나 자연실업률은 존재한다고 보고 있으며 자연실업률은 자발적인 실업에 해당되며 약 4%정도 된다.

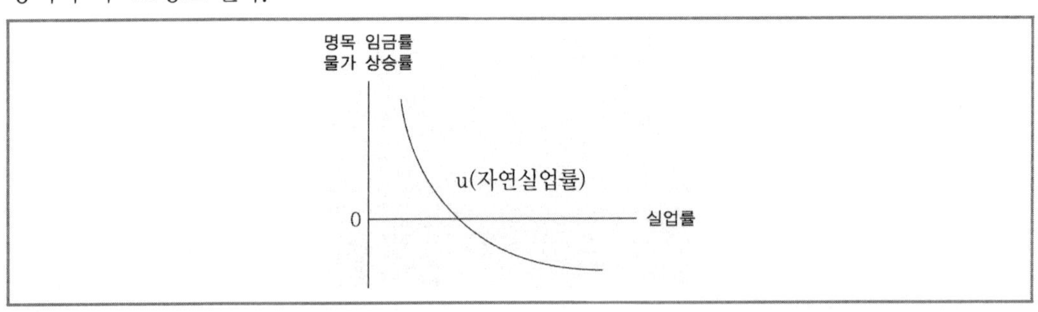

POINT 스태그플레이션과 생산성 임금제 및 소득정책

- 스태그플레이션 : 1970년 후반에 들어서면서 미국을 비롯한 주요 선진국에서는 인플레이션율이 높아지면서 동시에 실업률이 높아지는 현상이 나타나는데 이것을 스태크플레이션이라고 한다.
- 생산성 임금제 : 생산성 임금제란 명목임금의 상승률을 물가상승률에 노동생산성의 증가율을 합한 것으로 실질임금상승률을 노동생산성 증가율과 같게 조정하는 임금조정방식이다.
- 소득정책 : 소득정책이란 과도한 임금인상과 물가상승의 규제 조치로 정부가 임금상승률의 상한을 정하고 임금과 물가를 통제하여 소득을 조정하게 된다.

03 노사관계이론

1 노사관계의 의의

① **노사관계의 본질**… 노사관계란 근로자(노동자)와 사용자의 관계를 말하며 근래에는 산업화의 진전에 따라 정부의 역할이나 기능이 확대됨에 따라 노사관계를 노 · 사 · 정의 관계로 설명하기도 한다.

② 노사관계 대상

㉠ **노동조합** : 노사관계의 대상은 근로자 및 근로자의 이익을 위해 조성된 노동조합이 된다. 달라져 인간적인 삶을 보장받고자 하는 요구를 제기하게 되었다. 노동조합이란 근로조건의 유지 · 개선 등 근로자의 경제적 지위 향상을 목적으로 한 단체를 말하며 노동조합은 근로자 개개인을 대신하여 사용자에게 발언권을 행사하고 권리를 주장하게 된다.

㉡ **정부** : 노사 간의 이해대립으로 인해 국민경제 및 국민의 이익에 침해가 발생할 경우 정부는 노사간의 이해대립을 조정하게 된다.

㉢ **사용자** : 노사관계의 당사자로 개별기업의 경영자가 사용자라고 할 수 있으며 오늘날의 노사관계는 이와 같이 근로자와 사용자 사이의 민주적인 노사관계이며, 자본주의 초기의 대립적 노사관계가 아니다.

2 노사관계 유형

① **전제적 노사관계**… 19세기 중반 노동자와 사용자간의 절대적이며 복종적 노사관계로서 이것을 전제적 노사관계라고 한다. 이와 같은 노사관계에서 노동자는 착취의 대상이 되며 이에 반발로 폭동, 시위 같은 갈등이 격화되어 노동조합이 형성되었다

② **온정적 노사관계**… 전제적 노사관계로 노동자의 생산성이 낮아지자 사용자는 가부장적인 온정주의에 입각한 노사관계를 형성하게 된다. 이것은 봉건영주가 영민(領民)의 충성에 대한 대가로서 영민의 복지에 책임을 진다는 봉건적 전통을 반영한 것으로 노동자는 사용자가 은혜를 베푸는 것에 대한 보답으로 성실히 일하게 되어 생산성이 증대되고 기업의 이윤이 창출될 수 있다고 본다.

③ **완화적 노사관계**… 완화적 노사관계란 사용자가 온정적으로 복리후생을 제공하는 것 뿐 아니라 종업원대표제 등을 설치하고, 노동자와의 소통을 시도하는 유형으로 생산성 향상 및 노동조합의 조직화를 방지함으로서 노동자와 사용자간의 관계가 지속되는 노사협동적 노사관계인 것이다.

④ **민주적 노사관계** … 제1차 세계대전 이후 나타난 것으로 노동조합과 사용자가 대등한 지위에서 단체교섭을 하는 산업 민주주의의 이념에서 형성된 노사관계유형이다.

3 노사관계시스템

① **던 롭의 노사관계론(시스템이론)** … 던 롭은 노사관계 시스템을 통해 경제 및 정치에서의 관련성을 설명하고 있는데 노사관계론을 기업차원, 산업차원 그리고 전국차원에서 노사관계의 규칙을 분석적으로 연구하였다. 시스템이론에서 규칙이라는 개념을 설명하는데 규칙은 노 · 사 · 정 행위주체의 전략과 선택, 기술적 여건, 시장적 여건, 관련 당사자 간의 권력배분상태, 당사자들이 갖고 있는 신념체계에 의해 결정된다고 한다.

② **노사관계의 행위주체** … 던롭은 노사관계를 구성하는 행위주체로 근로자(근로자를 포함한 조직), 사용자(사용자를 포함한 조직), 정부로 규정하며 노사관계시스템의 당사자들은 기술적 특성, 시장 및 예산상의 제약, 그리고 사회내의 권력배분 등과 같은 환경적 · 상황적 맥락 속에서 규칙을 제정하게 된다.

> **POINT 환경적 요인**
>
> ① 기술적 여건(기술적 특성) : 어떤 제품을 생산할 것인가와 같은 기술선택은 사용자가 경영의 형태, 피고용자의 조직, 감독문제, 요구되는 노동력의 특성 및 공적인 규제가 가해질 가능성 여부 등에 영향을 미친다.
> ② 시장적 여건(시장 또는 예산상의 제약) : 시장 경쟁이 심하지 않는 경우 시장적 제약이나 예산상의 제약에서 받는 압박은 상대적으로 적은 반면 시장경쟁이 과열되는 경우 시장적 제약이나 예산상의 제약을 받게 되고 예산상의 제약은 하나의 노사관계에 관한 규칙의 내용을 결정함에 있어서 매우 중요한 요인으로 작용하게 된다.
> ③ 당사자 간 권력배분상태(사회의 권력배분) : 노사관계체계에 크게 영향을 미치는 권력환경으로 사회에서 권력배분 관계는 노 · 사 · 정 당사자의 행동결정에 영향을 미치는 여건으로 작용한다.
> 가) 3 주체 : 노동자(노동조합) —— 사용자(사용자 단체) —— 정부(노사문제 관련 기구)
> 나) 3 요건 : 기술적특성 —— 제품시장(또는 예산 제약) —— 각주체의권력관계및지위
> 참조) J.T. Dunlop, "Industrial Relations System"

01 노동조합의 이해

1 노동조합의 의의

노동조합은 '노동조건을 유지하고 또 개선하기 위하여 임금노동자들이 조직한 지속적인 연합' 혹은 '한 가지 또는 두 가지 이상의 직업에 취업하고 있는 노동자들이 만든 결사로서 조합원들이 일상적으로 수행하고 있는 직무와 관련된 경제적 이익을 보호하고 증진시킬 것을 주요 목적으로 운용되고 있는 조직'이라고 정의된다.

이와 같은 정의에서 우리는 노동조합이 노동자들이 만든 자주적인 조직이고, 그 목적이 임금인상 및 근로조건 개선 등을 통해 노동자들의 경제적 지위향상에 있으며, 영속성을 갖는 조직이다.

2 노동조합의 기능

① **경제적 기능**… 노동조합은 주로 기업과의 단체교섭에 의하여 임금인상, 근로시간단축, 작업환경 개선, 퇴직금 및 부가급여 인상, 불합리한 해고반대, 해고억제, 기업·복지 향상 등의 노동자의 경제적 권익을 향상시키고 유지시키는 기능을 수행한다.

② **정치적 기능**… 노동조합의 정치적 기능은 주로 국가, 지방자치단체를 대상으로 수행하는 것으로 근로기준법과 같은 법률의 제·개정, 정책결정 및 집행에 영향을 주는 활동으로서 노동조합에 불리한 정책변경에 대한 시위, 집단저항과 노조의 특정 정당과의 관계형성, 입후보자 지지 및 자금지원, 노조대표의 의회 진출 시도 등을 통하여 정치적 기능을 수행한다.

③ **공제적 기능**… 노동조합은 조합원 상호간의 복지증진을 위하여 조합원이 일정금액을 각출하여 공동자금을 마련하거나, 공제기금에 의한 공제사업 등을 통하여 조합원이 노동력을 일시적 또는 영구적으로 상실할 경우, 공제기금을 통하여 상호부조적 활동으로 생활 안정대책을 강구하는 기능을 수행한다.

3 노동조합의 형태

① **직종별 노동조합**… 같은 직종 또는 직업을 가진 근로자가 기업 및 산업과 관계없이 단결하는 노동조합으로 직종별 노동조합 또는 직능별 노동조합이라고 한다. 동일 직종의 노동자들이 단합하여 지역에 관계없이 횡적 조직을 만드는 것이다.
역사적으로는 가장 오래된 형태의 노동조합으로서 주로 숙련공들의 노동조합형태로 과거 '길드'가 대표적이다.

㉠ 장점
- 직종별 근로조건의 통일적 확보가 용이하다.
- 기업과의 유착이 불가능하여 어용화의 가능성 낮다
- 실업자도 조합원으로 활동이 가능하다.

㉡ 단점
- 동일 직종 이외의 다른 산업 및 직종의 근로자와 연대가 어렵다
- 기업별 노동조합에 비하여 노사간의 관계가 희박하다.
- 숙련직만의 배타적 노동조합으로 전락하기 쉽다.

② **산업별 노동조합**… 산업별 노동조합은 직종에 상관없이 동일 산업에 종사하는 노동자들이 횡적으로 조직하는 노동조합을 말하며 선진국에서 가장 많이 활용하는 노동조합이라 할 수 있다.

㉠ 장점

- 노동조합원의 수가 많으므로 사용자 및 사용자 단체에 대하여 강력한 단체교섭력을 지니고 있다.
- 사용자에 의하여 쉽게 해산되기 어렵다.

㉡ 단점

- 한 산업 안에서 여러 직종의 근로자가 조합될 경우 직종별 특수성을 반영하는 노동조건의 확립이 어렵다.
- 노동자 수가 많으므로 노동조합이 자칫 노동자의 권익을 대변하지 못하고 관료주의적 경향으로 흐리기 쉽다.

③ **일반 노동조합** … 직종이나 산업에 관련 없이 모든 노동자에 의해 조직되는 노동조합으로 산업화로 인하여 노동력을 착취당하고 권익을 주장할 수 없는 미숙련 노동자들이 조직한 노동조합이다.

㉠ **장점** : 직종, 산업의 구분 없이 미숙련 근로자를 광범위하게 조직하여 노동조합의 규모가 크다.

㉡ 단점

- 노동자 간 직종별, 산업별 동질성이 없어 조합원 간 결속력을 가지기 어렵다
- 노동조합의 교섭대상이 불분명하여 노동조합원의 권익을 실현하기 어렵다.

④ **기업별 노동조합** … 기업별 노동조합은 동일기업에 종사하는 노동자에 의하여 조직된 노동조합으로 일본과 우리나라에서 자주 발견되는 노동조합이다.

㉠ 장점

- 기업 내 노동조합원의 근로조건을 개선하고 임금을 타결하는데 효과적이다.
- 사용자 주체와 단체교섭이 용이하다.
- 노조 지도부와 노동조합원 간의 의사소통이 용이하다.
- 기업 내 조직원 간의 연대감이 높아 노동조합을 조직하기 용이하다

㉡ 단점

- 기업 내 여러 직종 노동자의 근로조건 개선에 공평하기 어렵다.
- 사용자에 의해 노동조합이 어용화되기 쉽다.
- 노동조합의 단체활동으로 하청 근로자나 소비자들의 이익이 침해될 가능성이 있다.

POINT 기업노조주의(business unlonlsm)

기업노조주의는 노조원의 경제적 이익을 가장 중요한 목표로 설정하여 단체교섭을 통하여 노조원의 권익을 증진시킨다. 제도학과 경제학자의 기여가 컸으며, 미국 노동조합의 주요 이념이 된다.

4 노동조합의 운영방식

① 숍제도 … 노동조합의 가입과 운영방식에 따라 여러 가지 숍 제도들이 있다.

㉠ 오픈 숍(Open Shop) : 사용자는 근로자 채용 시 조합원이나 비조합원 유무에 상관없이 모두 고용할 수 있으며, 조합가입이 고용조건이 아니다. 즉 사용자는 조합원이 아닌 자를 채용할 수 있으며, 채용 후에도 노동조합 가입 유무가 근무에 아무런 제약을 가하지 않는 제도이다. 노동자가 노동조합의 가입 여부에 따라 고용 또는 해고에 영향을 받지 않는 것으로 사용자는 조합원이 아닌 자를 채용할 수 있으며, 채용 후에도 노동자는 자유의사에 따라 노동조합의 가입을 결정할 수 있다. 이러한 오픈 숍 제도 하에서 노동조합은 노동공급을 독점할 수수 없으므로 사용자와의 교섭에서 불리하며 노동조합의 조직도 쉽지 않다.

㉡ 클로즈드 숍(Closed Shop) : 클로즈드 숍이란 사용자가 노동조합에 가입하고 있는 노동자만을 채용할 수 있는 제도로 일단 고용된 노동자라 할지라도 조합원의 자격을 상실하면 근로자가 될 수 없도록 하는 제도이다. 결원보충이나 신규채용에 있어서 사용자는 조합원 중에서 고용하지 않으면 안되며, 조합가입이 고용의 전제조건이 되는, 즉 노동조합의 힘이 가장 강력한 숍 제도로 노동자는 노동조합을 통해야만 취업할 수 있으므로 노동조합은 노동공급을 독점할 수 있으며, 추후 노사분규에 대해서도 매우 강력한 교섭력을 행사할 수 있다. 우리나라의 경우 클로즈드 숍의 경우 항만하역과 철도하역에 종사하는 근로자에 대해서만 인정해 주고 있어 부두에서의 항만하역 작업이나 창고의 입출고를 위해서는 사용자는 항운노조를 통해서 근로자를 고용할 수 있다.

㉢ 유니온 숍(Union Shop) : 사용자는 채용 시 조합원 자격유무에 상관없이 누구든 자유롭게 채용할 수 있으나, 일단 채용이 되면 일정기간 내에 노동조합에 가입하여야 하는 숍 제도이다. 사용자가 노동자를 채용할 때에 노동조합원이 아닌 자를 채용할 수 있지만, 일단 채용하고 나면 노동자는 일정한 기간 내에 노동조합에 가입하여야 종업원의 자격을 유지할 수 있는 제도로 노동조합에 가입하지 않는 경우 종업원의 자격이 박탈당하게 된다. 유니온 숍은 조합원이 아닌 근로자도 채용 후 노동조합에 가입시킬 수 있기 때문에 노동조합의 규모가 확대되는 장점이 있다.

㉣ 에이전시 숍(Agency Shop) : 노동조합이 종업원이 조합원이 아니더라도 모든 종업원에게 조합회비를 징수하는 제도로 비조합원들이 노동조합의 단체교섭으로 얻는 혜택을 무임승차하려는 심리를 줄일 수 있고 노동조합 운영에 안정을 기할 수 있다.

㉤ 프레퍼렌셜 숍(Perferential Shop) : '우선 숍제도'라고 하며 채용에 있어서 노동조합원에 우선순위를 주는 제도이다. 또한 노동조합원이 아니더라도 고용은 가능하나 노동조합원에 대해서는 채용상의 우대를 주는 제도이다.

㉥ 메인터넌스 멤버십 숍(Maintenance of Membership Shop) : '조합원유지 숍제도'라고 하며, 일단 단체협약이 체결되면 이전에 노동조합에 가입했던 노동자 및 단체협약이 체결된 이후에 가입한 조합원도 단체협약이 유효한 일정기간동안 조합원 자격을 유지해야 하는 제도로 제도를 말한다.

ⓢ **체크오프 시스템**(Check off System) : 노동조합의 재무적 운영 면에서 독립성을 유지하여 조직을 강화하는 방법으로 체크오프 시스템은 사용자가 노동조합비를 노동조합원의 임금에서 일정 부분만큼 일괄공제하여 원천징수하는 방법이다. 노동조합 운영 및 조직에 대한 시간과 비용상 경제적일 뿐 아니라 노동조합의 지위를 강화할 수 있다는 장점이 있다.

5 단체교섭과 단체협약

① **단체교섭**… 노동조합의 가장 주된 활동 중의 하나는 단체교섭이다. 노동조합이 근로자의 임금 및 부가급여, 급여체계, 해고조건, 작업환경, 인사·노무관리 방식이나 작업장 운영방식 등에 관하여 집단적으로 교섭하는 것을 단체교섭이라고 하며 단체교섭은 근로 3권(단결권, 단체교섭권, 단체행동권)중 가장 중요한 기능이라 할 수 있다.

② **단체협약**… 단체협약이란 사용자 또는 사용자 단체와 대립관계에 있는 노동조합이 노동조건의 기준에 대해 협약하는 것으로 협약체결일로부터 15일 이내에 행정관청에 신고하여야 하며, 2년을 초과하는 유효기간을 정할 수 없다. 오늘날에는 단체협약의 사회경제적인 기능으로서 조합원의 근로조건 개선뿐만 아니라, 기업경영에 근로자의 참여를 통해 경영 민주화에 기여하는 기능을 통해 산업민주화와 더불어 산업평화 유지에 이바지하고 있다.

6 단체교섭의 종류

① **기업별 교섭**… 기업별 교섭이란 기업이나 사업장 단위의 노조와 기업 사용자간에 교섭을 하는 것으로 우리나라와 일본에 보편적인 교섭 유형이다. 기업 내 근로자의 노조는 사용자와 협동적 노사관계의 구축이 가능하다는 장점이 있으나 노조간부나 지도부가 종업원 신분을 겸하고 있기 때문에 사용자에 의한 어용화 위험이 발생되기도 한다. 기업별 교섭은 기업 내의 직종별 근로자들이 다양하므로 근로조건에 대하여 동등한 개선이 어렵기 때문에 임금이나 근로조건에 큰 차이가 나타난다.

② **산업별 교섭**… 산업별 노조의 산업별 교섭이 이루게 되는데 산업별 노조나 하부단위의 노조로부터 교섭권에 대하여 위임을 받은 상급노조가 사용자 단체와 교섭을 하는 경우 산업별 교섭이라고 한다. 산업별 교섭은 동일산업에 속한 근로자들이 공통적인 근로조건 개선을 목적으로 교섭을 하므로 교섭력의 우위를 확보할 수 있다는 장점이 있다.

③ **대각선 교섭**… 대각선 교섭이란 산업별 상급단체가 산하 하부노조로부터 교섭권을 위임받아 개별기업과 교섭하는 형태를 말한다. 이 교섭형태는 노조 규모가 작은 기업별 노조의 약한 교섭력을 극복할 수 있고, 산하 노조에 대해 근로조건의 평준화를 유도할 수 있다.

④ **공동교섭**… 상부조합과 지부가 공동으로 사용자와 교섭하는 방식으로 '연명교섭'이라고도 한다. 기업별 노조가 교섭력이 약한 부분을 보완해 줄 수 있으며 근로조건에 대한 표준을 정하여 특정지부가 기업에 지나친 양보를 하지 못하게 하는 장점도 있다.

⑤ **집단교섭**… 다수의 단위노동조합들이 공동으로 다수의 사용자집단과 집단적으로 교섭하는 방법으로 산업별로 연합전선을 형성하여 교섭하므로 '연합교섭'이라고도 하며, 유럽 각국에서 많이 볼 수 있는 교섭형태이다.

⑥ **통일교섭**… 산업별 · 직업별 노동조합과 전국적 또는 지역적 사용자 단체와의 교섭방법으로 '복수 사용자 교섭'이라고 한다.

⑦ **패턴교섭**… 패턴교섭이란 공식적 단체교섭 구조에서 결정된 단체협약이 있을 때, 이 구조에 속하지 아니한 기업이나 노동조합이 공식적 단체교섭 구조에서 결정된 사항에 의해 영향을 받아 유사하거나 동일한 내용의 단체협약을 체결하는 형태를 말한다. 예를 들어 기성복을 만드는데 이용되는 옷패턴이 있으면 같은 모양의 기성복이 수없이 만들어지듯이 공식적 단체교섭 구조에서 맺어진 단체협약이 본이 되어 여타의 기업에서도 동일한 내용의 협약이 그대로 수용되는 교섭방법이 패턴교섭이다. 산업별 · 지역별 · 업종별로 대표기업이 먼저 모델케이스로 교섭을 행하고, 다른 관련 기업은 그 교섭 결과에 준하여 수용하는 교섭방식이다.

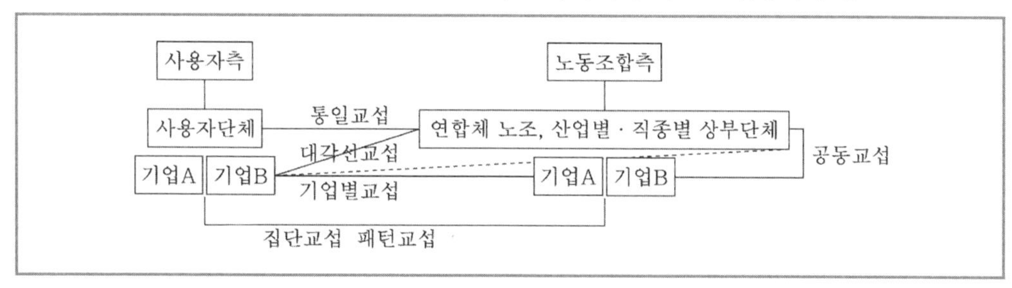

7 근로자의 경영참가

① **경영참가의 의의**… 경영참가란 근로자 또는 노동조합이 어떤 형태로든 경영에 대한 의사결정에 참가하여 기업운영에 대한 영향력을 행사하는 과정을 말하며 기업민주주의와 산업민주주의를 실현에 이바지 할 수 있다. 즉, 자본주의 발달에 따른 인간소외를 극복하고 기업민주주의와 산업민주주의를 실현하기 위하여, 기업의 의사결정과정에 근로자가 스스로 공동경영 · 공동관리 결정에 참여하는 것을 뜻한다.

② **경영참가 방법**

㉠ **종업원지주제도** : 종업원에게 소속된 회사의 주식을 배당함으로 기업에 대한 충성심과 귀속의식을 배양하고, 노사협조에 의한 능률향상과 생산의욕을 고취시킬 수 있다.

㉡ **스캔론 플랜과 럭커플랜** : 스캔론 플랜(Scanlon plan)은 미국의 스캔론(J. N. Scanlon)에 의하여 창안된 제도로서, 생상성 향상을 위하여 증대된 이윤을 근로자에게 분배하는 제도이다. 판매가치를 성과배분의 기준으로 삼아 이윤을 근로자에게 분배하는 것이 스캔론 플랜이라면 럭커 플랜은 부가가치를 성과배분의 기준으로 삼아 근로자에게 분배하게 된다.

㉢ **스톡옵션제** : 스톡옵션(Stock Option)은 주식옵션이며 직원의 주식매수권을 뜻하는 인센티브 시스템이다. 스톡옵션은 회사가 직원에게 일정기간에 자사 주식을 일정가격에 매입할 수 있는 권리를 부여함으로서 자사에 대한 귀속감과 능률향상을 도모할 수 있다.

> **POINT 집단성과급 배분 방법**
>
> 프랜치 시스템 … 프랜치 시스템은 집단전체의 능률향상을 목표로 하며, 근로자들의 노력을 자극할 수 있으며 집단전체의 증대된 이윤을 성과금으로 배분하는 방식이다.

02 단체교섭과 파업

1 노동쟁의

노동조합 및 노동관계조정법 제2조 제6호는 쟁의행위의 개념을 정의하고 쟁의행위의 유형을 설명하는데 쟁의행위는 집단행동의 속성으로 인한 정당성의 한계를 갖게 된다.

① **파업** … 일반적으로 파업(Strike)은 '노동자가 단결하여 임금, 노동시간 및 기타 노동조건의 유지 또는 개선이라는 목적을 쟁취하기 위해 조직적인 방법으로 노무의 제공을 공동으로 거부하는 쟁의행위'라고 정의되고 있다. 법적 정의에 의하면 쟁의행위는 노동조합과 사용자 또는 그 단체가 분쟁의 주체가 되고(주체), 노동조건에 관한 당사자의 주장불일치로 인하여 발생하는 노동자의 집단행동이며(원인), 업무의 정당한 운영을 저해하는 행위라도 적법한 행위(유형)로서의 법적 보호를 받을 수 있다.

② **태업** … 태업(Sabotage)이란 고의적인 작업장 내 기계 설비 손상, 불량품 생산 등 적극적인 태업(사보타지)과 사용자의 비밀폭로 · 상품의 비판 등을 거래처에 알리는 개구(開口) 태업, 의식적으로 작업능률을 저하시키는 소극적 태업 등이 있다.

③ **준법투쟁** … 준법투쟁이란 노동조합의 통제 하에서 근로기준법, 노동조합 및 노동관계조정법 등 관련법령에 규정된 권리를 동시에 행사하거나, 의무를 동시에 이행하는 단체행동으로 근로자들이 동시에 연장근무를 거부, 일제 휴직, 집단 사표 등을 통해 사용자에게 위협을 가하는 방법 등이 있다.

④ **생산관리** … 생산관리는 근로자가 단결하여 사용자의 지휘명령을 거부하면서 사업장을 점거하고 조합간부의 지휘 하에 노무를 제공하는 투쟁행위로 적극적으로 사업장 및 시설 등을 점유하여 사용자의 지휘명령을 배제하면서 기업경영을 지배하는 쟁의행위이다.

⑤ **보이콧** … 보이콧(Boycott)이란 사용자 또는 그와 거래관계에 있는 제3자의 상품의 구입, 기타 시설의 이용 거부, 사용자 또는 그와 거래관계에 있는 제3자와 근로계약의 체결을 거부할 것을 호소하는 쟁의행위로 노동자들이 사용자에 대하여 직접적으로 압력을 가하는 것을 1차적 보이

콧, 사용자와 관계에 있는 제3자에게 사용자와의 거래를 거부하도록 요구하는 것으로 2차 보이콧라고 한다.

⑥ **피케팅** … 피케팅(Picketing)은 제3자에게 파업 중임을 알림으로서 노조에 유리한 여론을 형성하거나, 쟁의행위에서 노동자의 이탈을 방지하고 대체근로를 저지함으로써 쟁의행위의 실효성을 높이기 위한 방법으로 사업장의 출입통행을 제한하거나 제품의 출하업무를 저지하거나 관리직 직원의 출입을 통제하는 경우까지 포함된다.

⑦ **직장점거** … 쟁의기간 중에 노동자가 사업장에 머물면서 집회나 시위를 계속하면서 기업시설을 점거하는 방법 우리나라에서는 파업과 동시에 직장점거가 많이 행해지고 있다.

2 사용자의 쟁의행위

근로자의 쟁의행위에 대하여 사용자가 직장을 폐쇄하여, 근로자의 노무를 제공받지 않는 것으로 근로자의 단체행동에 대한 사용자의 유일한 대항수단을 직장폐쇄라고 한다. 사업자는 근로자의 근로제공을 거부하고 임금의 지급을 면할 수 있으며 직장폐쇄를 통해 근로자들의 투쟁 거점을 빼앗고 근로자에게 심리적 압박을 가할 수 있다.

3 파업에 관한 이론

① **힉스(Hiks)의 모형** … 영국의 옥스퍼드 대학의 힉스 교수는 단체교섭이 결렬되어 파업이 발생하면 파업기간에 따라 노사측의 요구임금(asking wages) 및 사용자측의 제시임금(offering wages)의 수준이 달라진다고 보았으며 즉, 임금수준은 파업기간의 함수라고 설명하였다.

㉠ **사용자의 양보곡선** : 파업기간이 길어질수록 사용자는 재고의 소진 등으로 파업에 대한 비용은 증가하므로 임금제시율을 높아지며 우상향의 양보곡선이 그려진다.

㉡ **노동조합의 저항곡선** : 파업 초기에 노조원들은 강경한 입장을 고수하여 임금요구율이 높으나 파업기간이 길어짐에 따라 근로자측에서는 무임금으로 비용이 발생하므로 임금요구율을 낮아지게 되는 우하향 곡선이 그려지게 된다.

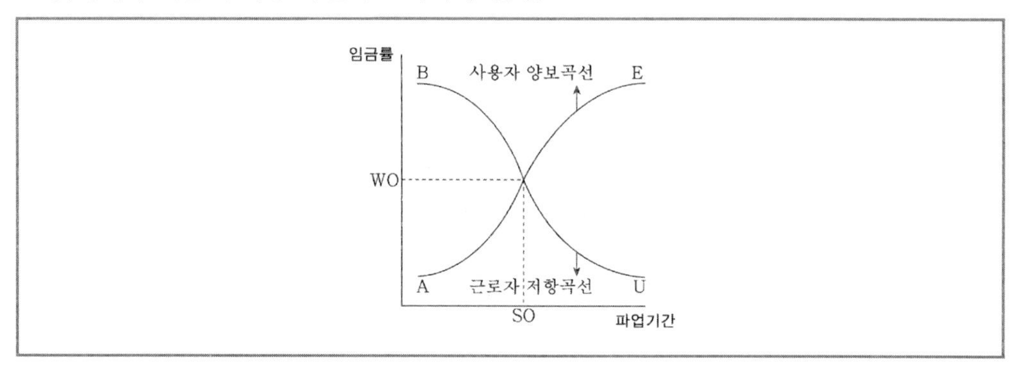

② **아쉔펠터 – 존슨 모형** … 아쉔펠터와 존슨의 모형은 노사의 협상에 있어서 정보의 비대칭이 존재한다고 보고 노동조합은 회사의 경영상태나 지불능력이 어느 정도인지 정확히 알 수 없으나 기업은 자신의 지불능력에 대해 잘 알고 있다. 따라서 이러한 정보의 비대칭으로 인하여 노조는 파업을 통해 회사의 지불능력에 대한 정보를 얻게 되고 사용자는 파업을 통해 회사의 지불능력을 노조에게 신호해 주게 되는데 노조가 회사의 지불능력을 알기까지 발생하는 기간을 파업기간이라고 설명할 수 있다.

4 파업의 경제적 비용과 기능

① 파업의 경제적 손실은 노사 양 당사자 간의 사적비용과 국민경제적차원의 사회적비용(손실)으로 나눌 수 있다.

㉠ 사적 비용

- 파업의 사적비용이란 노동자측의 비용과 기업측 비용의 합이다.
- 노동자측의 노동소득 순상실분은 해당기업의 임금소득상실보다 훨씬 적을 수 있다. 왜냐하면, 파업 중에 노동조합에 적립한 파업수당을 수령할 수도 있고, 파트타임직, 임시직으로 취업할 수도 있기 때문이다.
- 사용자측의 비용은 생산중단에 따른 이윤감소를 들 수 있다.
- 사용자에게도 이윤의 순감소분은 직접적인 생산중단에서 발생하는 것보다 적을 수 있다. 왜냐하면, 사용자는 파업을 예견하고 재고량을 늘린 후, 파업으로 생산이 중단될 때 재고처분을 할 수도 있고, 무노동에 대한 무임금의 원칙에 따라 파업에 따른 임금비용, 원자재비용 등의 가변비용지출도 절약할 수 있고, 파업 중에 감소되었던 매출량을 파업종료 후에 과거수준으로 회복할 수도 있기 때문이다.
- 즉, 실제생산시기만 조절될 뿐, 연간생산량에는 사실상의 변화는 없기 때문이다. 예를 들어 미국 철강산업에서 파업 발생할 당시 단체교섭 만료일을 앞두고, 단체교섭이 개시되기 전에 철강대리점 및 수요자들이 철강 재고량을 대폭 증가시킴으로서 생산공장에서도 재고수요를 충족시키기 위하여 공장가동률을 대폭 증가하여 파업이 몇 개월간의 사용분을 재고량으로 보유하여 파업 후, 다시 가동률을 높임으로서 사용자의 경우 파업에 의해 생산중단에 따른 이윤의 순감소분이 크지 않은 것으로 나타났다..

㉡ **사회적 비용** : 사회적 비용이란 산업의 한 부문의 파업으로 인하여 타부문에서의 생산 및 소비에 영향을 미치는 것으로 파업에 따른 사회적 비용이 가장 큰 분야는 서비스산업인데 예를 들어 서비스 산업에서 파업이 발생할 경우 서비스는 재고비축이 불가능하므로 경제 전체의 서비스 소비수준이 떨어진다고 할 수 있다.

② 노동조합의 경제효과

㉠ **파급효과**(이전효과, 축출효과) : 노동조합이 조직된 산업에서 퇴출된 노동자들은 노동조합이 없는 산업(보통 2차 시장)으로 이동하게 되는데 노조의 비조직부문에서 노동자가 과잉공급됨으로서 해당 산업 및 시장의 임금을 하락시키게 된다. 이것을 노동조합의 파급효과 또는 축출효과라고 한다. 이러한 파급효과로 인하여 노조의 비조직부문에서는 근로자의 임금이 하락하게 되어 노조의 조직부문과 비조직부문의 임금차가 더욱 심각해지는 문제가 발생하게 된다.

㉡ **위협효과** : 노조가 결성된 조직부문에서 근로자의 임금이 상승한 것을 관조한 비노조부문의 사용자가 임금상승을 두려워하여 비노조 부문에서 근로자의 임금이 상승하는 경우를 위협효과라고 한다. 위협효과가 발생하는 경우 노조조직부문과 비노조직부문과의 임금차이가 작아지는 효과가 나타나 비노조조직부문 근로자의 근로조건이 개선되는 긍정적인 효과가 있는 반면 비노조조직부문에서 실업자가 발생할 경우 외부시장으로 유입되므로서 근로조건이 악화되는 문제점도 발생하게 된다.

03 기업문화와 노동정책

1 기업문화모형

① 파슨스의 AGIL … 사회의 모든 체제는 존립과 발전을 위해 몇 가지 기능을 수행해야 한다. ⇒ 균형중시

㉠ A(Adaptation) : 외부환경에 대한 적응

㉡ G(Goal Attainment) : 체계의 목표 달성

㉢ I(Intergration) : 체계 내 단위들 간의 상호관계 조정과 통합

㉣ L(Legitimacy) : 체계의 유형 유지와 긴장처리이다.

② 파스칼과 피터슨의 7S 모형

㉠ **공유가치**(shared value) : 조직문화의 핵심적 구성요소

㉡ **전략**(strategy) : 기업의 장기적 방향과 기본성격을 결정

㉢ **구조**(structure) : 구성원의 일상업무와 행동에 영향을 주는 요소

㉣ **관리제도**(system) : 기업경영의 의사결정, 일상운영의 관리제도 및 절차

㉤ **구성원**(staff) : 구성원의 행동을 통하여 조직문화 구체화

㉥ **기술**(skill) : 하드웨어+소프트웨어, 경영에 적용되는 관리기술 및 기법 포함

㉦ **관리스타일**(style) : 조직의 일상관행은 관리 및 리더십 스타일로부터 크게 영향을 받음

③ 딜과 케네디의 기업문화 분류

	피드백 기간 (←)	
모험도 (↑)	• 투자형 : 석유, 광산, 항공, 집권적, 장기평가, 경험중심	• 모험형 : 건설, 연예, 컨설팅, 강력한 지도자 중심
	• 관료형 : 금융, 관공서, 집권적, 공식적, 기계적	• 근면형 : 컴퓨터, 음식점, 팀워크, 개방적, 유기적

④ 해리슨의 기업문화 분류

	집권화 (←)	
공식화 (↑)	• 관료조직문화 : 기계적, 과학적, 직무소외, 무관심, 이기주의	• 행렬조직문화 : 과업지향적(프로젝트), 팀워크, 상담적, 협조적
	• 관료조직문화 : 핵심인물중심, 유기적, 수직적 갈등	• 핵화조직문화 : 공동목표, 자발적 참여, 개방적, 비공식적

⑤ Z조직문화(W. Ouchi)

㉠ 조직문화의 기본가치 : 신뢰감, 친밀감, 공동참여의식, 자율성과 평등감, 책임감

㉡ 자금, 설비시설, 노동력과 인적자원관리제도, 조직풍토에 의하여 조직문화가 성숙해질 수 있다.

⑥ 핸든, 터너의 기업문화 분류

㉠ 기업의 당면한 문제 대처방법에 따라 분류하였다.

㉡ 갈등 · 악순환형 : 일방적인 가치추구와 가치간의 갈등(집권화 · 분권화, 공식화 · 비공식화)

㉢ 조화 · 활성화형 : 시너지적 대처-기본 가치간의 조화 – 기업경영활성화(통합 가능한 대안)

㉣ 우리나라는 관료적, 갈등 · 악순환형이다.

2 노동정책

① 노동시장정책(고용정책)

㉠ 거시적 정책

- 총량면에서 수요 · 공급의 조화를 이루는 것이다.
- 중소기업을 육성, 국내산업의 분업 연관관계 심화하고(원료, 부품, 소재사업 등 육성), 농업부분의 경쟁력을 강화시킴으로서 경제성장을 지속시킨다.

㉡ 미시적 정책

- 개별근로자에 영향을 주어 구체적이고, 실제적으로 경제성장을 도모한다.

• 구조적 실업에 대해 근로자에게 교육, 훈련 등을 통해 실업을 완화하고 마찰적 실업에 대해서는 고용정보를 제공하며 여성 등 취업취약계층에 대해 취업기술 훈련 등을 통해 경쟁력을 향상시킬 수 있다

② 임금정책 … 임금정책은 다음의 이유에서 필요하다.

㉠ 합리적 임금수준의 사회적 합의 유도할 수 있기에 중요하다.

㉡ 임금구조의 합리화를 꾀할 수 있다.

㉢ 최저임금의 합리적 결정으로 미숙련노동자의 생활안정을 도모하고 산업평화를 유지할 수 있다.

㉣ 근로자의 근로의욕 증진을 위하여 성과배분제도의 도입함으로서 기업의 이윤창출 및 근로자의 사기진작에 도움이 된다.

③ 노동과정에 대한 정책 … 노동자가 노동소외에 대응하기 위한 노동과정의 인간화 정책으로 다음과 같은 3가지가 있다.

㉠ 작업조직의 인간화 : 직무전환, 직무확대를 통해 직무능력을 다양히 접하고 직무확충을 통해 근로자의 자율성과 책임성을 향상시킬 수 있다. 반 자율적인 작업을 자율적으로 결정할 수 있도록 하며 집단책임을 통해 공동체 의식을 확대시킨다.

㉡ 노동시간의 인간화 : 노동시간을 단축하고 근로시간의 신축성을 확대함으로서, 근로자의 자유시간을 존중해 준다.

㉢ 노동환경의 인간화 : 근로 환경개선을 통해 근로자의 안전과 건강을 보장해 준다.

④ 노동력 재생산 정책

㉠ 고용보험, 산재보험 등을 통해 근로자가 근로환경 중 발생할 수 있는 문제들에 대해 사회적 안정망을 제공한다.

㉡ 기업에서 근로자에게 무상 또는 저리로 주택보조금 지원, 주택을 지원함으로 근로자가 주택정책으로 생활에 안정감을 가지게 된다면 효율적인 노동력을 생산할 수 있다.

㉢ 근로자의 기능과 기술을 향상시킬 수 있는 교육 등을 통해 노동력이 향상된다.

⑤ 노사관계

㉠ 보호대상 : 과거 취업취약계층이었던 연소자에서 여성, 일반근로자로 확대되고 있다.

㉡ 보호내용 : 과거 생존과 관련된 근로시간에서 생활의 안정을 위한 임금, 근로환경 개선 등으로 확대되고 있으며 노동자의 권익보호의 역할을 담당하게 된다.

노동관계법규

01 노동법

02 근로기준법

03 남녀고용평등과 일 · 가정 양립 지원에 관한 법률

04 고용상 연령차별금지 및 고령자고용촉진에 관한 법률

05 고용정책 기본법

06 직업안정법

07 고용보험법

08 근로자직업능력 개발법

09 파견근로자 보호 등에 관한 법률

10 기간제 및 단시간근로자 보호 등에 관한 법률

11 근로자퇴직급여 보장법

12 채용절차의 공정화에 관한 법률

13 장애인고용촉진 및 직업재활법

01 노동법

※ 노동법의 특징 : 근대시민법 원리의 수정
- 소유권절대의 원칙, 계약자유의 원칙, 과실책임(자기책임)의 원칙
- 소유권상대의 원칙, 계약공정의 원칙, 무과실 책임의 원칙

※ **상위법 우선의 원칙** … 헌법 > 법률 > 명령(시행령) > 단체협약 > 취업규칙 > 근로계약 > 사용자지시사항

※ **근로기본권의 의의** … 근로기본권은 근로자의 생본권 확보를 위해 헌법이 규정하고 있는 근로의 권리와 근로 3권을 가진다.

1. 근로의 권리(헌법 제32조)

① 모든 국민은 근로의 권리를 가진다. 국가는 사회적, 경제적 방법으로 근로자의 고용증진과 적정임금의 보장에 노력하여야 하며, 법률이 정하는 바에 의하여 최저임금제를 시행하여야 한다.
② 모든 국민은 근로의 의무를 지닌다. 국가는 근로의 의무의 내용과 조건을 민주주의 원칙에 따라 법률로 정한다.
③ 근로조건의 기준은 인간의 존엄성을 보장하도록 법률로 정한다.
④ 여자의 근로조건은 특별한 보호를 받으며, 고용 · 임금 및 근로조건에 있어서 부당한 차별을 받지 아니한다.
⑤ 연소자의 근로는 특별한 보호를 받는다.
⑥ 국가유공자 · 상이군인 및 전몰군경의 유가족은 법률이 정하는 바에 의하여 우선적으로 근로의 기회를 부여 받는다.

POINT 근로권 기능

근로기회 제공을 통한 생활 무능력자에 대한 국가적 보호 의무를 감소시킨다.

(1) 이 규정은 국민이 국가에 대하여 근로의 기회를 보장받을 것을 내용으로 하는 권리이다.

(2) 헌법 제32조 제1항에 의거하여 근로의 권리를 구체화할 책무를 국가가 실현코자 하는 법률로는 고용정책기본법, 직업안정법, 근로자 직업훈련촉진법 등이 있으며, 헌법 제32조 제3항에 의거하여, 인간의 존엄성을 보장하도록 근로조건의 기준을 정한 법률로는 근로기준법, 최저임금법, 남녀고용평등과 일 · 가정 양립지원에 관한 법률, 산업안전보건법 등이 있다.

2. 노동3권(헌법 제33조)

근로자는 근로조건의 향상을 위하여 자주적인 단결권, 단체교섭권 및 단체행동권을 가진다.

(1) 이 규정은 근로자의 사용자에 대한 실질적 종속을 직시하고 근로자의 집단적 자조를 통해 노사의 실질적 평등을 구현하고자 하기 위해 규정한 것이다.

(2) 단결이 근로자의 생존권보장을 추구하는 근로자집단의 주체라고 한다면, 단체교섭은 그 주체의 구체적인 목적활동으로써 그 목적활동은 단체협약의 체결이라는 결실을 맺게 되는 것이다. 여기에서 단결체가 단체교섭을 위해서 소기의 목적을 평화적으로 달성할 수 없는 때에는 실력, 즉 최후의 투쟁수단의 단체행동을 통해서 그의 주장을 관철하게 된다.

(3) 법적 성질에 관해서 자유권설, 생존권설, 혼합권설 등의 견해가 대립되나, 다수설은 생존권설이고, 판례는 혼합권설로 파악하고 있다.

3. 근로 3권의 제한

(1) 헌법 제37조 제2항

근로 3권도 국가안정보장, 질서유지, 공공복리를 위해 필요한 경우에 법률로써 제한할 수 있다. 단, 노동3권의 본질적인 내용은 침해할 수 없다.

(2) 헌법 제33조 제2항, 제3항

- 공무원인 근로자는 법률이 정하는 자에 한하여 단결권 · 단체교섭권 및 단체행동권을 가진다. 공무원인 근로자 법률로 정한 자에 한하여 인정(헌법 제33조 제2항). 국가공무원은 사실상 노무에 종사하고 있는 공무원에 한하여 노동3권을 인정.
- 사립학교 교원 및 국공립학교 교원은 단결권, 단체행동권만을 가진다.
- 법률이 정하는 주요방위산업체에 종사하는 근로자의 단체행동권은 법률이 정하는 바에 의하여 이를 제한하거나 인정하지 아니할 수 있다.

POINT

- 방위산업체종사자 중 일정한 자(전력, 용수 및 주로 방산물자 생산)에 대하여 단체행동권 제한 · 불인정(헌법 제33조 3항)
- 헌법이 보장하는 쟁위 행위 … 파업, 태업, 보이콧, 피케팅, 직장점거, 준법투쟁

02 근로기준법

제1장 총칙

제1조(목적)

이 법은 헌법에 따라 근로조건의 기준을 정함으로써 근로자의 기본적 생활을 보장, 향상시키며 균형 있는 국민경제의 발전을 꾀하는 것을 목적으로 한다.

제2조(정의)

① 이 법에서 사용하는 용어의 뜻은 다음과 같다.

1. "근로자"란 직업의 종류와 관계없이 임금을 목적으로 사업이나 사업장에 근로를 제공하는 자를 말한다.

> **POINT** 타 근로자의 정의
>
> 1) "근로자"란 사업주에게 고용된 사람과 취업할 의사를 가진 사람을 말한다.
> 2) "근로자"라 함은 직업의 종류를 불문하고 임금, 급료 기타 이에 준하는 수입에 의해 생활하는 자를 말한다.

2. "사용자"란 사업주 또는 사업 경영 담당자, 그 밖에 근로자에 관한 사항에 대하여 사업주를 위하여 행위하는 자를 말한다.
3. "근로"란 정신노동과 육체노동을 말한다.
4. "근로계약"이란 근로자가 사용자에게 근로를 제공하고 사용자는 이에 대하여 임금을 지급하는 것을 목적으로 체결된 계약을 말한다.
5. "임금"이란 사용자가 근로의 대가로 근로자에게 임금, 봉급, 그 밖에 어떠한 명칭으로든지 지급하는 모든 금품을 말한다.
6. "평균임금"이란 이를 산정하여야 할 사유가 발생한 날 이전 3개월 동안에 그 근로자에게 지급된 임금의 총액을 그 기간의 총일수로 나눈 금액을 말한다. 근로자가 취업한 후 3개월 미만인 경우도 이에 준한다.
7. "1주"란 휴일을 포함한 7일을 말한다.
8. "소정(所定)근로시간"이란 근로시간의 범위에서 근로자와 사용자 사이에 정한 근로시간을 말한다.
9. "단시간근로자"란 1주 동안의 소정근로시간이 그 사업장에서 같은 종류의 업무에 종사하는 통상 근로자의 1주 동안의 소정근로시간에 비하여 짧은 근로자를 말한다.

② 평균임금계산에 따라 산출된 금액이 그 근로자의 통상임금보다 적으면 그 통상임금액을 평균임금으로 한다.

제3조(근로조건의 기준)

이 법에서 정하는 근로조건은 최저기준이므로 근로 관계 당사자는 이 기준을 이유로 근로조건을 낮출 수 없다.

제4조(근로조건의 결정)

근로조건은 근로자와 사용자가 동등한 지위에서 자유의사에 따라 결정하여야 한다.

제5조(근로조건의 준수)

근로자와 사용자는 각자가 단체협약, 취업규칙과 근로계약을 지키고 성실하게 이행할 의무가 있다.

제6조(균등한 처우)

사용자는 근로자에 대하여 남녀의 성(性)을 이유로 차별적 대우를 하지 못하고, 국적 · 신앙 또는 사회적 신분을 이유로 근로조건에 대한 차별적 처우를 하지 못한다.

제7조(강제 근로의 금지)

사용자는 폭행, 협박, 감금, 그 밖에 정신상 또는 신체상의 자유를 부당하게 구속하는 수단으로써 근로자의 자유의사에 어긋나는 근로를 강요하지 못한다.

제8조(폭행의 금지)

사용자는 사고의 발생이나 그 밖의 어떠한 이유로도 근로자에게 폭행을 하지 못한다.

제9조(중간착취의 배제)

누구든지 법률에 따르지 아니하고는 영리로 다른 사람의 취업에 개입하거나 중간인으로서 이익을 취득하지 못한다.

제10조(공민권 행사의 보장)

사용자는 근로자가 근로시간 중에 선거권, 그 밖의 공민권(公民權) 행사 또는 공(公)의 직무를 집행하기 위하여 필요한 시간을 청구하면 거부하지 못한다. 다만, 그 권리 행사나 공(公)의 직무를 수행하는 데에 지장이 없으면 청구한 시간을 변경할 수 있다.

제11조(적용 범위)

① 이 법은 상시 5명 이상의 근로자를 사용하는 모든 사업 또는 사업장에 적용한다. 다만, 동거하는 친족만을 사용하는 사업 또는 사업장과 가사(家事) 사용인에 대하여는 적용하지 아니한다.

② 상시 4명 이하의 근로자를 사용하는 사업 또는 사업장에 대하여는 대통령령으로 정하는 바에 따라 이 법의 일부 규정을 적용할 수 있다.

③ 이 법을 적용하는 경우에 상시 사용하는 근로자 수를 산정하는 방법은 대통령령으로 정한다.

제12조(적용 범위)

이 법과 이 법에 따른 대통령령은 국가, 특별시 · 광역시 · 도, 시 · 군 · 구, 읍 · 면 · 동, 그 밖에 이에 준하는 것에 대하여도 적용된다.

제2장 근로계약

제15조(이 법을 위반한 근로계약)

① 이 법에서 정하는 기준에 미치지 못하는 근로조건을 정한 근로계약은 그 부분에 한하여 무효로 한다.

② 무효로 된 부분은 이 법에서 정한 기준에 따른다.

제17조(근로조건의 명시)

① 사용자는 근로계약을 체결할 때에 근로자에게 다음의 사항을 명시하여야 한다. 근로계약 체결 후 다음의 사항을 변경하는 경우에도 또한 같다.

1. 임금
2. 소정근로시간
3. 휴일
4. 연차 유급휴가
5. 그 밖에 대통령령으로 정하는 근로조건

> **시행령 제8조(명시하여야 할 근로조건)**
>
> ① 법 제17조 전단에서 "그 밖에 대통령령으로 정하는 근로조건"이란 다음 각 호의 사항을 말한다.
>
> 1. 취업의 장소와 종사하여야 할 업무에 관한 사항
> 2. 취업규칙의 규정에서 정한 사항
> 3. 사업장의 부속 기숙사에 근로자를 기숙하게 하는 경우에는 기숙사 규칙에서 정한 사항

② 사용자는 임금의 구성항목 · 계산방법 · 지급방법 및 임금, 소정근로시간, 휴일, 연차 유급휴가의 사항이 명시된 서면을 근로자에게 교부하여야 한다. 다만, 본문에 따른 사항이 단체협약 또는 취업규칙의 변경 등 대통령령으로 정하는 사유로 인하여 변경되는 경우에는 근로자의 요구가 있으면 그 근로자에게 교부하여야 한다.

제18조(단시간근로자의 근로조건)

① 단시간근로자의 근로조건은 그 사업장의 같은 종류의 업무에 종사하는 통상 근로자의 근로시간을 기준으로 산정한 비율에 따라 결정되어야 한다.

② 근로조건을 결정할 때에 기준이 되는 사항이나 그 밖에 필요한 사항은 대통령령으로 정한다.

③ 4주 동안(4주 미만으로 근로하는 경우에는 그 기간)을 평균하여 1주 동안의 소정근로시간이 15시간 미만인 근로자에 대하여는 휴일과 연차 유급휴가를 적용하지 아니한다.

제19조(근로조건의 위반)

① 명시된 근로조건이 사실과 다를 경우에 근로자는 근로조건 위반을 이유로 손해의 배상을 청구할 수 있으며 즉시 근로계약을 해제할 수 있다.

시행규칙 제2조(손해배상 청구의 신청)
근로자는 「근로기준법」(이하 "법")에 따라 사용자의 근로조건 위반을 이유로 손해배상을 청구하려면 근로조건 위반 손해배상 청구 신청서에 다음의 서류를 첨부하여 「노동위원회법」에 따른 지방노동위원회(이하 "관할 지방노동위원회")에 제출하여야 한다.
1. 근로계약서 사본
2. 사용자가 근로조건을 위반하였다는 사실을 증명하는 자료

② 근로자가 손해배상을 청구할 경우에는 노동위원회에 신청할 수 있으며, 근로계약이 해제되었을 경우에는 사용자는 취업을 목적으로 거주를 변경하는 근로자에게 귀향 여비를 지급하여야 한다.

제20조(위약 예정의 금지)

사용자는 근로계약 불이행에 대한 위약금 또는 손해배상액을 예정하는 계약을 체결하지 못한다.

제21조(전차금 상계의 금지)

사용자는 전차금(前借金)이나 그 밖에 근로할 것을 조건으로 하는 전대(前貸)채권과 임금을 상계하지 못한다.

제22조(강제 저금의 금지)

사용자는 근로계약에 덧붙여 강제 저축 또는 저축금의 관리를 규정하는 계약을 체결하지 못한다.

제23조(해고 등의 제한)

사용자는 근로자에게 정당한 이유 없이 해고, 휴직, 정직, 전직, 감봉, 그 밖의 징벌(懲罰)(이하 "부당해고등")을 하지 못한다.

제24조(경영상 이유에 의한 해고의 제한)

① 사용자가 경영상 이유에 의하여 근로자를 해고하려면 긴박한 경영상의 필요가 있어야 한다. 이 경우 경영 악화를 방지하기 위한 사업의 양도 · 인수 · 합병은 긴박한 경영상의 필요가 있는 것으로 본다.
② ①의 경우에 사용자는 해고를 피하기 위한 노력을 다하여야 하며, 합리적이고 공정한 해고의 기준을 정하고 이에 따라 그 대상자를 선정하여야 한다. 이 경우 남녀의 성을 이유로 차별하여서는 아니 된다.
③ 사용자는 해고를 피하기 위한 방법과 해고의 기준 등에 관하여 그 사업 또는 사업장에 근로자의 과반수로 조직된 노동조합이 있는 경우에는 그 노동조합(근로자의 과반수로 조직된 노동조합이 없는 경우에는 근로자의 과반수를 대표하는 자를 말한다. 이하 "근로자대표")에 해고를 하려는 날의 50일 전까지 통보하고 성실하게 협의하여야 한다.
④ 사용자는 대통령령으로 정하는 일정한 규모 이상의 인원을 해고하려면 대통령령으로 정하는 바에 따라 고용노동부장관에게 신고하여야 한다.
⑤ 사용자가 ①~③까지의 규정에 따른 요건을 갖추어 근로자를 해고한 경우에는 정당한 이유가 있는 해고를 한 것으로 본다.

> **시행령 제10조(경영상의 이유에 의한 해고 계획의 신고)**
> ① 사용자는 1개월 동안에 다음의 어느 하나에 해당하는 인원을 해고하려면 최초로 해고하려는 날의 30일 전까지 고용노동부장관에게 신고하여야 한다.
> 1. 상시 근로자 수가 99명 이하인 사업 또는 사업장 : 10명 이상
> 2. 상시 근로자 수가 100명 이상 999명 이하인 사업 또는 사업장 : 상시 근로자 수의 10퍼센트 이상
> 3. 상시 근로자 수가 1,000명 이상 사업 또는 사업장 : 100명 이상
>
> ② 신고를 할 때에는 다음의 사항을 포함하여야 한다.
> 1. 해고 사유
> 2. 해고 예정 인원
> 3. 근로자대표와 협의한 내용
> 4. 해고 일정

제25조(우선 재고용 등)

① 근로자를 해고한 사용자는 근로자를 해고한 날부터 3년 이내에 해고된 근로자가 해고 당시 담당하였던 업무와 같은 업무를 할 근로자를 채용하려고 할 경우 해고된 근로자가 원하면 그 근로자를 우선적으로 고용하여야 한다.

제26조(해고의 예고)

사용자는 근로자를 해고(경영상 이유에 의한 해고를 포함)하려면 적어도 30일 전에 예고를 하여야 하고, 30일 전에 예고를 하지 아니하였을 때에는 30일분 이상의 통상임금을 지급하여야 한다. 다만, 다음의 어느 하나에 해당하는 경우에는 그러하지 아니하다.

1. 근로자가 계속 근로한 기간이 3개월 미만인 경우
2. 천재 · 사변, 그 밖의 부득이한 사유로 사업을 계속하는 것이 불가능한 경우
3. 근로자가 고의로 사업에 막대한 지장을 초래하거나 재산상 손해를 끼친 경우로서 고용노동부령으로 정하는 사유에 해당하는 경우

제27조(해고사유 등의 서면통지)

① 사용자는 근로자를 해고하려면 해고사유와 해고시기를 서면으로 통지하여야 한다.

② 근로자에 대한 해고는 서면으로 통지하여야 효력이 있다.

제28조(부당해고 등의 구제신청)

① 사용자가 근로자에게 부당해고 등을 하면 근로자는 노동위원회에 구제를 신청할 수 있다.

② 구제신청은 부당해고 등이 있었던 날부터 3개월 이내에 하여야 한다.

제29조(조사 등)

① 노동위원회는 구제신청을 받으면 지체 없이 필요한 조사를 하여야 하며 관계 당사자를 심문하여야 한다.

② 노동위원회는 심문을 할 때에는 관계 당사자의 신청이나 직권으로 증인을 출석하게 하여 필요한 사항을 질문할 수 있다.

③ 노동위원회는 심문을 할 때에는 관계 당사자에게 증거 제출과 증인에 대한 반대심문을 할 수 있는 충분한 기회를 주어야 한다.

④ 노동위원회의 조사와 심문에 관한 세부절차는 「노동위원회법」에 따른 중앙노동위원회가 정하는 바에 따른다.

제30조(구제명령 등)

① 노동위원회는 심문을 끝내고 부당해고등이 성립한다고 판정하면 사용자에게 구제명령을 하여야 하며, 부당해고등이 성립하지 아니한다고 판정하면 구제신청을 기각하는 결정을 하여야 한다.

② 판정, 구제명령 및 기각결정은 사용자와 근로자에게 각각 서면으로 통지하여야 한다.

③ 노동위원회는 구제명령(해고에 대한 구제명령만을 말한다)을 할 때에 근로자가 원직복직(原職復職)을 원하지 아니하면 원직복직을 명하는 대신 근로자가 해고기간 동안 근로를 제공하였더라면 받을 수 있었던 임금 상당액 이상의 금품을 근로자에게 지급하도록 명할 수 있다.

④ 노동위원회는 근로계약기간의 만료, 정년의 도래 등으로 근로자가 원직복직(해고 이외의 경우는 원상회복을 말한다)이 불가능한 경우에는 구제명령이나 기각결정을 하여야 한다. 이 경우 노동위원회는 부당해고 등이 성립된다고 판정하면 근로자가 해고기간 동안 근로를 제공하였더라면 받을 수 있었던 임금 상당액에 해당하는 금품을 사업주가 근로자에게 지급하도록 명할 수 있다.

> **시행령 제11조(구제명령의 이행기한)**
> 「노동위원회법」에 따른 노동위원회는 사용자에게 구제명령을 하는 때에는 이행기한을 정하여야 한다. 이 경우 이행기한은 사용자가 구제명령을 서면으로 통지받은 날부터 30일 이내로 한다.

제31조(구제명령 등의 확정)

① 「노동위원회법」에 따른 지방노동위원회의 구제명령이나 기각결정에 불복하는 사용자나 근로자는 구제명령서나 기각결정서를 통지받은 날부터 10일 이내에 중앙노동위원회에 재심을 신청할 수 있다.

② 중앙노동위원회의 재심판정에 대하여 사용자나 근로자는 재심판정서를 송달받은 날부터 15일 이내에 「행정소송법」의 규정에 따라 소(訴)를 제기할 수 있다.

③ 기간 이내에 재심을 신청하지 아니하거나 행정소송을 제기하지 아니하면 그 구제명령, 기각결정 또는 재심판정은 확정된다.

제32조(구제명령 등의 효력)

노동위원회의 구제명령, 기각결정 또는 재심판정은 중앙노동위원회에 대한 재심 신청이나 행정소송 제기에 의하여 그 효력이 정지되지 아니한다.

제33조(이행강제금)

① 노동위원회는 구제명령(구제명령을 내용으로 하는 재심판정을 포함)을 받은 후 이행기한까지 구제명령을 이행하지 아니한 사용자에게 2천만원 이하의 이행강제금을 부과한다.

② 노동위원회는 이행강제금을 부과하기 30일 전까지 이행강제금을 부과·징수한다는 뜻을 사용자에게 미리 문서로써 알려 주어야 한다.

③ 이행강제금을 부과할 때에는 이행강제금의 액수, 부과 사유, 납부기한, 수납기관, 이의제기방법 및 이의제기기관 등을 명시한 문서로써 하여야 한다.

④ 이행강제금을 부과하는 위반행위의 종류와 위반 정도에 따른 금액, 부과·징수된 이행강제금의 반환절차, 그 밖에 필요한 사항은 대통령령으로 정한다.

⑤ 노동위원회는 최초의 구제명령을 한 날을 기준으로 매년 2회의 범위에서 구제명령이 이행될 때까지 반복하여 이행강제금을 부과·징수할 수 있다. 이 경우 이행강제금은 2년을 초과하여 부과·징수하지 못한다.

⑥ 노동위원회는 구제명령을 받은 자가 구제명령을 이행하면 새로운 이행강제금을 부과하지 아니하되, 구제명령을 이행하기 전에 이미 부과된 이행강제금은 징수하여야 한다.

⑦ 노동위원회는 이행강제금 납부의무자가 납부기한까지 이행강제금을 내지 아니하면 기간을 정하여 독촉을 하고 지정된 기간에 제1항에 따른 이행강제금을 내지 아니하면 국세 체납처분의 예에 따라 징수할 수 있다.

第34조(퇴직급여 제도)

사용자가 퇴직하는 근로자에게 지급하는 퇴직급여 제도에 관하여는 「근로자퇴직급여 보장법」이 정하는 대로 따른다.

第36조(금품 청산)

사용자는 근로자가 사망 또는 퇴직한 경우에는 그 지급 사유가 발생한 때부터 14일 이내에 임금, 보상금, 그 밖에 일체의 금품을 지급하여야 한다. 다만, 특별한 사정이 있을 경우에는 당사자 사이의 합의에 의하여 기일을 연장할 수 있다.

第37조(미지급 임금에 대한 지연이자)

① 사용자는 지급하여야 하는 임금 및 「근로자퇴직급여 보장법」에 따른 급여(일시금만 해당)의 전부 또는 일부를 그 지급 사유가 발생한 날부터 14일 이내에 지급하지 아니한 경우 그 다음 날부터 지급하는 날까지의 지연 일수에 대하여 연 100분의 40 이내의 범위에서 「은행법」에 따른 은행이 적용하는 연체금리 등 경제 여건을 고려하여 대통령령으로 정하는 이율에 따른 지연이자를 지급하여야 한다.

② 사용자가 천재·사변, 그 밖에 대통령령으로 정하는 사유에 따라 임금 지급을 지연하는 경우 그 사유가 존속하는 기간에 대하여는 적용하지 아니한다.

시행령 제17조(미지급 임금에 대한 지연이자의 이율) 법 제37조 제1항에서 "대통령령으로 정하는 이율"이란 연 100분의 20을 말한다.

第38조(임금채권의 우선변제)

① 임금, 재해보상금, 그 밖에 근로 관계로 인한 채권은 사용자의 총재산에 대하여 질권(質權)·저당권 또는 「동산·채권 등의 담보에 관한 법률」에 따른 담보권에 따라 담보된 채권 외에는 조세·공과금 및 다른 채권에 우선하여 변제되어야 한다. 다만, 질권·저당권 또는 「동산·채권 등의 담보에 관한 법률」에 따른 담보권에 우선하는 조세·공과금에 대하여는 그러하지 아니하다.

② 다음의 어느 하나에 해당하는 채권은 사용자의 총재산에 대하여 질권·저당권 또는 「동산·채권 등의 담보에 관한 법률」에 따른 담보권에 따라 담보된 채권, 조세·공과금 및 다른 채권에 우선하여 변제되어야 한다.

1. 최종 3개월분의 임금
2. 재해보상금

제39조(사용증명서)

① 사용자는 근로자가 퇴직한 후라도 사용 기간, 업무 종류, 지위와 임금, 그 밖에 필요한 사항에 관한 증명서를 청구하면 사실대로 적은 증명서를 즉시 내주어야 한다.
② 증명서에는 근로자가 요구한 사항만을 적어야 한다.

> **시행령 제19조(사용증명서의 청구)**
> 사용증명서를 청구할 수 있는 자는 계속하여 30일 이상 근무한 근로자로 하되, 청구할 수 있는 기한은 퇴직 후 3년 이내로 한다.

제42조(계약 서류의 보존)

사용자는 근로자 명부와 대통령령으로 정하는 근로계약에 관한 중요한 서류를 3년간 보존하여야 한다.

제3장 임금

> ※ "임금"이란 사용자가 근로의 대가로 근로자에게 임금, 봉급, 그 밖에 어떠한 명칭으로든지 지급하는 일체의 금품을 말한다.
> ※ 평균임금 vs 통상임금
> • 통상임금 : 근로자에게 정기적, 일률적으로 소정근로 또는 총 근로에 대해 지급하기로 정한 금액(시간급액, 일급금액, 주급금액, 월급금액, 도급금액)
> • 평균임금 : 연차유급휴가수당, 휴업수당, 재해보상금, 퇴직급여, 감급(감봉), 구직급여
> ※ "평균임금"이란 이를 산정하여야 할 사유가 발생한 날 이전 3개월 동안에 그 근로자에게 지급된 임금의 총액을 그 기간의 총일수로 나눈 금액을 말한다. 근로자가 취업한 후 3개월 미만인 경우도 이에 준한다.

> **시행령 제2조(평균임금의 계산에서 제외되는 기간과 임금)**
> ① 「근로기준법」에 따른 평균임금 산정기간 중에 다음의 어느 하나에 해당하는 기간이 있는 경우에는 그 기간과 그 기간 중에 지급된 임금은 평균임금 산정기준이 되는 기간과 임금의 총액에서 각각 뺀다.
> 1. 근로계약을 체결하고 수습 중에 있는 근로자가 수습을 시작한 날부터 3개월 이내의 기간
> 2. 사용자의 귀책사유로 휴업한 기간
> 3. 출산전후휴가 기간
> 4. 업무상 부상 또는 질병으로 요양하기 위하여 휴업한 기간
> 5. 「남녀고용평등과 일·가정 양립 지원에 관한 법률」에 따른 육아휴직 기간
> 6. 「노동조합 및 노동관계조정법」에 따른 쟁의행위기간
> 7. 「병역법」, 「예비군법」 또는 「민방위기본법」에 따른 의무를 이행하기 위하여 휴직하거나 근로하지 못한 기간. 다만, 그 기간 중 임금을 지급받은 경우에는 그러하지 아니하다.
> 8. 업무 외 부상이나 질병, 그 밖의 사유로 사용자의 승인을 받아 휴업한 기간

제43조(임금 지급)

① 임금은 통화(通貨)로 직접 근로자에게 그 전액을 지급하여야 한다. 다만, 법령 또는 단체협약에 특별한 규정이 있는 경우에는 임금의 일부를 공제하거나 통화 이외의 것으로 지급할 수 있다.(통화불, 직접불, 전액불)

② 임금은 매월 1회 이상 일정한 날짜를 정하여 지급하여야 한다. 다만, 임시로 지급하는 임금, 수당, 그 밖에 이에 준하는 것 또는 대통령령으로 정하는 임금에 대하여는 그러하지 아니하다.(정기불)

제43조의2(체불사업주 명단 공개)

① 고용노동부장관은 임금, 보상금, 수당, 그 밖에 일체의 금품(이하 "임금등")을 지급하지 아니한 사업주(법인인 경우에는 그 대표자를 포함한다. 이하 "체불사업주")가 명단 공개 기준일 이전 3년 이내 임금등을 체불하여 2회 이상 유죄가 확정된 자로서 명단 공개 기준일 이전 1년 이내 임금등의 체불총액이 3천만원 이상인 경우에는 그 인적사항 등을 공개할 수 있다. 다만, 체불사업주의 사망·폐업으로 명단 공개의 실효성이 없는 경우 등 대통령령으로 정하는 사유가 있는 경우에는 그러하지 아니하다.

② 고용노동부장관은 명단 공개를 할 경우에 체불사업주에게 3개월 이상의 기간을 정하여 소명 기회를 주어야 한다.

③ 체불사업주의 인적사항 등에 대한 공개 여부를 심의하기 위하여 고용노동부에 임금체불정보심의위원회를 둔다. 이 경우 위원회의 구성·운영 등 필요한 사항은 고용노동부령으로 정한다.

④ 명단 공개의 구체적인 내용, 기간 및 방법 등 명단 공개에 필요한 사항은 대통령령으로 정한다.

제45조(비상시 지급)

사용자는 근로자가 출산, 질병, 재해, 그 밖에 대통령령으로 정하는 비상(非常)한 경우의 비용에 충당하기 위하여 임금 지급을 청구하면 지급기일 전이라도 이미 제공한 근로에 대한 임금을 지급하여야 한다.

시행령 제25조(지급기일 전의 임금 지급)

법 제45조에서 "그 밖에 대통령령으로 정한 비상(非常)한 경우"란 근로자나 그의 수입으로 생계를 유지하는 자가 다음의 어느 하나에 해당하게 되는 경우를 말한다.

1. 출산하거나 질병에 걸리거나 재해를 당한 경우
2. 혼인 또는 사망한 경우
3. 부득이한 사유로 1주일 이상 귀향하게 되는 경우

제46조(휴업수당)

① 사용자의 귀책사유로 휴업하는 경우에 사용자는 휴업기간 동안 그 근로자에게 평균임금의 100분의 70 이상의 수당을 지급하여야 한다. 다만, 평균임금의 100분의 70에 해당하는 금액이 통상임금을 초과하는 경우에는 통상임금을 휴업수당으로 지급할 수 있다.

② 부득이한 사유로 사업을 계속하는 것이 불가능하여 노동위원회의 승인을 받은 경우에는 ①의 기준에 못 미치는 휴업수당을 지급할 수 있다.

제49조(임금의 시효)

이 법에 따른 임금채권은 3년간 행사하지 아니하면 시효로 소멸한다.

제4장 근로시간과 휴식

제50조(근로시간)

① 1주 간의 근로시간은 휴게시간을 제외하고 40시간을 초과할 수 없다.
② 1일의 근로시간은 휴게시간을 제외하고 8시간을 초과할 수 없다.
③ 근로시간을 산정함에 있어 작업을 위하여 근로자가 사용자의 지휘·감독 아래에 있는 대기시간 등은 근로시간으로 본다.

제51조(3개월 이내의 탄력적 근로시간제)

① 사용자는 취업규칙(취업규칙에 준하는 것을 포함)에서 정하는 바에 따라 2주 이내의 일정한 단위기간을 평균하여 1주간의 근로시간이 1주 40시간의 근로시간을 초과하지 아니하는 범위에서 특정한 주에 1주 40시간의 근로시간을, 특정한 날에 1일 8시간의 근로시간을 초과하여 근로하게 할 수 있다. 다만, 특정한 주의 근로시간은 48시간을 초과할 수 없다.
② 사용자는 근로자대표와의 서면 합의에 따라 다음의 사항을 정하면 3개월 이내의 단위기간을 평균하여 1주간의 근로시간이 1주 40시간의 근로시간을 초과하지 아니하는 범위에서 특정한 주에 1주 40시간의 근로시간을, 특정한 날에 1일 8시간의 근로시간을 초과하여 근로하게 할 수 있다. 다만, 특정한 주의 근로시간은 52시간을, 특정한 날의 근로시간은 12시간을 초과할 수 없다.
  1. 대상 근로자의 범위
  2. 단위기간(3개월 이내의 일정한 기간으로 정하여야 한다)
  3. 단위기간의 근로일과 그 근로일별 근로시간
  4. 그 밖에 대통령령으로 정하는 사항
③ 이 규정은 15세 이상 18세 미만의 근로자와 임신 중인 여성 근로자에 대하여는 적용하지 아니한다.
④ 사용자는 근로자를 근로시킬 경우에는 기존의 임금 수준이 낮아지지 아니하도록 임금보전방안(賃金補塡方案)을 강구하여야 한다.

제51조의2(3개월을 초과하는 탄력적 근로시간제)

① 사용자는 근로자대표와의 서면 합의에 따라 다음의 사항을 정하면 3개월을 초과하고 6개월 이내의 단위기간을 평균하여 1주간의 근로시간이 1주 40시간의 근로시간을 초과하지 아니하는 범위에서 특정한 주에 1주 40시간의 근로시간을, 특정한 날에 1일 8시간의 근로시간을 초과하여 근로하게 할 수 있다. 다만, 특정한 주의 근로시간은 52시간을, 특정한 날의 근로시간은 12시간을 초과할 수 없다.
  1. 대상 근로자의 범위
  2. 단위기간(3개월을 초과하고 6개월 이내의 일정한 기간으로 정하여야 한다)
  3. 단위기간의 주별 근로시간
  4. 그 밖에 대통령령으로 정하는 사항

② 사용자는 근로자를 근로시킬 경우에는 근로일 종료 후 다음 근로일 개시 전까지 근로자에게 연속하여 11시간 이상의 휴식 시간을 주어야 한다. 다만, 천재지변 등 대통령령으로 정하는 불가피한 경우에는 근로자대표와의 서면 합의가 있으면 이에 따른다.

③ 사용자는 각 주의 근로일이 시작되기 2주 전까지 근로자에게 해당 주의 근로일별 근로시간을 통보하여야 한다.

④ 사용자는 근로자대표와의 서면 합의 당시에는 예측하지 못한 천재지변, 기계 고장, 업무량 급증 등 불가피한 사유가 발생한 때에는 단위기간 내에서 평균하여 1주간의 근로시간이 유지되는 범위에서 근로자대표와의 협의를 거쳐 단위기간의 주별 근로시간을 변경할 수 있다. 이 경우 해당 근로자에게 변경된 근로일이 개시되기 전에 변경된 근로일별 근로시간을 통보하여야 한다.

⑤ 사용자는 근로자를 근로시킬 경우에는 기존의 임금 수준이 낮아지지 아니하도록 임금항목을 조정 또는 신설하거나 가산임금 지급 등의 임금보전방안(賃金補塡方案)을 마련하여 고용노동부장관에게 신고하여야 한다. 다만, 근로자대표와의 서면합의로 임금보전방안을 마련한 경우에는 그러하지 아니하다.

⑥ 이 규정은 15세 이상 18세 미만의 근로자와 임신 중인 여성 근로자에 대해서는 적용하지 아니한다.

제51조의3(근로한 기간이 단위기간보다 짧은 경우의 임금 정산)

사용자는 단위기간 중 근로자가 근로한 기간이 그 단위기간보다 짧은 경우에는 그 단위기간 중 해당 근로자가 근로한 기간을 평균하여 1주간에 40시간을 초과하여 근로한 시간 전부에 대하여 가산임금을 지급하여야 한다.

제52조(선택적 근로시간제)

① 사용자는 취업규칙(취업규칙에 준하는 것을 포함)에 따라 업무의 시작 및 종료 시각을 근로자의 결정에 맡기기로 한 근로자에 대하여 근로자대표와의 서면 합의에 따라 다음의 사항을 정하면 1개월(신상품 또는 신기술의 연구개발 업무의 경우에는 3개월) 이내의 정산기간을 평균하여 1주간의 근로시간이 40시간을 초과하지 아니하는 범위에서 1주간에 주 40시간의 근로시간을, 1일에 8시간의 근로시간을 초과하여 근로하게 할 수 있다.

1. 대상 근로자의 범위(15세 이상 18세 미만의 근로자는 제외)
2. 정산기간
3. 정산기간의 총 근로시간
4. 반드시 근로하여야 할 시간대를 정하는 경우에는 그 시작 및 종료 시각
5. 근로자가 그의 결정에 따라 근로할 수 있는 시간대를 정하는 경우에는 그 시작 및 종료 시각
6. 그 밖에 대통령령으로 정하는 사항

② 사용자는 1개월을 초과하는 정산기간을 정하는 경우에는 다음의 조치를 하여야 한다.

1. 근로일 종료 후 다음 근로일 시작 전까지 근로자에게 연속하여 11시간 이상의 휴식 시간을 줄 것. 다만, 천재지변 등 대통령령으로 정하는 불가피한 경우에는 근로자대표와의 서면 합의가 있으면 이에 따른다.
2. 매 1개월마다 평균하여 1주간의 근로시간이 40시간을 초과한 시간에 대해서는 통상임금의 100분의 50 이상을 가산하여 근로자에게 지급할 것. 이 경우 연장근무시간은 적용하지 아니한다.

제53조(연장 근로의 제한)

① 당사자 간에 합의하면 1주 간에 12시간을 한도로 근로시간을 연장할 수 있다.

② 당사자 간에 합의하면 1주 간에 12시간을 한도로 근로시간을 연장할 수 있고, 정산기간을 평균하여 1주 간에 12시간을 초과하지 아니하는 범위에서 근로시간을 연장할 수 있다.

③ 상시 30명 미만의 근로자를 사용하는 사용자는 다음에 대하여 근로자대표와 서면으로 합의한 경우 연장된 근로시간에 더하여 1주 간에 8시간을 초과하지 아니하는 범위에서 근로시간을 연장할 수 있다.

1. 연장된 근로시간을 초과할 필요가 있는 사유 및 그 기간
2. 대상 근로자의 범위

④ 사용자는 특별한 사정이 있으면 고용노동부장관의 인가와 근로자의 동의를 받아 근로시간을 연장할 수 있다. 다만, 사태가 급박하여 고용노동부장관의 인가를 받을 시간이 없는 경우에는 사후에 지체 없이 승인을 받아야 한다.

⑤ 고용노동부장관은 근로시간의 연장이 부적당하다고 인정하면 그 후 연장시간에 상당하는 휴게시간이나 휴일을 줄 것을 명할 수 있다.

⑥ 15세 이상 18세 미만의 근로자에 대하여는 적용하지 아니한다.

⑦ 사용자는 연장근로를 하는 근로자의 건강 보호를 위하여 건강검진 실시 또는 휴식시간 부여 등 고용노동부장관이 정하는 바에 따라 적절한 조치를 하여야 한다.

시행규칙 제9조(특별한 사정이 있는 경우의 근로시간 연장 신청 등)

① 법 제53조제4항 본문에서 "특별한 사정"이란 다음의 어느 하나에 해당하는 경우를 말한다.

1. 「재난 및 안전관리 기본법」에 따른 재난 또는 이에 준하는 사고가 발생하여 이를 수습하거나 재난 등의 발생이 예상되어 이를 예방하기 위해 긴급한 조치가 필요한 경우
2. 사람의 생명을 보호하거나 안전을 확보하기 위해 긴급한 조치가 필요한 경우
3. 갑작스런 시설·설비의 장애·고장 등 돌발적인 상황이 발생하여 이를 수습하기 위해 긴급한 조치가 필요한 경우
4. 통상적인 경우에 비해 업무량이 대폭적으로 증가한 경우로서 이를 단기간 내에 처리하지 않으면 사업에 중대한 지장을 초래하거나 손해가 발생하는 경우
5. 「소재·부품·장비산업 경쟁력강화를 위한 특별조치법」에 따른 소재·부품 및 장비의 연구개발 등 연구개발을 하는 경우로서 고용노동부장관이 국가경쟁력 강화 및 국민경제 발전을 위해 필요하다고 인정하는 경우

② 사용자는 근로시간을 연장하려는 경우와 연장한 경우에는 근로시간 연장 인가 또는 승인 신청서에 근로자의 동의서 사본 및 근로시간 연장의 특별한 사정이 있음을 증명할 수 있는 서류 사본을 첨부하여 관할 지방고용노동관서의 장에게 제출해야 한다.

③ 관할 지방고용노동관서의 장은 근로시간 연장 인가 또는 승인 신청을 받은 날부터 3일 이내에 신청을 반려하거나 근로시간 연장 인가서 또는 승인서를 신청인에게 내주어야 한다. 다만, 부득이한 사유로 본문의 처리기간을 준수하지 못하는 경우에는 신청인에게 그 사유와 예상되는 처리기간을 알려주고 처리기간을 연장할 수 있다.

④ 관할 지방고용노동관서의 장은 근로시간 연장 인가 또는 승인을 하는 경우, 근로시간을 연장할 수 있는 기간은 특별한 사정에 대처하기 위하여 필요한 최소한으로 한다.

제54조(휴게)

① 사용자는 근로시간이 4시간인 경우에는 30분 이상, 8시간인 경우에는 1시간 이상의 휴게시간을 근로시간 도중에 주어야 한다.

② 휴게시간은 근로자가 자유롭게 이용할 수 있다.

제55조(휴일)

사용자는 근로자에게 1주에 평균 1회 이상의 유급휴일을 보장하여야 한다.

제56조(연장 · 야간 및 휴일 근로)

① 사용자는 연장근로에 대하여는 통상임금의 100분의 50 이상을 가산하여 근로자에게 지급하여야 한다.

② 사용자는 휴일근로에 대하여는 다음의 기준에 따른 금액 이상을 가산하여 근로자에게 지급하여야 한다.

1. 8시간 이내의 휴일근로 : 통상임금의 100분의 50
2. 8시간을 초과한 휴일근로 : 통상임금의 100분의 100

③ 사용자는 야간근로(오후 10시부터 다음 날 오전 6시 사이의 근로)에 대하여는 통상임금의 100분의 50 이상을 가산하여 근로자에게 지급하여야 한다.

제57조(보상 휴가제)

사용자는 근로자대표와의 서면 합의에 따라 연장근로 · 야간근로 및 휴일근로에 대하여 임금을 지급하는 것을 갈음하여 휴가를 줄 수 있다.

제58조(근로시간 계산의 특례)

① 근로자가 출장이나 그 밖의 사유로 근로시간의 전부 또는 일부를 사업장 밖에서 근로하여 근로시간을 산정하기 어려운 경우에는 소정근로시간을 근로한 것으로 본다. 다만, 그 업무를 수행하기 위하여 통상적으로 소정근로시간을 초과하여 근로할 필요가 있는 경우에는 그 업무의 수행에 통상 필요한 시간을 근로한 것으로 본다.

② ① 단서에도 불구하고 그 업무에 관하여 근로자대표와의 서면 합의를 한 경우에는 그 합의에서 정하는 시간을 그 업무의 수행에 통상 필요한 시간으로 본다.

③ 업무의 성질에 비추어 업무 수행 방법을 근로자의 재량에 위임할 필요가 있는 업무로서 대통령령으로 정하는 업무는 사용자가 근로자대표와 서면 합의로 정한 시간을 근로한 것으로 본다. 이 경우 그 서면 합의에는 다음의 사항을 명시하여야 한다.

1. 대상 업무
2. 사용자가 업무의 수행 수단 및 시간 배분 등에 관하여 근로자에게 구체적인 지시를 하지 아니한다는 내용
3. 근로시간의 산정은 그 서면 합의로 정하는 바에 따른다는 내용

시행령 제31조(재량근로의 대상업무)

법 제58조 제3항 전단에서 "대통령령으로 정하는 업무"란 다음의 어느 하나에 해당하는 업무를 말한다.

1. 신상품 또는 신기술의 연구개발이나 인문사회과학 또는 자연과학분야의 연구 업무
2. 정보처리시스템의 설계 또는 분석 업무
3. 신문, 방송 또는 출판 사업에서의 기사의 취재, 편성 또는 편집 업무
4. 의복·실내장식·공업제품·광고 등의 디자인 또는 고안 업무
5. 방송 프로그램·영화 등의 제작 사업에서의 프로듀서나 감독 업무
6. 그 밖에 고용노동부장관이 정하는 업무

제59조(근로시간 및 휴게시간의 특례)

① 「통계법」에 따라 통계청장이 고시하는 산업에 관한 표준의 중분류 또는 소분류 중 다음의 어느 하나에 해당하는 사업에 대하여 사용자가 근로자대표와 서면으로 합의한 경우에는 주(週) 12시간을 초과하여 연장근로를 하게 하거나 휴게시간을 변경할 수 있다.

1. 육상운송 및 파이프라인 운송업. 다만, 「여객자동차 운수사업법」에 따른 노선(路線) 여객자동차운송사업은 제외한다.
2. 수상운송업
3. 항공운송업
4. 기타 운송관련 서비스업
5. 보건업

② 사용자는 근로일 종료 후 다음 근로일 개시 전까지 근로자에게 연속하여 11시간 이상의 휴식 시간을 주어야 한다.

제60조(연차 유급휴가)

① 사용자는 1년간 80퍼센트 이상 출근한 근로자에게 15일의 유급휴가를 주어야 한다.

② 사용자는 계속하여 근로한 기간이 1년 미만인 근로자 또는 1년간 80퍼센트 미만 출근한 근로자에게 1개월 개근 시 1일의 유급휴가를 주어야 한다.

③ 삭제 〈2017. 11. 28.〉

④ 사용자는 3년 이상 계속하여 근로한 근로자에게는 휴가에 최초 1년을 초과하는 계속 근로 연수 매 2년에 대하여 1일을 가산한 유급휴가를 주어야 한다. 이 경우 가산휴가를 포함한 총 휴가 일수는 25일을 한도로 한다.

⑤ 사용자는 규정에 따른 휴가를 근로자가 청구한 시기에 주어야 하고, 그 기간에 대하여는 취업규칙 등에서 정하는 통상임금 또는 평균임금을 지급하여야 한다. 다만, 근로자가 청구한 시기에 휴가를 주는 것이 사업 운영에 막대한 지장이 있는 경우에는 그 시기를 변경할 수 있다.

⑥ ① 및 ②를 적용하는 경우 다음의 어느 하나에 해당하는 기간은 출근한 것으로 본다.

1. 근로자가 업무상의 부상 또는 질병으로 휴업한 기간
2. 임신 중의 여성이 휴가로 휴업한 기간
3. 「남녀고용평등과 일·가정 양립 지원에 관한 법률」에 따른 육아휴직으로 휴업한 기간

⑦ 휴가는 1년간(계속하여 근로한 기간이 1년 미만인 근로자의 유급휴가는 최초 1년의 근로가 끝날 때까지의 기간) 행사하지 아니하면 소멸된다. 다만, 사용자의 귀책사유로 사용하지 못한 경우에는 그러하지 아니하다.

제61조(연차 유급휴가의 사용 촉진)

① 사용자가 유급휴가(계속하여 근로한 기간이 1년 미만인 근로자의 유급휴가는 제외)의 사용을 촉진하기 위하여 다음의 조치를 하였음에도 불구하고 근로자가 휴가를 사용하지 아니하여 소멸된 경우에는 사용자는 그 사용하지 아니한 휴가에 대하여 보상할 의무가 없고, 사용자의 귀책사유에 해당하지 아니하는 것으로 본다.

1. 기간이 끝나기 6개월 전을 기준으로 10일 이내에 사용자가 근로자별로 사용하지 아니한 휴가 일수를 알려주고, 근로자가 그 사용 시기를 정하여 사용자에게 통보하도록 서면으로 촉구할 것
2. 근로자가 촉구를 받은 때부터 10일 이내에 사용하지 아니한 휴가의 전부 또는 일부의 사용 시기를 정하여 사용자에게 통보하지 아니하면 기간이 끝나기 2개월 전까지 사용자가 사용하지 아니한 휴가의 사용 시기를 정하여 근로자에게 서면으로 통보할 것

② 사용자가 계속하여 근로한 기간이 1년 미만인 근로자의 유급휴가의 사용을 촉진하기 위하여 다음의 조치를 하였음에도 불구하고 근로자가 휴가를 사용하지 아니하여 소멸된 경우에는 사용자는 그 사용하지 아니한 휴가에 대하여 보상할 의무가 없고, 사용자의 귀책사유에 해당하지 아니하는 것으로 본다.

1. 최초 1년의 근로기간이 끝나기 3개월 전을 기준으로 10일 이내에 사용자가 근로자별로 사용하지 아니한 휴가 일수를 알려주고, 근로자가 그 사용 시기를 정하여 사용자에게 통보하도록 서면으로 촉구할 것. 다만, 사용자가 서면 촉구한 후 발생한 휴가에 대해서는 최초 1년의 근로기간이 끝나기 1개월 전을 기준으로 5일 이내에 촉구하여야 한다.
2. 근로자가 촉구를 받은 때부터 10일 이내에 사용하지 아니한 휴가의 전부 또는 일부의 사용 시기를 정하여 사용자에게 통보하지 아니하면 최초 1년의 근로기간이 끝나기 1개월 전까지 사용자가 사용하지 아니한 휴가의 사용 시기를 정하여 근로자에게 서면으로 통보할 것. 다만, 촉구한 휴가에 대해서는 최초 1년의 근로기간이 끝나기 10일 전까지 서면으로 통보하여야 한다.

제62조(유급휴가의 대체)

사용자는 근로자대표와의 서면 합의에 따라 연차 유급휴가일을 갈음하여 특정한 근로일에 근로자를 휴무시킬 수 있다.

제63조(적용의 제외)

이 장과 제5장에서 정한 근로시간, 휴게와 휴일에 관한 규정은 다음 각 호의 어느 하나에 해당하는 근로자에 대하여는 적용하지 아니한다.

1. 토지의 경작 · 개간, 식물의 재식(栽植) · 재배 · 채취 사업, 그 밖의 농림 사업
2. 동물의 사육, 수산 동식물의 채포(採捕) · 포획 · 양식 사업, 그 밖의 축산, 양잠, 수산 사업
3. 감시(監視) 또는 단속적(斷續的)으로 근로에 종사하는 자로서 사용자가 고용노동부장관의 승인을 받은 자
4. 대통령령으로 정하는 업무에 종사하는 근로자

> **시행령 제34조(근로시간 등의 적용제외 근로자)**
> 법 제63조 제4호에서 "대통령령으로 정한 업무"란 사업의 종류에 관계없이 관리 · 감독 업무 또는 기밀을 취급하는 업무를 말한다.

제5장 여성과 소년

제64조(최저 연령과 취직인허증)

① 15세 미만인 자(「초 · 중등교육법」에 따른 중학교에 재학 중인 18세 미만인 자를 포함)는 근로자로 사용하지 못한다. 다만, 대통령령으로 정하는 기준에 따라 고용노동부장관이 발급한 취직인허증(就職認許證)을 지닌 자는 근로자로 사용할 수 있다.

② 취직인허증은 본인의 신청에 따라 의무교육에 지장이 없는 경우에는 직종(職種)을 지정하여서만 발행할 수 있다.

③ 고용노동부장관은 거짓이나 그 밖의 부정한 방법으로 취직인허증을 발급받은 자에게는 그 인허를 취소하여야 한다.

> **시행령 제35조(취직인허증의 발급 등)**
> ① 취직인허증을 받을 수 있는 자는 13세 이상 15세 미만인 자로 한다. 다만, 예술공연 참가를 위한 경우에는 13세 미만인 자도 취직인허증을 받을 수 있다.
> ② 취직인허증을 받으려는 자는 고용노동부령으로 정하는 바에 따라 고용노동부장관에게 신청하여야 한다.
> ③ 신청은 학교장(의무교육 대상자와 재학 중인 자로 한정) 및 친권자 또는 후견인의 서명을 받아 사용자가 될 자와 연명(連名)으로 하여야 한다.

제65조(사용 금지)

① 사용자는 임신 중이거나 산후 1년이 지나지 아니한 여성(이하 "임산부")과 18세 미만자를 도덕상 또는 보건상 유해 · 위험한 사업에 사용하지 못한다.

② 사용자는 임산부가 아닌 18세 이상의 여성을 보건상 유해 · 위험한 사업 중 임신 또는 출산에 관한 기능에 유해 · 위험한 사업에 사용하지 못한다.

③ 금지 직종은 대통령령으로 정한다.

제66조(연소자 증명서)

사용자는 18세 미만인 자에 대하여는 그 연령을 증명하는 가족관계기록사항에 관한 증명서와 친권자 또는 후견인의 동의서를 사업장에 갖추어 두어야 한다.

제67조(근로계약)

① 친권자나 후견인은 미성년자의 근로계약을 대리할 수 없다.

② 친권자, 후견인 또는 고용노동부장관은 근로계약이 미성년자에게 불리하다고 인정하는 경우에는 이를 해지할 수 있다.

③ 사용자는 18세 미만인 자와 근로계약을 체결하는 경우에는 근로조건을 서면으로 명시하여 교부하여야 한다.

제68조(임금의 청구)

미성년자는 독자적으로 임금을 청구할 수 있다.

제69조(근로시간)

15세 이상 18세 미만인 자의 근로시간은 1일에 7시간, 1주에 35시간을 초과하지 못한다. 다만, 당사자 사이의 합의에 따라 1일에 1시간, 1주에 5시간을 한도로 연장할 수 있다.

제70조(야간근로와 휴일근로의 제한)

① 사용자는 18세 이상의 여성을 오후 10시부터 오전 6시까지의 시간 및 휴일에 근로시키려면 그 근로자의 동의를 받아야 한다.

② 사용자는 임산부와 18세 미만자를 오후 10시부터 오전 6시까지의 시간 및 휴일에 근로시키지 못한다. 다만, 다음의 어느 하나에 해당하는 경우로서 고용노동부장관의 인가를 받으면 그러하지 아니하다.

1. 18세 미만자의 동의가 있는 경우
2. 산후 1년이 지나지 아니한 여성의 동의가 있는 경우
3. 임신 중의 여성이 명시적으로 청구하는 경우

③ 사용자는 고용노동부장관의 인가를 받기 전에 근로자의 건강 및 모성 보호를 위하여 그 시행 여부와 방법 등에 관하여 그 사업 또는 사업장의 근로자대표와 성실하게 협의하여야 한다.

제71조(시간외근로)

사용자는 산후 1년이 지나지 아니한 여성에 대하여는 단체협약이 있는 경우라도 1일에 2시간, 1주에 6시간, 1년에 150시간을 초과하는 시간외근로를 시키지 못한다.

제73조(생리휴가)

사용자는 여성 근로자가 청구하면 월 1일의 생리휴가를 주어야 한다.

제74조(임산부의 보호)

① 사용자는 임신 중의 여성에게 출산 전과 출산 후를 통하여 90일(한 번에 둘 이상 자녀를 임신한 경우에는 120일)의 출산전후휴가를 주어야 한다. 이 경우 휴가 기간의 배정은 출산 후에 45일(한 번에 둘 이상의 자녀를 임신한 경우에는 60일) 이상이 되어야 한다.

② 사용자는 임신 중인 여성 근로자가 유산의 경험 등 대통령령으로 정하는 사유로 휴가를 청구하는 경우 출산 전 어느 때라도 휴가를 나누어 사용할 수 있도록 하여야 한다. 이 경우 출산 후의 휴가 기간은 연속하여 45일(한 번에 둘 이상 자녀를 임신한 경우에는 60일) 이상이 되어야 한다.

③ 사용자는 임신 중인 여성이 유산 또는 사산한 경우로서 그 근로자가 청구하면 대통령령으로 정하는 바에 따라 유산·사산 휴가를 주어야 한다. 다만, 인공 임신중절 수술에 따른 유산의 경우는 그러하지 아니하다.

④ 규정에 따른 휴가 중 최초 60일(한 번에 둘 이상 자녀를 임신한 경우에는 75일)은 유급으로 한다. 다만, 「남녀고용평등과 일·가정 양립 지원에 관한 법률」에 따라 출산전후휴가급여 등이 지급된 경우에는 그 금액의 한도에서 지급의 책임을 면한다.

⑤ 사용자는 임신 중의 여성 근로자에게 시간외근로를 하게 하여서는 아니 되며, 그 근로자의 요구가 있는 경우에는 쉬운 종류의 근로로 전환하여야 한다.

⑥ 사업주는 출산전후휴가 종료 후에는 휴가 전과 동일한 업무 또는 동등한 수준의 임금을 지급하는 직무에 복귀시켜야 한다.
⑦ 사용자는 임신 후 12주 이내 또는 36주 이후에 있는 여성 근로자가 1일 2시간의 근로시간 단축을 신청하는 경우 이를 허용하여야 한다. 다만, 1일 근로시간이 8시간 미만인 근로자에 대하여는 1일 근로시간이 6시간이 되도록 근로시간 단축을 허용할 수 있다.
⑧ 사용자는 근로시간 단축을 이유로 해당 근로자의 임금을 삭감하여서는 아니 된다.
⑨ 사용자는 임신 중인 여성 근로자가 1일 소정근로시간을 유지하면서 업무의 시작 및 종료 시각의 변경을 신청하는 경우 이를 허용하여야 한다. 다만, 정상적인 사업 운영에 중대한 지장을 초래하는 경우 등 대통령령으로 정하는 경우에는 그러하지 아니하다.
⑩ 근로시간 단축의 신청방법 및 절차, 업무의 시작 및 종료 시각 변경의 신청방법 및 절차 등에 관하여 필요한 사항은 대통령령으로 정한다.

제74조의2(태아검진 시간의 허용 등)

① 사용자는 임신한 여성근로자가 「모자보건법」에 따른 임산부 정기건강진단을 받는데 필요한 시간을 청구하는 경우 이를 허용하여 주어야 한다.
② 사용자는 건강진단 시간을 이유로 그 근로자의 임금을 삭감하여서는 아니 된다.

제8장 재해보상

제78조(요양보상)

① 근로자가 업무상 부상 또는 질병에 걸리면 사용자는 그 비용으로 필요한 요양을 행하거나 필요한 요양비를 부담하여야 한다.
② 사용자는 근로자가 취업 중에 업무상 질병에 걸리거나 부상 또는 사망한 경우에는 지체 없이 의사의 잔단을 받도록 하여야 한다.〈시행령 제44조〉

제79조(휴업보상)

① 사용자는 요양 중에 있는 근로자에게 그 근로자의 요양 중 평균임금의 100분의 60의 휴업보상을 하여야 한다.
② 휴업보상을 받을 기간에 그 보상을 받을 자가 임금의 일부를 지급받은 경우에는 사용자는 평균임금에서 그 지급받은 금액을 뺀 금액의 100분의 60의 휴업보상을 하여야 한다.

제80조(장해보상)

근로자가 업무상 부상 또는 질병에 걸리고, 완치된 후 신체에 장해가 있으면 사용자는 그 장해 정도에 따라 평균임금에 신체장해등급과 재해보상표에서 정한 일수를 곱한 금액의 장해보상을 하여야 한다.

제82조(유족보상)

① 근로자가 업무상 사망한 경우에는 사용자는 근로자가 사망한 후 지체 없이 그 유족에게 평균임금 1,000일분의 유족보상을 하여야 한다.
② 유족의 범위, 유족보상의 순위 및 보상을 받기로 확정된 자가 사망한 경우의 유족보상의 순위는 대통령령으로 정한다.

> **시행령 제48조(유족의 범위 등)**
> ① 법 제82조 제2항에 따른 유족의 범위는 다음과 같다. 이 경우 유족보상의 순위는 다음의 순서에 따르되, 같은 호에 해당하는 경우에는 그 적힌 순서에 따른다.
> 1. 근로자가 사망할 때 그가 부양하고 있던 배우자(사실혼 관계에 있던 자를 포함), 자녀, 부모, 손(孫) 및 조부모
> 2. 근로자가 사망할 때 그가 부양하고 있지 아니한 배우자, 자녀, 부모, 손 및 조부모
> 3. 근로자가 사망할 때 그가 부양하고 있던 형제자매
> 4. 근로자가 사망할 때 그가 부양하고 있지 아니한 형제자매

제83조(장례비)

근로자가 업무상 사망한 경우에는 사용자는 근로자가 사망한 후 지체 없이 평균임금 90일분의 장례비를 지급하여야 한다.

제84조(일시보상)

보상을 받는 근로자가 요양을 시작한 지 2년이 지나도 부상 또는 질병이 완치되지 아니하는 경우에는 사용자는 그 근로자에게 평균임금 1,340일분의 일시보상을 하여 그 후의 이 법에 따른 모든 보상책임을 면할 수 있다.

제85조(분할보상)

사용자는 지급 능력이 있는 것을 증명하고 보상을 받는 자의 동의를 받으면 보상금을 1년에 걸쳐 분할보상을 할 수 있다.

제86조(보상 청구권)

보상을 받을 권리는 퇴직으로 인하여 변경되지 아니하고, 양도나 압류하지 못한다.

제87조(다른 손해배상과의 관계)

보상을 받게 될 자가 동일한 사유에 대하여 「민법」이나 그 밖의 법령에 따라 이 법의 재해보상에 상당한 금품을 받으면 그 가액(價額)의 한도에서 사용자는 보상의 책임을 면한다.

제92조(시효)

이 법의 규정에 따른 재해보상 청구권은 3년간 행사하지 아니하면 시효로 소멸한다.

제9장 취업규칙

제93조(취업규칙의 작성 · 신고)

상시 10명 이상의 근로자를 사용하는 사용자는 다음의 사항에 관한 취업규칙을 작성하여 고용노동부장관에게 신고하여야 한다. 이를 변경하는 경우에도 또한 같다.

1. 업무의 시작과 종료 시각, 휴게시간, 휴일, 휴가 및 교대 근로에 관한 사항
2. 임금의 결정 · 계산 · 지급 방법, 임금의 산정기간 · 지급시기 및 승급(昇給)에 관한 사항
3. 가족수당의 계산 · 지급 방법에 관한 사항
4. 퇴직에 관한 사항

5. 「근로자퇴직급여 보장법」에 따라 설정된 퇴직급여, 상여 및 최저임금에 관한 사항
6. 근로자의 식비, 작업 용품 등의 부담에 관한 사항
7. 근로자를 위한 교육시설에 관한 사항
8. 출산전후휴가 · 육아휴직 등 근로자의 모성 보호 및 일 · 가정 양립 지원에 관한 사항
9. 안전과 보건에 관한 사항
9의2. 근로자의 성별 · 연령 또는 신체적 조건 등의 특성에 따른 사업장 환경의 개선에 관한 사항
10. 업무상과 업무 외의 재해부조(災害扶助)에 관한 사항
11. 직장 내 괴롭힘의 예방 및 발생 시 조치 등에 관한 사항
12. 표창과 제재에 관한 사항
13. 그 밖에 해당 사업 또는 사업장의 근로자 전체에 적용될 사항

제94조(규칙의 작성, 변경 절차)

① 사용자는 취업규칙의 작성 또는 변경에 관하여 해당 사업 또는 사업장에 근로자의 과반수로 조직된 노동조합이 있는 경우에는 그 노동조합, 근로자의 과반수로 조직된 노동조합이 없는 경우에는 근로자의 과반수의 의견을 들어야 한다. 다만, 취업규칙을 근로자에게 불리하게 변경하는 경우에는 그 동의를 받아야 한다.

② 사용자는 취업규칙을 신고할 때에는 의견을 적은 서면을 첨부하여야 한다.

제95조(제재 규정의 제한)

취업규칙에서 근로자에 대하여 감급(減給)의 제재를 정할 경우에 그 감액은 1회의 금액이 평균임금의 1일분의 2분의 1을, 총액이 1임금지급기의 임금 총액의 10분의 1을 초과하지 못한다.

제96조(단체협약의 준수)

① 취업규칙은 법령이나 해당 사업 또는 사업장에 대하여 적용되는 단체협약과 어긋나서는 아니 된다.

② 고용노동부장관은 법령이나 단체협약에 어긋나는 취업규칙의 변경을 명할 수 있다.

제97조(위반의 효력)

취업규칙에서 정한 기준에 미달하는 근로조건을 정한 근로계약은 그 부분에 관하여는 무효로 한다. 이 경우 무효로 된 부분은 취업규칙에 정한 기준에 따른다.

POINT 근로감독관의 권한(제101조, 102조 103조)

1) 근로 조건의 기준을 확보하기 이하여 고용노동부와 그 소속 기관에 근로감독관을 둔다.
2) 근로감독관은 이 법이나 그 밖의 노동 관계 법령 위반의 죄에 대하여 "사법경찰관의 직무를 행할 자와 그 직무범위에 관한 법률"에서 정하는 바에 따라 사법경찰관의 직무를 수행한다.
3) 근로감독관은 직무상 알게된 비밀을 엄수하여야 한다. 근로감독관을 그만 둔 경우에도 또한 같다.

남녀고용평등과 일·가정 양립 지원에 관한 법률

제1장 총칙

제1조(목적)

이 법은 「대한민국헌법」의 평등이념에 따라 고용에서 남녀의 평등한 기회와 대우를 보장하고 모성 보호와 여성 고용을 촉진하여 남녀고용평등을 실현함과 아울러 근로자의 일과 가정의 양립을 지원함으로써 모든 국민의 삶의 질 향상에 이바지하는 것을 목적으로 한다.

제2조(정의)

이 법에서 사용하는 용어의 뜻은 다음과 같다.

1. "차별"이란 사업주가 근로자에게 성별, 혼인, 가족 안에서의 지위, 임신 또는 출산 등의 사유로 합리적인 이유 없이 채용 또는 근로의 조건을 다르게 하거나 그 밖의 불리한 조치를 하는 경우[사업주가 채용조건이나 근로조건은 동일하게 적용하더라도 그 조건을 충족할 수 있는 남성 또는 여성이 다른 한 성(性)에 비하여 현저히 적고 그에 따라 특정 성에게 불리한 결과를 초래하며 그 조건이 정당한 것임을 증명할 수 없는 경우를 포함]를 말한다. 다만, 다음의 어느 하나에 해당하는 경우는 제외한다.
   가. 직무의 성격에 비추어 특정 성이 불가피하게 요구되는 경우
   나. 여성 근로자의 임신·출산·수유 등 모성보호를 위한 조치를 하는 경우
   다. 그 밖에 이 법 또는 다른 법률에 따라 적극적 고용개선조치를 하는 경우
2. "직장 내 성희롱"이란 사업주·상급자 또는 근로자가 직장 내의 지위를 이용하거나 업무와 관련하여 다른 근로자에게 성적 언동 등으로 성적 굴욕감 또는 혐오감을 느끼게 하거나 성적 언동 또는 그 밖의 요구 등에 따르지 아니하였다는 이유로 근로조건 및 고용에서 불이익을 주는 것을 말한다.
3. "적극적 고용개선조치"란 현존하는 남녀 간의 고용차별을 없애거나 고용평등을 촉진하기 위하여 잠정적으로 특정 성을 우대하는 조치를 말한다.
4. "근로자"란 사업주에게 고용된 자와 취업할 의사를 가진 자를 말한다.

제3조(적용 범위)

① 이 법은 근로자를 사용하는 모든 사업 또는 사업장(이하 "사업"이라 한다)에 적용한다. 다만, 대통령령으로 정하는 사업에 대하여는 이 법의 전부 또는 일부를 적용하지 아니할 수 있다

> **시행령 제2조(적용범위)**
> ① 「남녀고용평등과 일·가정 양립 지원에 관한 법률」에 따라 동거하는 친족만으로 이루어지는 사업 또는 사업장(이하 "사업")과 가사사용인에 대하여는 법의 전부를 적용하지 아니한다.

제4조(국가와 지방자치단체의 책무)

① 국가와 지방자치단체는 이 법의 목적을 실현하기 위하여 국민의 관심과 이해를 증진시키고 여성의 직업능력 개발 및 고용 촉진을 지원하여야 하며, 남녀고용평등의 실현에 방해가 되는 모든 요인을 없애기 위하여 필요한 노력을 하여야 한다.

② 국가와 지방자치단체는 일·가정의 양립을 위한 근로자와 사업주의 노력을 지원하여야 하며 일·가정의 양립 지원에 필요한 재원을 조성하고 여건을 마련하기 위하여 노력하여야 한다.

제5조(근로자 및 사업주의 책무)

① 근로자는 상호 이해를 바탕으로 남녀가 동등하게 존중받는 직장문화를 조성하기 위하여 노력하여야 한다.

② 사업주는 해당 사업장의 남녀고용평등의 실현에 방해가 되는 관행과 제도를 개선하여 남녀근로자가 동등한 여건에서 자신의 능력을 발휘할 수 있는 근로환경을 조성하기 위하여 노력하여야 한다.

③ 사업주는 일·가정의 양립을 방해하는 사업장 내의 관행과 제도를 개선하고 일·가정의 양립을 지원할 수 있는 근무환경을 조성하기 위하여 노력하여야 한다.

제6조(정책의 수립 등)

① 고용노동부장관은 남녀고용평등과 일·가정의 양립을 실현하기 위하여 다음의 정책을 수립·시행하여야 한다.

1. 남녀고용평등 의식 확산을 위한 홍보
2. 남녀고용평등 우수기업(적극적 고용개선조치 우수기업을 포함)의 선정 및 행정적·재정적 지원
3. 남녀고용평등 강조 기간의 설정·추진
4. 남녀차별 개선과 여성취업 확대를 위한 조사·연구
5. 모성보호와 일·가정 양립을 위한 제도개선 및 행정적·재정적 지원
6. 그 밖에 남녀고용평등의 실현과 일·가정의 양립을 지원하기 위하여 필요한 사항

② 고용노동부장관은 정책의 수립·시행을 위하여 관계자의 의견을 반영하도록 노력하여야 하며 필요하다고 인정되는 경우 관계 행정기관 및 지방자치단체, 그 밖의 공공단체의 장에게 협조를 요청할 수 있다.

제6조의2(기본계획 수립)

① 고용노동부장관은 남녀고용평등 실현과 일·가정의 양립에 관한 기본계획(이하 "기본계획")을 5년마다 수립하여야 한다.

② 기본계획에는 다음의 사항이 포함되어야 한다.

1. 여성취업의 촉진에 관한 사항
2. 남녀의 평등한 기회보장 및 대우에 관한 사항
3. 동일 가치 노동에 대한 동일 임금 지급의 정착에 관한 사항
4. 여성의 직업능력 개발에 관한 사항
5. 여성 근로자의 모성 보호에 관한 사항
6. 일·가정의 양립 지원에 관한 사항
7. 여성 근로자를 위한 복지시설의 설치 및 운영에 관한 사항

8. 직전 기본계획에 대한 평가
9. 그 밖에 남녀고용평등의 실현과 일 · 가정의 양립 지원을 위하여 고용노동부장관이 필요하다고 인정하는 사항

제2장 고용에서 남녀의 평등한 기회보장 및 대우 등

제1절 남녀의 평등한 기회보장 및 대우

제7조(모집과 채용)

① 사업주는 근로자를 모집하거나 채용할 때 남녀를 차별하여서는 아니 된다.
② 사업주는 근로자를 모집 · 채용할 때 그 직무의 수행에 필요하지 아니한 용모 · 키 · 체중 등의 신체적 조건, 미혼 조건, 그 밖에 고용노동부령으로 정하는 조건을 제시하거나 요구하여서는 아니 된다.

제8조(임금)

① 사업주는 동일한 사업 내의 동일 가치 노동에 대하여는 동일한 임금을 지급하여야 한다.
② 동일 가치 노동의 기준은 직무 수행에서 요구되는 기술, 노력, 책임 및 작업 조건 등으로 하고, 사업주가 그 기준을 정할 때에는 노사협의회의 근로자를 대표하는 위원의 의견을 들어야 한다.
③ 사업주가 임금차별을 목적으로 설립한 별개의 사업은 동일한 사업으로 본다.

제9조(임금 외의 금품 등)

사업주는 임금 외에 근로자의 생활을 보조하기 위한 금품의 지급 또는 자금의 융자 등 복리후생에서 남녀를 차별하여서는 아니 된다.

제10조(교육 · 배치 및 승진)

사업주는 근로자의 교육 · 배치 및 승진에서 남녀를 차별하여서는 아니 된다.

제11조(정년 · 퇴직 및 해고)

① 사업주는 근로자의 정년 · 퇴직 및 해고에서 남녀를 차별하여서는 아니 된다.
② 사업주는 여성 근로자의 혼인, 임신 또는 출산을 퇴직 사유로 예정하는 근로계약을 체결하여서는 아니 된다.

제2절 직장 내 성희롱의 금지 및 예방

제12조(직장 내 성희롱의 금지)

사업주, 상급자 또는 근로자는 직장 내 성희롱을 하여서는 아니 된다.

제13조(직장 내 성희롱 예방 교육)

① 사업주는 직장 내 성희롱을 예방하고 근로자가 안전한 근로환경에서 일할 수 있는 여건을 조성하기 위하여 직장 내 성희롱의 예방을 위한 교육(이하 "성희롱 예방 교육")을 매년 실시하여야 한다.
② 사업주 및 근로자는 성희롱 예방 교육을 받아야 한다.
③ 사업주는 성희롱 예방 교육의 내용을 근로자가 자유롭게 열람할 수 있는 장소에 항상 게시하거나 갖추어 두어 근로자에게 널리 알려야 한다.

④ 사업주는 고용노동부령으로 정하는 기준에 따라 직장 내 성희롱 예방 및 금지를 위한 조치를 하여야 한다.

⑤ 성희롱 예방 교육의 내용·방법 및 횟수 등에 관하여 필요한 사항은 대통령령으로 정한다.

시행령 제3조(직장 내 성희롱 예방 교육)

① 사업주는 직장 내 성희롱 예방을 위한 교육을 연 1회 이상 하여야 한다.

② 예방 교육에는 다음의 내용이 포함되어야 한다.

1. 직장 내 성희롱에 관한 법령
2. 해당 사업장의 직장 내 성희롱 발생 시의 처리 절차와 조치 기준
3. 해당 사업장의 직장 내 성희롱 피해 근로자의 고충상담 및 구제 절차
4. 그 밖에 직장 내 성희롱 예방에 필요한 사항

③ 예방 교육은 사업의 규모나 특성 등을 고려하여 직원연수·조회·회의, 인터넷 등 정보통신망을 이용한 사이버 교육 등을 통하여 실시할 수 있다. 다만, 단순히 교육자료 등을 배포·게시하거나 전자우편을 보내거나 게시판에 공지하는 데 그치는 등 근로자에게 교육 내용이 제대로 전달되었는지 확인하기 곤란한 경우에는 예방 교육을 한 것으로 보지 아니한다.

④ 다음의 어느 하나에 해당하는 사업의 사업주는 ②의 내용을 근로자가 알 수 있도록 교육자료 또는 홍보물을 게시하거나 배포하는 방법으로 직장 내 성희롱 예방 교육을 할 수 있다.

1. 상시 10명 미만의 근로자를 고용하는 사업
2. 사업주 및 근로자 모두가 남성 또는 여성 중 어느 한 성(性)으로 구성된 사업

⑤ 사업주가 소속 근로자에게 「근로자직업능력 개발법」에 따라 인정받은 훈련과정 중 ②의 내용이 포함되어 있는 훈련과정을 수료하게 한 경우에는 그 훈련과정을 마친 근로자에게는 예방 교육을 한 것으로 본다.

제13조의2(성희롱 예방 교육의 위탁)

① 사업주는 성희롱 예방 교육을 고용노동부장관이 지정하는 기관(이하 "성희롱 예방 교육기관")에 위탁하여 실시할 수 있다.

② 사업주가 성희롱 예방 교육기관에 위탁하여 성희롱 예방 교육을 하려는 경우에는 대통령령으로 정하는 내용을 성희롱 예방 교육기관에 미리 알려 그 사항이 포함되도록 하여야 한다.

③ 성희롱 예방 교육기관은 고용노동부령으로 정하는 기관 중에서 지정하되, 고용노동부령으로 정하는 강사를 1명 이상 두어야 한다.

④ 성희롱 예방 교육기관은 고용노동부령으로 정하는 바에 따라 교육을 실시하고 교육이수증이나 이수자 명단 등 교육 실시 관련 자료를 보관하며 사업주나 피교육자에게 그 자료를 내주어야 한다.

⑤ 고용노동부장관은 성희롱 예방 교육기관이 다음의 어느 하나에 해당하면 그 지정을 취소할 수 있다.

1. 거짓이나 그 밖의 부정한 방법으로 지정을 받은 경우
2. 정당한 사유 없이 강사를 3개월 이상 계속하여 두지 아니한 경우
3. 2년 동안 직장 내 성희롱 예방 교육 실적이 없는 경우

⑥ 고용노동부장관은 성희롱 예방 교육기관의 지정을 취소하려면 청문을 하여야 한다.

제14조(직장 내 성희롱 발생 시 조치)

① 누구든지 직장 내 성희롱 발생 사실을 알게 된 경우 그 사실을 해당 사업주에게 신고할 수 있다.

② 사업주는 신고를 받거나 직장 내 성희롱 발생 사실을 알게 된 경우에는 지체 없이 그 사실 확인을 위한 조사를 하여야 한다. 이 경우 사업주는 직장 내 성희롱과 관련하여 피해를 입은 근로자 또는 피해를 입었다고 주장하는 근로자(이하 "피해근로자 등")가 조사 과정에서 성적 수치심 등을 느끼지 아니하도록 하여야 한다.

③ 사업주는 조사 기간 동안 피해근로자 등을 보호하기 위하여 필요한 경우 해당 피해근로자 등에 대하여 근무장소의 변경, 유급휴가 명령 등 적절한 조치를 하여야 한다. 이 경우 사업주는 피해근로자 등의 의사에 반하는 조치를 하여서는 아니 된다.

④ 사업주는 조사 결과 직장 내 성희롱 발생 사실이 확인된 때에는 피해근로자가 요청하면 근무장소의 변경, 배치전환, 유급휴가 명령 등 적절한 조치를 하여야 한다.

⑤ 사업주는 조사 결과 직장 내 성희롱 발생 사실이 확인된 때에는 지체 없이 직장 내 성희롱 행위를 한 사람에 대하여 징계, 근무장소의 변경 등 필요한 조치를 하여야 한다. 이 경우 사업주는 징계 등의 조치를 하기 전에 그 조치에 대하여 직장 내 성희롱 피해를 입은 근로자의 의견을 들어야 한다.

⑥ 사업주는 성희롱 발생 사실을 신고한 근로자 및 피해근로자 등에게 다음의 어느 하나에 해당하는 불리한 처우를 하여서는 아니 된다.

1. 파면, 해임, 해고, 그 밖에 신분상실에 해당하는 불이익 조치
2. 징계, 정직, 감봉, 강등, 승진 제한 등 부당한 인사조치
3. 직무 미부여, 직무 재배치, 그 밖에 본인의 의사에 반하는 인사조치
4. 성과평가 또는 동료평가 등에서 차별이나 그에 따른 임금 또는 상여금 등의 차별 지급
5. 직업능력 개발 및 향상을 위한 교육훈련 기회의 제한
6. 집단 따돌림, 폭행 또는 폭언 등 정신적·신체적 손상을 가져오는 행위를 하거나 그 행위의 발생을 방치하는 행위
7. 그 밖에 신고를 한 근로자 및 피해근로자 등의 의사에 반하는 불리한 처우

⑦ 직장 내 성희롱 발생 사실을 조사한 사람, 조사 내용을 보고 받은 사람 또는 그 밖에 조사 과정에 참여한 사람은 해당 조사 과정에서 알게 된 비밀을 피해근로자 등의 의사에 반하여 다른 사람에게 누설하여서는 아니 된다. 다만, 조사와 관련된 내용을 사업주에게 보고하거나 관계 기관의 요청에 따라 필요한 정보를 제공하는 경우는 제외한다.

제14조의2(고객 등에 의한 성희롱 방지)

① 사업주는 고객 등 업무와 밀접한 관련이 있는 자가 업무수행 과정에서 성적인 언동 등을 통하여 근로자에게 성적 굴욕감 또는 혐오감 등을 느끼게 하여 해당 근로자가 그로 인한 고충 해소를 요청할 경우 근무 장소 변경, 배치전환, 유급휴가의 명령 등 적절한 조치를 하여야 한다.

② 사업주는 근로자가 피해를 주장하거나 고객 등으로부터의 성적 요구 등에 불응한 것을 이유로 해고나 그 밖의 불이익한 조치를 하여서는 아니 된다.

제3절 여성의 직업능력 개발 및 고용 촉진

제15조(직업 지도)

「직업안정법」에 따른 직업안정기관은 여성이 적성, 능력, 경력 및 기능의 정도에 따라 직업을 선택하고, 직업에 적응하는 것을 쉽게 하기 위하여 고용정보와 직업에 관한 조사 · 연구 자료를 제공하는 등 직업 지도에 필요한 조치를 하여야 한다.

제16조(직업능력 개발)

국가, 지방자치단체 및 사업주는 여성의 직업능력 개발 및 향상을 위하여 모든 직업능력 개발 훈련에서 남녀에게 평등한 기회를 보장하여야 한다.

제17조(여성 고용 촉진)

① 고용노동부장관은 여성의 고용 촉진을 위한 시설을 설치 · 운영하는 비영리법인과 단체에 대하여 필요한 비용의 전부 또는 일부를 지원할 수 있다.

② 고용노동부장관은 여성의 고용 촉진을 위한 사업을 실시하는 사업주 또는 여성휴게실과 수유시설을 설치하는 등 사업장 내의 고용환경을 개선하고자 하는 사업주에게 필요한 비용의 전부 또는 일부를 지원할 수 있다.

제17조의2(경력단절여성의 능력개발과 고용촉진지원)

① 고용노동부장관은 임신 · 출산 · 육아 등의 이유로 직장을 그만두었으나 재취업할 의사가 있는 경력단절여성을 위하여 취업유망 직종을 선정하고, 특화된 훈련과 고용촉진프로그램을 개발하여야 한다.

② 고용노동부장관은 「직업안정법」에 따른 직업안정기관을 통하여 경력단절여성에게 직업정보, 직업훈련정보 등을 제공하고 전문화된 직업지도, 직업상담 등의 서비스를 제공하여야 한다.

제4절 적극적 고용개선조치

제17조의3(적극적 고용개선조치 시행계획의 수립 · 제출 등)

① 고용노동부장관은 다음의 어느 하나에 해당하는 사업주로서 고용하고 있는 직종별 여성 근로자의 비율이 산업별 · 규모별로 고용노동부령으로 정하는 고용 기준에 미달하는 사업주에 대하여는 차별적 고용관행 및 제도 개선을 위한 적극적 고용개선조치 시행계획(이하 "시행계획")을 수립하여 제출할 것을 요구할 수 있다. 이 경우 해당 사업주는 시행계획을 제출하여야 한다.

1. 대통령령으로 정하는 공공기관 · 단체의 장
2. 대통령령으로 정하는 규모 이상의 근로자를 고용하는 사업의 사업주

② ①에 해당하는 사업주는 직종별 · 직급별 남녀 근로자 임금현황을 고용노동부장관에게 제출하여야 한다.

③ ①에 해당하지 아니하는 사업주로서 적극적 고용개선조치를 하려는 사업주는 직종별 · 직급별 남녀 근로자 현황, 남녀 근로자 임금 현황과 시행계획을 작성하여 고용노동부장관에게 제출할 수 있다.

④ 고용노동부장관은 제출된 시행계획을 심사하여 그 내용이 명확하지 아니하거나 차별적 고용관행을 개선하려는 노력이 부족하여 시행계획으로서 적절하지 아니하다고 인정되면 해당 사업주에게 시행계획의 보완을 요구할 수 있다.

시행령 제4조(적극적 고용개선조치 시행계획 수립 · 제출의무 등의 부과대상 사업)

① 법 제17조의3 제1항 제1호에서 "대통령령으로 정하는 공공기관 · 단체"란 「공공기관의 운영에 관한 법률」에 따른 공공기관,「지방공기업법」에 따른 지방공사 및 지방공단을 말한다.

② 법 제17조의3 제1항 제2호에서 "대통령령으로 정하는 규모 이상의 근로자를 고용하는 사업"이란 다음의 어느 하나에 해당하는 사업을 말한다.

1. 「독점규제 및 공정거래에 관한 법률」에 따라 지정된 공시대상기업집단의 사업의 경우에는 상시 300명 이상의 근로자를 고용하는 사업
2. 제1호 외의 사업의 경우에는 상시 500명 이상의 근로자를 고용하는 사업

③ ②를 적용할 때 상시 고용하는 근로자의 수는 전년도에 매월 고용한 월평균 근로자 수의 연간 합계를 전년도의 조업월수로 나누어 산정(算定)한다.

시행규칙 제11조(적극적 고용개선조치 시행계획의 제출)

적극적 고용개선조치 시행계획(이하 "시행계획")을 제출하여야 하는 사업주는 적극적 고용개선조치 시행계획서에 다음의 사항이 모두 포함된 세부 시행계획을 첨부하여 매년 4월 30일까지 지방고용노동관서의 장에게 제출하여야 한다.

1. 다음의 사항이 포함된 남녀인력 활용 수준의 적정성 분석
   가. 사업별 남녀인력 활용의 적정성 분석
   나. 남녀인력 활용의 불균형이 심한 경우에는 모집 · 채용 · 승진 · 배치 등 고용관리의 단계별 문제점 분석
2. 해당 연도 1월 1일부터 12월 31일까지 달성할 전(全) 직종 여성 근로자 및 여성 관리자의 고용목표(장기계획이 필요한 경우에는 그 기간 및 최종 고용목표)
3. 다음의 사항이 포함된 고용관리개선계획
   가. 다음의 내용을 포함하여 사업주가 추진하여야 하는 각종 남녀 차별적 제도 · 관행의 개선계획
      1) 여성 근로자 고용목표를 달성하기 위한 취업규칙의 개선
      2) 각종 홍보물 등에 나타난 차별적 요인의 개선
      3) 여성 인력 활용에 관한 인사정책의 고지(告知) 방안
      4) 남녀 근로자 간 임금격차의 개선
   나. 개선 과제별 실행방안 및 연차별 추진 일정
4. 다음의 사항이 포함된 특이 사항
   가. 여성 근로자의 고용비율이 현저하게 낮음에도 불구하고 단기간에 개선하기 어려운 경우에는 그 사유
   나. 「근로기준법」에 따라 임산부 등의 사용이 금지되는 직종이 대다수를 차지하여 여성 인력을 활용하기 어려운 경우에는 그 내용
   다. 특정 직종에 여성 전공자가 없어 여성 근로자의 고용목표를 정하기 곤란한 경우에는 그 내용
5. 그 밖에 사업주가 여성 근로자 고용 확대를 위하여 필요하다고 판단하는 사항

시행규칙 제12조(직종별 · 직급별 남녀 근로자 현황 등의 제출)
직종별 · 직급별 남녀 근로자 및 임금 현황을 제출하여야 하는 사업주는 직종별 · 직급별 남녀 근로자 및 임금 현황을 작성하여 매년 4월 30일까지 지방고용노동관서의 장에게 제출하여야 한다.

시행규칙 제13조(시행계획의 보완 요구)
지방고용노동관서의 장은 사업주에게 시행계획의 보완을 요구하는 경우에는 30일 이상의 기간을 정하여 요구하여야 한다.

제17조의4(이행실적의 평가 및 지원 등)

① 시행계획을 제출한 자는 그 이행실적을 고용노동부장관에게 제출하여야 한다.
② 고용노동부장관은 제출된 이행실적을 평가하고, 그 결과를 사업주에게 통보하여야 한다.
③ 고용노동부장관은 평가 결과 이행실적이 우수한 기업(이하 "적극적 고용개선조치 우수기업")에 표창을 할 수 있다.
④ 국가와 지방자치단체는 적극적 고용개선조치 우수기업에 행정적 · 재정적 지원을 할 수 있다.
⑤ 고용노동부장관은 평가 결과 이행실적이 부진한 사업주에게 시행계획의 이행을 촉구할 수 있다.

제17조의6(시행계획 등의 게시)

시행계획을 제출한 사업주는 시행계획 및 이행실적을 근로자가 열람할 수 있도록 게시하는 등 필요한 조치를 하여야 한다.

제17조의7(적극적 고용개선조치에 관한 협조)

고용노동부장관은 적극적 고용개선조치의 효율적 시행을 위하여 필요하다고 인정하면 관계 행정기관의 장에게 차별의 시정 또는 예방을 위하여 필요한 조치를 하여 줄 것을 요청할 수 있다. 이 경우 관계 행정기관의 장은 특별한 사유가 없으면 요청에 따라야 한다.

제17조의8(적극적 고용개선조치에 관한 중요 사항 심의)

적극적 고용개선조치에 관한 다음의 사항은 「고용정책 기본법」에 따른 고용정책심의회의 심의를 거쳐야 한다.

1. 여성 근로자 고용기준에 관한 사항
2. 시행계획의 심사에 관한 사항
3. 적극적 고용개선조치 이행실적의 평가에 관한 사항
4. 적극적 고용개선조치 우수기업의 표창 및 지원에 관한 사항
5. 공표 여부에 관한 사항
6. 그 밖에 적극적 고용개선조치에 관하여 고용정책심의회의 위원장이 회의에 부치는 사항

제3장 모성 보호

제18조(출산전후휴가에 대한 지원)

① 국가는 배우자 출산휴가, 출산전후휴가 또는 유산·사산 휴가를 사용한 근로자 중 일정한 요건에 해당하는 자에게 그 휴가기간에 대하여 통상임금에 상당하는 금액(이하 "출산전후휴가급여등")을 지급할 수 있다.

② 지급된 출산전후휴가급여등은 그 금액의 한도에서 사업주가 지급한 것으로 본다.

③ 출산전후휴가급여등을 지급하기 위하여 필요한 비용은 국가재정이나 「사회보장기본법」에 따른 사회보험에서 분담할 수 있다.

④ 근로자가 출산전후휴가급여등을 받으려는 경우 사업주는 관계 서류의 작성·확인 등 모든 절차에 적극 협력하여야 한다.

⑤ 출산전후휴가급여등의 지급요건, 지급기간 및 절차 등에 관하여 필요한 사항은 따로 법률로 정한다.

제18조의2(배우자 출산휴가)

① 사업주는 근로자가 배우자의 출산을 이유로 휴가를 청구하는 경우에 10일의 휴가를 주어야 한다. 이 경우 사용한 휴가기간은 유급으로 한다.

② 출산전후휴가급여등이 지급된 경우에는 그 금액의 한도에서 지급의 책임을 면한다.

③ 배우자 출산휴가는 근로자의 배우자가 출산한 날부터 90일이 지나면 청구할 수 없다.

④ 배우자 출산휴가는 1회에 한정하여 나누어 사용할 수 있다.

⑤ 사업주는 배우자 출산휴가를 이유로 근로자를 해고하거나 그 밖의 불리한 처우를 하여서는 아니 된다.

제3장의2 일·가정의 양립 지원

제19조(육아휴직)

① 사업주는 임신 중인 여성 근로자가 모성을 보호하거나 근로자가 만 8세 이하 또는 초등학교 2학년 이하의 자녀(입양한 자녀를 포함)를 양육하기 위하여 휴직(이하 "육아휴직")을 신청하는 경우에 이를 허용하여야 한다. 다만, 대통령령으로 정하는 경우에는 그러하지 아니하다.

② 육아휴직의 기간은 1년 이내로 한다.

③ 사업주는 육아휴직을 이유로 해고나 그 밖의 불리한 처우를 하여서는 아니 되며, 육아휴직 기간에는 그 근로자를 해고하지 못한다. 다만, 사업을 계속할 수 없는 경우에는 그러하지 아니하다.

④ 사업주는 육아휴직을 마친 후에는 휴직 전과 같은 업무 또는 같은 수준의 임금을 지급하는 직무에 복귀시켜야 한다. 또한 육아휴직 기간은 근속기간에 포함한다.

⑤ 기간제근로자 또는 파견근로자의 육아휴직 기간은 「기간제 및 단시간근로자 보호 등에 관한 법률」에 따른 사용기간 또는 「파견근로자보호 등에 관한 법률」에 따른 근로자파견기간에서 제외한다.

⑥ 육아휴직의 신청방법 및 절차 등에 관하여 필요한 사항은 대통령령으로 정한다.

시행령 제10조(육아휴직의 적용 제외)

법 제19조 제1항 단서에서 "대통령령으로 정하는 경우"란 육아휴직을 시작하려는 날(이하 "휴직개시예정일")의 전날까지 해당 사업에서 계속 근로한 기간이 6개월 미만인 근로자가 신청한 경우를 말한다.

시행령 제11조(육아휴직의 신청 등)

① 육아휴직을 신청하려는 근로자는 휴직개시예정일의 30일 전까지 육아휴직 대상인 영유아의 성명, 생년월일, 휴직개시예정일, 육아휴직을 종료하려는 날(이하 "휴직종료예정일"), 육아휴직 신청 연월일, 신청인 등에 대한 사항을 신청서에 적어 사업주에게 제출하여야 한다.

② 다음의 어느 하나에 해당하는 경우에는 휴직개시예정일 7일 전까지 육아휴직을 신청할 수 있다.

1. 출산 예정일 이전에 자녀가 출생한 경우
2. 배우자의 사망, 부상, 질병 또는 신체적 · 정신적 장애나 배우자와의 이혼 등으로 해당 영유아를 양육하기 곤란한 경우

③ 사업주는 근로자가 출산 예정일 이전에 자녀가 출생한 경우 기한이 지난 뒤에 육아휴직을 신청한 경우에는 그 신청일부터 30일 이내에, 기한이 지난 뒤에 육아휴직을 신청한 경우에는 그 신청일부터 7일 이내에 육아휴직 개시일을 지정하여 육아휴직을 허용하여야 한다.

④ 사업주는 육아휴직을 신청한 근로자에게 해당 자녀의 출생 등을 증명할 수 있는 서류의 제출을 요구할 수 있다.

제19조의2(육아기 근로시간 단축)

① 사업주는 근로자가 만 8세 이하 또는 초등학교 2학년 이하의 자녀를 양육하기 위하여 근로시간의 단축(이하 "육아기 근로시간 단축")을 신청하는 경우에 이를 허용하여야 한다. 다만, 대체인력 채용이 불가능한 경우, 정상적인 사업 운영에 중대한 지장을 초래하는 경우 등 대통령령으로 정하는 경우에는 그러하지 아니하다.

② 사업주가 육아기 근로시간 단축을 허용하지 아니하는 경우에는 해당 근로자에게 그 사유를 서면으로 통보하고 육아휴직을 사용하게 하거나 그 밖의 조치를 통하여 지원할 수 있는지를 해당 근로자와 협의하여야 한다.

③ 사업주가 해당 근로자에게 육아기 근로시간 단축을 허용하는 경우 단축 후 근로시간은 주당 15시간 이상이어야 하고 30시간을 넘어서는 아니 된다.

④ 육아기 근로시간 단축의 기간은 1년 이내로 한다. 다만, 육아휴직을 신청할 수 있는 근로자가 육아휴직 기간 중 사용하지 아니한 기간이 있으면 그 기간을 가산한 기간 이내로 한다.

⑤ 사업주는 육아기 근로시간 단축을 이유로 해당 근로자에게 해고나 그 밖의 불리한 처우를 하여서는 아니 된다.

⑥ 사업주는 근로자의 육아기 근로시간 단축기간이 끝난 후에 그 근로자를 육아기 근로시간 단축 전과 같은 업무 또는 같은 수준의 임금을 지급하는 직무에 복귀시켜야 한다.

⑦ 육아기 근로시간 단축의 신청방법 및 절차 등에 관하여 필요한 사항은 대통령령으로 정한다.

> **시행령 제15조(육아기 근로시간 단축의 신청 등)**
> ① 육아기 근로시간 단축을 신청하려는 근로자는 육아기 근로시간 단축을 시작하려는 날(이하 "단축개시예정일")의 30일 전까지 육아기 근로시간 단축기간 중 양육하는 대상인 자녀의 성명, 생년월일, 단축개시예정일, 육아기 근로시간 단축을 종료하려는 날(이하 "단축종료예정일"), 육아기 근로시간 단축 중 근무개시시각 및 근무종료시각, 육아기 근로시간 단축 신청 연월일, 신청인 등에 대한 사항을 적은 문서(전자문서를 포함한다)를 사업주에게 제출하여야 한다.
> ② 사업주는 근로자가 ①에 따른 기한이 지난 뒤에 육아기 근로시간 단축을 신청한 경우에는 그 신청일부터 30일 이내로 육아기 근로시간 단축 개시일을 지정하여 육아기 근로시간 단축을 허용하여야 한다.
> ③ 사업주는 육아기 근로시간 단축을 신청한 근로자에게 해당 자녀의 출생 등을 증명할 수 있는 서류의 제출을 요구할 수 있다.

제19조의3(육아기 근로시간 단축 중 근로조건 등)

① 사업주는 육아기 근로시간 단축을 하고 있는 근로자에 대하여 근로시간에 비례하여 적용하는 경우 외에는 육아기 근로시간 단축을 이유로 그 근로조건을 불리하게 하여서는 아니 된다.

② 육아기 근로시간 단축을 한 근로자의 근로조건(육아기 근로시간 단축 후 근로시간을 포함한다)은 사업주와 그 근로자 간에 서면으로 정한다.

③ 사업주는 육아기 근로시간 단축을 하고 있는 근로자에게 단축된 근로시간 외에 연장근로를 요구할 수 없다. 다만, 그 근로자가 명시적으로 청구하는 경우에는 사업주는 주 12시간 이내에서 연장근로를 시킬 수 있다.

④ 육아기 근로시간 단축을 한 근로자에 대하여 「근로기준법」에 따른 평균임금을 산정하는 경우에는 그 근로자의 육아기 근로시간 단축 기간을 평균임금 산정기간에서 제외한다.

제19조의4(육아휴직과 육아기 근로시간 단축의 사용형태)

① 근로자는 육아휴직을 2회에 한정하여 나누어 사용할 수 있다. 이 경우 임신 중인 여성 근로자가 모성보호를 위하여 육아휴직을 사용한 횟수는 육아휴직을 나누어 사용한 횟수에 포함하지 아니한다.

② 근로자는 육아기 근로시간 단축을 나누어 사용할 수 있다. 이 경우 나누어 사용하는 1회의 기간은 3개월(근로계약기간의 만료로 3개월 이상 근로시간 단축을 사용할 수 없는 기간제근로자에 대해서는 남은 근로계약기간) 이상이 되어야 한다.

제19조의5(육아지원을 위한 그 밖의 조치)

① 사업주는 만 8세 이하 또는 초등학교 2학년 이하의 자녀를 양육하는 근로자의 육아를 지원하기 위하여 다음의 어느 하나에 해당하는 조치를 하도록 노력하여야 한다.

1. 업무를 시작하고 마치는 시간 조정
2. 연장근로의 제한
3. 근로시간의 단축, 탄력적 운영 등 근로시간 조정
4. 그 밖에 소속 근로자의 육아를 지원하기 위하여 필요한 조치

② 고용노동부장관은 사업주가 조치를 할 경우 고용 효과 등을 고려하여 필요한 지원을 할 수 있다.

제19조의6(직장복귀를 위한 사업주의 지원)

사업주는 이 법에 따라 육아휴직 중인 근로자에 대한 직업능력 개발 및 향상을 위하여 노력하여야 하고 출산전후휴가, 육아휴직 또는 육아기 근로시간 단축을 마치고 복귀하는 근로자가 쉽게 직장생활에 적응할 수 있도록 지원하여야 한다.

제20조(일 · 가정의 양립을 위한 지원)

① 국가는 사업주가 근로자에게 육아휴직이나 육아기 근로시간 단축을 허용한 경우 그 근로자의 생계비용과 사업주의 고용유지비용의 일부를 지원할 수 있다.

② 국가는 소속 근로자의 일 · 가정의 양립을 지원하기 위한 조치를 도입하는 사업주에게 세제 및 재정을 통한 지원을 할 수 있다.

제21조(직장어린이집 설치 및 지원 등)

① 사업주는 근로자의 취업을 지원하기 위하여 수유 · 탁아 등 육아에 필요한 어린이집(이하 "직장어린이집")을 설치하여야 한다.

② 직장어린이집을 설치하여야 할 사업주의 범위 등 직장어린이집의 설치 및 운영에 관한 사항은 「영유아보육법」에 따른다.

③ 고용노동부장관은 근로자의 고용을 촉진하기 위하여 직장어린이집의 설치 · 운영에 필요한 지원 및 지도를 하여야 한다.

④ 사업주는 직장어린이집을 운영하는 경우 근로자의 고용형태에 따라 차별하여서는 아니 된다.

제21조의2(그 밖의 보육 관련 지원)

고용노동부장관은 직장어린이집을 설치하여야 하는 사업주 외의 사업주가 직장어린이집을 설치하려는 경우에는 직장어린이집의 설치 · 운영에 필요한 정보 제공, 상담 및 비용의 일부 지원 등 필요한 지원을 할 수 있다.

제22조(공공복지시설의 설치)

① 국가 또는 지방자치단체는 여성 근로자를 위한 교육 · 육아 · 주택 등 공공복지시설을 설치할 수 있다.

② 공공복지시설의 기준과 운영에 필요한 사항은 고용노동부장관이 정한다.

> **시행령 제16조(복지시설의 우선 설치지역)**
> 국가나 지방자치단체가 여성 근로자를 위한 공공복지시설을 설치하는 경우에는 공업단지 · 농공지구 등 여성근로자가 많은 지역부터 우선 설치하여야 한다.

제22조의2(근로자의 가족 돌봄 등을 위한 지원)

① 사업주는 근로자가 부모, 배우자, 자녀 또는 배우자의 부모(이하 "가족")의 질병, 사고, 노령으로 인하여 그 가족을 돌보기 위한 휴직(이하 "가족돌봄휴직")을 신청하는 경우 이를 허용하여야 한다. 다만, 대체인력 채용이 불가능한 경우, 정상적인 사업 운영에 중대한 지장을 초래하는 경우 등 대통령령으로 정하는 경우에는 그러하지 아니하다.

② 사업주는 근로자가 가족(조부모 또는 손자녀의 경우 근로자 본인 외에도 직계비속 또는 직계존속이 있는 등 대통령령으로 정하는 경우는 제외)의 질병, 사고, 노령 또는 자녀의 양육으로 인하여 긴급하게 그 가족을 돌보기 위한 휴가(가족돌봄휴가)를 신청하는 경우 이를 허용하여야 한다. 다만, 근로자가 청구한 시기에 가족돌봄휴가를 주는 것이 정상적인 사업 운영에 중대한 지장을 초래하는 경우에는 근로자와 협의하여 그 시기를 변경할 수 있다.

③ 사업주가 가족돌봄휴직을 허용하지 아니하는 경우에는 해당 근로자에게 그 사유를 서면으로 통보하고, 다음의 어느 하나에 해당하는 조치를 하도록 노력하여야 한다.

1. 업무를 시작하고 마치는 시간 조정
2. 연장근로의 제한
3. 근로시간의 단축, 탄력적 운영 등 근로시간의 조정
4. 그 밖에 사업장 사정에 맞는 지원조치

④ 가족돌봄휴직 및 가족돌봄휴가의 사용기간과 분할횟수 등은 다음에 따른다.

1. 가족돌봄휴직 기간은 연간 최장 90일로 하며, 이를 나누어 사용할 수 있을 것. 이 경우 나누어 사용하는 1회의 기간은 30일 이상이 되어야 한다.
2. 가족돌봄휴가 기간은 연간 최장 10일[가족돌봄휴가 기간이 연장되는 경우 20일(「한부모가족지원법」의 모 또는 부에 해당하는 근로자의 경우 25일) 이내]로 하며, 일단위로 사용할 수 있을 것. 다만, 가족돌봄휴가 기간은 가족돌봄휴직 기간에 포함된다.
3. 고용노동부장관은 감염병의 확산 등을 원인으로 「재난 및 안전관리 기본법」에 따른 심각단계의 위기경보가 발령되거나, 이에 준하는 대규모 재난이 발생한 경우로서 근로자에게 가족을 돌보기 위한 특별한 조치가 필요하다고 인정되는 경우 「고용정책 기본법」에 따른 고용정책심의회의 심의를 거쳐 가족돌봄휴가 기간을 연간 10일(「한부모가족지원법」에 따른 모 또는 부에 해당하는 근로자의 경우 15일)의 범위에서 연장할 수 있을 것. 이 경우 고용노동부장관은 지체 없이 기간 및 사유 등을 고시하여야 한다.

⑤ 연장된 가족돌봄휴가는 다음의 어느 하나에 해당하는 경우에만 사용할 수 있다.

1. 감염병 확산을 사유로 「재난 및 안전관리 기본법」에 따른 심각단계의 위기경보가 발령된 경우로서 가족이 위기경보가 발령된 원인이 되는 감염병의 「감염병의 예방 및 관리에 관한 법률」의 감염병환자, 감염병의사환자, 병원체보유자인 경우 또는 감염병의심자 중 유증상자 등으로 분류되어 돌봄이 필요한 경우
2. 자녀가 소속된 「초·중등교육법」의 학교, 「유아교육법」의 유치원 또는 「영유아보육법」의 어린이집(이하 이 조에서 "학교등")에 대한 「초·중등교육법」에 따른 휴업명령 또는 휴교처분, 「유아교육법」에 따른 휴업 또는 휴원 명령이나 「영유아보육법」에 따른 휴원명령으로 자녀의 돌봄이 필요한 경우
3. 자녀가 감염병으로 인하여 「감염병의 예방 및 관리에 관한 법률」에 따른 자가(自家) 격리 대상이 되거나 학교등에서 등교 또는 등원 중지 조치를 받아 돌봄이 필요한 경우
4. 그 밖에 근로자의 가족돌봄에 관하여 고용노동부장관이 정하는 사유에 해당하는 경우

⑥ 사업주는 가족돌봄휴직 또는 가족돌봄휴가를 이유로 해당 근로자를 해고하거나 근로조건을 악화시키는 등 불리한 처우를 하여서는 아니 된다.

⑦ 가족돌봄휴직 및 가족돌봄휴가 기간은 근속기간에 포함한다. 다만, 「근로기준법」에 따른 평균임금 산정기간에서는 제외한다.

⑧ 사업주는 소속 근로자가 건전하게 직장과 가정을 유지하는 데에 도움이 될 수 있도록 필요한 심리상담 서비스를 제공하도록 노력하여야 한다.

⑨ 고용노동부장관은 사업주가 조치를 하는 경우에는 고용 효과 등을 고려하여 필요한 지원을 할 수 있다.

⑩ 가족돌봄휴직 및 가족돌봄휴가의 신청방법 및 절차 등에 관하여 필요한 사항은 대통령령으로 정한다.

시행령 제16조의2(가족돌봄휴직 및 가족돌봄휴가의 신청 등)

① 가족돌봄휴직을 신청하려는 근로자는 가족돌봄휴직을 시작하려는 날(이하 "돌봄휴직개시예정일")의 30일 전까지 가족돌봄휴직 기간 중 돌보는 대상인 가족의 성명, 생년월일, 돌봄이 필요한 사유, 돌봄휴직개시예정일, 가족돌봄휴직을 종료하려는 날(이하 "돌봄휴직종료예정일일"), 가족돌봄휴직 신청 연월일, 신청인 등에 대한 사항을 적은 문서(전자문서를 포함)를 사업주에게 제출하여야 한다.

② 사업주는 근로자가 기한이 지난 뒤에 가족돌봄휴직을 신청한 경우에는 그 신청일부터 30일 이내로 가족돌봄휴직 개시일을 지정하여 가족돌봄휴직을 허용하여야 한다.

③ 사업주는 가족돌봄휴직을 신청한 근로자에게 돌봄이 필요한 가족의 건강 상태, 신청인 외의 가족 등의 돌봄 가능 여부 등 근로자의 가족돌봄휴직의 필요성을 확인할 수 있는 서류의 제출을 요구할 수 있다.

④ 가족돌봄휴가를 신청하려는 근로자는 가족돌봄휴가를 사용하려는 날, 가족돌봄휴가 중 돌보는 대상인 가족의 성명 · 생년월일, 가족돌봄휴가 신청 연월일, 신청인 등에 대한 사항을 적은 문서(전자문서를 포함)를 사업주에게 제출해야 한다.

시행령 제16조의3(가족돌봄휴직 및 가족돌봄휴가의 허용 예외)

① 법 제22조의2제1항 단서에서 "대통령령으로 정하는 경우"란 다음의 어느 하나에 해당하는 경우를 말한다.

1. 돌봄휴직개시예정일의 전날까지 해당 사업에서 계속 근로한 기간이 6개월 미만인 근로자가 신청한 경우
2. 부모, 배우자, 자녀 또는 배우자의 부모를 돌보기 위하여 가족돌봄휴직을 신청한 근로자 외에도 돌봄이 필요한 가족의 부모, 자녀, 배우자 등이 돌봄이 필요한 가족을 돌볼 수 있는 경우
3. 조부모 또는 손자녀를 돌보기 위하여 가족돌봄휴직을 신청한 근로자 외에도 조부모의 직계비속 또는 손자녀의 직계존속이 있는 경우. 다만, 조부모의 직계비속 또는 손자녀의 직계존속에게 질병, 노령, 장애 또는 미성년 등의 사유가 있어 신청한 근로자가 돌봐야 하는 경우는 제외한다.
4. 사업주가 직업안정기관에 구인신청을 하고 14일 이상 대체인력을 채용하기 위하여 노력하였으나 대체인력을 채용하지 못한 경우. 다만, 직업안정기관의 장의 직업소개에도 불구하고 정당한 이유 없이 2회 이상 채용을 거부한 경우는 제외한다.
5. 근로자의 가족돌봄휴직으로 인하여 정상적인 사업 운영에 중대한 지장이 초래되는 경우로서 사업주가 이를 증명하는 경우

② 법 제22조의2제2항 본문에서 "조부모 또는 손자녀의 경우 근로자 본인 외에도 직계비속 또는 직계존속이 있는 등 대통령령으로 정하는 경우"란 조부모 또는 손자녀를 돌보기 위하여 가족돌봄휴가를 신청한 근로자 외에도 조부모의 직계비속 또는 손자녀의 직계존속이 있는 경우를 말한다. 다만, 조부모의 직계비속 또는 손자녀의 직계존속에게 질병, 노령, 장애 또는 미성년 등의 사유가 있어 신청한 근로자가 돌봐야 하는 경우는 제외한다.

제4장 분쟁의 예방과 해결

제23조(상담지원)

① 고용노동부장관은 차별, 직장 내 성희롱, 모성보호 및 일·가정 양립 등에 관한 상담을 실시하는 민간단체에 필요한 비용의 일부를 예산의 범위에서 지원할 수 있다.

② 단체의 선정요건, 비용의 지원기준과 지원절차 및 지원의 중단 등에 필요한 사항은 고용노동부령으로 정한다.

제24조(명예고용평등감독관)

① 고용노동부장관은 사업장의 남녀고용평등 이행을 촉진하기 위하여 그 사업장 소속 근로자 중 노사가 추천하는 자를 명예고용평등감독관(이하 "명예감독관"이라 한다)으로 위촉할 수 있다.

② 명예감독관은 다음의 업무를 수행한다.

1. 해당 사업장의 차별 및 직장 내 성희롱 발생 시 피해 근로자에 대한 상담·조언
2. 해당 사업장의 고용평등 이행상태 자율점검 및 지도 시 참여
3. 법령위반 사실이 있는 사항에 대하여 사업주에 대한 개선 건의 및 감독기관에 대한 신고
4. 남녀고용평등 제도에 대한 홍보·계몽
5. 그 밖에 남녀고용평등의 실현을 위하여 고용노동부장관이 정하는 업무

③ 사업주는 명예감독관으로서 정당한 임무 수행을 한 것을 이유로 해당 근로자에게 인사상 불이익 등의 불리한 조치를 하여서는 아니 된다.

④ 명예감독관의 위촉과 해촉 등에 필요한 사항은 고용노동부령으로 정한다.

시행규칙 제16조(명예고용평등감독관의 위촉·운영 등)

① 명예고용평등감독관(이하 "명예감독관")으로 위촉할 수 있는 사람은 다음과 같다.

1. 「근로자참여 및 협력증진에 관한 법률」에 따른 노사협의회의 위원 또는 고충처리위원
2. 노동조합의 임원 또는 인사·노무 담당부서의 관리자
3. 그 밖에 해당 사업의 남녀고용평등을 실현하기 위하여 활동하기에 적합하다고 인정하는 사람

② 명예감독관의 임기는 3년으로 하되, 연임할 수 있다.

③ 명예감독관은 업무를 수행하는 경우에 노사의 협의를 통하여 해결할 필요가 있다고 판단되는 사안은 노사협의회의 토의에 부쳐 처리하게 할 수 있다.

④ 명예감독관은 업무 수행 중에 알게 된 비밀을 누설하여서는 아니 된다.

⑤ 명예감독관이 업무를 수행하는 경우에는 비상근, 무보수로 함을 원칙으로 한다.

⑥ 고용노동부장관은 명예감독관이 다음의 어느 하나에 해당하는 경우 그 명예감독관을 해촉할 수 있다.
1. 근로자인 명예감독관이 퇴직 등의 사유로 해당 사업의 근로자 지위를 상실한 경우
2. 명예감독관이 업무 수행 중에 알게 된 비밀을 누설하거나 그 밖에 업무와 관련하여 부정한 행위를 한 경우
3. 사업의 폐지 등으로 명예감독관을 둘 필요가 없게 된 경우
4. 그 밖에 명예감독관으로 활동하기에 부적합한 사유가 있어 해당 사업의 노사 대표가 공동으로 해촉을 요청한 경우

⑦ 그 밖에 명예감독관의 위촉·해촉 및 운영 등에 필요한 사항은 고용노동부장관이 정한다.

제25조(분쟁의 자율적 해결)

사업주는 모집과 채용, 임금, 임금 외의 금품 등, 교육·배치 및 승진, 정년·퇴직 및 해고, 직장 내 성희롱의 금지, 직장 내 성희롱 예방 교육 등, 성희롱 예방 교육의 위탁, 직장 내 성희롱 발생 시 조치, 고객 등에 의한 성희롱 방지, 출산전후휴가 등에 대한 지원, 배우자 출산휴가, 육아휴직, 육아기 근로시간 단축, 육아기 근로시간 단축 중 근로조건 등, 육아휴직과 육아기 근로시간 단축의 사용형태, 육아지원을 위한 그 밖의 조치, 직장복귀를 위한 사업주의 지원, 직장어린이집 설치 및 지원 등, 근로자의 가족 돌봄 등을 위한 지원에 따른 사항에 관하여 근로자가 고충을 신고하였을 때에는 「근로자참여 및 협력증진에 관한 법률」에 따라 해당 사업장에 설치된 노사협의회에 고충의 처리를 위임하는 등 자율적인 해결을 위하여 노력하여야 한다.

시행령 제18조(고충 신고 등)

① 고충 신고는 구두, 서면, 우편, 전화, 팩스 또는 인터넷 등의 방법으로 하여야 한다.

② 사업주는 고충 신고를 받은 경우 특별한 사유가 없으면 신고 접수일부터 10일 이내에 신고된 고충을 직접 처리하거나 「근로자참여 및 협력증진에 관한 법률」에 따라 설치된 노사협의회에 위임하여 처리하게 하고, 사업주가 직접 처리한 경우에는 처리 결과를, 노사협의회에 위임하여 처리하게 한 경우에는 위임 사실을 해당 근로자에게 알려야 한다.

③ 사업주는 고충접수·처리대장을 작성하여 갖추어 두고 관련 서류를 3년간 보존하여야 한다.

④ 고충접수·처리대장은 전자적 처리가 불가능한 특별한 사유가 없으면 전자적 처리가 가능한 방법으로 작성하여 갖추어 두어야 하며, 서류는 전자적인 방법으로 작성·보존할 수 있다.

제30조(입증책임)

이 법과 관련한 분쟁해결에서 입증책임은 사업주가 부담한다.

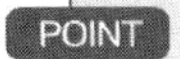

직장 내 성희롱 1천만 원 이하 과태료

고용상 연령차별금지 및 고령자고용촉진에 관한 법률

제1장 총칙

제1조(목적)

이 법은 합리적인 이유 없이 연령을 이유로 하는 고용차별을 금지하고, 고령자(高齡者)가 그 능력에 맞는 직업을 가질 수 있도록 지원하고 촉진함으로써, 고령자의 고용안정과 국민경제의 발전에 이바지하는 것을 목적으로 한다.

제2조(정의)

이 법에서 사용하는 용어의 뜻은 다음과 같다.

1. "고령자"란 인구와 취업자의 구성 등을 고려하여 대통령령으로 정하는 연령 이상인 자를 말한다.
2. "준고령자"란 대통령령으로 정하는 연령 이상인 자로서 고령자가 아닌 자를 말한다.
3. "사업주"란 근로자를 사용하여 사업을 하는 자를 말한다.
4. "근로자"란 「근로기준법」에 따른 근로자를 말한다.
5. "기준고용률"이란 사업장에서 상시 사용하는 근로자를 기준으로 하여 사업주가 고령자의 고용촉진을 위하여 고용하여야 할 고령자의 비율로서 고령자의 현황과 고용 실태 등을 고려하여 사업의 종류별로 대통령령으로 정하는 비율을 말한다.

시행령 제2조(고령자 및 준고령자의 정의)

① 「고용상 연령차별금지 및 고령자고용촉진에 관한 법률」(이하 "법"이라 한다)에 따른 고령자는 55세 이상인 사람으로 한다.

② 준고령자는 50세 이상 55세 미만인 사람으로 한다.

제3조(고령자 기준고용률)

법 제2조 제5호에서 "대통령령으로 정하는 비율"이란 다음 어느 하나에 해당하는 비율을 말한다.

1. 제조업 : 그 사업장의 상시근로자수의 100분의 2
2. 운수업, 부동산 및 임대업 : 그 사업장의 상시근로자수의 100분의 6
3. 제1호 및 제2호 외의 산업 : 그 사업장의 상시근로자수의 100분의 3

제3조(정부의 책무)

정부는 고용에서 연령을 이유로 차별하는 관행을 없애기 위하여 연령차별금지정책을 수립 · 시행하며, 고령자의 고용에 관하여 사업주와 국민 일반의 이해를 높이고, 고령자의 고용촉진과 직업안정을 꾀하기 위하여 고령자 고용촉진 대책의 수립 · 시행, 직업능력개발훈련 등 필요한 시책을 종합적이고 효과적으로 추진하여야 한다.

제4조(사업주의 책무)

사업주는 연령을 이유로 하는 고용차별을 없애고, 고령자의 직업능력계발 · 향상과 작업시설 · 업무 등의 개선을 통하여 고령자에게 그 능력에 맞는 고용 기회를 제공함과 아울러 정년연장 등의 방법으로 고령자의 고용이 확대되도록 노력하여야 한다.

제4조의3(고령자 고용촉진 기본계획의 수립)

① 고용노동부장관은 고령자의 고용촉진에 관한 기본계획을 관계 중앙기관의 장과 협의하여 5년마다 수립하여야 한다.

② 기본계획에는 다음의 사항이 포함되어야 한다.

1. 직전 기본계획에 대한 평가
2. 고령자의 현황과 전망
3. 고령자의 직업능력개발
4. 고령자의 취업알선, 재취업 및 전직(轉職) 지원 등 취업 가능성의 개선방안
5. 그 밖에 고령자의 고용촉진에 관한 주요시책

③ 고용노동부장관은 기본계획을 수립할 때에는 「고용정책 기본법」에 따른 고용정책심의회의 심의를 거쳐야 한다.

④ 고용노동부장관이 기본계획을 수립한 때에는 지체 없이 국회 소관 상임위원회에 보고하여야 한다.

⑤ 고용노동부장관은 필요하다고 인정하면 관계 행정기관 또는 공공기관의 장에게 기본계획의 수립에 필요한 자료의 제출을 요청할 수 있다.

제1장의2 고용상 연령차별금지

제4조의4(모집 · 채용 등에서의 연령차별 금지)

① 사업주는 다음의 분야에서 합리적인 이유 없이 연령을 이유로 근로자 또는 근로자가 되려는 자를 차별하여서는 아니 된다.

1. 모집 · 채용
2. 임금, 임금 외의 금품 지급 및 복리후생
3. 교육 · 훈련
4. 배치 · 전보 · 승진
5. 퇴직 · 해고

② 합리적인 이유 없이 연령 외의 기준을 적용하여 특정 연령집단에 특히 불리한 결과를 초래하는 경우에는 연령차별로 본다.

제4조의5(차별금지의 예외)

다음 어느 하나에 해당하는 경우에는 연령차별로 보지 아니한다.

1. 직무의 성격에 비추어 특정 연령기준이 불가피하게 요구되는 경우
2. 근속기간의 차이를 고려하여 임금이나 임금 외의 금품과 복리후생에서 합리적인 차등을 두는 경우
3. 이 법이나 다른 법률에 따라 근로계약, 취업규칙, 단체협약 등에서 정년을 설정하는 경우
4. 이 법이나 다른 법률에 따라 특정 연령집단의 고용유지 · 촉진을 위한 지원조치를 하는 경우

제4조의6(진정과 권고의 통보)

① 연령차별 금지의 위반으로 연령차별을 당한 사람(이하 "피해자")은 「국가인권위원회법」에 따라 국가인권위원회에 그 내용을 진정할 수 있다.

② 국가인권위원회는 진정을 조사한 결과 연령차별이 있다고 판단하여 피진정인, 그 소속 기관 · 단체 또는 감독기관의 장에게 구제조치 등을 권고할 경우 그 권고내용을 고용노동부장관에게도 통보하여야 한다.

제2장 정부의 고령자 취업지원

제5조(구인 · 구직 정보수집)

고용노동부장관 및 특별시장 · 광역시장 · 도지사 · 특별자치도지사(이하 "고용노동부장관등")는 고령자의 고용을 촉진하기 위하여 고령자와 관련된 구인(求人) · 구직(求職) 정보를 수집하고 구인 · 구직의 개척에 노력하여야 하며 관련 정보를 구직자 · 사업주 및 관련 단체 등에 제공하여야 한다.

제6조(고령자에 대한 직업능력 개발훈련)

① 고용노동부장관등은 고령자의 고용을 촉진하고 직업능력의 개발 · 향상을 위하여 고령자를 대상으로 대통령령으로 정하는 바에 따라 직업능력 개발훈련을 실시하여야 한다.

② 고용노동부장관등은 고령자가 작업환경에 쉽게 적응할 수 있도록 하기 위하여 필요하다고 인정하면 취업 전에 안전 · 보건에 관한 내용을 포함하여 고용노동부령으로 정하는 적응훈련을 실시하도록 조치하여야 한다.

③ 고령자의 직업능력 개발훈련과 해당 훈련생의 보호에 관한 사항은 「근로자직업능력 개발법」을 준용하되 고령자의 신체적 · 정신적 조건 등을 고려하여 특별한 배려를 하여야 한다.

제7조(사업주에 대한 고용지도)

① 고용노동부장관은 필요하다고 인정하면 고령자를 고용하고 있거나 고용하려는 사업주에게 채용, 배치, 작업시설, 작업환경 등 고령자의 고용 관리에 관한 기술적 사항에 대하여 상담, 자문, 그 밖에 필요한 지원을 하여야 한다.

② 고용노동부장관은 고령자를 고용하고 있거나, 고용하려는 사업주에 대하여 고령자의 신체적 · 정신적 조건, 직업능력 등에 관한 정보와 그 밖의 자료를 제공하여야 한다.

제9조(고령자의 취업알선 기능 강화)

① 정부는 고령자가 그 능력에 맞는 직업에 취업할 수 있도록 고령자에 대한 직업상담, 직업적성검사 등 적절한 직업지도와 취업알선 등을 하여야 한다.

② 정부는 고령자에 대한 직업지도와 취업알선 등을 위하여 관련 행정기구와 시설을 정비하도록 노력하여야 한다.

③ 고용노동부장관등은 고령자의 직업지도와 취업알선 등을 담당하게 하기 위하여 소속 공무원 중에서 직업지도관을 지명한다.

④ 직업지도관의 자격 등 필요한 사항은 고용노동부장관이 정한다.

제10조(고령자 고용정보센터의 운영)

① 고용노동부장관등은 고령자의 직업지도와 취업알선 등의 업무를 효율적으로 수행하기 위하여 필요한 지역에 고령자 고용정보센터를 운영할 수 있다.

② 고령자 고용정보센터는 다음의 업무를 수행한다.

1. 고령자에 대한 구인 · 구직 등록, 직업지도 및 취업알선
2. 고령자에 대한 직장 적응훈련 및 교육
3. 정년연장과 고령자 고용에 관한 인사 · 노무관리와 작업환경 개선 등에 관한 기술적 상담 · 교육 및 지도
4. 고령자 고용촉진을 위한 홍보
5. 그 밖에 고령자 고용촉진을 위하여 필요한 업무

제11조(고령자인재은행의 지정)

① 고용노동부장관은 다음의 단체 또는 기관 중 고령자의 직업지도와 취업알선 또는 직업능력개발훈련 등에 필요한 전문 인력과 시설을 갖춘 단체 또는 기관을 고령자인재은행으로 지정할 수 있다.

1. 「직업안정법」에 따라 무료직업소개사업을 하는 비영리법인이나 공익단체
2. 「근로자직업능력 개발법」에 따라 직업능력개발훈련을 위탁받을 수 있는 대상이 되는 기관

② 고령자인재은행의 사업범위는 다음의 사업 모두로 하고, ① 1.에만 해당하는 고령자인재은행의 사업범위는 1, 2. 및 4.의 사업만으로 하며, ① 2.에만 해당하는 고령자인재은행의 사업범위는 3. 및 4.의 사업만으로 한다.

1. 고령자에 대한 구인 · 구직 등록, 직업지도 및 취업알선
2. 취업희망 고령자에 대한 직업상담 및 정년퇴직자의 재취업 상담
3. 고령자의 직업능력개발훈련
4. 그 밖에 고령자 고용촉진을 위하여 필요하다고 인정하여 고용노동부장관이 정하는 사업

③ 고용노동부장관은 고령자인재은행에 대하여 직업안정 업무를 하는 행정기관이 수집한 구인 · 구직 정보, 지역 내의 노동력 수급상황, 그 밖에 필요한 자료를 제공할 수 있다.

④ 고용노동부장관은 고령자인재은행에 대하여 예산의 범위에서 소요 경비의 전부 또는 일부를 지원할 수 있다.

⑤ 고령자인재은행의 지정기준과 지정절차 등에 필요한 사항은 대통령령으로 정한다.

시행령 제7조(고령자인재은행의 지정기준 등) [별표 1]

구분	지정기준
시설 및 장비	1. 고령자 구인 · 구직 또는 직업능력개발훈련에 관한 상담을 하기 위한 전화전용회선을 1회선 이상 설치할 것. 2. 인터넷을 통하여 고령자 구인 · 구직 또는 직업능력개발훈련에 관한 상담을 하기 위한 개인용 컴퓨터를 1대 이상 설치할 것. 3. 고령자 구인 · 구직 또는 직업능력개발훈련에 관한 상담을 위한 별도의 상담실을 설치할 것
인력	1. 고령자 구인 · 구직 또는 직업능력개발훈련에 관한 상담 전담자가 1명 이상일 것 2. 그 밖에 고령자인재은행의 운영을 지원하는 인력이 1명 이상일 것

제11조의2(중견전문인력 고용지원센터의 지정)

① 고용노동부장관은 퇴직한 고령자로서 경력 등을 고려하여 고용노동부령으로 정하는 사람(이하 "중견전문인력")의 직업지도와 취업알선 등을 전문적으로 지원하는 중견전문인력 고용지원센터를 지정할 수 있다.

② 중견전문인력 고용지원센터는 「직업안정법」에 따라 무료직업소개사업을 하는 비영리법인 또는 공익단체로서 필요한 전문인력과 시설을 갖춘 단체 중에서 지정한다.

③ 중견전문인력 고용지원센터는 다음의 사업을 한다.

1. 중견전문인력의 구인 · 구직 등록, 직업상담 및 취업알선
2. 중견전문인력의 중소기업에 대한 경영자문 및 자원봉사활동 등의 지원
3. 그 밖에 중견전문인력의 취업에 필요한 사업으로서 대통령령으로 정하는 사업

④ 중견전문인력 고용지원센터에 관하여는 고령자인재은행에 관한 규정을 준용한다. 이 경우 "고령자인재은행"은 "중견전문인력 고용지원센터"로 본다.

제11조의3(고령자인재은행 및 중견전문인력 고용지원센터의 지정취소 등)

① 고용노동부장관은 고령자인재은행 또는 중견전문인력 고용지원센터로 지정을 받은 자가 다음의 어느 하나에 해당하는 경우에는 고용노동부령으로 정하는 바에 따라 그 지정을 취소할 수 있다.

1. 무료직업소개사업을 폐지하는 경우
2. 「직업안정법」에 따라 사업의 정지처분을 받은 경우
3. 「근로자직업능력 개발법」에 따라 직업능력개발훈련시설의 승인취소처분 · 지정취소처분 또는 직업능력개발훈련의 정지처분을 받은 경우
4. 「근로자직업능력 개발법」에 따라 지정직업훈련시설이 폐업한 경우
5. 「근로자직업능력 개발법」에 따라 직업능력개발훈련법인의 설립허가 취소처분을 받은 경우
6. 사업실적 부진 등 고용노동부장관이 정하는 사유에 해당하는 경우

② 고령자인재은행 또는 중견전문인력 고용지원센터로 지정을 받은 자가 그 업무를 폐지하거나 휴업하려는 경우에는 고용노동부령으로 정하는 바에 따라 고용노동부장관에게 신고하여야 한다.

제11조의4(고령자 고용촉진을 위한 사업)

① 고용노동부장관은 고령자의 고용촉진을 위하여 다음의 사업을 할 수 있다.

1. 고령자에게 적합한 사회적 일자리의 창출
2. 고령자의 자영업 창업 지원
3. 고령자를 대상으로 하는 취업박람회의 지원
4. 고령자 고용촉진과 고용안정에 관한 정책의 수립과 제도개선에 필요한 조사와 연구
5. 고령자인재은행, 중견전문인력 고용지원센터 등 관련 기관의 종사자에 대한 교육이나 필요한 인력의 양성
6. 고령자 고용 강조기간의 설정과 추진
7. 고령자 고용 우수기업의 선정과 지원
8. 그 밖에 고령자 고용촉진을 위하여 필요한 사업

② 사업의 실시에 필요한 사항은 대통령령으로 정한다.

제3장 고령자의 고용촉진 및 고용안정

제12조(사업주의 고령자 고용 노력의무)

대통령령으로 정하는 수 이상의 근로자를 사용하는 사업주는 기준고용률 이상의 고령자를 고용하도록 노력하여야 한다.

> **시행령 제10조(기준고용률이 적용되는 사업주)**
> 기준고용률 이상의 고령자를 고용하도록 노력하여야 할 사업주는 상시 300명 이상의 근로자를 사용하는 사업장의 사업주로 한다.

제13조(사업주의 고령자 고용현황의 제출 등)

① 사업주는 고용노동부령으로 정하는 바에 따라 매년 고령자 고용현황을 고용노동부장관에게 제출하여야 한다.

② 고용노동부장관은 사업주로서 상시 고용하는 고령자의 비율이 기준고용률에 미달하는 사업주에 대하여 고령자의 고용촉진 및 안정을 위하여 필요한 조치의 시행을 권고할 수 있다.

③ 고용노동부장관은 권고에 따른 조치를 시행하는 사업주에게 상담, 자문, 그 밖에 필요한 협조와 지원을 할 수 있다.

> **시행규칙 제10조(고령자 고용현황 제출)**
> 고령자 고용현황을 제출하여야 하는 사업주는 매년 1월 31일까지 전년도의 고령자 고용현황을 작성하여 관할 지방고용노동관서의 장에게 제출하여야 한다.

제14조(고령자 고용촉진을 위한 세제지원 등)

사업주가 기준고용률을 초과하여 고령자를 추가로 고용하는 경우에는 「조세특례제한법」으로 정하는 바에 따라 조세를 감면한다.

제15조(우선고용직종의 선정 등)

① 고용노동부장관은 고용정책심의회의 심의를 거쳐 고령자와 준고령자를 고용하기에 적합한 직종(이하 "우선고용직종")을 선정하고, 선정된 우선고용직종을 고시하여야 한다.

② 고용노동부장관은 우선고용직종의 개발 등 고령자와 준고령자의 고용촉진에 필요한 사항에 대하여 조사 · 연구하고 관련 자료를 정리 · 배포하여야 한다.

제16조(우선고용직종의 고용)

① 국가 및 지방자치단체, 「공공기관의 운영에 관한 법률」에 따라 공공기관으로 지정받은 기관의 장은 그 기관의 우선고용직종에 대통령령으로 정하는 바에 따라서 고령자와 준고령자를 우선적으로 고용하여야 한다.

② ①에서 규정한 자 외의 사업주는 우선고용직종에 고령자와 준고령자를 우선적으로 고용하도록 노력하여야 한다.

시행령 제12조(우선고용직종의 고용)

① 국가 및 지방자치단체, 「공공기관의 운영에 관한 법률」에 따라 공공기관으로 지정받은 기관의 장(이하 "공공기관등의 장")은 그 기관의 우선고용직종에 다음의 어느 하나에 해당하는 사유가 발생한 경우에는 고령자와 준고령자를 우선적으로 고용하여야 한다.

1. 우선고용직종이 신설되거나 확대됨에 따라 신규인력을 채용하는 경우
2. 퇴직이나 이직 등에 따라 우선고용직종에 결원이 생겨서 인력보충이 필요한 경우

② 공공기관등의 장은 해당 기관의 우선고용직종에 직원을 채용하는 경우에 관계 법령상 별도의 자격요건을 정하고 있거나 특별한 사정이 있다고 인정되어 고용노동부장관의 승인을 받은 경우에는 ①을 적용하지 아니할 수 있다.

제17조(고용 확대의 요청 등)

① 고용노동부장관은 고령자와 준고령자를 우선적으로 채용한 실적이 부진한 자에게 그 사유를 제출하게 할 수 있으며, 그 사유가 정당하지 아니한 자(사유를 제출하지 아니한 자를 포함)에게 고령자와 준고령자의 고용을 확대하여 줄 것을 요청할 수 있다.

② 고용노동부장관은 권고를 따르지 아니하는 사업주에게 그 사유를 제출하게 할 수 있으며, 그 사유가 정당하지 아니한 사업주(사유를 제출하지 아니한 사업주를 포함)에게 고령자의 고용을 확대하여 줄 것을 요청할 수 있다.

제18조(내용 공표 및 취업알선 중단)

고용노동부장관은 정당한 사유 없이 고용 확대 요청에 따르지 아니한 자에게 그 내용을 공표하거나 직업안정 업무를 하는 행정기관에서 제공하는 직업지도와 취업알선 등 고용 관련 서비스를 중단할 수 있다.

제4장 정년

제19조(정년)

① 사업주는 근로자의 정년을 60세 이상으로 정하여야 한다.

② 사업주가 근로자의 정년을 60세 미만으로 정한 경우에는 정년을 60세로 정한 것으로 본다.

제20조(정년제도 운영현황의 제출 등)

① 대통령령으로 정하는 수 이상의 근로자를 사용하는 사업주는 고용노동부령으로 정하는 바에 따라 매년 정년 제도의 운영 현황을 고용노동부장관에게 제출하여야 한다.

② 고용노동부장관은 사업주로서 정년을 현저히 낮게 정한 사업주에게 정년의 연장을 권고할 수 있다.

> **시행령 제14조(정년제도 운영현황 제출의무 사업주)**
> 법 제20조 제1항에서 "대통령령으로 정하는 수 이상의 근로자를 사용하는 사업주"란 상시 300명 이상의 근로자를 사용하는 사업주를 말한다.

제21조(정년퇴직자의 재고용)

① 사업주는 정년에 도달한 사람이 그 사업장에 다시 취업하기를 희망할 때 그 직무수행 능력에 맞는 직종에 재고용하도록 노력하여야 한다.

② 사업주는 고령자인 정년퇴직자를 재고용할 때 당사자 간의 합의에 의하여 「근로기준법」에 따른 퇴직금과 연차유급(年次有給) 휴가일수 계산을 위한 계속근로기간을 산정할 때 종전의 근로기간을 제외할 수 있으며 임금의 결정을 종전과 달리할 수 있다.

제21조의2(정년퇴직자의 재고용 지원)

고용노동부장관은 정년퇴직자를 재고용하거나 그 밖에 정년퇴직자의 고용안정에 필요한 조치를 하는 사업주에게 장려금 지급 등 필요한 지원을 할 수 있다.

제21조의3(퇴직예정자 등에 대한 재취업지원서비스 지원)

① 사업주는 정년퇴직 등의 사유로 이직예정인 근로자에게 경력 · 적성 등의 진단 및 향후 진로설계, 취업알선, 재취업 또는 창업에 관한 교육 등 재취업에 필요한 서비스(이하 "재취업지원서비스")를 제공하도록 노력하여야 한다.

② 대통령령으로 정하는 수 이상의 근로자를 사용하는 사업주는 정년 등 대통령령으로 정하는 비자발적인 사유로 이직예정인 준고령자 및 고령자에게 재취업지원서비스를 제공하여야 한다.

③ 사업주는 재취업지원서비스를 대통령령으로 정하는 바에 따라 다음의 어느 하나에 해당하는 단체 또는 기관에 위탁하여 실시할 수 있다.

1. 「직업안정법」에 따라 무료직업소개사업을 하는 비영리법인이나 공익단체
2. 「직업안정법」에 따라 유료직업소개사업을 하는 법인
3. 「근로자직업능력 개발법」에 따라 직업능력개발훈련을 위탁받을 수 있는 대상이 되는 기관

④ 고용노동부장관은 사업주가 소속 근로자에게 재취업지원서비스를 제공하는 경우에 예산의 범위에서 필요한 지원을 할 수 있다.

⑤ 재취업지원서비스의 대상, 내용 및 방법 등에 필요한 사항은 대통령령으로 정한다.

제22조(정년 연장에 대한 지원)

고용노동부장관은 정년 연장에 따른 사업체의 인사와 임금 등에 대하여 상담, 자문, 그 밖에 필요한 협조와 지원을 하여야 한다.

05 고용정책 기본법

제1장 총칙

제1조(목적)

이 법은 국가가 고용에 관한 정책을 수립 · 시행하여 국민 개개인이 평생에 걸쳐 직업능력을 개발하고 더 많은 취업기회를 가질 수 있도록 하는 한편, 근로자의 고용안정, 기업의 일자리 창출과 원활한 인력 확보를 지원하고 노동시장의 효율성과 인력수급의 균형을 도모함으로써 국민의 삶의 질 향상과 지속가능한 경제성장 및 고용을 통한 사회통합에 이바지함을 목적으로 한다.

제2조(정의)

이 법에서 "근로자"란 사업주에게 고용된 사람과 취업할 의사를 가진 사람을 말한다.

제3조(기본원칙)

국가는 이 법에 따라 고용정책을 수립 · 시행하는 경우에 다음 각 호의 사항이 실현되도록 하여야 한다.

1. 근로자의 직업선택의 자유와 근로의 권리가 확보되도록 할 것
2. 사업주의 자율적인 고용관리를 존중할 것
3. 구직자(求職者)의 자발적인 취업노력을 촉진할 것
4. 고용정책은 효율적이고 성과지향적으로 수립 · 시행할 것
5. 고용정책은 노동시장의 여건과 경제정책 및 사회정책을 고려하여 균형 있게 수립 · 시행할 것
6. 고용정책은 국가 · 지방자치단체 간, 공공부문 · 민간부문 간 및 근로자 · 사업주 · 정부 간의 협력을 바탕으로 수립 · 시행할 것

제4조(다른 법률과의 관계)

고용정책에 관한 다른 법률을 제정하거나 개정하는 경우에는 이 법의 목적과 기본원칙에 맞도록 하여야 한다.

제5조(근로자 및 사업주 등의 책임과 의무)

① 근로자는 자신의 적성과 능력에 맞는 직업을 선택하여 직업생활을 하는 기간 동안 끊임없이 직업에 필요한 능력(이하 "직업능력")을 개발하고, 직업을 통하여 자기발전을 도모하도록 노력하여야 한다.

② 사업주는 사업에 필요한 인력을 스스로 양성하고, 자기가 고용하는 근로자의 직업능력을 개발하기 위하여 노력하며, 근로자가 그 능력을 최대한 발휘하면서 일할 수 있도록 고용관리의 개선, 근로자의 고용안정 촉진 및 고용평등의 증진 등을 위하여 노력하여야 한다.

③ 노동조합과 사업주단체는 근로자의 직업능력개발을 위한 노력과 사업주의 근로자 직업능력개발, 고용관리 개선, 근로자의 고용안정 촉진 및 고용평등의 증진 등을 위한 노력에 적극 협조하여야 한다.

④ 근로자와 사업주, 노동조합과 사업주단체는 제6조에 따른 국가와 지방자치단체의 시책이 원활하게 시행될 수 있도록 적극 협조하여야 한다.

⑤ 「고용보험법」에 따른 실업급여 수급자, 「국민기초생활 보장법」에 따른 근로능력이 있는 수급자, 그 밖에 정부에서 지원하는 취업지원 사업에 참여하는 사람 등은 스스로 취업하기 위하여 적극적으로 노력하여야 하며, 국가와 지방자치단체가 하는 직업소개, 직업지도, 직업능력개발훈련 등에 성실히 따르고 적극 참여하여야 한다.

제6조(국가와 지방자치단체의 시책)

① 국가는 다음의 사항에 관하여 필요한 시책을 수립 · 시행하여야 한다.

1. 국민 각자의 능력과 적성에 맞는 직업의 선택과 인력수급의 불일치 해소를 위한 고용 · 직업 및 노동시장 정보의 수집 · 제공에 관한 사항과 인력수급 동향 · 전망에 관한 조사 · 공표에 관한 사항
2. 근로자의 전 생애에 걸친 직업능력개발과 산업에 필요한 기술 · 기능 인력을 양성하기 위한 직업능력개발훈련 및 기술자격 검정에 관한 사항
3. 근로자의 실업 예방, 고용안정 및 고용평등 증진에 관한 사항
4. 산업 · 직업 · 지역 간 근로자 이동의 지원에 관한 사항
5. 실업자의 실업기간 중 소득지원과 취업촉진을 위한 직업소개 · 직업지도 · 직업훈련, 보다 나은 일자리로 재취업하기 위한 불완전 취업자의 경력개발 및 비경제활동 인구의 노동시장 참여 촉진에 관한 사항
6. 학력 · 경력의 부족, 고령화, 육체적 · 정신적 장애, 실업의 장기화, 국외로부터의 이주 등으로 인하여 노동시장의 통상적인 조건에서 취업이 특히 곤란한 자와 「국민기초생활 보장법」에 따른 수급권자 등(이하 "취업취약계층")의 고용촉진에 관한 사항
7. 사업주의 일자리 창출, 인력의 확보, 고용유지 등의 지원 및 인력부족의 예방에 관한 사항
8. 지역 고용창출 및 지역 노동시장의 활성화를 위한 지역별 고용촉진에 관한 사항
9. 1.부터 8.까지의 사항에 관한 시책 추진을 위한 각종 지원금, 장려금, 수당 등 지원에 관한 제도의 효율적인 운영에 관한 사항
10. 1부터 8까지의 사항에 관한 시책을 효과적으로 시행하기 위하여 하는 구직자 또는 구인자(求人者)에 대한 고용정보의 제공, 직업소개 · 직업지도 또는 직업능력개발 등 고용을 지원하는 업무(이하 "고용서비스")의 확충 및 민간 고용서비스시장의 육성에 관한 사항
11. 그 밖에 노동시장의 효율성 및 건전성을 높이는 데 필요한 사항

② 국가는 시책을 수립 · 시행하는 경우에 기업경영기반의 개선, 경제 · 사회의 균형 있는 발전, 국토의 균형 있는 개발 등의 시책을 종합적으로 고려하여야 하며, 고용기회를 늘리고 지역 간 불균형을 시정하며 중소기업을 우대할 수 있도록 하여야 하고, 차별적 고용관행 등 근로자가 능력을 발휘하는 데에 장애가 되는 고용관행을 개선하도록 노력하여야 한다.

③ 지방자치단체는 수립된 국가 시책과 지역 노동시장의 특성을 고려하여 지역주민의 고용촉진과 지역주민에게 적합한 직업의 소개, 직업훈련의 실시 등에 관한 시책을 수립 · 시행하도록 노력하여야 한다.

④ 국가는 시책을 수립 · 시행하는 지방자치단체에 필요한 지원을 할 수 있다.

第7조(취업기회의 균등한 보장)

① 사업주는 근로자를 모집 · 채용할 때에 합리적인 이유 없이 성별, 신앙, 연령, 신체조건, 사회적 신분, 출신지역, 학력, 출신학교, 혼인 · 임신 또는 병력(病歷) 등(이하 "성별등")을 이유로 차별을 하여서는 아니 되며, 균등한 취업기회를 보장하여야 한다.

② 고용서비스를 제공하는 자는 그 업무를 수행할 때에 합리적인 이유 없이 성별등을 이유로 구직자를 차별하여서는 아니 된다.

③ 직업능력개발훈련을 실시하는 자는 훈련대상자의 모집, 훈련의 실시 및 취업지원 등을 하는 경우에 합리적인 이유 없이 성별등을 이유로 훈련생을 차별하여서는 아니 된다.

제2장 고용정책의 수립 및 추진체계

제8조(고용정책 기본계획의 수립 · 시행)

① 고용노동부장관은 관계 중앙행정기관의 장과 협의하여 5년마다 국가의 고용정책에 관한 기본계획(이하 "기본계획"이라 한다)을 수립하여야 한다.

② 고용노동부장관은 기본계획을 수립할 때에는 고용정책심의회의 심의를 거쳐야 하며, 수립된 기본계획은 국무회의에 보고하고 공표하여야 한다.

③ 기본계획에는 다음의 사항이 포함되어야 한다.

1. 고용에 관한 중장기 정책목표 및 방향
2. 인력의 수요와 공급에 영향을 미치는 경제, 산업, 교육, 복지 또는 인구정책 등의 동향에 관한 사항
3. 고용 동향과 인력의 수급 전망에 관한 사항
4. 국가 시책의 기본 방향에 관한 사항
5. 그 밖의 고용 관련 주요 시책에 관한 사항

④ 관계 중앙행정기관의 장은 고용과 관련된 계획을 수립할 때에는 기본계획과 조화되도록 하여야 한다.

⑤ 고용노동부장관은 기본계획을 세우기 위하여 필요하면 관계 중앙행정기관의 장 및 지방자치단체의 장에게 필요한 자료의 제출을 요청할 수 있다.

제9조(지역고용정책기본계획의 수립 · 시행)

① 특별시장 · 광역시장 · 특별자치시장 · 도지사 및 특별자치도지사(이하 "시 · 도지사")는 지역고용심의회의 심의를 거쳐 지역 주민의 고용촉진과 고용안정 등에 관한 지역고용정책기본계획(이하 "지역고용계획")을 수립 · 시행하여야 한다.

② 시 · 도지사는 지역고용계획을 수립할 때에는 기본계획과 조화되도록 하여야 한다.

③ 시 · 도지사는 지역고용계획을 세우기 위하여 필요하면 관계 중앙행정기관의 장 및 관할 지역의 직업안정기관의 장에게 협조를 요청할 수 있다.

④ 국가는 시 · 도지사가 지역고용계획을 수립 · 시행하는 데에 필요한 지원을 할 수 있다.

제10조(고용정책심의회)

① 고용에 관한 주요 사항을 심의하기 위하여 고용노동부에 고용정책심의회(이하 “정책심의회”라 한다)를 두고, 특별시·광역시·특별자치시·도 및 특별자치도에 지역고용심의회를 둔다. 이 경우 「노사관계 발전 지원에 관한 법률」에 따른 지역 노사민정 간 협력 활성화를 위한 협의체가 특별시·광역시·특별자치시·도 및 특별자치도에 구성되어 있는 경우에는 이를 지역고용심의회로 볼 수 있다.

② 정책심의회는 다음의 사항을 심의한다.

1. 시책 및 기본계획의 수립에 관한 사항
2. 인력의 공급구조와 산업구조의 변화 등에 따른 고용 및 실업대책에 관한 사항
3. 고용영향평가 대상의 선정, 평가방법 등에 관한 사항
4. 재정지원 일자리사업의 효율화에 관한 사항
5. 「사회적기업 육성법」에 따른 다음의 사항
   가. 「사회적기업 육성법」에 따른 사회적기업육성기본계획
   나. 「사회적기업 육성법」에 따른 사회적기업 인증에 관한 사항
   다. 그 밖에 사회적기업의 지원을 위하여 필요한 사항으로서 대통령령으로 정하는 사항
6. 「남녀고용평등과 일·가정 양립 지원에 관한 법률」 적극적 고용개선조치에 관한 중요 사항 심의 규정 각 호의 사항
7. 「장애인고용촉진 및 직업재활법」에 따른 다음의 사항
   가. 「장애인고용촉진 및 직업재활법」에 따른 장애인의 고용촉진 및 직업재활을 위한 기본계획의 수립에 관한 사항
   나. 그 밖에 장애인의 고용촉진 및 직업재활에 관하여 위원장이 회의에 부치는 사항
8. 「근로복지기본법」 근로복지증진에 관한 중요사업 심의 규정 각 호의 사항
9. 관계 중앙행정기관의 장이 고용과 관련하여 심의를 요청하는 사항
10. 그 밖에 다른 법령에서 정책심의회의 심의를 거치도록 한 사항 및 대통령령으로 정하는 사항

③ 정책심의회는 위원장 1명을 포함한 30명 이내의 위원으로 구성하고, 위원장은 고용노동부장관이 되며, 위원은 다음 각 호의 어느 하나에 해당하는 사람 중에서 고용노동부장관이 위촉하는 사람과 대통령령으로 정하는 관계 중앙행정기관의 차관 또는 차관급 공무원이 된다.

1. 근로자와 사업주를 대표하는 사람
2. 고용문제에 관하여 학식과 경험이 풍부한 사람
3. 「지방자치법」에 따른 전국 시·도지사 협의체에서 추천하는 사람

④ 정책심의회를 효율적으로 운영하고 정책심의회의 심의 사항을 전문적으로 심의하도록 하기 위하여 정책심의회에 분야별로 전문위원회를 둘 수 있다.

⑤ 전문위원회는 대통령령으로 정하는 바에 따라 정책심의회가 위임한 사항에 관하여 심의한다. 이 경우 전문위원회의 심의는 정책심의회의 심의로 본다.

⑥ 정책심의회, 지역고용심의회 및 전문위원회의 구성·운영과 그 밖에 필요한 사항은 대통령령으로 정한다.

※ 회의는 재적위원 과반수 출석으로 개의하고 출석위원 과반수의 찬성으로 의결한다(시행령 6조 2항).

> **시행령 제4조(임기)**
> 위촉위원의 임기는 2년으로 한다. 다만, 보궐위원의 임기는 전임자 임기의 남은 기간으로 한다.

> **시행령 제7조(전문위원회)**
> ① 법정책심의회에 다음의 전문위원회를 둔다.
> 1. 지역교용전문위원회
> 2. 고용서비스전문위원회
> 3. 사회적기업육성전문위원회
> 4. 적극적고용개선전문위원회
> 5. 장애인고용촉진전문위원회
> 6. 건설근로자고용개선전문위원회
>
> ② 전문위원회는 위원장 1명을 포함한 20명 이내의 위원으로 구성한다.

제11조(직업안정기관의 설치 등)

국가는 시책을 추진하는 경우에 지역 근로자와 사업주가 편리하게 고용서비스를 받을 수 있도록 지역별로 직업안정기관을 설치 · 운영하여야 한다.

제3장 고용정보 등의 수집 · 제공

제15조(고용 · 직업 정보의 수집 · 관리)

① 고용노동부장관은 근로자와 기업에 대한 고용서비스 향상과 노동시장의 효율성 제고를 위하여 다음의 고용 · 직업에 관한 정보(이하 "고용 · 직업 정보")를 수집 · 관리하여야 한다.
1. 구인 · 구직 정보
2. 고용보험제도 및 고용안정사업의 운영에 필요한 정보
3. 직업의 현황과 전망에 관한 정보 및 직업능력개발 훈련에 필요한 정보
4. 외국인 고용관리에 필요한 정보
5. 재정지원 일자리사업 운영을 위해 필요한 정보
6. 산업별 · 지역별 고용 동향 및 노동시장 정보
7. 그 밖에 제1호부터 제6호까지의 정보를 이용하여 제공하는 서비스의 향상을 위하여 필요한 정보로서 대통령령으로 정하는 정보

② 고용노동부장관은 구직자 · 구인자, 직업훈련기관, 교육기관 및 그 밖에 고용 · 직업 정보가 필요한 자가 신속하고 편리하게 이용할 수 있도록 책자를 발간 · 배포하는 등 필요한 조치를 하여야 한다.

③ 고용노동부장관은 고용 · 직업 정보의 수집 · 관리를 위하여 노동시장의 직업구조를 반영한 고용직업분류표를 작성 · 고시하여야 한다. 이 경우 미리 관계 행정기관의 장과 협의할 수 있다.

제15조의2(고용정보시스템의 구축 · 운영)

① 고용노동부장관은 업무를 효율적으로 수행하기 위하여 고용 · 직업 정보를 대상으로 하는 전자정보시스템(이하 "고용정보시스템")을 구축 · 운영할 수 있다.

② 고용노동부장관은 업무를 수행하기 위하여 법원 · 보건복지부 · 행정안전부 · 국세청 등 관계 중앙행정기관과 지방자치단체의 장 및 관련 기관 · 단체의 장에게 자료 제공 및 관계 전산망의 이용을 요청할 수 있다. 이 경우 자료의 제공 등을 요청받은 자는 정당한 사유가 없으면 그 요청에 따라야 한다.

③ 고용노동부장관은 다음의 정보를 수집 · 보유 · 이용할 수 있다.

1. 사업자등록증
2. 국민건강보험 · 국민연금 · 고용보험 · 산업재해보상보험 · 보훈급여 · 공무원연금 · 공무원재해보상급여 · 군인연금 · 사립학교교직원연금 · 별정우체국연금의 가입 여부, 가입종별, 소득정보, 부과액 및 수급액
3. 건물 · 토지 · 자동차 · 건설기계 · 선박의 공시가격 또는 과세표준액
4. 주민등록등본 · 초본
5. 가족관계등록부(가족관계증명서, 혼인관계증명서, 기본증명서)
6. 북한이탈주민확인증명서
7. 범죄사실에 관한 정보
8. 출입국 정보
9. 장애 정도
10. 사회보장급여 수급 이력
11. 「국가기술자격법」이나 그 밖의 법령에 따른 자격취득 정보
12. 학교교육에 관한 정보
13. 지방자치단체 등이 수집한 고용 · 직업 정보

④ 고용노동부장관은 자료와 관계 전산망의 이용을 위하여 「사회보장기본법」에 따른 사회보장정보시스템을 연계하여 사용할 수 있다.

⑤ 고용노동부장관은 재정지원 일자리사업 등 일자리 지원 업무를 수행하는 중앙행정기관, 지방자치단체 및 위탁받은 기관 · 단체(이하 "수행기관")의 장이 사업수행 및 관리를 위하여 개인정보 등의 활용을 요청하는 경우 고용정보시스템을 이용하거나 관할 전산망을 연계하여 개인정보 등을 이용하게 할 수 있다. 이 경우 수행기관으로의 정보 제공 및 이를 위한 정보시스템 운영에 소요되는 비용을 징수할 수 있다.

⑥ 자료 제공 및 관계 전산망 이용에 관하여는 수수료 · 사용료 등을 면제한다.

제15조의3(개인정보의 보호)

① 고용노동부장관은 수행기관이 고용정보시스템을 이용하거나 관할 전산망과 연계하여 이용하게 하는 경우 업무에 필요한 최소한의 정보만 제공하여야 한다. 이 경우 고용노동부장관은 수행기관 및 업무담당자별로 이용 가능한 정보의 범위 및 권한을 지정하여야 한다.

② 고용노동부장관은 고용정보시스템의 개인정보 보호를 위하여 필요한 대책을 마련하여야 하며, 수행기관은 고용노동부장관에게 고용정보시스템의 사용을 요청하는 경우 보안교육 등 일자리사업 참여자의 개인정보에 대한 보호대책을 마련하여야 한다.

③ 수행기관은 자료 및 관계 전산망을 이용하고자 하는 경우에는 사전에 정보주체의 동의를 받아야 한다.

④ 수행기관은 자료 및 관계 전산망을 이용할 때 다음의 개인정보를 제외한 정보는 참여자의 선발 및 취업의 지원 목적을 달성한 경우 지체 없이 파기하여야 한다.

1. 재정지원 일자리사업 신청자 및 참여자의 특성
2. 재정지원 일자리사업 참여자의 사업 참여 이력
3. 재정지원 일자리사업 참여자의 사업종료 이후 취업 이력

⑤ 고용정보시스템의 개인정보는 수행기관에서 일자리 지원 업무를 담당하는 사람 중 해당 기관의 장으로부터 개인정보 취급승인을 받은 사람만 취급할 수 있다.

⑥ 재정지원 일자리사업 등 일자리 지원 업무에 종사하거나 종사하였던 자는 일자리 지원 업무 수행과 관련하여 알게 된 개인·법인 또는 단체의 정보를 누설하거나 다른 용도로 사용하여서는 아니 된다.

⑦ 수행기관별 이용 가능한 정보의 범위 및 권한 지정, 개인정보 보호대책, 정보주체에 대한 사전 동의 방법, 목적을 달성한 정보의 파기 시기 및 방법, 개인정보 취급승인의 절차, 보안교육 등에 관한 세부적인 사항은 고용노동부장관이 정한다.

제15조의4(관계기관 등에 대한 정보 제공 및 공개)

① 고용노동부장관은 정보주체가 동의하는 경우 구인·구직 지원 등에 필요한 개인정보 및 사업장 정보를 고용서비스를 제공하는 행정기관, 지방자치단체 등에 제공할 수 있다.

② 고용노동부장관은 고용정보시스템이 수집·관리하고 있는 정보 중 개인정보를 제외한 고용정보를 통계적 목적 또는 정책수립을 위하여 관계기관·단체 등에 제공할 수 있다.

③ 고용노동부장관은 정보를 제공하는 경우 부정하게 정보를 활용하지 않도록 정보 이용 절차와 요건을 정할 수 있고, 이를 위반하는 경우 정보 이용을 제한할 수 있다.

제15조의5(재정지원 일자리사업 통합정보전산망의 구축·운영 등)

① 고용노동부장관은 재정지원 일자리사업 참여자의 선발, 취업의 지원, 각종 급여·수당의 지급 및 환수 등 재정지원 일자리사업의 수행 및 관리에 필요한 각종 자료 또는 정보의 효율적 처리와 기록·관리 업무의 전자화를 위하여 정보시스템(이하 "통합정보전산망")을 구축·운영할 수 있다.

② 통합정보전산망의 구축·운영에 관하여는 고용정보시스템의 구축·운영 규정을 준용한다. 이 경우 "고용정보시스템"은 "통합정보전산망"으로 본다.

③ 통합정보전산망을 구축·운영하는 경우 개인정보 보호에 관해서는 개인정보의 보호규정을 준용한다. 이 경우 "고용정보시스템"은 "통합정보전산망"으로 본다.

제15조의6(고용형태 현황 공시)

① 대통령령으로 정하는 수 이상의 근로자를 사용하는 사업주는 매년 근로자의 고용형태 현황을 공시하여야 한다.

② 고용형태, 공시절차 및 그 밖에 필요한 사항은 고용노동부령으로 정한다.

> **시행령 제26조의2(고용형태 현황 공시 의무 사업주)**
>
> ① 법 제15조의2 제1항에서 "대통령령으로 정하는 수 이상의 근로자를 사용하는 사업주"란 상시 300명 이상의 근로자를 사용하는 사업주를 말한다.
>
> ② 사용하는 근로자 수는 「고용보험 및 산업재해보상보험의 보험료징수 등에 관한 법률 시행령」에 따른 상시근로자 수의 산정방법에 따라 산정한다.

제16조(인력의 수급 동향 등에 관한 자료의 작성)

① 고용노동부장관은 인력의 수급에 영향을 미치는 경제 · 산업의 동향과 그 전망 등이 포함된 인력의 수급 동향과 전망에 관하여 조사하고 자료를 매년 작성하여 공표하여야 한다.

② 고용노동부장관은 인력의 수급 동향과 전망에 관한 자료를 작성하기 위하여 필요하다고 인정하면 다음의 기관에 필요한 자료의 제공을 요청할 수 있다.

1. 관계 행정기관
2. 교육 · 연구기관
3. 사업주 또는 사업주단체
4. 노동조합
5. 그 밖의 관계 기관

③ 자료 제공을 요청받은 자는 특별한 사유가 없으면 그 요청에 따라야 한다.

제17조(고용 관련 통계의 작성 · 보급 등)

① 고용노동부장관은 고용정책의 효율적 수립 · 시행을 위하여 산업별 · 직업별 · 지역별 고용구조 및 인력수요 등에 관한 통계를 작성 · 공표하여 국민들이 이용할 수 있도록 하여야 한다.

② 고용노동부장관은 작성된 통계를 국민들이 편리하게 이용할 수 있도록 데이터베이스를 구축하는 등 필요한 조치를 하여야 한다.

제18조(한국고용정보원의 설립)

① 고용정보의 수집 · 제공과 직업에 관한 조사 · 연구 등 위탁받은 업무와 그 밖에 고용지원에 관한 업무를 효율적으로 수행하기 위하여 한국고용정보원을 설립한다.

② 한국고용정보원은 법인으로 한다.

③ 한국고용정보원은 고용노동부장관의 승인을 받아 분사무소를 둘 수 있다.

④ 한국고용정보원의 사업은 다음과 같다.

1. 고용 동향, 직업의 현황 및 전망에 관한 정보의 수집 · 관리
2. 인력 수급의 동향 및 전망에 관한 정보의 제공
3. 고용정보시스템 구축 및 운영
4. 직업지도, 직업심리검사 및 직업상담에 관한 기법(技法)의 연구 · 개발 및 보급
5. 고용서비스의 평가 및 지원
6. 위 사업에 관한 국제협력과 그 밖의 부대사업
7. 그 밖에 고용노동부장관, 다른 중앙행정기관의 장 또는 지방자치단체로부터 위탁받은 사업

⑤ 정부는 예산의 범위에서 한국고용정보원의 설립 · 운영에 필요한 경비와 사업에 필요한 경비를 출연할 수 있다.

⑥ 한국고용정보원에 관하여 이 법과 「공공기관의 운영에 관한 법률」에 규정된 것 외에는 「민법」 중 재단법인에 관한 규정을 준용한다.

⑦ 한국고용정보원은 업무수행에 필요한 자료의 제공을 국가기관, 지방자치단체, 교육 · 연구기관, 그 밖의 공공기관에 요청할 수 있다.

⑧ 한국고용정보원의 임직원은 「형법」 수뢰, 사전수뢰, 제삼자뇌물제공, 수뢰후부정치사, 사후수뢰, 알선수뢰의 규정을 적용할 때에는 공무원으로 본다.

⑨ 한국고용정보원의 임직원이나 임직원으로 재직하였던 사람은 그 직무상 알게 된 비밀을 누설하거나 다른 용도로 사용하여서는 아니 된다.

제18조의2(한국잡월드의 설립 등)

① 다음의 사업을 수행하기 위하여 한국고용정보원 산하에 한국잡월드를 설립한다.
  1. 직업 관련 자료 · 정보의 전시 및 제공
  2. 직업체험프로그램 개설 · 운영
  3. 청소년 및 청년 등에 대한 직업교육프로그램 개설 · 운영
  4. 교사 등에 대한 직업지도 교육프로그램 개설 · 운영
  5. 직업상담 및 직업심리검사 서비스 제공
  6. 직업 관련 자료 · 정보의 전시기법 및 체험프로그램 연구 · 개발
  7. 위 사업에 관한 국제협력과 그 밖의 부대사업
  8. 그 밖에 고용노동부장관, 다른 중앙행정기관의 장 또는 지방자치단체의 장으로부터 위탁받은 사업

② 한국잡월드는 법인으로 한다.

③ 정부는 한국잡월드의 설립 · 운영에 필요한 경비와 사업에 필요한 경비를 예산의 범위에서 출연할 수 있다.

④ 한국잡월드는 사업수행에 필요한 경비를 조달하기 위하여 입장료 · 체험관람료 징수 및 광고 등 대통령령으로 정하는 바에 따라 수익사업을 할 수 있다.

⑤ 개인 또는 법인 · 단체는 한국잡월드의 사업을 지원하기 위하여 한국잡월드에 금전이나 현물, 그 밖의 재산을 출연 또는 기부할 수 있다.

⑥ 한국잡월드의 수입은 다음의 것으로 한다.
  1. 국가나 국가 외의 자로부터 받은 출연금 및 기부금
  2. 그 밖에 한국잡월드의 수입금

⑦ 정부는 한국잡월드의 설립 및 운영을 위하여 필요한 경우에는 「국유재산법」, 「물품관리법」에도 불구하고 국유재산 및 국유물품을 한국잡월드에 무상으로 대부 또는 사용하게 할 수 있다.

시행령 제27조의2(한국잡월드의 수익사업)

① 한국잡월드가 할 수 있는 수익사업은 다음과 같다.
  1. 한국잡월드 입장권 및 체험관람권의 판매
  2. 한국잡월드 시설의 임대
  3. 기념품의 제작 · 판매
  4. 직업진로설계 프로그램 운영
  5. 한국잡월드 시설물을 이용한 광고
  6. 그 밖에 고용노동부장관이 한국잡월드의 사업 수행을 위한 경비 조달을 위하여 필요하다고 인정하는 사업

② 한국잡월드는 수익사업을 하려는 경우 전년도 12월 31일까지 해당 연도 수익사업 계획서를 고용노동부장관에게 제출하여 승인을 받아야 한다. 승인받은 수익사업 계획을 변경하려는 경우에도 미리 승인을 받아야 한다.

③ 한국잡월드는 수익사업의 실적서 및 결산서를 다음 연도 3월 31일까지 고용노동부장관에게 제출하여야 한다.

제4장 직업능력개발

제19조(직업능력개발에 관한 시책)

① 국가는 직업능력개발을 촉진 · 지원하기 위하여 필요한 다음의 시책을 수립 · 시행하여야 한다.
  1. 직업능력개발에 관한 표준 설정
  2. 직업능력개발훈련 시설 · 장비의 확충
  3. 직업능력개발훈련의 내용 및 훈련 방법의 연구 · 개발
  4. 직업능력개발훈련 교사의 양성 · 확보 및 자질향상 등
  5. 그 밖에 근로자의 직업능력개발을 지원하기 위하여 필요한 사항

② 국가는 다음의 훈련이 연계되도록 함으로써 산업에 필요한 직업능력을 갖춘 근로자가 양성될 수 있도록 하여야 한다.
  1. 교육 · 연구기관에서 하는 교육 · 연구
  2. 공공직업훈련시설이 하는 직업능력개발훈련
  3. 사업주나 그 밖에 개인 또는 단체가 하는 직업능력개발훈련

③ 직업능력개발에 필요한 사항은 따로 법률로 정한다.

제20조(직업능력개발의 지원)

① 사업주는 그가 고용하는 근로자에 대하여 필요한 직업능력개발훈련을 실시하고 근로자는 스스로 직업능력을 개발하도록 노력하여야 한다.

② 국가는 근로자와 사업주에게 직업능력개발에 관한 정보를 제공하고 지도 · 상담하며 필요한 비용을 지원할 수 있다.

③ 국가는 국민 모두가 전 생애에 걸쳐 직업능력을 개발하고, 경력을 관리할 수 있도록 필요한 지원을 할 수 있다.

제21조(기술 · 기능 인력의 양성)

국가는 산업발전의 추이(推移)와 노동시장의 인력수급 상황을 조사하여 지속적인 국가경제의 발전에 필요한 기술 · 기능 인력을 양성하기 위하여 필요한 시책을 수립 · 시행하여야 한다.

제22조(직업능력평가제도의 확립)

① 국가는 직업능력평가를 위한 기준을 설정하여 근로자의 지식 · 기술 및 기능에 대한 검정제도(檢定制度)를 확립하고, 이를 확산하도록 노력하여야 한다.

② 제1항에 따른 검정제도에 관하여 필요한 사항은 따로 법률로 정한다.

제5장 근로자의 고용촉진 및 사업주의 인력확보 지원

제23조(구직자와 구인자에 대한 지원)

① 직업안정기관의 장은 구직자가 그 적성 · 능력 · 경험 등에 맞게 취업할 수 있도록 구직자 개개인의 적성 · 능력 등을 고려하여 그 구직자에게 적합하도록 체계적인 고용서비스를 제공하여야 한다.

② 직업안정기관의 장은 구인자가 적합한 근로자를 신속히 채용할 수 있도록 구직자 정보의 제공, 상담 · 조언, 그 밖에 구인에 필요한 지원을 하여야 한다.

제24조(학생 등에 대한 직업지도)

국가는 「초 · 중등교육법」과 「고등교육법」에 따른 각급 학교의 학생 등에 대하여 장래 직업선택에 관하여 지도 · 조언하고, 각자의 적성과 능력에 맞는 직업을 가질 수 있도록 직업에 관한 정보를 제공하며, 직업적성검사 등 직업지도를 받을 수 있게 하는 등 필요한 지원을 하여야 한다.

제25조(청년 · 여성 · 고령자 등의 고용촉진의 지원)

① 국가는 청년 · 여성 · 고령자 등의 고용을 촉진하기 위하여 이들의 취업에 적합한 직종의 개발, 직업능력개발훈련과정의 개설, 고용기회 확대를 위한 제도의 마련, 관련 법령의 정비, 그 밖에 필요한 대책을 수립 · 시행하여야 한다.

② 제1항에 따른 청년 · 여성 · 고령자 등의 고용촉진에 필요한 사항은 따로 법률로 정한다.

제26조(취업취약계층의 고용촉진 지원)

① 국가는 취업취약계층의 고용을 촉진하기 위하여 다음의 내용이 포함된 취업지원 프로그램에 따라 직업능력을 개발하게 하는 등 필요한 지원을 하여야 한다.

1. 취업취약계층의 능력 · 적성 등에 대한 진단
2. 취업의욕의 고취 및 직업능력의 증진
3. 집중적인 직업소개 등 지원

② 제1항에 따른 취업취약계층의 고용촉진에 필요한 사항은 따로 법률로 정한다.

제27조(일용근로자 등의 고용안정 지원)

국가는 일용근로자와 파견근로자 등의 고용안정을 위하여 그 근로형태의 특성에 맞는 고용정보의 제공, 직업상담, 직업능력개발 기회의 확대, 그 밖에 필요한 조치를 하여야 한다.

제28조(사회서비스일자리 창출 및 사회적기업 육성)

① 국가는 사회적으로 필요함에도 불구하고 수익성 등으로 인하여 시장에서 충분히 제공되지 못하는 교육, 보건, 사회복지, 환경, 문화 등 사회서비스 부문에서 법인 · 단체가 일자리를 창출하는 경우에는 이에 필요한 지원을 할 수 있다.

② 국가는 취업취약계층 등에 사회서비스 또는 일자리를 제공하여 지역주민의 삶의 질을 높이는 등의 사회적 목적을 추구하면서 재화 및 서비스의 생산 · 판매 등 영업활동을 하는 법인 · 단체를 사회적기업으로 육성하도록 노력하여야 한다.

제30조(중소기업 인력확보지원계획의 수립 · 시행)

① 고용노동부장관은 중소기업의 인력확보를 지원하기 위하여 작업환경의 개선, 복리후생시설의 확충, 그 밖에 고용관리의 개선 등을 지원하기 위한 계획(이하 "중소기업 인력확보지원계획"이라 한다)을 수립 · 시행할 수 있다.

② 고용노동부장관은 중소기업 인력확보지원계획을 수립하려면 미리 관계 중앙행정기관의 장과 협의하여야 한다.

제31조(외국인근로자의 도입)

① 국가는 노동시장에서의 원활한 인력수급을 위하여 외국인근로자를 도입할 수 있다. 이 경우 국가는 국민의 고용이 침해되지 아니하도록 노력하여야 한다.

② 외국인근로자의 도입 등에 필요한 사항은 따로 법률로 정한다.

제6장 고용조정지원 및 고용안정대책

제32조(업종별 · 지역별 고용조정의 지원 등)

① 고용노동부장관은 국내외 경제사정의 변화 등으로 고용사정이 급격히 악화되거나 악화될 우려가 있는 업종 또는 지역에 대하여 다음의 사항을 지원할 수 있다.

1. 사업주의 고용조정
2. 근로자의 실업 예방
3. 실업자의 재취업 촉진
4. 그 밖에 고용안정과 실업자의 생활안정을 위하여 필요한 지원

② 지원 조치에 필요한 사항은 대통령령으로 정한다.

시행령 제29조(지원대상 업종 및 지역 등)

① 고용조정 지원 등이 필요한 업종 또는 지역은 다음의 업종 또는 지역 중에서 고용노동부장관이 정하여 고시한 기준에 따라 지정 · 고시하는 업종 또는 지역으로 한다.

1. 사업의 전환이나 사업의 축소 · 정지 · 폐업으로 인하여 고용량이 현저히 감소하거나 감소할 우려가 있는 업종
2. 1.의 업종이 특정 지역에 밀집되어 그 지역의 고용사정이 현저히 악화되거나 악화될 우려가 있는 지역으로서 그 지역 근로자의 실업 예방 및 재취업 촉진 등의 조치가 필요하다고 인정되는 지역
3. 많은 구직자가 다른 지역으로 이동하거나 구직자의 수에 비하여 고용기회가 현저히 부족한 지역으로서 그 지역의 고용 개발을 위한 조치가 필요하다고 인정되는 지역

② 고용노동부장관이 업종이나 지역을 지정 · 고시하는 경우에는 그 업종 또는 지역에 대한 고용조정 지원 등을 하는 기간을 함께 고시하여야 한다.

③ 고용노동부장관이 업종이나 지역을 지정 · 고시할 때에는 미리 관계 중앙행정기관의 장과 협의한 후 정책심의회의 심의를 거쳐야 한다.

POINT 고용재난지역 선포 및 지원(제32조의2)

① 고용노동부장관은 대규모로 기업이 도산하거나 구조조정 등으로 지역의 고용안정에 중대한 문제가 발생하여 특별한 조치가 필요하다고 인정되는 지역에 대하여 고용재난지역으로 선포할 것을 대통령에게 건의할 수 있다.

② 고용재난지역의 선포를 건의받은 대통령은 국무회의 심의를 거쳐 해당 지역을 고용재난지역으로 선포할 수 있다.

③ 고용노동부장관은 고용재난지역으로 선포할 것을 대통령에게 건의하기 전에 관계 중앙행정기관의 장과 합동으로 고용재난조사단을 구성하여 실업 등 피해상황을 조사할 수 있다.

④ 고용재난지역으로 선포하는 경우 정부는 행정상 · 재정상 · 금융상의 특별지원이 포함된 종합대책을 수립 · 시행할 수 있다.

⑤ 고용재난조사단의 구성 · 운영 및 조사에 필요한 사항과 지원의 내용은 대통령령으로 정한다.

제33조(대량 고용변동의 신고 등)

① 사업주는 생산설비의 자동화, 신설 또는 증설이나 사업규모의 축소, 조정 등으로 인한 고용량(雇傭量)의 변동이 대통령령으로 정하는 기준에 해당하는 경우에는 그 고용량의 변동에 관한 사항을 고용노동부령으로 정하는 바에 따라 직업안정기관의 장에게 신고하여야 한다. 다만, 「근로기준법」에 따른 신고를 한 경우에는 그러하지 아니하다.

② 직업안정기관의 장은 신고를 받으면 구인·구직정보를 확보하여 직업소개를 확대하고, 직업훈련기관으로 하여금 직업훈련을 실시하게 하는 등 실업자의 재취업 촉진 또는 해당 사업의 인력확보에 필요한 조치를 하여야 한다.

시행령 제31조(대량 고용변동의 신고기준 등)

법 제33조 제1항 본문에서 "대통령령으로 정하는 기준"이란 1개월 이내에 이직하는 근로자의 수가 다음의 구분에 따른 기준에 해당하는 경우를 말한다. 다만, 이직하는 근로자가 고용노동부령으로 정하는 기준에 해당하는 경우는 제외한다.

1. 상시 근로자 300명 미만을 사용하는 사업 또는 사업장 : 30명 이상
2. 상시 근로자 300명 이상을 사용하는 사업 또는 사업장 : 상시 근로자 총수의 100분의 10 이상

시행규칙 제6조(대량 고용변동의 신고 등)

① 「고용정책 기본법 시행령」 제31조 각 호 외의 부분 단서에서 "이직하는 근로자가 고용노동부령으로 정하는 기준에 해당하는 경우"란 이직하는 근로자가 다음의 어느 하나에 해당하는 경우를 말한다.

1. 일용근로자 또는 기간을 정하여 고용된 사람(일용근로자 또는 6개월 미만의 기간을 정하여 고용된 사람으로서 6개월을 초과하여 계속 고용되고 있는 사람 또는 6개월을 초과하는 기간을 정하여 고용된 사람으로서 해당 기간을 초과하여 계속 고용되고 있는 사람은 제외)
2. 수습으로 채용된 날부터 3개월 이내의 사람
3. 자기의 사정 또는 자기에게 책임이 있는 사유로 이직하는 사람
4. 상시 근무가 필요하지 않은 업무에 고용된 사람
5. 천재지변이나 그 밖의 부득이한 사유로 인하여 사업을 계속 할 수 없게 되어 이직하는 사람

② 고용량의 변동신고는 그 고용량의 변동이 있는 날의 30일 전에 관할 직업안정기관의 장에게 신고하여야 한다. 이 경우 이직하는 사람의 이직일이 동일하지 아니한 경우에는 최초의 이직자가 이직하는 날의 30일 전에 신고하여야 한다.

제34조(실업대책사업)

① 고용노동부장관은 산업별·지역별 실업 상황을 조사하여 다수의 실업자가 발생하거나 발생할 우려가 있는 경우나 실업자의 취업촉진 등 고용안정이 필요하다고 인정되는 경우에는 관계 중앙행정기관의 장과 협의하여 다음의 사항이 포함된 실업대책사업을 실시할 수 있다.

1. 실업자의 취업촉진을 위한 훈련의 실시와 훈련에 대한 지원
2. 실업자에 대한 생계비, 생업자금, 「국민건강보험법」에 따른 보험료 등 사회보험료, 의료비(가족의 의료비를 포함), 학자금(자녀의 학자금을 포함), 주택전세자금 및 창업점포임대 등의 지원
3. 실업의 예방, 실업자의 재취업 촉진, 그 밖에 고용안정을 위한 사업을 하는 자에 대한 지원
4. 고용촉진과 관련된 사업을 하는 자에 대한 대부(貸付)

5. 실업자에 대한 공공근로사업
6. 그 밖에 실업의 해소에 필요한 사업

② 고용노동부장관은 대통령령으로 정하는 바에 따라 실업대책사업의 일부를 「산업재해보상보험법」에 따른 근로복지공단(이하 "공단")에 위탁할 수 있다.

③ ①과 ②를 적용할 때에 대통령령으로 정하는 무급휴직자(無給休職者)는 실업자로 본다.

※ 무급휴직자: 6개월 이상의 기간을 정하여 무급으로 휴직하는 무급휴직자는 실업자로서 본다.

第35조(실업대책사업의 자금 조성 등)

① 공단은 실업대책사업을 위탁받아 하는 경우에는 다음의 방법으로 해당 사업에 드는 자금을 조성한다.

1. 정부나 정부 외의 자의 출연(出捐) 또는 보조
2. 자금의 차입(借入)
3. 그 밖의 수입금

② 공단은 조성된 자금을 「근로복지기본법」에 따른 근로복지진흥기금의 재원으로 하여 관리·운용하여야 한다.

시행령 第39조(출연금의 지급)

① 정부가 공단에 출연금을 지급할 때에는 고용노동부장관이 이를 예산에 계상(計上)하여 지급하여야 한다.

② 고용노동부장관은 출연금 예산이 확정되면 그 내용을 공단에 통지(전자문서에 의한 통지를 포함)하여야 한다.

③ 공단은 출연금을 받으려면 지급신청서에 분기별 사업계획서와 분기별 예산집행계획서를 첨부하여 고용노동부장관에게 제출(전자문서에 의한 제출을 포함)하여야 한다.

④ 고용노동부장관은 지급신청서를 받은 경우 그 분기별 사업계획 및 분기별 예산집행계획이 타당하다고 인정될 때에는 그 계획에 따라 출연금을 지급하여야 한다.

第36조(자금의 차입)

공단은 위탁받은 실업대책사업을 실시하기 위하여 필요하다고 인정하면 고용노동부장관의 승인을 받아 자금을 차입(국제기구, 외국정부 또는 외국인으로부터의 차입을 포함)할 수 있다.

第37조(관계 기관의 협력)

① 고용노동부장관은 실업자의 고용안정이나 인력의 수급 조절을 위하여 필요하다고 인정하면 관계 중앙행정기관의 장이나 지방자치단체의 장에게 그 소관 공사(工事)의 개시·정지 또는 근로자의 고용 등에 관하여 협력을 요청할 수 있다.

② 중앙행정기관 또는 지방자치단체의 장은 협력을 요청받은 경우 특별한 사유가 없으면 그 요청에 따라야 한다.

06 직업안정법

제1장 총칙

제1조(목적)

이 법은 모든 근로자가 각자의 능력을 계발·발휘할 수 있는 직업에 취업할 기회를 제공하고, 정부와 민간부문이 협력하여 각 산업에서 필요한 노동력이 원활하게 수급되도록 지원함으로써 근로자의 직업안정을 도모하고 국민경제의 균형있는 발전에 이바지함을 목적으로 한다.

제2조(균등처우)

누구든지 성별, 연령, 종교, 신체적 조건, 사회적 신분 또는 혼인 여부 등을 이유로 직업소개 또는 직업지도를 받거나 고용관계를 결정할 때 차별대우를 받지 아니한다.

제2조의2(정의)

이 법에서 사용하는 용어의 뜻은 다음과 같다.

1. "직업안정기관"이란 직업소개, 직업지도 등 직업안정업무를 수행하는 지방고용노동행정기관을 말한다.
2. "직업소개"란 구인 또는 구직의 신청을 받아 구직자 또는 구인자(求人者)를 탐색하거나 구직자를 모집하여 구인자와 구직자 간에 고용계약이 성립되도록 알선하는 것을 말한다.

시행규칙 제5조(알선)

① 구인·구직 신청을 수리한 직업안정기관의 장은 구인자에게는 구인조건에 적합한 구직자의 목록을 제시하고, 구직자에게는 구직조건에 적합한 구인자의 목록을 제시하여 해당 구인자·구직자가 적격자를 각각 선정할 수 있도록 하여야 한다. 다만, 구인자 또는 구직자가 적격자의 선정을 직업안정기관의 장에게 의뢰한 경우에는 직업안정기관의 장이 이를 행한다.

② 직업안정기관의 장은 적격자가 선정되었을 때에는 구직자에게는 알선장을 발급하고, 구인자에게는 알선자명단 및 채용결과 통보서를 발급하여야 한다.

③ 직업안정기관의 장이 알선장 및 알선자명단을 발급할 때에는 해당 구인·구직의 내용이 유효한지를 확인하고, 알선한 구직자가 구인자에게 채용되었는지를 확인하여야 한다.

④ 직업안정기관의 장은 특별한 사유가 없는 한 구인·구직의 신청 순서에 따라 구인·구직을 알선하여야 한다.

3. "직업지도"란 취업하려는 사람이 그 능력과 소질에 알맞은 직업을 쉽게 선택할 수 있도록 하기 위한 직업적성검사, 직업정보의 제공, 직업상담, 실습, 권유 또는 조언, 그 밖에 직업에 관한 지도를 말한다.

4. “무료직업소개사업”이란 수수료, 회비 또는 그 밖의 어떠한 금품도 받지 아니하고 하는 직업소개사업을 말한다.
5. ”유료직업소개사업”이란 무료직업소개사업이 아닌 직업소개사업을 말한다.
6. “모집”이란 근로자를 고용하려는 자가 취업하려는 사람에게 피고용인이 되도록 권유하거나 다른 사람으로 하여금 권유하게 하는 것을 말한다.
7. “근로자공급사업”이란 공급계약에 따라 근로자를 타인에게 사용하게 하는 사업을 말한다. 다만, 「파견근로자보호 등에 관한 법률」에 따른 근로자파견사업은 제외한다.
8. “직업정보제공사업”이란 신문, 잡지, 그 밖의 간행물 또는 유선·무선방송이나 컴퓨터통신 등으로 구인·구직 정보 등 직업정보를 제공하는 사업을 말한다.
9. “고용서비스”란 구인자 또는 구직자에 대한 고용정보의 제공, 직업소개, 직업지도 또는 직업능력개발 등 고용을 지원하는 서비스를 말한다.

제3조(정부의 업무)

① 정부는 이 법의 목적을 달성하기 위하여 다음의 업무를 수행한다.
1. 노동력의 수요와 공급을 적절히 조절하는 업무
2. 구인자, 구직자에게 국내외의 직업을 소개하는 업무
3. 구직자에 대한 직업지도 업무
4. 고용정보를 수집·정리 또는 제공하는 업무
5. 구직자에 대한 직업훈련 또는 재취업을 지원하는 업무
6. 직업소개사업, 직업정보제공사업, 근로자 모집 또는 근로자공급사업의 지도·감독에 관한 업무
7. 노동시장에서 취업이 특히 곤란한 사람에 대한 고용을 촉진하는 업무
8. 직업안정기관, 지방자치단체 및 민간 고용서비스 제공기관과의 업무 연계·협력과 고용서비스 시장의 육성에 관한 업무

② 정부는 업무에 관한 사업을 다음의 자와 공동으로 하거나 다음의 자에게 위탁할 수 있다.
1. 무료직업소개사업을 하는 자
2. 유료직업소개사업을 하는 자
3. 직업정보제공사업을 하는 자
4. 그 밖에 업무와 관련된 전문기관으로서 대통령령으로 정하는 기관

③ 사업에 드는 비용은 대통령령으로 정하는 지원대상 및 지원방법에 따라 일반회계 또는 「고용보험법」에 따른 고용보험기금에서 지원할 수 있다.

제4조의2(지방자치단체의 국내 직업소개 업무 등)

① 지방자치단체의 장은 필요한 경우 구인자·구직자에 대한 국내 직업소개, 직업지도, 직업정보제공 업무를 할 수 있다.
② 지방자치단체의 장은 업무를 수행하는 데에 필요한 전문인력을 둘 수 있다.
③ 고용노동부장관은 업무를 원활하게 수행하기 위하여 필요하다고 인정하면 지방자치단체의 장과 공동으로 구인자·구직자에 대한 국내 직업소개, 직업지도, 직업정보제공 업무를 할 수 있다.
④ 지방자치단체의 장이 구인자·구직자에 대한 국내 직업소개 업무 등을 수행하는 경우에 관하여는 제2장(업무 담당기관 및 시장·군수 등의 협력 규정은 제외)을 준용한다.

제4조의4(민간직업상담원)

고용노동부장관은 직업안정기관에 직업소개, 직업지도 및 고용정보 제공 등의 업무를 담당하는 공무원이 아닌 직업상담원(이하 "민간직업상담원")을 배치할 수 있다.

제4조의5(고용서비스 우수기관 인증)

① 고용노동부장관은 무료직업소개사업, 유료직업소개사업, 직업정보제공사업을 하는 자로서 구인자·구직자가 편리하게 이용할 수 있는 시설과 장비를 갖추고 직업소개 또는 취업정보 제공 등의 방법으로 구인자·구직자에 대한 고용서비스 향상에 기여하는 기관을 고용서비스 우수기관으로 인증할 수 있다.

② 고용노동부장관은 고용서비스 우수기관 인증업무를 대통령령으로 정하는 전문기관에 위탁할 수 있다.

③ 고용노동부장관은 고용서비스 우수기관으로 인증을 받은 기관에 대하여는 공동사업을 하거나 위탁할 수 있는 사업에 우선적으로 참여하게 하는 등 필요한 지원을 할 수 있다.

④ 고용노동부장관은 고용서비스 우수기관으로 인증을 받은 자가 다음의 어느 하나에 해당하면 인증을 취소할 수 있다.

1. 거짓이나 그 밖의 부정한 방법으로 인증을 받은 경우
2. 정당한 사유 없이 1년 이상 계속 사업 실적이 없는 경우
3. 인증기준을 충족하지 못하게 된 경우
4. 고용서비스 우수기관으로 인증을 받은 자가 폐업한 경우

⑤ 고용서비스 우수기관 인증의 유효기간은 인증일부터 3년으로 한다.

⑥ 고용서비스 우수기관으로 인증을 받은 자가 인증의 유효기간이 지나기 전에 다시 인증을 받으려면 대통령령으로 정하는 바에 따라 고용노동부장관에게 재인증을 신청하여야 한다.

시행령 제2조의5(고용서비스 우수기관 인증업무의 위탁)

법 제4조의5 제2항에서 "대통령령으로 정하는 전문기관"이란 다음의 어느 하나에 해당하는 기관 또는 단체를 말한다.

1. 「고용정책 기본법」에 따른 한국고용정보원
2. 그 밖에 고용서비스 우수기관 인증업무를 수행할 능력이 있다고 고용노동부장관이 정하여 고시하는 조직 및 인력 기준을 갖춘 법인 또는 단체

제2조의6(고용서비스 우수기관 재인증)

고용서비스 우수기관으로 인증을 받은 자가 재인증을 받으려면 유효기간 만료 60일 전까지 고용노동부장관에게 신청하여야 한다.

제2장 직업안정기관의 장이 하는 직업소개 및 직업지도 등

제2절 직업소개

제8조(구인의 신청)

직업안정기관의 장은 구인신청의 수리(受理)를 거부하여서는 아니 된다. 다만, 다음의 어느 하나에 해당하는 경우에는 그러하지 아니하다.

1. 구인신청의 내용이 법령을 위반한 경우
2. 구인신청의 내용 중 임금, 근로시간, 그 밖의 근로조건이 통상적인 근로조건에 비하여 현저하게 부적당하다고 인정되는 경우
3. 구인자가 구인조건을 밝히기를 거부하는 경우
4. 구인자가 구인신청 당시 「근로기준법」에 따라 명단이 공개 중인 체불사업주인 경우

제9조(구직의 신청)

① 직업안정기관의 장은 구직신청의 수리를 거부하여서는 아니 된다. 다만, 그 신청 내용이 법령을 위반한 경우에는 그러하지 아니하다.

② 직업안정기관의 장은 구직자의 요청이 있거나 필요하다고 인정하여 구직자의 동의를 받은 경우에는 직업상담 또는 직업적성검사를 할 수 있다.

> **시행규칙 제3조(구인 · 구직 신청의 유효기간 등)**
>
> ① 수리된 구인신청의 유효기간은 15일 이상 2개월 이내에서 구인업체가 정한다.
>
> ② 수리된 구직신청의 유효기간은 3개월로 한다. 다만, 구직급여 수급자, 직업훈련 또는 직업안정기관의 취업지원 프로그램에 참여하는 구직자의 구직신청의 유효기간은 해당 프로그램의 종료시점을 고려하여 직업안정기관의 장이 따로 정할 수 있고, 국외 취업희망자의 구직신청의 유효기간은 6개월로 한다.
>
> ※ 직업안정기관의 장은 접수된 구인신청서 및 구직신청서를 1년간 관리 · 보관하여야 한다.
>
> ※ 직업안정기관의 장은 관할구역의 읍 · 면 · 동사무소에 구인신청서와 구직신청서를 갖추어 두어 구인자 · 구직자의 편의를 도모하여야 한다.

제10조(근로조건의 명시 등)

구인자가 직업안정기관의 장에게 구인신청을 할 때에는 구직자가 취업할 업무의 내용과 근로조건을 구체적으로 밝혀야 하며, 직업안정기관의 장은 이를 구직자에게 알려 주어야 한다.

제11조(직업소개의 원칙)

① 직업안정기관의 장은 구직자에게는 그 능력에 알맞은 직업을 소개하고, 구인자에게는 구인조건에 적합한 구직자를 소개하도록 노력하여야 한다.

② 직업안정기관의 장은 가능하면 구직자가 통근할 수 있는 지역에서 직업을 소개하도록 노력하여야 한다.

시행령 제7조(직업소개시 준수사항)
직업안정기관의 장이 직업소개업무를 행할 때에는 다음의 원칙을 준수하여야 한다.
1. 구인자 또는 구직자 어느 한쪽의 이익에 치우치지 아니할 것
2. 구직자가 취업할 직업에 쉽게 적응할 수 있도록 종사하게 될 업무의 내용, 임금, 근로시간, 그 밖의 근로조건에 대하여 상세히 설명할 것

제12조(광역 직업소개)

직업안정기관의 장은 통근할 수 있는 지역에서 구직자에게 그 희망과 능력에 알맞은 직업을 소개할 수 없을 경우 또는 구인자가 희망하는 구직자나 구인 인원을 채울 수 없을 경우에는 광범위한 지역에 걸쳐 직업소개를 할 수 있다.

제13조(훈련기관 알선)

직업안정기관의 장은 구직자의 취업을 위하여 직업능력개발훈련을 받는 것이 필요하다고 인정되면 구직자가 「근로자직업능력 개발법」에 따른 직업능력개발훈련시설 등에서 직업능력개발훈련을 받도록 알선할 수 있다.

POINT 직업 소개절차

1) 구인 · 구직에 필요한 기초적인 사항 확인
2) 구인 · 구직 신청의 수리
3) 구인 · 주직의 상담
4) 직업 또는 구직자의 알선
5) 취업 또는 채용여부의 확인

제3절 직업지도

제14조(직업지도)

① 직업안정기관의 장은 다음의 어느 하나에 해당하는 사람에게 직업지도를 하여야 한다.
1. 새로 취업하려는 사람
2. 신체 또는 정신에 장애가 있는 사람
3. 그 밖에 취업을 위하여 특별한 지도가 필요한 사람

② 직업지도의 방법 · 절차 등에 관하여 필요한 사항은 고용노동부장관이 정한다.

제15조(직업안정기관의 장과 학교의 장 등의 협력)

직업안정기관의 장은 필요하다고 인정하는 경우에는 「초 · 중등교육법」 및 「고등교육법」에 따른 각급 학교의 장이나 「근로자직업능력 개발법」에 따른 공공직업훈련시설의 장이 실시하는 무료직업소개사업에 협력하여야 하며, 이들이 요청하는 경우에는 학생 또는 직업훈련생에게 직업지도를 할 수 있다.

제4절 고용정보의 제공

제16조(고용정보의 수집 · 제공 등)

① 직업안정기관의 장은 관할 지역의 각종 고용정보를 수시로 또는 정기적으로 수집하고 정리하여 구인자, 구직자, 그 밖에 고용정보를 필요로 하는 자에게 적극적으로 제공하여야 한다.

② 직업안정기관의 장은 고용정보를 수집하여 분석한 결과 관할 지역에서 노동력의 수요와 공급에 급격한 변동이 있거나 현저한 불균형이 발생하였다고 판단되는 경우에는 적절한 대책을 수립하여 추진하여야 한다.

> **POINT** 직업안정기관의 장이 수집, 제공하여야 할 고용정보
>
> 1) 경제 및 산업동향
> 2) 노동시장, 고용,실업동향
> 3) 임금,근로시간 등 근로조건
> 4) 직업에 대한 정보
> 5) 채용,승진 등 고용관리에 관한 정보
> 6) 직업능력개발훈련에 관한 정보
> 7) 고용관련 각종 지원 및 보조제도
> 8) 구인.구직에 관한 정보

제17조(구인 · 구직의 개척)

직업안정기관의 장은 구직자의 취업 기회를 확대하고 산업에 부족한 인력의 수급을 지원하기 위하여 구인 · 구직의 개척에 노력하여야 한다.

제3장 직업안정기관의 장 외의 자가 하는 직업소개사업, 직업정보제공사업, 근로자 모집 또는 근로자공급사업 등

제1절 직업소개사업 및 직업정보제공사업

제18조(무료직업소개사업)

① 무료직업소개사업은 소개대상이 되는 근로자가 취업하려는 장소를 기준으로 하여 국내 무료직업소개사업과 국외 무료직업소개사업으로 구분하되, 국내 무료직업소개사업을 하려는 자는 주된 사업소의 소재지를 관할하는 특별자치도지사 · 시장 · 군수 및 구청장에게 신고하여야 하고, 국외 무료직업소개사업을 하려는 자는 고용노동부장관에게 신고하여야 한다. 신고한 사항을 변경하려는 경우에도 또한 같다.

② 무료직업소개사업을 하려는 자는 대통령령으로 정하는 비영리법인 또는 공익단체이어야 한다.

③ 신고 사항, 신고 절차, 그 밖에 신고에 필요한 사항은 대통령령으로 정한다.

④ 다음의 어느 하나에 해당하는 직업소개의 경우에는 신고를 하지 아니하고 무료직업소개사업을 할 수 있다.

1. 「한국산업인력공단법」에 따른 한국산업인력공단이 하는 직업소개

2. 「장애인고용촉진 및 직업재활법」에 따른 한국장애인고용공단이 장애인을 대상으로 하는 직업소개
3. 교육 관계법에 따른 각급 학교의 장, 「근로자직업능력 개발법」에 따른 공공직업훈련시설의 장이 재학생 · 졸업생 또는 훈련생 · 수료생을 대상으로 하는 직업소개
4. 「산업재해보상보험법」에 따른 근로복지공단이 업무상 재해를 입은 근로자를 대상으로 하는 직업소개

⑤ 무료직업소개사업을 하는 자 및 그 종사자는 구인자가 구인신청 당시 「근로기준법」에 따라 명단이 공개 중인 체불사업주인 경우 그 사업주에게 직업소개를 하지 아니하여야 한다.

> **시행령 제14조(무료직업소개사업의 신고)**
> 무료직업소개사업의 신고를 할 수 있는 자는 그 설립목적 및 사업내용이 무료직업소개사업에 적합하고, 당해 사업의 유지 · 운영에 필요한 조직 및 자산을 갖춘 비영리법인 또는 공익단체로 한다.

제19조(유료직업소개사업)

① 유료직업소개사업은 소개대상이 되는 근로자가 취업하려는 장소를 기준으로 하여 국내 유료직업소개사업과 국외 유료직업소개사업으로 구분하되, 국내 유료직업소개사업을 하려는 자는 주된 사업소의 소재지를 관할하는 특별자치도지사 · 시장 · 군수 및 구청장에게 등록하여야 하고, 국외 유료직업소개사업을 하려는 자는 고용노동부장관에게 등록하여야 한다. 등록한 사항을 변경하려는 경우에도 또한 같다.

② 등록을 하고 유료직업소개사업을 하려는 자는 둘 이상의 사업소를 둘 수 없다. 다만, 사업소별로 직업소개 또는 직업상담에 관한 경력, 자격 또는 소양이 있다고 인정되는 사람 등 대통령령으로 정하는 사람을 1명 이상 고용하는 경우에는 그러하지 아니하다.

③ 등록을 하고 유료직업소개사업을 하는 자는 고용노동부장관이 결정 · 고시한 요금 외의 금품을 받아서는 아니 된다. 다만, 고용노동부령으로 정하는 고급 · 전문인력을 소개하는 경우에는 당사자 사이에 정한 요금을 구인자로부터 받을 수 있다.

④ 고용노동부장관이 요금을 결정하려는 경우에는 「고용정책 기본법」에 따른 고용정책심의회의 심의를 거쳐야 한다.

⑤ 유료직업소개사업의 등록기준이 되는 인적 · 물적 요건과 그 밖에 유료직업소개사업에 관한 사항은 대통령령으로 정한다.

⑥ 등록을 하고 유료직업소개사업을 하는 자 및 그 종사자는 다음의 사항을 준수하여야 한다.
1. 구인자가 구인신청 당시 「근로기준법」에 따라 명단이 공개 중인 체불사업주인 경우 구직자에게 그 사실을 고지할 것
2. 구인자의 사업이 행정관청의 허가 · 신고 · 등록 등을 필요로 하는 사업인 경우에는 그 허가 · 신고 · 등록 등의 여부를 확인할 것
3. 그 밖에 대통령령으로 정하는 사항

시행령 제21조(유료직업소개사업의 등록요건 등)

① 유료직업소개사업의 등록을 할 수 있는 자는 다음의 어느 하나에 해당하는 자에 한정한다. 다만, 법인의 경우에는 직업소개사업을 목적으로 설립된 「상법」상 회사 또는 「협동조합 기본법」에 따른 협동조합(사회적협동조합은 제외)으로서 납입자본금이 5천만 원(둘 이상의 사업소를 설치하는 경우에는 추가하는 사업소 1개소당 2천만 원을 가산한 금액)이상이고 임원 2명 이상이 다음의 어느 하나에 해당하는 자 또는 「근로자직업능력 개발법」에 따른 직업능력개발훈련법인으로서 임원 2명 이상이 다음의 어느 하나에 해당하는 자에 한정한다.

1. 「국가기술자격법」에 의한 직업상담사 1급 또는 2급의 국가기술자격이 있는 자
2. 직업소개사업의 사업소, 「근로자직업능력 개발법」에 의한 직업능력개발훈련시설, 「초·중등교육법」 및 「고등교육법」에 의한 학교, 「청소년기본법」에 의한 청소년단체에서 직업상담·직업지도·직업훈련 기타 직업소개와 관련이 있는 상담업무에 2년 이상 종사한 경력이 있는 자
3. 「공인노무사법」의 규정에 의한 공인노무사 자격을 가진 자
4. 조합원이 100인 이상인 단위노동조합, 산업별 연합단체인 노동조합 또는 총연합단체인 노동조합에서 노동조합 업무전담자로 2년 이상 근무한 경력이 있는 자
5. 상시사용근로자 300인 이상인 사업 또는 사업장에서 노무관리 업무전담자로 2년 이상 근무한 경력이 있는 자
6. 국가공무원 또는 지방공무원으로서 2년 이상 근무한 경력이 있는 자
7. 「초·중등교육법」에 의한 교원자격증을 가지고 있는 자로서 교사근무경력이 2년 이상인 자
8. 「사회복지사업법」에 따른 사회복지사 자격증을 가진 사람

시행령 제25조(유료직업소개사업자의 준수사항)

유료직업소개사업자 및 그 종사자는 다음의 사항을 준수하여야 한다.

1. 직업소개사업자(법인의 경우에는 등록요건에 해당하는 자)는 사업소에 근무하면서 종사자를 직접 관리·감독하여 직업소개행위와 관련된 비위사실이 발생하지 아니하도록 할 것
2. 삭제〈1998. 4. 27.〉
3. 구인자의 사업이 행정관청의 허가·신고·등록등을 필요로 하는 사업인 경우에는 그 허가·신고·등록등의 여부를 확인할 것
4. 직업소개사업의 광고를 할 때에는 직업소개소의 명칭·전화번호·위치 및 등록번호를 기재할 것
5. 삭제〈1999. 5. 27.〉
6. 요금은 구직자의 근로계약이 체결된 후에 받을 것. 다만, 회비형식으로 요금을 받고 일용근로자를 소개하는 경우 또는 고용노동부령으로 정하는 고급·전문인력을 소개하는 경우에는 그러하지 아니하다.
7. 직업소개시 준수사항 규정 각호의 사항
8. 기타 사업소의 부착물 등 고용노동부령이 정하는 사항

제21조(명의대여 등의 금지)

유료직업소개사업을 등록한 자는 타인에게 자기의 성명 또는 상호를 사용하여 직업소개사업을 하게 하거나 그 등록증을 대여하여서는 아니 된다.

제21조의2(선급금의 수령 금지)

등록을 하고 유료직업소개사업을 하는 자 및 그 종사자는 구직자에게 제공하기 위하여 구인자로부터 선급금을 받아서는 아니 된다.

제21조의3(연소자에 대한 직업소개의 제한)

① 무료직업소개사업 또는 유료직업소개사업을 하는 자와 그 종사자(이하 이 조에서 "직업소개사업자등")는 구직자의 연령을 확인하여야 하며, 18세 미만의 구직자를 소개하는 경우에는 친권자나 후견인의 취업동의서를 받아야 한다.

② 직업소개사업자등은 18세 미만의 구직자를 「근로기준법」에 따라 18세 미만자의 사용이 금지되는 직종의 업소에 소개하여서는 아니 된다.

③ 직업소개사업자등은 「청소년 보호법」에 따른 청소년인 구직자를 청소년유해업소에 소개하여서는 아니 된다.

제22조(유료직업소개사업의 종사자 등)

① 등록을 하고 유료직업소개사업을 하는 자는 미성년자, 피성년후견인 및 피한정후견인, 파산선고를 받고 복권되지 아니한 자, 직업안정법, 성매매알선 등 행위의 처벌에 관한 법률, 풍속행위 규제에 관한 법률, 청소년보호법을 위반하거나 직업소개사업과 관련한 행위로 선원법을 위반한 자, 해당 사업의 등록이나 허가가 취소된 후 5년이 지나지 아니한 자에 해당하는 사람을 고용하여서는 아니 된다.

② 등록을 하고 유료직업소개사업을 하는 자는 사업소별로 고용노동부령으로 정하는 자격을 갖춘 직업상담원을 1명 이상 고용하여야 한다. 다만, 유료직업소개사업을 하는 사람과 동거하는 가족이 본문에 따른 직업상담원의 자격을 갖추고 특정 사업소에서 상시 근무하는 경우에 해당 사업소에 직업상담원을 고용한 것으로 보며, 유료직업소개사업을 하는 자가 직업상담원 자격을 갖추고 특정 사업소에서 상시 근무하는 경우에 해당 사업소에는 직업상담원을 고용하지 아니할 수 있다.

③ 유료직업소개사업의 종사자 중 제2항에 따른 직업상담원이 아닌 사람은 직업소개에 관한 사무를 담당하여서는 아니 된다.

시행규칙 제19조(직업상담원의 자격)

법 제22조 제2항 본문에서 "고용노동부령으로 정하는 자격을 갖춘 직업상담원"이란 다음의 어느 하나에 해당하는 사람을 말한다.

1. 소개하려는 직종별로 해당 직종에서 2년 이상 근무한 경력이 있는 사람
2. 「근로자직업능력 개발법」에 따른 직업능력개발훈련시설, 「초 · 중등교육법」 및 「고등교육법」에 따른 학교, 「청소년기본법」에 따른 청소년단체에서 직업상담, 직업지도, 직업훈련, 그 밖에 직업소개와 관련이 있는 상담업무에 2년 이상 종사한 경력이 있는 사람
3. 「공인노무사법」에 따른 공인노무사
4. 노동조합의 업무, 사업체의 노무관리업무 또는 공무원으로서 행정 분야에 2년 이상 근무한 경력이 있는 사람
5. 「사회복지사업법」에 따른 사회복지사
6. 삭제〈2012. 6. 5.〉
7. 「초 · 중등교육법」에 따른 교원자격증을 가진 사람으로서 교사 근무 경력이 2년 이상인 사람 또는 「고등교육법」에 따른 교원으로서 교원 근무 경력이 2년 이상인 사람

8. 직업소개사업의 사업소에서 2년 이상 근무한 경력이 있는 사람
9. 「국가기술자격법」에 따른 직업상담사 1급 또는 2급

제23조(직업정보제공사업의 신고)

① 직업정보제공사업을 하려는 자(무료직업소개사업을 하는 자와 유료직업소개사업을 하는 자는 제외)는 고용노동부장관에게 신고하여야 한다. 신고 사항을 변경하는 경우에도 또한 같다.

② 신고 사항, 신고 절차, 그 밖에 신고에 필요한 사항은 대통령령으로 정한다.

시행령 제28조(직업정보제공사업자의 준수사항)

직업정보제공사업을 하는 자 및 그 종사자가 준수하여야 할 사항은 다음과 같다.

1. 구인자의 업체명(또는 성명)이 표시되어 있지 아니하거나 구인자의 연락처가 사서함등으로 표시되어 구인자의 신원이 확실하지 아니한 구인광고를 게재하지 아니할 것
2. 직업정보제공매체의 구인 · 구직의 광고에는 구인 · 구직자의 주소 또는 전화번호를 기재하고, 직업정보제공사업자의 주소 또는 전화번호는 기재하지 아니할 것
3. 직업정보제공매체 또는 직업정보제공사업의 광고문에 "(무료)취업상담" · "취업추천" · "취업지원" 등의 표현을 사용하지 아니할 것
4. 구직자의 이력서 발송을 대행하거나 구직자에게 취업추천서를 발부하지 아니할 것
5. 직업정보제공매체에 정보이용자들이 알아보기 쉽게 신고로 부여받은 신고번호를 표시할 것
6. 「최저임금법」에 따라 결정 고시된 최저임금에 미달되는 구인정보, 「성매매알선 등 행위의 처벌에 관한 법률」에 따른 금지행위가 행하여지는 업소에 대한 구인광고를 게재하지 아니할 것

제26조(겸업 금지)

다음의 어느 하나에 해당하는 사업을 경영하는 자는 직업소개사업을 하거나 직업소개사업을 하는 법인의 임원이 될 수 없다.

1. 「결혼중개업의 관리에 관한 법률」의 결혼중개업
2. 「공중위생관리법」의 숙박업
3. 「식품위생법」의 식품접객업 중 대통령령으로 정하는 영업

제2절 근로자의 모집

제28조(근로자의 모집)

근로자를 고용하려는 자는 광고, 문서 또는 정보통신망 등 다양한 매체를 활용하여 자유롭게 근로자를 모집할 수 있다.

제30조(국외 취업자의 모집)

① 누구든지 국외에 취업할 근로자를 모집한 경우에는 고용노동부장관에게 신고하여야 한다.

② 신고에 필요한 사항은 대통령령으로 정한다.

제31조(모집방법 등의 개선 권고)

① 고용노동부장관은 건전한 모집질서를 확립하기 위하여 필요하다고 인정하는 경우에는 근로자 모집방법 등의 개선을 권고할 수 있다.

② 고용노동부장관이 권고를 하려는 경우에는 고용정책심의회의 심의를 거쳐야 한다.

③ 권고에 필요한 사항은 대통령령으로 정한다.

제32조(금품 등의 수령 금지)

근로자를 모집하려는 자와 그 모집업무에 종사하는 자는 어떠한 명목으로든 응모자로부터 그 모집과 관련하여 금품을 받거나 그 밖의 이익을 취하여서는 아니 된다. 다만, 유료직업소개사업을 하는 자가 구인자의 의뢰를 받아 구인자가 제시한 조건에 맞는 자를 모집하여 직업소개한 경우에는 그러하지 아니하다.

제3절 근로자공급사업

제33조(근로자공급사업)

① 누구든지 고용노동부장관의 허가를 받지 아니하고는 근로자공급사업을 하지 못한다.

② 근로자공급사업 허가의 유효기간은 3년으로 하되, 유효기간이 끝난 후 계속하여 근로자공급사업을 하려는 자는 고용노동부령으로 정하는 바에 따라 연장허가를 받아야 한다. 이 경우 연장허가의 유효기간은 연장 전 허가의 유효기간이 끝나는 날부터 3년으로 한다.

③ 근로자공급사업은 공급대상이 되는 근로자가 취업하려는 장소를 기준으로 국내 근로자공급사업과 국외 근로자공급사업으로 구분하며, 각각의 사업의 허가를 받을 수 있는 자의 범위는 다음과 같다.

1. 국내 근로자공급사업의 경우는 「노동조합 및 노동관계조정법」에 따른 노동조합
2. 국외 근로자공급사업의 경우는 국내에서 제조업 · 건설업 · 용역업, 그 밖의 서비스업을 하고 있는 자. 다만, 연예인을 대상으로 하는 국외 근로자공급사업의 허가를 받을 수 있는 자는 「민법」에 따른 비영리법인으로 한다.

④ 고용노동부장관이 근로자공급사업을 허가하는 경우 국내 근로자공급사업에 대하여는 노동조합의 업무범위와 해당 지역별 · 직종별 인력수급상황 및 고용관계 안정유지 등을, 국외 근로자공급사업에 대하여는 해당 직종별 인력수급상황, 고용관계 안정유지 및 근로자취업질서 등을 종합적으로 고려하여야 한다.

POINT **장부 비치 기간**

1) 유료직업소개소 : 2년
종사자명부, 구인신청서, 구직신청서, 구인접수대장, 구직접수 및 직업소개대장, 근로계약서, 일용근로자 회원명부(일용근로자를 회원제로 운영하는 경우만 해당), 금전출납부 및 금전 출납명세서

2) 근로자 공급사업 : 3년
사업계획서, 근로자명부, 공급요청 접수부 또는 공급계약서, 근로자 공급대장, 경리관련 장부, 공급근로자 임금대장

POINT 직업소개사업을 하는 자에 대한 교육훈련

1) 직업소개제도(강의) : 연 1시간
2) 직업상담실무(강의 및 실습) : 연 1시간
3) 직업정보관리(강의 및 실습) : 연 1시간
4) 직업윤리의식(강의) : 연 1시간

07 고용보험법

제1장 총칙

제1조(목적)

이 법은 고용보험의 시행을 통하여 실업의 예방, 고용의 촉진 및 근로자 등의 직업능력의 개발과 향상을 꾀하고, 국가의 직업지도와 직업소개 기능을 강화하며, 근로자 등이 실업한 경우에 생활에 필요한 급여를 실시하여 근로자 등의 생활안정과 구직 활동을 촉진함으로써 경제·사회 발전에 이바지하는 것을 목적으로 한다.

제2조(정의)

이 법에서 사용하는 용어의 뜻은 다음과 같다.

1. "피보험자"란 다음에 해당하는 자를 말한다.
   가. 「고용보험 및 산업재해보상보험의 보험료징수 등에 관한 법률」(이하 "고용산재보험료징수법")에 따라 보험에 가입되거나 가입된 것으로 보는 근로자
   나. 고용산재보험료징수법에 따라 고용보험에 가입하거나 가입된 것으로 보는 자영업자(이하 "자영업자인 피보험자")
2. "이직(離職)"이란 피보험자와 사업주 사이의 고용관계가 끝나게 되는 것(예술인 및 노무제공자의 경우에는 문화예술용역 관련 계약 또는 노무제공계약이 끝나는 것)을 말한다.
3. "실업"이란 근로의 의사와 능력이 있음에도 불구하고 취업하지 못한 상태에 있는 것을 말한다.
4. "실업의 인정"이란 직업안정기관의 장이 수급자격자가 실업한 상태에서 적극적으로 직업을 구하기 위하여 노력하고 있다고 인정하는 것을 말한다.
5. "보수"란 「소득세법」에 따른 근로소득에서 대통령령으로 정하는 금품을 뺀 금액을 말한다. 다만, 휴직이나 그 밖에 이와 비슷한 상태에 있는 기간 중에 사업주 외의 자로부터 지급받는 금품 중 고용노동부장관이 정하여 고시하는 금품은 보수로 본다.
6. "일용근로자"란 1개월 미만 동안 고용되는 사람을 말한다.

제3조(보험의 관장)

고용보험(이하 "보험")은 고용노동부장관이 관장한다.

제4조(고용보험사업)

① 보험은 목적을 이루기 위하여 고용보험사업(이하 "보험사업")으로 고용안정·직업능력개발 사업, 실업급여, 육아휴직 급여 및 출산전후휴가 급여 등을 실시한다.

② 보험사업의 보험연도는 정부의 회계연도에 따른다.

제5조(국고의 부담)

① 국가는 매년 보험사업에 드는 비용의 일부를 일반회계에서 부담하여야 한다.

② 국가는 매년 예산의 범위에서 보험사업의 관리 · 운영에 드는 비용을 부담할 수 있다.

제6조(보험료)

① 이 법에 따른 보험사업에 드는 비용을 충당하기 위하여 징수하는 보험료와 그 밖의 징수금에 대하여는 고용산재보험료징수법으로 정하는 바에 따른다.

② 고용산재보험료징수법에 따라 징수된 고용안정 · 직업능력개발 사업의 보험료 및 실업급여의 보험료는 각각 그 사업에 드는 비용에 충당한다. 다만, 실업급여의 보험료는 국민연금 보험료의 지원, 육아휴직 급여의 지급, 육아기 근로시간 단축 급여의 지급 및 출산전후휴가 급여 및 출산전후급여 등의 지급에 드는 비용에 충당할 수 있다.

③ 자영업자인 피보험자로부터 고용산재보험료징수법에 따라 징수된 고용안정 · 직업능력개발 사업의 보험료 및 실업급여의 보험료는 각각 자영업자인 피보험자를 위한 그 사업에 드는 비용에 충당한다. 다만, 실업급여의 보험료는 자영업자인 피보험자를 위한 국민연금 보험료의 지원에 드는 비용에 충당할 수 있다.

제7조(고용보험위원회)

① 이 법 및 고용산재보험료징수법(보험에 관한 사항만 해당)의 시행에 관한 주요 사항을 심의하기 위하여 고용노동부에 고용보험위원회(이하 “위원회”)를 둔다.

② 위원회는 다음의 사항을 심의한다.

1. 보험제도 및 보험사업의 개선에 관한 사항
2. 고용산재보험료징수법에 따른 보험료율의 결정에 관한 사항
3. 보험사업의 평가에 관한 사항
4. 기금운용 계획의 수립 및 기금의 운용 결과에 관한 사항
5. 그 밖에 위원장이 보험제도 및 보험사업과 관련하여 위원회의 심의가 필요하다고 인정하는 사항

③ 위원회는 위원장 1명을 포함한 20명 이내의 위원으로 구성한다.

④ 위원회의 위원장은 고용노동부차관이 되고, 위원은 다음의 사람 중에서 각각 같은 수(數)로 고용노동부장관이 임명하거나 위촉하는 사람이 된다.

1. 근로자를 대표하는 사람
2. 사용자를 대표하는 사람
3. 공익을 대표하는 사람
4. 정부를 대표하는 사람

⑤ 위원회는 심의 사항을 사전에 검토 · 조정하기 위하여 위원회에 전문위원회를 둘 수 있다.

⑥ 위원회 및 전문위원회의 구성 · 운영과 그 밖에 필요한 사항은 대통령령으로 정한다.

제8조(적용 범위)

① 이 법은 근로자를 사용하는 모든 사업 또는 사업장(이하 “사업”)에 적용한다. 다만, 산업별 특성 및 규모 등을 고려하여 대통령령으로 정하는 사업에 대하여는 적용하지 아니한다.

② 이 법은 예술인 또는 노무제공자의 노무를 제공받는 사업에 적용하되, 예술인인 피보험자에 대한 고용보험 특례 또는 노무제공자인 피보험자에 대한 고용보험 특례에서 규정한 사항에 한정하여 각각 적용한다.

시행령 제2조(적용 범위)

① 법 제8조 단서에서 "대통령령으로 정하는 사업"이란 다음의 어느 하나에 해당하는 사업을 말한다.

1. 농업 · 임업 및 어업 중 법인이 아닌 자가 상시 4명 이하의 근로자를 사용하는 사업
2. 다음의 어느 하나에 해당하는 공사. 다만, 건설사업자, 주택건설사업자, 공사업자, 정보통신공사업자, 소방시설업자, 문화재수리업자에 해당하는 자가 시공하는 공사는 제외한다.
   가. 「고용보험 및 산업재해보상보험의 보험료징수 등에 관한 법률 시행령」에 따른 총공사금액이 2천만 원 미만인 공사
   나. 연면적이 100제곱미터 이하인 건축물의 건축 또는 연면적이 200제곱미터 이하인 건축물의 대수선에 관한 공사
3. 가구 내 고용활동 및 달리 분류되지 아니한 자가소비 생산활동

② ①의 어느 하나에 해당하는 사업의 범위에 관하여는 법 또는 이 영에 특별한 규정이 있는 경우 외에는 「통계법」에 따라 통계청장이 고시하는 산업에 관한 표준분류(이하 "한국표준산업분류표")에 따른다.

③ 총공사금액이 2천만 원 미만인 건설공사가 설계 변경(사실상의 설계 변경이 있는 경우를 포함)으로 인하여 2천만 원 이상의 건설공사에 해당하게 되거나 「고용보험 및 산업재해보상보험의 보험료징수 등에 관한 법률」에 따라 일괄적용을 받게 되는 경우에는 그 때부터 법의 규정의 전부를 적용한다.

제9조(보험관계의 성립 · 소멸)

이 법에 따른 보험관계의 성립 및 소멸에 대하여는 고용산재보험료징수법으로 정하는 바에 따른다.

제10조(적용 제외)

① 다음의 어느 하나에 해당하는 자에게는 이 법을 적용하지 아니한다.

1. 삭제 〈2019. 1. 15.〉
2. 소정(所定)근로시간이 대통령령으로 정하는 시간 미만인 자
3. 「국가공무원법」과 「지방공무원법」에 따른 공무원. 다만, 대통령령으로 정하는 바에 따라 별정직공무원, 「국가공무원법」 및 「지방공무원법」에 따른 임기제공무원의 경우는 본인의 의사에 따라 고용보험에 가입할 수 있다.
4. 「사립학교교직원 연금법」의 적용을 받는 자
5. 그 밖에 대통령령으로 정하는 자

② 65세 이후에 고용(65세 전부터 피보험 자격을 유지하던 사람이 65세 이후에 계속하여 고용된 경우는 제외)되거나 자영업을 개시한 사람에게는 실업급여 및 육아휴직 급여 등의 규정을 적용하지 아니한다.

시행령 제3조(적용 제외 근로자)

① 법 제10조 제1항 제2호에서 "소정근로시간이 대통령령으로 정하는 시간 미만인 자"란 1개월간 소정근로시간이 60시간 미만인 자(1주간의 소정근로시간이 15시간 미만인 자를 포함)를 말한다. 다만, 3개월 이상 계속하여 근로를 제공하는 자와 일용근로자는 제외한다.

② 법 제10조 제1항 제5호에서 "그 밖에 대통령령으로 정하는 사람"이란 「별정우체국법」에 따른 별정우체국 직원을 말한다.

제2장 피보험자의 관리

제13조(피보험자격의 취득일)

① 근로자인 피보험자는 이 법이 적용되는 사업에 고용된 날에 피보험자격을 취득한다. 다만, 다음의 경우에는 각각 그 해당되는 날에 피보험자격을 취득한 것으로 본다.

1. 적용 제외 근로자였던 자가 이 법의 적용을 받게 된 경우에는 그 적용을 받게 된 날
2. 고용산재보험료징수법에 따른 보험관계 성립일 전에 고용된 근로자의 경우에는 그 보험관계가 성립한 날

② 자영업자인 피보험자는 고용산재보보험료징수법에서 준용하는 보험관계가 성립한 날에 피보험자격을 취득한다.

제14조(피보험자격의 상실일)

① 근로자인 피보험자는 다음의 어느 하나에 해당하는 날에 각각 그 피보험자격을 상실한다.

1. 근로자인 피보험자가 적용 제외 근로자에 해당하게 된 경우에는 그 적용 제외 대상자가 된 날
2. 고용산재보험료징수법에 따라 보험관계가 소멸한 경우에는 그 보험관계가 소멸한 날
3. 근로자인 피보험자가 이직한 경우에는 이직한 날의 다음 날
4. 근로자인 피보험자가 사망한 경우에는 사망한 날의 다음 날

② 자영업자인 피보험자는 고용산재보험료징수법에서 준용하는 규정에 따라 보험관계가 소멸한 날에 피보험자격을 상실한다.

제15조(피보험자격에 관한 신고 등)

① 사업주는 그 사업에 고용된 근로자의 피보험자격의 취득 및 상실 등에 관한 사항을 대통령령으로 정하는 바에 따라 고용노동부장관에게 신고하여야 한다.

② 고용산재보험료징수법에 따라 원수급인(元受給人)이 사업주로 된 경우에 그 사업에 종사하는 근로자 중 원수급인이 고용하는 근로자 외의 근로자에 대하여는 그 근로자를 고용하는 다음의 하수급인(下受給人)이 신고를 하여야 한다. 이 경우 원수급인은 고용노동부령으로 정하는 바에 따라 하수급인에 관한 자료를 고용노동부장관에게 제출하여야 한다.

1. 「건설산업기본법」에 따른 건설업자
2. 「주택법」에 따른 주택건설사업자
3. 「전기공사업법」에 따른 공사업자
4. 「정보통신공사업법」에 따른 정보통신공사업자

5. 「소방시설공사업법」에 따른 소방시설업자
6. 「문화재수리 등에 관한 법률」에 따른 문화재수리업자

③ 사업주가 피보험자격에 관한 사항을 신고하지 아니하면 대통령령으로 정하는 바에 따라 근로자가 신고할 수 있다.
④ 고용노동부장관은 규정에 따라 신고된 피보험자격의 취득 및 상실 등에 관한 사항을 고용노동부령으로 정하는 바에 따라 피보험자 및 원수급인 등 관계인에게 알려야 한다.
⑤ 사업주, 원수급인 또는 하수급인은 신고를 고용노동부령으로 정하는 전자적 방법으로 할 수 있다.
⑥ 고용노동부장관은 전자적 방법으로 신고를 하려는 사업주, 원수급인 또는 하수급인에게 고용노동부령으로 정하는 바에 따라 필요한 장비 등을 지원할 수 있다.
⑦ 자영업자인 피보험자는 피보험자격의 취득 및 상실에 관한 신고를 하지 아니한다.

제17조(피보험자격의 확인)

① 피보험자 또는 피보험자였던 사람은 언제든지 고용노동부장관에게 피보험자격의 취득 또는 상실에 관한 확인을 청구할 수 있다.
② 고용노동부장관은 청구에 따르거나 직권으로 피보험자격의 취득 또는 상실에 관하여 확인을 한다.
③ 고용노동부장관은 확인 결과를 대통령령으로 정하는 바에 따라 그 확인을 청구한 피보험자 및 사업주 등 관계인에게 알려야 한다.

제18조(피보험자격 이중 취득의 제한)

근로자가 보험관계가 성립되어 있는 둘 이상의 사업에 동시에 고용되어 있는 경우에는 고용노동부령으로 정하는 바에 따라 그 중 한 사업의 근로자로서의 피보험자격을 취득한다.

1. 보험료 징수법에 따른 월평균보수가 많은 사업
2. 월 소정근로시간이 많은 사업
3. 근로자가 선택한 사업

POINT 고용보험법상 고용안정, 직업능력개발 사업의 내용

1) 고용창출의 지원
2) 고용조정의 지원(고용유지지원금 포함)
3) 지역 고용의 촉진(지역고용촉진지원금 포함)
4) 고령자 등 고용촉진의 지원(임금피크제 지원금 포함)
5) 직업능력 개발의 촉진 등

제4장 실업급여

제1절 통칙

제37조(실업급여의 종류)

① 실업급여는 구직급여와 취업촉진 수당으로 구분한다.
② 취업촉진 수당의 종류는 다음과 같다.

1. 조기(早期)재취업 수당

2. 직업능력개발 수당
3. 광역 구직활동비
4. 이주비

제38조(수급권의 보호)

① 실업급여를 받을 권리는 양도 또는 압류하거나 담보로 제공할 수 없다.

② 지정된 실업급여수급계좌의 예금 중 대통령령으로 정하는 액수 이하의 금액에 관한 채권은 압류할 수 없다.

제38조의2(공과금의 면제)

실업급여로서 지급된 금품에 대하여는 국가나 지방자치단체의 공과금(「국세기본법」 또는 「지방세기본법」에 따른 공과금)을 부과하지 아니한다.

제2절 구직급여

제40조(구직급여의 수급 요건)

① 구직급여는 이직한 근로자인 피보험자가 다음의 요건을 모두 갖춘 경우에 지급한다. 다만, 5.와 6.은 최종 이직 당시 일용근로자였던 사람만 해당한다.

1. 이직일 이전 18개월간(이하 "기준기간") 피보험 단위기간이 통산(通算)하여 180일 이상일 것
2. 근로의 의사와 능력이 있음에도 불구하고 취업(영리를 목적으로 사업을 영위하는 경우를 포함)하지 못한 상태에 있을 것
3. 이직사유가 수급자격의 제한 사유에 해당하지 아니할 것
4. 재취업을 위한 노력을 적극적으로 할 것
5. 다음의 어느 하나에 해당할 것
   가. 수급자격 인정신청일 이전 1개월 동안의 근로일수가 10일 미만일 것
   나. 건설일용근로자로서 수급자격 인정신청일 이전 14일간 연속하여 근로내역이 없을 것
6. 최종 이직일 이전 기준기간의 피보험 단위기간 중 다른 사업에서 수급자격의 제한 사유에 해당하는 사유로 이직한 사실이 있는 경우에는 그 피보험 단위기간 중 90일 이상을 일용근로자로 근로하였을 것

② 기준기간은 이직일 이전 18개월로 하되, 근로자인 피보험자가 다음의 어느 하나에 해당하는 경우에는 다음의 구분에 따른 기간을 기준기간으로 한다.

1. 이직일 이전 18개월 동안에 질병·부상, 그 밖에 대통령령으로 정하는 사유로 계속하여 30일 이상 보수의 지급을 받을 수 없었던 경우 : 18개월에 그 사유로 보수를 지급 받을 수 없었던 일수를 가산한 기간을 기준기간(3년을 초과할 때에는 3년)으로 한다.
2. 다음의 요건에 모두 해당하는 경우 : 이직일 이전 24개월
   가. 이직 당시 1주 소정근로시간이 15시간 미만이고, 1주 소정근로일수가 2일 이하인 근로자로 근로하였을 것
   나. 이직일 이전 24개월 동안의 피보험 단위기간 중 90일 이상을 가목의 요건에 해당하는 근로자로 근로하였을 것

> **법 제58조(이직 사유에 따른 수급자격의 제한)**
> 피보험자가 다음의 어느 하나에 해당한다고 직업안정기관의 장이 인정하는 경우에는 수급자격이 없는 것으로 본다.
> 1. 중대한 귀책사유(歸責事由)로 해고된 피보험자로서 다음의 어느 하나에 해당하는 경우
>   가. 「형법」 또는 직무와 관련된 법률을 위반하여 금고 이상의 형을 선고받은 경우
>   나. 사업에 막대한 지장을 초래하거나 재산상 손해를 끼친 경우로서 고용노동부령으로 정하는 기준에 해당하는 경우
>   다. 정당한 사유 없이 근로계약 또는 취업규칙 등을 위반하여 장기간 무단결근한 경우
> 2. 자기 사정으로 이직한 피보험자로서 다음의 어느 하나에 해당하는 경우
>   가. 전직 또는 자영업을 하기 위하여 이직한 경우
>   나. 중대한 귀책사유가 있는 사람이 해고되지 아니하고 사업주의 권고로 이직한 경우
>   다. 그 밖에 고용노동부령으로 정하는 정당한 사유에 해당하지 아니하는 사유로 이직한 경우

제42조(실업의 신고)

① 구직급여를 지급받으려는 사람은 이직 후 지체없이 직업안정기관에 출석하여 실업을 신고하여야 한다.

② 실업의 신고에는 구직 신청과 수급자격의 인정신청을 포함하여야 한다.

③ 구직급여를 지급받기 위하여 실업을 신고하려는 사람은 이직하기 전 사업의 사업주에게 피보험 단위기간, 이직 전 1일 소정근로시간 등을 확인할 수 있는 자료(이직확인서)의 발급을 요청할 수 있다. 이 경우 요청을 받은 사업주는 고용노동부령으로 정하는 바에 따라 이직확인서를 발급하여 주어야 한다.

제43조(수급자격의 인정)

① 구직급여를 지급받으려는 사람은 직업안정기관의 장에게 구직급여의 수급 요건을 갖추었다는 사실(이하 "수급자격")을 인정하여 줄 것을 신청하여야 한다.

② 직업안정기관의 장은 수급자격의 인정신청을 받으면 그 신청인에 대한 수급자격의 인정 여부를 결정하고, 대통령령으로 정하는 바에 따라 신청인에게 그 결과를 알려야 한다.

③ 신청인이 다음의 요건을 모두 갖춘 경우에는 마지막에 이직한 사업을 기준으로 수급자격의 인정 여부를 결정한다. 다만, 마지막 이직 당시 일용근로자로서 피보험 단위기간이 1개월 미만인 자가 수급자격을 갖추지 못한 경우에는 일용근로자가 아닌 근로자로서 마지막으로 이직한 사업을 기준으로 결정한다.

1. 피보험자로서 마지막에 이직한 사업에 고용되기 전에 피보험자로서 이직한 사실이 있을 것
2. 마지막 이직 이전의 이직과 관련하여 구직급여를 받은 사실이 없을 것

④ 직업안정기관의 장은 신청인에 대한 수급자격의 인정여부를 결정하기 위하여 필요하면 신청인이 이직하기 전 사업의 사업주에게 고용노동부령으로 정하는 바에 따라 이직확인서의 제출을 요청할 수 있다. 이 경우 요청을 받은 사업주는 고용노동부령으로 정하는 바에 따라 이직확인서를 제출하여야 한다.

⑤ 수급자격의 인정을 받은 자(이하 "수급자격자")가 새로 수급자격의 인정을 받은 경우에는 새로 인정받은 수급자격을 기준으로 구직급여를 지급한다.

제44조(실업의 인정)

① 구직급여는 수급자격자가 실업한 상태에 있는 날 중에서 직업안정기관의 장으로부터 실업의 인정을 받은 날에 대하여 지급한다.

② 실업의 인정을 받으려는 수급자격자는 실업의 신고를 한 날부터 계산하기 시작하여 1주부터 4주의 범위에서 직업안정기관의 장이 지정한 날(이하 "실업인정일")에 출석하여 재취업을 위한 노력을 하였음을 신고하여야 하고, 직업안정기관의 장은 직전 실업인정일의 다음 날부터 그 실업인정일까지의 각각의 날에 대하여 실업의 인정을 한다. 다만, 다음에 해당하는 자에 대한 실업의 인정 방법은 고용노동부령으로 정하는 기준에 따른다.

1. 직업능력개발 훈련 등을 받는 수급자격자
2. 천재지변, 대량 실업의 발생 등 대통령령으로 정하는 사유가 발생한 경우의 수급자격자
3. 그 밖에 대통령령으로 정하는 수급자격자

③ 수급자격자가 다음의 어느 하나에 해당하면 직업안정기관에 출석할 수 없었던 사유를 적은 증명서를 제출하여 실업의 인정을 받을 수 있다.

1. 질병이나 부상으로 직업안정기관에 출석할 수 없었던 경우로서 그 기간이 계속하여 7일 미만인 경우
2. 직업안정기관의 직업소개에 따른 구인자와의 면접 등으로 직업안정기관에 출석할 수 없었던 경우
3. 직업안정기관의 장이 지시한 직업능력개발 훈련 등을 받기 위하여 직업안정기관에 출석할 수 없었던 경우
4. 천재지변이나 그 밖의 부득이한 사유로 직업안정기관에 출석할 수 없었던 경우

④ 직업안정기관의 장은 실업을 인정할 때에는 수급자격자의 취업을 촉진하기 위하여 재취업 활동에 관한 계획의 수립 지원, 직업소개 등 대통령령으로 정하는 조치를 하여야 한다. 이 경우 수급자격자는 정당한 사유가 없으면 직업안정기관의 장의 조치에 따라야 한다.

제45조(급여의 기초가 되는 임금일액)

① 구직급여의 산정 기초가 되는 임금일액[이하 "기초일액(基礎日額)"]은 수급자격의 인정과 관련된 마지막 이직 당시 「근로기준법」에 따라 산정된 평균임금으로 한다. 다만, 마지막 이직일 이전 3개월 이내에 피보험자격을 취득한 사실이 2회 이상인 경우에는 마지막 이직일 이전 3개월간(일용근로자의 경우에는 마지막 이직일 이전 4개월 중 최종 1개월을 제외한 기간)에 그 근로자에게 지급된 임금 총액을 그 산정의 기준이 되는 3개월의 총 일수로 나눈 금액을 기초일액으로 한다.

② 산정된 금액이 「근로기준법」에 따른 그 근로자의 통상임금보다 적을 경우에는 그 통상임금액을 기초일액으로 한다. 다만, 마지막 사업에서 이직 당시 일용근로자였던 자의 경우에는 그러하지 아니하다.

③ 기초일액을 산정하는 것이 곤란한 경우와 보험료를 고용산재보험료징수법에 따른 기준보수를 기준으로 낸 경우에는 기준보수를 기초일액으로 한다. 다만, 보험료를 기준보수로 낸 경우에도 기초일액이 기준보수보다 많은 경우에는 그러하지 아니하다.

④ 이들 규정에 따라 산정된 기초일액이 그 수급자격자의 이직 전 1일 소정근로시간에 이직일 당시 적용되던 「최저임금법」에 따른 시간 단위에 해당하는 최저임금액을 곱한 금액(이하 "최저기초일액")보다 낮은 경우에는 최저기초일액을 기초일액으로 한다. 이 경우 이직 전 1일 소정근로시간은 고용노동부령으로 정하는 방법에 따라 산정한다.

⑤ 이들 규정에 따라 산정된 기초일액이 보험의 취지 및 일반 근로자의 임금 수준 등을 고려하여 대통령령으로 정하는 금액을 초과하는 경우에는 대통령령으로 정하는 금액을 기초일액으로 한다.

제46조(구직급여일액)

① 구직급여일액은 다음의 구분에 따른 금액으로 한다.

1. 제45조 제1항부터 제3항까지 및 제5항의 경우에는 그 수급자격자의 기초일액에 100분의 50을 곱한 금액
2. 제45조 제4항의 경우에는 그 수급자격자의 기초일액에 100분의 90을 곱한 금액(이하 "최저구직급여일액"이라 한다)

② 산정된 구직급여일액이 최저구직급여일액보다 낮은 경우에는 최저구직급여일액을 그 수급자격자의 구직급여일액으로 한다.

제47조(실업인정대상기간 중의 근로 등의 신고)

① 수급자격자는 실업의 인정을 받으려 하는 기간(이하 "실업인정대상기간") 중에 고용노동부령으로 정하는 기준에 해당하는 취업을 한 경우에는 그 사실을 직업안정기관의 장에게 신고하여야 한다.

② 직업안정기관의 장은 필요하다고 인정하면 수급자격자의 실업인정대상기간 중의 취업 사실에 대하여 조사할 수 있다.

제49조(대기기간)

실업의 신고일부터 계산하기 시작하여 7일간은 대기기간으로 보아 구직급여를 지급하지 아니한다. 다만, 최종 이직 당시 건설일용근로자였던 사람에 대해서는 실업의 신고일부터 계산하여 구직급여를 지급한다.

제50조(소정급여일수 및 피보험기간)

① 하나의 수급자격에 따라 구직급여를 지급받을 수 있는 날(이하 "소정급여일수")은 대기기간이 끝난 다음날부터 계산하기 시작하여 피보험기간과 연령에 따라 구직급여의 소정급여일수에서 정한 일수가 되는 날까지로 한다.

별표 1. 구직급여의 소정급여일수

구분		피보험기간				
		1년 미만	1년 이상 3년 미만	3년 이상 5년 미만	5년 이상 10년 미만	10년 이상
이직일 현재 연령	50세 미만	120일	150일	180일	210일	240일
	50세 이상	120일	180일	210일	240일	270일

② 수급자격자가 소정급여일수 내에 임신 · 출산 · 육아, 그 밖에 대통령령으로 정하는 사유로 수급기간을 연장한 경우에는 그 기간만큼 구직급여를 유예하여 지급한다.

③ 피보험기간은 그 수급자격과 관련된 이직 당시의 적용 사업에서 고용된 기간으로 한다. 다만, 자영업자인 피보험자의 경우에는 그 수급자격과 관련된 폐업 당시의 적용 사업에의 보험가입기간 중에서 실제로 납부한 고용보험료에 해당하는 기간으로 한다.

제51조(훈련연장급여)

① 직업안정기관의 장은 수급자격자의 연령 · 경력 등을 고려할 때 재취업을 위하여 직업능력개발 훈련 등이 필요하면 그 수급자격자에게 직업능력개발 훈련 등을 받도록 지시할 수 있다.

② 직업안정기관의 장은 직업능력개발 훈련 등을 받도록 지시한 경우에는 수급자격자가 그 직업능력개발 훈련 등을 받는 기간 중 실업의 인정을 받은 날에 대하여는 소정급여일수를 초과하여 구직급여를 연장하여 지급할 수 있다. 이 경우 연장하여 지급하는 구직급여(이하 "훈련연장급여")의 지급 기간은 대통령령으로 정하는 기간을 한도로 한다.

③ 훈련대상자 · 훈련 과정, 그 밖의 필요한 사항은 고용노동부령으로 정한다.

제52조(개별연장급여)

① 직업안정기관의 장은 취업이 특히 곤란하고 생활이 어려운 수급자격자로서 대통령령으로 정하는 자에게는 그가 실업의 인정을 받은 날에 대하여 소정급여일수를 초과하여 구직급여를 연장하여 지급할 수 있다.

② 연장하여 지급하는 구직급여(이하 "개별연장급여")는 60일의 범위에서 대통령령으로 정하는 기간 동안 지급한다.

제53조(특별연장급여)

① 고용노동부장관은 실업의 급증 등 대통령령으로 정하는 사유가 발생한 경우에는 60일의 범위에서 수급자격자가 실업의 인정을 받은 날에 대하여 소정급여일수를 초과하여 구직급여를 연장하여 지급할 수 있다. 다만, 이직 후의 생활안정을 위한 일정 기준 이상의 소득이 있는 수급자격자 등 고용노동부령으로 정하는 수급자격자에 대하여는 그러하지 아니하다.

② 고용노동부장관은 연장하여 지급하는 구직급여(이하 "특별연장급여")를 지급하려면 기간을 정하여 실시하여야 한다.

제60조(훈련 거부 등에 따른 급여의 지급 제한)

① 수급자격자가 직업안정기관의 장이 소개하는 직업에 취직하는 것을 거부하거나 직업안정기관의 장이 지시한 직업능력개발 훈련 등을 거부하면 대통령령으로 정하는 바에 따라 구직급여의 지급을 정지한다. 다만, 다음의 어느 하나에 해당하는 정당한 사유가 있는 경우에는 그러하지 아니하다.

1. 소개된 직업 또는 직업능력개발 훈련 등을 받도록 지시된 직종이 수급자격자의 능력에 맞지 아니하는 경우
2. 취직하거나 직업능력개발 훈련 등을 받기 위하여 주거의 이전이 필요하나 그 이전이 곤란한 경우
3. 소개된 직업의 임금 수준이 같은 지역의 같은 종류의 업무 또는 같은 정도의 기능에 대한 통상의 임금 수준에 비하여 100분의 20 이상 낮은 경우 등 고용노동부장관이 정하는 기준에 해당하는 경우
4. 그 밖에 정당한 사유가 있는 경우

제61조(부정행위에 따른 급여의 지급 제한)

① 거짓이나 그 밖의 부정한 방법으로 실업급여를 받았거나 받으려 한 사람에게는 그 급여를 받은 날 또는 받으려 한 날부터의 구직급여를 지급하지 아니한다. 다만, 그 급여와 관련된 이직 이후에 새로 수급자격을 취득한 경우 그 새로운 수급자격에 따른 구직급여에 대하여는 그러하지 아니하다.

② 거짓이나 그 밖의 부정한 방법이 신고의무의 불이행 또는 거짓의 신고 등 대통령령으로 정하는 사유에 해당하면 그 실업인정대상기간에 한하여 구직급여를 지급하지 아니한다. 다만, 2회 이상의 위반행위를 한 경우에는 ① 본문에 따른다.

③ 거짓이나 그 밖의 부정한 방법으로 실업급여를 지급받았거나 받으려 한 사람이 구직급여를 지급받을 수 없게 된 경우에도 제50조 제3항 및 제4항을 적용할 때는 그 구직급여를 지급받은 것으로 본다.

④ 거짓이나 그 밖의 부정한 방법으로 실업급여를 지급받았거나 받으려 한 사람이 구직급여를 지급받을 수 없게 된 경우에도 제63조 제2항을 적용할 때는 그 지급받을 수 없게 된 일수분의 구직급여를 지급받은 것으로 본다.

제62조(반환명령 등)

① 직업안정기관의 장은 거짓이나 그 밖의 부정한 방법으로 구직급여를 지급받은 사람에게 고용노동부령으로 정하는 바에 따라 지급받은 구직급여의 전부 또는 일부의 반환을 명할 수 있다.

② 직업안정기관의 장은 반환을 명하는 경우에 고용노동부령으로 정하는 바에 따라 거짓이나 그 밖의 부정한 방법으로 지급받은 구직급여의 2배 이하의 금액을 추가로 징수할 수 있다. 다만, 사업주와 공모하여 거짓이나 그 밖의 부정한 방법으로 구직급여를 지급받은 경우에는 지급받은 구직급여액의 5배 이하의 금액을 추가로 징수할 수 있다.

③ 거짓이나 그 밖의 부정한 방법으로 구직급여를 지급받은 사람이 사업주와 공모한 경우에는 그 사업주도 그 구직급여를 지급받은 사람과 연대하여 책임을 진다.

④ 직업안정기관의 장은 구직급여의 수급자격자 또는 수급자격이 있었던 사람에게 잘못 지급된 구직급여가 있으면 그 지급금의 반환을 명할 수 있다.

제3절 취업촉진 수당

제64조(조기재취업 수당)

① 조기재취업 수당은 수급자격자(「외국인근로자의 고용 등에 관한 법률」에 따른 외국인 근로자는 제외)가 안정된 직업에 재취직하거나 스스로 영리를 목적으로 하는 사업을 영위하는 경우로서 대통령령으로 정하는 기준에 해당하면 지급한다.

② 수급자격자가 안정된 직업에 재취업한 날 또는 스스로 영리를 목적으로 하는 사업을 시작한 날 이전의 대통령령으로 정하는 기간에 조기재취업 수당을 지급받은 사실이 있는 경우에는 조기재취업 수당을 지급하지 아니한다.

③ 조기재취업 수당의 금액은 구직급여의 소정급여일수 중 미지급일수의 비율에 따라 대통령령으로 정하는 기준에 따라 산정한 금액으로 한다.

④ 조기재취업 수당을 지급받은 자에 대하여 이 법의 규정을 적용할 때에는 그 조기재취업 수당의 금액을 구직급여일액으로 나눈 일수분에 해당하는 구직급여를 지급한 것으로 본다.

⑤ 수급자격자를 조기에 재취업시켜 구직급여의 지급 기간이 단축되도록 한 자에게는 대통령령으로 정하는 바에 따라 장려금을 지급할 수 있다.

제65조(직업능력개발 수당)

① 직업능력개발 수당은 수급자격자가 직업안정기관의 장이 지시한 직업능력개발 훈련 등을 받는 경우에 그 직업능력개발 훈련 등을 받는 기간에 대하여 지급한다.

② 구직급여의 지급이 정지된 기간에 대하여는 직업능력개발 수당을 지급하지 아니한다.

③ 직업능력개발 수당의 지급 요건 및 금액에 필요한 사항은 대통령령으로 정한다. 이 경우 인력의 수급 상황을 고려하여 고용노동부장관이 특히 필요하다고 인정하여 고시하는 직종에 관한 직업능력개발 훈련 등에 대하여는 직업능력개발 수당의 금액을 다르게 정할 수 있다.

제66조(광역 구직활동비)

① 광역 구직활동비는 수급자격자가 직업안정기관의 소개에 따라 광범위한 지역에 걸쳐 구직 활동을 하는 경우로서 대통령령으로 정하는 기준에 따라 직업안정기관의 장이 필요하다고 인정하면 지급할 수 있다.

② 광역 구직활동비의 금액은 구직 활동에 통상 드는 비용으로 하되, 그 금액의 산정은 고용노동부령으로 정하는 바에 따른다.

제67조(이주비)

① 이주비는 수급자격자가 취업하거나 직업안정기관의 장이 지시한 직업능력개발 훈련 등을 받기 위하여 그 주거를 이전하는 경우로서 대통령령으로 정하는 기준에 따라 직업안정기관의 장이 필요하다고 인정하면 지급할 수 있다.

② 이주비의 금액은 수급자격자 및 그 수급자격자에 의존하여 생계를 유지하는 동거 친족의 이주에 일반적으로 드는 비용으로 하되, 그 금액의 산정은 고용노동부령으로 정하는 바에 따라 따른다.

제4절 자영업자인 피보험자에 대한 실업급여 적용의 특례

제69조의2(자영업자인 피보험자의 실업급여의 종류)

자영업자인 피보험자의 실업급여의 종류는 제37조에 따른다. 다만, 연장급여와 조기재취업 수당은 제외한다.

제69조의3(구직급여의 수급 요건)

구직급여는 폐업한 자영업자인 피보험자가 다음의 요건을 모두 갖춘 경우에 지급한다.

1. 폐업일 이전 24개월간 자영업자인 피보험자로서 갖춘 피보험 단위기간이 합산하여 1년 이상일 것
2. 근로의 의사와 능력이 있음에도 불구하고 취업을 하지 못한 상태에 있을 것
3. 폐업사유가 수급자격의 제한 사유에 해당하지 아니할 것
4. 재취업을 위한 노력을 적극적으로 할 것

제69조의4(기초일액)

① 자영업자인 피보험자이었던 수급자격자에 대한 기초일액은 다음의 구분에 따른 기간 동안 본인이 납부한 보험료의 산정기초가 되는 고용산재보험료징수법에 따라 고시된 보수액을 전부 합산한 후에 그 기간의 총일수로 나눈 금액으로 한다.

1. 수급자격과 관련된 피보험기간이 3년 이상인 경우 : 마지막 폐업일 이전 3년의 피보험기간
2. 수급자격과 관련된 피보험기간이 3년 미만인 경우 : 수급자격과 관련된 그 피보험기간

② 자영업자인 피보험자이었던 수급자격자가 피보험기간을 합산하게 됨에 따라 소정급여일수가 추가로 늘어나는 경우에는 그 늘어난 일수분에 대한 기초일액은 산정된 기초일액으로 하되, 그 기초일액이 다음에 해당하는 경우에는 각각 해당 호에 따른 금액으로 한다.
  1. 기초일액이 최저기초일액에 미치지 못하는 경우에는 최저기초일액
  2. 기초일액이 대통령령으로 정하는 금액을 초과하는 경우에는 그 대통령령으로 정하는 금액

제69조의5(구직급여일액)

자영업자인 피보험자로서 폐업한 수급자격자에 대한 구직급여일액은 그 수급자격자의 기초일액에 100분의 60을 곱한 금액으로 한다.

제69조의6(소정급여일수)

자영업자인 피보험자로서 폐업한 수급자격자에 대한 소정급여일수는 대기기간이 끝난 다음 날부터 계산하기 시작하여 피보험기간에 따라 자영업자의 구직급여의 소정급여일수에서 정한 일수가 되는 날까지로 한다.

제69조의7(폐업사유에 따른 수급자격의 제한)

폐업한 자영업자인 피보험자가 다음의 어느 하나에 해당한다고 직업안정기관의 장이 인정하는 경우에는 수급자격이 없는 것으로 본다.
  1. 법령을 위반하여 허가 취소를 받거나 영업 정지를 받음에 따라 폐업한 경우
  2. 방화(放火) 등 피보험자 본인의 중대한 귀책사유로서 고용노동부령으로 정하는 사유로 폐업한 경우
  3. 매출액 등이 급격하게 감소하는 등 고용노동부령으로 정하는 사유가 아닌 경우로서 전직 또는 자영업을 다시 하기 위하여 폐업한 경우
  4. 그 밖에 고용노동부령으로 정하는 정당한 사유에 해당하지 아니하는 사유로 폐업한 경우

제69조의8(자영업자인 피보험자에 대한 실업급여의 지급 제한)

고용노동부장관은 보험료를 체납한 사람에게는 고용노동부령으로 정하는 바에 따라 이 장에 따른 실업급여를 지급하지 아니할 수 있다.

※ 피보험기간 1년~2년 미만 : 체납횟수 1회 / 2년~3년 미만 : 2회 / 3년 이상 : 3회

제5장 육아휴직 급여 등

제1절 육아휴직 급여 및 육아기 근로시간 단축 급여

제70조(육아휴직 급여)

① 고용노동부장관은 「남녀고용평등과 일 · 가정 양립 지원에 관한 법률」에 따른 육아휴직을 30일(「근로기준법」에 따른 출산전후휴가기간과 중복되는 기간은 제외) 이상 부여받은 피보험자 중 육아휴직을 시작한 날 이전에 피보험 단위기간이 합산하여 180일 이상인 피보험자에게 육아휴직 급여를 지급한다.

② 육아휴직 급여를 지급받으려는 사람은 육아휴직을 시작한 날 이후 1개월부터 육아휴직이 끝난 날 이후 12개월 이내에 신청하여야 한다. 다만, 해당 기간에 대통령령으로 정하는 사유로 육아휴직 급여를 신청할 수 없었던 사람은 그 사유가 끝난 후 30일 이내에 신청하여야 한다.

③ 피보험자가 육아휴직 급여 지급신청을 하는 경우 육아휴직 기간 중에 이직하거나 고용노동부령으로 정하는 기준에 해당하는 취업을 한 사실이 있는 경우에는 해당 신청서에 그 사실을 기재하여야 한다.

④ 육아휴직 급여액은 대통령령으로 정한다.

⑤ 육아휴직 급여의 신청 및 지급에 관하여 필요한 사항은 고용노동부령으로 정한다.

시행령 제94조(육아휴직 급여 신청기간의 연장 사유)

법 제70조 제2항 단서에서 "대통령령으로 정하는 사유"란 다음의 어느 하나에 해당하는 사유를 말한다.

1. 천재지변
2. 본인이나 배우자의 질병 · 부상
3. 본인이나 배우자의 직계존속 및 직계비속의 질병 · 부상
4. 「병역법」에 따른 의무복무
5. 범죄혐의로 인한 구속이나 형의 집행

시행령 제95조(육아휴직 급여)

① 육아휴직 급여는 다음의 구분에 따라 산정한 금액을 월별 지급액으로 한다.

1. 육아휴직 시작일부터 3개월까지 : 육아휴직 시작일을 기준으로 한 월 통상임금의 100분의 80에 해당하는 금액. 다만, 해당 금액이 150만원을 넘는 경우에는 150만원으로 하고, 해당 금액이 70만원보다 적은 경우에는 70만원으로 한다.
2. 육아휴직 4개월째부터 육아휴직 종료일까지 : 육아휴직 시작일을 기준으로 한 월 통상임금의 100분의 50에 해당하는 금액. 다만, 해당 금액이 120만원을 넘는 경우에는 120만원으로 하고, 해당 금액이 70만원보다 적은 경우에는 70만원으로 한다.

② 「남녀고용평등과 일 · 가정 양립 지원에 관한 법률」에 따라 육아휴직을 분할하여 사용하는 경우에는 각각의 육아휴직 사용기간을 합산한 기간을 육아휴직 급여의 지급대상 기간으로 본다.

③ 육아휴직 급여의 지급대상 기간이 1개월을 채우지 못하는 경우에는 월별 지급액을 해당 월에 휴직한 일수에 따라 일할계산(日割計算)한 금액(이하 "일할계산액")을 지급액으로 한다.

④ 육아휴직 급여의 100분의 75에 해당하는 금액(다음의 어느 하나에 해당하는 경우에는 각 호의 구분에 따른 금액)은 매월 지급하고, 그 나머지 금액은 육아휴직 종료 후 해당 사업장에 복직하여 6개월 이상 계속 근무한 경우에 합산하여 일시불로 지급한다. 다만, 고용노동부령으로 정하는 정당한 사유로 6개월 이상 계속 근무하지 못한 경우에도 그 나머지 금액을 지급한다.

1. 육아휴직 급여를 지급하는 경우로서 육아휴직 급여의 100분의 75에 해당하는 금액이 최소 지급액보다 적은 경우 : ①에 따른 최소 지급액
2. 육아휴직 급여를 지급하는 경우로서 육아휴직 급여의 100분의 75에 해당하는 금액이 최소 지급액의 일할계산액보다 적은 경우 : ①에 따른 최소 지급액의 일할계산액

제2절 출산전후휴가 급여 등

제75조(출산전후휴가 급여 등)

고용노동부장관은 「남녀고용평등과 일 · 가정 양립 지원에 관한 법률」에 따라 피보험자가 「근로기준법」에 따른 출산전후휴가 또는 유산 · 사산휴가를 받은 경우와 「남녀고용평등과 일 · 가정 양립 지원에 관한 법률」에 따른 배우자 출산휴가를 받은 경우로서 다음의 요건을 모두 갖춘 경우에 출산전후휴가 급여 등을 지급한다.

1. 휴가가 끝난 날 이전에 피보험 단위기간이 합산하여 180일 이상일 것
2. 휴가를 시작한 날[출산전후휴가 또는 유산 · 사산휴가를 받은 피보험자가 속한 사업장이 우선지원 대상기업이 아닌 경우에는 휴가 시작 후 60일(한 번에 둘 이상의 자녀를 임신한 경우에는 75일)이 지난 날로 본다] 이후 1개월부터 휴가가 끝난 날 이후 12개월 이내에 신청할 것. 다만, 그 기간에 대통령령으로 정하는 사유로 출산전후휴가 급여등을 신청할 수 없었던 사람은 그 사유가 끝난 후 30일 이내에 신청하여야 한다.

제76조(지급 기간 등)

① 출산전후휴가 급여등은 다음의 휴가 기간에 대하여 「근로기준법」의 통상임금(휴가를 시작한 날을 기준으로 산정)에 해당하는 금액을 지급한다.

1. 「근로기준법」에 따른 출산전후휴가 또는 유산 · 사산휴가 기간. 다만, 우선지원 대상기업이 아닌 경우에는 휴가 기간 중 60일(한 번에 둘 이상의 자녀를 임신한 경우에는 75일)을 초과한 일수(30일을 한도로 하되, 한 번에 둘 이상의 자녀를 임신한 경우에는 45일을 한도)로 한정한다.
2. 「남녀고용평등과 일 · 가정 양립 지원에 관한 법률」에 따른 배우자 출산휴가 기간 중 최초 5일. 다만, 피보험자가 속한 사업장이 우선지원 대상기업인 경우에 한정한다.

② 출산전후휴가 급여등의 지급 금액은 대통령령으로 정하는 바에 따라 그 상한액과 하한액을 정할 수 있다.

③ 출산전후휴가 급여등의 신청 및 지급에 필요한 사항은 고용노동부령으로 정한다.

> **시행령 제101조(출산전후휴가 급여등의 상 · 하한액)**
>
> 피보험자에게 지급하는 출산전후휴가 급여등의 상한액과 하한액은 다음과 같다.
>
> 1. 상한액 : 다음의 사항을 고려하여 매년 고용노동부장관이 고시하는 금액
>   가. 출산전후휴가 급여등 수급자들의 평균적인 통상임금 수준
>   나. 물가상승률
>   다. 「최저임금법」에 따른 최저임금
>   라. 그 밖에 고용노동부장관이 필요하다고 인정하는 사항
> 2. 하한액 : 출산전후휴가, 유산 · 사산 휴가 또는 「남녀고용평등과 일 · 가정 양립 지원에 관한 법률」에 따른 배우자 출산휴가의 시작일 당시 적용되던 「최저임금법」에 따른 시간 단위에 해당하는 최저임금액(이하 "시간급 최저임금액")보다 그 근로자의 시간급 통상임금이 낮은 경우에는 시간급 최저임금액을 시간급 통상임금으로 하여 산정된 출산전후휴가 급여등의 지원기간 중 통상임금에 상당하는 금액

제6장 고용보험기금

제78조(기금의 설치 및 조성)

① 고용노동부장관은 보험사업에 필요한 재원에 충당하기 위하여 고용보험기금(이하 "기금")을 설치한다.

② 기금은 보험료와 이 법에 따른 징수금 · 적립금 · 기금운용 수익금과 그 밖의 수입으로 조성한다.

제80조(기금의 용도)

① 기금은 다음의 용도에 사용하여야 한다.

1. 고용안정 · 직업능력개발 사업에 필요한 경비
2. 실업급여의 지급

2의2. 국민연금 보험료의 지원

3. 육아휴직 급여 및 출산전후휴가 급여등의 지급
4. 보험료의 반환
5. 일시 차입금의 상환금과 이자
6. 이 법과 고용산재보험료징수법에 따른 업무를 대행하거나 위탁받은 자에 대한 출연금
7. 그 밖에 이 법의 시행을 위하여 필요한 경비로서 대통령령으로 정하는 경비와 사업의 수행에 딸린 경비

제84조(기금의 적립)

① 고용노동부장관은 대량 실업의 발생이나 그 밖의 고용상태 불안에 대비한 준비금으로 여유자금을 적립하여야 한다.

② 여유자금의 적정규모는 다음과 같다.

1. 고용안정 · 직업능력개발 사업 계정의 연말 적립금 : 해당 연도 지출액의 1배 이상 1.5배 미만
2. 실업급여 계정의 연말 적립금 : 해당 연도 지출액의 1.5배 이상 2배 미만

제7장 심사 및 재심사청구

제87조(심사와 재심사)

① 피보험자격의 취득 · 상실에 대한 확인, 실업급여 및 육아휴직 급여와 출산전후휴가 급여등에 관한 처분[이하 "원처분(原處分)등"]에 이의가 있는 사람은 심사관에게 심사를 청구할 수 있고, 그 결정에 이의가 있는 사람은 심사위원회에 재심사를 청구할 수 있다.

② 심사의 청구는 확인 또는 처분이 있음을 안 날부터 90일 이내에, 재심사의 청구는 심사청구에 대한 결정이 있음을 안 날부터 90일 이내에 각각 제기하여야 한다.

③ 심사 및 재심사의 청구는 시효중단에 관하여 재판상의 청구로 본다.

제88조(대리인의 선임)

심사청구인 또는 재심사청구인은 법정대리인 외에 다음의 어느 하나에 해당하는 자를 대리인으로 선임할 수 있다.

1. 청구인의 배우자, 직계존속 · 비속 또는 형제자매
2. 청구인인 법인의 임원 또는 직원

3. 변호사나 공인노무사
4. 심사위원회의 허가를 받은 자

제89조(고용보험심사관)

① 심사를 행하게 하기 위하여 고용보험심사관(이하 "심사관")을 둔다.
② 심사관은 심사청구를 받으면 30일 이내에 그 심사청구에 대한 결정을 하여야 한다. 다만, 부득이 한 사정으로 그 기간에 결정할 수 없을 때에는 1차에 한하여 10일을 넘지 아니하는 범위에서 그 기간을 연장할 수 있다.
③ 심사관의 정원 · 자격 · 배치 및 직무에 필요한 사항은 대통령령으로 정한다.
④ 당사자는 심사관에게 심리 · 결정의 공정을 기대하기 어려운 사정이 있으면 그 심사관에 대한 기피신청을 고용노동부장관에게 할 수 있다.
⑤ 심사청구인이 사망한 경우 그 심사청구인이 실업급여의 수급권자이면 유족이, 그 외의 자인 때에는 상속인 또는 심사청구의 대상인 원처분등에 관계되는 권리 또는 이익을 승계한 자가 각각 심사청구인의 지위를 승계한다.

제90조(심사의 청구 등)

① 심사를 청구하는 경우 피보험자격의 취득 · 상실 확인에 대한 심사의 청구는 「산업재해보상보험법」에 따른 근로복지공단을, 실업급여 및 육아휴직 급여와 출산전후휴가 급여등에 관한 처분에 대한 심사의 청구는 직업안정기관의 장을 거쳐 심사관에게 하여야 한다.
② 직업안정기관 또는 근로복지공단은 심사청구서를 받은 날부터 5일 이내에 의견서를 첨부하여 심사청구서를 심사관에게 보내야 한다.

제91조(청구의 방식)

심사의 청구는 대통령령으로 정하는 바에 따라 문서로 하여야 한다.

제93조(원처분등의 집행 정지)

① 심사의 청구는 원처분등의 집행을 정지시키지 아니한다. 다만, 심사관은 원처분등의 집행에 의하여 발생하는 중대한 위해(危害)를 피하기 위하여 긴급한 필요가 있다고 인정하면 직권으로 그 집행을 정지시킬 수 있다.
② 심사관은 집행을 정지시키려고 할 때에는 그 이유를 적은 문서로 그 사실을 직업안정기관의 장 또는 근로복지공단에 알려야 한다.
③ 직업안정기관의 장 또는 근로복지공단은 통지를 받으면 지체 없이 그 집행을 정지하여야 한다.
④ 심사관은 집행을 정지시킨 경우에는 지체 없이 심사청구인에게 그 사실을 문서로 알려야 한다.

제96조(결정)

심사관은 심사의 청구에 대한 심리(審理)를 마쳤을 때에는 원처분등의 전부 또는 일부를 취소하거나 심사청구의 전부 또는 일부를 기각한다.

제97조(결정의 방법)

① 결정은 대통령령으로 정하는 바에 따라 문서로 하여야 한다.
② 심사관은 결정을 하면 심사청구인 및 원처분등을 한 직업안정기관의 장 또는 근로복지공단에 각각 결정서의 정본(正本)을 보내야 한다.

제98조(결정의 효력)

① 결정은 심사청구인 및 직업안정기관의 장 또는 근로복지공단에 결정서의 정본을 보낸 날부터 효력이 발생한다.

② 결정은 원처분등을 행한 직업안정기관의 장 또는 근로복지공단을 기속(羈束)한다.

제8장 보칙

제105조(불이익 처우의 금지)

사업주는 근로자가 확인의 청구를 한 것을 이유로 그 근로자에게 해고나 그 밖의 불이익한 처우를 하여서는 아니 된다.

제107조(소멸시효)

① 다음의 어느 하나에 해당하는 권리는 3년간 행사하지 아니하면 시효로 소멸한다.

1. 지원금을 지급받거나 반환받을 권리
2. 취업촉진 수당을 지급받거나 반환받을 권리
3. 구직급여를 반환받을 권리
4. 육아휴직 급여, 육아기 근로시간 단축 급여 및 출산전후휴가 급여 등을 반환받을 권리

② 소멸시효의 중단에 관하여는 「산업재해보상보험법」을 준용한다.

08 근로자직업능력 개발법

제1장 총칙

제1조(목적)

이 법은 근로자의 생애에 걸친 직업능력개발을 촉진 · 지원하고 산업현장에서 필요로 하는 기술 · 기능 인력을 양성하며 산학협력 등에 관한 사업을 수행함으로써 근로자의 고용촉진 · 고용안정 및 사회 · 경제적 지위 향상과 기업의 생산성 향상을 도모하고 능력중심사회의 구현 및 사회 · 경제의 발전에 이바지함을 목적으로 한다.

제2조(정의)

이 법에서 사용하는 용어의 뜻은 다음과 같다.

1. "직업능력개발훈련"이란 근로자에게 직업에 필요한 직무수행능력을 습득 · 향상시키기 위하여 실시하는 훈련을 말한다.
2. "직업능력개발사업"이란 직업능력개발훈련, 직업능력개발훈련 과정 · 매체의 개발 및 직업능력개발에 관한 조사 · 연구 등을 하는 사업을 말한다.
3. "직업능력개발훈련시설"이란 다음의 시설을 말한다.
   가. 공공직업훈련시설 : 국가 · 지방자치단체 및 대통령령으로 정하는 공공단체가 직업능력개발훈련을 위하여 설치한 시설로서 고용노동부장관과 협의하거나 고용노동부장관의 승인을 받아 설치한 시설
   나. 지정직업훈련시설 : 직업능력개발훈련을 위하여 설립 · 설치된 직업전문학교 · 실용전문학교 등의 시설로서 고용노동부장관이 지정한 시설
4. "근로자"란 사업주에게 고용된 사람과 취업할 의사가 있는 사람을 말한다.
5. "기능대학"이란 「고등교육법」에 따른 전문대학으로서 학위과정인 다기능기술자과정 또는 학위전공심화과정을 운영하면서 직업훈련과정을 병설운영하는 교육 · 훈련기관을 말한다.

시행령 제2조(직업능력개발훈련시설을 설치할 수 있는 공공단체의 범위)

「근로자직업능력 개발법」(이하 "법"이라 한다) 제2조제3호가목에서 "대통령령으로 정하는 공공단체"란 다음과 같다.

1. 「한국산업인력공단법」에 따른 한국산업인력공단(한국산업인력공단이 출연하여 설립한 학교법인을 포함)
2. 「장애인고용촉진 및 직업재활법」에 따른 한국장애인고용공단
3. 「산업재해보상보험법」에 따른 근로복지공단

제3조(직업능력개발훈련의 기본원칙)

① 직업능력개발훈련은 근로자 개인의 희망 · 적성 · 능력에 맞게 근로자의 생애에 걸쳐 체계적으로 실시되어야 한다.

② 직업능력개발훈련은 민간의 자율과 창의성이 존중되도록 하여야 하며, 노사의 참여와 협력을 바탕으로 실시되어야 한다.

③ 직업능력개발훈련은 근로자의 성별, 연령, 신체적 조건, 고용형태, 신앙 또는 사회적 신분 등에 따라 차별하여 실시되어서는 아니 되며, 모든 근로자에게 균등한 기회가 보장되도록 하여야 한다.

④ 다음의 사람을 대상으로 하는 직업능력개발훈련은 중요시되어야 한다.

1. 고령자 · 장애인
2. 「국민기초생활 보장법」에 따른 수급권자
3. 「국가유공자 등 예우 및 지원에 관한 법률」에 따른 국가유공자와 그 유족 또는 가족이나 「보훈보상대상자 지원에 관한 법률」에 따른 보훈보상대상자와 그 유족 또는 가족
4. 「5 · 18민주유공자예우에 관한 법률」에 따른 5 · 18민주유공자와 그 유족 또는 가족
5. 「제대군인지원에 관한 법률」에 따른 제대군인 및 전역예정자
6. 여성근로자
7. 「중소기업기본법」에 따른 중소기업의 근로자
8. 일용근로자, 단시간근로자, 기간을 정하여 근로계약을 체결한 근로자, 일시적 사업에 고용된 근로자
9. 「파견근로자 보호 등에 관한 법률」에 따른 파견근로자

⑤ 직업능력개발훈련은 교육 관계법에 따른 학교교육 및 산업현장과 긴밀하게 연계될 수 있도록 하여야 한다.

⑥ 직업능력개발훈련은 근로자의 직무능력과 고용가능성을 높일 수 있도록 지역 · 산업현장의 수요가 반영되어야 한다.

제4조(국가 및 사업주 등의 책무)

① 국가와 지방자치단체는 근로자의 생애에 걸친 직업능력개발을 위하여 사업주 · 사업주단체 및 근로자단체 등이 하는 직업능력개발사업과 근로자가 자율적으로 수강하는 직업능력개발훈련 등을 촉진 · 지원하기 위하여 필요한 시책을 마련하여야 한다. 이 경우 국가는 지방자치단체가 마련한 시책을 시행하는 데에 필요한 지원을 할 수 있다.

② 사업주는 근로자를 대상으로 직업능력개발훈련을 실시하고, 직업능력개발훈련에 많은 근로자가 참여하도록 하며, 근로자에게 직업능력개발을 위한 휴가를 주거나 인력개발담당자(직업능력개발훈련시설 및 기업 등에서 직업능력개발사업의 기획 · 운영 · 평가 등을 하는 사람)를 선임하는 등 직업능력개발훈련 여건을 조성하기 위한 노력을 하여야 한다.

③ 근로자는 자신의 적성과 능력에 따른 직업능력개발을 위하여 노력하여야 하고, 국가 · 지방자치단체 또는 사업주 등이 하는 직업능력개발사업에 협조하여야 한다.

④ 사업주단체, 근로자단체, 지역인적자원개발위원회 및 「산업발전법」에 따른 산업부문별 인적자원개발협의체 등은 직업능력개발훈련이 산업현장의 수요에 맞추어 이루어지도록 지역별 · 산업부문별 직업능력개발훈련 수요조사 등 필요한 노력을 하여야 한다.

⑤ 직업능력개발훈련을 실시하는 자는 직업능력개발훈련에 관한 상담 · 취업지도, 선발기준 마련 등을 함으로써 근로자가 자신의 적성과 능력에 맞는 직업능력개발훈련을 받을 수 있도록 노력하여야 한다.

시행령 제3조(직업능력개발훈련의 구분 및 실시방법)

① 직업능력개발훈련은 훈련의 목적에 따라 다음과 같이 구분한다.

1. 양성(養成)훈련 : 근로자에게 작업에 필요한 기초적 직무수행능력을 습득시키기 위하여 실시하는 직업능력개발훈련
2. 향상훈련 : 양성훈련을 받은 사람이나 직업에 필요한 기초적 직무수행능력을 가지고 있는 사람에게 더 높은 직무수행능력을 습득시키거나 기술발전에 맞추어 지식 · 기능을 보충하게 하기 위하여 실시하는 직업능력개발훈련
3. 전직(轉職)훈련 : 근로자에게 종전의 직업과 유사하거나 새로운 직업에 필요한 직무수행능력을 습득시키기 위하여 실시하는 직업능력개발훈련

② 직업능력개발훈련은 다음의 방법으로 실시한다.

1. 집체(集體)훈련 : 직업능력개발훈련을 실시하기 위하여 설치한 훈련전용시설이나 그 밖에 훈련을 실시하기에 적합한 시설(산업체의 생산시설 및 근무장소는 제외한다)에서 실시하는 방법
2. 현장훈련 : 산업체의 생산시설 또는 근무장소에서 실시하는 방법
3. 원격훈련 : 먼 곳에 있는 사람에게 정보통신매체 등을 이용하여 실시하는 방법
4. 혼합훈련 : 제1호부터 제3호까지의 훈련방법을 2개 이상 병행하여 실시하는 방법

시행령 제4조(직업능력개발훈련의 대상 연령 등)

직업능력개발훈련은 15세 이상인 사람에게 실시하되, 직업능력개발훈련시설의 장은 훈련의 직종 및 내용에 따라 15세 이상으로서 훈련대상자의 연령 범위를 따로 정하거나 필요한 학력, 경력 또는 자격을 정할 수 있다.

제5조(직업능력개발기본계획의 수립)

① 고용노동부장관은 관계 중앙행정기관의 장과 협의하고 「고용정책 기본법」에 따른 고용정책심의회의 심의를 거쳐 근로자의 직업능력개발 촉진에 관한 기본계획(이하 "직업능력개발기본계획")을 5년마다 수립 · 시행하여야 한다.

② 직업능력개발기본계획에는 다음의 사항이 포함되어야 한다.

1. 직업능력개발에 관한 정책의 기본방향
2. 직전 직업능력개발기본계획에 대한 평가
3. 「고용정책 기본법」에 따른 인력의 수급(需給) 동향 및 전망을 반영한 직업능력개발훈련의 수급에 관한 사항
4. 근로자가 자율적으로 행하는 직업능력개발훈련에 대한 지원에 관한 사항
5. 사업주가 근로자를 위하여 실시하는 직업능력개발사업에 대한 지원에 관한 사항
6. 근로자단체, 사업주단체 또는 산업부문별 인적자원개발협의체 등이 하는 직업능력개발사업에 대한 지원에 관한 사항
7. 산업발전의 추이(推移)와 노동시장의 인력수급 상황을 감안하여 국가경제의 지속적인 발전에 필요한 인력의 양성에 관한 사항

8. 직업능력개발훈련의 표준 설정, 직업능력개발훈련교사 및 인력개발담당자의 육성 · 지원, 직업능력개발훈련 매체 및 방법의 개발 · 보급 등 직업능력개발훈련의 여건 조성에 관한 사항
9. 직업능력개발훈련과 자격의 연계에 관한 사항
10. 직업능력개발사업의 평가에 관한 사항
11. 그 밖에 근로자의 고용촉진 및 고용안정을 위하여 직업능력개발사업을 할 필요가 있다고 인정되는 사항

③ 고용노동부장관은 직업능력개발기본계획을 수립하는 경우에는 사업주단체 및 근로자단체 등 관련 기관 · 단체 등의 의견을 수렴하여야 하며, 필요하다고 인정할 때에는 관계 행정기관, 지방자치단체 및 공공단체의 장(이하 "관계행정기관장등")에게 자료의 제출을 요청할 수 있다.

④ 고용노동부장관이 직업능력개발기본계획을 수립한 때에는 지체 없이 국회 소관 상임위원회에 보고하여야 한다.

시행령 제16조(직업능력개발계좌제도)

① 고용노동부장관은 직업능력개발계좌의 발급을 신청한 근로자가 직업능력개발훈련이 필요하다고 판단되는 경우에는 직업능력개발훈련 비용과 직업능력개발에 관한 이력을 전산으로 종합관리하는 직업능력개발계좌를 발급할 수 있다.

② 고용노동부장관은 직업능력개발계좌를 발급받은 근로자가 계좌적합훈련과정을 수강하는 경우 계좌적합훈련과정의 운영 현황, 훈련성과 등에 관한 정보를 직업능력개발정보망 또는 상담 등을 통하여 해당 근로자에게 제공해야 한다.

③ 고용노동부장관은 제공한 정보를 바탕으로 직업능력개발 진단 및 상담을 실시해야 한다.

④ 고용노동부장관은 직업능력개발계좌를 발급받은 근로자가 계좌적합훈련과정을 수강하는 경우에 고용노동부령으로 정하는 한도에서 그 훈련비용의 전부 또는 일부를 지원할 수 있다. 이 경우 고용노동부장관은 훈련직종, 훈련대상자의 특성 등을 고려하여 훈련비용의 지원수준을 달리 정할 수 있다.

⑤ 계좌적합훈련과정을 수강하는 근로자가 고용노동부장관이 정하는 바에 따라 「여신전문금융업법」에 따른 신용카드를 사용하여 훈련비용을 결제하고, 신용카드를 발급한 신용카드업자가 그 훈련비용을 직업능력개발훈련시설 등에 지급한 경우에 고용노동부장관은 그 훈련을 받는 사람을 대신하여 훈련비용을 그 신용카드업자에게 지급할 수 있다.

⑥ 직업능력개발계좌의 발급 절차 등에 관하여 필요한 사항은 고용노동부장관이 정하여 고시한다.

시행규칙 제6조의2(직업능력개발계좌 훈련비용의 지원한도)

영 제16조 제2항 전단에서 "고용노동부령으로 정하는 한도"란 직업능력개발계좌가 개설된 근로자 1명당 5년을 기준으로 300만원을 말한다. 다만, 저소득층 등 고용노동부장관이 정하는 대상자에 대해서는 그렇지 않다.

제9조(훈련계약과 권리 · 의무)

① 사업주와 직업능력개발훈련을 받으려는 근로자는 직업능력개발훈련에 따른 권리 · 의무 등에 관하여 훈련계약을 체결할 수 있다.

② 사업주는 훈련계약을 체결할 때에는 해당 직업능력개발훈련을 받는 사람이 직업능력개발훈련을 이수한 후에 사업주가 지정하는 업무에 일정 기간 종사하도록 할 수 있다. 이 경우 그 기간은 5년 이내로 하되, 직업능력개발훈련기간의 3배를 초과할 수 없다.

③ 훈련계약을 체결하지 아니한 경우에 고용근로자가 받은 직업능력개발훈련에 대하여는 그 근로자가 근로를 제공한 것으로 본다.

④ 훈련계약을 체결하지 아니한 사업주는 직업능력개발훈련을 「근로기준법」에 따른 근로시간(이하 "기준근로시간") 내에 실시하되, 해당 근로자와 합의한 경우에는 기준근로시간 외의 시간에 직업능력개발훈련을 실시할 수 있다.

⑤ 기준근로시간 외의 훈련시간에 대하여는 생산시설을 이용하거나 근무장소에서 하는 직업능력개발훈련의 경우를 제외하고는 연장근로와 야간근로에 해당하는 임금을 지급하지 아니할 수 있다.

제10조(훈련수당)

직업능력개발훈련을 실시하는 자는 직업능력개발훈련을 받는 훈련생에게 훈련수당을 지급할 수 있다.

제11조(재해 위로금)

① 직업능력개발훈련을 실시하는 자는 해당 훈련시설에서 직업능력개발훈련을 받는 근로자(「산업재해보상보험법」을 적용받는 사람은 제외)가 직업능력개발훈련 중에 그 직업능력개발훈련으로 인하여 재해를 입은 경우에는 재해 위로금을 지급하여야 한다. 이 경우 위탁에 의한 직업능력개발훈련을 받는 근로자에 대하여는 그 위탁자가 재해 위로금을 부담하되, 위탁받은 자의 훈련시설의 결함이나 그 밖에 위탁받은 자에게 책임이 있는 사유로 인하여 재해가 발생한 경우에는 위탁받은 자가 재해 위로금을 지급하여야 한다.

② 재해 위로금 지급의 기준 및 절차에 관하여 필요한 사항은 대통령령으로 정한다.

제2장 근로자의 자율적인 직업능력개발 지원 등

제12조(실업자등에 대한 직업능력개발훈련 지원 등)

① 국가와 지방자치단체는 다음의 어느 하나에 해당하는 사람(이하 "실업자등")의 고용촉진 및 고용안정을 위하여 직업능력개발훈련을 실시하거나 직업능력개발훈련을 받는 사람에게 비용을 지원할 수 있다.

1. 실업자
2. 「국민기초생활 보장법」에 따른 수급권자, 여성가장 또는 청소년으로서 대통령령으로 정하는 요건에 해당하는 사람
3. 그 밖에 대통령령으로 정하는 사람

② 실시하는 직업능력개발훈련의 대상, 훈련과정의 요건, 훈련수당, 그 밖에 직업능력개발훈련에 필요한 사항은 대통령령으로 정한다.

시행령 제6조(실업자등에 대한 직업능력개발훈련의 대상)

① 법 제12조 제1항 제2호에서 "대통령령으로 정하는 요건에 해당하는 사람"이란 다음의 사람을 말한다.

1. 「국민기초생활 보장법」에 따른 수급권자로서 다음의 어느 하나에 해당하는 사람
   가. 「국민기초생활 보장법」에 따라 생계급여를 받는 사람 중 「국민기초생활 보장법 시행령」에 따른 취업대상자
   나. 「국민기초생활 보장법」에 따른 자활급여를 받는 사람 중 기능습득의 지원대상자
   다. 그 밖에 「국민기초생활 보장법」에 따른 생계급여를 받거나 자활급여를 받는 사람 중 직업능력개발훈련이 필요한 사람으로서 고용노동부장관이 정하여 고시하는 사람
2. 다음의 어느 하나에 해당하는 여성가장
   가. 이혼, 사별(死別) 등의 사유로 배우자가 없는 사람
   나. 미혼여성으로 부모가 모두 없거나 부모가 모두 부양능력이 없는 사람
   다. 본인과 주민등록표상 세대(世帶)를 같이하는 배우자, 본인 또는 배우자의 직계혈족 및 형제·자매로서 60세 이상 또는 18세 미만이거나 장애, 질병, 군복무 및 재학(在學) 등의 사유로 근로능력이 없다고 인정되는 사람을 부양하는 사람
   라. 그 밖에 취업 촉진을 위한 직업능력개발훈련이 필요한 여성가장으로서 고용노동부장관이 정하여 고시하는 사람
3. 「초·중등교육법」에 따른 고등학교(이와 같은 수준의 학력을 인정받는 학교를 포함) 또는 「고등교육법」에 따른 학교에 진학하지 아니할 것으로 예정된 사람 중 고용노동부령으로 정하는 청소년

② 법 제12조 제1항 제6호에서 "대통령령으로 정하는 사람"이란 다음의 어느 하나에 해당하는 사람 중 해당 훈련의 목적 및 특성을 고려하여 고용노동부장관이 정하는 사람을 말한다.

1. 「한부모가족 지원법」에 따른 지원대상자
2. 자영업자 중 직업능력개발훈련이 필요한 사람으로서 고용노동부장관이 정하여 고시하는 사람
3. 「고용상 연령차별금지 및 고령자고용촉진에 관한 법률」에 따른 고령자 및 준고령자
4. 「장애인고용촉진 및 직업재활법」에 따른 장애인
5. 「국가유공자 등 예우 및 지원에 관한 법률」에 따른 국가유공자와 그 유족 또는 가족
6. 「5·18민주유공자예우에 관한 법률」에 따른 5·18민주유공자와 그 유족 또는 가족
7. 「특수임무유공자 예우 및 단체설립에 관한 법률」에 따른 특수임무유공자로서 등록된 자와 그 유족 또는 가족
8. 「제대군인지원에 관한 법률」에 따른 제대군인(전역예정자를 포함)
9. 「농업·농촌 및 식품산업 기본법」에 따른 농업인 또는 「수산업·어촌 발전 기본법」에 따른 어업인으로서 농어업 이외의 직업에 취업하려는 사람과 그 가족
10. 「북한이탈주민의 보호 및 정착지원에 관한 법률」에 따른 북한이탈주민
11. 「다문화가족지원법」에 따른 다문화가족의 구성원
12. 「난민법」에 따른 난민인정자로서 법무부장관이 직업능력개발훈련이 필요하다고 인정하여 고용노동부장관에게 추천하는 사람
13. 「고등교육법」에 따른 학교의 재학생으로서 졸업이 예정된 사람

제15조(국가기간 · 전략산업직종에 대한 직업능력개발훈련의 실시)

① 국가와 지방자치단체는 다음의 직종(이하 "국가기간 · 전략산업직종")에 대한 원활한 인력수급을 위하여 필요한 직업능력개발훈련을 실시할 수 있다.

1. 국가경제의 기간(基幹)이 되는 산업 중 인력이 부족한 직종
2. 정보통신산업 · 자동차산업 등 국가전략산업 중 인력이 부족한 직종
3. 그 밖에 산업현장의 인력수요 증대에 따라 인력을 양성할 필요가 있다고 고용노동부장관이 고시하는 직종

② 국가기간 · 전략산업직종의 선정기준 및 절차, 훈련대상, 훈련과정의 요건, 훈련수당, 그 밖에 직업능력개발훈련에 필요한 사항은 대통령령으로 정한다.

제17조(근로자의 자율적 직업능력개발 지원)

① 고용노동부장관은 근로자(실업자등은 제외)의 자율적인 직업능력개발을 지원하기 위하여 근로자에게 다음의 비용을 지원하거나 융자할 수 있다.

1. 고용노동부장관의 인정을 받은 직업능력개발훈련과정의 수강 비용
2. 「고등교육법」에 따른 전문대학 또는 이와 같은 수준 이상의 학력이 인정되는 교육과정의 수업료 및 그 밖의 납부금
3. 그 밖에 1.과 2.의 비용에 준하는 비용으로서 대통령령으로 정하는 비용

② 고용노동부장관은 지원 또는 융자를 하는 경우에 다음의 근로자를 우대할 수 있다.

1. 대통령령으로 정하는 기준에 해당하는 기업에 고용된 근로자
2. 일용직근로자, 단시간근로자, 기간을 정하여 근로계약을 체결한 근로자, 일시적 사업에 고용된 근로자 또는 파견근로자 중 대통령령으로 정하는 근로자

③ 지원 또는 융자의 요건 · 내용 · 절차 · 수준 및 우대 지원에 필요한 사항은 대통령령으로 정한다.

시행령 제15조(근로자의 자율적 직업능력개발 지원)

① 법 제17조 제2항 제1호에서 "대통령령으로 정하는 기준에 해당하는 기업"이란 우선지원 대상기업을 말한다.

② 법 제17조 제2항 제2호에서 "대통령령으로 정하는 근로자"란 다음의 어느 하나에 해당하는 사람을 말한다.

1. 일용근로자
2. 「기간제 및 단시간근로자 보호 등에 관한 법률」에 따른 기간제근로자
3. 「기간제 및 단시간근로자 보호 등에 관한 법률」에 따른 단시간근로자
4. 「파견근로자 보호 등에 관한 법률」에 따른 파견근로자

③ 근로자에 대한 비용의 지원 · 융자 및 우대 지원 등에 관하여는 「고용보험법 시행령」의 규정에 따른다.

제18조(직업능력개발계좌의 발급 및 운영)

① 고용노동부장관은 다음의 어느 하나에 해당하는 사람의 자율적 직업능력개발을 지원하기 위하여 직업능력개발훈련 비용을 지원하는 계좌(이하 "직업능력개발계좌")를 발급하고 이들의 직업능력개발에 관한 이력을 종합적으로 관리하는 제도를 운영할 수 있다.

1. 실업자등

2. 전직 · 창업 등을 준비하는 취업 중인 근로자로서 고용노동부장관이 정하는 사람

② 고용노동부장관은 ①의 어느 하나에 해당하는 사람이 직업능력개발계좌를 활용하여 필요한 직업능력개발훈련을 받을 수 있도록 다음의 사항을 실시하여야 한다.

1. 직업능력개발계좌에서 훈련 비용이 지급되는 직업능력개발훈련과정(이하 "계좌적합훈련과정")에 대한 정보 제공

2. 직업능력개발 진단 및 상담

③ 직업능력개발계좌의 발급, 계좌적합훈련과정의 정보 제공, 직업능력개발 진단 및 상담, 그 밖에 직업능력개발계좌제도의 운영에 필요한 사항은 대통령령으로 정한다.

제19조(직업능력개발훈련과정 · 계좌적합훈련과정의 인정 및 인정취소 등)

① 근로자가 훈련비용을 지원 또는 융자 받을 수 있는 직업능력개발훈련을 실시하려는 자와 계좌적합훈련과정을 운영하려는 자는 그 직업능력개발훈련과정(계좌적합훈련과정을 포함)에 대하여 고용노동부장관으로부터 인정을 받아야 한다.

② 고용노동부장관은 직업능력개발훈련과정의 인정을 받은 자가 다음의 어느 하나에 해당하면 시정을 명하거나 그 훈련과정의 인정을 취소할 수 있다. 다만, 1.부터 4.까지의 규정에 해당하는 경우에는 인정을 취소하여야 한다.

1. 거짓이나 그 밖의 부정한 방법으로 인정을 받은 경우

2. 거짓이나 그 밖의 부정한 방법으로 훈련비용을 지원 또는 융자를 받았거나 받으려고 한 경우

3. 직업능력개발훈련을 수강하는 근로자로부터 거짓이나 그 밖의 부정한 방법으로 비용을 받았거나 받으려고 한 경우

4. 직업능력개발훈련을 수강하는 근로자에게 거짓이나 그 밖의 부정한 방법으로 훈련비용을 지원 또는 융자받게 한 경우

5. 인정받은 내용을 위반하여 직업능력개발훈련을 실시한 경우

6. 시정명령에 따르지 아니한 경우

7. 보고 및 자료 제출 명령에 따르지 아니하거나 거짓으로 따른 경우

③ 인정이 취소된 자(인정이 취소된 자 중 비용이 대통령령으로 정하는 금액 미만인 경우는 제외)에 대하여는 그 취소일부터 5년의 범위에서 직업능력개발훈련의 위탁과 인정을 하지 아니할 수 있다.

④ 직업능력개발훈련과정에 대한 인정의 범위 · 요건 · 내용 및 유효기간, 그 밖에 필요한 사항은 대통령령으로 정한다.

⑤ 시정명령 및 인정취소의 세부기준, 인정취소 사유별 구체적인 인정 제한기간, 그 밖에 필요한 사항은 고용노동부령으로 정한다.

제3장 사업주 등의 직업능력개발사업 지원 등

제20조(사업주 및 사업주단체등에 대한 직업능력개발 지원)

① 고용노동부장관은 다음의 어느 하나에 해당하는 직업능력개발사업을 하는 사업주나 사업주단체·근로자단체 또는 그 연합체(이하 "사업주단체등")에게 그 사업에 필요한 비용을 지원하거나 융자할 수 있다.

1. 근로자 직업능력개발훈련(위탁하여 실시하는 경우를 포함)
2. 근로자를 대상으로 하는 자격검정사업
3. 「고용보험법」에 따른 기업(이하 "우선지원대상기업") 또는 중소기업과 공동으로 우선지원대상기업 또는 중소기업에서 근무하는 근로자 등을 위하여 실시하는 직업능력개발사업
4. 직업능력개발훈련을 위하여 필요한 시설(기숙사를 포함) 및 장비·기자재를 설치·보수하는 등의 사업
5. 직업능력개발에 대한 조사·연구, 직업능력개발훈련 과정 및 매체의 개발·보급 등의 사업
6. 그 밖에 대통령령으로 정하는 사업

② 고용노동부장관은 지원 또는 융자를 하는 경우에 다음의 어느 하나에 해당하는 직업능력개발사업을 하는 사업주 또는 사업주단체등을 우대할 수 있다.

1. 해당 사업주 외의 다른 사업주에게 고용된 근로자를 대상으로 하는 직업능력개발훈련
2. 국가기간·전략산업직종에 대한 직업능력개발훈련
3. 「근로자참여 및 협력증진에 관한 법률」에 따라 노사협의회에서 의결된 근로자의 교육훈련 및 능력개발 기본계획에 따라 실시되는 직업능력개발훈련(노사협의회가 없는 경우에는 노동조합 또는 근로자 과반수를 대표하는 대표자와 협의하여 수립된 훈련계획에 따라 실시되는 직업능력개발훈련)
4. 유급휴가(「근로기준법」에 따른 월차·연차 유급휴가는 제외)를 주어서 하는 직업능력개발훈련
5. ① 3.에 해당하는 직업능력개발사업
6. 대통령령으로 정하는 기준에 해당하는 기업의 사업주가 하는 직업능력개발사업
7. 「고용상 연령차별금지 및 고령자고용촉진에 관한 법률」에 따른 고령자 또는 준고령자를 대상(전직하려는 경우에 한정)으로 하는 직업능력개발훈련

③ 지원 또는 융자의 요건·내용·절차·수준 및 우대 지원에 필요한 사항은 대통령령으로 정한다.

시행령 제19조(사업주 및 사업주단체등에 대한 직업능력개발사업 지원)

① 법 제20조 제1항 제7호에서 "대통령령으로 정하는 사업"이란 다음과 같다.

1. 기업의 학습조직·인적자원 개발체제를 구축하기 위하여 실시하는 사업
2. 근로자의 경력개발관리를 위하여 실시하는 사업
3. 근로자의 직업능력개발을 위한 정보망 구축사업
4. 직업능력개발사업에 관한 교육 및 홍보 사업
5. 건설근로자의 직업능력개발 지원사업
6. 「고용보험법」에 따른 피보험자에 해당하지 않는 사람의 직업능력개발 지원사업
7. 직업능력개발훈련교사 및 인력개발담당자(직업능력개발훈련시설 및 기업 등에서 직업능력개발사업의 기획·운영·평가 등을 하는 사람)의 능력개발사업

8. 그 밖에 근로자의 직업능력개발을 촉진하기 위하여 실시하는 사업으로서 고용노동부장관이 정하여 고시하는 사업

② 법 제20조 제2항 제6호에서 "대통령령으로 정하는 기준에 해당하는 기업"이란 우선지원 대상기업을 말한다.

③ 사업주 또는 사업주단체 · 근로자단체 또는 그 연합체(이하 "사업주단체등")에 대한 비용의 지원 · 융자 및 우대 지원 등에 관하여는 「고용보험법 시행령」에 따른다.

제4장 직업능력개발훈련법인, 직업능력개발훈련시설 및 직업능력개발훈련교사 등

제27조(공공직업훈련시설의 설치 등)

① 국가, 지방자치단체 또는 공공단체는 공공직업훈련시설을 설치 · 운영할 수 있다. 이 경우 국가 또는 지방자치단체가 공공직업훈련시설을 설치하려는 때에는 고용노동부장관과 협의하여야 하며, 공공단체가 공공직업훈련시설을 설치하려는 때에는 고용노동부장관의 승인을 받아야 한다.

② 고용노동부장관은 승인을 받은 공공직업훈련시설이 다음의 어느 하나에 해당되면 그 승인을 취소할 수 있다. 다만, 1.에 해당되는 경우에는 그 승인을 취소하여야 한다.

1. 거짓이나 그 밖의 부정한 방법으로 승인을 받은 경우
2. 정당한 사유 없이 계속하여 1년 이상 직업능력개발훈련을 실시하지 아니한 경우
3. 그 밖에 이 법 또는 이 법에 따른 명령을 위반한 경우

③ 고용노동부장관은 국가, 지방자치단체 또는 공공단체가 설치한 공공직업훈련시설의 운영과 관련하여 해당 기관에 필요한 자료의 제출을 요청할 수 있다.

④ 협의 또는 승인에 관한 절차 등에 관하여 필요한 사항은 고용노동부령으로 정한다.

제28조(지정직업훈련시설)

① 지정직업훈련시설을 설립 · 설치하여 운영하려는 자는 다음의 요건을 갖추어 고용노동부장관의 지정을 받아야 한다. 다만, 소속 근로자 등의 직업능력개발훈련을 위한 전용시설을 운영하는 사업주 또는 사업주단체등이 지정을 받으려는 경우에는 2.및 3.의 요건을 갖추지 아니할 수 있고, 위탁받아 직업능력개발훈련을 실시하려는 자가 지정을 받으려는 경우에는 3.의 요건을 갖추지 아니할 수 있다.

1. 해당 훈련시설을 적절하게 운영할 수 있는 인력 · 시설 및 장비 등을 갖추고 있을 것
2. 해당 훈련시설을 적절하게 운영할 수 있는 교육훈련 실시 경력을 갖추고 있을 것
3. 직업능력개발훈련을 실시하려는 훈련 직종별로 해당 직종과 관련된 직업능력개발훈련교사 1명 이상을 둘 것. 다만, 그 훈련 직종에 관련된 직업능력개발훈련교사가 정하여지지 아니한 경우에는 그러하지 아니하다.
4. 그 밖에 직업능력개발훈련시설의 운영에 필요하다고 대통령령으로 정하는 요건을 갖출 것

② 지정받은 내용 중 대통령령으로 정하는 사항을 변경하려는 경우에는 고용노동부장관으로부터 변경지정을 받아야 한다.

③ 지정을 받은 자가 해당 시설에서 3개월 이상 직업능력개발훈련을 실시하지 아니하거나 폐업을 하려는 경우 또는 지정 요건의 내용을 변경하려는 경우에는 고용노동부장관에게 신고하여야 한다.

④ 규정에 따른 지정의 내용 및 세부 기준, 지정 · 변경지정 · 신고의 절차 등에 관하여 필요한 사항은 대통령령으로 정한다.

시행령 제24조(직업능력개발훈련시설의 지정)

① 직업능력개발훈련시설의 지정을 받으려는 자는 다음의 요건을 모두 갖추어야 한다.

1. 다음의 어느 하나에 해당하는 사람을 1명 이상 고용하고 있을 것. 다만, 사업주가 소속 근로자 등의 직업능력개발을 위하여 직업능력개발훈련을 위한 전용시설을 운영하려는 경우에는 그러하지 아니하며, 원격훈련의 경우에는 고용노동부장관이 따로 정하여 고시하는 인력을 고용하여야 한다.
   가. 「국가기술자격법」에 따른 직업상담사 1급 또는 2급의 자격증 소지자
   나. 직업능력개발훈련시설, 「초 · 중등교육법」 및 「고등교육법」에 따른 학교, 「청소년기본법」에 따른 청소년단체 또는 직업안정기관(「직업안정법」에 따른 직업소개사업의 사업소를 포함)에서 직업소개, 직업상담 또는 직업지도 업무에 2년 이상 종사한 경력이 있는 사람
   다. 「초 · 중등교육법」에 따른 교원자격증을 가지고 있는 사람으로서 교사 근무경력이 2년 이상인 사람
   라. 직업상담, 직업지도 등의 업무에 종사한 경력이 있는 사람 중 가목부터 다목까지의 규정에 준하는 사람으로서 고용노동부장관이 정하여 고시하는 사람
2. 직업능력개발훈련시설로 지정을 받으려는 시설의 연면적이 180제곱미터 이상이고, 주된 강의실 또는 실습실의 면적은 60제곱미터 이상이어야 하며, 시설을 임차하는 경우에는 임차기간이 1년 이상일 것. 다만, 원격훈련의 경우에는 그러하지 아니하다.
3. 직업능력개발훈련시설의 지정을 받으려는 자는 1년 이상의 교육훈련 실시 경력을 갖출 것. 다만, 사업주나 사업주단체가 소속 근로자 등의 직업능력개발을 위하여 직업능력개발훈련을 위한 전용시설을 운영하려는 경우에는 그러하지 아니하다.
4. 직업능력개발훈련시설의 운영에 필요한 시설(제2호에 따른 시설은 제외한다) · 장비 등에 관하여 고용노동부장관이 정하여 고시하는 기준을 갖출 것

② 지정직업훈련시설의 지정 내용은 다음과 같다.

1. 직업능력개발훈련시설의 명칭 및 소재지
2. 대표자의 성명(법인인 경우에는 법인의 명칭을 포함)
3. 직업능력개발훈련의 직종 및 직업능력개발훈련의 방법
4. 지정일

제29조(결격사유)

지정직업훈련시설을 지정받으려는 자가 다음의 어느 하나에 해당하면 지정을 받을 수 없다.

1. 피성년후견인 · 피한정후견인 · 미성년자
2. 파산선고를 받고 복권되지 아니한 자
3. 금고 이상의 형을 선고받고 그 집행이 끝나거나(집행이 끝난 것으로 보는 경우를 포함한다) 집행이 면제된 날부터 2년이 지나지 아니한 자
4. 금고 이상의 형의 집행유예를 선고받고 그 유예기간 중에 있는 자
5. 법원의 판결에 따라 자격이 정지되거나 상실된 자
6. 지정직업훈련시설의 지정이 취소된 날부터 1년이 지나지 아니한 자 또는 직업능력개발훈련의 정지처분을 받고 그 정지기간 중에 있는 자

7. 「평생교육법」에 따라 평생교육시설의 설치인가취소 또는 등록취소를 처분받고 1년이 지나지 아니한 자 또는 평생교육과정의 운영정지처분을 받고 그 정지기간 중에 있는 자
8. 「학원의 설립 · 운영 및 과외교습에 관한 법률」에 따라 학원의 등록말소 또는 교습소의 폐지처분을 받고 1년이 지나지 아니한 자 또는 학원 · 교습소의 교습정지처분을 받고 그 정지기간 중에 있는 자
9. 위탁의 제한 또는 인정의 제한을 받고 있는 자
10. 법인의 임원 중 위의 어느 하나에 해당하는 사람이 있는 법인

제33조(직업능력개발훈련교사 등)

① 직업능력개발훈련교사나 그 밖에 해당 분야에 전문지식이 있는 사람 등으로서 대통령령으로 정하는 사람은 직업능력개발훈련을 위하여 근로자를 가르칠 수 있다.
② 직업능력개발훈련교사가 되려는 사람은 직업능력개발훈련교사 양성을 위한 훈련과정을 수료하는 등 대통령령으로 정하는 기준을 갖추어 고용노동부장관으로부터 직업능력개발훈련교사 자격증을 발급받아야 한다.
③ 직업능력개발훈련교사 자격증을 발급받으려는 사람은 고용노동부령으로 정하는 바에 따라 수수료를 내야 한다.
④ 발급받은 자격증은 다른 사람에게 빌려주거나 빌려서는 아니되며, 이를 알선하여서도 아니 된다.
⑤ 직업능력개발훈련교사의 종류, 등급, 자격기준, 그 밖에 직업능력개발훈련교사에 관하여 필요한 사항은 대통령령으로 정한다.

시행령 제27조(직업능력개발훈련을 위하여 근로자를 가르칠 수 있는 사람)

법 제33조 제1항에서 "대통령령으로 정하는 사람"이란 다음의 어느 하나에 해당하는 사람을 말한다.
1. 「고등교육법」에 따른 학교를 졸업하였거나 이와 같은 수준 이상의 학력을 인정받은 후 해당 분야의 교육훈련 경력이 1년 이상인 사람
2. 「정부출연연구기관 등의 설립 · 운영 및 육성에 관한 법률」, 「과학기술분야 정부출연연구기관 등의 설립 · 운영 및 육성에 관한 법률」에 따른 연구기관 및 「기초연구진흥 및 기술개발지원에 관한 법률」에 따른 기업부설연구소 등에서 해당 분야의 연구 경력이 1년 이상인 사람
3. 「국가기술자격법」이나 그 밖의 법령에 따라 국가가 신설하여 관리 · 운영하는 해당 분야의 자격증을 취득한 사람
4. 해당 분야에서 1년 이상의 실무경력이 있는 사람
5. 그 밖에 해당 분야의 훈련생을 가르칠 수 있는 전문지식이 있는 사람으로서 고용노동부령으로 정하는 사람

시행령 제28조(직업능력개발훈련교사의 자격 취득)

① 직업능력개발훈련교사는 1급 · 2급 및 3급으로 구분한다.
② 직업능력개발훈련교사 양성을 위한 훈련과정을 수료하는 등 대통령령으로 정하는 기준이란 직업능력개발훈련교사 자격기준과 같다.
③ 고용노동부장관은 직업능력개발훈련교사 자격기준 충족 여부에 대하여 기술교육대학의 의견을 들을 수 있다.
④ 직업능력개발훈련교사 자격증의 발급절차 등에 관한 사항은 고용노동부령으로 정한다.

시행령 별표 2. 직업능력개발훈련교사 자격기준(제28조 제2항 관련)

구분	자격기준
1급	직업능력개발훈련교사 2급의 자격을 취득한 후 고용노동부장관이 정하여 고시하는 직종에서 3년 이상의 교육훈련 경력이 있는 사람으로서 향상훈련을 받은 사람
2급	1. 직업능력개발훈련교사 3급의 자격을 취득한 후 고용노동부장관이 정하여 고시하는 직종에서 3년 이상의 교육훈련 경력이 있는 사람으로서 향상훈련을 받은 사람 2. 고용노동부장관이 정하여 고시하는 직종에서 요구하는 기술사 또는 기능장 자격을 취득하고 고용노동부령으로 정하는 훈련을 받은 사람 3. 전문대학 · 기능대학 및 대학의 조교수 이상으로 재직한 후 고용노동부장관이 정하여 고시하는 직종에서 2년 이상의 교육훈련 경력이 있는 사람
3급	1. 기술교육대학에서 고용노동부장관이 정하여 고시하는 직종에 관한 학사학위를 취득한 사람 2. 고용노동부장관이 정하여 고시하는 직종에 관한 학사 이상의 학위를 취득한 후 해당 직종에서 2년 이상의 교육훈련 경력 또는 실무경력이 있는 사람으로서 고용노동부령으로 정하는 훈련을 받은 사람 3. 고용노동부장관이 정하여 고시하는 직종에 관한 학사 이상의 학위를 취득한 후 해당 직종에서 요구하는 중등학교 정교사 1급 또는 2급의 자격을 취득한 사람 4. 고용노동부장관이 정하여 고시하는 직종에서 요구하는 기술 · 기능 분야의 기사 자격증을 취득한 후 해당 직종에서 1년 이상의 교육훈련 경력 또는 실무경력이 있는 사람으로서 고용노동부령으로 정하는 훈련을 받은 사람 5. 고용노동부장관이 정하여 고시하는 직종에서 요구하는 기술 · 기능 분야의 산업기사 · 기능사 자격증, 서비스 분야의 국가기술자격증 또는 그 밖의 법령에 따라 국가가 신설하여 관리 · 운영하는 자격증을 취득한 후 해당 직종에서 2년 이상의 교육훈련 경력 또는 실무경력이 있는 사람으로서 고용노동부령으로 정하는 훈련을 받은 사람 6. 고용노동부장관이 정하여 고시하는 직종에서 5년 이상의 교육훈련 경력 또는 실무경력이 있는 사람으로서 고용노동부령으로 정하는 훈련을 받은 사람 7. 그 밖에 고용노동부장관이 정하여 고시하는 기준에 적합한 사람으로서 고용노동부령으로 정하는 훈련을 받은 사람

비고 : 직업능력개발훈련교사의 직종, 직종별 요구자격증과 경력인정기준, 교육훈련 경력 및 실무경력의 인정기준 등은 고용노동부장관이 정하여 고시한다.

제34조(결격사유)

다음의 어느 하나에 해당하는 사람은 직업능력개발훈련교사가 될 수 없다.

1. 피성년후견인 · 피한정후견인
2. 금고 이상의 형을 선고받고 그 집행이 끝나거나(집행이 끝난 것으로 보는 경우를 포함한다) 집행이 면제된 날부터 2년이 지나지 아니한 사람

3. 금고 이상의 형의 집행유예를 선고받고 그 유예기간 중에 있는 사람
4. 법원의 판결에 따라 자격이 상실되거나 정지된 사람
5. 자격이 취소된 후 3년이 지나지 아니한 사람

제35조(직업능력개발훈련교사의 자격취소 등)

① 고용노동부장관은 직업능력개발훈련교사의 자격을 취득한 사람이 다음의 어느 하나에 해당하면 그 자격을 취소하거나 3년의 범위에서 그 자격을 정지시킬 수 있다. 다만, 1. 또는 2.에 해당하는 경우에는 자격을 취소하여야 한다.
1. 거짓이나 그 밖의 부정한 방법으로 자격증을 발급받은 경우
2. 결격사유의 어느 하나에 해당하게 된 경우
3. 고의 또는 중대한 과실로 직업능력개발훈련에 중대한 지장을 준 경우
4. 자격증을 빌려 준 경우

② 자격취소 및 정지처분에 관한 세부 기준은 그 처분 사유와 위반 정도 등을 고려하여 고용노동부령으로 정한다.

제36조(직업능력개발훈련교사의 양성)

① 국가, 지방자치단체, 공공단체 또는 고용노동부장관이 고시하는 법인·단체는 직업능력개발훈련교사 양성을 위한 훈련과정을 설치·운영할 수 있다. 이 경우 국가 및 지방자치단체가 아닌 자가 훈련과정을 설치·운영하려면 고용노동부장관의 승인을 받아야 한다.

② 승인을 받으려는 자는 다음의 요건을 갖추어야 한다.
1. 직업능력개발훈련교사 양성을 위한 훈련과정을 적절하게 운영할 수 있는 인력·시설 및 장비를 갖추고 있을 것
2. 해당 승인을 받으려는 자는 그 훈련과정을 적절하게 운영할 수 있는 교육훈련 경력을 갖춘 자일 것
3. 결격사유에 해당하지 아니할 것
4. 그 밖에 직업능력개발훈련교사 양성을 위하여 필요하다고 대통령령으로 정하는 요건을 갖출 것

③ 직업능력개발훈련교사의 양성을 위한 훈련과정은 양성훈련과정, 향상훈련과정 및 교직훈련과정으로 구분한다.(근로자직업능력 개발법 시행규칙 제18조 제1항)

제39조(기능대학의 설립)

① 국가, 지방단치단체 또는 사립학교법에 따른 학교법인은 산업현장에서 필요로 하는 인력을 양성하고 근로자의 직업능력개발을 지원하기 위하여 기능대학을 설립·경영할 수 있다.

② 국가가 기능대학을 설립·경영하려면 관계 중앙행정기관의 장은 교육부장관 및 고용노동부장관과 각각 협의하여야 하며, 지방단치단체가 기능대학을 설립·경영하려면 해당 지방자치단체의 장은 고용노동부장관과 협의를 한 후 교육부장관의 인가를 받아야 한다.

③ 학교법인이 기능대학을 설립·경영하려면 고용노동부장관의 추천을 거쳐 교육부장관의 인가를 받아야 한다.

④ 기능대학을 설립·운영하려는 자는 시설·설비 등 대통령령으로 정하는 설립기준을 갖추어야 한다.

⑤ 교육부장관의 인가를 받은 기능대학은 직업능력개발훈련시설로 보며, 기능대학은 그 특성을 고려하여 다른 명칭을 사용할 수 있다.

09 파견근로자 보호 등에 관한 법률

제1장 총칙

제1조(목적)

이 법은 근로자파견사업의 적정한 운영을 기하고 파견근로자의 근로조건 등에 관한 기준을 확립하여 파견근로자의 고용안정과 복지증진에 이바지하고 인력수급을 원활하게 함을 목적으로 한다.

제2조(정의)

이 법에서 사용하는 용어의 정의는 다음과 같다.

1. "근로자파견"이라 함은 파견사업주가 근로자를 고용한 후 그 고용관계를 유지하면서 근로자파견계약의 내용에 따라 사용사업주의 지휘·명령을 받아 사용사업주를 위한 근로에 종사하게 하는 것을 말한다.
2. "근로자파견사업"이라 함은 근로자파견을 업으로 행하는 것을 말한다.
3. "파견사업주"라 함은 근로자파견사업을 행하는 자를 말한다.
4. "사용사업주"라 함은 근로자파견계약에 의하여 파견근로자를 사용하는 자를 말한다.
5. "파견근로자"라 함은 파견사업주가 고용한 근로자로서 근로자파견의 대상이 되는 자를 말한다.
6. "근로자파견계약"이라 함은 파견사업주와 사용사업주간에 근로자파견을 약정하는 계약을 말한다.
7. "차별적 처우"라 함은 다음의 사항에 있어서 합리적인 이유 없이 불리하게 처우하는 것을 말한다.
   가. 「근로기준법」에 따른 임금
   나. 정기상여금, 명절상여금 등 정기적으로 지급되는 상여금
   다. 경영성과에 따른 성과금
   라. 그 밖에 근로조건 및 복리후생 등에 관한 사항

제3조(정부의 책무)

정부는 파견근로자를 보호하고 근로자의 구직과 사용자의 인력확보를 쉽게 하기 위하여 다음의 각종 시책을 마련·시행함으로써 근로자가 사용자에게 직접 고용될 수 있도록 노력하여야 한다.

1. 고용정보의 수집·제공
2. 직업에 관한 연구
3. 직업지도
4. 직업안정기관의 설치·운영

제2장 근로자파견사업의 적정 운영

제5조(근로자파견 대상 업무 등)

① 근로자파견사업은 제조업의 직접생산공정업무를 제외하고 전문지식 · 기술 · 경험 또는 업무의 성질 등을 고려하여 적합하다고 판단되는 업무로서 대통령령이 정하는 업무를 대상으로 한다.

② 출산 · 질병 · 부상 등으로 결원이 생긴 경우 또는 일시적 · 간헐적으로 인력을 확보하여야 할 필요가 있는 경우에는 근로자파견사업을 할 수 있다.

③ 다음의 업무에 대하여는 근로자파견사업을 행하여서는 아니 된다.

1. 건설공사현장에서 이루어지는 업무
2. 「항만운송사업법」, 「한국철도공사법」, 「농수산물유통 및 가격안정에 관한 법률」, 「물류정책기본법」의 하역업무로서 「직업안정법」의 규정에 따라 근로자공급사업 허가를 받은 지역의 업무
3. 「선원법」에 따른 선원의 업무
4. 「산업안전보건법」의 규정에 따른 유해하거나 위험한 업무
5. 그 밖에 근로자 보호 등의 이유로 근로자파견사업의 대상으로는 적절하지 못하다고 인정하여 대통령령이 정하는 업무

④ 파견근로자를 사용하려는 경우 사용사업주는 당해 사업 또는 사업장에 근로자의 과반수로 조직된 노동조합이 있는 경우에는 그 노동조합, 근로자의 과반수로 조직된 노동조합이 없는 경우에는 근로자의 과반수를 대표하는 자와 사전에 성실하게 협의하여야 한다.

⑤ 누구든지 규정을 위반하여 근로자파견사업을 행하거나 그 근로자파견사업을 행하는 자로부터 근로자파견의 역무를 제공받아서는 아니된다.

시행령 제2조(근로자파견의 대상 및 금지업무)

① 「파견근로자보호 등에 관한 법률」(이하 “법”이라 한다) 제5조 제1항에서 “대통령령이 정하는 업무”라 함은 근로자파견대상업무를 말한다.

② 법 제5조 제3항 제5호에서 “대통령령이 정하는 업무”란 다음의 어느 하나에 해당하는 업무를 말한다.

1. 「진폐의 예방과 진폐근로자의 보호 등에 관한 법률」에 따른 분진작업을 하는 업무
2. 「산업안전보건법」에 따른 건강관리카드의 발급대상 업무
3. 「의료법」에 따른 의료인의 업무 및 간호조무사의 업무
4. 「의료기사 등에 관한 법률」에 따른 의료기사의 업무
5. 「여객자동차 운수사업법」에 따른 여객자동차운송사업의 운전업무
6. 「화물자동차 운수사업법」에 따른 화물자동차운송사업의 운전업무

제6조(파견기간)

① 근로자파견의 기간은 규정에 해당하는 경우를 제외하고는 1년을 초과하지 못한다.

② 파견사업주 · 사용사업주 · 파견근로자간의 합의가 있는 경우에는 파견기간을 연장할 수 있다. 이 경우 1회를 연장할 때에는 그 연장기간은 1년을 초과하지 못하며, 연장된 기간을 포함한 총파견기간은 2년을 초과하지 못한다.

③ 「고용상 연령차별금지 및 고령자고용촉진에 관한 법률」의 규정에 따른 고령자인 파견근로자에 대하여는 2년을 초과하여 근로자파견기간을 연장할 수 있다.

④ 근로자파견의 기간은 다음과 같다.

1. 출산·질병·부상등 그 사유가 객관적으로 명백한 경우 : 해당 사유가 없어지는 데 필요한 기간
2. 일시적·간헐적으로 인력을 확보할 필요가 있는 경우 : 3월이내의 기간. 다만, 그 사유가 해소되지 아니하고 파견사업주·사용사업주·파견근로자간의 합의가 있는 경우에는 1회에 한하여 3월의 범위안에서 그 기간을 연장할 수 있다.

제6조의2(고용의무)

① 사용사업주가 다음의 어느 하나에 해당하는 경우에는 해당 파견근로자를 직접 고용하여야 한다.

1. 근로자파견 대상 업무에 해당하지 아니하는 업무에서 파견근로자를 사용하는 경우(근로자파견사업을 한 경우는 제외)
2. 근로자파견 대상 업무 규정을 위반하여 파견근로자를 사용하는 경우
3. 2년을 초과하여 계속적으로 파견근로자를 사용하는 경우
4. 파견기간 규정을 위반하여 파견근로자를 사용하는 경우
5. 근로자파견의 역무를 제공받은 경우

② 해당 파견근로자가 명시적으로 반대의사를 표시하거나 대통령령으로 정하는 정당한 이유가 있는 경우에는 적용하지 아니한다.

③ 사용사업주가 파견근로자를 직접 고용하는 경우의 파견근로자의 근로조건은 다음의 구분에 따른다.

1. 사용사업주의 근로자 중 해당 파견근로자와 같은 종류의 업무 또는 유사한 업무를 수행하는 근로자가 있는 경우 : 해당 근로자에게 적용되는 취업규칙 등에서 정하는 근로조건에 따를 것
2. 사용사업주의 근로자 중 해당 파견근로자와 같은 종류의 업무 또는 유사한 업무를 수행하는 근로자가 없는 경우 : 해당 파견근로자의 기존 근로조건의 수준보다 낮아져서는 아니 될 것

④ 사용사업주는 파견근로자를 사용하고 있는 업무에 근로자를 직접 고용하려는 경우에는 해당 파견근로자를 우선적으로 고용하도록 노력하여야 한다.

제7조(근로자파견사업의 허가)

① 근로자파견사업을 하려는 자는 고용노동부령으로 정하는 바에 의하여 고용노동부장관의 허가를 받아야 한다. 허가받은 사항 중 고용노동부령으로 정하는 중요사항을 변경하는 경우에도 또한 같다.

② 근로자파견사업의 허가를 받은 자가 허가받은 사항 중 중요사항외의 사항을 변경하고자 하는 경우에는 고용노동부령으로 정하는 바에 따라 고용노동부장관에게 신고하여야 한다.

③ 사용사업주는 근로자파견사업을 행하는 자로부터 근로자파견의 역무를 제공받아서는 아니 된다.

④ 고용노동부장관은 신고를 받은 경우 그 내용을 검토하여 이 법에 적합하면 신고를 수리하여야 한다.

제8조(허가의 결격사유)

다음의 어느 하나에 해당하는 자는 근로자파견사업의 허가를 받을 수 없다.

1. 미성년자, 피성년후견인, 피한정후견인 또는 파산선고를 받고 복권(復權)되지 아니한 사람
2. 금고 이상의 형(집행유예는 제외)을 선고받고 그 집행이 끝나거나 집행을 받지 아니하기로 확정된 후 2년이 지나지 아니한 사람
3. 이 법, 「직업안정법」, 「근로기준법」, 「최저임금법」, 「선원법」을 위반하여 벌금 이상의 형(집행유예는 제외)을 선고받고 그 집행이 끝나거나 집행을 받지 아니하기로 확정된 후 3년이 지나지 아니한 자

4. 금고 이상의 형의 집행유예를 선고받고 그 유예기간 중에 있는 사람
5. 해당 사업의 허가가 취소(1.에 의해 허가가 취소된 경우는 제외)된 후 3년이 지나지 아니한 자
6. 임원 중 위의 어느 하나에 해당하는 사람이 있는 법인

제9조(허가의 기준)

① 고용노동부장관은 근로자파견사업의 허가신청을 받은 경우에는 다음의 요건을 모두 갖춘 경우에 한정하여 근로자 파견사업을 허가할 수 있다.
1. 신청인이 해당 근로자파견사업을 적정하게 수행할 수 있는 자산 및 시설 등을 갖추고 있을 것
2. 해당 사업이 특정한 소수의 사용사업주를 대상으로 하여 근로자파견을 하는 것이 아닐 것

② 허가의 세부기준은 대통령령으로 정한다.

시행규칙 제3조(허가의 세부기준)

근로자파견사업의 자산 및 시설 등의 기준은 다음과 같다.
1. 상시 5인 이상의 근로자(파견근로자를 제외)를 사용하는 사업 또는 사업장으로서 고용보험 · 국민연금 · 산업재해보상보험 및 국민건강보험에 가입되어 있을 것
2. 1억원 이상의 자본금(개인인 경우에는 자산평가액)을 갖출 것
3. 전용면적 20제곱미터 이상의 사무실을 갖출 것

제10조(허가의 유효기간 등)

① 근로자파견사업의 허가의 유효기간은 3년으로 한다.

② 허가의 유효기간이 끝난 후 계속하여 근로자파견사업을 하려는 자는 고용노동부령이 정하는 바에 의하여 갱신허가를 받아야 한다.

③ 갱신허가의 유효기간은 그 갱신 전의 허가의 유효기간이 끝나는 날의 다음 날부터 기산하여 3년으로 한다.

④ 갱신허가에 관하여는 근로자파견사업의 허가, 허가의 결격사유, 허가의 기준의 규정을 준용한다.

제11조(사업의 폐지)

① 파견사업주는 근로자파견사업을 폐지하였을 때에는 고용노동부령이 정하는 바에 따라 고용노동부장관에게 신고하여야 한다.

② 신고가 있을 때에는 근로자파견사업의 허가는 신고일부터 그 효력을 잃는다.

제14조(겸업금지)

다음의 1에 해당하는 사업을 하는 자는 근로자파견사업을 할 수 없다.
1. 「식품위생법」의 식품접객업
2. 「공중위생관리법」의 숙박업
3. 「결혼중개업의 관리에 관한 법률」의 결혼중개업
4. 그 밖에 대통령령으로 정하는 사업

제15조(명의대여의 금지)

파견사업주는 자기의 명의로 타인에게 근로자파견사업을 하게 하여서는 아니 된다.

제3장 파견근로자의 근로조건 등

제1절 근로자파견계약

제20조(계약의 내용 등)

① 근로자파견계약의 당사자는 고용노동부령이 정하는 바에 따라 다음의 사항이 포함되는 근로자파견계약을 서면으로 체결하여야 한다.

1. 파견근로자의 수
2. 파견근로자가 종사할 업무의 내용
3. 파견사유(근로자파견을 행하는 경우만 해당)
4. 파견근로자가 파견되어 근로할 사업장의 명칭 및 소재지 그 밖에 파견근로자의 근로 장소
5. 파견근로 중인 파견근로자를 직접 지휘 · 명령할 사람에 관한 사항
6. 근로자파견기간 및 파견근로 시작일에 관한 사항
7. 업무 시작 및 업무 종료의 시각과 휴게시간에 관한 사항
8. 휴일 · 휴가에 관한 사항
9. 연장 · 야간 · 휴일근로에 관한 사항
10. 안전 및 보건에 관한 사항
11. 근로자파견의 대가
12. 그 밖에 고용노동부령이 정하는 사항

② 사용사업주는 근로자파견계약을 체결할 때에는 파견사업주에게 차별적 처우의 금지 및 시정 등의 규정을 준수하도록 하기 위하여 필요한 정보를 제공하여야 한다. 이 경우 제공하여야 하는 정보의 범위 및 제공방법 등에 관한 사항은 대통령령으로 정한다.

> **시행령 제4조의2(정보제공의 범위 및 방법)**
>
> ① 사용사업주가 법파견사업주에게 제공하여야 하는 정보는 사용사업주의 사업에서 파견근로자와 같은 종류 또는 유사한 업무를 수행하는 근로자에 대한 다음의 정보를 말한다.
>
> 1. 근로자 유무 및 근로자의 수
> 2. 임금 및 임금의 구성항목
> 3. 업무 시작 및 종료의 시각과 휴게시간에 관한 사항
> 4. 휴일 · 휴가에 관한 사항
> 5. 연장 · 야간 · 휴일근무에 관한 사항
> 6. 안전 및 보건에 관한 사항
> 7. 복리후생시설의 이용에 관한 사항
> 8. 그 밖에 차별적 처우의 대상이 되는 근로조건 중 2.부터 7.까지의 규정에 포함되지 아니한 사항
>
> ② 사용사업주는 ①의 정보를 파견사업주에게 서면으로 제공하여야 한다.

제21조(차별적 처우의 금지 및 시정 등)

① 파견사업주와 사용사업주는 파견근로자라는 이유로 사용사업주의 사업 내의 같은 종류 또는 유사한 업무를 수행하는 근로자에 비하여 파견근로자에게 차별적 처우를 하여서는 아니 된다.

② 파견근로자는 차별적 처우를 받은 경우 노동위원회에 그 시정을 신청할 수 있다.

③ 시정신청, 그 밖의 시정절차 등에 관하여는 「기간제 및 단시간근로자 보호 등에 관한 법률」의 규

정을 준용한다. 이 경우 "기간제근로자 또는 단시간근로자"는 "파견근로자"로, "사용자"는 "파견사업주 또는 사용사업주"로 본다.

④ 위 규정은 사용사업주가 상시 4인 이하의 근로자를 사용하는 경우에는 이를 적용하지 아니한다.

제21조의2(고용노동부장관의 차별적 처우 시정요구 등)

① 고용노동부장관은 파견사업주와 사용사업주가 차별적 처우를 한 경우에는 그 시정을 요구할 수 있다.

② 고용노동부장관은 파견사업주와 사용사업주가 시정요구에 따르지 아니한 경우에는 차별적 처우의 내용을 구체적으로 명시하여 노동위원회에 통보하여야 한다. 이 경우 고용노동부장관은 해당 파견사업주 또는 사용사업주 및 근로자에게 그 사실을 통지하여야 한다.

③ 노동위원회는 고용노동부장관의 통보를 받은 경우에는 지체 없이 차별적 처우가 있는지 여부를 심리하여야 한다. 이 경우 노동위원회는 해당 파견사업주 또는 사용사업주 및 근로자에게 의견을 진술할 수 있는 기회를 주어야 한다.

④ 노동위원회의 심리 및 그 밖의 시정절차 등에 관하여는 「기간제 및 단시간근로자 보호 등에 관한 법률」을 준용한다. 이 경우 "시정신청을 한 날"은 "통지를 받은 날"로, "기각결정"은 "차별적 처우가 없다는 결정"으로, "관계 당사자"는 "해당 파견사업주 또는 사용사업주 및 근로자"로, "시정신청을 한 근로자"는 "해당 근로자"로 본다.

제22조(계약의 해지등)

① 사용사업주는 파견근로자의 성별 · 종교 · 사회적 신분, 파견근로자의 정당한 노동조합의 활동등을 이유로 근로자파견계약을 해지하여서는 아니 된다.

② 파견사업주는 사용사업주가 파견근로에 관하여 이 법 또는 이 법에 의한 명령, 근로기준법 또는 같은 법에 의한 명령, 산업안전보건법 또는 같은 법에 의한 명령에 위반하는 경우에는 근로자파견을 정지하거나 근로자파견계약을 해지할 수 있다.

제2절 파견사업주가 마련하여야 할 조치

제23조(파견근로자의 복지 증진)

파견사업주는 파견근로자의 희망과 능력에 적합한 취업 및 교육훈련 기회의 확보, 근로조건의 향상, 그 밖에 고용 안정을 도모하기 위하여 필요한 조치를 마련함으로써 파견근로자의 복지 증진에 노력하여야 한다.

제24조(파견근로자에 대한 고지 의무)

① 파견사업주는 근로자를 파견근로자로서 고용하려는 경우에는 미리 해당 근로자에게 그 취지를 서면으로 알려 주어야 한다.

② 파견사업주는 그가 고용한 근로자 중 파견근로자로 고용하지 아니한 사람을 근로자파견의 대상으로 하려는 경우에는 미리 해당 근로자에게 그 취지를 서면으로 알리고 그의 동의를 받아야 한다.

제25조(파견근로자에 대한 고용제한의 금지)

① 파견사업주는 파견근로자 또는 파견근로자로 고용되려는 사람과 그 고용관계가 끝난 후 그가 사용사업주에게 고용되는 것을 정당한 이유 없이 금지하는 내용의 근로계약을 체결하여서는 아니 된다.

② 파견사업주는 파견근로자의 고용관계가 끝난 후 사용사업주가 그 파견근로자를 고용하는 것을 정당한 이유 없이 금지하는 내용의 근로자파견계약을 체결하여서는 아니 된다.

제26조(취업조건의 고지)

① 파견사업주는 근로자파견을 하려는 경우에는 미리 해당 파견근로자에게 제20조제1항 각 호의 사항과 그 밖에 고용노동부령으로 정하는 사항을 서면으로 알려 주어야 한다.

② 파견근로자는 파견사업주에게 해당 근로자파견의 대가에 관하여 그 내역을 제시할 것을 요구할 수 있다.

③ 파견사업주는 그 내역의 제시를 요구받았을 때에는 지체 없이 그 내역을 서면으로 제시하여야 한다.

제27조(사용사업주에 대한 통지)

파견사업주는 근로자파견을 할 경우에는 파견근로자의 성명 기타 고용노동부령이 정하는 사항을 사용사업주에게 통지하여야 한다.

> **시행규칙 제13조(사용사업주에 대한 통지사항)**
> 파견사업주는 사용사업주에게 파견근로자의 성명 · 성별 · 연령 · 학력 · 자격, 그 밖에 직업능력에 관한 사항을 통지하여야 한다.

제28조(파견사업관리책임자)

① 파견사업주는 파견근로자의 적절한 고용관리를 위하여 결격사유에 해당하지 아니하는 사람 중에서 파견사업관리책임자를 선임하여야 한다.

② 파견사업관리책임자의 임무 등에 필요한 사항은 고용노동부령으로 정한다.

제29조(파견사업관리대장)

① 파견사업주는 파견사업관리대장을 작성 · 보존하여야 한다.

② 파견사업관리대장의 기재사항 및 그 보존기간은 고용노동부령으로 정한다.

> **시행규칙 제15조(파견사업관리대장)**
> ① 파견사업주는 파견사업관리대장을 사업소별로 작성 · 보존하여야 한다.
> ② 파견사업관리대장에 기재하여야 할 사항은 다음과 같다.
> 1. 파견근로자의 성명
> 2. 사용사업주 및 사용사업관리책임자의 성명
> 3. 파견근로자가 파견된 사업장의 명칭 및 소재지
> 4. 파견근로자의 파견기간
> 5. 파견근로자의 업무내용
>
> ③ 파견사업주는 파견사업관리대장을 근로자파견의 종료일부터 3년간 보존하여야 한다.

제3절 사용사업주가 마련하여야 할 조치

제30조(근로자파견계약에 관한 조치)

사용사업주는 근로자파견계약에 위반되지 아니하도록 필요한 조치를 마련하여야 한다.

제31조(적정한 파견근로의 확보)

① 사용사업주는 파견근로자가 파견근로에 관한 고충을 제시한 경우에는 그 고충의 내용을 파견사업주에게 통지하고 신속·적절하게 고충을 처리하도록 하여야 한다.

② 고충의 처리 외에 사용사업주는 파견근로가 적정하게 이루어지도록 필요한 조치를 마련하여야 한다.

제32조(사용사업관리책임자)

① 사용사업주는 파견근로자의 적절한 파견근로를 위하여 사용사업관리책임자를 선임하여야 한다.

② 사용사업관리책임자의 임무 등에 필요한 사항은 고용노동부령으로 정한다.

제33조(사용사업관리대장)

① 사용사업주는 사용사업관리대장을 작성·보존하여야 한다.

② 사용사업관리대장의 기재사항 및 그 보존기간은 고용노동부령으로 정한다.

기간제 및 단시간근로자 보호 등에 관한 법률

제1장 총칙

제1조(목적)

이 법은 기간제근로자 및 단시간근로자에 대한 불합리한 차별을 시정하고 기간제근로자 및 단시간근로자의 근로조건 보호를 강화함으로써 노동시장의 건전한 발전에 이바지함을 목적으로 한다.

제2조(정의)

이 법에서 사용하는 용어의 정의는 다음과 같다.

1. "기간제근로자"라 함은 기간의 정함이 있는 근로계약(이하 "기간제 근로계약"이라 한다)을 체결한 근로자를 말한다.
2. "단시간근로자"라 함은 「근로기준법」의 단시간근로자를 말한다.
3. "차별적 처우"라 함은 다음의 사항에 있어서 합리적인 이유 없이 불리하게 처우하는 것을 말한다.
   가. 「근로기준법」에 따른 임금
   나. 정기상여금, 명절상여금 등 정기적으로 지급되는 상여금
   다. 경영성과에 따른 성과금
   라. 그 밖에 근로조건 및 복리후생 등에 관한 사항

제3조(적용범위)

① 이 법은 상시 5인 이상의 근로자를 사용하는 모든 사업 또는 사업장에 적용한다. 다만, 동거의 친족만을 사용하는 사업 또는 사업장과 가사사용인에 대하여는 적용하지 아니한다.
② 상시 4인 이하의 근로자를 사용하는 사업 또는 사업장에 대하여는 대통령령이 정하는 바에 따라 이 법의 일부 규정을 적용할 수 있다.
③ 국가 및 지방자치단체의 기관에 대하여는 상시 사용하는 근로자의 수에 관계없이 이 법을 적용한다.

제2장 기간제근로자

제4조(기간제근로자의 사용)

① 사용자는 2년을 초과하지 아니하는 범위 안에서(기간제 근로계약의 반복갱신 등의 경우에는 그 계속근로한 총기간이 2년을 초과하지 아니하는 범위 안에서) 기간제근로자를 사용할 수 있다. 다만, 다음의 어느 하나에 해당하는 경우에는 2년을 초과하여 기간제근로자로 사용할 수 있다.
1. 사업의 완료 또는 특정한 업무의 완성에 필요한 기간을 정한 경우
2. 휴직·파견 등으로 결원이 발생하여 당해 근로자가 복귀할 때까지 그 업무를 대신할 필요가 있는 경우

3. 근로자가 학업, 직업훈련 등을 이수함에 따라 그 이수에 필요한 기간을 정한 경우
4. 「고령자고용촉진법」의 고령자와 근로계약을 체결하는 경우
5. 전문적 지식·기술의 활용이 필요한 경우와 정부의 복지정책·실업대책 등에 따라 일자리를 제공하는 경우로서 대통령령이 정하는 경우
6. 그 밖에 1~5.에 준하는 합리적인 사유가 있는 경우로서 대통령령이 정하는 경우

② 사용자가 ① 단서의 사유가 없거나 소멸되었음에도 불구하고 2년을 초과하여 기간제근로자로 사용하는 경우에는 그 기간제근로자는 기간의 정함이 없는 근로계약을 체결한 근로자로 본다.

제5조(기간의 정함이 없는 근로자로의 전환)

사용자는 기간의 정함이 없는 근로계약을 체결하고자 하는 경우에는 당해 사업 또는 사업장의 동종 또는 유사한 업무에 종사하는 기간제근로자를 우선적으로 고용하도록 노력하여야 한다.

제3장 단시간근로자

제6조(단시간근로자의 초과근로 제한)

① 사용자는 단시간근로자에 대하여 「근로기준법」의 소정근로시간을 초과하여 근로하게 하는 경우에는 해당 근로자의 동의를 얻어야 한다. 이 경우 1주간에 12시간을 초과하여 근로하게 할 수 없다.

② 단시간근로자는 사용자가 규정에 따른 동의를 얻지 아니하고 초과근로를 하게 하는 경우에는 이를 거부할 수 있다.

③ 사용자는 초과근로에 대하여 통상임금의 100분의 50 이상을 가산하여 지급하여야 한다.

제7조(통상근로자로의 전환 등)

① 사용자는 통상근로자를 채용하고자 하는 경우에는 당해 사업 또는 사업장의 동종 또는 유사한 업무에 종사하는 단시간근로자를 우선적으로 고용하도록 노력하여야 한다.

② 사용자는 가사, 학업 그 밖의 이유로 근로자가 단시간근로를 신청하는 때에는 당해 근로자를 단시간근로자로 전환하도록 노력하여야 한다.

제4장 차별적 처우의 금지 및 시정

제8조(차별적 처우의 금지)

① 사용자는 기간제근로자임을 이유로 당해 사업 또는 사업장에서 동종 또는 유사한 업무에 종사하는 기간의 정함이 없는 근로계약을 체결한 근로자에 비하여 차별적 처우를 하여서는 아니 된다.

② 사용자는 단시간근로자임을 이유로 해당 사업 또는 사업장의 동종 또는 유사한 업무에 종사하는 통상근로자에 비하여 차별적 처우를 하여서는 아니 된다.

제9조(차별적 처우의 시정신청)

① 기간제근로자 또는 단시간근로자는 차별적 처우를 받은 경우 「노동위원회법」의 규정에 따른 노동위원회에 그 시정을 신청할 수 있다. 다만, 차별적 처우가 있은 날(계속되는 차별적 처우는 그 종료일)부터 6개월이 경과한 때에는 그러하지 아니하다.

② 기간제근로자 또는 단시간근로자가 시정신청을 하는 때에는 차별적 처우의 내용을 구체적으로 명시하여야 한다.

③ 시정신청의 절차 · 방법 등에 관하여 필요한 사항은 「노동위원회법」의 규정에 따른 중앙노동위원회가 따로 정한다.

④ 분쟁에 있어서 입증책임은 사용자가 부담한다.

제10조(조사 · 심문 등)

① 노동위원회는 시정신청을 받은 때에는 지체 없이 필요한 조사와 관계당사자에 대한 심문을 하여야 한다.

② 노동위원회는 심문을 하는 때에는 관계당사자의 신청 또는 직권으로 증인을 출석하게 하여 필요한 사항을 질문할 수 있다.

③ 노동위원회는 심문을 함에 있어서는 관계당사자에게 증거의 제출과 증인에 대한 반대심문을 할 수 있는 충분한 기회를 주어야 한다.

④ 조사 · 심문의 방법 및 절차 등에 관하여 필요한 사항은 중앙노동위원회가 따로 정한다.

⑤ 노동위원회는 차별시정사무에 관한 전문적인 조사 · 연구업무를 수행하기 위하여 전문위원을 둘 수 있다. 이 경우 전문위원의 수 · 자격 및 보수 등에 관하여 필요한 사항은 대통령령으로 정한다.

제11조(조정 · 중재)

① 노동위원회는 심문의 과정에서 관계당사자 쌍방 또는 일방의 신청 또는 직권에 의하여 조정(調停)절차를 개시할 수 있고, 관계당사자가 미리 노동위원회의 중재(仲裁)결정에 따르기로 합의하여 중재를 신청한 경우에는 중재를 할 수 있다.

② 조정 또는 중재를 신청하는 경우에는 차별적 처우의 시정신청을 한 날부터 14일 이내에 하여야 한다. 다만, 노동위원회의 승낙이 있는 경우에는 14일 후에도 신청할 수 있다.

③ 노동위원회는 조정 또는 중재를 함에 있어서 관계당사자의 의견을 충분히 들어야 한다.

④ 노동위원회는 특별한 사유가 없는 한 조정절차를 개시하거나 중재신청을 받은 때부터 60일 이내에 조정안을 제시하거나 중재결정을 하여야 한다.

⑤ 노동위원회는 관계당사자 쌍방이 조정안을 수락한 경우에는 조정조서를 작성하고 중재결정을 한 경우에는 중재결정서를 작성하여야 한다.

⑥ 조정조서에는 관계당사자와 조정에 관여한 위원전원이 서명 · 날인하여야 하고, 중재결정서에는 관여한 위원전원이 서명 · 날인하여야 한다.

⑦ 조정 또는 중재결정은 「민사소송법」의 규정에 따른 재판상 화해와 동일한 효력을 갖는다.

⑧ 조정 · 중재의 방법, 조정조서 · 중재결정서의 작성 등에 관한 사항은 중앙노동위원회가 따로 정한다.

제12조(시정명령 등)

① 노동위원회는 조사 · 심문을 종료하고 차별적 처우에 해당된다고 판정한 때에는 사용자에게 시정명령을 내려야 하고, 차별적 처우에 해당하지 아니한다고 판정한 때에는 그 시정신청을 기각하는 결정을 하여야 한다.

② 판정 · 시정명령 또는 기각결정은 서면으로 하되 그 이유를 구체적으로 명시하여 관계당사자에게 각각 교부하여야 한다. 이 경우 시정명령을 내리는 때에는 시정명령의 내용 및 이행기한 등을 구체적으로 기재하여야 한다.

제13조(조정 · 중재 또는 시정명령의 내용)

① 조정 · 중재 또는 시정명령의 내용에는 차별적 행위의 중지, 임금 등 근로조건의 개선(취업규칙, 단체협약 등의 제도개선 명령을 포함) 또는 적절한 배상 등이 포함될 수 있다.

② 배상액은 차별적 처우로 인하여 기간제근로자 또는 단시간근로자에게 발생한 손해액을 기준으로 정한다. 다만, 노동위원회는 사용자의 차별적 처우에 명백한 고의가 인정되거나 차별적 처우가 반복되는 경우에는 손해액을 기준으로 3배를 넘지 아니하는 범위에서 배상을 명령할 수 있다.

제14조(시정명령 등의 확정)

① 지방노동위원회의 시정명령 또는 기각결정에 대하여 불복이 있는 관계당사자는 시정명령서 또는 기각결정서의 송달을 받은 날부터 10일 이내에 중앙노동위원회에 재심을 신청할 수 있다.

② 중앙노동위원회의 재심결정에 대하여 불복이 있는 관계당사자는 재심결정서의 송달을 받은 날부터 15일 이내에 행정소송을 제기할 수 있다.

③ 규정된 기간 이내에 재심을 신청하지 아니하거나 규정된 기간 이내에 행정소송을 제기하지 아니한 때에는 그 시정명령 · 기각결정 또는 재심결정은 확정된다.

제5장 보칙

제16조(불리한 처우의 금지)

사용자는 기간제근로자 또는 단시간근로자가 다음의 어느 하나에 해당하는 행위를 한 것을 이유로 해고 그 밖의 불리한 처우를 하지 못한다.

1. 사용자의 부당한 초과근로 요구의 거부
2. 차별적 처우의 시정신청, 노동위원회에의 참석 및 진술, 재심신청 또는 행정소송의 제기
3. 시정명령 불이행의 신고
4. 통고

제17조(근로조건의 서면명시)

사용자는 기간제근로자 또는 단시간근로자와 근로계약을 체결하는 때에는 다음의 모든 사항을 서면으로 명시하여야 한다. 다만, 6.은 단시간근로자에 한한다.

1. 근로계약기간에 관한 사항
2. 근로시간 · 휴게에 관한 사항
3. 임금의 구성항목 · 계산방법 및 지불방법에 관한 사항
4. 휴일 · 휴가에 관한 사항
5. 취업의 장소와 종사하여야 할 업무에 관한 사항
6. 근로일 및 근로일별 근로시간

제6장 벌칙

제21조(벌칙)

근로자에게 불리한 처우를 한 자는 2년 이하의 징역 또는 1천만원 이하의 벌금에 처한다.

제22조(벌칙)

단시간근로자에게 초과근로를 하게한 자는 1천만원 이하의 벌금에 처한다.

제23조(양벌규정)

사업주의 대리인·사용인 그 밖의 종업원이 사업주의 업무에 관하여 위반행위를 한 때에는 행위자를 벌하는 외에 그 사업주에 대하여도 해당조의 벌금형을 과한다. 다만, 사업주가 그 위반행위를 방지하기 위하여 해당 업무에 관하여 상당한 주의와 감독을 게을리하지 아니한 경우에는 그러하지 아니하다.

11 근로자퇴직급여 보장법

제1장 총칙

제1조(목적)

이 법은 근로자 퇴직급여제도의 설정 및 운영에 필요한 사항을 정함으로써 근로자의 안정적인 노후생활 보장에 이바지함을 목적으로 한다.

제2조(정의)

이 법에서 사용하는 용어의 뜻은 다음과 같다.

1. "근로자"란 「근로기준법」에 따른 근로자를 말한다.
2. "사용자"란 「근로기준법」에 따른 사용자를 말한다.
3. "임금"이란 「근로기준법」에 따른 임금을 말한다.
4. "평균임금"이란 「근로기준법」에 따른 평균임금을 말한다.
5. "급여"란 퇴직급여제도나 개인형퇴직연금제도에 의하여 근로자에게 지급되는 연금 또는 일시금을 말한다.
6. "퇴직급여제도"란 확정급여형퇴직연금제도, 확정기여형퇴직연금제도, 중소기업퇴직연금기금제도 및 퇴직금제도를 말한다.
7. "퇴직연금제도"란 확정급여형퇴직연금제도, 확정기여형퇴직연금제도 및 개인형퇴직연금제도를 말한다.
8. "확정급여형퇴직연금제도"란 근로자가 받을 급여의 수준이 사전에 결정되어 있는 퇴직연금제도를 말한다.
9. "확정기여형퇴직연금제도"란 급여의 지급을 위하여 사용자가 부담하여야 할 부담금의 수준이 사전에 결정되어 있는 퇴직연금제도를 말한다.
10. "개인형퇴직연금제도"란 가입자의 선택에 따라 가입자가 납입한 일시금이나 사용자 또는 가입자가 납입한 부담금을 적립·운용하기 위하여 설정한 퇴직연금제도로서 급여의 수준이나 부담금의 수준이 확정되지 아니한 퇴직연금제도를 말한다.
11. "가입자"란 퇴직연금제도 또는 중소기업퇴직연금기금제도에 가입한 사람을 말한다.
12. "적립금"이란 가입자의 퇴직 등 지급사유가 발생할 때에 급여를 지급하기 위하여 사용자 또는 가입자가 납입한 부담금으로 적립된 자금을 말한다.
13. "퇴직연금사업자"란 퇴직연금제도의 운용관리업무 및 자산관리업무를 수행하기 위하여 등록한 자를 말한다.
14. "중소기업퇴직연금기금제도"란 중소기업(상시 30명 이하의 근로자를 사용하는 사업에 한정) 근로자의 안정적인 노후생활 보장을 지원하기 위하여 둘 이상의 중소기업사용자 및 근로자가 납입한 부담금 등으로 공동의 기금을 조성·운영하여 근로자에게 급여를 지급하는 제도를 말한다.

제3조(적용범위)

이 법은 근로자를 사용하는 모든 사업 또는 사업장(이하 "사업")에 적용한다. 다만, 동거하는 친족만을 사용하는 사업 및 가구 내 고용활동에는 적용하지 아니한다.

제2장 퇴직급여제도의 설정

제4조(퇴직급여제도의 설정)

① 사용자는 퇴직하는 근로자에게 급여를 지급하기 위하여 퇴직급여제도 중 하나 이상의 제도를 설정하여야 한다. 다만, 계속근로기간이 1년 미만인 근로자, 4주간을 평균하여 1주간의 소정근로시간이 15시간 미만인 근로자에 대하여는 그러하지 아니하다.

② 퇴직급여제도를 설정하는 경우에 하나의 사업에서 급여 및 부담금 산정방법의 적용 등에 관하여 차등을 두어서는 아니 된다.

③ 사용자가 퇴직급여제도를 설정하거나 설정된 퇴직급여제도를 다른 종류의 퇴직급여제도로 변경하려는 경우에는 근로자의 과반수가 가입한 노동조합이 있는 경우에는 그 노동조합, 근로자의 과반수가 가입한 노동조합이 없는 경우에는 근로자 과반수(이하 "근로자대표"라 한다)의 동의를 받아야 한다.

④ 사용자가 설정되거나 변경된 퇴직급여제도의 내용을 변경하려는 경우에는 근로자대표의 의견을 들어야 한다. 다만, 근로자에게 불리하게 변경하려는 경우에는 근로자대표의 동의를 받아야 한다.

제8조(퇴직금제도의 설정 등)

① 퇴직금제도를 설정하려는 사용자는 계속근로기간 1년에 대하여 30일분 이상의 평균임금을 퇴직금으로 퇴직 근로자에게 지급할 수 있는 제도를 설정하여야 한다.

② 사용자는 주택구입 등 대통령령으로 정하는 사유로 근로자가 요구하는 경우에는 근로자가 퇴직하기 전에 해당 근로자의 계속근로기간에 대한 퇴직금을 미리 정산하여 지급할 수 있다. 이 경우 미리 정산하여 지급한 후의 퇴직금 산정을 위한 계속근로기간은 정산시점부터 새로 계산한다.

시행령 제3조(퇴직금 중간정산 사유)

① 법 제8조 제2항 전단에서 "주택구입 등 대통령령으로 정하는 사유"란 다음 각 호의 어느 하나에 해당하는 경우를 말한다.

1. 무주택자인 근로자가 본인 명의로 주택을 구입하는 경우
2. 무주택자인 근로자가 주거를 목적으로 「민법」에 따른 전세금 또는 「주택임대차보호법」 제3조의2에 따른 보증금을 부담하는 경우. 이 경우 근로자가 하나의 사업에 근로하는 동안 1회로 한정한다.
3. 근로자가 6개월 이상 요양을 필요로 하는 다음의 어느 하나에 해당하는 사람의 질병이나 부상에 대한 의료비를 해당 근로자가 본인 연간 임금총액의 1천분의 125를 초과하여 부담하는 경우
   가. 근로자 본인
   나. 근로자의 배우자
   다. 근로자 또는 그 배우자의 부양가족

4. 퇴직금 중간정산을 신청하는 날부터 거꾸로 계산하여 5년 이내에 근로자가 「채무자 회생 및 파산에 관한 법률」에 따라 파산선고를 받은 경우
5. 퇴직금 중간정산을 신청하는 날부터 거꾸로 계산하여 5년 이내에 근로자가 「채무자 회생 및 파산에 관한 법률」에 따라 개인회생절차개시 결정을 받은 경우
6. 사용자가 기존의 정년을 연장하거나 보장하는 조건으로 단체협약 및 취업규칙 등을 통하여 일정나이, 근속시점 또는 임금액을 기준으로 임금을 줄이는 제도를 시행하는 경우
6의2. 사용자가 근로자와의 합의에 따라 소정근로시간을 1일 1시간 또는 1주 5시간 이상 변경하여 그 변경된 소정근로시간에 따라 근로자가 3개월 이상 계속 근로하기로 한 경우
6의3. 근로기준법 일부개정법률의 시행에 따른 근로시간의 단축으로 근로자의 퇴직금이 감소되는 경우
7. 재난으로 피해를 입는 경우로서 고용노동부장관이 정하여 고시하는 사유에 해당하는 경우

② 사용자는 퇴직금을 미리 정산하여 지급한 경우 근로자가 퇴직한 후 5년이 되는 날까지 관련 증명서류를 보존하여야 한다.

제9조(퇴직금의 지급)

① 사용자는 근로자가 퇴직한 경우에는 그 지급사유가 발생한 날부터 14일 이내에 퇴직금을 지급하여야 한다. 다만, 특별한 사정이 있는 경우에는 당사자 간의 합의에 따라 지급기일을 연장할 수 있다.

② 퇴직금은 근로자가 지정한 개인형퇴직연금제도의 계정 또는 중소기업퇴직연금기금제도 가입자부담금 계정(이하 "개인형퇴직연금제도의 계정등")으로 이전하는 방법으로 지급하여야 한다. 다만, 근로자가 55세 이후에 퇴직하여 급여를 받는 경우 등 대통령령으로 정하는 사유가 있는 경우에는 그러하지 아니하다.

③ 근로자가 개인형퇴직연금제도의 계정등을 지정하지 아니한 경우에는 근로자 명의의 개인형퇴직연금제도의 계정으로 이전한다.

제10조(퇴직금의 시효)

이 법에 따른 퇴직금을 받을 권리는 3년간 행사하지 아니하면 시효로 인하여 소멸한다.

제12조(퇴직급여등의 우선변제)

① 사용자에게 지급의무가 있는 퇴직금, 확정급여형퇴직연금제도의 급여, 확정기여형퇴직연금제도의 부담금 중 미납입 부담금 및 미납입 부담금에 대한 지연이자, 중소기업퇴직연금기금제도의 부담금 중 미납입 부담금 및 미납입 부담금에 대한 지연이자, 개인형퇴직연금제도의 부담금 중 미납입 부담금 및 미납입 부담금에 대한 지연이자(이하 "퇴직급여등")는 사용자의 총재산에 대하여 질권 또는 저당권에 의하여 담보된 채권을 제외하고는 조세·공과금 및 다른 채권에 우선하여 변제되어야 한다. 다만, 질권 또는 저당권에 우선하는 조세·공과금에 대하여는 그러하지 아니하다.

② 최종 3년간의 퇴직급여등은 사용자의 총재산에 대하여 질권 또는 저당권에 의하여 담보된 채권, 조세·공과금 및 다른 채권에 우선하여 변제되어야 한다.

③ 퇴직급여등 중 퇴직금, 확정급여형퇴직연금제도의 급여는 계속근로기간 1년에 대하여 30일분의 평균임금으로 계산한 금액으로 한다.

④ 퇴직급여등 중 확정기여형퇴직연금제도의 부담금, 중소기업퇴직연금기금제도의 부담금 및 개인형 퇴직연금제도의 부담금은 가입자의 연간 임금총액의 12분의 1에 해당하는 금액으로 계산한 금액으로 한다.

제3장 확정급여형퇴직연금제도

제13조(확정급여형퇴직연금제도의 설정)

확정급여형퇴직연금제도를 설정하려는 사용자는 근로자대표의 동의를 얻거나 의견을 들어 다음의 사항을 포함한 확정급여형퇴직연금규약을 작성하여 고용노동부장관에게 신고하여야 한다.

1. 퇴직연금사업자 선정에 관한 사항
2. 가입자에 관한 사항
3. 가입기간에 관한 사항
4. 급여수준에 관한 사항
5. 급여 지급능력 확보에 관한 사항
6. 급여의 종류 및 수급요건 등에 관한 사항
7. 운용관리업무 및 자산관리업무의 수행을 내용으로 하는 계약의 체결 및 해지와 해지에 따른 계약의 이전(移轉)에 관한 사항
8. 운용현황의 통지에 관한 사항
9. 가입자의 퇴직 등 급여 지급사유 발생과 급여의 지급절차에 관한 사항
10. 퇴직연금제도의 폐지 · 중단 사유 및 절차 등에 관한 사항

10의2. 부담금의 산정 및 납입에 관한 사항

11. 그 밖에 확정급여형퇴직연금제도의 운영을 위하여 대통령령으로 정하는 사항

제14조(가입기간)

① 가입기간은 퇴직연금제도의 설정 이후 해당 사업에서 근로를 제공하는 기간으로 한다.

② 해당 퇴직연금제도의 설정 전에 해당 사업에서 제공한 근로기간에 대하여도 가입기간으로 할 수 있다. 이 경우 퇴직금을 미리 정산한 기간은 제외한다.

제15조(급여수준)

급여 수준은 가입자의 퇴직일을 기준으로 산정한 일시금이 계속근로기간 1년에 대하여 30일분의 평균임금이 되도록 하여야 한다.

제16조(급여 지급능력 확보 등)

① 확정급여형퇴직연금제도를 설정한 사용자는 급여 지급능력을 확보하기 위하여 매 사업연도 말 다음에 해당하는 금액 중 더 큰 금액(이하 "기준책임준비금")에 100분의 60 이상으로 대통령령으로 정하는 비율을 곱하여 산출한 금액(이하 "최소적립금") 이상을 적립금으로 적립하여야 한다. 다만, 해당 퇴직연금제도 설정 이전에 해당 사업에서 근로한 기간을 가입기간에 포함시키는 경우 대통령령으로 정하는 비율에 따른다.

1. 매 사업연도 말일 현재를 기준으로 산정한 가입자의 예상 퇴직시점까지의 가입기간에 대한 급여에 드는 비용 예상액의 현재가치에서 장래 근무기간분에 대하여 발생하는 부담금 수입 예상액의 현재가치를 뺀 금액으로서 고용노동부령으로 정하는 방법에 따라 산정한 금액

2. 가입자와 가입자였던 사람의 해당 사업연도 말일까지의 가입기간에 대한 급여에 드는 비용 예상액을 고용노동부령으로 정하는 방법에 따라 산정한 금액

② 확정급여형퇴직연금제도의 운용관리업무를 수행하는 퇴직연금사업자는 매 사업연도 종료 후 6개월 이내에 고용노동부령으로 정하는 바에 따라 산정된 적립금이 최소적립금을 넘고 있는지 여부를 확인하여 그 결과를 대통령령으로 정하는 바에 따라 사용자에게 알려야 한다. 다만, 최소적립금보다 적은 경우에는 그 확인 결과를 근로자대표에게도 알려야 한다.

③ 사용자는 확인 결과 적립금이 대통령령으로 정하는 수준에 미치지 못하는 경우에는 대통령령으로 정하는 바에 따라 적립금 부족을 해소하여야 한다.

④ 확인 결과 매 사업연도 말 적립금이 기준책임준비금을 초과한 경우 사용자는 그 초과분을 향후 납입할 부담금에서 상계(相計)할 수 있으며, 매 사업연도 말 적립금이 기준책임준비금의 100분의 150을 초과하고 사용자가 반환을 요구하는 경우 퇴직연금사업자는 그 초과분을 사용자에게 반환할 수 있다.

제17조(급여 종류 및 수급요건 등)

① 확정급여형퇴직연금제도의 급여 종류는 연금 또는 일시금으로 하되, 수급요건은 다음과 같다.

1. 연금은 55세 이상으로서 가입기간이 10년 이상인 가입자에게 지급할 것. 이 경우 연금의 지급기간은 5년 이상이어야 한다.
2. 일시금은 연금수급 요건을 갖추지 못하거나 일시금 수급을 원하는 가입자에게 지급할 것

② 사용자는 가입자의 퇴직 등 급여를 지급할 사유가 발생한 날부터 14일 이내에 퇴직연금사업자로 하여금 적립금의 범위에서 지급의무가 있는 급여 전액(사업의 도산 등 대통령령으로 정하는 경우에는 적립금의 비율에 해당하는 금액)을 지급하도록 하여야 한다. 다만, 퇴직연금제도 적립금으로 투자된 운용자산 매각이 단기간에 이루어지지 아니하는 등 특별한 사정이 있는 경우에는 사용자, 가입자 및 퇴직연금사업자 간의 합의에 따라 지급기일을 연장할 수 있다.

③ 사용자는 퇴직연금사업자가 지급한 급여수준이 규정에 의한 급여수준에 미치지 못할 때에는 급여를 지급할 사유가 발생한 날부터 14일 이내에 그 부족한 금액을 해당 근로자에게 지급하여야 한다. 이 경우 특별한 사정이 있는 경우에는 당사자 간의 합의에 따라 지급기일을 연장할 수 있다.

④ 급여의 지급은 가입자가 지정한 개인형퇴직연금제도의 계정등으로 이전하는 방법으로 한다. 다만, 가입자가 55세 이후에 퇴직하여 급여를 받는 경우 등 대통령령으로 정하는 사유가 있는 경우에는 그러하지 아니하다.

⑤ 가입자가 개인형퇴직연금제도의 계정등을 지정하지 아니하는 경우에는 가입자 명의의 개인형퇴직연금제도의 계정으로 이전한다. 이 경우 가입자가 해당 퇴직연금사업자에게 개인형퇴직연금제도를 설정한 것으로 본다.

제18조(운용현황의 통지)

퇴직연금사업자는 매년 1회 이상 적립금액 및 운용수익률 등을 고용노동부령으로 정하는 바에 따라 가입자에게 알려야 한다.

제18조의2(적립금운용위원회 구성 등)

① 상시 300명 이상의 근로자를 사용하는 사업의 사용자는 퇴직연금제도 적립금의 합리적인 운용을 위하여 대통령령으로 정하는 바에 따라 적립금운용위원회를 구성하여야 한다.

② 사용자는 적립금운용위원회의 심의를 거친 적립금운용계획서에 따라 적립금을 운용하여야 한다. 이 경우 적립금운용계획서는 적립금 운용 목적 및 방법, 목표수익률, 운용성과 평가 등 대통령령으로 정하는 내용을 포함하여 매년 1회 이상 작성하여야 한다.

제4장 확정기여형퇴직연금제도

제19조(확정기여형퇴직연금제도의 설정)

① 확정기여형퇴직연금제도를 설정하려는 사용자는 근로자대표의 동의를 얻거나 의견을 들어 다음의 사항을 포함한 확정기여형퇴직연금규약을 작성하여 고용노동부장관에게 신고하여야 한다.

1. 부담금의 부담에 관한 사항
2. 부담금의 산정 및 납입에 관한 사항
3. 적립금의 운용에 관한 사항
4. 적립금의 운용방법 및 정보의 제공 등에 관한 사항
5. 적립금의 중도인출에 관한 사항
6. 확정급여형퇴직연금제도의 설정 규정의 사항
7. 그 밖에 확정기여형퇴직연금제도의 운영에 필요한 사항으로서 대통령령으로 정하는 사항

제20조(부담금의 부담수준 및 납입 등)

① 확정기여형퇴직연금제도를 설정한 사용자는 가입자의 연간 임금총액의 12분의 1 이상에 해당하는 부담금을 현금으로 가입자의 확정기여형퇴직연금제도 계정에 납입하여야 한다.

② 가입자는 사용자가 부담하는 부담금 외에 스스로 부담하는 추가 부담금을 가입자의 확정기여형퇴직연금 계정에 납입할 수 있다.

③ 사용자는 매년 1회 이상 정기적으로 부담금을 가입자의 확정기여형퇴직연금제도 계정에 납입하여야 한다. 이 경우 사용자가 정하여진 기일(확정기여형퇴직연금규약에서 납입 기일을 연장할 수 있도록 한 경우에는 그 연장된 기일)까지 부담금을 납입하지 아니한 경우 그 다음 날부터 부담금을 납입한 날까지 지연 일수에 대하여 연 100분의 40 이내의 범위에서 「은행법」에 따른 은행이 적용하는 연체금리, 경제적 여건 등을 고려하여 대통령령으로 정하는 이율에 따른 지연이자를 납입하여야 한다.

④ 사용자가 천재지변, 그 밖에 대통령령으로 정하는 사유에 따라 부담금 납입을 지연하는 경우 그 사유가 존속하는 기간에 대하여는 적용하지 아니한다.

⑤ 사용자는 확정기여형퇴직연금제도 가입자의 퇴직 등 대통령령으로 정하는 사유가 발생한 때에 그 가입자에 대한 부담금을 미납한 경우에는 그 사유가 발생한 날부터 14일 이내에 부담금 및 지연이자를 해당 가입자의 확정기여형퇴직연금제도 계정에 납입하여야 한다. 다만, 특별한 사정이 있는 경우에는 당사자 간의 합의에 따라 납입 기일을 연장할 수 있다.

⑥ 가입자는 퇴직할 때에 받을 급여를 갈음하여 그 운용 중인 자산을 가입자가 설정한 개인형퇴직연금제도의 계정으로 이전해 줄 것을 해당 퇴직연금사업자에게 요청할 수 있다.

⑦ 가입자의 요청이 있는 경우 퇴직연금사업자는 그 운용 중인 자산을 가입자의 개인형퇴직연금제도 계정으로 이전하여야 한다. 이 경우 확정기여형퇴직연금제도 운영에 따른 가입자에 대한 급여는 지급된 것으로 본다.

제21조(적립금 운용방법 및 정보제공)

① 확정기여형퇴직연금제도의 가입자는 적립금의 운용방법을 스스로 선정할 수 있고, 반기마다 1회 이상 적립금의 운용방법을 변경할 수 있다.

② 퇴직연금사업자는 반기마다 1회 이상 위험과 수익구조가 서로 다른 세 가지 이상의 적립금 운용방법을 제시하여야 한다.

③ 퇴직연금사업자는 운용방법별 이익 및 손실의 가능성에 관한 정보 등 가입자가 적립금의 운용방법을 선정하는 데 필요한 정보를 제공하여야 한다.

제22조(적립금의 중도인출)

확정기여형퇴직연금제도에 가입한 근로자는 주택구입 등 대통령령으로 정하는 사유가 발생하면 적립금을 중도인출할 수 있다.

제23조(둘 이상의 사용자가 참여하는 확정기여형퇴직연금제도 설정)

퇴직연금사업자가 둘 이상의 사용자를 대상으로 하나의 확정기여형퇴직연금제도 설정을 제안하려는 경우에는 다음의 사항에 대하여 고용노동부장관의 승인을 받아야 한다.

1. 다음의 사항이 포함된 확정기여형퇴직연금제도의 표준규약
   가. 확정기여형퇴직연금제도의 설정 규정 각 호의 사항
   나. 그 밖에 대통령령으로 정하는 사항
2. 대통령령으로 정하는 사항이 포함된 운용관리업무 및 자산관리업무에 관한 표준계약서

제4장의2 중소기업퇴직연금기금제도

제23조의2(중소기업퇴직연금기금제도의 운영)

① 중소기업퇴직연금기금제도는 공단에서 운영한다.

② 중소기업퇴직연금기금제도 운영과 관련한 주요 사항을 심의·의결하기 위하여 공단에 중소기업퇴직연금기금제도운영위원회(이하 "운영위원회")를 둔다.

③ 운영위원회의 위원장은 공단 이사장으로 한다.

④ 운영위원회는 위원장, 퇴직연금 관계 업무를 담당하는 고용노동부의 고위공무원단에 속하는 일반직공무원 및 위원장이 위촉하는 다음의 위원으로 구성한다. 이 경우 위원장을 포함한 위원의 수는 10명 이상 15명 이내로 구성하되, 2.와 3.에 해당하는 위원의 수는 같아야 한다.

1. 공단의 상임이사
2. 근로자를 대표하는 사람
3. 사용자를 대표하는 사람
4. 퇴직연금 관련 전문가로서 퇴직연금 및 자산운용에 관한 학식과 경험이 풍부한 사람

⑤ 위원장이 위촉한 위원의 임기는 3년으로 하되, 연임할 수 있다. 다만, 위원의 사임 등으로 새로 위촉된 위원의 임기는 전임 위원 임기의 남은 기간으로 한다.

⑥ 운영위원회는 다음의 사항을 심의·의결한다.

1. 중소기업퇴직연금기금 운용계획 및 지침에 관한 사항
2. 중소기업퇴직연금기금표준계약서의 작성 및 변경에 관한 사항
3. 수수료 수준에 관한 사항

4. 그 밖에 위원장이 중소기업퇴직연금기금제도 운영과 관련한 주요 사항에 관하여 운영위원회의 회의에 부치는 사항

⑦ 위원장은 중소기업퇴직연금기금 운용 등과 관련하여 운영위원회를 지원하기 위한 자문위원회를 구성할 수 있다.

⑧ 그 밖에 운영위원회의 구성 및 운영 등에 필요한 사항은 대통령령으로 정한다.

제23조의3(중소기업퇴직연금기금의 관리 및 운용)

① 공단은 중소기업퇴직연금기금의 안정적 운용 및 수익성 증대를 위하여 대통령령으로 정하는 방법에 따라 중소기업퇴직연금기금을 관리·운용하여야 한다.

② 공단은 중소기업퇴직연금기금을 공단의 다른 회계와 구분하여야 한다.

제23조의4(자료의 활용)

① 공단은 다음의 사무를 원활히 수행하기 위하여 대통령령으로 정하는 범위에서 「고용보험법」, 「고용보험 및 산업재해보상보험의 보험료징수 등에 관한 법률」 및 「근로복지기본법」에 따라 수집된 자료를 활용할 수 있다.

1. 중소기업퇴직연금기금제도 가입 대상 사업장에 대한 가입 안내 업무
2. 업무 중 사용자 및 근로자의 편의를 도모하기 위하여 대통령령으로 정하는 업무

② 고용노동부장관은 공단이 업무수행을 위하여 퇴직연금규약 신고, 퇴직연금규약 폐지 신고 여부에 대한 자료를 요청하는 경우 해당 자료를 제공할 수 있다.

제23조의5(중소기업퇴직연금기금표준계약서의 기재사항 등)

① 공단은 다음의 사항을 기재한 계약서(이하 "중소기업퇴직연금기금표준계약서")를 작성하여 고용노동부장관의 승인을 받아야 한다.

1. 확정급여형퇴직연금제도의 설정 규정의 사항
2. 확정기여형퇴직연금제도의 설정 규정의 사항
3. 중소기업퇴직연금기금의 관리·운용 업무에 관한 사항
4. 적립금 운용현황의 기록·보관·통지 업무에 관한 사항
5. 계좌의 설정 및 관리, 부담금의 수령, 적립금의 보관 및 관리, 급여의 지급 업무에 관한 사항
6. 그 밖에 중소기업퇴직연금기금제도의 운영을 위하여 대통령령으로 정하는 사항

② 공단은 승인받은 중소기업퇴직연금기금표준계약서를 변경하는 경우에는 고용노동부장관의 승인을 받아야 한다. 다만, 변경하는 내용이 사용자 및 가입자에게 불리하지 아니한 경우에는 고용노동부장관에게 신고함으로써 중소기업퇴직연금기금표준계약서를 변경할 수 있다.

③ 승인 또는 변경승인의 방법 및 절차 등에 필요한 사항은 대통령령으로 정한다.

제23조의6(중소기업퇴직연금기금제도의 설정)

① 중소기업의 사용자는 중소기업퇴직연금기금표준계약서에서 정하고 있는 사항에 관하여 근로자대표의 동의를 얻거나 의견을 들어 공단과 계약을 체결함으로써 중소기업퇴직연금기금제도를 설정할 수 있다.

② 공단은 업무수행에 따른 수수료를 사용자 및 가입자에게 부과할 수 있다.

③ 공단은 업무 중 대통령령으로 정하는 업무를 인적·물적 요건 등 대통령령으로 정하는 요건을 갖춘 자에게 처리하게 할 수 있다.

제23조의7(부담금의 부담수준 및 납입 등)

① 중소기업퇴직연금기금제도를 설정한 사용자는 매년 1회 이상 정기적으로 가입자의 연간 임금총액의 12분의 1 이상에 해당하는 부담금(이하 "사용자부담금")을 현금으로 가입자의 중소기업퇴직연금기금제도 계정(이하 "기금제도사용자부담금계정")에 납입하여야 한다. 이 경우 사용자가 정하여진 기일(중소기업퇴직연금기금표준계약서에서 납입 기일을 연장할 수 있도록 한 경우에는 그 연장된 기일)까지 부담금을 납입하지 아니한 경우에는 그 다음 날부터 부담금을 납입한 날까지 지연 일수에 대하여 대통령령으로 정하는 이율에 따른 지연이자를 납입하여야 한다.

② 사용자는 중소기업퇴직연금기금제도 가입자의 퇴직 등 대통령령으로 정하는 사유가 발생한 때에 그 가입자에 대한 부담금을 미납한 경우에는 그 사유가 발생한 날부터 14일 이내에 부담금과 지연이자를 해당 가입자의 기금제도사용자부담금계정에 납입하여야 한다. 다만, 특별한 사정이 있는 경우에는 당사자 간의 합의에 따라 납입 기일을 연장할 수 있다.

③ 지연이자에 대한 적용제외 사유는 제20조제4항을 준용한다.

④ 그 밖에 사용자부담금의 납입 방법 · 절차 등에 필요한 사항은 대통령령으로 정한다.

제23조의8(중소기업퇴직연금기금제도 가입자부담금 계정의 설정 등)

중소기업퇴직연금기금제도의 가입자 중 다음의 어느 하나에 해당하는 사람은 가입자 명의의 부담금계정(이하 "기금제도가입자부담금계정")을 설정할 수 있다. 이 경우 공단은 가입자의 기금제도사용자부담금계정과 구분하여 관리하여야 한다.

1. 중소기업퇴직연금기금제도의 급여를 일시금으로 수령하려는 사람
2. 사용자부담금 외에 자기의 부담으로 추가 부담금(이하 "가입자부담금")을 납입하려는 사람

제23조의9(가입기간)

중소기업퇴직연금기금제도를 설정하는 경우 가입기간에 관하여는 이 법을 준용한다. 다만, 기금제도가입자부담금계정은 해당 계정이 설정된 날부터 급여가 전액 지급된 날까지로 한다.

제23조의10(기금 운용정보 제공)

공단은 중소기업퇴직연금기금 운용에 따라 발생하는 이익 및 손실 가능성 등의 정보를 대통령령으로 정하는 방법에 따라 중소기업퇴직연금기금제도 가입자에게 제공하여야 한다.

제23조의11(운용현황의 통지)

중소기업퇴직연금기금제도의 가입자별 운용현황의 통지에 관하여는 이 법을 준용한다. 이 경우 "퇴직연금사업자"는 "공단"으로 본다.

제23조의12(급여의 종류 및 수급요건 등)

① 중소기업퇴직연금기금제도의 급여 종류 및 수급요건은 다음에 따른다.

1. 기금제도사용자부담금계정에 관하여는 이 법을 준용한다. 이 경우 "확정급여형퇴직연금제도"는 "중소기업퇴직연금기금제도"로 본다.
2. 기금제도가입자부담금계정에 관하여는 대통령령으로 정한다.

② 기금제도사용자부담금계정에서 가입자에 대한 급여의 지급은 가입자가 지정한 개인형퇴직연금제도의 계정등으로 이전하는 방법으로 한다. 다만, 가입자가 개인형퇴직연금제도의 계정등을 지정하지 아니하는 경우에는 가입자 명의의 개인형퇴직연금제도의 계정으로 이전한다.

③ 그 밖에 급여의 지급 등에 필요한 사항은 대통령령으로 정한다.

제23조의13(적립금의 중도인출)

중소기업퇴직연금기금제도의 적립금 중도인출에 관한 사항은 다음에 따른다.

1. 기금제도사용자부담금계정에 관하여는 이 법을 준용한다. 이 경우 "확정기여형퇴직연금제도"는 "중소기업퇴직연금기금제도"로 본다.
2. 기금제도가입자부담금계정에 관하여는 이 법을 준용한다. 이 경우 "개인형퇴직연금제도"는 "중소기업퇴직연금기금제도"로 본다.

제23조의14(국가의 지원)

① 국가는 중소기업퇴직연금기금제도에 가입하는 사업의 재정적 부담을 경감하고, 근로자의 중소기업퇴직연금 가입을 촉진하기 위하여 고용노동부장관이 정하는 요건에 해당하는 경우 사용자부담금, 가입자부담금 또는 중소기업퇴직연금기금제도 운영에 따른 비용의 일부 등을 예산의 범위에서 지원할 수 있다.

② 지원대상, 지원수준 및 절차 등에 필요한 사항은 대통령령으로 정한다.

③ 고용노동부장관은 국가의 지원을 받은 자가 다음의 어느 하나에 해당하는 경우에는 지원금의 전부 또는 일부를 대통령령으로 정하는 바에 따라 환수할 수 있다. 다만, 환수할 지원금액(이하 "환수금")이 대통령령으로 정하는 금액 미만인 경우에는 환수하지 아니할 수 있다.

1. 거짓이나 그 밖의 부정한 방법으로 지원금을 받은 경우
2. 지원금이 잘못 지급된 경우
3. 사용자가 도산 등 대통령령으로 정하는 정당한 사유 없이 중소기업퇴직연금기금제도를 폐지한 경우

④ 공단은 환수금을 국세강제징수의 예에 따라 징수할 수 있다.

⑤ 공단은 환수금 징수를 위하여 「지방세법」에 따른 재산세 과세자료 등 대통령령으로 정하는 자료의 제공 또는 관련 전산망의 이용을 관계 기관의 장에게 요청할 수 있다. 이 경우 관계 기관의 장은 정당한 사유가 없으면 그 요청에 따라야 한다.

⑥ 공단에 제공되는 자료에 대해서는 수수료 또는 사용료 등을 면제한다.

제23조의15(공단의 책무)

① 공단은 중소기업퇴직연금기금제도 가입자에 대하여 중소기업퇴직연금기금제도 운영 상황 등 대통령령으로 정하는 사항에 대하여 매년 1회 이상 교육을 실시하여야 한다.

② 공단은 매년 중소기업퇴직연금기금제도의 취급실적, 운용현황 및 수익률 등을 대통령령으로 정하는 바에 따라 공시하여야 한다.

③ 공단은 중소기업퇴직연금기금표준계약서 내용이 변경된 때에는 고용노동부장관이 정하는 바에 따라 사용자 및 가입자에게 그 변경 사항을 통보하여야 한다.

④ 그 밖에 공단의 책무에 관한 사항은 퇴직연금사업자의 책무 규정을 준용한다. 이 경우 "퇴직연금사업자"는 "공단"으로, "운용관리업무에 관한 계약의 제공 및 자산관리업무에 관한 내용"은 "중소기업퇴직연금기금표준계약서 기재사항"에 따른 계약의 내용으로, "운용관리업무의 수행계약 체결을 거부하는 행위" 및 "자산관리업무의 수행계약 체결을 거부하는 행위"는 각각 "중소기업퇴직연금기금제도의 설정에 따른 계약의 체결을 거부하는 행위"로 본다.

제23조의16(지도 · 감독 등)

고용노동부장관은 중소기업퇴직연금기금제도의 원활한 운영을 위하여 공단이 다음의 사항을 보고하게 하거나 소속 공무원으로 하여금 그 장부 · 서류 또는 그 밖의 물건을 검사하게 할 수 있으며, 필요하다고 인정하는 경우에는 대통령령으로 정하는 바에 따라 그 운영 등에 시정을 명할 수 있다.

1. 공단의 중소기업퇴직연금기금제도 관리 및 운영 실태에 관한 사항
2. 중소기업퇴직연금기금의 관리 · 운용에 관한 사항

제5장 개인형퇴직연금제도

제24조(개인형퇴직연금제도의 설정 및 운영 등)

① 퇴직연금사업자는 개인형퇴직연금제도를 운영할 수 있다.

② 다음의 어느 하나에 해당하는 사람은 개인형퇴직연금제도를 설정할 수 있다.

1. 퇴직급여제도의 일시금을 수령한 사람
2. 확정급여형퇴직연금제도, 확정기여형퇴직연금제도 또는 중소기업퇴직연금기금제도의 가입자로서 자기의 부담으로 개인형퇴직연금제도를 추가로 설정하려는 사람
3. 자영업자 등 안정적인 노후소득 확보가 필요한 사람으로서 대통령령으로 정하는 사람

③ 개인형퇴직연금제도를 설정한 사람은 자기의 부담으로 개인형퇴직연금제도의 부담금을 납입한다. 다만, 대통령령으로 정하는 한도를 초과하여 부담금을 납입할 수 없다.

④ 개인형퇴직연금제도 적립금의 운용방법 및 운용에 관한 정보제공에 관하여는 이 법을 준용한다. 이 경우 "확정기여형퇴직연금제도"는 "개인형퇴직연금제도"로 본다.

⑤ 개인형퇴직연금제도의 급여의 종류별 수급요건 및 중도인출에 관하여는 대통령령으로 정한다.

제25조(10명 미만을 사용하는 사업에 대한 특례)

① 상시 10명 미만의 근로자를 사용하는 사업의 경우 사용자가 개별 근로자의 동의를 받거나 근로자의 요구에 따라 개인형퇴직연금제도를 설정하는 경우에는 해당 근로자에 대하여 퇴직급여제도를 설정한 것으로 본다.

제6장 퇴직연금사업자 및 업무의 수행

제26조(퇴직연금사업자의 등록)

다음의 어느 하나에 해당하는 자로서 퇴직연금사업자가 되려는 자는 재무건전성 및 인적 · 물적 요건 등 대통령령으로 정하는 요건을 갖추어 고용노동부장관에게 등록하여야 한다.

1. 「자본시장과 금융투자업에 관한 법률」에 따른 투자매매업자, 투자중개업자 또는 집합투자업자
2. 「보험업법」에 따른 보험회사
3. 「은행법」에 따른 은행
4. 「신용협동조합법」에 따른 신용협동조합중앙회
5. 「새마을금고법」에 따른 새마을금고중앙회
6. 공단(공단의 퇴직연금사업 대상은 상시 30명 이하의 근로자를 사용하는 사업에 한정)
7. 그 밖에 1.~6.까지에 준하는 자로서 대통령령으로 정하는 자

제7장 책무 및 감독

제32조(사용자의 책무)

① 사용자는 법령, 퇴직연금규약 또는 중소기업퇴직연금기금표준계약서를 준수하고 가입자 등을 위하여 대통령령으로 정하는 사항에 관하여 성실하게 이 법에 따른 의무를 이행하여야 한다.

② 확정급여형퇴직연금제도 또는 확정기여형퇴직연금제도를 설정한 사용자는 매년 1회 이상 가입자에게 해당 사업의 퇴직연금제도 운영 상황 등 대통령령으로 정하는 사항에 관한 교육을 하여야 한다. 이 경우 사용자는 퇴직연금사업자 또는 대통령령으로 정하는 요건을 갖춘 전문기관에 그 교육의 실시를 위탁할 수 있다.

③ 교육 내용 및 방법 등에 필요한 사항은 대통령령으로 정한다.

④ 퇴직연금제도를 설정한 사용자는 다음의 어느 하나에 해당하는 행위를 하여서는 아니 된다.

1. 자기 또는 제3자의 이익을 도모할 목적으로 운용관리업무 및 자산관리업무의 수행계약을 체결하는 행위
2. 그 밖에 퇴직연금제도의 적절한 운영을 방해하는 행위로서 대통령령으로 정하는 행위

⑤ 확정급여형퇴직연금제도 또는 퇴직금제도를 설정한 사용자는 다음의 어느 하나에 해당하는 사유가 있는 경우 근로자에게 퇴직급여가 감소할 수 있음을 미리 알리고 근로자대표와의 협의를 통하여 확정기여형퇴직연금제도나 중소기업퇴직연금기금제도로의 변경, 퇴직급여 산정기준의 개선 등 근로자의 퇴직급여 감소를 예방하기 위하여 필요한 조치를 하여야 한다.

1. 사용자가 단체협약 및 취업규칙 등을 통하여 일정한 연령, 근속시점 또는 임금액을 기준으로 근로자의 임금을 조정하고 근로자의 정년을 연장하거나 보장하는 제도를 시행하려는 경우
2. 사용자가 근로자와 합의하여 소정근로시간을 1일 1시간 이상 또는 1주 5시간 이상 단축함으로써 단축된 소정근로시간에 따라 근로자가 3개월 이상 계속 근로하기로 한 경우
3. 근로기준법 일부개정법률 시행에 따라 근로시간이 단축되어 근로자의 임금이 감소하는 경우
4. 그 밖에 임금이 감소되는 경우로서 고용노동부령으로 정하는 경우

제34조(정부의 책무 등)

① 정부는 퇴직연금제도가 활성화될 수 있도록 지원방안을 마련하여야 한다.

② 정부는 퇴직연금제도의 건전한 정착 및 발전을 위하여 다음의 조치를 할 수 있다.

1. 노사단체, 퇴직연금업무 유관기관·단체와의 공동 연구사업 및 행정적·재정적 지원
2. 퇴직연금제도 운영과 관련한 퇴직연금사업자 평가
3. 건전하고 효율적인 퇴직연금제도 운영을 위한 전문 강사 육성 및 교재의 지원
4. 그 밖에 근로자의 안정적인 노후생활 보장을 위하여 대통령령으로 정하는 사항

③ 평가는 퇴직연금사업자의 운용성과, 운용역량, 수수료의 적정성 등을 대상으로 하며, 그 밖에 평가절차 및 방법 등에 필요한 사항은 대통령령으로 정한다.

④ 정부는 퇴직연금제도의 급여 지급 보장을 위한 장치 마련 등 근로자의 급여 수급권 보호를 위한 방안을 강구하도록 노력하여야 한다.

12 채용절차의 공정화에 관한 법률

제1조(목적)

이 법은 채용과정에서 구직자가 제출하는 채용서류의 반환 등 채용절차에서의 최소한의 공정성을 확보하기 위한 사항을 정함으로써 구직자의 부담을 줄이고 권익을 보호하는 것을 목적으로 한다.

제2조(정의)

이 법에서 사용하는 용어의 뜻은 다음과 같다.

1. "구인자"란 구직자를 채용하려는 자를 말한다.
2. "구직자"란 직업을 구하기 위하여 구인자의 채용광고에 응시하는 사람을 말한다.
3. "기초심사자료"란 구직자의 응시원서, 이력서 및 자기소개서를 말한다.
4. "입증자료"란 학위증명서, 경력증명서, 자격증명서 등 기초심사자료에 기재한 사항을 증명하는 모든 자료를 말한다.
5. "심층심사자료"란 작품집, 연구실적물 등 구직자의 실력을 알아볼 수 있는 모든 물건 및 자료를 말한다.
6. "채용서류"란 기초심사자료, 입증자료, 심층심사자료를 말한다.

제3조(적용범위)

이 법은 상시 30명 이상의 근로자를 사용하는 사업 또는 사업장의 채용절차에 적용한다. 다만, 국가 및 지방자치단체가 공무원을 채용하는 경우에는 적용하지 아니한다.

제4조(거짓 채용광고 등의 금지)

① 구인자는 채용을 가장하여 아이디어를 수집하거나 사업장을 홍보하기 위한 목적 등으로 거짓의 채용광고를 내서는 아니 된다.

② 구인자는 정당한 사유 없이 채용광고의 내용을 구직자에게 불리하게 변경하여서는 아니 된다.

③ 구인자는 구직자를 채용한 후에 정당한 사유 없이 채용광고에서 제시한 근로조건을 구직자에게 불리하게 변경하여서는 아니 된다.

④ 구인자는 구직자에게 채용서류 및 이와 관련한 저작권 등의 지식재산권을 자신에게 귀속하도록 강요하여서는 아니 된다.

제4조의2(채용강요 등의 금지)

누구든지 채용의 공정성을 침해하는 다음의 어느 하나에 해당하는 행위를 할 수 없다.

1. 법령을 위반하여 채용에 관한 부당한 청탁, 압력, 강요 등을 하는 행위
2. 채용과 관련하여 금전, 물품, 향응 또는 재산상의 이익을 제공하거나 수수하는 행위

제4조의3(출신지역 등 개인정보 요구 금지)
구인자는 구직자에 대하여 그 직무의 수행에 필요하지 아니한 다음의 정보를 기초심사자료에 기재하도록 요구하거나 입증자료로 수집하여서는 아니 된다.

1. 구직자 본인의 용모 · 키 · 체중 등의 신체적 조건
2. 구직자 본인의 출신지역 · 혼인여부 · 재산
3. 구직자 본인의 직계 존비속 및 형제자매의 학력 · 직업 · 재산

제5조(기초심사자료 표준양식의 사용 권장)
고용노동부장관은 기초심사자료의 표준양식을 정하여 구인자에게 그 사용을 권장할 수 있다.

제6조(채용서류의 거짓 작성 금지)
구직자는 구인자에게 제출하는 채용서류를 거짓으로 작성하여서는 아니 된다.

제7조(전자우편 등을 통한 채용서류의 접수)
① 구인자는 구직자의 채용서류를 사업장 또는 구인자로부터 위탁받아 채용업무에 종사하는 자의 홈페이지 또는 전자우편으로 받도록 노력하여야 한다.
② 구인자는 채용서류를 전자우편 등으로 받은 경우에는 지체 없이 구직자에게 접수된 사실을 홈페이지 게시, 휴대전화에 의한 문자전송, 전자우편, 팩스, 전화 등으로 알려야 한다.

제8조(채용일정 및 채용과정의 고지)
구인자는 구직자에게 채용일정, 채용심사 지연의 사실, 채용과정의 변경 등 채용과정을 알려야 한다. 이 경우 고지방법은 제7조제2항을 준용한다.

제9조(채용심사비용의 부담금지) 구인자는 채용심사를 목적으로 구직자에게 채용서류 제출에 드는 비용 이외의 어떠한 금전적 비용(이하 "채용심사비용")도 부담시키지 못한다. 다만, 사업장 및 직종의 특수성으로 인하여 불가피한 사정이 있는 경우 고용노동부장관의 승인을 받아 구직자에게 채용심사비용의 일부를 부담하게 할 수 있다.

제10조(채용 여부의 고지)
구인자는 채용대상자를 확정한 경우에는 지체 없이 구직자에게 채용 여부를 알려야 한다. 이 경우 고지방법은 제7조제2항을 준용한다.

제11조(채용서류의 반환 등)
① 구인자는 구직자의 채용 여부가 확정된 이후 구직자(확정된 채용대상자는 제외)가 채용서류의 반환을 청구하는 경우에는 본인임을 확인한 후 대통령령으로 정하는 바에 따라 반환하여야 한다. 다만, 홈페이지 또는 전자우편으로 제출된 경우나 구직자가 구인자의 요구 없이 자발적으로 제출한 경우에는 그러하지 아니하다.
② 구직자의 채용서류 반환 청구는 서면 또는 전자적 방법 등 고용노동부령으로 정하는 바에 따라 하여야 한다.
③ 구인자는 구직자의 반환 청구에 대비하여 대통령령으로 정하는 기간 동안 채용서류를 보관하여야 한다. 다만, 천재지변이나 그 밖에 구인자에게 책임 없는 사유로 채용서류가 멸실된 경우 구인자는 채용서류의 반환 의무를 이행한 것으로 본다.

④ 구인자는 대통령령으로 정한 반환의 청구기간이 지난 경우 및 채용서류를 반환하지 아니한 경우에는 「개인정보 보호법」에 따라 채용서류를 파기하여야 한다.
⑤ 채용서류의 반환에 소요되는 비용은 원칙적으로 구인자가 부담한다. 다만, 구인자는 대통령령으로 정하는 범위에서 채용서류의 반환에 소요되는 비용을 구직자에게 부담하게 할 수 있다.
⑥ 구인자는 ①부터 ⑤까지의 규정을 채용 여부가 확정되기 전까지 구직자에게 알려야 한다.

제12조(채용심사비용 등에 관한 시정명령)

① 채용심사비용의 부담금지, 채용서류의 반환등 규정을 위반한 구인자에게 고용노동부장관은 시정을 명할 수 있다.
② 시정명령을 받은 구인자는 해당 명령을 이행한 경우에 그 이행결과를 지체 없이 고용노동부장관에게 보고하여야 한다.

제13조(입증자료·심층심사자료의 제출 제한)

구인자는 채용시험을 서류심사와 필기·면접 시험 등으로 구분하여 실시하는 경우 서류심사에 합격한 구직자에 한정하여 입증자료 및 심층심사자료를 제출하게 하도록 노력하여야 한다.

제14조(보고 및 조사)

① 고용노동부장관은 필요하다고 인정하면 구인자에게 이 법 시행에 필요한 자료를 제출하게 하거나 필요한 사항을 보고하게 할 수 있다.
② 고용노동부장관은 이 법 위반 사실의 확인 등을 위하여 필요하면 소속 공무원으로 하여금 이 법을 적용받는 사업의 사업장이나 그 밖의 시설에 출입하여 서류·장부 또는 그 밖의 물건을 조사하고 관계인에게 질문하게 할 수 있다.
③ 고용노동부장관은 조사를 하려면 미리 조사 일시, 조사 이유 및 조사 내용 등의 조사계획을 조사대상자에게 알려야 한다. 다만, 긴급히 조사하여야 하거나 사전에 알리면 증거인멸 등으로 조사목적을 달성할 수 없다고 인정하는 경우에는 그러하지 아니하다.
④ 출입·조사를 하는 관계 공무원은 그 권한을 표시하는 증표를 지니고 이를 관계인에게 보여주어야 한다.

제15조(권한의 위임)

이 법에 따른 고용노동부장관의 권한은 그 일부를 대통령령으로 정하는 바에 따라 지방고용노동관서의 장에게 위임할 수 있다.

제16조(벌칙)

거짓의 채용광고를 낸 구인자는 5년 이하의 징역 또는 2천만 원 이하의 벌금에 처한다.

제17조(과태료)

① 채용강요 등의 행위를 한 자에게는 3천만 원 이하의 과태료를 부과한다. 다만, 「형법」 등 다른 법률에 따라 형사처벌을 받은 경우에는 과태료를 부과하지 아니하며, 과태료를 부과한 후 형사처벌을 받은 경우에는 그 과태료 부과를 취소한다.
② 다음의 어느 하나에 해당하는 자에게는 500만 원 이하의 과태료를 부과한다.
  1. 채용광고의 내용 또는 근로조건을 변경한 구인자
  2. 지식재산권을 자신에게 귀속하도록 강요한 구인자

3. 그 직무의 수행에 필요하지 아니한 개인정보를 기초심사자료에 기재하도록 요구하거나 입증자료로 수집한 구인자

③ 다음의 어느 하나에 해당하는 자에게는 300만 원 이하의 과태료를 부과한다.

1. 채용서류 보관의무를 이행하지 아니한 구인자
2. 구직자에 대한 고지의무를 이행하지 아니한 구인자
3. 시정명령을 이행하지 아니한 구인자

④ 과태료는 대통령령으로 정하는 바에 따라 고용노동부장관이 부과 · 징수한다.

13 장애인고용촉진 및 직업재활법

제1장 총칙

제1조(목적)

이 법은 장애인이 그 능력에 맞는 직업생활을 통하여 인간다운 생활을 할 수 있도록 장애인의 고용촉진 및 직업재활을 꾀하는 것을 목적으로 한다.

제2조(정의)

이 법에서 사용하는 용어의 뜻은 다음과 같다.

1. "장애인"이란 신체 또는 정신상의 장애로 장기간에 걸쳐 직업생활에 상당한 제약을 받는 사람으로서 대통령령으로 정하는 기준에 해당하는 사람을 말한다.
2. "중증장애인"이란 장애인 중 근로 능력이 현저하게 상실된 사람으로서 대통령령으로 정하는 기준에 해당하는 사람을 말한다.
3. "고용촉진 및 직업재활"이란 장애인의 직업지도, 직업적응훈련, 직업능력개발훈련, 취업알선, 취업, 취업 후 적응지도 등에 대하여 이 법에서 정하는 조치를 강구하여 장애인이 직업생활을 통하여 자립할 수 있도록 하는 것을 말한다.
4. "사업주"란 근로자를 사용하여 사업을 행하거나 하려는 자를 말한다.
5. "근로자"란 「근로기준법」에 따른 근로자를 말한다. 다만, 소정근로시간이 대통령령으로 정하는 시간 미만인 사람(중증장애인은 제외)은 제외한다.
6. "직업능력개발훈련"이란 「근로자직업능력 개발법」에 따른 훈련을 말한다.
7. "직업능력개발훈련시설"이란 「근로자직업능력 개발법」에 따른 직업능력개발훈련시설을 말한다.
8. "장애인 표준사업장"이란 장애인 고용 인원 · 고용비율 및 시설 · 임금에 관하여 고용노동부령으로 정하는 기준에 해당하는 사업장(「장애인복지법」에 따른 장애인 직업재활시설은 제외)을 말한다.

제3조(국가와 지방자치단체의 책임)

① 국가와 지방자치단체는 장애인의 고용촉진 및 직업재활에 관하여 사업주 및 국민 일반의 이해를 높이기 위하여 교육 · 홍보 및 장애인 고용촉진 운동을 지속적으로 추진하여야 한다.

② 국가와 지방자치단체는 사업주 · 장애인, 그 밖의 관계자에 대한 지원과 장애인의 특성을 고려한 직업재활 조치를 강구하여야 하고, 장애인의 고용촉진을 꾀하기 위하여 필요한 시책을 종합적이고 효과적으로 추진하여야 한다. 이 경우 중증장애인과 여성장애인에 대한 고용촉진 및 직업재활을 중요시하여야 한다.

제4조(국고의 부담)

① 국가는 매년 장애인 고용촉진 및 직업재활 사업에 드는 비용의 일부를 일반회계에서 부담할 수 있다.

② 국가는 매년 예산의 범위에서 장애인 고용촉진 및 직업재활 사업의 사무 집행에 드는 비용을 적극 지원한다.

제5조(사업주의 책임)

① 사업주는 장애인의 고용에 관한 정부의 시책에 협조하여야 하고, 장애인이 가진 능력을 정당하게 평가하여 고용의 기회를 제공함과 동시에 적정한 고용관리를 할 의무를 가진다.

② 사업주는 근로자가 장애인이라는 이유로 채용 · 승진 · 전보 및 교육훈련 등 인사관리상의 차별대우를 하여서는 아니 된다.

제5조의2(직장 내 장애인 인식개선 교육)

① 사업주는 장애인에 대한 직장 내 편견을 제거함으로써 장애인 근로자의 안정적인 근무여건을 조성하고 장애인 근로자 채용이 확대될 수 있도록 장애인 인식개선 교육을 실시하여야 한다.

② 사업주 및 근로자는 장애인 인식개선 교육을 받아야 한다.

③ 사업의 규모나 특성을 고려하여 대통령령으로 정하는 사업주가 자체적으로 장애인 인식개선 교육을 실시하는 경우에는 고용노동부령으로 정하는 강사의 자격기준을 갖춘 사람이 실시하여야 한다.

④ 고용노동부장관은 교육실시 결과에 대한 점검을 할 수 있다.

⑤ 고용노동부장관은 사업주의 장애인 인식개선 교육이 원활하게 이루어지도록 교육교재 등을 개발하여 보급하여야 한다.

⑥ 장애인 인식개선 교육의 내용 · 방법 및 횟수 등은 대통령령으로 정한다.

제5조의3(장애인 인식개선 교육의 위탁 등)

① 사업주는 장애인 인식개선 교육을 고용노동부장관이 지정하는 기관(이하 "장애인 인식개선 교육기관")에 위탁할 수 있다.

② 장애인 인식개선 교육기관의 장은 고용노동부령으로 정하는 바에 따라 교육을 실시하여야 하며, 사업주 및 장애인 인식개선 교육기관의 장은 교육 실시 관련 자료를 3년간 보관하고 사업주나 교육 대상자가 원하는 경우 그 자료를 내주어야 한다.

③ 장애인 인식개선 교육기관은 고용노동부령으로 정하는 강사를 1명 이상 두어야 한다.

④ 고용노동부장관은 장애인 인식개선 교육기관이 다음의 어느 하나에 해당하면 그 지정을 취소할 수 있다. 다만, 1.에 해당하는 경우에는 그 지정을 취소하여야 한다.

1. 거짓이나 그 밖의 부정한 방법으로 지정을 받은 경우
2. 정당한 사유 없이 강사를 6개월 이상 계속하여 두지 아니한 경우

⑤ 고용노동부장관은 장애인 인식개선 교육기관의 지정을 취소하려면 청문을 하여야 한다.

제6조(장애인의 자립 노력 등)

① 장애인은 직업인으로서의 자각을 가지고 스스로 능력 개발 · 향상을 도모하여 유능한 직업인으로 자립하도록 노력하여야 한다.

② 장애인의 가족 또는 장애인을 보호하고 있는 자는 장애인에 관한 정부의 시책에 협조하여야 하고, 장애인의 자립을 촉진하기 위하여 적극적으로 노력하여야 한다.

제7조(장애인 고용촉진 및 직업재활 기본계획 등)

① 고용노동부장관은 관계 중앙행정기관의 장과 협의하여 장애인의 고용촉진 및 직업재활을 위한 기본계획을 5년마다 수립하여야 한다.

② 기본계획에는 다음의 사항이 포함되어야 한다.

1. 직전 기본계획에 대한 평가
2. 장애인의 고용촉진 및 직업재활에 관한 사항
3. 장애인 고용촉진 및 직업재활 기금에 관한 사항
4. 장애인을 위한 시설의 설치 · 운영 및 지원에 관한 사항
5. 그 밖에 장애인의 고용촉진 및 직업재활을 위하여 고용노동부장관이 필요하다고 인정하는 사항

③ 기본계획, 장애인의 고용촉진 및 직업재활에 관한 중요 사항은 「고용정책 기본법」에 따른 고용정책심의회의 심의를 거쳐야 한다.

제8조(교육부 및 보건복지부와의 연계)

① 교육부장관은 「장애인 등에 대한 특수교육법」에 따른 특수교육 대상자의 취업을 촉진하기 위하여 필요하다고 인정하면 직업교육 내용 등에 대하여 고용노동부장관과 협의하여야 한다.

② 보건복지부장관은 직업재활 사업 등이 효율적으로 추진될 수 있도록 고용노동부장관과 긴밀히 협조하여야 한다.

제2장 장애인 고용촉진 및 직업재활

제9조(장애인 직업재활 실시 기관)

① 장애인 직업재활 실시 기관(이하 "재활실시기관")은 장애인에 대한 직업재활 사업을 다양하게 개발하여 장애인에게 직접 제공하여야 하고, 특히 중증장애인의 자립능력을 높이기 위한 직업재활 실시에 적극 노력하여야 한다.

② 재활실시기관은 다음의 어느 하나와 같다.

1. 「장애인 등에 대한 특수교육법」에 따른 특수교육기관
2. 「장애인복지법」에 따른 장애인 지역사회재활시설
3. 「장애인복지법」에 따른 장애인 직업재활시설
4. 「장애인복지법」에 따른 장애인복지단체
5. 「근로자직업능력 개발법」에 따른 직업능력개발훈련시설
6. 그 밖에 고용노동부령으로 정하는 기관으로서 고용노동부장관이 장애인에 대한 직업재활 사업을 수행할 능력이 있다고 인정하는 기관

제10조(직업지도)

① 고용노동부장관과 보건복지부장관은 장애인이 그 능력에 맞는 직업에 취업할 수 있도록 하기 위하여 장애인에 대한 직업상담, 직업적성 검사 및 직업능력 평가 등을 실시하고, 고용정보를 제공하는 등 직업지도를 하여야 한다.

② 고용노동부장관과 보건복지부장관은 장애인이 그 능력에 맞는 직업생활을 할 수 있도록 하기 위하여 장애인에게 적합한 직종 개발에 노력하여야 한다.

③ 고용노동부장관과 보건복지부장관이 직업지도를 할 때에 특별히 전문적 지식과 기술이 필요하다고 인정하면 이를 재활실시기관 등 관계 전문기관에 의뢰하고 그 비용을 지급할 수 있다.

④ 고용노동부장관과 보건복지부장관은 직업지도를 실시하거나 하려는 자에게 필요한 비용을 융자 · 지원할 수 있다.

⑤ 비용 지급 및 융자 · 지원의 기준 등에 필요한 사항은 대통령령으로 정한다.

제11조(직업적응훈련)

① 고용노동부장관과 보건복지부장관은 장애인이 그 희망 · 적성 · 능력 등에 맞는 직업생활을 할 수 있도록 하기 위하여 필요하다고 인정하면 직업 환경에 적응시키기 위한 직업적응훈련을 실시할 수 있다.

② 고용노동부장관과 보건복지부장관은 직업적응훈련의 효율적 실시를 위하여 필요하다고 인정하면 그 훈련 기준 등을 따로 정할 수 있다.

③ 고용노동부장관과 보건복지부장관은 장애인의 직업능력 개발 · 향상을 위하여 직업적응훈련 시설 또는 훈련 과정을 설치 · 운영하거나 하려는 자에게 필요한 비용(훈련비를 포함)을 융자 · 지원할 수 있다.

④ 고용노동부장관과 보건복지부장관은 직업적응훈련 시설에서 직업적응훈련을 받는 장애인에게 훈련수당을 지원할 수 있다.

⑤ 융자 · 지원의 기준 및 훈련수당의 지급 기준 등에 필요한 사항은 대통령령으로 정한다.

제12조(직업능력개발훈련)

① 고용노동부장관은 장애인이 그 희망 · 적성 · 능력 등에 맞는 직업생활을 할 수 있도록 하기 위하여 장애인에게 직업능력개발훈련을 실시하여야 한다.

② 고용노동부장관은 장애인의 직업능력 개발 · 향상을 위하여 직업능력개발훈련시설 또는 훈련 과정을 설치 · 운영하거나 하려는 자에게 필요한 비용(훈련비를 포함)을 융자 · 지원할 수 있다.

③ 고용노동부장관은 직업능력개발훈련시설에서 직업능력개발훈련을 받는 장애인에게 훈련수당을 지원할 수 있다.

④ 융자 · 지원 기준 및 훈련수당의 지급 기준 등에 필요한 사항은 대통령령으로 정한다.

제13조(지원고용)

① 고용노동부장관과 보건복지부장관은 중증장애인 중 사업주가 운영하는 사업장에서는 직무 수행이 어려운 장애인이 직무를 수행할 수 있도록 지원고용을 실시하고 필요한 지원을 하여야 한다.

② 지원의 내용 및 기준 등에 필요한 사항은 대통령령으로 정한다.

제14조(보호고용)

국가와 지방자치단체는 장애인 중 정상적인 작업 조건에서 일하기 어려운 장애인을 위하여 특정한 근로 환경을 제공하고 그 근로 환경에서 일할 수 있도록 보호고용을 실시하여야 한다.

제15조(취업알선 등)

① 고용노동부장관은 고용정보를 바탕으로 장애인의 희망 · 적성 · 능력과 직종 등을 고려하여 장애인에게 적합한 직업을 알선하여야 한다.

② 고용노동부장관은 장애인이 직업생활을 통하여 자립할 수 있도록 장애인의 고용촉진을 위한 시책을 강구하여야 한다.

③ 고용노동부장관은 취업알선 및 고용촉진을 할 때에 필요한 경우에는 그 업무의 일부를 재활실시기관 등 관계 전문기관에 의뢰하고 그 비용을 지급할 수 있다.

④ 고용노동부장관은 취업알선 시설을 설치 · 운영하거나 하려는 자에게 필요한 비용(취업알선을 위한 지원금을 포함)을 융자 · 지원할 수 있다.

⑤ 비용 지급 및 융자 · 지원 기준 등에 필요한 사항은 대통령령으로 정한다.

제16조(취업알선기관 간의 연계 등)

① 고용노동부장관은 장애인의 취업 기회를 확대하기 위하여 취업알선 업무를 수행하는 재활실시기관 간에 구인 · 구직 정보의 교류와 장애인 근로자 관리 등의 효율적인 연계를 꾀하고, 한국장애인고용공단에서 이를 종합적으로 집중 관리할 수 있도록 취업알선전산망 구축 등의 조치를 강구하여야 한다.

② 고용노동부장관이 취업알선전산망 구축 등의 조치를 강구할 때에는 「직업안정법」에 따른 직업안정기관과 연계되도록 하여야 한다.

제17조(자영업 장애인 지원)

① 고용노동부장관은 자영업을 영위하려는 장애인에게 창업에 필요한 자금 등을 융자하거나 영업장소를 임대할 수 있다.

② 영업장소의 연간 임대료는 「국유재산법」에도 불구하고 그 재산 가액(價額)에 1천분의 10 이상을 곱한 금액으로 고용노동부장관이 정하되, 월할(月割)이나 일할(日割)로 계산할 수 있다.

③ 융자 · 임대의 기준 등에 필요한 사항은 고용노동부령으로 정한다.

제18조(장애인 근로자 지원)

① 고용노동부장관은 장애인 근로자의 안정적인 직업생활을 위하여 필요한 자금을 융자할 수 있다.

② 융자 기준 등에 필요한 사항은 고용노동부령으로 정한다.

제19조(취업 후 적응지도)

① 고용노동부장관과 보건복지부장관은 장애인의 직업안정을 위하여 필요하다고 인정하면 사업장에 고용되어 있는 장애인에게 작업환경 적응에 필요한 지도를 실시하여야 한다.

② 지도의 내용 등에 필요한 사항은 대통령령으로 정한다.

제19조의2(근로지원인 서비스의 제공)

① 고용노동부장관은 중증장애인의 직업생활을 지원하는 사람(이하 이 조에서 "근로지원인")을 보내 중증장애인이 안정적 · 지속적으로 직업생활을 할 수 있도록 하는 등 필요한 서비스를 제공할 수 있다.

② 근로지원인 서비스 제공대상자의 선정 및 취소, 서비스의 제공방법 등 필요한 사항은 대통령령으로 정한다.

제20조(사업주에 대한 고용 지도)

고용노동부장관은 장애인을 고용하거나 고용하려는 사업주에게 필요하다고 인정하면 채용, 배치, 작업 보조구, 작업 설비 또는 작업 환경, 그 밖에 장애인의 고용관리에 관하여 기술적 사항에 대한 지도를 실시하여야 한다.

제21조(장애인 고용 사업주에 대한 지원)

① 고용노동부장관은 장애인을 고용하거나 고용하려는 사업주에게 장애인 고용에 드는 다음의 비용 또는 기기 등을 융자하거나 지원할 수 있다. 이 경우 중증장애인 및 여성장애인을 고용하거나 고용하려는 사업주를 우대하여야 한다.

1. 장애인을 고용하는 데에 필요한 시설과 장비의 구입 · 설치 · 수리 등에 드는 비용
2. 장애인의 직업생활에 필요한 작업 보조 공학기기 또는 장비 등
3. 장애인의 적정한 고용관리를 위하여 장애인 직업생활 상담원, 작업 지도원, 한국수어 통역사 또는 낭독자 등을 배치하는 데에 필요한 비용
4. 그 밖에 1.부터 3.까지의 규정에 준하는 것으로서 장애인의 고용에 필요한 비용 또는 기기

② 고용노동부장관은 장애인인 사업주가 장애인을 고용하거나 고용하려는 경우에는 해당 사업주 자신의 직업생활에 필요한 작업 보조 공학기기 또는 장비 등을 지원할 수 있다.

③ 융자 또는 지원의 대상 및 기준 등에 필요한 사항은 대통령령으로 정한다.

제22조(장애인 표준사업장에 대한 지원)

① 고용노동부장관은 장애인 표준사업장을 설립 · 운영하거나 설립하려는 사업주에게 그 설립 · 운영에 필요한 비용을 융자하거나 지원할 수 있다.

② 고용노동부장관은 융자 또는 지원을 할 때에 다음의 사업주를 우대하여야 한다.

1. 중증장애인과 여성장애인을 고용하거나 고용하려는 사업주
2. 지방자치단체로부터 지원을 받거나 비영리 법인 또는 다른 민간 기업으로부터 출자를 받는 등 지역 사회의 적극적 참여를 통하여 장애인 표준사업장을 설립 · 운영하거나 설립하려는 사업주

③ 장애인 고용의무가 있는 사업주가 장애인표준사업장을 발행주식 총수 또는 출자총액 등 대통령령으로 정하는 기준에 따라 실질적으로 지배하고 있는 경우에는 그 장애인 표준사업장에 고용된 근로자를 해당 사업주가 고용하는 근로자 수(다만, 여성 · 중증장애인을 제외한 장애인은 그 총수의 2분의 1에 해당하는 수를 말하며, 그 수에서 소수점 이하는 올린다)에 포함하고, 해당 장애인 표준사업장을 해당 사업주의 사업장으로 본다.

④ 장애인 고용의무가 있는 둘 이상의 사업주가 장애인 표준사업장의 주식을 소유하거나 출자한 경우에는 그 비율에 해당하는 근로자 수(그 수에 소수점이 있는 경우에는 버린다)를 해당 사업주가 고용하고 있는 근로자 수에 포함한다. 다만, 장애인 고용의무가 있는 둘 이상의 사업주 중 실질적 지배사업주가 있는 경우에는 장애인 고용의무가 있는 다른 사업주가 주식을 소유하거나 출자한 비율에 해당하는 근로자 수를 제외한 나머지 근로자 수를 실질적 지배사업주가 고용하는 근로자 수에 포함한다.

⑤ 융자 또는 지원의 기준 등에 필요한 사항은 대통령령으로 정한다.

제23조(부당 융자 또는 지원금 등의 징수 및 지급제한 등)

① 고용노동부장관은 융자 또는 지원을 받은 자가 다음의 어느 하나에 해당하는 경우에는 해당 융자 또는 지원을 취소하고, 그 금액 또는 지원에 상응하는 금액을 징수하여야 한다.

1. 거짓 또는 그 밖의 부정한 방법으로 융자 또는 지원을 받은 경우
2. 동일한 사유로 국가 또는 지방자치단체(위탁받은 기관도 포함)로부터 중복하여 융자 또는 지원을 받은 경우
3. 동일한 사유로 시정요구를 2회 이상 받고도 시정하지 아니한 경우
4. 융자 또는 지원의 취소를 요청하는 경우

② 고용노동부장관은 융자 또는 지원을 받은 자가 다음의 어느 하나에 해당하는 경우에는 기간을 정하여 시정을 요구할 수 있다.

1. 융자 또는 지원을 위한 조건을 이행하지 아니한 경우
2. 융자 또는 지원금을 사업의 목적에 맞게 집행하지 아니한 경우
3. 그 밖에 고용노동부장관이 정하여 고시하는 경우

③ 고용노동부장관은 ①의 어느 하나에 해당하는 경우에는 그 사실이 있는 날부터 3년간 융자 또는 지원을 제한할 수 있다.

④ 규정에 따른 취소, 징수, 시정요구 및 지급제한 등에 필요한 사항은 고용노동부령으로 정한다.

제24조(장애인 고용 우수사업주에 대한 우대)

① 고용노동부장관은 장애인의 고용에 모범이 되는 사업주를 장애인 고용 우수사업주로 선정하여 사업을 지원하는 등의 조치(이하 "우대조치")를 할 수 있다.

② 국가, 지방자치단체 또는 「공공기관의 운영에 관한 법률」에 따른 공공기관의 장은 공사·물품·용역 등의 계약을 체결하는 경우에는 장애인 고용 우수사업주를 우대할 수 있다.

③ 장애인 고용 우수사업주의 선정·우대조치 등에 필요한 사항은 대통령령으로 정한다.

제25조(사업주에 대한 자료 제공)

고용노동부장관은 장애인을 고용하거나 고용하려는 사업주에게 장애인의 신체적·정신적 조건, 직업능력 등에 관한 정보, 그 밖의 자료를 제공하여야 한다.

제26조(장애인 실태조사)

① 고용노동부장관은 장애인의 고용촉진 및 직업재활을 위하여 매년 1회 이상 장애인의 취업직종·근로형태·근속기간·임금수준 등 고용현황 및 장애인근로자의 산업재해 현황에 대하여 전국적인 실태조사를 실시하여야 한다.

② 실태조사에 포함되어야 할 사항과 실태조사의 방법 및 절차 등은 고용노동부령으로 정한다.

제3장 장애인 고용 의무 및 부담금

제27조(국가와 지방자치단체의 장애인 고용 의무)

① 국가와 지방자치단체의 장은 장애인을 소속 공무원 정원에 대하여 다음의 구분에 해당하는 비율 이상 고용하여야 한다.

1. 2017년 1월 1일부터 2018년 12월 31일까지 : 1천분의 32
2. 2019년 이후 : 1천분의 34

② 국가와 지방자치단체의 각 시험 실시 기관(이하 "각급기관")의 장은 신규채용시험을 실시할 때 신규채용 인원에 대하여 장애인이 ①의 구분에 따른 해당 연도 비율(장애인 공무원의 수가 ①의 구분에 따른 해당 연도 비율 미만이면 그 비율의 2배) 이상 채용하도록 하여야 한다.

③ 임용권을 위임받은 기관의 장이 공개채용을 하지 아니하고 공무원을 모집하는 경우에도 ②를 준용한다.

④ ①, ②는 공안직군 공무원, 검사, 경찰 · 소방 · 경호 공무원 및 군인 등에 대하여는 적용하지 아니한다. 다만, 국가와 지방자치단체의 장은 본문에 규정된 공안직군 공무원 등에 대하여도 장애인이 고용될 수 있도록 노력하여야 한다.

⑤ 채용시험 및 모집에 응시하는 장애인의 응시 상한 연령은 중증장애인인 경우에는 3세, 그 밖의 장애인인 경우에는 2세를 각각 연장한다.

⑥ 다음의 어느 하나에 해당하는 기관의 장은 소속 각급기관의 공무원 채용계획을 포함한 장애인 공무원 채용계획과 그 실시 상황을 대통령령으로 정하는 바에 따라 고용노동부장관에게 제출하여야 한다.

1. 국회사무총장, 법원행정처장, 헌법재판소사무처장, 중앙선거관리위원회사무총장, 중앙행정기관의 장 등 대통령령으로 정하는 국가기관의 장
2. 「지방자치법」에 따른 지방자치단체의 장
3. 「지방교육자치에 관한 법률」에 따른 교육감

⑦ 고용노동부장관은 장애인 공무원 채용계획이 적절하지 아니하다고 인정되면 장애인 공무원 채용계획을 제출한 자에게 그 계획의 변경을 요구할 수 있고, 고용 의무의 이행 실적이 현저히 부진한 때에는 그 내용을 공표할 수 있다.

제28조(사업주의 장애인 고용 의무)

① 상시 50명 이상의 근로자를 고용하는 사업주(건설업에서 근로자 수를 확인하기 곤란한 경우에는 공사 실적액이 고용노동부장관이 정하여 고시하는 금액 이상인 사업주)는 그 근로자의 총수(건설업에서 근로자 수를 확인하기 곤란한 경우에는 대통령령으로 정하는 바에 따라 공사 실적액을 근로자의 총수로 환산)의 100분의 5의 범위에서 대통령령으로 정하는 비율(이하 "의무고용률") 이상에 해당(그 수에서 소수점 이하는 버린다)하는 장애인을 고용하여야 한다.

② 특정한 장애인의 능력에 적합하다고 인정되는 직종에 대하여는 장애인을 고용하여야 할 비율을 대통령령으로 따로 정할 수 있다. 이 경우 그 비율은 의무고용률로 보지 아니한다.

③ 의무고용률은 전체 인구 중 장애인의 비율, 전체 근로자 총수에 대한 장애인 근로자의 비율, 장애인 실업자 수 등을 고려하여 5년마다 정한다.

④ 상시 고용하는 근로자 수 및 건설업에서의 공사 실적액 산정에 필요한 사항은 대통령령으로 정한다.

제28조의2(공공기관 장애인 의무고용률의 특례)

「공공기관의 운영에 관한 법률」에 따른 공공기관, 「지방공기업법」에 따른 지방공사 · 지방공단과 「지방자치단체 출자 · 출연 기관의 운영에 관한 법률」에 따른 출자기관 · 출연기관은 상시 고용하고 있는 근로자 수에 대하여 장애인을 다음의 구분에 해당하는 비율 이상 고용하여야 한다. 이 경우 의무고용률에 해당하는 장애인 수를 계산할 때에 소수점 이하는 버린다.

1. 2017년 1월 1일부터 2018년 12월 31일까지 : 1천분의 32
2. 2019년 이후 : 1천분의 34

제28조의3(장애인 고용인원 산정의 특례)

장애인 고용인원을 산정하는 경우 중증장애인의 고용은 그 인원의 2배에 해당하는 장애인의 고용으로 본다. 다만, 소정근로시간이 대통령령으로 정하는 시간 미만인 중증장애인은 제외한다.

제29조(사업주의 장애인 고용 계획 수립 등)

① 고용노동부장관은 사업주에게 대통령령으로 정하는 바에 따라 장애인의 고용에 관한 계획과 그 실시 상황 기록을 작성하여 제출하도록 명할 수 있다.
② 고용노동부장관은 계획이 적절하지 아니하다고 인정하는 때에는 사업주에게 그 계획의 변경을 명할 수 있다.
③ 고용노동부장관은 사업주가 정당한 사유 없이 장애인 고용계획의 수립 의무 또는 장애인 고용 의무를 현저히 불이행하면 그 내용을 공표할 수 있다.

제30조(장애인 고용장려금의 지급)

① 고용노동부장관은 장애인의 고용촉진과 직업 안정을 위하여 장애인을 고용한 사업주에게 고용장려금을 지급할 수 있다.
② 고용장려금은 매월 상시 고용하고 있는 장애인 수에서 의무고용률에 따라 고용하여야 할 장애인 총수(그 수에서 소수점 이하는 올린다)를 뺀 수에 제3항에 따른 지급단가를 곱한 금액으로 한다. 다만, 내야 할 부담금이 있는 경우에는 그 금액을 뺀 금액으로 한다.
③ 고용장려금의 지급단가 및 지급기간은 고용노동부장관이 「최저임금법」에 따라 월 단위로 환산한 최저임금액의 범위에서 부담기초액, 장애인 고용부담금 납부 의무의 적용 여부, 그 장애인 근로자에게 지급하는 임금, 고용기간 및 장애정도 등을 고려하여 다르게 정할 수 있다. 이 경우 중증장애인과 여성장애인에 대하여는 우대하여 정하여야 한다.
④ 「고용보험법」과 「산업재해보상보험법」에 따른 지원금 및 장려금 지급 대상인 장애인 근로자 및 그 밖에 장애인 고용촉진과 직업안정을 위하여 국가나 지방자치단체로부터 지원을 받는 등 대통령령으로 정하는 장애인 근로자에 대하여는 대통령령으로 정하는 바에 따라 고용장려금의 지급을 제한할 수 있다.
⑤ 고용장려금의 지급 및 청구에 필요한 사항은 대통령령으로 정하고, 그 지급 시기 · 절차 등에 필요한 사항은 고용노동부장관이 정한다.

제31조(부당이득금의 징수 및 지급 제한)

① 고용노동부장관은 고용장려금을 받은 자가 다음의 어느 하나에 해당하는 경우에는 각 호에 따라 지급한 금액을 징수하여야 한다. 다만, 1.의 경우에는 지급한 금액의 5배의 범위에서 고용노동부령으로 정하는 금액을 추가로 징수하여야 한다.
1. 거짓이나 그 밖의 부정한 방법으로 고용장려금을 받은 경우
2. 그 밖에 잘못 지급된 고용장려금이 있는 경우

② 추가 징수를 하는 경우 거짓이나 그 밖의 부정한 방법으로 고용장려금의 지급신청을 한 날부터 3개월 이내에 자진하여 그 부정행위를 신고한 자에 대하여는 추가징수를 면제할 수 있다.

③ 고용노동부장관은 고용장려금을 거짓이나 그 밖의 부정한 방법으로 지급받았거나 받으려 한 자에 대하여는 1년간의 고용장려금을 지급하지 아니한다. 다만, 고용장려금을 받은 날부터 3년이 지난 경우에는 그러하지 아니하다.
④ ③을 적용할 때 고용장려금의 지급제한기간은 고용노동부장관이 지급제한을 한 날부터 기산한다.

제32조(포상금)

거짓이나 그 밖의 부정한 방법으로 고용장려금을 지급받은 자를 지방고용노동관서, 한국장애인고용공단 또는 수사기관에 신고하거나 고발한 자에게는 대통령령으로 정하는 바에 따라 포상금을 지급할 수 있다.

제32조의2(국가와 지방자치단체 등의 장애인 고용부담금의 납부 등)

① 기관 중 의무고용률에 못 미치는 장애인 공무원을 고용한 기관의 장은 매년 고용노동부장관에게 장애인 고용부담금(이하 "부담금")을 납부하여야 한다.

제33조(사업주의 부담금 납부 등)

① 의무고용률에 못 미치는 장애인을 고용하는 사업주(상시 50명 이상 100명 미만의 근로자를 고용하는 사업주는 제외)는 대통령령으로 정하는 바에 따라 매년 고용노동부장관에게 부담금을 납부하여야 한다.
② 부담금은 사업주가 의무고용률에 따라 고용하여야 할 장애인 총수에서 매월 상시 고용하고 있는 장애인 수를 뺀 수에 부담기초액을 곱한 금액의 연간 합계액으로 한다.
③ 부담기초액은 장애인을 고용하는 경우에 매월 드는 다음의 비용의 평균액을 기초로 하여 고용정책심의회의 심의를 거쳐 「최저임금법」에 따라 월 단위로 환산한 최저임금액의 100분의 60 이상의 범위에서 고용노동부장관이 정하여 고시하되, 장애인 고용률(매월 상시 고용하고 있는 근로자의 총수에 대한 고용하고 있는 장애인 총수의 비율)에 따라 부담기초액의 2분의 1 이내의 범위에서 가산할 수 있다. 다만, 장애인을 상시 1명 이상 고용하지 아니한 달이 있는 경우에는 그 달에 대한 사업주의 부담기초액은 「최저임금법」에 따라 월 단위로 환산한 최저임금액으로 한다.
   1. 장애인을 고용하는 경우 필요한 시설 · 장비의 설치, 수리에 드는 비용
   2. 장애인의 적정한 고용관리를 위한 조치에 필요한 비용
   3. 그 밖에 장애인을 고용하기 위하여 특별히 드는 비용 등
④ 고용노동부장관은 인증을 받은 장애인 표준사업장 또는 「장애인복지법」의 장애인 직업재활시설에 도급을 주어 그 생산품을 납품받는 사업주에 대하여 부담금을 감면할 수 있다.
⑤ 사업주는 다음 연도 1월 31일(연도 중에 사업을 그만두거나 끝낸 경우에는 그 사업을 그만두거나 끝낸 날부터 60일)까지 고용노동부장관에게 부담금 산출에 필요한 사항으로서 대통령령으로 정하는 사항을 적어 신고하고 해당 연도의 부담금을 납부하여야 한다.
⑥ 고용노동부장관은 사업주가 정한 기간에 신고를 하지 아니하였을 때에는 이를 조사하여 부담금을 징수할 수 있다.
⑦ 고용노동부장관은 부담금을 신고(수정신고를 포함) 또는 납부한 사업주가 다음의 어느 하나에 해당하는 경우에는 이를 조사하여 해당 사업주가 납부하여야 할 부담금을 징수할 수 있다.
   1. 사업주가 신고한 부담금이 실제로 납부하여야 할 금액에 미치지 못하는 경우
   2. 사업주가 납부한 부담금이 신고한 부담금에 미치지 못하는 경우

3. 사업주가 신고한 부담금을 납부하지 아니한 경우

⑧ 사업주는 신고한 부담금이 실제 납부하여야 하는 부담금에 미치지 못할 때에는 해당 연도 2월 말일까지 대통령령으로 정하는 바에 따라 수정신고하고 그 부담금의 차액을 추가로 납부할 수 있다.

⑨ 고용노동부장관은 사업주가 납부한 부담금이 실제 납부하여야 할 부담금을 초과한 경우에는 대통령령으로 정하는 바에 따라 그 초과한 금액에 대통령령으로 정하는 이자율에 따라 산정한 금액을 가산하여 환급하여야 한다.

⑩ 부담금은 대통령령으로 정하는 대로 분할 납부를 하게 할 수 있다. 이 경우 분할 납부를 할 수 있는 부담금을 납부 기한에 모두 납부하는 경우에는 그 부담금액의 100분의 5 이내의 범위에서 대통령령으로 정하는 금액을 공제할 수 있다.

⑪ 도급의 기준, 그 밖에 부담금 감면의 요건 · 기준 등에 필요한 사항은 고용노동부장관이 정한다.

제4장 한국장애인고용공단

제43조(한국장애인고용공단의 설립)

① 장애인이 직업생활을 통하여 자립할 수 있도록 지원하고, 사업주의 장애인 고용을 전문적으로 지원하기 위하여 한국장애인고용공단(이하 "공단")을 설립한다.

② 공단은 다음의 사업을 수행한다.

1. 장애인의 고용촉진 및 직업재활에 관한 정보의 수집 · 분석 · 제공 및 조사 · 연구
2. 장애인에 대한 직업상담, 직업적성 검사, 직업능력 평가 등 직업지도
3. 장애인에 대한 직업적응훈련, 직업능력개발훈련, 취업알선, 취업 후 적응지도
4. 장애인 직업생활 상담원 등 전문요원의 양성 · 연수
5. 사업주의 장애인 고용환경 개선 및 고용 의무 이행 지원
6. 사업주와 관계 기관에 대한 직업재활 및 고용관리에 관한 기술적 사항의 지도 · 지원
7. 장애인의 직업적응훈련 시설, 직업능력개발훈련시설 및 장애인 표준사업장 운영
8. 장애인의 고용촉진을 위한 취업알선 기관 사이의 취업알선전산망 구축 · 관리, 홍보 · 교육 및 장애인 기능경기 대회 등 관련 사업
9. 장애인 고용촉진 및 직업재활과 관련된 공공기관 및 민간 기관 사이의 업무 연계 및 지원
10. 장애인 고용에 관한 국제 협력
11. 그 밖에 장애인의 고용촉진 및 직업재활을 위하여 필요한 사업 및 고용노동부장관 또는 중앙행정기관의 장이 위탁하는 사업
12. 위의 사업에 딸린 사업

③ 공단은 사업을 효율적으로 수행하기 위하여 고용노동부장관의 승인을 받아 법인 또는 단체에 그 업무의 일부를 위탁할 수 있다.

제44조(법인격)

공단은 법인으로 한다.

제45조(사무소)

① 공단의 주된 사무소의 소재지는 정관으로 정한다.

② 공단은 필요하다고 인정하면 고용노동부장관의 승인을 받아 분사무소를 둘 수 있다.

제46조(설립등기)

① 공단은 주된 사무소의 소재지에서 설립등기를 함으로써 성립된다.

② 설립등기와 분사무소의 설치 · 이전, 그 밖의 등기에 필요한 사항은 대통령령으로 정한다.

제47조(정관)

① 공단의 정관에는 다음의 사항을 적어야 한다.

1. 목적
2. 명칭
3. 주된 사무소 · 분사무소 및 산하기관의 설치 · 운영
4. 업무와 그 집행
5. 재산과 회계
6. 임직원
7. 이사회의 운영
8. 정관의 변경
9. 공고의 방법
10. 내부규정의 제정 · 개정 및 폐지
11. 해산

② 공단의 정관은 고용노동부장관의 인가를 받아야 한다. 이를 변경하려고 할 때에도 같다.

제48조(임원의 임면)

① 공단에 이사장 1명을 포함한 10명 이상 15명 이하의 이사 및 감사 1명을 둔다.

② 이사장을 포함한 이사 3명은 상임으로 한다.

③ 임원의 임면(任免)에 관하여는 「공공기관의 운영에 관한 법률」에 따르되, 상임이사와 비상임이사 중 각각 3분의 1 이상은 장애인 중에서 임명하여야 한다.

제49조(임원의 임기)

이사장의 임기는 3년으로 하고, 이사와 감사의 임기는 2년으로 하되, 1년을 단위로 연임할 수 있다.

제50조(임원의 직무)

① 이사장은 공단을 대표하고 공단의 업무를 총괄한다.

② 이사장이 부득이한 사유로 그 직무를 수행할 수 없을 때에는 정관으로 정하는 바에 따라 상임이사 중 1명이 그 직무를 대행하고, 상임이사가 없거나 그 직무를 대행할 수 없을 때에는 정관으로 정하는 임원이 그 직무를 대행한다.

③ 이사는 이사회에 부쳐진 안건을 심의하고 의결에 참여하며, 상임이사는 정관으로 정하는 바에 따라 공단의 사무를 집행한다.

④ 감사는 「공공기관의 운영에 관한 법률」의 감사기준에 따라 공단의 업무와 회계를 감사하고, 그 의견을 이사회에 제출한다.

제51조(임원의 결격사유)
다음의 어느 하나에 해당하는 사람은 임원이 될 수 없다.
1. 「국가공무원법」의 결격사유에 해당하는 사람
2. 「공공기관의 운영에 관한 법률」의 결격사유에 해당하는 사람

제52조(임직원의 겸직 제한)
① 공단의 상임임원과 직원은 그 직무 외에 영리를 목적으로 하는 업무에 종사하지 못한다.
② 상임임원이 그 임명권자나 제청권자의 허가를 받은 경우와 직원이 이사장의 허가를 받은 경우에는 비영리 목적의 업무를 겸할 수 있다.

제53조(이사회)
① 공단에 「공공기관의 운영에 관한 법률」의 사항을 심의 · 의결하기 위하여 이사회를 둔다.
② 이사회는 이사장을 포함한 이사로 구성한다.
③ 이사장은 이사회의 의장이 된다.
④ 이사회의 회의는 의장이나 재적이사 3분의 1 이상의 요구로 소집하고, 재적이사 과반수의 찬성으로 의결한다.
⑤ 감사는 이사회에 출석하여 의견을 진술할 수 있다.

제54조(직원의 임면)
공단의 직원은 정관으로 정하는 바에 따라 이사장이 임면한다. 이 경우 장애인 채용을 고려하여야 한다.

제55조(산하기관)
① 공단은 사업을 효율적으로 수행하기 위하여 고용노동부장관의 승인을 받아 필요한 산하기관을 둘 수 있다.
② 공단의 이사장은 산하기관을 지휘 · 감독한다.
③ 산하기관의 설치, 운영 등에 필요한 사항은 공단의 정관으로 정한다.

제56조(국유재산 등의 무상대부)
국가는 공단의 설립 및 운영을 위하여 필요하면 「국유재산법」 및 「물품관리법」에 따라 국유재산과 물품을 공단에 무상으로 대부할 수 있다.

제57조(자금의 차입)
공단은 사업을 위하여 필요하면 고용노동부장관의 승인을 받아 자금을 차입(국제기구, 외국 정부 또는 외국인으로부터의 차입을 포함)할 수 있다.

제58조(공단의 회계)
① 공단의 사업연도는 정부의 회계연도에 따른다.
② 공단은 회계규정을 정하여 고용노동부장관의 승인을 받아야 한다.

제65조(업무의 지도 · 감독)
① 고용노동부장관은 공단의 업무를 지도 · 감독한다.
② 고용노동부장관은 공단에 대하여 업무 · 회계 및 재산에 관하여 필요한 사항을 보고하게 하거나 그 밖에 필요한 조치를 할 수 있다.

직업상담사 1급 기출문제(필기시험)

2020년 9월 27일 시행

2020년 9월 27일 시행

01 고급직업상담학

1 직업상담 중 '진로자서전'과 '의사결정 일기' 등의 기법을 활용하여 내담자의 직업선택능력을 향상시키고자 하는 것은?

① 행동주의 직업상담
② 발달적 직업상담
③ 내담자 중심 직업상담
④ 특성 요인 직업상담

★ Guide 수퍼의 발달적 진로상담 기법(진로자서전과 의사결정 일기)
㉠ 진로자서전 : 내담자가 과거에 어떻게 진로의사 결정을 했는가를 알아보는 재검토자료로 활용할 수 있다.
㉡ 의사결정 일기 : 내담자가 매일 어떻게 결정을 하는가의 현재의 상황을 설명하는 것으로서 진로자서전의 보충역할을 한다.

2 다음 설명에 해당하는 집단상담의 치료적 요인은?

> 집단 구성원들이 비슷한 문제를 가지고 있음을 자각하고 깊은 관심사를 나누게 됨에 따라 정서적 정화와 수용의 경험을 하게 된다.

① 응집성
② 보편성
③ 모방행동
④ 교정적 정서체험

★ Guide 보편성은 문제의 일반화를 의미하며, 다른 사람들도 자신과 비슷한 문제를 경험하고 고민하고 있음을 알게 되어 위로를 받게 된다.

ANSWER 1.② 2.②

3 **내담자가 자신의 경험에 초점을 맞춤으로써 자신에 대해 살펴보고 이야기할 수 있도록 해주는 구조화된 면접 방법은?**

① 생애진로사정
② 직업카드분류
③ 진로가계도
④ 투사적 방법

★ **Guide** 생애진로사정 … 생애진로사정은 상담자가 내담자와 처음 만났을 때 이용할 수 있는 구조화된 면접 기법으로 상담자와 내담자에게 내담자와 환경과의 관계를 이해하는데 도움을 주는 것으로 아들러의 개인심리학에 기초하며 진로사정, 전형적인 하루, 강점과 장애, 요약으로 이루어져 있다.

4 **정신분석학자인 Jung이 제안한 4단계 치료과정이 아닌 것은?**

① 고백 단계
② 명료화 단계
③ 교육 단계
④ 전이 단계

★ **Guide** Jung의 치료과정
고백 → 명료화 → 교육 → 변형

5 **다음 중 직업상담의 원리에 관한 설명으로 틀린 것은?**

① 효과적인 직업상담은 직업상담자와 내담자 간의 신뢰관계가 형성될 때 이루어진다.
② 직업상담에서는 개인의 진로나 직업 결정이 핵심 요소이므로 효과적인 직업상담에는 진로의사결정과정이 포함되어야 한다.
③ 효과적인 직업상담은 변화하는 사회구조와 직업세계에 대한 이해를 바탕으로 이루어져야 한다.
④ 심리검사의 결과가 내담자에 대한 이해를 제한하는 경우가 많아 효과적인 직업상담을 위해 가능하면 사용을 자제해야 한다.

★ **Guide** 직업상담은 심리검사를 통해 내담자의 특성을 이해하고 분석하는데 도움을 받는다.

ANSWER 3.① 4.④ 5.④

6 **진로상담 프로그램에서 내담자의 인지적 명확성 평가 및 증진에 관한 설명과 가장 거리가 먼 것은?**

① 내담자가 인지적 명확성에 문제가 없다면, 진로상담 과정은 특성 요인 지향적 접근과 유사하다.
② 경미하거나 심각한 정신건강의 문제나 정보결핍, 고정관념 등은 낮은 인지적 명확성의 원인이 된다.
③ 내담자의 인지적 명확성과 동기를 평가하여, 문제가 있을 때에는 심리적인 상황에 대한 프로그램을 먼저 실시한다.
④ 미결정자나 우유부단자 등 인지적 명확성에 문제가 있는 내담자에게는 미래사회 이해 프로그램이 도움이 된다.

★ Guide 심리적 문제로 발생하는 미결정자나 우유부단자 등 인지적 명확성에 문제가 있는 내담자에게는 직업상담을 보류한다.

7 **Bordin의 정신역동적 직업상담에서 직업상담사가 내담자의 검사 결과를 사용하는 목적에 해당하지 않는 것은?**

① 진단적 정보로 활용할 수 있다.
② 직업상담에 대해 현실적인 기대를 갖도록 도울 수 있다.
③ 평가자료에 대해서 전적으로 동의하게 한다.
④ 자기 탐색을 보다 깊이 할 수 있도록 한다.

★ Guide 평가자료를 토대로 내담자의 특성을 이해한다.

8 **다음에서 진로발달과 관련된 문제를 상담할 때 상담자가 지켜야 할 윤리강령을 모두 고른 것은?**

㉠ 상담자는 내담자의 결정을 존중해야 한다. ㉡ 상담자에게 큰 손실이 생길 경우에는 내담자를 다소 조종할 수 있다. ㉢ 상담자는 내담자의 건강과 복지를 향상시키는 데 도움을 주어야 한다. ㉣ 상담자는 내담자에게 적절한 상담비용 책정, 질적 서비스 제공의 의무를 진다. ㉤ 어떤 경우라도 내담자와 신뢰로운 관계 형성을 위해 비밀을 유지한다.

① ㉠㉢㉣　　② ㉠㉣㉤
③ ㉡㉢㉤　　④ ㉡㉣㉤

ANSWER 6.④ 7.③ 8.①

★ Guide ㉡ 상담자는 내담자를 다소 조종해서는 안 된다.
㉤ 내담자와의 신뢰로운 관계형성을 위해 비밀을 유지하나 비밀유지의 한계가 존재한다.

9 상담이론에 관한 설명으로 옳은 것은?

① 정신분석 상담이론에서 심리적 증상이란 방어기제를 사용해서 정신적 갈등을 잘 다루지 못할 때의 최후의 방어수단을 의미한다.
② 인간중심 상담이론은 내담자 과거의 미해결된 갈등이 문제의 핵심이라고 보고 과거 탐색이 많은 시간을 할애하는 뿌리치료이다.
③ 인지적 상담이론은 내담자의 감정에 우선적인 관심을 갖고 내담자의 감정을 지금 · 여기에서 재경험 하는 데 주력한다.
④ 행동주의 상담이론은 상담자와 내담자와의 상담 관계 형성을 매우 중시하여 내담자의 전이 신경증 유발에 관심을 쏟는다.

★ Guide ② 정신분석 상담이론은 내담자 과거의 미해결된 갈등이 문제의 핵심이라고 보고 과거 탐색이 많은 시간을 할애하는 뿌리치료이다.
③ 형태주의 상담이론은 내담자의 감정에 우선적인 관심을 갖고 내담자의 감정을 지금 · 여기에서 재경험 하는 데 주력한다.
④ 정신분석 상담이론은 상담자와 내담자와의 상담 관계 형성을 매우 중시하여 내담자의 전이 신경증 유발에 관심을 쏟는다.

10 다음 설명에 해당하는 상담적 접근은?

> 상담성과의 중요, 결정 요인은 상담자의 태도, 인간적 특성 그리고 내담자와 상담자간의 관계 질이며, 상담이론과 기법에 관한 상담자의 지식은 부차적인 것으로 본다.

① 정신분석적 상담
② 인지적 · 정서적 상담
③ 인간중심 상담
④ 행동주의 상담

★ Guide 인간중심 상담접근은 상담자보다 내담자의 책임과 능력에 초점을 맞춘다. 자신을 가장 잘 아는 내담자가 성장하는 자기 인식의 증진에 바탕을 둔 보다 적절한 행동을 발견하게 된다.

ANSWER 9.① 10.③

11 De Bono의 '6개의 생각하는 모자기법'에서 모자 색에 해당하는 역할로 틀린 것은?

① 청색 : 합리적으로 생각한다.
② 적색 : 비관적이고 비판적이며, 모든 일이 잘 안될 것이라 생각한다.
③ 백색 : 본인과 작업들에 대한 사실들만을 고려한다.
④ 황색 : 낙관적이며 모든 일이 잘 될 것이라고 생각한다.

★ Guide 흑색 : 비관적이고 비판적이며, 모든 일이 잘 안될 것이라 생각한다.

12 행동주의적 상담에서 외적인 행동변화를 촉진하는 기법은?

① 체계적 둔감법
② 근육이완 훈련
③ 행동계약
④ 인지적 모델링과 사고정지

★ Guide 행동계약은 외적 행동변화를 촉진하는 기법에 해당된다.

13 진로 시간 전망에 대한 설명으로 옳은 것은?

① 과거나 미래보다는 구체적인 현재에 초점을 둔 진로결정이 가장 이상적이다.
② Cottle의 원형검사에서 원의 크기는 시간차원들 간의 관련성을 나타낸다.
③ Cottle의 원형검사에 기초한 시간 개입에는 방향성, 변별성, 통합성이라는 측면이 있다.
④ 주관적 진로는 생애주기 동안 가진 일련의 관찰가능한 지위로 구성된다.

★ Guide 코틀(Cottle)의 원형검사

㉠ 사람들은 원형검사를 받을 때 과거, 현재, 미래를 의미하는 세 가지 원을 그리게 된다.
㉡ 원의 크기는 시간차원에 대한 상대적 친밀감을 나타내고, 원의 배치는 시간차원들이 어떻게 연관되어 있는지를 나타낸다.
㉢ 원형검사에 기초한 시간전망 개입은 시간에 대한 심리적 경험의 세 가지 측면인 방향성, 변별성, 통합성의 국면으로 나눈다.

- 방향성 : 미래에 대한 낙관적 입장을 구성하며 미래지향성을 증진시킨다.
- 변별성 : 미래를 현실처럼 느끼게 하고 목표를 신속하게 결정하도록 하는데 있으며, 변별된 미래는 개인의 목표설정에 의미 있는 맥락을 제공한다. 내담자는 자신의 공간을 미래 속에서 그려볼 수 있기 때문에, 미래에 대한 불안감을 감소시킬 수 있다.
- 통합성 : 현재의 행동과 미래의 결과를 연결시키고, 진로에 대한 인식을 증진시킨다. 과거, 현재, 미래 간의 관계를 개념화하는 것은 내담자가 자신의 목표를 완수하기 위해 계획을 수립할 수 있도록 내담자에게 인지적 도식(Schema)을 제공하는데, 그러한 인지적 도식을 통해서 내담자는 자신의 직업행동의 방향을 설정할 수 있다.

ANSWER 11.② 12.③ 13.③

14 **상담 중 내담자가 한참동안 대화를 중단해서 침묵이 오래 지속되는 경우 상담자의 가장 적합한 대처는?**

① 중단 없이 대화를 이어나가는 것이 중요하므로 내담자가 지속적으로 대화에 집중할 수 있도록 상담자가 무슨 말이든 먼저 꺼내야 한다.
② 내담자 중심 상담이라 하더라도 침묵하는 내담자를 그대로 두는 것이 아니라, 내담자가 침묵하는 이유를 탐색하는 것이 필요하다.
③ 침묵은 상담에 대한 저항이나 중단을 의미하므로 내담자의 의도를 존중해서 상담을 중단해야 한다.
④ 침묵은 내담자에게 즉각적인 해결책으로 조언과 충고를 제공하는 기회임을 명심해야 한다.

★ Guide 내담자 중심 상담이라 하더라도 침묵하는 내담자를 그대로 두는 것이 아니라, 내담자가 침묵하는 이유를 탐색하는 것이 필요하다. 침묵은 상담에 대한 저항이나 중단을 의미하기도 하나 내담자가 통찰하고 사고를 정리하는 긍정적인 측면도 있다.

15 **다음 내용에 해당하는 집단상담자의 역할은?**

- 지금 · 여기에 초점을 두고 말하게 한다.
- 자기 느낌에 강조를 두게 한다.
- 솔직한 피드백을 교환하게 한다.
- 다른 집단원의 말을 경청하게 한다.

① 집단원을 보호한다.
② 집단 규준의 발달을 돕는다.
③ 집단의 방향을 제시한다.
④ 집단 활동의 시작을 돕는다.

★ Guide 집단상담자는 집단의 역동을 촉진하고 집단 작업이 원활히 이루어지도록 집단 규준의 발달을 돕는다.

ANSWER 14.② 15.②

16 **Williamson의 특성 · 요인 직업상담에서 검사의 해석 단계에서 사용하는 상담기법과 가장 거리가 먼 것은?**

① 직접 충고　　② 수용
③ 설명　　④ 설득

★ Guide Williamson의 특성 · 요인 직업상담에서 검사의 해석기법
㉠ 직접 충고 : 내담자들이 따를 수 있는 가장 만족할 만한 선택, 행동, 계획에 관해 자신의 견해를 솔직히 표명한다.
㉡ 설득 : 상담자는 내담자의 대안적인 행동이 나올 수 있는 결과를 가져오도록 합리적이고 논리적인 방법으로 증거를 정리하고 내담자에게 다음 단계의 진단과 결과의 암시를 이해할 수 있도록 설득한다.
㉢ 설명 : 상담자는 진단과 검사자료뿐 아니라 비 검사자료들을 해석하여 내담자가 의미를 이해하고 가능한 선택을 하며, 선택한 결과에 대해 이해할 수 있도록 해석 및 설명한다.

17 **Harren이 분류한 의사결정 양식에 해당하지 않는 것은?**

① 주관적 양식
② 합리적 양식
③ 직관적 양식
④ 의존적 양식

★ Guide Harren의 진로의사 결정유형
㉠ 합리적 유형 : 자신과 상황에 대한 정확한 정보를 수집, 신중하고 논리적으로 의사결정을 수행, 의사결정에 대해 자신이 책임진다.
㉡ 직관적 유형 : 의사결정의 기초로 상상을 사용하고 현재의 감정에 주의를 기울이며, 정서적 자각을 사용한다. 선택에 대한 확신은 비교적 빨리 내리지만 그 결정의 적절성은 내적으로만 느낄 뿐 설명하지 못할 경우, 결정의 책임은 자신이 진다.
㉢ 의존적 유형 : 의사결정에 대한 개인적 책임 부정, 그 책임을 외부로 돌리며, 의사결정과정에서 타인의 영향을 많이 받고 수동적이며 순종적이고 사회적 인정에 대한 욕구가 높은 유형이다.

18 **행동주의 상담에서 개인이 더 좋아하는 활동을 통해 덜 좋아하는 활동을 강화하는 방법은?**

① 프리맥의 원리
② 상대성의 원리
③ 상호억제의 원리
④ 스키너의 원리

★ Guide 프리맥의 원리 … 행동주의 상담에서 개인이 더 좋아하는 활동을 통해 덜 좋아하는 활동을 강화하는 방법이다.

ANSWER 16.② 17.① 18.①

19 교류분석적 상담에서 개인이 자신이 선택한 확립된 삶의 입장을 가지려는 욕구를 의미하는 것은?

① 자극 갈망(stimulus hunger)

② 인정 갈망(cognition hunger)

③ 구조 갈망(structure hunger)

④ 입장 갈망(position hunger)

★ Guide 교류분석은 인간의 3가지 심리적 욕구인 자극 갈망, 인정 갈망, 구조 갈망에 의해 동기화된다고 본다.

㉠ 자극 갈망(stimulus hunger) : 다른 사람으로부터 신체적 접촉을 받고 싶어 하는 욕구

㉡ 인정 갈망(cognition hunger) : 심리적 스트로크를 받고자 하는 욕구로 누군가에서 관심을 받고자 하는 인정에 대한 갈망

㉢ 구조 갈망(structure hunger) : 주어진 시간을 어떻게 보낼지를 각자 찾고 발달시키려는 욕구

㉣ 입장 갈망(position hunger) : 자극 갈망, 인정 갈망, 구조 갈망의 욕구로부터 확인된 것으로 입장 갈망(position hunger)을 가정한다.

20 상담의 기본방법 중 해석을 사용할 때 고려할 내용과 가장 거리가 먼 것은?

① 해석은 시기(timing)가 중요하며, 내담자가 받아들일 준비가 되어 있다고 판단될 때 하는 것이 바람직하다.

② 내담자의 저항을 줄이기 위해 암시적이고 부드러운 표현을 사용한다.

③ 해석 때문에 내담자가 자신의 문제를 주지화 하는 경향을 주의해야 한다.

④ 해석 과정에서 질문을 사용하는 것은 바람직하지 못하므로 피해야 한다.

★ Guide 해석 과정에서 직접적인 해석보다는 질문을 사용하여 내담자가가 통찰하도록 우회적으로 사용할 경우 내담자의 저항을 줄일 수 있다.

ANSWER 19.④ 20.④

02 고급직업심리학

21 Krumboltz의 사회학습이론에서 진로결정에 영향을 주는 요인이 아닌 것은?

① 학습경험
② 인간관계
③ 환경적 조건과 사건
④ 유전적 요인과 특별한 능력

★ Guide 크롬볼츠는 진로(직업)선택에 있어서 다음과 같은 요인으로 분류하였다.
㉠ 유전적 요인과 특별한 능력 : 개인의 진로선택은 개인의 유전적인 소인과 능력에 영향을 받는다. 이것은 개인의 진로기회를 제한하는 타고난 특질을 말한다.
㉡ 환경적 조건과 사건 : 환경에서의 특정한 사건은 개인이 통제할 수 없는 요인으로서 환경적 조건과 사건으로 구성되어 있다.
㉢ 학습경험 : 개인의 과거에 어떤 학습경험을 하였는가에 따라 진로의사결정에 영향을 미치게 되는데 크롬볼츠는 두 가지 유형의 학습경험을 가정하였다.
㉣ 과제접근기술 : 문제해결기술, 정보수집능력, 감성적 반응, 인지적 과정, 일의 습관, 수행의 경험과 같은 과제를 발달시키는 기술집합으로 개인이 환경을 이해하고 대처하는 능력이나 경향으로 파악할 수 있다.

22 직무분석 기법과 가장 거리가 먼 것은?

① 실험법
② 면접법
③ 설문지법
④ 관찰법

★ Guide 실험법은 연구방법론에 해당된다.

23 동기의 개념적 성질에 관한 설명으로 가장 적합한 것은?

① 과학적 심리학에서 사용하는 동기는 직접 관찰 및 측정이 가능한 것이다.
② 동기는 행동의 가장 직접적인 원인 요인이므로 동기는 곧 행동이다.
③ 동기는 가설적 구성체로서 행동주의 심리학의 입장에서는 연구 불가능한 주제이다.
④ 추동이론의 견해에서 볼 때, 동기가 행동에 영향을 미치는 과정은 순환적이다.

★ Guide 동기는 가설적 구성체로서 행동주의 심리학의 입장에서는 연구 불가능한 주제이다.

ANSWER 21.② 22.① 23.③

24 직무만족에 대한 허즈버그의 이요인 이론에 관한 설명으로 옳은 것은?

① 직무불만족을 해결하면 직무만족이 나타난다.
② 개인들은 직무로부터 가치 있는 성과들을 얼마나 얻을 수 있는지를 생각함으로써 만족을 얻는다.
③ 직무만족과 직무불만족은 별도의 독립된 차원을 이룬다.
④ 사람들은 유사한 직무에 있는 타인을 관찰하고 타인들의 만족을 추론함으로써 자신의 만족 수준을 결정한다.

★ Guide 허즈버그의 동기-위생이론 … 동기요인이 작업자의 만족도, 성실성, 충성도라면 위생요인은 회사의 정책, 급여수준, 복지, 직책이라고 할 수 있다.

25 직장 내에서 일어날 수 있는 다음과 같은 수행은?

- 자신의 과업을 성공적으로 완수하는데 필요한 열정과 추가적인 노력을 지속적으로 유지한다.
- 공식적으로 자신의 업무가 아닌 과업활동을 자발적으로 수행한다.
- 다른 사람들을 돕고 협조한다.
- 조직의 목표를 따르고, 지지하고, 방어한다.

① 과업수행　② 맥락수행
③ 적응수행　④ 성실수행

★ Guide 맥락수행은 과업수행처럼 재화나 용역의 창출과 같은 핵심기능에 직접적으로 기여하지는 않지만 조직의 핵심기능이 원활히 이루어지도록 조직을 사회적 또는 심리적 지원해 주는 행동을 말한다. 이들은 맥락수행의 다섯 가지 범주를 제시한다. 이는 직무상 공식적인 부분이 아닌 과업을 자발적으로 수행하는 것, 자신의 과업활동을 보다 성공적으로 완수할 필요가 있을 때 추가적인 열정을 추구하는 것, 타인을 돕고 타인과 협력하는 것, 개인적으로 불편할지라도 조직의 규칙과 절차를 따르는 것, 조직이 목표를 인정하고 지지하며 지켜내고자 하는 행동 등으로 제시하였다.

26 표준화 검사 제작 시 규준(norm) 자료의 수집에 앞서 예비 검사를 실시하는 목적과 가장 거리가 먼 것은?

① 수정을 필요로 하는 문항을 확인한다.
② 각 문항의 곤란도와 변별도를 확인한다.
③ 최종 검사에 쓰일 적당한 문항 수를 결정한다.
④ 측정하고자 하는 특성의 조작적 정의를 결정한다.

★ Guide 가설개념 영역규정 단계 … 측정하고자 하는 특성의 조작적 정의를 결정한다.

ANSWER 24.③ 25.② 26.④

27 다음 사례에서 '기계원리'는 무엇인가?

> 기계수리공을 선발하기 위해서 기계통찰력 검사와 기계원리검사를 사용했다. 기계통찰력은 직무성공과 $r=20$의 상관을 보였고, 기계원리는 직무성공과 전혀 상관이 없어서 $r=0.00$이었다. 그런데 $T=0.71$이었다. 기계통찰력 검사 하나만 사용하는 것보다 두 검사를 함께 사용하면 전체적인 직무수행 예언력이 높아진다.

① 억압 변수
② 예언 변수
③ 조절 변수
④ 준거 변수

★ Guide 억압 변수 … 두 변수가 각각 제3의 변수와 상관되어 있어, 실제로는 두 변수가 관련이 있음에도, 관련이 없는 것처럼 보이는 관계를 '가식적 영 관계'라고 한다. 이 때 가식적 영 관계의 원인이 되는 제3의 변수를 '억압 변수'라고 하며, 이 제3의 변수는 어떤 식으로 두 변수 간의 관계를 왜곡시키고 있으므로 '왜곡 변수'라고도 불린다.

28 직업적응과 관련하여 조직 내 갈등에 대한 설명으로 틀린 것은?

① 조직 내 갈등의 수준은 낮을수록 조직의 효과성이 증가한다.
② 갈등에 대한 다원주의적 관점에서는 갈등을 불가피한 것으로 본다.
③ 고충처리는 조직 내 갈등을 발견하는 방법 중 하나이다.
④ 갈등관리 훈련 프로그램에 문제와 사람을 분화시키는 프로그램이 포함될 수 있다.

★ Guide 조직 내 갈등의 수준이 높을수록 조직의 효과성은 증가한다.

29 Holland 이론의 주요 개념에 관한 설명으로 가장 적합한 것은?

① 정체성 : 자신의 목표, 흥미, 재능에 대한 정확하고 견고한 청사진을 가지고 있다.
② 계측성 : 특정 유형에 속하는 특성들은 다른 유형에서는 별로 나타나지 않는다.
③ 일관성 : 사람들은 자신의 특성과 비슷한 환경에서 능력을 최대한 발휘한다.
④ 일회성 : 여섯 유형 중 어떤 유형들 간에는 다른 유형들보다 더 많은 공통점이 있다.

ANSWER 27.① 28.① 29.①

★ Guide 홀랜드 6각형 모형의 주요 개념

- 일관성 : 홀랜드의 육각형 모형에 따르면 육각형의 둘레에 따라 인접해 있는 직업유형끼리는 공통점이 많은 반면, 멀리 떨어진 유형끼리는 공통점이 거의 없다. 공통점이 많은 인접한 유형은 일관성이 있다고 가정한다.
- 차별성(변별성) : 특정 개인의 흥미유형 또는 작업환경이 다른 어느 흥미유형이나 작업환경보다 더 명확한 모습으로 드러날 때 '차별성(변별성)이 있다'고 해석한다.
- 정체성 : 개인이나 작업환경의 정체성이 확실한가 안정성이 있는가의 정도를 규정하는 것으로 개인의 고유하고 독특한 특성을 의미한다.
- 일치성 : 일치성은 개인의 직업흥미나 성격 등의 특성이 직무 또는 조직과 잘 맞는지를 의미하며 자신의 직업적 흥미와 실제 직업특성이 잘 조화를 이룰 때 만족도가 높아지고 근속과 생산성이 높아질 수 있다.
- 계측성(Calculus) : 성격유형 또는 환경모형간의 거리는 그들의 이론적 관계와 반비례한다는 것을 의미하며 육각형 모형에서 각 유형간의 차이는 계측이 가능하다.

30 직무 설계 과정에서 조직구성원에게 요구되는 'KSAO'에 대한 설명으로 옳은 것은?

① 지식, 기술, 능력, 기타 특성
② 지식, 사회성, 능력, 기타 특성
③ 지식, 사회성, 적성, 기타 특성
④ 지식, 기술, 적성, 기타 특성

★ Guide KSAO

㉠ 지식 Knowledge
㉡ 기술 Skill
㉢ 능력 Ability
㉣ 기타 특성 Others

31 진로발달에 대한 인지적 정보처리 접근의 가정과 가장 거리가 먼 것은?

① 진로선택은 인지적 및 정의적 과정들의 상호작용 결과이다.
② 진로선택 및 결정은 일종의 문제해결 활동이다.
③ 진로문제 해결자의 능력은 지식뿐 아니라 인지적 조작 가능성에 달려 있다.
④ 진로결정 과정에서 가치는 원하는 최종상태에 대한 방향을 결정한다.

★ Guide 가치중심이론 … 진로결정 과정에서 가치는 원하는 최종상태에 대한 방향을 결정한다

ANSWER 30.① 31.④

32 다음 사례는 경력관리와 관련하여 어떤 유형에 해당하는가?

> "홍길만씨는 32세이며 제약회사의 영업사원으로 근무하고 있다. 대학에서 경영학을 전공하고 졸업 후 5년 동안 직장을 네 군데나 옮겨 다녔다. 그는 스스로 경력에 대한 목표를 설정하기 힘들어하고 어떤 경력유형을 추구해야 할지도 잘 모르는 상태이다. 그는 언제나 자신의 경력에 대해 걱정하지만 스스로 결정을 내리지 못한다. 현재 일하고 있는 제약회사 영업직도 자신에게 잘 안 맞는다고 생각하고 있다."

① 성급형 ② 만성적 미결정형
③ 신중형 ④ 발달상 미결정형

Guide 성격적 문제로 우유부단하여 진로결정을 하지 못하는 유형을 '만성적 미결정형'이라고 한다.

33 각기 다른 직업에 종사하는 사람들은 서로 다른 성격을 가지며, 이러한 성격의 차이는 어린 시절 부모와의 심리적 관계에서 기인한다고 보는 이론은?

① Rog의 욕구 이론
② Holland의 성격유형 이론
③ Osipow의 의사결정 이론
④ Lent이 사회인지 이론

Guide 로(Roe)는 진로방향을 결정하는 것으로 가족과의 초기 관계와 그것의 효과에 주로 관심을 가지고 어린 시절 경험은 한 사람이 선택한 분야에서 만족을 결정하는데 중요한 역할을 한다고 보았다. 부모의 유형이 어떻게 욕구위계에 영향을 끼치고, 매슬로우의 욕구위계를 성인이 되었을 때의 삶의 유형과 어떻게 관련되었는지를 연구하였다. 직업선택에서 있어 인성적 요인을 최초로 적용한 로는 성격적 특성에 따른 직업선택이론을 설명하고 있으며 인간의 욕구구조는 어린 시절 좌절과 만족에 의해 영향을 받는다고 하였다. 그의 연구를 통하여 인간지향적인 직업을 선택하는 사람과 비인간지향적인 직업을 선택하는 사람 간에 인성적 차이가 있음을 발견하게 된다.

34 직업활동과 관련하여 평균수명 연장과 같은 미래사회의 변화에 대비하여 세워야 할 계획으로 가장 적합한 것은?

① 진로 형성과 직업 환경
② 평생직장 유지하기
③ 노령화를 막고, 평균수명 연장하기
④ 직업화동 최소화하기

Guide 진로형성과 직업 환경 이해를 통해 미래사회의 변화를 인식하고 진로행동을 모색해야 한다.

ANSWER 32.② 33.① 34.①

35 직업적응이론에 관한 설명으로 틀린 것은?

① 직무만족을 위한 개인과 환경 간의 상호작용을 중시한다.
② 직업적응과 관련된 다양한 검사도구가 잘 개발되어 있다.
③ 직업적응은 개인이 주어진 환경에 맞추어 가는 과정이다.
④ 강화요인은 대체적으로 개인을 둘러싸고 있는 환경으로부터 제공받는다.

★ Guide 직업적응은 개인이 만족하지 못한 부조화상태가 발생하게 된다면 개인은 환경의 요구조건을 변화시키거나 자신의 욕구를 변화시켜 조화상태를 유지하려고 하며 환경 역시 동일한 방법으로 조화상태를 유지하려 한다. 이러한 행동을 적응이라고 할 수 있으며 직업적응은 개인과 직업 환경 간의 조화를 유지하는 과정으로 설명할 수 있다

36 생애발달에 따른 진로 발달의 단계를 성장기 · 탐색기 · 확립기 · 유지기 · 쇠퇴기로 구분한 학자는?

① 수퍼(Super)
② 긴즈버그(Ginzberg)
③ 타이드만(Tiedman)
④ 고트프레드슨(Gottfredson)

★ Guide 수퍼는 생애단계로서 성장기(growth), 탐색기(exploration), 확립기(establishment), 유지기(maintenance), 쇠퇴기(decline)로 구분하며, 이 단계 중 몇 개는 하위단계로 구분한다.

37 진로성숙도 검사에 관한 설명으로 틀린 것은?

① 태도도와 능력 척도로 구성되어 있다.
② Super의 진로발달 모델에 기초한다.
③ 진로계획의 과정 변인에 초점을 둔다.
④ 객관적으로 점수화되고 표준화된 최초의 진로발달 측정도구이다.

★ Guide Crites의 진로발달 모델에 따르면 진로성숙도는 요인의 위계체계를 가지고 있으며 지능검사의 일반요인과 유사한 진로성숙도의 일반적 요인이 있고 몇몇의 영역요인이 있고 수많은 특수요인이 있다고 한다.

ANSWER 35.③ 36.① 37.②

38 다음 사례와 같은 스트레스 관리법은?

> 서비스 조직에서 무례한 고객 때문에 나는 화가 많이 났다. 이 스트레스를 벗어나기 위하여 나는 고객이 왜 그런 무례한 행동을 했는지에 대해서 심사숙고하였다.
> 결국 나는 고객의 행동이 내 책임이 아니라 고객 자신의 성격 때문이라고 결론을 내렸다.

① 감정이입법 ② 감정왜곡법
③ 인지재구성 ④ 분노관리법

★ Guide 비생산적인 사고패턴을 수정하기 위한 바람직한 방법은 실질적으로 잘못되었는지를 인지재구성하여 스트레스를 관리할 수 있다.

39 어느 축구선수가 슛을 할 때마다 매번 공이 우측 골대를 맞고 나온다면, 그 선수의 기술 정도를 측정할 때 적합한 설명은?

① 신뢰도와 타당도 모두 높다.
② 신뢰도는 높으나 타당도는 낮다.
③ 타당도는 높으나 신뢰도는 낮다.
④ 신뢰도와 타당도 모두 낮다.

★ Guide 신뢰도란 검사결과에 대하여 믿을 수 있는 정도를 의미하며 다시 말해 검사를 동일한 사람에게 실시했을 때, 검사점수들이 얼마나 일관성이 있는가를 말한다. 또한 결과에 있어서 우연이나 다른 외부적 요인들을 제거하는 정보를 의미한다.

40 다음 사례를 가장 잘 나타내는 동기이론은?

> 체중이 100kg인 뚱뚱한 사람이 음식조절과 운동을 통해 몸무게를 20kg 빼려는 목표를 세웠다. 매주 2kg씩 10주에 걸쳐 20kg을 빼고자 한다. 이 사람은 수시로 몸무게를 재보면서 매주 목표를 달성했는지를 확인해보는데 생각한 만큼 빠지지 않았다. 그래서 목표를 10주에서 20주로 변경하든지 아니면 10주 동안 10kg만 빼는 것으로 변경할 지를 두고 고민하다가 20주 동안 20kg을 빼는 것으로 목표를 바꾸었다.

① 목표설정이론 ② 자기조절이론
③ 기대이론 ④ 강화이론

★ Guide 자기조절이론 … 학습자 스스로 학습과제에 맞는 목표 그리고 계획을 수립해 필요한 학습전략을 동원해 계획을 실행하고 평가하여 목표달성을 위한 노력을 점검하고 통제하는 것

ANSWER 38.③ 39.② 40.②

03 고급직업정보론

41 직업훈련포털(HRD-Net)에서 제공하는 정보가 아닌 것은?

① 훈련정보
② 국가기술자격정보
③ 구인정보
④ 고용보험 통계

★ Guide 직업훈련포털(HRD-Net)에서 제공하는 정보
㉠ 훈련정보
㉡ 국가기술자격정보
㉢ 구인정보
㉣ 지식정보센터

42 한국표준직업분류(2017)에서 직업활동에 해당하는 경우는?

① 예 · 적금 인출, 보험금 수취, 차용 또는 토지나 금융자산을 매각하여 수입이 있는 경우
② 명확한 주기는 없으나 계속적으로 동일한 형태의 일을 하여 수입이 있는 경우
③ 이자, 주식배당, 임대료(전세금, 월세) 등과 같은 자산 수입이 있는 경우
④ 연금법, 국민기초생활보장법, 국민연금법 및 고용보험법 등의 사회보장이나 민간보험에 의한 수입이 있는 경우

★ Guide 다음과 같은 활동은 직업으로 보지 않는다.
㉠ 이자, 주식배당, 임대료(전세금, 월세) 등과 같은 자산 수입이 있는 경우
㉡ 연금법, 국민기초생활보장법, 국민연금법 및 고용보험법 등의 사회보장이나 민간보험에 의한 수입이 있는 경우
㉢ 경마, 경륜, 경정, 복권 등에 의한 배당금이나 주식투자에 의한 시세차익이 있는 경우
㉣ 예 · 적금 인출, 보험금 수취, 차용 또는 토지나 금융자산을 매각하여 수입이 있는 경우
㉤ 자기 집의 가사 활동에 전념하는 경우
㉥ 교육기관에 재학하며 학습에만 전념하는 경우
㉦ 시민봉사활동 등에 의한 무급 봉사적인 일에 종사하는 경우
㉧ 사회복지시설 수용자의 시설 내 경제활동
㉨ 수형자의 활동과 같이 법률에 의한 강제노동을 하는 경우
㉩ 도박, 강도, 절도, 사기, 매춘, 밀수와 같은 불법적인 활동

ANSWER 41.④ 42.②

43 고용정보의 주요 용어의 개념 설명으로 틀린 것은?

① 실업률 : 실업자가 경제활동인구에서 차지하는 비율
② 입직률 : 입직자 수를 전월말 근로자 수로 나누어 계산
③ 유효구인 인원 : 구인신청인원 중 해당 월말 해당 알선 가능한 인원수의 합
④ 취업률 : (신규구직자 수 / 취업건수) × 100

★ Guide 취업률 … (취업건수/신규구직자 수) × 100

44 직업정보 수집 시의 유의점과 가장 거리가 먼 것은?

① 정확한 목표를 세운다.
② 직업 정보수집에 필요한 도구를 확인하여야 한다.
③ 항상 최신 자료 여부를 확인한다.
④ 직업정보는 다양한 형태의 자료를 망라하나, 잡지나 지역정보 신문기사의 자료는 제외된다.

★ Guide 직업정보는 다양한 형태의 자료를 망라한다.

45 한국직업사전(2019)의 직무기능에 대한 설명으로 옳지 않은 것은?

① 직무기능은 해당 직업 종사자가 직무를 수행하는 과정에서 자료, 사람, 사물과 맺는 관련된 특성을 나타낸다.
② 자료와 관련된 기능은 정보, 지식, 개념 등 세 가지 종류의 활동으로 배열되어 있다.
③ 사람과 관련된 기능은 위계적 관계가 많다.
④ 사물기능은 작업자의 업무에 따라 사물과 관련되어 요구되는 활동수준이 달라진다.

★ Guide 사람과 관련된 기능은 위계가 없다.

46 한국표준직업분류(2017)에서 포괄적인 업무에 대한 직업분류 원칙에 해당하지 않는 것은?

① 주된 직무 우선 원칙
② 최상급 직능수준 우선 원칙
③ 취업시간 우선 원칙
④ 생산업무 우선 원칙

ANSWER 43.④ 44.④ 45.③ 46.③

★ Guide 포괄적인 업무에 대한 직업분류 원칙

- 주된 직무 우선 원칙 : 2개 이상의 직무를 수행하는 경우는 수행되는 직무내용과 관련, 분류 항목에 명시된 직무내용을 비교 · 평가하여 관련 직무 내용상의 상관성이 가장 많은 항목에 분류한다.
- 최상급 직능수준 우선 원칙 : 수행된 직무가 상이한 수준의 훈련과 경험을 통해서 얻어지는 직무능력을 필요로 한다면, 가장 높은 수준의 직무능력을 필요로 하는 일에 분류하여야 한다.
- 생산업무 우선 원칙 : 재화의 생산과 공급이 같이 이루어지는 경우는 생산단계에 관련된 업무를 우선적으로 분류한다.

47 국가기술자격 종목에 해당하지 않는 것은?

① 게임그래픽전문가

② 국제의료관광코디네이터(M)

③ 전자상거래운용사

④ 이미지컨설턴트 1급

★ Guide 이미지컨설턴트 1급은 민간자격에 해당된다.

48 워크넷(직업 · 진로)에서 제공하는 성인 대상 심리검사가 아닌 것은?

① 성인용 직업적성검사

② 직업선호도검사 L형

③ 영업직무 기본역량검사

④ 직업 가치관

★ Guide 모두 성인 대상 심리검사에 해당한다.

49 다음 중 민간직업정보의 특성과 가장 거리가 먼 것은?

① 국제적으로 인정되는 객관적인 기준에 근거하여 직업을 분류한다.

② 특정한 목적에 맞게 해당 분야 및 직종을 제한적으로 선택한다.

③ 시사적인 관심이나 흥미를 유도할 수 있도록 해당 직업을 분류한다.

④ 필요한 시기에 최대한 활용되도록 한시적으로 신속하게 생산되어 운영된다.

★ Guide 공공직업정보 … 국제적으로 인정되는 객관적인 기준에 근거하여 직업을 분류한다.

ANSWER 47.④ 48.모두정답 49.①

50 고용정보 수집을 위해 집단 조사를 사용할 때의 장점이 아닌 것은?

① 비용과 시간을 절약하고 동일성을 확보할 수 있다.
② 조사자와 응답자간 직접 대화할 수 있는 기회가 있어 질문지에 대한 오해를 최소로 줄일 수 있다.
③ 면접방식과 자기기입의 방식을 조합하여 실시할 수 있다.
④ 중립적인 응답의 가능성을 높일 수 있고, 집단을 위해 바람직하다고 생각되는 응답을 할 수 있다.

★ Guide 중립적인 응답의 가능성을 높일 수 있고, 집단을 위해 바람직하다고 생각되는 응답을 할 수 있다.

51 제10차 한국표준산업분류의 산업분류 결정 방법에 관한 설명으로 틀린 것은?

① 생산단위 산업활동은 그 생산단위가 수행하는 주된 산업활동에 따라 결정한다.
② 계절에 따라 정기적으로 산업활동을 달리하는 사업체의 경우엔 조사시점에 경영하는 사업에 의하여 분류한다.
③ 설립중인 사업체는 개시하는 산업활동에 따라 결정한다.
④ 단일사업체 보조단위는 그 사업체의 일개 부서로 포한한다.

★ Guide 계절에 따라 정기적으로 산업을 달리하는 사업체의 경우에는 조사시점에서 경영하는 사업과는 관계없이 조사대상 기간 중 산출액이 많았던 활동에 의하여 분류한다.

52 한국표준직업분류(2017)의 대분류 항목과 직능수준과의 관계가 틀린 것은?

① 관리자 – 제4직능 수준 혹은 제3직능 수준 필요
② 농림어업 숙련 종사자 – 제3직능 수준 필요
③ 기능원 및 관련 기능 종사자 – 제2직능 수준 필요
④ 군인 – 제2직능 수준 필요

★ Guide 농림어업 숙련 종사자 – 제2직능 수준 필요

ANSWER 50.④ 51.② 52.②

53 내용 분석법을 통해 직업정보를 수집할 때의 장점이 아닌 것은?

① 조사대상의 반응성이 높다.
② 장기간의 종단연구가 가능하다.
③ 필요한 경우 재조사가 가능하다.
④ 역사 연구 등 소급조사가 가능하다.

★ Guide 설문지법 : 조사대상의 반응성이 높다.

54 한국표준직업분류(2017)의 대분류 5에 해당되는 것은?

① 서비스 종사자
② 판매 종사자
③ 기능원 및 관련 기능 종사자
④ 단순노무 종사자

★ Guide 한국표준직업분류
대분류
1. 관리자
2. 전문가 및 관련 종사자
3. 사무 종사자
4. 서비스 종사자
5. 판매 종사자
6. 농림 · 어업 숙련 종사자
7. 기능원 및 관련 기능 종사자
8. 장치 · 기계조작 및 조립종사자
9. 단순노무 종사자
A. 군인

55 국민 내일배움카드의 지원대상에 해당하지 않는 것은?

① 15세 이상의 창업자
② 「한부모가족지원법」에 따른 지원대상자
③ 「사립학교교직원 연금법」을 적용받고 현재 재직 중인 사람
④ 「제대군인지원에 관한 법률」에 따라 직업능력개발훈련 대상자로 추천을 받은 군(軍) 전역예정자

★ Guide 「사립학교교직원 연금법」을 적용받고 현재 재직 중인 사람은 해당사항 없음

ANSWER 53.① 54.② 55.③

56 제10차 한국표준산업분류의 분류기준에 해당하지 않는 것은?

① 산출물의 특성
② 투입물의 특성
③ 생산활동의 일반적인 결합형태
④ 소비활동의 일반적인 형태

★ Guide 산업분류는 생산단위가 주로 수행하고 있는 산업활동을 그 유사성에 따라 유형화 한 것으로 이는 다음과 같은 분류 기준에 의하여 적용된다.
㉠ 산출물(생산된 재화 또는 제공된 서비스)의 특성
㉡ 투입물의 특성
㉢ 생산활동의 일반적인 결합형태

57 제10차 한국표준산업분류의 주요 용어에 대한 설명으로 틀린 것은?

① 산업이란 유사한 성질을 갖는 산업 활동에 주로 종사하는 생산단위의 집합이다.
② 산업활동은 각 생산단위가 노동, 자본, 원료 등 자원을 투입하여, 재화 또는 서비스를 생산 또는 제공하는 일련의 활동과정이다.
③ 산업활동 범위는 영리적 활동만 국한되며, 가정 내 가사 활동은 제외된다.
④ 산업분류는 경제적 특성이 동일하거나, 유사성을 갖는 산업활동의 집합(Group)이다.

★ Guide 산업활동 범위는 비영리적 활동도 포함되나, 가정 내 가사 활동은 제외된다.

58 제10차 한국표준산업분류의 산업분류 적용원칙에 관한 설명으로 틀린 것은?

① 공식적 생산물과 비공식적 생산물, 합법적 생산물과 불법적인 생산물은 구분한다.
② 생산단위는 산출물뿐만 아니라 투입물과 생산공정 등을 함께 고려하여 그들의 활동을 가장 정확하게 설명한 항목에 분류한다.
③ 산업활동이 결합되어 있는 경우에는 그 활동단위의 주된 활동에 따라 분류한다.
④ 법령 등에 근거하여 전형적인 공공행정 부문에 속하는 산업활동을 정부기관이 아닌 민간에서 수행하는 경우에는 공공행정 부문으로 포함한다.

★ Guide 공식적 생산물과 비공식적 생산물, 합법적 생산물과 불법적인 생산물을 달리 분류하지 않는다.

ANSWER 56.④ 57.③ 58.①

59 다음은 어떤 훈련 프로그램에 관한 설명인가?

> 사업주가 근로자 또는 채용예정자 및 구직자 등을 대상으로 직업능력개발훈련을 실시할 경우 훈련비 등의 소요비용을 지원함으로써, 훈련지원 및 근로자의 능력개발 향상을 도모하는 제도

① 청년취업아카데미
② 일학습병행제
③ 국가인적자원개발컨소시엄
④ 사업주훈련

★ Guide 사업주 직업능력개발훈련 … 사업주 직업능력개발훈련은 사업주(=사업장 대표)가 소속근로자 등의 직무수행능력을 향상시키기 위하여 훈련을 실시할 때, 이에 소요되는 비용의 일부를 지원해 주는 제도로 사업주 훈련이라고도 한다.

60 2019 한국직업전망의 향후 10년간 직업별 일자리 전망 결과 '증가'에 해당하는 직업명은?

① 미용사
② 안경사
③ 약사
④ 한의사

★ Guide '증가'에 해당하는 직업 … 간병인, 간호사, 간호조무사, 네트워크시스템개발자, 물리 및 작업치료사, 변리사, 변호사, 사회복지사, 생명과학연구원, 산업안전 및 위험관리원, 수의사, 에너지공학기술자, 의사, 치과의사, 컴퓨터보안전문가, 한식목공, 한의사, 항공기객실승무원, 항공기조종사
※ '다소 증가'에 해당하는 직업 … 감독 및 연출자, 경찰관, 경호원, 관제사, 광고 및 홍보전문가, 기자, 냉난방관련설비조작원, 노무사, 대중가수 및 성악가, 데이터베이스개발자, 도시 및 교통설계전문가, 만화가 및 애니메이터, 미용사, 방사선사, 연예인 및 스포츠 매니저, 안경사, 임상심리사, 손해사정사, 약사 및 한약사, 배우 및 모델, 보육교사, 직업상담사 및 취업알선원, 작가, 임상병리사, 의무기록사, 영양사, 큐레이터 및 문화재보존원, 택배원, 행사기획자 등등

ANSWER 59.④ 60.④

04 노동시장론

61 **임금이 당초 120만원에서 144만원으로 변함에 따라 고용인원이 110명에서 98명으로 변했을 경우 노동수요의 탄력성은?**

① 0.2 ② 0.45
③ 0.5 ④ 2

★ Guide 노동의 수요탄력성 = 노동수요량의 변화율(%)/임금의 변화율(%) = 12/24 = 0.5
노동수요량의 변화율 = 110 − 98 = 12
임금의 변화율 = 144 − 120 = 24

62 **시장균형 수준보다 임금이 현실적으로 높게 유지되는 이유가 아닌 것은?**

① 강력한 노동조합의 존재
② 정부에 의해 강제되는 최저임금제
③ 공급을 초과하는 노동에 대한 수요
④ 시장균형 수준보다 높은 임금을 지불하고자 하는 일부 기업

★ Guide 공급을 초과하는 노동에 대한 수요(초과수요)는 시장균형 수준보다 임금을 낮아지게 한다.

63 **다음 표는 근로자수가 증가할 때 볼펜 생산량의 변화가 나타나 있다. 임금이 시간당 5,000원이고, 볼펜가격이 개당 2,000원이라면, 이윤극대화기업은 몇 명의 근로자를 고용할 것인가?**

근로자수	0	1	2	3	4	5
시간당 총생산량	0	6	13	18	21	23

① 2명 ② 3명
③ 4명 ④ 5명

★ Guide 노동시장에서 경쟁기업의 이윤극대화이며 상품시장에서 경쟁기업의 이윤극대화 조건은 P=W/MPL이다. 양변에 MPL을 곱하면, W=P×MPL이 된다.
임금률과 한계생산률 가치가 같아질 때 이윤극대화가 이루어진다.

근로자 수	시간당 총생산량	시간당 한계생산량	시간당 한계생산가치
0	0		
1	6	6	12,000
2	13	7	14,000
3	18	5	10,000
4	21	3	6,000
5	23	2	4,000

ANSWER 61.③ 62.③ 63.③

64 후방굴절 노동공급곡선이 나타나는 이유에 관한 설명으로 옳은 것은?

① 임금이 상승하는 경우, 소득효과가 대체효과를 압도하면 노동시간은 증가하고 대체효과가 소득효과를 압도하면 노동시간이 감소하기 때문이다.
② 임금이 상승하는 경우, 대체효과가 소득효과를 압도하면 노동시간은 증가하고 소득효과가 대체효과를 압도하면 노동시간이 감소하기 때문이다.
③ 임금이 상승하면 대체효과와 소득효과와 상관없이 노동시간을 늘리기 때문이다.
④ 임금이 상승하면 대체효과와 소득효과와 상관없이 노동시간을 줄이기 때문이다.

★ **Guide** 후방굴절 노동공급곡선은 임금이 상승하는 경우 대체효과가 소득효과를 압도하면 노동시간은 증가하고 소득효과가 대체효과를 압도하면 노동시간이 감소하는 모습을 보인다.

65 고임금 경제가 존재할 때의 노동수요에 대한 설명으로 틀린 것은?

① 노동의 수요곡선이 보다 가파른 모습을 띠게 된다.
② 노동의 한계 생산력이 임금의 영향을 받는 그것으로 가정한다.
③ 임금 상승 시의 고용 감소폭이 고임금경제가 존재할 때 더 크다.
④ 임금이 상승하면 노동의 한계 생산력이 상승하게 된다.

★ **Guide** 고임금 경제가 존재할 때 임금 상승시의 고용 감소폭이 고임금경제가 존재할 때 더 작다.

66 자연실업률이 4%로 알려져 있는데, 현재의 실업률은 3% 수준에 머무르고 있을 때의 설명으로 가장 적합한 것은?

① 경기적 실업이 존재한다.
② 물가의 상승이 예견된다.
③ 부가 노동자효과가 나타나고 있다.
④ 잠재실업이 존재한다.

★ **Guide** 필립스는 실증적 자료를 토대로 명목임금상승률과 실업률 사이에 역의 관계가 성립한다는 것을 보고하는데 이후 명목임금상승률은 물가상승률을 반영하므로 물가상승률과 실업률 사이의 역의 관계를 보여주는 것을 필립스 곡선이라고 한다. 필립스 곡선에 의하면 실업률이 낮을수록 인플레이션율(물가상승률)이 높아지고 실업률이 높을수록 인플레이션율이 낮아지게 되며 현재 실업률이 3%로 자연실업률 4%보다 낮다면 물가상승이 예견된다.

ANSWER 64.② 65.③ 66.②

67 연령이 많은 근로자들의 임금이 높은 현상을 정보의 불완전성을 이용하여 잘 설명하고 있는 것은?

① 종업원지주제에 의해 많은 주식을 보유하고 있기 때문이다.
② 이연임금으로 한계 생산율보다 높은 임금이 지급되기 때문이다.
③ 개수제임금 적용으로 숙련이 향상되어 생산성이 향상되기 때문이다.
④ 인적 자본이론에 의하면 학력이 높아져 생산성이 높아지기 때문이다.

★ Guide 이연임금으로 한계 생산율보다 높은 임금을 지급하는데 이연임금제는 고용보장을 확실히 한다기보다는 근로자의 해고회피를 위한 노력(성과, 충성 등) 유인을 제고하는 기능이 있다.

68 다른 모든 자격과 조건이 동일하다는 전제 하에 성차별에 해당되는 것으로 가장 적합한 것은? (단, 교육이나 근속년수가 높을수록 생산성도 커진다.)

① 대졸 남성근로자의 임금이 고졸 여성근로자 보다 높다.
② 근속년수가 높은 남성근로자의 임금이 근속년수가 적은 여성근로자보다 높다.
③ 대졸 남성근로자의 임금이 대졸 여성근로자보다 높다.
④ 대졸 여성근로자의 임금이 고졸 남성근로자보다 높다.

★ Guide 대졸 남성근로자의 임금이 대졸 여성근로자보다 높은 것은 성차별에 해당된다.

69 동일노동에 동일임금이 지급되는 임금체계는?

① 자격급 ② 직능급
③ 연공급 ④ 직무급

★ Guide 직무급은 동일노동에 동일임금이 지급된다.

70 다음 중 기업노조주의(business unionism)에 대한 설명으로 틀린 것은?

① 노조원의 경제적 이익을 가장 중요한 목표로 설정한다.
② 개혁적 노동운동세력과 제휴하여 노동문제를 해결한다.
③ 단체교섭을 통하여 노조원의 권익을 증진시킨다.
④ 제도학과 경제학자의 기여가 컸으며, 미국 노동조합의 주요 이념이다.

★ Guide 기업노조주의는 노조원의 경제적 이익을 가장 중요한 목표로 설정하여 단체교섭을 통하여 노조원의 권익을 증진시킨다. 제도학과 경제학자의 기여가 컸으며, 미국 노동조합의 주요 이념이 된다.

ANSWER 67.② 68.③ 69.④ 70.②

71 다음 중 고정적 임금에 해당되지 않는 것은?

① 기본급
② 가족수당
③ 직책수당
④ 초과근무수당

★ Guide 초과근무수당은 변동적 임금에 해당한다.

72 총수요의 부족에서 나타난 경기적 실업의 원인과 가장 거리가 먼 것은?

① 기업의 투자위축
② 가계 소비성향의 감소
③ 낮은 이자율
④ 화폐보유 성향의 증대

★ Guide 경기적 실업은 재화와 서비스에 대한 총수요(유효수요)의 부족으로 인해 노동력에 대한 수요가 감소하여 발생하는 실업으로 전형적인 비자발적 실업으로 수요부족에 의한 실업이라 할 수 있으며 경기구조와 관련되어 경기침체시에 나타나는 실업이다. 경기적 실업의 대책으로서는 유효수요 증대를 위하여 재정 확대정책을 실시하는데 감세 및 금리인하, 은행의 지급준비율인하정책 등을 실시하고 도로, 운하 등 공공사업을 통해 실업을 흡수할 수 있다

73 필립스곡선이 이동하는 요인과 가장 거리가 먼 것은?

① 기대 인플레이션의 증가
② 노동인구 구성비율의 변화
③ 부문간 실업률 격차 심화
④ 실업률의 증가

★ Guide 필립스 곡선에 의하면 실업률이 낮을수록 인플레이션율(물가상승률)이 높아지고 실업률이 높을수록 인플레이션율이 낮아지게 된다. 따라서 실업률의 증가는 필립스 곡선상의 이동을 의미한다.

ANSWER 71.④ 72.③ 73.④

74 다음은 어떤 노동조합 유형에 관한 설명인가?

> 기업은 조합원이 아닌 노동자를 채용할 수 있고, 채용된 노동자가 노동조합에 가입하건 안 하건 기업의 종업원으로 근무하는데 아무 제약이 없는 제도

① 오픈 숍
② 에이전시 숍
③ 클로즈드 숍
④ 유니온 숍

★ Guide 오픈 숍(Open Shop) … 사용자는 근로자 채용 시 조합원이나 비조합원 유무에 상관없이 모두 고용할 수 있으며, 조합가입이 고용조건이 아니다. 즉 사용자는 조합원이 아닌 자를 채용할 수 있으며, 채용 후에도 노동조합 가입 유무가 근무에 아무런 제약을 가하지 않는 제도이다. 노동자가 노동조합의 가입 여부에 따라 고용 또는 해고에 영향을 받지 않는 것으로 채용 후에도 노동자는 자유의사에 따라 노동조합의 가입을 결정할 수 있다. 이러한 오픈 숍 제도 하에서 노동조합은 노동공급을 독점할 수 없으므로 사용자와의 교섭에서 불리하며 노동조합의 조직도 쉽지 않다

75 다음 표는 A기업의 노동공급(근로시간), 임금 및 한계수입생산을 나타내고 있다. 이에 관한 설명으로 옳은 것은?

노동공급	임금	한계수입생산
5	6	-
6	8	50
7	10	38
8	12	26
9	14	14
10	16	2

① 노동공급 7일 때 한계노동비용은 20이다.
② 이윤을 극대화하기 위한 노동공급은 7이다.
③ 노동공급이 7일 때 임금탄력성은 0.5이다.
④ 이윤을 극대화하기 위한 한계노동비용은 26이다.

★ Guide ① 노동공급 7일 때 한계노동비용은 38이다.
② 이윤을 극대화하기 위한 노동공급은 8이다.
③ 노동공급이 7일 때 임금에 대한 공급탄력성은 2이다.

ANSWER 74.① 75.④

76 다음과 같은 인구와 노동력 구성을 가진 국가의 경제활동참가율과 실업률은? (단, 소수점 둘째 자리에서 반올림한다.)

[단위 : 만 명]

• 총인구	4,700
• 남자	2,370
• 여자	2,330
• 군복무자	65
• 생산가능인구	3,500
• 비경제활동인구	1,100
• 취업자	2,300

	경제활동참가율	실업률
①	60.7%	4.8%
②	68.6%	4.8%
③	68.6%	4.2%
④	60.7%	4.2%

★ **Guide**

경제활동참가율 = 경제활동인구/생산가능인구×100
= (생산가능인구−비경제활동인구)/생산가능인구×100
= (3,500−1,100)/3,500×100
= 2,400/3,500×100 = 68.57%

∴ 68.6%(소수점 둘째 자리에서 반올림)

실업률 = 실업자/경제활동인구×100
= (생산가능인구−비경제활동인구−취업자)/(생산가능인구−비경제활동인구)×100
= (3,500−1,100−2,300)/(3,500−1,100)×100
= 100/2,400×100 = 4.166%

∴ 4.2%(소수점 둘째 자리에서 반올림)

77 실업률과 물가상승률 간에 상충관계에 있다는 필립스 곡선에 대한 설명 중 옳은 것은?

① 총수요를 증가시키면 물가상승률과 실업률을 동시에 낮출 수 있다.
② 총수요를 감소시키면 물가상승률과 실업률을 동시에 낮출 수 있다.
③ 총수요를 증가시키면 물가상승률은 낮출 수 있지만 실업률이 높아진다.
④ 총수요를 증가시키면 물가상승률은 높아지지만 실업률은 낮출 수 있다.

★ **Guide** 필립스 곡선상에서 총수요를 증가시키면 물가상승률은 높아지지만 실업률은 낮출 수 있다.

ANSWER 76.③ 77.④

78 다음 중 성과급제의 장점과 가장 거리가 먼 것은?

① 생산성 향상에 기여한다.

② 근로 중 사고의 위험을 줄인다.

③ 노동자의 소득증대에 기여한다.

④ 직접적인 감독의 필요성을 줄인다.

Guide 근로 중 사고의 위험성과는 관련성이 낮다.

79 노동조합이 비노조 부문의 임금에 미치는 영향에 관한 옳은 설명을 모두 고른 것은?

㉠ 노조 부문에서 해고된 노동자들이 비노조 부문으로 이동하여 비노조 부문의 임금을 하락시킨다.
㉡ 노조 부문의 노동자들이 노동조합결성을 사측에 위협함으로써 임금을 인상시켜 노조 부문과의 임금격차를 줄인다.
㉢ 비노조 부문으로부터 유입되어 온 노동자들이 노조 부문에 대기 상태로 있는 동안, 비노조 부문의 임금이 상승한다.

① ㉠
② ㉠㉡
③ ㉡㉢
④ ㉠㉡㉢

Guide 노동조합의 경제효과

- 파급효과(이전효과, 축출효과) : 노동조합이 조직된 산업에서 퇴출된 노동자들은 노동조합이 없는 산업(보통 2차 시장)으로 이동하게 되는데 노조의 비조직 부문에서 노동자가 과잉공급됨으로서 해당 산업 및 시장의 임금을 하락시키게 된다. 이것을 노동조합의 파급효과 또는 축출효과라고 한다. 이러한 파급효과로 인하여 노조의 비조직 부문에서는 근로자의 임금이 하락하게 되어 노조의 조직 부문과 비조직 부문의 임금차가 더욱 심각해지는 문제가 발생하게 된다.
- 위협효과 : 노조가 결성된 조직 부문에서 근로자의 임금이 상승한 것을 관조한 비노조 부문의 사용자가 임금상승을 두려워하여 비노조 부문에서 근로자의 임금이 상승하는 경우를 위협효과라고 한다. 위협효과가 발생하는 경우 노조조직 부문과 비노조조직 부문과의 임금 차이가 작아지는 효과가 나타나 비노조조직 부문 근로자의 근로조건이 개선되는 긍정적인 효과가 있는 반면 비노조조직 부문에서 실업자가 발생할 경우 외부시장으로 유입되므로서 근로조건이 악화되는 문제점도 발생하게 된다.

80 지식기반경제에서 나타나는 특징으로 볼 수 없는 것은?

① 다품종 소량생산
② 대립적 노사관계
③ 기업내 의사결정과정의 분권화
④ 숙련노동자의 다능공화

Guide 지식기반경제에서는 노동조합과 사용자가 대등한 지위에서 단체교섭을 하는 산업 민주주의의 이념에서 형성된 민주적 노사관계를 이룬다.

ANSWER 78.② 79.④ 80.②

05 노동관계법규

81 **고용정책기본법상 '근로자의 고용촉진 및 사업주의 인력확보 지원' 내용에 해당하지 않는 것은?**

① 직업능력평가제도의 확립

② 고령자의 고용촉진 지원

③ 외국인근로자의 도입

④ 학생 등에 대한 직업지도

Guide 고용정책기본법상 제5장 '근로자의 고용촉진 및 사업주의 인력확보 지원'

㉠ 구직자 및 구인자에 대한 지원

㉡ 학생 등에 대한 직업지도

㉢ 청년 · 여성 · 고령자 등의 고용촉진의 지원

㉣ 취업취약계층의 고용촉진 지원

㉤ 일용근로자 등의 고용안정 지원

㉥ 외국인근로자의 도입

82 **고용상 연령차별금지 및 고령자고용촉진에 관한 법령상 고령자 기준고용률이 틀린 것은?**

① 제조업 – 그 사업장의 상시근로자의 100분의 2

② 운수업 – 그 사업장의 상시근로자의 100분의 3

③ 부동산 및 임대업 – 그 사업장의 상시근로자의 100분의 6

④ 건설업 – 그 사업장의 상시근로자의 100분의 3

Guide 운수업 – 그 사업장의 상시근로자의 100분의 6〈시행령 제3조〉

ANSWER 81.① 82.②

83 **남녀고용평등과 일 · 가정 양립 지원에 관한 법령상 명시된 남녀고용 평등실현과 일 · 가정의 양립에 관한 기본계획에 포함되어야 할 사항으로 명시되지 않은 것은?**

① 여성취업의 촉진에 관한 사항
② 국내 · 외의 직업소개에 관한 사항
③ 남녀의 평등한 기회보장 및 대우에 관한 사항
④ 동일 가치 노동에 대한 동일 임금 지급의 정착에 관한 사항

★ Guide 기본계획의 수립 시 포함되어야 하는 사항<법 제6조의2 제1항>
1. 여성취업의 촉진에 관한 사항
2. 남녀의 평등한 기회보장 및 대우에 관한 사항
3. 동일 가치 노동에 대한 동일 임금 지급의 정착에 관한 사항
4. 여성의 직업능력 개발에 관한 사항
5. 여성 근로자의 모성 보호에 관한 사항
6. 일 · 가정의 양립 지원에 관한 사항
7. 여성 근로자를 위한 복지시설의 설치 및 운영에 관한 사항
8. 직전 기본계획에 대한 평가
9. 그 밖에 남녀고용평등의 실현과 일 · 가정의 양립 지원을 위하여 고용노동부장관이 필요하다고 인정하는 사항

84 **직업안정법령상 근로자공급사업에 관한 설명으로 틀린 것은?**

① 국내 근로자공급사업은 노동조합만 사업의 허가를 받을 수 있다.
② 연예인을 대상으로 하는 국외 근로자공급사업은 금지된다.
③ 제조업자의 경우 국외 근로자공급사업 허가를 받을 수 있다.
④ 국외 근로자공급사업을 하고자 하는 경우 일정한 자산 및 시설을 갖추어야 한다.

★ Guide 연예인을 대상으로 하는 국외 근로자공급사업도 가능하다<법 제33조 제3항 참조>.

85 **근로자퇴직급여 보장법에 관한 설명으로 옳지 않은 것은? (단, 기타 사항은 고려하지 않음)**

① 이 법은 상시 5인 이상 근로자를 사용하는 사업 또는 사업장에 적용한다.
② 사용자는 근로자가 퇴직한 경우에는 그 지급사유가 발생한 날부터 14일 이내에 퇴직금을 지급하여야 한다.
③ 퇴직연금제도의 급여를 받을 권리는 양도하거나 담보로 제공할 수 없다.
④ 이 법에 따른 퇴직금을 받을 권리는 3년간 행사하지 아니하면 시효로 인하여 소멸한다.

★ Guide 이 법은 근로자를 사용하는 모든 사업 또는 사업장에 적용한다<법 제3조>.

ANSWER 83.② 84.② 85.①

86 근로자직업능력개발법상 직업능력개발기본계획의 수립에 관한 설명으로 틀린 것은?

① 고용노동부장관은 직업능력개발기본계획을 5년마다 수립 · 시행하여야 한다.
② 직업능력개발기본계획에는 직업능력개발사업의 평가에 관한 사항이 포함되어야 한다.
③ 고용노동부장관은 직업능력개발기본계획을 수립하는 경우에는 사업주 단체 등 관련 기관 · 단체 등의 의견을 수렴하여야 한다.
④ 고용노동부장관이 직업능력개발기본계획을 수립한 때에는 지체 없이 국무총리에게 보고하여야 한다.

★ Guide 고용노동부장관이 직업능력개발기본계획을 수립한 때에는 지체 없이 국회 소관 상임위원회에 보고하여야 한다〈법 제5조 제4항〉.

87 남녀고용평등과 일 · 가정 양립 지원에 관한 법령상 직장 내 성희롱 예방교육에 관한 설명으로 틀린 것은?

① 사업주는 성희롱 예방교육을 분기별로 실시하여야 한다.
② 사업주는 성희롱 예방교육의 내용을 근로자가 자유롭게 열람할 수 있는 장소에 항상 게시하거나 갖추어 두어 근로자에게 널리 알려야 한다.
③ 사업주는 성희롱 예방교육기관에 위탁하여 실시할 수 있다.
④ 고용노동부장관은 성희롱 예방교육기관이 정당한 사유 없이 강사를 3개월 이상 계속하여 두지 아니한 경우 그 지정을 취소할 수 있다.

★ Guide 사업주는 직장 내 성희롱을 예방하고 근로자가 안전한 근로환경에서 일할 수 있는 여건을 조성하기 위하여 직장 내 성희롱의 예방을 위한 교육을 매년 실시하여야 한다〈법 제13조 제1항〉.

88 파견근로자 보호 등에 관한 법령에 관한 설명으로 틀린 것은?

① 건설공사 현장에서 이루어지는 업무에 대하여는 일시적으로 인력을 확보하여야 할 필요가 있는 경우 근로자파견사업을 행할 수 있다.
② 사용사업주는 파견근로자를 사용하고 있는 업무에 근로자를 직접 고용하려는 경우에는 해당 파견근로자를 우선적으로 고용하도록 노력하여야 한다.
③ 사용사업주는 파견근로자의 정당한 노동조합의 활동 등을 이유로 근로자 파견계약을 해지하여서는 아니된다.
④ 근로자파견사업 허가의 유효기간은 3년으로 한다.

★ Guide 건설공사 현장에서 이루어지는 업무에 대하여는 일시적으로 인력을 확보하여야 할 필요가 있는 경우라도 근로자파견사업을 행할 수 없다〈법 제5조 제3항 참조〉.

ANSWER 86.④ 87.① 88.①

89 고용보험법상 수급권 보호에 관한 내용이다. ( ) 안에 들어갈 내용은?

> 실업급여를 받을 권리는 양도 또는 압류하거나 담보로 제공할 수 없으며, 실업급여수급계좌의 예금 중 (　　) 이하의 금액에 관한 채권은 압류할 수 없다.

① 월 보수총액

② 월보험료액

③ 3개월 평균임금

④ 실업급여수급계좌에 입금된 금액 전액

★ Guide 실업급여를 받을 권리는 양도 또는 압류하거나 담보로 제공할 수 없으며, 실업급여수급계좌의 예금 중 실업급여수급계좌에 입금된 금액 전액 이하의 금액에 관한 채권은 압류할 수 없다〈법 제38조〉.

90 고용보험법령상 취업촉진수당에 해당하지 않는 것은?

① 조기재취업수당　② 구직급여

③ 직업능력개발수당　④ 이주비

★ Guide 취업촉진수당의 종류〈법 제37조 제2항〉

㉠ 조기재취업 수당

㉡ 직업능력개발 수당

㉢ 광역 구직활동비

㉣ 이주비

91 근로기준법령상 근로계약 체결 시 근로조건의 의무적 명시사항이 아닌 것은?

① 근로계약기간

② 소정근로시간

③ 임금

④ 연차유급휴가에 관한 사항

★ Guide 근로조건의 명시사항〈법 제17조 제1항〉

사용자는 근로계약을 체결할 때에 근로자에게 다음의 사항을 명시하여야 한다. 근로계약 체결 후 다음의 사항을 변경하는 경우에도 또한 같다.

1. 임금
2. 소정근로시간
3. 휴일
4. 연차 유급휴가
5. 그 밖에 대통령령으로 정하는 근로조건

ANSWER 89.④ 90.② 91.①

92 근로기준법령상 상시근로자 수를 산정하는 경우 연인원에 포함되지 않는 근로자는?

① 통상 근로자

② 파견근로자 보호 등에 관한 법률에 따른 파견근로자

③ 외국인근로자의 고용 등에 관한 법률에 따른 외국인근로자

④ 기간제 및 단시간근로자 보호 등에 관한 법률에 따른 기간제 근로자

★ Guide 연인원에는 「파견근로자 보호 등에 관한 법률」에 따른 파견근로자를 제외한 다음의 근로자 모두를 포함한다〈시행령 제7조의2 제4항〉.

1. 해당 사업 또는 사업장에서 사용하는 통상 근로자, 「기간제 및 단시간근로자 보호 등에 관한 법률」에 따른 기간제근로자, 단시간근로자 등 고용형태를 불문하고 하나의 사업 또는 사업장에서 근로하는 모든 근로자
2. 해당 사업 또는 사업장에 동거하는 친족과 함께 1.에 해당하는 근로자가 1명이라도 있으면 동거하는 친족인 근로자

93 근로기준법령상 평균임금의 계산에서 제외되는 기간이 아닌 것은?

① 업무상 질명으로 요양하기 위하여 휴업한 기간

② 출산전후휴가 기간

③ 사용자의 귀책사유로 휴업한 기간

④ 근로자의 무단 결근기간

★ Guide 평균임금의 계산에서 제외되는 기간〈시행령 제2조 제1항〉

「근로기준법」에 따른 평균임금 산정기간 중에 다음의 어느 하나에 해당하는 기간이 있는 경우에는 그 기간과 그 기간 중에 지급된 임금은 평균임금 산정기준이 되는 기간과 임금의 총액에서 각각 뺀다.

1. 근로계약을 체결하고 수습 중에 있는 근로자가 수습을 시작한 날부터 3개월 이내의 기간
2. 사용자의 귀책사유로 휴업한 기간
3. 출산전후휴가 기간
4. 업무상 부상 또는 질병으로 요양하기 위하여 휴업한 기간
5. 「남녀고용평등과 일 · 가정 양립 지원에 관한 법률」에 따른 육아휴직 기간
6. 「노동조합 및 노동관계조정법」에 따른 쟁의행위기간
7. 「병역법」, 「예비군법」 또는 「민방위기본법」에 따른 의무를 이행하기 위하여 휴직하거나 근로하지 못한 기간. 다만, 그 기간 중 임금을 지급받은 경우에는 그러하지 아니하다.
8. 업무 외 부상이나 질병, 그 밖의 사유로 사용자의 승인을 받아 휴업한 기간

ANSWER 92.② 93.④

94 **헌법 제32조에서 명시적으로 보장하고 있는 내용이 아닌 것은?**

① 근로조건의 기준은 인간의 존엄성을 보장하도록 법률로 정한다.

② 연소자의 근로는 특별한 보호를 받는다.

③ 국가는 법률이 정하는 바에 의하여 최저임금제를 시행하여야 한다.

④ 장애인의 근로는 특별한 보호를 받으며, 고용 · 임금 및 근로조건에 있어서 부당한 차별을 받지 아니한다.

★ Guide 헌법 제32조

① 모든 국민은 근로의 권리를 가진다. 국가는 사회적 · 경제적 방법으로 근로자의 고용의 증진과 적정임금의 보장에 노력하여야 하며, 법률이 정하는 바에 의하여 최저임금제를 시행하여야 한다.
② 모든 국민은 근로의 의무를 진다. 국가는 근로의 의무의 내용과 조건을 민주주의원칙에 따라 법률로 정한다.
③ 근로조건의 기준은 인간의 존엄성을 보장하도록 법률로 정한다.
④ 여자의 근로는 특별한 보호를 받으며, 고용 · 임금 및 근로조건에 있어서 부당한 차별을 받지 아니한다.
⑤ 연소자의 근로는 특별한 보호를 받는다.
⑥ 국가유공자 · 상이군경 및 전몰군경의 유가족은 법률이 정하는 바에 의하여 우선적으로 근로의 기회를 부여받는다.

95 **근로자직업능력 개발법령상 근로자에게 작업에 필요한 기초적 직무수행능력을 습득시키기 위하여 실시하는 직업능력개발훈련은?**

① 향상훈련 ② 양성훈련
③ 전직훈련 ④ 혼합훈련

★ Guide 직업능력개발훈련의 구분 및 실시방법〈시행령 제3조〉

① 직업능력개발훈련은 훈련의 목적에 따라 다음과 같이 구분한다.
1. 양성(養成)훈련 : 근로자에게 작업에 필요한 기초적 직무수행능력을 습득시키기 위하여 실시하는 직업능력개발훈련
2. 향상훈련 : 양성훈련을 받은 사람이나 직업에 필요한 기초적 직무수행능력을 가지고 있는 사람에게 더 높은 직무수행능력을 습득시키거나 기술발전에 맞추어 지식 · 기능을 보충하게 하기 위하여 실시하는 직업능력개발훈련
3. 전직(轉職)훈련 : 근로자에게 종전의 직업과 유사하거나 새로운 직업에 필요한 직무수행능력을 습득시키기 위하여 실시하는 직업능력개발훈련

② 직업능력개발훈련은 다음의 방법으로 실시한다.
1. 집체(集體)훈련 : 직업능력개발훈련을 실시하기 위하여 설치한 훈련전용시설이나 그 밖에 훈련을 실시하기에 적합한 시설(산업체의 생산시설 및 근무장소는 제외한다)에서 실시하는 방법
2. 현장훈련 : 산업체의 생산시설 또는 근무장소에서 실시하는 방법
3. 원격훈련 : 먼 곳에 있는 사람에게 정보통신매체 등을 이용하여 실시하는 방법
4. 혼합훈련 : 제1호부터 제3호까지의 훈련방법을 2개 이상 병행하여 실시하는 방법

ANSWER 94.④ 95.②

96 **고용보험법령상 피보험자의 관리에 관한 설명으로 틀린 것은?**

① 피보험자가 사망한 경우에는 사망한 날의 다음 날에 피보험자격을 상실한다.
② 보험관계 성립일 전에 고용된 근로자의 경우에는 그 보험관계가 성립한 날에 피보험자격을 취득한 것으로 본다.
③ 피보험자가 고용보험의 적용 제외 근로자에 해당하게 된 경우에는 그 적용 제외 대상자가 된 날 피보험자격을 상실한다.
④ 적용 제외 근로자이었던 자가 이 법의 적용을 받게 된 경우에는 그 적용을 받게 된 날의 다음 날에 피보험자격을 취득한 것으로 본다.

★ Guide 적용 제외 근로자이었던 자가 이 법의 적용을 받게 된 경우에는 그 적용을 받게 된 날에 피보험자격을 취득한 것으로 본다〈법 제13조 제1항〉.

97 **남녀고용평등과 일 · 가정 양립 지원에 관한 법령상 육아휴직에 관한 설명으로 틀린 것은?**

① 육아휴직의 기간은 1년 이내로 한다.
② 사업주는 사업을 계속할 수 없는 경우 육아휴직 기간에 그 근로자를 해고할 수 있다.
③ 육아휴직 기간은 근속기간에 포함한다.
④ 기간제근로자의 육아휴직 기간은 기간제 및 단시간근로자 보호 등에 관한 법률에 따른 사용기간에 산입한다.

★ Guide 기간제근로자 또는 파견근로자의 육아휴직 기간은 기간제 및 단시간근로자 보호 등에 관한 법률 제4조에 따른 사용기간 또는 파견근로자보호 등에 관한 법률 제6조에 따른 근로자파견기간에 산입하지 아니한다〈법 제19조 제5항〉.

ANSWER 96.④ 97.④

98 직업안정법령상 신고를 하지 않고 무료직업소개사업을 할 수 있는 기관이 아닌 것은?

① 한국산업인력공단

② 안전보건공단

③ 한국장애인고용공단

④ 근로복지공단

★ Guide 다음의 어느 하나에 해당하는 직업소개의 경우에는 신고를 하지 아니하고 무료직업소개사업을 할 수 있다〈법 제18조 제4항〉.

1. 한국산업인력공단법에 따른 한국산업인력공단이 하는 직업소개
2. 장애인고용촉진 및 직업재활법에 따른 한국장애인고용공단이 장애인을 대상으로 하는 직업소개
3. 교육 관계법에 따른 각급 학교의 장, 근로자직업능력 개발법에 따른 공공직업훈련시설의 장이 재학생·졸업생 또는 훈련생·수료생을 대상으로 하는 직업소개
4. 산업재해보상보험법에 따른 근로복지공단이 업무상 재해를 입은 근로자를 대상으로 하는 직업소개

99 고용정책 기본법령상 다음 (　) 안에 들어갈 알맞은 것은?

> 실업대책사업을 적용할 때에 실업자로 보는 무급휴직자는 (　)개월 이상 기간을 정하여 무급으로 휴직하는 사람을 말한다.

① 3

② 6

③ 9

④ 12

★ Guide 실업대책사업을 적용할 때에 실업자로 보는 무급휴직자는 6개월 이상 기간을 정하여 무급으로 휴직하는 사람을 말한다〈시행령 제36조〉.

ANSWER 98.② 99.②

100 채용절차의 공정화에 관한 법률에 관한 설명으로 틀린 것은?

① 심층심사자료란 학위증명서 등 기초심사 자료에 기재한 사항을 증명하는 일체의 자료를 말한다.

② 이 법은 지방자치단체가 공무원을 채용하는 경우에는 적용하지 아니한다.

③ 구인자는 정당한 사유 없이 채용광고의 내용을 구직자에게 불리하게 변경하여서는 아니 된다.

④ 구인자는 그 직무의 수행에 필요하지 아니한, 구직자 본인의 직계 존비속의 학력을 기초심사자료에 기재하도록 요구하여서는 아니 된다.

Guide 용어의 정의〈법 제2조〉

㉠ "기초심사자료"란 구직자의 응시원서, 이력서 및 자기소개서를 말한다.

㉡ "입증자료"란 학위증명서, 경력증명서, 자격증명서 등 기초심사자료에 기재한 사항을 증명하는 모든 자료를 말한다.

㉢ "심층심사자료"란 작품집, 연구실적물 등 구직자의 실력을 알아볼 수 있는 모든 물건 및 자료를 말한다.

㉣ "채용서류"란 기초심사자료, 입증자료, 심층심사자료를 말한다.

ANSWER 100.①

직업상담사 1급 기출문제(실기시험)

직업상담실무

1급 실기시험 유의사항

- 시험 제한시간은 3시간이며, 추가 30분까지 연장시간을 사용할 수 있습니다.
- 제한시간 이후의 연장시간 10분당 5점 감점이 있으며 쉬는 시간은 없습니다.
- 실기시험은 필답과 전산으로 구성되어 있으며 자신이 원하는 것을 먼저 할 수 있으며 시험시간 동안 화장실 이용이 가능합니다(시험시간 포함).
- 계산문제의 경우 시험지 앞면에 계산식 및 표기방법에 대해 자세히 언급되어 있습니다.
- 계산문제의 경우 반드시 단위를 포함하셔야 하며 (문제에서 단위가 주어지는 경우 생략 가능하나 표기하시는 것이 좋습니다) 소수 셋째 자리에서 반올림 또는 둘째 자리까지 구하라는 지침에 따라 답안을 작성하셔야 합니다. 계산식이 생략되어 있는 경우 답안으로 인정되지 않으니 계산식도 성실히 기술해 주셔야 합니다. 대체적으로 문제에서 둘째 자리에서 반올림을 하는 경우로 제시됩니다.

※ 실무는 워드, 한글 등의 문서로 작성하여 답안을 제출합니다. 따라서 해당 문서프로그램을 잘 다루고 숙달하시길 조언합니다.

직업상담실무

시험가이드 : 실기시험은(100점) 필답형 문제 60점, 작업형 문제 40점으로 구성되어 있다.

아래의 표를 활용하여 제시된 문제를 해결하시오.

(글자체는 바탕, 제목 16포인트, 소제목 14포인트, 내용 12포인트, A4용지 4장 내외로 작성하시오)

표의 수치는 98% 정도 신뢰도를 가진다.

1 아래의 표를 활용하여 각 학년별, 연령별 경제활동 참가율, 실업률, 취업률, 고용률을 각각 구하시오. (소수 셋째자리에서 반올림하시오)

구분	중졸	고졸	초대졸	대졸
생산가능인구	3,284	2,650	3,846	22,982
경제활동인구	203	1,305	2,797	17,356
취업자	178	2,000	2,598	16,859
실업자	25	124	199	497
비경제활동인구	3,082	1,346	1,049	5,627

[표 2-1]

(단위 : 명/원)

연령	취업인구	적극적인 구직활동자	비경제활동인구
15-20세	2,000	400	20,000
21-30세	40,000	4,000	25,000
31-40세	60,000	2,000	20,000
41-50세	55,000	1,500	10,000
51-60세	30,000	1,000	18,000
61세 이상	20,000	500	25,000

[표 2-2]

산업	취업자 비율	구인부족비율	취업자 수	부가가치액	부가가치율
1차 산업	20%	1%	1,609	5,000,000,000	10%
2차 산업	30%	5%	7,000	60,000,000,000	10%
3차 산업	70%	3%	16,000	90,000,000,000	10%

[풀이방법]

1) 경제활동 참가율 = (경제활동인구/생산가능인구) × 100

2) 취업률 = (취업자수/경제활동인구) × 100

3) 고용률 = (취업자수/생산가능인구) × 100

2 위의 자료[표2-2]를 기초로 하여 산업별 1인당 부가가치액, 고용유발계수, 산업별 부족인원을 구하시오(원 이하는 절사하시오).

1. 1인당 부가가치

1차산업 : 5,000,000,000/1,609 = 3,107,520원

2차산업 : 60,000,000,000/7,000 = 8,571,420원

3차산업 : 90,000,000,000/16,000 = 5,625,000원

2. 고용유발계수

매출액10억이 증가할 때마다 유발되는 신규노동고용인원

(산업의 고용흡수능력)

부가가치율 10% 가정할 때 매출액을 산정할 수 있다.

1차 산업 500억 × 10% = 50억

2차 산업 6,000억 × 10% = 600억

3차 산업 9,000억 × 10% = 900억

1차 산업 고용유발계수 1,609/50 = 32.18

2차 산업 고용유발계수 7,000/600 = 11.67

3차 산업 고용유발계수 16,000/900 = 17.78

3. 산업별 부족인원

0.01/0.99 × 1,609 = 16명

0.05/0.95 × 7,000 = 368명

0.03/0.97 × 16,000 = 494명

(부족인원은 정수로 표시하며 소수점이하는 버리고 표시함)

[풀이방법]

0.01/(1 − 구인부족비율) × 100

[노동시장 분석]

1 위의 표를 기초로 노동공급과 노동수요측면에서 고용동향을 간략히 분석하시오.

학년별 경제활동참가율은 중졸이하 6.18%, 고졸 49.25%, 초대졸 72.72%, 대졸 75.52%로 학년이 높아질수록 경제활동 참가율이 높아진 것으로 나타났으며 실업률과 취업률 역시 중졸학력자의 경우 실업률 12.32%, 취업률 87.68%인 것에 반해 대졸 학력자의 경우 실업률 2.86%, 취업률 97.14%로 나타나 고학력자일수록 취업률과 실업률이 양호해지는 것으로 나타났다.

1차 산업의 경우 1인당 부가가치액이 2. 3차 산업에 비하여 낮은 편으로 나타났으며 매출액 역시 1차 산업이 2, 3차 산업에 비해 낮게 나타났다.
고용유발계수란 매출액 10억이 증가할 때마다 유발되는 신규노동고용인원으로 1차 산업의 매출액이 2, 3차 산업의 매출액보다 낮은 반면 산업규모 대비 취업자 수가 많아 고용유발계수는 타 산업에 비해 높은 것으로 나타났다.
고용유발계수는 노동생산성과 밀접한 관련이 있는데 노동생산성이 높다면 매출액에 비하여 고용되는 신규노동인원이 적으므로 고용유발계수는 작게 나타나며 노동생산성이 낮다면 고용유발계수는 커진다.
1차 산업은 농업/광업/임수산업 등이고, 2차 산업은 공업, 제조업, 건설업이며 3차 산업은 서비스업으로 금융, 운송, 정보통신, 상업 등이라 할 수 있는데 2차산업의 구인부족률이 5%로 가장 높다.
따라서 농업, 임업, 광업, 수산업 등의 1차 산업의 경우 노동생산성이 타 산업에 비하여 낮아 고용유발계수가 높게 나타났으며 이것은 고용을 유발하는 긍정적인 측면보다는 해당 산업에 취업자로 표시된 근로자들이 한계생산이 0에 가까운 잠재적 실업자로 추정해 볼 수 있다. 잠재적 실업자란 현재 취업자로 분류되어 있으나 실업상태에 가까운 노동자를 의미하며 해당 산업부분의 노동자에 대한 훈련을 통해 2차 산업의 고용을 촉진할 수 있는 방법을 모색하는 것이 바람직할 것으로 판단된다.
특히 21~40대 중졸 이하의 취업률이 87.68%인 것에 반해 경제활동참가율이 61.88%로 나타난 것은 해당 조사기간에 구직활동을 하다가 직무역량 부족 및 취업의 어려움 등으로 인하여 구직을 포기한 구직단념자가 상당하다는 것을 의미하므로 해당 대상의 직업훈련을 통해 인적자본투자가 필요함을 시사한다.

3차 산업의 경우 1인당 부가가치액 및 고용유발계수가 1차 산업에 비해 높은 편으로 마찰적 실업자를 감안하더라도 해당 산업의 부족인원이 매우 높은 것으로 나타났다. 운송업, 금융업, 일반 서비스를 바탕으로 이루어지는 3차 산업은 재고축적이 어렵다는 점과 해당 기술 및 지식 습득이 어려운 경우 해당 산업으로의 진입이 어렵다는 점에서 해당 산업에서 부족인원이 타 산업에 비해 높게 나타났다.

종합하여 해당 노동시장을 분석해 보자면
저학력자의 경우 구직단념자로 인해 경제활동참가율이 낮은 점을 고려하여 해당 대상을 노동시장에 유입하기 위한 방법을 모색해야 하며 인적자본투자를 위한 직업훈련 등을 통해 2차 산업에서 부족인원을 충족할 필요가 있다.
1차 산업보다 2차 산업의 노동수요를 증가시킬 수 있도록 구인업체를 발굴하여 취업박람회를 개최한다.
전통적인 1차 산업인 농업, 임업, 광업 등의 산업에서 근로하는 종사자들이 기술적 실업 등으로 인하여 구직단념자로 전락하기 보다는 경제활동참가를 촉진할 수 있도록 직업훈련 등을 소개하고 구인난을 겪고 있는 2차 산업의 업체들을 발굴하여 구인알선 및 취업할 수 있도록 청년층을 대상으로 취업박람회를 기획하고 개최할 수 있을 것이다.
청년(21-30세) 비경제활동인구 2,500명 중 다수가 구직단념자로 나타났는데, 학생을 제외한 구직단념자란 실망노동자라고도 하며 일할 능력은 가지고 있으나 경기침체, 기술부족 등으로 취업이 어려워 구직을 포기한 자로 조사대상주간에 구직활동을 하지 않은 자라고 할 수 있으며 이러한 사람은 실업자가 아닌 비경제활동인구로 분류되어 실업률을 낮추는 효과가 있다. 이러한 구직단념자는 노동력을 가지고 있다는 점에서 향후 노동시장에 유입될 가능성이 있는 잠재인력이기 때문에, 구인 부족률이 높은 2차 산업 업체를 중심으로 이들에 맞는 적합한 구인처를 확보하거나, 2차산업에 맞는 기능을 습득할 수 있도록 맞춤 직업훈련을 실시 할 수 있는 방안을 마련하여야 한다.

2 **위의 노동시장 분석을 근거로 행사개요 및 행사목적, 세부추진계획을 포함하여 취업박람회를 기안하시오(5장 이내로 작성 요함).**

(글자체는 바탕, 제목 16포인트, 소제목 14포인트, 내용 12포인트, A4용지 4장 내외로 작성하시오)

[예시] 청년층의 취업박람회

1. 행사목적

- 취업난을 겪고 있는 청년실업자 및 취업취약계층의 일자리 제공과 중소기업의 구인난 해소를 위해 청년층을 위한 채용박람회를 개최하고자 한다.
- ㅇㅇ고용센터와 중소기업청이 연계한 대규모 채용행사를 통해 지역 내 고용안정을 도모하고자 한다.
- 2차 산업에 맞는 기능을 습득할 수 있도록 맞춤 직업훈련을 안내하여 기능을 갖춰 경제활동을 참여가 가능하게 독려할 수 있다.

2. 행사개요

- 행사명 : 2015 청년 취업박람회
- 일시 : 2015.11.15.(수)~2015.11.16(목) 10 : 00~17 : 00
- 장소 : 코엑스 1층 태평양 홀(3,141평,520개부스) (대관기간은 11.14~11.16 준비기간 1일 포함)
- 행사규모

  [채용행사]

  관내 구인업체 100개사, 일반구직자 3,000여 명

  [기획행사]

  - 취업정보제공 및 취업상담, 직업심리검사, 구직기술 향상프로그램
  - 각종 세미나, 컨설팅, 해외취업안내, 유망직업훈련소개
  - 각종자격정보안내, 장애인 취업 · 훈련상담, 노동관련 법률상담
  - 직업관련 영화상영관 운영(영화로 본 직업의 세계)
- 부문행사
  - 취업지원의 장 : 졸업예정자를 위한 취업설명회
  - 진로탐색의 장 : 미래의 직업거리전시회
  - 직업체험의 장 : 지역우량기업 현장체험
  - 고용정보의 장 : 2006 인천 채용박람회
- 주최 : 00고용청
- 주관 : 중소기업청 취업지원센터, 상공회의소
- 후원 : ICN방송, 00일보, 경영자 총협회, 한국산업단지공단, 00여자대학, 00대학

3. 세부추진계획(행사 전, 행사일정 포함)

- 채용박람회 추진단 구성
  - T/F팀 구성
    팀장 : 센터소장
    행사총괄반 : 기획총괄과장, 팀장, 정00, 송00
    채용행사반 : 취업지원과장, 팀장, 고00, 신00, 허00
    기획행사반 : 이00, 권00
    예산 · 의전반 : 장00, 오00
- 운영방향
  - 대학생, 실직자를 포함한 광범위한 계층의 구직자를 대상으로 행상운영
  - 대규모 종합취업박람회의 특성을 살릴 수 있도록 다양한 기획 행사를 실시하고, 구직자의 호응이 예상되는 각종상담 및 정보제공 등 취업을 위한 연계 부대행사의 효율적인 운영확대
  - 청년실직자를 포함한 광범위한 계층의 구직자를 대상으로 행사운영
- 구인업체 확보방안
  - 기간 : 10.25(월)~11.5(금)
  - 목표 : 100개사
    관내지역 10인 이상 고용보험가입 사업장 전체대상
  - 청장 및 각 지청장과 각 센터 업무담당자가 T/F팀구성 등을 통하여 대규모 기업 및 우량 기업 섭외
  - 00경영자총협회 및 중소기업인천본부와 협조체계를 구축하여 우량업체 확보
- 구직자 확보방안
  - 구직기술 습득을 위한 취업특강 실시안내
  - 워크넷 이용 단문자 서비스로 채용박람회 개최안내
  - 행사주최 및 유관기관 홈페이지, 포스터 등 이용 홍보실시
  - 각 대학 협조공문 발송
    취업지원협약을 체결한 대학을 중심으로 적극적인 참여유도
    대학셔틀버스 협조를 통하여 참가자 편의제공

4. 행정사항(업무분장, 예산 포함)

- 행사관련 간담회 개최
  - 실무자 간담회 개최
  - 지원센터 소장 간담회 개최
  - 청장님 주관 지청장 간담회 개최
- 고용지원센터 협조사항

- 00지원센터가 주관 · 시행
  - 9월말까지 세부계획 수립보고
  - 각 지원센터 구인업체 및 구직자 적극 섭외
  - 행사 진행요원 및 준비요원 차출 협조
  - 행사홍보
- 반별 업무 분장

  행사총괄반 : 행사기본계획수립/운영총괄/주관기관 및 후원기관 지휘총괄/각 지청 및 주관기관 실무자동원 및 업무배치/행사장 배치도 확정 및 설치/행사당일 진행본부 운영/행사결과 집계 및 보고/행사종료 후 행사장 정리/보도자료 배포/언론매체 및 유관기관 홍보/홍보물 제작 및 배포/행사장 안내문 · 포스터 제작 및 배포

  채용행사반 : 구인업체 섭외 및 관리(각 지청 및 주관기관 구인업체 섭외진행상황 점검 포함)/면접 진행자 배정 및 면접 진행/워크넷 구직자 홍보/행사장 및 부대시설 안내 관리/ 모집공고문 및 진행요원 명찰 제작

  기획행사반 : 각 기획행사관 담당자 섭외 및 관리/구직등록 접수창구 운영/집단상담 프로그램, 직업심리검사관, 해외취업정보관 및 자격정보관, 취업특강, 모의면접, 직업찾기 영화 등 운영관 운영

  예산 · 의전반 : 행사기획예산 및 주요시안 결정 및 집행/행사요원 및 행사도우미 교육 및 관리/행사진행요원 식사준비 및 제공/VIP 영접 계획 수립 및 행사당일 영접/초청대상자 선정 및 초청장 발송/기자석 안내 및 지원/의전실 관리 및 브리핑 준비/귀빈용 주차시설 확보/주최기관 예산, 의전담당자 지휘 총괄
- 소요예산

구분		산출내역	비고
계		1,900만 원	
운영비계	소계	960만 원	
	일반수용비	- 팜플렛(3,000매) : 200만 원 - 포스터(2000장) : 90만 원 - 게시물인쇄비 : 150만 원 - 현수막 : 250만 원 - 사무용품구입비 : 50만 원 - 신문광고게재비 : 220만 원	
	소계	900만 원	
	임차료	- 전시장 설치 및 임차료 : 900만 원	
일반 업무비계	소계	40만 원	
	업무추진비	- 행사담당자 간담회 : 10만 원 - 유관기관 및 기자 간담회 : 30만 원	

5. 기타행정사항

- 행사일 업무담당자는 08 : 00시까지 행사장에 도착
- 행사참가업체 명단제출<마감 ; 2015년 11월 10일(목) 17:00>
- 행사참가업체 면접담당자는 행사 당일 09 : 30까지 행사장 도착
- 행사 후 평가 및 분석
  당일 행사 종료 후 시청, 상공회의소, 종합고용지원센터 등 관계자
- 행사참여 사후관리
  행사개최 후 채용자를 확인하여 워크넷에 '행사참여'로 마감처리하고, 채용박람회 결과 보고
- 행사 후에도 채용하지 못한 사업장은 추후 지속 알선

3 다음의 사례를 읽고 해당 질문에 답하시오. (2015년)

내담자는 39세 남자로 마케팅 영업 업무 담당하였으며, 업무성과는 좋았으나, 동료들과의 경쟁으로 스트레스 심화하여 건강상 문제로 퇴사하게 됨

이후 가족들과 함께 하는 시간을 많이 가지고자 가족들과 함께 할 수 있는 조그마한 사업 창업을 하고자 함

직업심리검사결과	
스트롱흥미검사	GOT: ISA(65/63/60)
미네소타직업가치관검사	높은 가치 : 이타심/자율성/안정 낮은 가치 : 성취/지위
진로신념검사	나의 현재진로상황(30T) 타인의 의해 영향을 받는다.

1. 이 남성에게 4가지 검사를 중심으로 각 검사결과를 설명하시오.

모범답안

내담자는 스트롱직업흥미검사 결과 ISA로 나타났으며 1차 유형코드와 2차 유형코드의 점수차가 크지 않아 SIA유형으로도 판단할 수 있다.

내담자의 ISA유형은 홀랜드 육각형에서 RCE유형과 변별도 있게 분화되었으며 1표준편차 이상으로 유형의 변별도가 높다고 할 수 있으며 내담자의 흥미는 탐구형과 사회형, 예술형에서 평균이상이라 할 수 있다.

MIQ 결과 내담자는 긴장되지 않는 상태 즉 자율성과 휴식을 중요한 가치로 받아들이고 있는 것에 반해 성취욕과 지위에는 관심이 없는 것으로 나타났다. CBI 결과 현재 진로상황에서 대해 39점 이하로 나의 현재 진로상황에 대한 불만족으로 진로를 바꾸려는 욕구가 강한 것으로 나타났다.

따라서 내담자는 추상적이며 이론적인 것에 관심을 가지고 있으며 내적가치 및 타인과의 관계를 중요시하는 성격을 가지고 있다고 판단되며 이러한 특성으로 인해 회사 내 조직원들과의 경쟁상황에서 불편감을 느낄 수 있으며 이 결과, 신체화증상 및 우울감이 동반되어 내담자의 건강상의 문제도 발현되었다고 판단됨

2. 홀랜드 이론의 기본가정을 3가지 설명하시오

3. 홀랜드 이론 기본개념(일치성, 일관성, 정체성, 변별성)을 각각 설명하시오.

4. 진로타협이론의 4단계를 제시하고 각각 설명하시오.

5. 수퍼의 진로발달 이론과 특성요인이론을 비교할 때 특성요인 이론의 단점 및 한계점에 대하여 3가지 설명하시오.

모범답안

- 특성요인이론은 개인 환경 적합모형으로 개인의 직업적 특성을 파악한 후 직업의 요구환경과 매칭하는 이론이라 할 수 있다. 이러한 특성요인이론은 정적모델로서 내담자의 성격적 발달 과정을 설명하지 못한다는 단점이 있다.
- 특성요인 이론은 정적모델로 내담자의 현재 진로문제를 해결을 위한 상담모델을 제시하지 못한다.
- 특성요인 이론은 일회적 상담이라 불리우며 발달학적으로 발생하는 커리어의 연속적인 선택과정을 간과하고 있다.

6. C-DAC모형을 과정별로 설명하시오.

7. 성인용 진로문제검사(ACCI)를 간략히 설명하시오.

4 **서울 소재 모 명문여대 4학년인 이씨는 컴퓨터프로그래머가 되기를 희망하고 있으며 학교성적은 10% 이내로 우수한 편이다. 이씨는 컴퓨터프로그래머가 되면 좋지만 반드시 해당 직업만을 고집하지 않는다. 꼭 컴퓨터프로그래머만 되려고 하기보다는 가능한 다른 직업도 고려하고 있다. 이러한 이씨가 자신의 진로를 고민하여 대학 취업상담실을 찾았다. (2013년)**

① 이씨를 상담시 유용한 심리검사 5가지를 제시하고 간략히 설명하시오.

② 특성-요인(개인-환경적합모형)이론을 토대로 한 상담시 상담단계를 설명하시오

③ 내담자에게 도움이 될 만한 진로정보를 효율적으로 얻는 방법 5가지를 들고 간략히 설명하시오.

모범답안

① 직업심리검사

㉠ mbti(성격유형검사)

㉡ SDS, 기술확신척도

㉢ 직업가치관검사

㉣ (CBI)진로신념검사

㉤ 캘리포니아성격검사(CPI) 등

② 윌리암슨의 특성요인상담과정

㉠ 분석 : 기록, 면접, 시간할당표, 자서전, 일화기록, 심리검사 등을 활용하여 내담자의 정보를 수집 · 분석한다.

㉡ 종합 : 내담자의 적응/부적응 문제와 장 · 단점의 자료를 종합하여 요약한다.

㉢ 진단 : 문제의 사실적 확인을 통하여 원인을 발견하고 문제해결을 위해 진단한다.

㉣ 예후 : 가능한 선택들을 통한 미래의 예언을 시도하여 내담자의 행동을 예측한다.

㉤ 상담 : 문제상황에 대해 상담을 적용한다.

㉥ 추수지도(추후상담) : 상담과정으로 실생활 적용을 강화하고 재평가한다.

③ 효율적인 진로정보 수집방법

㉠ 직업카드분류를 통해 내담자가 모르는 직업정보를 알 수 있다.

㉡ 한국직업사전을 통해 직업의 개요, 직업수행요건 등을 파악할 수 있다.

㉢ 한국직업전망을 통해 직업의 유망성, 연봉 등을 파악할 수 있다.

㉣ 해당 직업을 영위하는 직업인의 인터뷰를 통해 직업정보를 수집할 수 있다.

㉤ 해당 직업의 직장체험 등을 통해 생생한 직업정보를 얻을 수 있다.

5 **고등학교 17세인 김씨는 현재 학교에서 야구부에서 활동하고 있다. 김씨는 기계조작 아르바이트 경험이 있다. 김씨는 프로야구선수가 되는 것이 꿈이고, 아버지는 그 꿈을 지지하지만, 어머니는 프로야구선수가 되기보다는 좋은 회사에 취업하기를 희망한다. 김씨의 학교성적은 중간이다.**

김씨의 직업심리검사 결과는 다음과 같다.

스트롱-캠벨 흥미검사(Strong-Campbell Interest Inventory, SCII)결과 GOT 코드 : RE 적합직업 추천 : 군인, 운동선수 진로성숙도 검사결과 : T-70점(M=50,SD=10) 진로태도영역 : 결정성, 참여도, 독립성, 성향, 타협성 영역 우수 직업가치관 검사결과 : 성취, 육체활동

모범답안

① 검사 결과를 해석하시오.

내담자는 현실형과 진취형의 흥미를 가지고 있으며 적합 직업으로 군인 및 운동선수가 추천되었다. 내담자의 직업가치관 역시 육체적 활동을 통해 목적을 성취하는 것을 선호하는 유형으로 자신의 진로성숙도도 2표준편차 이상 높은 유형으로 상위 2.5% 내외에 위치하며 자신의 진로가 명확하고 이를 위한 태도와 능력이 탁월하다는 것을 보여준다.

따라서 내담자가 희망하는 프로야구선수는 내담자의 흥미와 적성, 능력에 적합한 직업이라고 판단할 수 있다.

② 상담시 유의해야 할 점은?

㉠ 내담자의 진로목표가 명확한가?

㉡ 내담자의 진로정체감이 어머니의 지지와 다른 것으로 인하여 갈등이 일어나지 않는가?

㉢ 내담자가 야구선수가 되기 위하여 필요한 외부자원은 무엇이며 이것을 충족될 수 있는가?

③ 김씨의 상담시 토픽(topic) 및 이슈(issue) 무엇인가?

㉠ 내담자의 진로의사 결정이 어머니의 희망과 상충될 경우 나타나게 되는 죄책감 및 부정적인 감정을 다루기

㉡ 내담자의 생애주기를 이해하고 운동선수의 직업생명에 대해 이해하기

㉢ 내담자의 진로희망과 부모님의 진로기대를 통합하기

6 다음의 상담사례를 바탕으로 C-DAC결과를 해석하고 상담을 개입하시오

사례 1. 프로야구 선수를 꿈꾸는 A군

1) 배경

A는 14세 장남이다. 그의 아버지는 자동차 기계공이고 어머니는 전업주부이다. A는 현재 고등학교 야구 선수이며 4년째 대학을 가고 싶어하고 프로야구 선수가 되는 것이 꿈이다. 그는 현재 아르바이트는 하지는 않지만 전에 케이블 TV 아르바이트를 한 경험이 있다. 그의 아버지는 프로야구 선수가 되기를 원하고 어머니는 좋은 회사에 취직하기를 바란다고 생각하고 있다. 학업성적은 중간 정도이며 대학 진학반에 속해 있다.

2) C-DAC 결과

1. 진로발달검사(백분위점수)

진로계획	진로탐색	진로의사 결정	직업세계에 대한 정보	진로발달 태도	진로발달 지식 및 기술	진로발달 총계
54	70	02	25	59	07	09

2. 가치평가(숫자가 높을수록 더 중요함)

심미	경제적 보상	사회적 상호작용	성취	진보	창의성	신체활동
3.0	3.0	3.0	2.8	2.8	2.8	2.8
문화적 정체성	이타주의	개인발달	다양성	생활양식	명성	근무조건
2.8	2.6	2.6	2.6	2.4	2.4	2.4
경제적 안정	능력활동	보험	사회관계	자율성	권위	신체적 강건
2.4	2.2	2.2	2.3	2.0	1.8	1.8

3. 역할중요도 검사

	공부	일	지역사회봉사	가족/가정	여가활동
참가	2.4	2.6	1.1	3.2	3.3
전념	3.1	3.4	1.0	3.3	3.5
가치기대	3.5	3.5	1.0	3.6	3.7

모범답안

> 참고 : C-DAC (career development assessment and counseling)
>
> ACCI(adult career concerns inventory)
> 탐색기-확립기-유지기-쇠퇴기의 발달단계에서의 발달과업에 대한 계획, 걱정을 측정함

CDI 수퍼(청소년용)

1부 진로성향

- CP/진로계획 : 학생이 자신의 미래진로에 대해 생각해 본 정도와 자신이 하고 싶은 일에 대한 지식의 정도측정
- CE/진로탐색 : 학생에게 다양한 직업정보원 등의 질을 평정하도록 하고 이러한 정보원들로부터 얻은 정보가 얼마나 유용했는지를 표시함으로서 탐색적 태도와 질을 측정
- DM/의사결정 : 진로계획 및 의사결정 문제에 지식을 적용할 수 있는 능력을 측정
  진로문제와 관련된 20개의 가상적 상황을 제시하고 각 상황에서 어떻게 할 것인지 질문
- WW/일의 세계에 대한 정보 : 수퍼의 발달단계 중 탐색기와 초기 확립기의 진로발달과업에 대한 지식 및 구체적 직업에 대한 지식을 측정

-진로발달 태도/CP+CE

- 진로발달 지식 및 기술/DM+WW

2부 : PO/선호하는 직업군에 대한 지식

피검자로 하여금 20개의 직업분야에서 선호하는 하나의 직업분야를 선택하도록 한 다음 그 분야에 대한 지식(선택한 직업분야에 가장 적절한 업무의 종류와 그 분야에 종사하고 있는 사람의 능력, 흥미, 가치 AC 개인적 특성)을 묻는 40개의 선택형 문항

참고 : 20개 직업분야

- 물리과학(연구), 물리과학(응용), 생물 및 의학, 사회과학(연구), 사회과학(수업.사회봉사), 글쓰기와 마법, 미술과 음악, 연예 및 스포츠
- 비즈니스(재정), 비즈니스(경영), 비즈니스(판매/광고), 비즈니스(사무/계산), 비즈니스(장사)
- 기술(물리과학), 기술(건강서비스), 기술(솜씨), 기술(옥외활동), 기술기계, 개인서비스, 수동/신체적

심리검사해석

1) CDI검사해석

내담자의 진로에 대한 태도는 평균 이상으로 특히 다양한 직업정보원 등의 질을 평정하도록 하고 이러한 정보원들로부터 얻은 정보가 얼마나 유용했는지를 탐색한 진로탐색영역은 우수한 편이라고 할 수 있다. 하지만 진로의사결정영역에서 점수가 매우 낮으며 진로문제와 관련된 상황에서 갈등을 느끼고 심리적 불편감을 호소할 수 있음을 예측할 수 있다.

내담자가 경험한 것 이외의 다양한 직업에 대한 구체적 정보가 부족하며 협의적 직업정보에 노출되어 해당 분야만 직업대안으로 고려하고 있음을 추정해 볼 수 있다.

따라서 내담자는 관심영역과 관련된 직업을 탐색하고 계획하는 부분에 있어 큰 문제는 없지만 현실적으로 다양한 직업정보 탐색 및 직업의사결정에 대한 기술이 부족한 유용으로 진로발달적 측면에서 '진로와 관련된 능력부족'이라 할 수 있으며 해당 영역에 대해 의사결정기술 및 합리적 직업정보 수집 등 직업상담이 필요함을 시사한다.

2) 가치평가해석

내담자는 권위나 신체적 강건보다는 심미, 경제적 보상, 사회적 상호작용이라는 가치를 중시여긴다.

3) 역할중요도 검사해석

내담자는 가족/가정 및 여가활동에 대한 역할 즉 가족구성원으로서의 역할 및 여가인으로서의 역할을 중요하게 생각하며 해당 역할에 대한 가치기대수준에 상응하게 행동하고 있다고 볼 수 있다. 하지만 학생으로서의 역할, 작업자로서의 역할에 대해 시민으로서의 역할보다 중요하게 여기지만 각 역할의 가치기대에 반해 역할 참가정도는 낮은 편이다.

[심리검사 종합의견]

내담자는 아버지의 한정적인 직업특성과 어머니의 전업주부로서 다양한 직업역할 모델을 경험하기 어려웠을 것이며 여가활동 지향 및 운동에 대한 관심으로 야구선수로서 활동하고 있는데 한 분야의 흥미와 개발이 다른 분야의 직업적 탐색을 제한했을 가능성이 있다. 따라서 해당 분야 이외의 다양한 직업분야에 대해 탐색하고 잠정적인 시도를 해야 하는 발달학적으로 탐색기인 내담자는 제한된 흥미를 분야에서 흥미의 분화도 역시 크지 않아 변별력 있는 흥미영역을 보여주지 못하고 있다. 내담자는 의사결정능력이 매우 낮은 편으로 어머니가 희망하는 직업과 자신이 희망하는 직업 사이에서 갈등할 수 있으며 이러한 심리적 갈등이 가족구성원으로서 역할을 중요시 여기는 내담자의 특성 및 학습자로서 가치기대가 높은 것에 반해 실제 학습자로서의 역할수행이 낮은 것으로 인해 진로정체감에 혼란을 조장하거나 죄의식을 초래할 가능성도 있다. 이러한 심리적 불편감은 자아개념을 긍정적으로 형성하지 못하는 요인으로 작용할 가능성이 있으며 자아개념이 진로발달수준에 영향을 미친다는 이론적 근거에 따르자면 진로정체감 역시 불명확할 것으로 판단된다.

[상담전략 및 개입]

- 내담자의 현재의 직업적 목표와 자아개념을 표현할 수 있도록 비지시적 방법으로 수용한다.
- 내담자에게 다양한 직업정보를 탐색하고 경험할 수 있는 기회를 제공하여 내담자가 다양한 직업정보를 탐색하도록 직업정보수집 경로에 대해 안내한다.
- 직업목표에 대한 가족일치도를 확인하고 가족의 일치도가 개인의 직업정체감에 미치는 영향에 대해 탐색한다.
- 탐색된 직업대안에서 합리적 의사결정을 할 수 있는 의사결정기술을 제공한다.
- 내담자 자신의 생애역할을 이해하고 중심적 역할과 주변적 역할을 확인하고 균형을 이루도록 조력한다.
- 내담자의 진로문제를 규명하고 문제를 극복할 수 있도록 활용할 수 있는 외부 자원을 탐색한다.

7 스트롱 직업흥미검사에 대하여 설명하시오. (2013, 3회)

모범답안

① 검사정의

본 검사는 직업영역 및 그 외 영역에서 흥미를 측정

제시된 교과목, 직업명, 활동, 다양한 사람들과 함께 일하는 것을 좋아하는지, 싫어하는지, 잘 모르겠는지 응답

② 구성척도

4개의 척도로 결과를 제시하는데 일반직업분류(GOT), 기본흥미척도(BIS), 직업척도(OS), 개인특성척도(PSS) 결과는 모두 6페이지로 구성

㉠ **일반직업분류**(GOT) : 홀랜드의 6가지 직업적 성격유형에 해당하는 6가지 직업영역에서의 흥미를 성별 표준점수로 나타낸다. 즉, GOT점수는 흥미에 대한 포괄적인 정보를 제공한다.

㉡ **기본흥미척도**(BIS) : 25개의 세분화된 영역에 대한 직업영역 및 그 외 영역에서 흥미정도를 제시한다. GOT의 하위척도로 25개 각 흥미영역에서의 흥미정도를 성별 표준점수로 나타낸다. 즉, 특정분야 흥미를 보여준다.

㉢ **직업척도**(OS) : 100여 개 직업에 종사하는 사람들이 좋아하는 것과 싫어하는 것을 6개 일반직업분류(GOT)유형과의 관련성으로 유형화한다. 즉, 함께 일하는 동료가 자신과 유사하면 유사할수록 직무만족도가 높아질 것이라는 것에 가정을 둔 척도이다.

㉣ **개인특성척도**(PSS) : 일상생활과 일의 세계에 관련된 광범위한 특성에 대해 개인이 선호하고 편안하게 느끼는 것을 측정하며 4개의 하위척도로 구성

- 업무유형척도는 함께 일하는 것을 어느정도 선호
- 학습유형척도는 실습을 통해 배우는 것을 좋아하는지, 전통적인 이론수업방식을 통해 배우는 것을 좋아하는지 측정
- 리더십유형척도는 리더로서 다른 사람을 이끄는 것을 선호하는 정도 측정
- 모험심유형척도는 모험을 하고 위험을 감수하는 활동의 흥미정도 측정

POINT TR과 IR

① 전체응답률(TR)은 317문항 중 실제 응답한 문항 수

- TR지수가 300이하인 경우 검사해석은 하지 않는 것이 바람직하다.

② 희귀반응률(IR)은 검사결과를 신뢰하기 어려운 정도를 나타내는 지표

- 여성의 경우 5점 이하, 남성의 경우 7점 이하, 음수로 나타나는 응답의 결과는 보통수준의 응답반응이 아닌 것으로 이해할 수 있으며 아래와 같은 가정을 할 수 있다.

㉠ 전통적인 성역할에 따른 직업을 선호하는 것이 아닌, 성정체감이 양성적으로 표현되는 경우 즉 남성이 여성적 직업을 선호하는 경우, 여성이 남성적 직업을 선호하는 경우

㉡ 검사 문항에 대한 저항 또는 문맹자

8 미네소타 직업가치검사(MIQ : MINNESOTA IMPORTANCE QUESTIONNAIRE)에 대해 설명하시오. (2013년)

모범답안

롭퀴스트와 데이비스의 직업적응이론에서 사용하는 검사로서 내담자의 6가지 직업가치와 20가지 직업욕구를 측정한 것이다.

6가지 직업가치는 성취, 안전, 지위, 이타성, 안정, 자율성이며 개인의 욕구와 직업가치 프로파일과 다양한 직업적 강화패턴의 비교로 구성되어 있다.

Minnesota Importance Questionnaire : 미네소타 중요도검사

가치	욕구척도	문항
성취	능력활용	나는 내 능력을 활용할 수 있는 것을 하고 싶다.
	성취	그 직무는 내게 성취감을 줄 수 있다.
안전	활동	나는 항상 바쁘게 지낼 수 있다.
	독립성	나는 그 직무를 혼자서 감당할 수 있다.
	다양성	나는 매일 다른 일을 할 수 있다.
	보수	나의 보수는 다른 고용자와 비교할 수 있을 정도이다.
	안정성	내 직업은 지속적인 고용을 뒷받침한다.
	작업조건	그 직무는 작업조건이 좋다.
지위	승진	그 직무는 승진기회를 제공한다.
	인정	내가 하는 일에 대해 인정받을 수 있다.
	권위	내가 하는 일을 타인에게 말할 수 있다.
	사회적 지위	나는 공동체에서 "뭔가 의미있는 사람"일 수 있다.
이타주의	직장동료	직장동료들은 쉽게 친구가 되어준다.
	도덕적 가치	그 직무는 비도덕적이라는 느낌없이 할 수 있다.
	사회적 봉사	나는 다른 사람들을 위해서 무언가 할 수 있다.
안정성	회사정책과 관행	그 회사는 정책을 공정하게 실행할 것이다.
	감독-인간관계	나의 상사는 부하들을 지원할 것이다.
	감독-기술	직장상사는 부하직원을 적절히 훈련시킬 수 있다.
자율성	창조성	나의 생각 중 일부를 실행해 볼 수 있다.
	책임성	나는 스스로 결정을 내릴 수 있다.

※ 출처 : A psychological Theory of Work Adjustment by Dawis & Lofquist(1984)

9 MBTI(MYERS-BRIGGS TYPE INDICATOR) 성격유형검사에 대해 설명하시오. (2012년 3회)

모범답안

① 개요

㉠ Carl Jung의 유형론을 바탕으로 한 MBTI는 인간관찰에 대한 연구를 통하여 내담자의 성격을 이해하는 자기보고식 강제선택검사이다.

㉡ 한국의 MBTI는 심혜숙, 김정택에 의해 번안, 표준화 작업을 거쳐 상용되고 있다.

㉢ MBTI가 광범위하게 사용되는 매력 중의 하나는 좋고 나쁜 점수, 좋고 나쁜 유형이 없다는 점이다.

㉣ 두 극단 모두 장점과 단점을 갖기 때문에 내담자에게 결과를 해석해 줄 때 상담자가 중립적일 수 있다. 각 선호는 강점과 즐거움, 긍정적인 특성을 포함하고 문제와 맹점을 동시에 가지고 있다.

② **구성** : MBTI는 무작위로 보이는 인간행동을 개인의 인식과 판단에 대한 선호방식에 따라 체계적으로 설명하고 있으며 4개의 양극단 영역을 제공하는 8개 척도(4쌍)로 채점된다.

㉠ **에너지의 주의집중과 세상에 대한 태도** : 외향(E) – 내향(I)

㉡ **정보수집 및 정보인식** : 감각(S) – 직관(N)

㉢ **판단 및 결정** : 사고(T) – 감정(F)

㉣ **행동양식** : 판단(J) – 인식(P)

직업에서의 유형별 특성

유형	내용
외향성(E)	• 타인과 상호작용하는 것을 좋아함 • 다양성과 행위를 좋아함 • 느린 직무에 참을성이 없음 • 직무의 결과에 관심이 있음
내향성(I)	• 고독을 좋아하고 혼자 집중하는 시간을 좋아함 • 침묵을 좋아함 • 한 가지 일에 오랜 시간을 들여 작업함 • 직무의 아이디어에 관심 있음
감각형(S)	• 주의집중을 요구하는 작업을 선호함 • 새로운 문제를 직면하는 것을 싫어함 • 이미 배운 기술을 활용하는 것을 즐기고 영감이 전혀 없음 • 실수한 적이 거의 없음

직관형(N)	• 상세한 것을 싫어함 • 새로운 문제들이 제기되고 직면되는 상황을 선호함 • 새로운 기술의 학습을 즐김 • 영감에 의존하며 실수를 자주 함
사고형(T)	• 아이디어와 숫자를 가지고 논리적 순서를 요하는 작업을 선호함 • 비판력이 뛰어나며 의지가 굳음
감정형(F)	• 사람들에게 서비스를 제공하는 활동을 선호함 • 타인을 비난하기 보다는 이타적 행위를 선호함
판단형(J)	• 작업을 계획하고 그 계획에 따라 실천하는 것을 선호함 • 사건이 해결되고 종결되는 것을 좋아함
지각형(P)	• 변화하는 상황에 대한 유연한 적응이 가능하며 이에 대해 강점을 발휘함 • 변화를 선호하며 변화를 두려워하지 않음

③ 용도

㉠ MBTI는 내담자가 현재 직업에 대해 가지고 있는 불만족의 요인을 설명할 수 있다.

㉡ 직장에서 인간관계를 이해하고 팀워크를 발전시키는데 주로 활용될 수 있다.

㉢ 내담자의 성격과 상반된 직업환경의 경우 내담자는 효능감을 발휘하지 못하고 만족감이 떨어지는 것으로 나타난다. 또한 MBTI는 내담자를 도와 직업대안을 제시하고 내담자에게 적합한 직업 환경을 찾는데 도움을 준다.

㉣ MBTI는 흥미검사인 storng검사와 병행한다면 storng직업흥미검사에서 이론적으로 제시한 특정 직업에 대해 내담자의 적응도와 만족도를 예측할 수 있다.

④ 유의점

㉠ MBTI검사의 대중성과 결과 해석의 단순성 때문에 종종 MBTI를 과신하는 경우가 발생한다.

㉡ MBTI는 사람을 협소하게 범주화하거나 명명하기 위해서 사용하는 것이 아니라 그들이 가진 장점을 지지하고 반대성향의 성격양식을 배울 수 있도록 하기 위함이다.

10 진로신념검사(CBI)에 대해 설명하시오. (2013년 3회)

모범답안

① 개요

㉠ 진로신념검사(CBI : CAREER BELIEFS INVENTORY)는 크롬볼츠에 의해 개발되었으며 진로신념이 진로결정에 영향을 미친다는 사회인지적 관점에서 개발된 검사이다.

㉡ 내담자가 진로결정과정에서 나타나는 비합리적인 신념을 확인할 수 있으며 검사결과를 통해 내담자는 진로신념을 파악하는 것 이외에 하위척도 문항을 활용하여 내담자의 현수준을 파악하고 상담에서 활용할 수 있다는 장점이 있다.

㉢ 문항은 96문항으로 이루어져 있고, 25개의 하위척도로 제시되어 있다. 25개의 하위척도는 5개의 영역으로 구분할 수 있다.

② 5개의 영역

㉠ 나의 현재 진로상황

㉡ 나의 행복을 위해 필요하다고 생각되는 것

㉢ 나의 결정에 영향을 끼치는 요소

㉣ 내가 기꺼이 변화할 수 있는 것

㉤ 내가 기꺼이 노력할 수 있는 것

③ 25개의 하위영역

㉠ 취업상태

㉡ 진로계획

㉢ 진로미결정 수용

㉣ 개방성

㉤ 성취

㉥ 대학교육

㉦ 내적만족

㉧ 동료경쟁

㉨ 구조화된 업무환경

㉩ 통제

㉪ 책임

㉫ 타인의 인정

㉬ 타인과의 비교

㉭ 직업과 대학의 다양성 이해

㉮ 진로유연성
㉯ 진로전환
㉰ 직업대안
㉱ 직장의 위치
㉲ 자기향상
㉳ 불분명한 진로에서 노력지속
㉴ 실패의 위험감수
㉵ 직업기술 배우기
㉶ 협의, 탐색
㉷ 장애극복
㉸ 노력

④ 응답반응 : 각 문항은 1점에서 5점까지의 리커트식 척도로 구성되어 있으며 내담자의 응답은 잘못된 신념 때문에 발생할 수 있는 진로장애 수준을 나타내는 것으로 목적달성을 방해할 수 있는 영역과 진로에 대한 인지 왜곡을 정확히 파악할 수 있으며 각 하위척도점수가 39점 이하일 경우 해당 영역은 탐색해 볼 필요가 있으며 각 하위척도 문항을 가지고 내담자의 수준을 파악하고 상담에 활용할 수 있다.

CBI(진로신념검사)

번호	척도명	낮은 점수의 의미	높은 점수의 의미
1	취업 상태	미취업	취업
2	진로 계획	계획이 이미 결정됨	계획이 변경 가능함
3	진로미결정 수용	지금쯤이면 진로를 결정했어야 한다.	미결정을 이해할 수 있다.
4	개방성	진로를 선택한 이유를 비밀로 간직함	선택한 이유를 개방할 수 있다.
5	성취	성취 외에 다른 목적이 있음	성취가 주요 목적임
6	대학 교육	취업을 잘 하기 위해 대학 교육이 필요함	대학 교육은 취업을 잘 하기 위한 단지 하나의 방법일 뿐이다.
7	내적 만족	일이 다른 목표를 얻기 위한 수단임	업무 자체가 만족스러워야 함
8	동료 경쟁	타인과 경쟁해서 이기려 함	타인을 이길 필요는 없음
9	구조화된 업무환경	감독이 없고 유동적인 시간에 일하는 것을 선호함	감독이 있고 근무시간이 정해진 것을 선호함
10	통제	진로가 타인에 의해 영향 받음	자신이 진로를 결정하는 것임

11	책임	전문가의 도움이 가장 좋은 진로 선택을 결정할 수 있다.	진로는 자신이 직접 선택하는 것이다.
12	타인의 인정	타인의 인정이 중요하다.	타인의 인정이 중요치 않다.
13	타인과의 비교	자신을 타인과 비교한다.	자신을 타인과 비교하지 않는다.
14	직업과 대학의 다양성 이해	대학들과 한 직업에 종사하는 사람들이 비슷하다고 생각한다.	대학들과 한 직업에 종사하는 사람들이 다르다고 생각한다.
15	진로 유연성	진로에 어떤 적절한 순서로 단계가 있어야 한다.	목표에 이르기까지 여러 가지 길이 가능하다.
16	진로 전환	직업이 처음 훈련받은 것과 일치해야 한다.	직업이 처음 훈련과 다를 수도 있다.
17	직업 대안	일관된 진로 경로가 필요하다.	기꺼이 다른 직업 대안을 시도해볼 것이다.
18	직장의 위치	더 좋은 일자리로 옮기지 않을 것이다.	더 좋은 일자리로 옮길 것이다.
19	자기 향상	수행능력에 만족한다.	수행능력을 향상시키길 바란다.
20	불분명한 진로에서 노력 지속	열심히 노력하기 위해선 분명한 목표가 있어야 한다.	목표가 불분명할 때라도 항상 열심히 노력한다.
21	실패의 위험 감수	실패할 것 같으면 시도하지 않는 것이 낫다.	실패할 것 같더라도 열심히 노력하는 것이 낫다.
22	직업 기술 배우기	직업 훈련받는 것을 싫어한다.	새로운 기술을 배우는 것을 좋아한다.
23	협의/탐색	적합한 직업을 찾기가 불가능함	업무 변화를 협의하거나 새 일을 구할 수 있다.
24	장해 극복	장애가 진로 진행을 방해하고 있다.	장애를 극복할 수 있다.
25	노력	성공은 노력과 상관없다.	열심히 노력하면 성공할 것이다.

11 직업적응이론에서 6가지 가치와 4가지 성격유형요소, 2가지 적응변인에 대해 설명하시오. (2012년 3회)

모범답안

① 6가지 직업가치

㉠ 성취 : 수행을 고무시키는 환경의 중요성

㉡ 안전(보상, 편안함) : 안전한 환경의 중요성

㉢ 지위 : 명성과 재인식을 제공하는 환경의 중요성

㉣ 이타심 : 타인과 조화를 이루며 봉사하는 환경의 중요성

㉤ 안정감 : 예측 가능하고 안정적인 환경의 중요성

㉥ 자율성 : 시작을 자극하는 환경의 중요성

② 4가지 성격유형요소

㉠ 민첩성 : 과제를 얼마나 일찍 완성하느냐와 관계있는 것으로, 정확성보다는 속도를 중시여긴다. 민첩성이 없다는 것은 반응의 신중함, 지연, 반응의 긴 잠재기를 뜻한다.

㉡ 역량 : 근로자의 평균활동 수준을 말하고 개인의 에너지 소비량을 의미한다.

㉢ 리듬 : 활동의 다양성

㉣ 지구력 : 개인이 환경과 상호작용하는 시간의 양을 의미한다.

③ 직업적응유형 변인 2가지(개인과 조직 간의 불일치 이후 적응단계의 2가지 유형)

㉠ 유연성 : 개인의 욕구와 조직의 보상 사이의 불일치를 적응하기 위해 그 상태를 견디는 능력으로 적극적 방식은 예를 들면 업무량이 과다하다고 느끼는 경우 업무량을 줄여달라고 요구하거나 임금상승 또는 승진을 요구할 것이다. 소극적 방식의 유연성은 업무량이 과다하다고 느끼는 경우 작업효율성을 증진시킬 수 있는 시간관리 기술을 배우거나 우선순위를 정하여 업무를 처리하는 것이다.

㉡ 인내력 : 인내력이란 개인의 특성과 직업환경 간의 불일치가 확인되었지만 직무유지를 하면서 조직에 남아있는 상태를 의미한다.

> **POINT** 직업적응 방식적 측면
>
> ① 융통성 : 개인의 작업환경과 개인적 환경 간의 부조화를 참아내는 정도로서 개인의 부조화가 크더라도 잘 참아낼 수 있는 사람은 융통적인 사람이다.
> ② 끈기 : 환경이 자신에게 맞지 않아도 얼마나 오랫동안 견뎌낼 수 있는가를 의미한다.
> ③ 적극성 : 개인이 작업환경을 개인적 방식과 좀 더 조화롭게 만들어 가려고 노력하는 정도를 의미한다.
> ④ 반응성 : 개인이 작업성격의 변화로 인해 작업환경에 반응하는 정도를 말한다.

12 수퍼의 진로발달 14가지 명제와 5가지 발달단계를 설명하고 이에 따른 발달과업도 함께 설명하시오. (2012년 3회)

모범답안

① 진로발달 14가지 명제

[사람과 직업의 고유한 특성과 요인]

㉠ 개인은 능력, 성격, 가치관, 흥미 자아개념 등이 서로 다르다.

㉡ 직업은 필요로 하는 능력과 인성의 차이가 있다.

㉢ 각 직업군에는 요구하는 흥미, 인성, 능력이 다르다.

[자아개념]

㉣ 자아개념은 흥미와 능력으로 구성된다.

㉤ 자아개념은 환경과 상호작용하면서 계속 변화하고 진화한다.

㉥ 자아개념은 사회적 학습의 산물이다.

㉦ 자아개념은 전 생애를 통해 안정성을 나타낸다.

㉧ 성장기, 탐색기, 확립기, 유지기, 쇠퇴기의 진로발달단계와 각 단계마다 고유한 발달과업이 있다.

㉨ 한 개인이 직업을 선택할 때 독특한 특성이 있으며 개인과 환경의 특성에 따라 결정된다.

[진로성숙도]

㉩ 진로성숙도는 특정한 생애진로단계에서 환경에 대처하는 개인의 준비도를 의미한다.

㉪ 진로성숙도는 가설적인 개념이며 단일한 특질로 구성되지 않는다.

[직무와의 만족도]

㉫ 직무만족도는 자아개념의 실현과 정적상관이 있으며 다른 역할의 중요성과 만족도와도 관련이 높다.

㉬ 사람들은 인생의 각 시기를 통하여 서로 다른 중요성을 가지는 여러 역할을 동시에 수행하고 있다.

㉭ 직업인으로서 역할에 만족하지 못하지만 다른 역할에 만족하면서 사는 사람들도 있다.

② 5가지 발달단계

단계	내용
성장기 (Growth Stage, 출생 ~ 14세)	타인과의 동일시를 통하여 자아개념을 발달시킨다. • 환상기(4 ~ 10세) : 욕구가 지배적이며 자신의 역할수행을 중시한다. • 흥미기(11 ~ 12세) : 개인취향에 따라 목표를 선정한다. • 능력기(13 ~ 14세) : 흥미와 욕구보다는 능력을 중시한다.

탐색기 (Exploration Stage, 15 ~ 24세)	학교 · 여가생활 · 시간제의 일 등의 경험을 통하여 잠정적으로 진로를 선택하고 필요한 교육이나 훈련을 받으며 자신에게 적합한 직업을 선택하여 일하기 시작한다. • 잠정기(15 ~ 17세) : 자신의 욕구, 흥미, 능력, 가치 등을 고려하여 직업을 선택한다. • 전환기(18 ~ 21세) : 필요한 교육훈련을 경험한다. • 시행기(22 ~ 24세) : 자신에게 적합한 직업을 선택한다.
확립기 (Establishment Stage, 25 ~ 44세)	자신에게 적합한 직업분야를 발견하고 자신의 생활의 안정을 위해 노력하는 단계이다. • 시행기(25 ~ 30세) : 자신이 선택한 직업과 자신과의 일치정도를 확인하고 불일치할 경우 적합 직업을 탐색한다. • 안정기(30세 ~ 44세) : 자신에게 적합한 직업을 찾아서 직업적 안정감을 경험한다.
유지기 (Maintenance Stage, 45 ~ 64세)	직업세계에서 자신의 위치가 확고해지고 자신의 자리를 유지하기 위해 노력하며 안정된 삶을 살아가는 시기이다.
쇠퇴기 (Decline Stage, 65세 이후)	정신적, 육체적 기능이 쇠퇴함에 따라 직업세계에서 은퇴하게 되고 새로운 역할과 활동을 찾게 되는 시기이다.

③ 직업발달과업

직업발달과업	나이	일반적 특징
결정화	14 ~ 18세	자원의 인식, 유관성, 흥미, 가치, 선호하는 직업에 대한 계획 인식을 통해 일반적 직업목표를 형성하는 인지적 과정단계
구체화	18 ~ 21세	특정 직업선호에 따라 일시적 직업선호도를 갖게 되는 기간
실행화	21 ~ 24세	직업선호에 따른 훈련을 마치고 취업을 하게 되는 기간
안정화	24 ~ 35세	적절한 실제 일의 경험과 재능을 사용함으로서 선호하는 커리어를 확고히 하는 기간
공고화	35세 이상	승진, 지위, 선임자가 되면서 커리어를 확립하는 기간

13 다음의 사례를 읽고 해당 질문에 답하시오.

> 내담자는 39세 남자로 마케팅 영업 업무 담당하였으며, 업무성과는 좋았으나, 동료들과의 경쟁으로 스트레스 심화하여 건강상 문제로 퇴사하게 됨.
> 이후 가족들과 함께 하는 시간을 많이 가지고자 가족들과 함께 할 수 있는 조그마한 사업 창업을 하고자 함.

모범답안

직업심리검사결과	
스트롱흥미검사	GOT : ISA(65/63/60)
미네소타직업가치관검사	높은 가치 : 이타심/자율성/안정 낮은 가치 : 성취/지위
진로신념검사	나의 현재진로상황(30T) 타인의 의해 영향을 받는다.

◇ 이 남성에게 4가지 검사를 중심으로 각 검사결과를 설명하시오.

내담자는 스트롱직업흥미검사 결과 ISA로 나타났으며 1차 유형코드와 2차 유형코드의 점수차가 크지 않아 SIA유형으로도 판단할 수 있다.
내담자의 ISA유형은 홀랜드 육각형에서 RCE유형과 변별도 있게 분화되었으며 1표준편차 이상으로 유형의 변별도가 높다고 할 수 있으며 내담자의 흥미는 탐구형과 사회형, 예술형에서 평균이상이라 할 수 있다.

MIQ 결과 내담자는 긴장되지 않는 상태 즉 자율성과 휴식을 중요한 가치로 받아들이고 있는 것에 반해 성취욕과 지위에는 관심이 없는 것으로 나타났다. CBI 결과 현재 진로상황에서 대해 39점 이하로 나의 현재 진로상황에 대한 불만족으로 진로를 바꾸려는 욕구가 강한 것으로 나타났다.
따라서 내담자는 추상적이며 이론적인 것에 관심을 가지고 있으며 내적가치 및 타인과의 관계를 중요시하는 성격을 가지고 있다고 판단되며 이러한 특성으로 인해 회사 내 조직원들과의 경쟁상황에서 불편감을 느낄 수 있으며 이 결과, 신체화증상 및 우울감이 동반되어 내담자의 건강상의 문제도 발현되었다고 판단된다.

14 **수퍼의 진로발달 이론과 특성요인이론을 비교할 때 특성요인 이론의 단점 및 한계점에 대하여 3가지 설명하시오.**

모범답안

① 특성요인이론은 개인 환경 적합모형으로 개인의 직업적 특성을 파악한 후 직업의 요구환경과 매칭하는 이론이라 할 수 있다. 이러한 특성요인이론은 정적모델로서 내담자의 성격적 발달과정을 설명하지 못한다는 단점이 있다.

② 특성요인 이론은 정적모델로 내담자의 현재 진로문제를 해결을 위한 상담모델을 제시하지 못한다.

③ 특성요인 이론은 일회적 상담이라 불리며 발달학적으로 발생하는 커리어의 연속적인 선택과정을 간과하고 있다.

15

내담자는 20대중반 여성으로 이공계를 졸업하였음, 현재 무직이며 카피라이터를 희망하고 있음.

상담의 목적은 대학전공과 달리 하고 싶은 분야는 카피라이터 등 광고계여서 검사를 통한 확인을 받고 싶어 본 상담실을 방문함.

참고사항 : 주요상담문제는 자신이 취업하고자 하는 분야에 대한 확인을 얻고자 함, 내담자는 광고계통에 종사하고 싶지만 현실적인 뒷받침이 되지 못하여 일단은 기획 및 관리사무로 구직신청을 하고 상담실을 방문함.
자신이 정작하고 싶은 일에 대한 일종의 확인작업을 하고자 하는 목적을 가지고 있으며 전공은 취업에 유리한 편이었으나, 반드시 전공을 살려서 취업하고 싶은 정도까지는 아님.

–적성요인별 검사결과

능력 / 점수	언어력	수리력	추리력	공간 지각력	사물 지각력	상황 판단력	기계 능력	집중력	색채 지각력	사고 유창력	협응 능력
점수	99	103	103	93	107	100	98	100	128	96	91
수준	중하	중상	중상	중하	중상	중상	중하	중상	최상	중하	중하

–적합 및 최적합 직업군

최적합직업군			적합직업군			
직업분류	세부직업 목록	판정준거	직업분류	세부직업 목록	판정준거	보완이 필요한 능력
펀드매니저/투자분석사	펀드매니저 투자분석가	언어력 수리력 사고유창력	공인중개사	공인중개사	언어력 수리력 상황판단력 사고유창력	언어력 사고유창력
희망직업	사서, 디자이너					
구분	언어력		추리력		상황판단력	
기준점수	94		87		93	
당신의 점수	99		103		100	

위의 자료를 참고하여 심리검사 결과를 해석하시오.

모범답안

1) 적성요인별 점수결과 해석
   - 개인내적으로 높은 적성요인 : 사물지각력, 수리력, 색채지각력
   - 개인내적으로 낮은 적성요인 : 협응능력, 공간지각력, 사고유창력

2) 결과 해석시 유의점

- 각 적성요인에서의 피검자의 점수가 일반사람들의 평균점수와 비교해서 어느 수준에 있는지를 알려주는 자료인 적성 프로파일을 확인해보면, 피검자의 능력 중에서 뛰어난 능력은 색채지각력과 사물지각력이고 피검자의 능력 중에서 떨어지는 능력은 공간지각력과 사고유창력, 협응능력이다.
- 피검자가 희망하는 직업인 카피라이터가 되기에는 언어력과 사고유창력이 다소 부족한 것으로 나타났으나 기준점수와 그다지 큰 차이를 보이고 있지 않기 때문에 자신이 원하는 희망직업을 선택할 수 있을 것으로 판단된다.

3) 상담 및 검사결과 해석방향

- 피검자는 본인이 하고자 하는 일이 뚜렷한 편이고 그 일에 본인의 적성이 맞는지 알고 싶어 한다. 그러므로 직업상담원은 그녀의 적성이 하고자 하는 일에 부합하는지 잘 알려주어야 하고 그녀가 원하는 직업을 가질 수 있도록 도와주어야 한다.
- 피검자는 색채지각력과 사물지각력이 뛰어난 편인 반면 공간지각력, 사고유창력, 협응능력은 약간 떨어지는 편이다. 따라서 디자이너, 보석감정사, 화가 및 만화가, 사진가/촬영기사 같은 직업이 적성에 맞는다.

POINT

※ 일반직업적성검사
1. 최적직업군을 기술한다.
2. 적성요인 점수를 가지고 개인간 비교/개인내 비교를 한다.
3. 적성검사 결과와 희망직업이 일치하는 지를 본다.(일치할 경우, 그 직업에 관한 상세정보 제공. 일치하지 않을 경우, 가능한 희망직업과 가까운 대안 직업 제시.

※ 직업흥미검사
1. 흥미직업군과 자신감 직업군을 기술한 후, 최적 직업군을 기술한다.
2. 흥미모형의 크기와 모양을 고려한다(경우의 수의 조합).
3. 자신감의 크기와 모양을 고려한다.
4. 기초지향성을 기술한 후, 흥미, 자신감 검사 결과와 일치하는지 본다.

※ 종합해석
1. 적성검사 최적직업과 흥미검사 최적직업을 요약, 정리한다.
2. 희망직업과 일치여부를 본다.(일치할 경우, 직업정보 제공. 일치하지 않을 경우, 원인 파악과 함께 대안 직업 제시.)
3. 추후 심리 상담이 필요한 부분을 언급한다.

16 역할중요도검사에 대해 설명하시오.

모범답안

역할중요도검사(SI : Salience Inventory)

SI는 가치검사와 마찬가지로 일 중요도(Work Importance Study : WIS)의 한 부분으로 네빌과 수퍼(Nevill & Super)에 의해 개발되었다.

이 검사는 수퍼(Super) 이론의 주요 개념 중의 하나인 5가지 주요 생애 역할, 즉 학생, 시민, 가사종사자 및 여가사용자의 비교 중요도를 측정하도록 설계되었다.

좀 더 구체적으로 설명하면, SI는 이를 5가지 생애 역할 각각에 대한 개인의 참여, 몰두 및 각 역할 내의 관련 가치 기대를 측정한다.

SI는 5가 지 역할 각각에 대하여 3가지 점수를 제공해 준다.

① 참여점수는 어떤 역할에 투자한 시간과 에너지의 양을 나타낸다.

② 몰두점수는 어떤 역할에 대해 정서적으로 애착을 보이는 정도를 나타낸다.

③ 역할 기대점수는 각 역할에 대해 만족하는 정도를 나타낸다.

17 기술확신척도(SCI)에 대해 설명하시오.

모범답안

기술확신척도(SCI : SKILLS CONFIDENCE INVENTORY)

1. 이 검사는 홀랜드의 6가지 일반적인 직업주제와 관련된 일을 해내는 개인의 확신감의 수준을 측정하는 도구
   - 각 척도는 10개의 문항으로 구성된다.
   - 1~5점으로 응답하고, 5점은 측정영역에서 매우 높은 확신이 있음을 의미한다.
   - 기술확신척도는 스트롱검사와 함께 사용되도록 개발되었다.
   - 일반적인 직업주제에 따른 확신감과 흥미를 보여준다.
   - 확신감과 흥미가 모두 높은 경우, 확신감이 흥미보다 높은 경우, 흥미가 확신감보다 높은 경우의 3가지 활용 가능하다.
   - 확신감과 흥미가 모두 높은 주제는 좋은 진로 영역이다.

2. 구성
   - R(현실형) : 10개의 문항으로 구성, 1~5점으로 응답(5점 : 매우 높은 수준의 확신)
   - I(탐구형) : 10개의 문항으로 구성, 1~5점으로 응답(5점 : 매우 높은 수준의 확신)
   - A(예술형) : 10개의 문항으로 구성, 1~5점으로 응답(5점 : 매우 높은 수준의 확신)
   - S(사회형) : 10개의 문항으로 구성, 1~5점으로 응답(5점 : 매우 높은 수준의 확신)
   - E(진취형) : 10개의 문항으로 구성, 1~5점으로 응답(5점 : 매우 높은 수준의 확신)
   - C(관습형) : 10개의 문항으로 구성, 1~5점으로 응답(5점: : 매우 높은 수준의 확신)

18 수퍼의 발달이론의 목표를 설명하고 평가모델(C-DAC)를 설명하시오.

모범답안

① **상담목표** : 수퍼는 전 생애공간적 입장에서 진로를 발달시키는 것이 자아개념(self－concept)을 형성하는 과정이 되며 인간은 자신의 자아 이미지와 일치하는 직업을 선택한다는 것이다. 따라서 진로발달과정은 자아개념을 형성하는 과정으로 인식하고 자신의 자아이미지와 적합한 직업을 선택하는 것을 목표로 두었다. 일에 관한 인식이 더 폭넓게 경험될수록, 직업적 자기개념은 더 복잡하게 형성되어 간다. 수퍼는 학교현장에서 청소년을 위한 진로상담을 하면서 특성요인의 지시적인 상담기법과 내담자 중심의 비지시적인 상담기법을 상담과정에서 병행하여 사용하였으며 청소년의 진로지도를 위한 상담장면에 다양하게 사용하였다.

② C-DAC모델

㉠ 1단계 : 내담자의 생애구조와 직업역할의 중요성 평가
6가지 역할 중 작업자로써의 역할이 타 역할에 비해 얼마나 더 중요한지 탐색한다.

㉡ 2단계 : 내담자의 진로발달 수준과 자원의 평가
내담자의 주요 발달과업을 확인하고 내담자의 자원을 평가한다.

㉢ 3단계 : 직업적 정체성에 대한 평가
가치, 능력, 흥미의 측면에서 내담자의 직업적 정체성을 파악하고 다양한 생애역할에 어떻게 나타나는지를 탐색한다.

㉣ 4단계 : 직업적 자아개념과 생애주제에 대한 평가
내담자가 자신과 자신의 다양한 생애주제에 대해 어떻게 이해하고 있는지 자아개념을 평가한다.

19 사회인지이론(SCCT)의 3가지 기본지침과 상담목표를 설명하시오.

모범답안

① 사회인지이론의 진로상담 3가지 기본지침(방향제시와 시사점) : 내담자가 비현실적이라고 느꼈거나 부적절한 자기효능감이나 결과에 대한 부적절한 기대 때문에 배제한 진로대안들을 확인한다.

② 너무 일찍 배제한 진로대안에 대한 진로장벽을 확인한다.

③ 내담자의 잘못된 직업정보와 부적절한 자기효능감을 수정한다.

> **POINT** 사회인지이론(SCCT)
>
> 반두라의 사회인지이론을 직업심리학에 적용한 것으로 직업흥미의 발달과 진로선택의 과정, 수행수준의 결정에 대해 설명하는 이론이다. 직업흥미는 직업선택에 영향을 미치며 이것은 수행의 향상을 불러일으킨다. 즉 선택, 수행, 흥미는 상호관계가 있으며 직업성취를 높이는 요소가 된다는 것을 설명하는 이론으로 반두라는 과제수행에 대한 자기효능감이 실제행동 실행을 결정한다고 가정하고 자기효능감은 어떤 과제를 수행할 수 있다고 생각하는 신념이 된다. 즉, 진로발달과 선택에서 진로와 관련된 자신에 대한 평가와 믿음을 강조한 이론이다

① 사회인지이론의 진로상담 목표

㉠ 내담자와 일치하는 진로선택

㉡ 진로대안을 막고 있는 잘못된 자기 효능감의 변화

㉢ 진로대안을 실행할 때 장애를 확인하는 것이다.

② 사회인지이론의 3가지 영역모델

㉠ **흥미모형** : 흥미는 자기효능감과 함께 목표를 예언하고 수행결과로 이어진다.

㉡ **선택모형** : 개인차와 그를 둘러싼 환경은 학습경험에 영향주고, 학습경험이 자기효능감과 결과기대에 영향을 주며, 자기효능감과 결과기대는 흥미에 영향을 미치고 흥미는 목표선택에 영향을 미친다.

㉢ **수행모형** : 개인이 목표를 추구함에 있어 어느 정도 지속할 것인가, 어느 정도 수행할지를 예측하게 해준다. 수행은 직업선택과 직업적 흥미에 영향을 미치게 된다.

③ 배제한 직업대안 찾는 방법

㉠ **직업흥미검사 활용** : 흥미검사결과 높은 점수를 받은 영역, 낮은 점수를 받은 영역을 분석한다.

㉡ **직업가치관검사 활용** : 흥미검사에서 확인된 직업들이 적성검사나 직업가치관검사와 일치하지 않는 경우, 이유를 분석한다.

㉢ **직업카드분류법** : 직업카드분류를 통하여 선택하고 싶은 직업, 선택하고 싶지 않은 직업, 잘 모르는 직업으로 분류한다. 선택하고 싶은 직업 중 만약 능력이 있다면 선택할 직업, 성공을 확신할 수 있다면 선택할 직업, 어떤 경우에도 선택 불가한 직업으로 재분류하게 한다.

④ **자기효능감에 영향을 주는 요소** : 수행성취도, 대리경험, 언어적 설득, 생리적 반응이 있다.

20 **내담자 진로, 직업 계획시 심리검사 등으로 내담자의 생각, 강점, 능력을 파악할 수도 있다. 심리검사 이외에 내담자를 사정할 수 있는 여러 가지 방법들을 제시하시오.**

모범답안

① 직업카드 분류 : 내담자에게 직업카드를 제시한 후 좋아하는 직업과 싫어하는 직업, 관심없는 직업을 분류하도록 한다.

㉠ 카드분류의 실례 : 홀랜드 이론을 결합한 미주리 직업카드분류(MOCS)

- Missouri Occupationl Card Sort
- 대학생/고등학생/성인을 대상으로 함.
- 6가지 유형의 직업 × 15개 = 90개의 직업카드를 만들었음.

㉡ 진행요령

- 90개의 직업카드를 좋은 직업군/싫은 직업군/확신이 가지 않는 직업군으로 나눔
- 혐오 직업군을 다시 세부적으로 분류하면서 개인의 가치관이 나타남
- 선호 직업군을 다시 세부적으로 분류하면서 개인의 가치관이 나타남
- 최종적으로 선호 직업군에 관한 정보를 제공함

② 자기효능감의 측정

㉠ 자기효능감이란 Bandura가 최초로 제안한 개념으로 어떤 과제를 특정수준까지 해낼 수 있다는 개인의 판단을 뜻한다.

㉡ 자기효능감을 상회하는 활동/과제를 회피하고, 낮은 능력을 요구하는 활동/과제는 수행토록 만드는 동기적인 힘을 발휘한다.

㉢ 직업선택에 관한 의사결정/구직활동 등에 상당한 영향을 미침

㉣ 자기효능감의 측정 : 먼저 내담자에게 수행과제를 부여하고 이후 과제의 난이도와 성공에 대한 확신을 물음으로서 내담자 자신의 수행수준을 예측케 한다.

③ 생애진로사정 : 기초적인 직업상담정보를 얻는 초기 구조화된 면담기법으로 아들러의 개인주의 심리학을 기반으로 내담자의 일, 사회, 성(우정)의 생활과제를 다루고 있다. 생애진로사정을 통해 내담자의 직업경험과 교육수준, 기술과 유능성에 대한 자기평가 및 상담자의 평가정보, 가치관과 자기인식의 정보를 얻을 수 있다.

분류	내용
진로사정	내담자의 일의 경험, 교육 훈련, 여가 등에 대하여 질문함으로써 내담자의 진로에 대한 전반적인 정보를 제공한다.
전형적인 하루	내담자가 자신의 하루를 어떻게 조직하는지를 알 수 있는 정보로 의존적-독립적, 즉흥적-체계적으로 구분할 수 있다. 예 '당신은 아침에 스스로 일어납니까?' 또는 '누군가 깨워야만 일어납니까?'
강점과 장애	• 내담자의 강점과 약점 3가지씩 말하도록 함으로써 내담자의 자원을 파악할 수 있다. • 내담자의 직면문제들, 환경장애들, 대처자원 등의 정보를 얻을 수 있으며, 강점과 장애의 영향에 토의할 수 있다.
요약	면접과정의 정보를 재차 강조하여 자기인식을 증가시킬 수 있다.

21 일반적성검사의 9가지 영역에 대하여 설명하시오.

모범답안

지능(G)	일반적인 학습능력이나 지도내용과 원리를 이해하는 능력, 추리판단하는 능력, 새로운 환경에 빨리 순응하는 능력을 말한다(입체공간검사, 어휘검사, 산수추리검사).
형태지각(P)	실물이나 도해 또는 표에 나타나는 것을 세부까지 바르게 지각하는 능력, 시각으로 비교 · 판별하는 능력, 도형의 형태나 음영, 근소한 선의 길이나 넓이 차이를 지각하는 능력, 시각의 예민도 등을 말한다(기구대조검사, 형태대조검사).
사무지각(Q)	문자나 인쇄물, 전표 등의 세부를 식별하는 능력, 잘못된 문자나 숫자를 찾아 교정하고 대조하는 능력, 직관적인 인지능력의 정확도나 비교 판별하는 능력을 말한다(명칭비교 검사).
운동반응(K)	눈과 손 또는 눈과 손가락을 함께 사용해서 빠르고 정확한 운동을 할 수 있는 능력, 눈으로 겨누면서 정확하게 손이나 손가락의 운동을 조절하는 능력을 말한다(타점속도검사, 표식검사, 종선기입검사).
공간적성(S)	공간상의 형태를 이해하고 평면과 물체의 관계를 이해하는 능력, 기하학적 문제해결 능력, 2차원이나 3차원의 형체를 시각으로 이해하는 능력을 말한다(평면도 판단검사, 입체공간검사).
언어능력(V)	언어의 뜻과 그에 관련된 개념을 이해하고 사용하는 능력, 언어상호 간의 관계와 문장의 뜻을 이해하는 능력, 보고 들은 것이나 자신의 생각을 발표하는 능력을 말한다(어휘검사).
수리능력(N)	빠르고 정확하게 계산하는 능력을 말한다(산수추리검사, 계수검사).
손의 재치(M)	손을 마음대로 정교하게 조절하는 능력, 작은 물건을 정확 · 신속히 다루는 능력을 말한다(환치검사, 회전검사).
손가락 재치(F)	손가락을 정교하게 조절하는 능력, 물건을 집고, 놓고 뒤집을 때 손과 손목을 정교하고 자유롭게 운동할 수 있는 능력을 말한다(조립검사, 분해검사).

POINT GATB 직업적성검사

적성(aptitude)은 한 마디로 '무엇에 대한 개인의 준비상태'를 의미하며, 특수한 영역에서 개인이 얼마나 성공할 수 있는지를 예측하는 검사이다.

GATB 직업적성검사의 구성요소 … 15개의 하위검사를 통해서 9개 분야의 적성을 측정할 수 있도록 제작된 것으로, 15개의 하위검사 중 11개는 지필검사, 4개는 수행검사이다.

22 상담시 진행되는 개방형 질문, 폐쇄형 질문, 간접 질문의 예를 쓰고 유의사항이나 장점을 제시하시오. (2010년 1회)

모범답안

① 폐쇄적 질문 : 응답자로 하여금 '예, 아니오' 단답형과 같은 특정 대답을 요구하는 질문법으로 제한된 시간 안에 많은 정보를 얻는데 효과적이나 내담자의 응답을 제한하여 라포형성에는 도움이 되지 않는다.

예 오늘 기분이 좋으신가요?

② 개방적 질문 : 응답자로 하여금 자유롭게 대답할 수 있게 하는 질문방법으로 라포형성에 도움이 되며 풍부하고 자세한 정보를 얻는데 효과적이나 중요하지 않은 내용에 대해 시간이 할애될 수 있으며 내담자가 질문의 의미를 파악하지 못할 경우 효과적이지 못하다.

예 오늘 기분이 어떠신지요?

③ 간접질문 : 내담자에게 직접적으로 질문할 경우 내담자에게 저항감이 발생할 수 있으므로 가정사용하기 방법 등을 활용하여 간접적으로 질문하는 것으로 내담자의 방어를 우회할 수 있고 상담을 위협적이지 않게 느낄 수 있다는 장점이 있다.

예 당신이 만약 기분이 좋지 않다면 어떤가요?

23 일반적성검사와 특수적성검사 특성의 차이를 설명하시오. (2010년 1회)

모범답안

적성(aptitude)은 한 마디로 '무엇에 대한 개인의 준비상태'를 의미하며, 특수한 영역에서 개인이 얼마나 성공할 수 있는지를 예측하는 검사로서 일반적성검사는 다양한 종류의 직무를 수행하는 데 종합적으로 요구되는 기본 능력을 측정하는 검사인 것에 반해 특수적성검사는 특수한 직종이 요구하는 적성을 가지고 있는지를 측정하는 검사로서, 기계적성, 사무적성, 운동적성 등의 특수한 능력을 따로 재는 검사로서 예를 들어 예술, 음악, 신체 운동기능 등의 특성을 측정하게 된다.

24 자기보고식 가치사정하기에서 가치사정법을 6가지 쓰시오.

모범답안

① 자유시간, 금전의 사용 확인하기

② 과거 선택 회상하기

③ 절정경험 조사하기

④ 체크목록 가치 순위매기기

⑤ 백일몽 말하기

⑥ 존경하는 사람 기술하기

25 개인의 관심이나 호기심을 자극하거나 일으키는 어떤 것을 흥미라고 한다. 내담자가 흥미를 사정하려고 할 때 사용할 수 있는 사정기법을 3가지를 쓰고 각각에 대하여 간략히 설명하시오. (2010년 3회)

모범답안

① **표현된 흥미사정법** : 직업에 대한 좋고 싫음에 대해 질문 또는 직업카드분류 등을 통해 흥미를 사정한다.

② **조작된 흥미사정법** : 활동에 대한 질문이나 관찰, 작업경험 분석하기 등을 통해 내담자의 흥미를 사정한다.

③ **조사된 흥미사정법** : Holland 흥미유형 검사, Strong 직업 흥미검사와 같은 표준화된 검사를 활용하여 내담자의 흥미를 사정한다.

26 발달적 진로상담에서 활용되는 CMI(진로성숙검사)에 대하여 예를 들어 설명하시오. (2010년 3회)

모범답안

① 검사개요 : 객관적으로 점수화되고 표준화된 진로발달 측정도구로 크릿츠가 최초로 개발한 검사로 초등학교 6학년에서 고등학교 3학년의 학생을 대상으로 실시하는 검사로서 직업선택을 위한 초기 성인기까지 적용이 가능하다.

② 하위척도

㉠ 태도척도와 능력척도로 구성되어 있으며, 태도척도에는 선발척도와 상담척도 두 가지가 있다.

㉡ 태도척도

- 결정성 : 선호하는 진로의 방향에 대한 확신의 정도를 측정
  예 나는 선호하는 진로를 자주 바꾸고 있다.
- 참여도 : 진로선택의 과정에 능동적 참여의 정도를 측정
  예 나는 졸업할 때까지는 진로 선택 문제에 별로 신경 쓰지 않겠다.
- 독립성 : 진로 선택을 독립적으로 할 수 있는 정도를 측정
  예 나는 부모님이 정해주시는 직업을 선택하겠다.
- 성향 : 진로결정에 필요한 사전 이해와 준비의 정도
  예 일하는 것이 무엇인지에 대해 생각한 바가 거의 없다.
- 타협성 : 진로 선택시 의욕과 현실을 타협하는 정도를 측정
  예 나는 하고 싶기는 하나 할 수 없는 일을 생각하느라 시간을 보내곤 한다.

㉢ 능력척도

- 자기평가(self-appraisal)
- 직업정보(occupational information)
- 목표선정(goal selection)
- 계획(planning)
- 문제해결

27 다음의 상담 내용을 참고하여 제시된 문제를 해결하시오.

> 42세의 기획팀에 근무하고 있는 남자가 있다. 원래 사람들과 어울리기를 좋아해서 영업직에 근무하기를 희망하였으나 제출한 기획서가 채택되면서 기획팀에 근무하게 되었고 계속되는 새로운 기획업무로 인하여 스트레스를 받고 있는 상황이다.

모범답안

① 위 사람을 상담하기 전 몇 가지의 심리검사를 실시하였다. 심리검사 결과를 해석하시오.

심리검사명	심리검사결과		
mbti	ESFP		
storng	GOT : AS		
	R : 20	I : 50	A : 75
	S : 80	E : 42	C : 35
진로성숙검사	T=50		
	태도영역	능력영역	종합영역
	45	65	50

심리검사 해석 … 내담자는 MBTI유형에서 ESFP로 외향적이며 감정적인 유형으로 타인과 함께 하는 일을 선호하고 있다. STORNG검사에서 홀랜드 유형은 AS로 내담자는 규율이나 규칙을 따르기 보다는 타인과의 관계에서 새로운 조직환경에 유연하게 대처하는 유형으로 나타났으며 성격과 흥미를 고려할 경우 타인과의 상호작용을 통한 유연한 직무에 강점이 있을 것으로 해석할 수 있다.

② 상담자는 사회인지이론으로 내담자를 상담할 것인지, 진로발달이론으로 내담자를 상담할 것인지 고민하고 있다. 각 상담이론의 기본가정과 상담목표를 적으시오.

㉠ 진로발달이론

- 기본가정 : 내담자가 전체 인생을 통해 어떻게 자아개념을 발달시켜 가는지에 대해 주의를 기울인다. 내담자는 기획업무와 영업직무에 흥미를 가져 온 것으로 보여진다. 그러나 이 두 영역의 상대적인 중요성은 각 시점에 따라 변화해 온 것 같다. 내담자의 자아개념은 전체 인생을 통해 볼 때 비교적 안정적이며 자신이 무엇을 좋아하는지, 자신에게 중요한 것은 무엇인지에 대해 명백하게 알고 있다. 수퍼의 이론에서 볼 때 내담자의 나이는 '유지기'에 해당되지만 현재의 진로불만족에 따라 확립단계에 있다고 볼 수 있다. 현재 직업에 대한 불만족은 유지단계로의 이행과 관련이 있어 보인다. 내담자는 "내가 다시 새로운 일을 시작해야 하나, 아니면 현재 하고 있는 일을 은퇴할 때까지 계속해야 하나?" 질문하고 있는 것처럼 보인다.

• 상담목표 : 내담자 스스로 그의 생애역할에 대한 통합적이고 적합한 개념을 형성하고 이를 수용하도록 한다. 현실에 반하는 자아개념의 내용을 검토하게 하고 이러한 자아개념을 실현시켜 일에서의 성공, 사회적 기여, 개인적 만족으로 이끄는 진로선택을 하게 한다.

ⓛ 사회인지이론

• 기본가정 : 사회인지진로이론은 내담자의 자기효능감 신념과 결과기대에 초점을 맞춘다. 자신이 잘한다고 느끼는 직업에서 몇 년 동안을 일했지만 한 직업을 계속하는 것을 원하지는 않는다. 내담자는 기획팀에서 능력에 대한 인정을 받아 자기효능감 신념을 가진 것처럼 보이지만 그 직업에서 오는 결과에 대한 기대는 그만큼 긍정적이지 않은 것으로 보인다. 내담자는 기획업무에 대해 스트레스를 받으며 지금보다 사람들과 어울리기를 좋아하며 더 많은 도움을 주고 싶다고 느끼고 있다. 내담자는 영업직으로서의 성과를 기대한다. 내담자는 진로발달을 포함하여 변화에 대한 높은 자기효능감을 가진 것으로 보이며 다양한 영역에 흥미를 가진 것으로 보인다.

• 상담목표 : 내담자의 여러 영역의 진로대안을 검토해 볼 수 있으며 사회인지적 관점에서 내담자가 영업직으로서의 진로대안을 평가하는 것을 도와주고 그가 당면하게 될 가능한 장벽들을 확인해 본다.

POINT 추가답안

※ 사회인지이론

① 기본가정

㉠ 직업발달과 직업선택에 있어서 진로와 관련된 자신에 대한 평가와 믿음 즉 자기효능감은 중요한 요인이 된다.

㉡ 흥미는 자기효능감과 함께 목표를 예언하고 수행결과로 이어진다.

㉢ 개인차와 그를 둘러싼 환경은 학습경험에 영향주고, 학습경험이 자기효능감과 결과기대에 영향을 주며, 자기효능감과 결과기대는 흥미에 영향을 미치고 흥미는 목표선택에 영향을 미친다.

㉣ 개인이 목표를 추구함에 있어 어느 정도 지속할 것인가, 어느 정도 수행할지를 예측하게 해준다. 수행은 직업선택과 직업적 흥미에 영향을 미치게 된다.

※ 참고 … 반두라의 사회인지이론을 직업심리학에 적용한 것으로 직업흥미의 발달과 진로선택의 과정, 수행수준의 결정에 대해 설명하는 이론이다. 직업흥미는 직업선택에 영향을 미치며 이것은 수행의 향상을 불러일으킨다. 즉 선택, 수행, 흥미는 상호관계가 있으며 직업성취를 높이는 요소가 된다는 것을 설명하는 이론으로 반두라는 과제수행에 대한 자기효능감이 실제행동 실행을 결정한다고 가정하고 자기효능감은 어떤 과제를 수행할 수 있다고 생각하는 신념이 된다. 즉, 진로발달과 선택에서 진로와 관련된 자신에 대한 평가와 믿음을 강조한 이론이다.

② 상담목표 : 내담자의 흥미, 가치, 능력과 일치하는 진로선택을 하도록 돕는 것으로 이 과정에서 내담자가 부적절한 자기효능감을 발견하고 잘못된 진로결정을 하게 만들 수 있는 결과에 대한 비현실적인 기대를 확인하도록 조력한다.

③ 상담자는 진로발달이론으로 상담하고자 결정하였다.

㉠ C-DAC에 대해 설명하시오.

C-DAC는 진로발달이론에서 활용하는 평가모델로서 단계는 다음과 같다.

• 1단계 : 내담자의 생애구조와 직업역할의 중요성 평가
–6가지 역할 중 직업인으로써의 역할이 자녀, 학생 등의 역할에 비해 얼마나 더 중요한지 탐색한다.
• 2단계 : 내담자의 진로발달 수준과 자원의 평가
–상담자는 어떤 발달과업이 내담자와 연관되어 있는지를 확인해야 한다.
–내담자의 발달과업을 확인 한 후에는 내담자의 자원에 대한 평가를 한다.
• 3단계 : 직업적 정체성에 대한 평가
–가치, 능력, 흥미의 측면에서 내담자의 직업적 정체성의 내용을 파악하고, 정체성이 내담자의 다양한 생애역할에 어떻게 나타나는지를 탐색한다.
• 4단계 : 직업적 자아개념과 생애주제에 대한 평가
–내담자가 자신과 세상을 어떻게 이해하고 있는지 내담자의 자아개념을 확인하는 과정으로 상담자는 내담자가 현재의 자신을 어떻게 묘사하는지 경청함으로써 생애전반에 초점을 두는 종단적 평가와 자아개념에 초점을 둔 횡단적 평가를 병행한다.

㉡ 문제평가, 개인평가, 예후평가에 대하여 설명하시오.
• 문제평가
–내담자가 호소하는 문제와 진로상담에 대한 기대를 평가한다.
• 개인평가
–내담자의 심리적, 사회적, 신체적 상태에 대한 평가가 이루어진다.
• 예후평가
–내담자의 개인평가과 문제평가에 기초하여 진로적응의 두 가지 주요요소인 성공과 만족에 대한 예측이 이루어진다.

④ 직업적응이론

㉠ 직업적응이론의 4가지 가정에 대해 설명하시오.
• 내담자의 실제능력과 직업에서 요구되는 능력과의 불일치로서 내담자의 능력은 요구되는 능력보다 더 높거나 더 낮을 수 있다.
• 내담자가 지각하는 자신의 능력에 대한 주관적인 평가와 환경에서 요구되는 능력이 불일치할 수 있다.
• 능력과 자격조건은 일치하지만 내담자가 적절한 수행을 보이지 않는 경우 다른 일반적인 환경에서의 부적응이 있을 수 있다.
• 능력과 자격조건은 일치하지만 욕구와 보상의 불일치의 결과, 수행이 부적절하게 나타날 수 있다.
• 내담자의 욕구와 보상의 일치가 부족한 경우, 부적응이 일어날 수 있다.
• 평가도구를 통하여 밝혀진 욕구는 대리학습에 의해 형성된 것일 수 있다.

㉡ 직업적응이론에 있어서 2가지 유형에 대해 설명하시오.
직업적응유형 변인 2가지(개인과 조직간의 불일치 이후 적응단계의 2가지유형)

• 유연성

–개인의 욕구와 조직의 보사사이의 불일치를 적응하기 위해 어떤 조치를 취하기 이전 그 상태를 견디는 능력

–적극적 방식은 예를 들면 업무량이 과다하다고 느끼는 경우 업무량을 줄여달라고 요구하거나 임금상승 또는 승진을 요구할 것이다.

–소극적 방식은 예를 들면 업무량이 과다하다고 느끼는 경우 작업효율성을 증진시킬 수 있는 시간관리기술을 배우거나 우선순위를 바정해 일에 대한 중요성을 줄일 수 있다.

• 인내력

–인내력은 불일치가 확인되었지만 적응하기 위해 계속 일을 하면서 조직에 남아있는 상태

⑤ 사회학습이론에 대해서 간략히 설명하시오.

크롬볼츠(Krumboltz)와 그의 동료들은 행동주의 상담에 근거한 사회학습이론에 기초를 가지고 진로선택과정을 설명하였다. 대표적인 사회학습이론가로는 크롬볼츠, 미첼, 겔라트 등이 있다. 사회학습이론은 진로발달에 있어서 내담자가 가지는 여러 가지 요인을 고려하여 진로선택을 하게 되며 이러한 진로의사결정은 개인의 학습경험에 의하여 나타나며 진로의사결정 역시 이러한 영향들의 상호작용에 의하여 발생한다고 주장한다. 사회학습이론가들은 직업상담에 있어서 진로의사결정에 도움을 주기 위하여 직업정보를 제공하는 것에 업적을 남겼으며 크롬볼츠는 최초로 방사선사 등 20여 개의 직업에 대한 직업정보를 제시하였다.

크롬볼츠는 진로(직업)선택에 있어서 다음과 같은 요인으로 분류하였다.

㉠ **유전적 요인과 특별한 능력** : 개인의 진로선택은 개인의 유전적인 소인과 능력에 영향을 받는다. 이것은 개인의 진로기회를 제한하는 타고난 특질을 말한다.

㉡ **환경적 조건과 사건** : 환경적 조건과 사건은 환경에서의 특정한 사건은 개인이 통제할 수 없는 요인으로서 환경적 조건과 사건으로 구성되어 있다. 이것은 개인을 둘러싸고 있는 상황이나 사건이 기술개발, 활동, 진로선호 등에 영향을 준다.

㉢ **학습경험** : 개인의 과거에 어떤 학습경험을 하였는가에 따라 진로의사결정에 영향을 미친다고 설명한다.

㉣ **과제접근기술** : 과제접근기술은 문제해결기술, 정보수집능력, 감성적 반응, 인지적 과정, 일의 습관, 수행의 경험과 같은 과제를 발달시키는 기술집합으로 개인이 환경을 이해하고 대처하는 능력이나 경향으로 파악할 수 있다. 과제접근기술은 종종 바람직하거나 그렇지 않은 경험들의 결과에 의해 수정되며 학습결과가 좋지 못한 학생이 이전의 노트필기와 공부하는 습관을 바꾸어 좋은 성적을 거둔 것은 과제접근기술의 좋은 예라 할 수 있다.

28 성인용 진로문제검사(ACCI : ADULT CAREER CONCERNS INVENTORY)에 대하여 설명하시오.

모범답안

본 검사는 Super와 동료들이 발달적 진로과업과 단계를 평가하기 위해 개발한 검사로서 Super의 전 생애 진로발달단계 중 성장기를 빼고 다음 4단계 즉, 탐색기, 확립기, 유지기, 쇠퇴기의 각 단계 점수와 3개의 하위단계를 측정하여 내담자의 진로문제를 확인할 수 있다.

ACCI의 점수는 피검사자가 현재 관심을 가지고 있는 직업적 발달과업이 무엇인지 보여준다. 제시된 규준을 평가기준으로 활용하여 규준집단 안에서의 개인의 위치를 파악할 수 있으며 검사점수는 진로문제의 심각성을 보여준다.

29 HOLLAND 이론에 대하여 설명하시오.

모범답안

① 육각형모형의 주요개념을 5가지 제시하고 설명하시오.

㉠ **일관성** : 홀랜드의 육각형 모형에서 따르면 육각형의 둘레에 따라 인접해 있는 직업유형끼리는 공통점이 많은 반면, 멀리 떨어진 유형끼리는 공통점이 거의 없다. 공통점이 많은 인접한 유형은 일관성이 있다고 가정한다.

㉡ **차별성(변별성)** : 특정 개인의 흥미유형 또는 이나 작업환경이 다른 어느 흥미유형이나 작업환경보다 더 명확한 모습으로 드러날 때 '차별성(변별성)이 있다'고 해석한다.

㉢ **정체성** : 개인이나 작업환경의 정체성이 확실한가 안정성이 있는가의 정도를 규정하는 것으로 개인의 고유하고 독특한 특성을 의미한다.

㉣ **일치성** : 일치성은 개인의 직업흥미나 성격 등의 특성이 직무 또는 조직과 잘 맞는지를 의미하며 자신의 직업적 흥미와 실제 직업특성이 잘 조화를 이룰 때 만족도가 높아지고 근속과 생산성이 높아질 수 있다.

㉤ **계측성**(Calculus) : 성격유형 또는 환경모형간의 거리는 그들의 이론적 관계와 반비례한다는 것을 의미하며 육각형 모형에서 각 유형간의 차이는 계측이 가능하다.

② 홀랜드이론의 4가지 기본가정

㉠ 대부분의 사람들은 여섯 가지 유형(RIASEC) 중의 하나로 분류될 수 있다.

㉡ 여섯 가지 종류의 환경(RIASEC)이 있다.

㉢ 사람들은 자신의 능력과 기술을 발휘하고 태도와 가치를 표현하고 자신에 맞는 역할을 수행할 환경을 찾는다.

㉣ 개인의 행동은 성격과 환경의 상호작용에 의해서 결정된다.

③ 홀랜드 인성이론의 6가지 유형

직업적 성격유형	성격유형	(선호하는/싫어하는)직업적 활동	대표적 직업
현실형(R)	남성적, 솔직, 성실, 검소, 지구력이 있으며, 신체적으로 건강하고, 소박함, 말이 적고 고집이 세고, 직선적이며, 단순하다.	분명하고, 질서정연하게, 체계적으로 대상이나 연장, 기계, 동물들을 조작하는 활동, 신체적 기술을 좋아하는 반면 교육적인 활동이나 치료적인 활동은 좋아하지 않는다.	기술자, 자동차 및 항공기 조종사, 정비사, 농부, 엔지니어, 운동선수 등
탐구형(I)	탐구심이 많고, 논리적 · 분석적 · 합리적이며, 정확, 지적 호기심 많으며 비판적 · 내성적이고 수줍음을 잘 타며 신중하다.	관찰적 · 상징적 · 체계적으로 물리적 · 생물학적 · 문화적 현상을 탐구하는 활동에는 흥미를 보이지만 사회적이고 반복적인 활동에는 관심이 부족하다.	과학자, 생물학자, 화학자, 물리학자. 인류학자, 지질학자, 의료기술자 등
예술형(A)	상상력이 풍부하고, 감수성이 강하며, 자유분방하고 개방적이다. 독창적이며 개성이 강한 반면 협동적이지 않다.	예술적 창조와 표현, 변화와 다양성을 좋아하고, 틀에 박힌 것을 싫어한다. 모호하고, 자유롭고, 상징적인 활동을 좋아하지만, 명쾌하고 체계적이고 구조화된 활동에는 관심이 없다.	예술가, 작곡가, 음악가, 작가, 배우, 소설가, 디자이너 등
사회형(S)	사람들과 어울리기 좋아하며 친절하고, 이해심이 많으며, 이타적이고, 감정적이며 이상주의적이다.	타인의 문제를 듣고, 이해하고, 도와주며, 봉사하는 활동에는 흥미를 보이지만, 기계 · 도구 · 물질과 함께 명쾌하고 질서정연하며, 체계적인 활동에는 흥미가 없다.	사회복지가, 교육자, 간호사, 유치원교사, 종교지도자, 상담가, 임상치료가, 언어치료사 등
진취형(E)	지배적이며 통솔력 · 지도력이 있고 말을 잘하며, 설득적이고 경쟁적이며 야심적이고 외향적이며, 낙관적이고, 열성적이다.	조직의 목적과 경제적 이익을 얻기 위해 타인을 선도 · 계획 · 통제 · 관리하는 일과 그 결과로 얻어지는 위신 · 인정 · 권위를 얻는 활동을 좋아하지만 관찰적 · 상징적 · 체계적 활동에는 흥미가 없다.	기업경영인, 정치가, 영업사원, 상품판매인, 관리자, 보험회사원 등
관습형(C)	정확, 빈틈없고, 조심성이 있으며, 세밀하고 계획성이 있으며 변화를 좋아하지 않고, 완고하며, 책임감이 강하다.	정해진 원칙과 계획에 따라 자료를 정리, 조직하는 활동을 좋아하고, 체계적인 작업환경에서 사무적, 계산적 능력을 발휘하는 활동을 좋아한다. 그러나 창의적이고, 자율적이며, 모험적, 비체계적인 활동에서는 매우 혼란을 느낀다.	공인회계사, 경제분석가, 은행원, 세무사, 경리사원, 컴퓨터 프로그래머, 감사원, 사서 등

30 홀랜드의 자기탐색검사(SDS : SELF DIRRECT SERCH)에 대하여 설명하시오.

모범답안

홀랜드 흥미검사를 자가채점방식으로 실시하는 것으로 검사구성영역은 다음과 같다.

① 구성영역

㉠ 제1부 : 평소 희망하는 전공학과와 직업쓰기

㉡ 제2부 : 영역별검사 – 활동흥미

㉢ 제3부 : 영역별검사 – 유능감

㉣ 제4부 : 영역별검사 – 직업흥미

㉤ 제5부 : 영역별검사 – 능력의 자기평가

② **활용** : 대학생의 전공학과의 적합성, 부전공, 복수전공의 선택을 위한 지침으로 제공할 수 있으며 대학원 진학 및 취업을 위한 선택, 취업시 어떤 직종과 직무를 선택할 것인지 활용가능하다. 신입사원 채용시 직무에 적합한 직업적 성격을 가진 사람 선발하며 직무배치의 지침으로 활용가능하며 사원들의 성격적 적성에 맞는 직무배치 및 직무능력의 개발과 승진을 위한 자료로 활용가능하다.

31 롭퀴스트와 데이비스의 직업적응이론에서의 상담과정을 간략히 설명하시오.

모범답안

① 협력관계의 수립

② 내담자의 호소문제 탐색

③ 내담자의 직업적 성격특성과 자기상을 평가

④ 환경을 평가

⑤ 문제에 대한 상담의 효과를 평가

32 수퍼의 14가지 기본명제(기본가정)에 대해 설명하시오.

모범답안

[사람과 직업의 고유한 특성과 요인]

㉠ 개인은 능력, 성격, 가치관, 흥미 자아개념 등이 서로 다르다

㉡ 직업은 필요로 하는 능력과 인성의 차이가 있다.

㉢ 각 직업군에는 요구하는 흥미, 인성, 능력이 다르다

[자아개념]

㉣ 자아개념은 흥미와 능력으로 구성된다.

㉤ 자아개념은 환경과 상호작용하면서 계속 변화하고 진화한다.

㉥ 자아개념은 사회적 학습의 산물이다.

㉦ 자아개념은 전 생애를 통해 안정성을 나타낸다.

㉧ 성장기, 탐색기, 확립기, 유지기, 쇠퇴기의 진로발달단계와 각 단계마다 고유한 발달과업이 있다.

㉨ 한 개인이 직업을 선택할 때 독특한 특성이 있으며 개인과 환경의 특성에 따라 결정된다.

[진로성숙도]

㉩ 진로성숙도는 특정한 생애진로단계에서 환경에 대처하는 개인의 준비도를 의미한다.

㉪ 진로성숙도는 가설적인 개념이며 단일한 특질로 구성되지 않는다.

[직무와의 만족도]

㉫ 직무만족도는 자아개념의 실현과 정적상관이 있으며 다른 역할의 중요성과만족도와도 관련이 높다.

㉬ 사람들은 인생의 각 시기를 통하여 서로 다른 중요성을 가지는 여러 역할을 동시에 수행하고 있다.

㉭ 직업인으로서 역할에 만족하지 못하지만 다른 역할에 만족하면서 사는 사람들도 있다.

33 수퍼이론에서의 상담목표를 3가지 설명하시오.

모범답안

① 내담자 스스로 생애역할에 대한 적합한 개념을 형성하게 한다.

② 현실에 반하는 자아개념의 내용을 검토하게 한다.

③ 자아개념을 실현시켜, 일에서의 성공, 사회적 기여, 개인적 만족으로 이끄는 진로선택을 하게 한다.

34 GOTTFREDSON의 진로발달이론에 대하여 간략히 설명하시오.

모범답안

① 직업포부(제한-타협)의 발달단계를 간략히 기술하세요.

㉠ 고트프레드슨(Gottfredson) 이론의 주요 주제는 직업포부(occupation aspiration)의 발달이다. 그녀의 이론은 수퍼의 발달단계와 유사한 발달적 접근을 통합하면서 어떻게 사람들이 특정 직업에 대해 매력을 갖게 되었는지를 설명하고 있다.

㉡ 고트프레드슨에 따르면, 사람들은 자신의 자기이미지에 필적하는 직업을 원하기 때문에 직업발달에서 자기개념은 커리어선택의 핵심요인이 된다.

㉢ 개인이 직업선택을 할 때 자신의 자아 이미지와 부합되는 직업을 결정하게 되는데 이것은 제한-타협과정으로 설명할 수 있다. 하지만 직업선택이론이라는 측면에서 자기개념발달은 더 잘 정의할 필요가 있는데, 고트프레드슨은 자기개념발달의 핵심적 결정요소는 개인의 사회적 지위, 지능수준, 성유형화에 대한 경험을 고려하게 되며, 최종 타협과정을 통해 자신이 선택할 직업의 한계를 설정하게 된다고 본다.

단계	내용
힘과 크기 지향성 (3 ~ 5세)	사고과정이 구체화하는 단계로 외형적 관심 단계로 어른이 조금되어 간다는 것을 의미한다.
성역할 지향성 (6 ~ 8세)	자아개념이 성의 발달에 의해서 영향을 받으며 구체적인 사고, 남녀 역할에 바탕을 둔 직업을 선호하게 된다.
사회적 가치 지향성 (9 ~ 13세)	사회계층에 대한 개념이 생기면서 자아를 인식하게 되고 직업의 수준에 대한 이해를 확장시킨다.
내적이며 고유한 자아에 대한 지향성 (14세 이후)	사회계층의 맥락에서 직업적 포부가 발달하며 내성적인 사고를 통하여 자아인식이 발달되고 타인에 대한 개념이 생겨난다.

35 KLUMBOLTZ의 사회학습이론의 직업결정요인에 대해 설명하시오.

모범답안

① 유전적 요인과 특별한 능력 : 개인의 진로선택은 개인의 유전적인 소인과 능력에 영향을 받는다. 이것은 개인의 진로기회를 제한하는 타고난 특질을 말한다. 즉, 교육적, 직업적 선호나 기술에 제한을 줄 수 있는 자질로서 인종, 성별, 신체적 특징, 지능, 예술적 재능을 포함한다. 예를 들어 키가 크고 건장한 신체를 타고난 사람이라면 농구선수와 같은 진로선택을 할 가능성이 높을 것이다. 예술가, 음악가, 운동선수들이 이러한 유전적 요인과 특별한 능력에 의하여 진로를 선택한다고 할 수 있다.

② 환경적 조건과 사건 : 환경적 조건과 사건은 환경에서의 특정한 사건은 개인이 통제할 수 없는 요인으로서 환경적 조건과 사건으로 구성되어 있다. 이것은 개인을 둘러 싸고 있는 상황이나 사건이 기술개발, 활동, 진로선호 등에 영향을 준다는 것을 의미하며 예를 들어 직업을 조절하려는 정부의 시책(직업적 기회), 취업가능한 직종의 내용, 교육훈련이 가능한 분야, 사회적 정책, 노동법, 자연적 자원, 기술발전, 사회조직의 변화, 가족의 자원, 그리고 이웃과 지역사회의 영향을 들 수 있으며 이것을 통해 개인의 진로의사결정에 영향을 받을 수 있다.

③ 학습경험 : 개인의 과거에 어떤 학습경험을 하였는가에 따라 진로의사결정에 영향을 미치게 되는데 크럼볼츠는 두 가지 유형의 학습경험을 가정하였다.

㉠ 도구적 학습경험

- 개인이 결과에 대한 반응을 통해서나 활동의 결과를 직접 관찰함으로서 또는 다른 사람의 반응을 통해 배우게 되는 것을 의미하며 도구적 학습은 선행사건과 행동, 결과를 포함한다.
- 선행사건은 유전적 재능과 환경적 조건을 포함하며 행동은 표현되거나 암시적일 수 있다. 그리고 결과는 즉시 나타나거나 또는 지연될 수 있다.
- 개인이 어떤 행동에 대해 정적인 또는 부적인 강화를 받을 때 행동은 강화되거나 소거된다. 예를 들어 개인의 행동에 대해 정적인 강화를 부여받을 때 행동은 증가되는 반면 부적인 강화를 부여받을 때는 흥미를 잃고 행동의 빈도 역시 떨어진다.

㉡ 연상적 학습경험 : 연상학습은 이전에 경험한 감정적으로 중립적인 사건이나 자극을 정서적으로 비중립적인 사건이나 자극에 연결시킬 때 일어난다. 예를 들어 중병에 걸렸던 사람이 병원에서의 치료로 건강을 회복하였다면 그는 병원이라는 중립자극이 그에게 정적인 영향을 미쳐 나중에 의사가 되길 희망할 것이다. 이러한 경험은 개인이 체험하는 직접적인 것인데, 간접적이거나 대리적인 학습경험도 개인의 교육적 · 직업적 행동에 영향을 미치게 된다.

④ 과제접근기술

㉠ 과제접근기술은 타고난 능력과 환경적 조건과 학습경험에 대한 가설을 세울 수 있다.

㉡ 과제접근기술은 문제해결기술, 정보수집능력, 감성적 반응, 인지적 과정, 일의 습관, 수행의 경험과 같은 과제를 발달시키는 기술집합으로 개인이 환경을 이해하고 대처하는 능력이나 경향으로 파악할 수 있다.

㉢ 과제접근기술은 종종 바람직하거나 그렇지 않은 경험들의 결과에 의해 수정되며 학습결과가 좋지 못한 학생이 이전의 노트필기와 공부하는 습관을 바꾸어 좋은 성적을 거둔 것은 과제접근기술의 좋은 예라 할 수 있다.

36 진로의사결정에 대한 6가지 기본가정(6가지 검증 가능한 가정을 제안)에 대하여 간략히 설명하시오.

모범답안

① 그 일에서 성공한 사람은 그 직업에 대해 선호를 표현한다.

② 그 직업과제에서 실패한 사람은 그 직업을 피하게 된다.

③ 그 일하는 역할모델이 강화 받는 것을 본 사람은 그 직업에 대해 선호를 표현한다.

④ 그 일을 하는 역할모델이 강화 받지 못하는 것을 본 사람은 직업을 피하게 된다.

⑤ 그 일에 대해 좋은 이야기를 들은 사람은 그 직업에 대해 선호를 표현한다.

⑥ 그 직업에 대해 좋지 못한 이야기를 들은 사람은 그 직업을 피하게 된다는 가정이다.

37 반두라의 사회학습이론(SLT : SOCIAL LEARNING THEORY)에서 모델링에 대하여 설명하시오.

모범답안

모델링의 주된 기능

① 반응 촉진 : 관찰자들이 적절하게 행동하게 하는 사회적 자극으로서의 역할을 수행하는 모델화된 행동을 일컫는다. 예를 들어 교실의 한구석에 매력적인 전시물을 설치한 후 학생들은 즉시 그것을 보러 간다. 다른 학생들이 교실에 들어왔을 때 그들 또한 그 구석으로 몰려간다. 이러한 다수의 학생들은 다른 학생들이 자신들에게 모이도록 하는 사회적 자극오로서의 역할을 수행한다.

② 억제와 탈억제

㉠ 억제는 어떤 행동을 수행한 것 때문에 벌을 받았을 때 일어나며, 결과적으로 관찰자가 그러한 행동을 그만두도록 하고 예방하는 데 도움을 준다.

㉡ 탈 억제는 모델들이 부정적인 결과를 경험하지 않은 채 위협적이거나 금지된 행동을 수행할 때 일어나며, 관찰자로 하여금 동일한 행동을 수행하도록 유도할 수 있다.

③ 관찰학습(4단계)

㉠ 주의집중 : 관찰자의 주의를 끌어야한다.

㉡ 파지 : 관찰을 통해 학습한 정보를 기억하는 단계이다.

㉢ 산출 : 저장된 기억을 재생하는 단계이다.

㉣ 동기유발 : 학습한 내용을 행동으로 옮기기 전에 동기화 단계이다.

38 진로성숙의 관련 변인을 제시하고, 각 변인에 대하여 간략히 설명하시오.

모범답안

① 진로성숙에 있어서 개인 심리적 관련변인

㉠ 지능 : 진로성숙은 지능에 따라 차이가 있다.

㉡ 자아개념 : 진로성숙은 자아개념을 발달시키고 실천해가는 과정이다.

㉢ 내외통제성 : 자신의 행동과 강화간의 인과 관계에 대한 지각으로 자신의 힘으로 통제가 되면 내적통제성이고, 자신의 힘으로 통제가 안되면 외적통제성이다.

㉣ 일 역할 중요도 : 개인이 삶에서 일이 차지하는 중요성의 정도

㉤ 직업가치 : 진로성숙과 직업가치는 이론적으로 연계

㉥ 진로의사결정 자기효능감 : 개인이 주어진 과업을 성공적으로 수행할 수 있느냐에 대한 신념

㉦ 의사결정양식 : 합리적 의사결정의 증진은 진로성숙을 증진시킨다는 가정에 기초한다.

② 진로성숙에 있어서 가족관련 변인

㉠ 구조적 변인

• 부모의 사회경제적 지위 : 부모의 교육수준 정도, 부모직업수준 정도

• 부모의 결혼상태 : 정상가정출신 여부, 이혼가정출신 여부

• 부모의 영향 : 자신에 대한 교육적, 직업적 포부 정도

㉡ 과정변인

• 가족응집성과 가족적응성

−가족응집성 : 가족 구성원들간의 정서적 유대 수준(유리, 분리, 연결, 속박) 정도

−가족적응성 : 스트레스에 대한 반응(경직, 구조화, 유연, 혼돈)

• 심리적 분리와 애착

−심리적분리 : 청소년들이 부모로부터 독립할 수 있는 능력

−부모에 대한 애착 : 부모−자녀 간의 강하고 지속적인 심리적 유대

39 진로발달검사(CDI : CAREER DEVELOPEMENT INTENTORY)에 대하여 설명하시오.

모범답안

① 진로발달검사(Career Development Inventory ; CDI)

㉠ 개요

- Super의 진로발달의 이론적 모델에 기초하여 제작되어 학생들의 진로발달과 직업 또는 진로성숙도를 측정하고 학생의 교육 및 진로계획 수립에 도움을 주고자 개발된 검사이다.
- CDI는 적합한 교육 및 직업선택에 대한 학생들의 준비도를 측정하기 위해 제작되었다. 현재 중학교 2학년부터 고등학교 3학년 학생을 위한 학교용과 대학생을 위한 대학교용 두 가지가 있다.

㉡ 구성

- 80문항으로 구성된 CDI 제1부는 진로발달태도(CDA)와 진로발달지식 및 기술(CDK)의 두 척도로 이루어져 있으며 진로발달에 대한 태도는 진로계획(CP)과 진로탐색(CE)으로, 진로발달에 대한 지식 및 기술은 의사결정(DM)과 일의 세계에 대한 정보(WW)로 각각 나타낼 수 있다. 이 네 하위척도의 점수를 합산하여 총체적인 진로성향(COT)점수를 얻을 수 있는데 이는 CDI에서 얻어지는 가장 대표적인 진로성숙의 예측치이다.
- CDI의 제2부는 자신이 가장 마음에 들어 하는 직업세계에 대한 내담자의 지식을 평가해 준다. 선호직업군에 대한 지식(PO)척도로서 일반적인 직업에 대한 정보가 아닌 특정 직업세계와 관련된 지식을 강조하며 제1부와는 다르다.

POINT CDI 하위척도

5개의 하위척도는 진로발달 특수영역(specific dimensions)을 측정하기 위하여 제작하였으며 3개의 하위척도는 5개의 하위척도 가운데 같은 특성을 측정하는 척도들을 조합하였다

- CP : 진로계획(career planning) : 20문항
- CE : 진로탐색(career exploration) : 20문항
- DM : 의사결정(decision-making) : 20문항
- WW : 일의 세계에 대한 정보(world of work information) : 20문항
- PO : 선호 직업군에 대한 지식(knowledge of preferred occupational group) : 40문
- CDA : 진로발달-태도(attitude) : CP+CE
- CDK : 진로발달-지식과 기술(knowledge and skills) : DM+WW
- CDT : 총체적인 진로성향(career orientation total) : CP+CE+DM+WW

40 진로성숙도검사(Career Maturity Inventory ; CMI)에 대하여 설명하시오.

모범답안

① 개요

㉠ CMI는 John Crites(1978)의 진로발달모델에 기초하였다.

㉡ Crites의 진로발달 모델에 따르면 진로성숙도는 요인의 위계체계를 가지고 있으며 지능검사의 일반요인과 유사한 진로성숙도의 일반적 요인이 있고 몇몇의 영역요인이 있고 수많은 특수요인이 있다고 한다.

㉢ 영역요인은 진로계획과정(태도 및 능력)과 진로계획내용(일관성 및 진로선택의 범위)의 두 가지이다.

㉣ CMI는 CDI와 마찬가지로 진로계획의 과정변인에 초점을 두고 있다. CDI와 마찬가지로 진로계획태도와 진로계획능력의 두 척도로 구성되어 있고, 각 척도를 구성하는 하위척도만이 CDI의 하위척도와 다르다.

㉤ Crites가 객관적으로 점수화되고 표준화된 진로발달측정도구로서 최초로 개발된 검사로 초등학교 6학년에서 고등학교 3학년의 학생을 대상으로 실시되었던 검사로서 직업선택을 위한 초기 성인기까지 적용이 가능이 가능하다.

② 구성

㉠ CMI의 하위척도는 태도척도와 능력척도로 구성되었으며 태도척도에는 선발척도와 상담척도 두 가지가 있다.

㉡ 선발척도는 진술문 형식의 문항으로 구성되어 있으며 상담척도의 하위는 결정성, 참여도, 독립성, 성향, 타협성의 척도로 구성되어 있다.

POINT CMI 하위척도

- 진로의사결정에 대한 태도(75문항)
  - 결정성 : 선호하는 진로의 방향에 대한 확신의 정도를 측정 문항의 예 나는 선호하는 진로를 자주 바꾸고 있다.
  - 참여도 : 진로선택의 과정에의 능동적 참여의 정도를 측정 문항의 예 나는 졸업할 때까지는 진로 선택 문제에 별로 신경 쓰지 않겠다.
  - 독립성 : 진로 선택을 독립적으로 할 수 있는 정도를 측정 문항의 예 나는 부모님이 정해주시는 직업을 선택하겠다.
  - 성향 : 진로결정에 필요한 사전 이해와 준비의 정도 문항의 예) 일하는 것이 무엇인지에 대해 생각한 바가 거의 없다.
  - 타협성 : 진로 선택시 의욕과 현실을 타협하는 정도를 측정 문항의 예 나는 하고 싶기는 하나 할 수 없는 일을 생각하느라 시간을 보내곤 한다.
- 진로의사결정에 대한 능력(100문항)
  - 자기평가(self-appraisal)
  - 직업정보(occupational information)
  - 목표선정(goal selection)
  - 계획(planning)
  - 문제해결

41 인지적 직업성숙도 검사(CVMT : COGNITIVE VOCATIONAL MATURITY TEST)에 대하여 설명하시오.

모범답안

① **개요** : 학생들(초6-중3)의 직업정보를 알고 사용하는 정도를 측정하는 검사로서 좋은 진로선택을 하는데 직업정보가 핵심적인 역할을 함으로서 이러한 진로선택에 영향을 미치는 직업정보를 측정하는 검사이다.

② **구성** : CVMT는 6개의 하위영역을 구성되어 있으며, 하위척도는 다음과 같다(총 120문항, 5지 선다형)

㉠ **직업분야** : 다양한 직업분야에 대한 지식을 측정하는 것으로 20문항으로 구성되어 있다.

㉡ **직업선택** : 흥미, 능력, 가치를 고려하여 가장 현실적인 직업선택을 할 수 있는 능력을 측정하는 것으로 15문항으로 구성되어 있다.

㉢ **근무조건** : 수입을 포함한 근무조건에 대한 지식을 측정하는 것으로 20문항으로 구성되어 있다.

㉣ **학력** : 다양한 직업에서 요구되는 교육정도에 대한 지식을 측정하는 것으로 20문항으로 구성되어 있다.

㉤ **직업특성** : 다양한 직업에서 요구되는 흥미, 능력, 가치에 대한 지식을 측정하는 것으로 20문항으로 구성되어 있다.

㉥ **업무** : 다양한 직업에서 수행되는 주요 업무에 대한 지식을 측정하는 것으로 25문항으로 구성되어 있다.

42 미네소타 다면적 인성검사(MMPI : MINNESOTA MULTIPHASIC PERSONALITY INVENTORY)에 대하여 설명하시오.

모범답안

① 검사의 개념

㉠ MMPI(Minnesota Multiphasic Inventory)는 개인의 정서적 적응 수준과 검사에 임하는 태도를 양적으로 측정할 수 있도록 폭넓은 자기 기술을 이끌어 내는 표준화된 질문지다.

㉡ MMPI는 1940년에 개발된 이래로 가장 널리 쓰이는 임상적 성격검사이며, 신경학적 · 신체적 증후에 대한 내용으로 구성되어 있다.

㉢ MMPI의 일차적 목적은 정신의학적인 진단적 분류를 위한 것이었으나 정신 병리적 분류개념이 정상인의 행동과 비교될 수 있다는 전제하에서 MMPI를 통해 정상인의 행동을 설명하고 일반적인 성격특성을 유추할 수 있다.

② MMPI의 실시 방법

㉠ MMPI는 독해력을 갖춘 16세 이상의 사람에게 실시할 수 있다. 검사자는 라포를 형성하는 한편, 검사하는 이유와 결과가 어떻게 사용될지를 내담자에게 설명해 주어야 한다.

㉡ 이 검사는 여러 가지 심리적 특성을 문장으로 기술한 566개의 문항으로 구성되어 있으며 피검사자는 각 문항에 대해 "예", "아니오"로 대답하게 되어 있다.

㉢ 이 검사는 피검사자가 얼마나 솔직하게 검사에 임했는지 평가하는 3개의 타당도 척도와 여러 가지 성격적 또는 정신 병리적 특성을 평가하는 10개의 임상척도로 구성되어 있다.

㉣ MMPI에서 측정된 수치의 크기가 평균에서 크게 차이가 나면 날수록 그 개인은 정서적으로 어려움을 겪고 있는 것으로 평가된다,

㉤ MMPI는 전문적 훈련을 받은 전문가들이 임상적 진단을 정확하게 하기 위한 진단보조도구이므로, 척도상의 통계수치는 진단을 위한 하나의 보조 자료로서만 활용되어야 한다.

③ 개별 척도에 대한 해석

㉠ 타당도 척도

- ?척도(알 수 없음) : ?척도의 점수는 응답하지 않은 문항, 즉 답하지 않았거나 "네", "아니오" 모두에 답한 문항들의 총합이다.
- L척도(Lie) : MMPI문항 중 논리적인 문항으로 구성되어 있으며 자신을 양심적이고 사회적으로 바람직하며 모범적인 사람으로 보이려는 솔직하지 못한 태도를 파악한다. 고의적으로 거짓말을 한 경우에 해당된다.
- F척도(Frequency) : 검사문항에 대해 개인이 보고하는 내용들이 대부분의 사람들과 얼마나 다른가를 반영하는 64개의 문항들로 구성된다. 정신장애 또는 비전형적인 피검자의 응답을 파악한다.

- K척도(Defensiveness) : 30개의 문항으로 구성되어 있다. L척도에 비하여, 포착되기 어렵고 보다 효과적인 방어적 태도에 대해서 측정한다. 정신장애는 분명하나 정상적인 프로파일을 보이는 경우 또는 은밀하고 세련되게 자신의 응답을 조작한 경우에 해당된다.

ⓛ 임상척도

- 척도1(건강염려증) : 신체에 대한 신경증적인 걱정인 과도한 불안이나 집착이 있는지를 알아보기 위한 것이다.
- 척도2(우울증) : 슬픔, 사기저하, 미래에 대한 비관적인 생각, 무기력, 절망감 등을 나타내는 것으로, 총 60개의 문항으로 구성되어 있다.
- 척도3(히스테리) : 심리적 고통을 회피하는 방법으로 부인(Denial)을 사용하는 정도를 측정한다.
- 척도4(반사회성) : 공격성의 정도를 나타내는 것으로, 총 50개의 문항으로 구성되어 있다.
- 척도5(남성성 – 여성성) : 이것은 직업과 취미에 대한 흥미, 심미적이고 종교적인 취향, 능동성과 수동성 그리고 대인관계에서의 감수성에 대한 내용이 포함된다.
- 척도6(편집증) : 평가의 주된 목적은 대인관계 예민성, 피해의식, 만연한 의심, 경직된 사고, 관계망상 등을 포함하는 편집증의 임상적 특징이다.
- 척도7(강박증) : 측정의 대상이 되는 것은 자기비판, 자신감의 저하, 주의집중 곤란, 우유부단 및 죄책감, 강박적 행동 등이다.
- 척도8(정신분열증) : 사회적 소외, 정서적 소외, 자아통합 결여 등을 측정하는 것으로, 이 척도의 점수가 높을수록 정신적으로 혼란되어 있음을 반영한다.
- 척도9(경조증) : 이것은 비도덕성, 심신운동 항진, 냉정함, 자아팽창 등을 측정하는 것으로, 이 척도가 높을수록 정력적이고 자신만만하며, 자신을 과대평가한다.
- 척도0(내향성) : 이것은 그 사람이 혼자 있는 것을 선호하는가(점수가 높을 때), 아니면 다른 사람들과 함께 있는 것을 선호하는가(점수가 낮을 때)를 측정하는 척도로, 대인관계 욕구, 대인관계 상황에서의 예민성 또는 수줍음, 사회적 불편감이나 회피, 자기비하 등의 내용으로 구성되어 있다.

직업상담사 1급 필기/실기

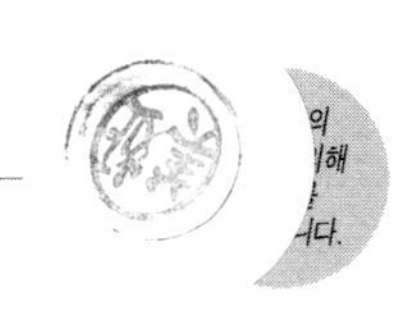

초판 발행 2019년 05월 17일
개정2판 발행 2021년 07월 23일

편저자 이정미
발행처 ㈜서원각
등록번호 1999-1A-107호
주소 경기도 고양시 일산서구 덕산로 88-45(가좌동)
교재주문 031-923-2051
팩스 031-923-3815
교재문의 카카오톡 플러스 친구[서원각]
영상문의 070-4233-2505
홈페이지 www.goseowon.com

당신의 꿈은 뭔가요?

MY BUCKET LIST !

꿈은 목표를 향해 가는 길에 필요한 휴식과 같아요.
여기에 당신의 소중한 위시리스트를 적어보세요. 하나하나 적다보면 어느새 기분도 좋아지고 다시 달리는 힘을 얻게 될 거예요.

- [ ] ______________________
- [ ] ______________________
- [ ] ______________________
- [ ] ______________________
- [ ] ______________________
- [ ] ______________________
- [ ] ______________________
- [ ] ______________________
- [ ] ______________________
- [ ] ______________________
- [ ] ______________________
- [ ] ______________________
- [ ] ______________________
- [ ] ______________________
- [ ] ______________________
- [ ] ______________________
- [ ] ______________________
- [ ] ______________________
- [ ] ______________________
- [ ] ______________________
- [ ] ______________________
- [ ] ______________________
- [ ] ______________________
- [ ] ______________________
- [ ] ______________________
- [ ] ______________________
- [ ] ______________________
- [ ] ______________________
- [ ] ______________________
- [ ] ______________________
- [ ] ______________________
- [ ] ______________________
- [ ] ______________________
- [ ] ______________________
- [ ] ______________________
- [ ] ______________________
- [ ] ______________________
- [ ] ______________________
- [ ] ______________________
- [ ] ______________________
- [ ] ______________________
- [ ] ______________________
- [ ] ______________________
- [ ] ______________________
- [ ] ______________________
- [ ] ______________________
- [ ] ______________________
- [ ] ______________________
- [ ] ______________________
- [ ] ______________________
- [ ] ______________________
- [ ] ______________________
- [ ] ______________________
- [ ] ______________________

창의적인 사람이 되기 위해서

정보가 넘치는 요즘, 모두들 창의적인 사람을 찾죠.
정보의 더미에서 평범한 것을 비범하게 만드는 마법의 손이 필요합니다.
어떻게 해야 마법의 손과 같은 '창의성'을 가질 수 있을까요. 여러분께만 알려 드릴게요!

01. 생각나는 모든 것을 적어 보세요.

아이디어는 단번에 솟아나는 것이 아니죠. 원하는 것이나, 새로 알게 된 레시피나, 뭐든 좋아요.
떠오르는 생각을 모두 적어 보세요.

02. '잘하고 싶어!'가 아니라 '잘하고 있다!'라고 생각하세요.

누구나 자신을 다그치곤 합니다. 잘해야 해. 잘하고 싶어.
그럴 때는 고개를 세 번 젓고 나서 외치세요. '나, 잘하고 있다!'

03. 새로운 것을 시도해 보세요.

신선한 아이디어는 새로운 곳에서 떠오르죠. 처음 가는 장소, 다양한 장르에 음악, 나와 다른 분야의 사람.
익숙하지 않은 신선한 것들을 찾아서 탐험해 보세요.

04. 남들에게 보여 주세요.

독특한 아이디어라도 혼자 가지고 있다면 키워 내기 어렵죠.
최대한 많은 사람들과 함께 정보를 나누며 아이디어를 발전시키세요.

05. 잠시만 쉬세요.

생각을 계속 하다보면 한쪽으로 치우치기 쉬워요. 25분 생각했다면 5분은 쉬어 주세요.
휴식도 창의성을 키워 주는 중요한 요소랍니다.